ISBN 978-0-266-00027-3
PIBN 10964722

1 MONTH OF
FREE
READING

at
www.ForgottenBooks.com

By purchasing this book you are eligible for one month membership to ForgottenBooks.com, giving you unlimited access to our entire collection of over 1,000,000 titles via our web site and mobile apps.

To claim your free month visit:
www.forgottenbooks.com/free964722

English
Français
Deutsche
Italiano
Español
Português

www.forgottenbooks.com

Mythology Photography **Fiction**
Fishing Christianity **Art** Cooking
Essays Buddhism Freemasonry
Medicine **Biology** Music **Ancient
Egypt** Evolution Carpentry Physics
Dance Geology **Mathematics** Fitness
Shakespeare **Folklore** Yoga Marketing
Confidence Immortality Biographies
Poetry **Psychology** Witchcraft
Electronics Chemistry History **Law**
Accounting **Philosophy** Anthropology
Alchemy Drama Quantum Mechanics
Atheism Sexual Health **Ancient History**
Entrepreneurship Languages Sport
Paleontology Needlework Islam
Metaphysics Investment Archaeology
Parenting Statistics Criminology
Motivational

BULLETIN

DU

BIBLIOPHILE.

——◦◦)◦(◦◦——

Paris, 25 janvier 1861.

Nous commencerons l'année par régler le compte de son aînée.

L'an 1860 a été bon pour les bibliophiles. Paris, la province et l'étranger ont mis en circulation de brillants et plantureux catalogues dont les articles ont été chaudement disputés. Le terrain d'ailleurs s'agrandit. Les facilités de communication ne profitent pas seulement à l'industrie et *aux affaires*. Le plaisir et l'art, — la bibliophilie est toute dans ces deux mots, — y trouvent également leur compte. Un catalogue ne s'adresse plus seulement aux habitants de la ville où il s'imprime; mais à toute l'Europe, à l'Amérique, au monde entier. Aussi le *Bulletin du Bibliophile* est-il obligé, bon gré mal gré, de se faire Bulletin international, et de faire en bon françois les honneurs de ses premières pages à l'étranger.

En Angleterre, la saison des ventes se présentoit, en 1860, avec calme. On ne voyoit pas, comme l'année précédente, de ces annonces merveilleuses qui d'avance pompoient l'argent dans la bourse des amateurs. Cependant quelques catalogues, quoique minces, présentoient un intérêt assez vif, ainsi : le 14 juin, dans une vente *of rare et curious books illustrative of english drama and english litterature, the property of a well known Shakesparian commentator*, on trouvoit un précieux autographe de Shakespeare, c'étoit un acte du 10 mars 1612-13 pour l'achat d'une maison dans Blackfriars. Cette pièce étoit inconnue des éditeurs de Shakespeare, comme Collier et autres; elle portoit la signature bien authentique de Shakespeare, et, après avoir été longtemps et vivement disputée, fut adjugée à 300 livres sterling. Plusieurs éditions originales des pièces de Shakespeare ont atteint des prix qui nous semblent fabuleux.

Vint ensuite la vente des livres et manuscrits précieux que M. Payne avoit achetés en Italie.

Cette vente qui produisit, en quatre vacations, 103 500 fr., étoit d'un grand intérêt pour l'Angleterre. La France y a cependant glané quelques volumes : entre autres, à titre de spécimen et en première ligne, le beau bréviaire de Jenson : *Breviarium romanum; Venetiis, Nicolas Jenson*, 1478, superbe livre, imprimé sur vélin du chef-d'œuvre peut-être de ce célèbre imprimeur.

Ce magnifique volume fait aujourd'hui partie du cabinet de M. Double de Paris.

Les belles Heures qu'on admiroit à cette *auction*, si variées d'ornements, imprimées avec tant de soin par *Gilles Hardouin*, à Paris, 1516, sont aujourd'hui dans la collection de M. Firmin Didot.

Le *Prose di Bembo de Venise*, 1525, revêtu d'une reliure italienne d'un goût artistique imposant et provenant de la bibliothèque de Mecenate, a été vendu 2220 fr.

Un *Missale monasticum ad usum ordinis Wallifumbrosæ*, *Gunita*, 1503, imprimé sur vélin, et qui avoit appartenu à saint Charles Borromée, a dépassé 3000 fr.

Nous pouvons citer aussi parmi les manuscrits de cette vente :

Une Bible du xi-xii⁰ siècle, appelée *la Bible d'Alcuin*, et qui fut vendue 2200 fr.

Une version allemande du célèbre ouvrage persan CA-LILA-WA-DIMNA, manuscrit exécuté pour Marguerite d'Autriche avec 132 dessins des premiers maîtres de l'Allemagne, quelques-uns entre autres attribués au fameux Israël Von Mecheln, a été vendu plus de 4500 fr.

Un autre joli manuscrit : *Horæ B. V. Mariæ ad usum Sarum*, fort recherché en Angleterre, orné de 56 miniatures, exécutées par des artistes anglois, avec assez de finesse, ce qui est rare, a dépassé 2100 fr.

Un classique ancien bien précieux, HORATII OPERA, manuscrit du XI-XII° siècle, a été vendu 2200 fr.

Un *Flavius Josèphe*, dont plusieurs pages étoient ornées d'entourages délicieusement exécutés en Italie sous Léon X, a été bien disputé; il est revenu à l'acquéreur à plus de 6500 fr.

Une tragédie présumée autographe du grand poëte *Torquato Tasso*, a été vendue 2150 fr.

Une autre vente d'un genre tout spécial a fait aussi beaucoup de bruit. Cette vente, faite et dirigée par MM. Puttick et Simpson, réunissoit un grand nombre d'ouvrages sur l'Amérique, ainsi que plusieurs éditions originales des œuvres de Shakespeare, dont un très-bel exemplaire de l'édition de 1623, a été adjugé pour environ 3000 fr. On y remarquoit aussi : une grande collection de Bibles, imprimées de l'an 1468 à 1808, quelques-unes d'une si grande rareté, qu'elles étoient considérées comme uniques, presque toutes imprimées en Angleterre. — Des spécimens de l'ancienne typographie, en caractères appelés xylographiques, tels que la Bible des Pauvres et un livre imprimé par Caxton, en 1481. — Il y eut pour tout cela de fervents amateurs qui dépassèrent les limites jusqu'à présent connues.

En juillet a eu lieu la vente de Henry Holland, Esq., où l'on remarquoit particulièrement un choix de beaux livres provenant de nos anciens amateurs françois, c'est-à-dire un Montaigne, de 1588, in-4°, exemplaire du comte d'Hoym, qui a été payé plus de 1000 fr., aujourd'hui dans le cabinet de M. Double. — Une *Vie des hommes illustres en France*, par Perrault; mar. rouge, ancienne reliure, 400 fr. — Un *Montfaucon* (l'*Antiquité expliquée* avec les *Monumens de la Monarchie*), 20 vol. en grand papier, relié en mar. rouge, qui fut vendu 1600 fr. — Un *Plutarque*, de Vascosan, etc., etc.

On a vendu à Amsterdam la belle et précieuse collection de manuscrits et d'autographes de MM. Van Worst, père et fils.

Bruxelles a vu deux ventes importantes. Celle du riche cabinet de MM. de Jonghe, le savant généalogiste (5-15 novembre) et celle des livres et estampes de M. Joseph Paelinck (1), dont le catalogue ne formoit pas moins de trois volumes (environ 11 000 numéros). Deux ventes d'un intérêt bibliographique tout spécial.

(1) Vente Paelinck a Bruxelles. Nous emprunterons dans la *Revue universelle des arts* (imprimée à Bruxelles), à M. Faucheux l'administrateur, la note suivante relative à cette vente : « On vient de vendre à Bruxelles les livres et les estampes d'un artiste belge, Joseph Paelinck, né à Oostacker, en Flandre, en 1781, mort à Bruxelles en 1839. — Ce n'étoit pas, à proprement parler, une bibliothèque : les livres qui la composoient avoient surtout été choisis pour leurs illustrations ; malheureusement plusieurs manquoient de conservation. Il en étoit de même des estampes, et différents articles du catalogue sont accompagnés de petites notes telles que celles-ci : « deux petits coins ajoutés, » ou bien : « une déchirure en « haut de l'estampe, » ou encore : « quelques légères restaurations. » C'est que le propriétaire, dit encore le catalogue, ne négligeoit pas de redresser les atteintes que le temps ou l'ignorance avoit portées à l'objet de son choix. Il excelloit à faire disparoître les taches, à rendre au papier jauni par la poussière sa couleur primitive, tout en lui conservant sa solidité. » Il faut féliciter le rédacteur du catalogue de sa franchise, car il sait sans doute, comme nous, que les amateurs prisent très-peu les qualités qu'il loue en M. Paelinck. Il y a une énorme différence, comme valeur vénale, entre une épreuve bien pure et une épreuve aussi belle sous tous les rapports, mais *affistolée* même par un artiste habile. »

Voici quelques prix: le *Speculum passionis J.-C. per Udalricum Pinder*, 1507 ; in-folio orné de planches gravées sur bois par Hans Schœuffelein, dans le goût d'Albert Durer, a été acheté 310 fr. par M. Ch. de Brou. Un bel exemplaire en maroquin rouge avoit été vendu 15 fr. à la vente du duc de La Vallière en 1783. — *Historiarum Veteris Testamenti icones*. Lugduni, 1538 ; édition originale; 265 fr. — *Le Peintre-graveur de Bartsch*, 21 volumes de l'édition originale, a été acheté 160 fr. par le prince Englebert d'Arenberg. — *Les Aventures du chevalier Tewrdanekhs*, 1517, in-fol.: 460 fr. Les caractères ornés et entrelacés de traits hardis, et imitant l'écriture allemande, qui ont servi à l'impression de ce livre, ajouté au mérite des planches, donnent à ce livre une assez grande importance. — Enfin la *Généalogie et descendance de la très-illustre maison d'Autriche*. Anvers, 1635 : 430 fr., par le prince d'Arenberg. — *Représentation des cavalcades et des réjouissances qui eurent lieu à Bologne à l'occasion du couronnement de Charles-Quint*: 240 fr. — *La triomphante et solennelle entrée faite par M. Charles, prince des Hespaignes....., en la ville de Bruges*, 1515 ; in-fol. goth. avec 33 figures en bois : 410 fr. à M. le prince d'Arenberg, etc., etc. — Un manuscrit sur vélin du moine Jean de Stavelot, sur la vie de saint Benoît et autres sujets, et orné de 87 dessins à la plume et enluminés, avec initiales en couleur, le tout d'une belle conservation, a été acheté 2250 fr. pour l'Angleterre. Enfin, nous citerons encore un ouvrage d'Améric Vespuce sur l'Amérique : *Mundus novus.....* acheté 550 fr. pour l'Amérique.

Le mouvement a d'ailleurs été très-actif dans les Pays-Bas. Utrecht a eu la vente de la magnifique collection d'estampes et de portraits du docteur G...; celle de la bibliothèque de M. Munnicks van Cleeff. Au commencement de l'année, le 27 avril, on vendoit à Harlem, parmi un assez grand nombre de livres précieux, le *Monstrelet*, édition de Verard, 1490, imprimé sur vélin et enrichi de 200 miniatures. Adjugé alors comme incomplet de deux feuillets et acquis pour l'Angleterre, ce magnifique volume a été depuis lors rapporté en France par l'éditeur de ce *Bulletin* qui s'étoit convaincu après examen que ce livre étoit bien complet et qu'il n'y avoit d'autre imperfection qu'un feuillet imprimé *sur papier* au lieu de l'être *sur vélin*. C'est un des livres les plus importants qu'on puisse citer parmi ceux qui figurent dans les armoires de nos amateurs parisiens. Ce précieux exemplaire fait maintenant partie de la remarquable bibliothèque de M. Firmin Didot.

Paris a eu les ventes Veinant, Sauvageot (1), la vente Nico-

(1) VENTE SAUVAGEOT. M. Le Roux de Lincy a parlé dans le *Bulletin* du don, fait par M. Sauvageot au Musée du Louvre, de sa merveilleuse collection d'objets d'art et d'antiques curiosités de toute sorte. Mais M. Sauvageot avoit aussi une bibliothèque (qui n'en a pas!), une bibliothèque composée de bons livres, utiles pour tous les renseignements dont journellement ses curiosités lui imposoient le besoin et parmi lesquels *bons livres* on retrouve quelques livres purement curieux, seulement rares et toujours désirables à plus d'un titre. Nous mentionnerons dans l'ordre du catalogue : des *Heures à l'usage de Rome* imprimées à Paris pour Simon Vostre en 1497 : vendues 300 fr. — *Heures à l'usaige de Paris*, pour Simon Vostre, 1500; 252 fr. — *Heures à l'usaige de Rouan*, beau livre, incomplet par malheur d'un feuillet, il a été laissé à 460 fr. — *Heures à l'usaige de Lisieux*, volume complet, mais bien inférieur aux Heures de Rouen : 415 fr. — *Horæ divæ Virginis Mariæ*, pour Thielman Kerver, 1510; complet : 400 fr. — *Heures à la louange de la Vierge Marie*, par Geoffroy Tory, 1525; ce volume parfait de tous points, comme conservation et comme reliure, étoit digne de la convoitise des amateurs les plus difficiles : il a été acquis par la Bibliothèque impériale au prix de 3025 fr. (il avoit coûté 80 fr.). — Un *Preces piæ*, manuscrit sur vélin avec miniatures possédé autrefois par un bon curé de Saint-Sulpice qui a mis son nom (E. de Pansemont), a été acheté 1010 fr. par M. Moignon. — Quant au volume n° 44 du catalogue, *Preces piæ*, in-8°, maroquin vert, la *perle de la vente* au dire de bien des connoisseurs, il a été acquis par M. Didot au prix de 3075 fr. à la grande satisfaction des assistants et *surtout de l'acquereur*. C'est en effet un volume très-précieux : il a appartenu à Marguerite de Rohan, dont on voit le portrait dans une des miniatures. Elle étoit, comme on sait, fille de Marie de Bretagne et femme de Jean d'Orléans, fille de Louis d'Orléans, assassiné rue

laï, la vente de M. Solar, la vente Leber (1). Le *Bulletin* a
déjà parlé amplement des deux premières. Quant à la vente
des livres de M. Solar, que doit suivre très-incessamment la
vente des manuscrits et des autographes, nous nous réservons
d'en donner le détail. Nous ne nous ferons pas les rappor-
teurs de toutes les anecdotes qui ont circulé dans les journaux au sujet de la vente de la bibliothèque du château de
Bercy. Nous citerons seulement : le *Traité de la conversion
par le cardinal de Richelieu*, in-4° en belle reliure ancienne,
maroquin rouge, acheté 295 fr. par M. Cousin. — Un
manuscrit *Preces piæ*, petit in-4°, orné de .12 miniatures,
vendu 700 fr. — Des *Heures à l'usage de Paris, Kerver*,
sur vélin, avec les figures coloriées, 650 fr. à M. Didot. —
L'*Histoire ecclésiastique* des églises réformées de France,
par Théodore de Bèze, 1580 ; 3 vol. petit in-8° parchemin,
181 fr. — L'*Histoire des Juifs, écrite par Flavius Josèphe*,

Barbette, et de Valentine de Milan, etc. — Ces rares manuscrits faits pour des
princes ou princesses, sont d'un intérêt historique irrésistible.

L'autre série curieuse de la collection de M. Sauvageot étoit celle des *entrées* ;
la première dans le catalogue n° 856, étoit l'*entrée de Françoys Ier* à Paris en
1514, plaquette in-4° gothique, rapportée de Londres il y a vingt-cinq ans par
M. Techener, et qui figura successivement aux ventes Audenet, Coste de Lyon, Le
Roux de Lincy, où il a été acquis par M. Sauvageot au prix de 367 fr. 50. Ici ce
volume a été vendu 470 fr. et, relativement à sa rareté, beaucoup moins cher
que les suivants, ainsi : L'*entrée de Henri à Paris en 1549* a été achetée 240 fr.
— L'*entrée de Henri II à Lyon en 1548* : 181 fr. — L'*entrée de Henri II à Rouen
en 1552* : 178 fr. — L'*entrée de Charles II à Paris en 1561* : 155 fr. — L'*entrée
de Henri IV à Rouen en 1596* : 410 fr.; et beaucoup d'autres articles intéressants
que nous sommes forcés d'omettre.

(1) VENTE LEBER. M. Constant Leber (d'après la notice de M. Taillandier) est né
à Orléans le 8 mai 1780 et est mort dans la même ville le 22 décembre 1859.

M. Leber étoit bibliophile, amateur instruit et connoissant, pour s'en être occupé
cinquante ans, le fort et le fin de la bibliographie. Il étudioit les livres qu'il venoit
d'acquérir avec amour, avec patience, y découvroit mille observations précieuses,
comme bien des amateurs ; mais il faisoit mieux encore, il écrivoit ces remarques, ces observations, et il en est résulté un catalogue qui, devenu livre,
est un des plus intéressants recueils de ce genre. M. Leber possédoit il y a vingt
ans une nombreuse bibliothèque ; il en avoit fait le catalogue, il avoit chargé
M. Techener de le faire imprimer sous sa direction et de découvrir un acquéreur. La ville de Rouen s'est présentée alors et la cession lui en a été faite
moyennant 100 000 fr. Tout cela a déjà été dit en temps et lieu dans ce *Bulletin*
même en 1841 ; nous ne parlerons plus que de la vente faite le 5 novembre,
comprenant 600 numéros. Beaucoup de ces livres étoient relatifs aux beaux-arts ;
il s'y trouvoit plus d'une collection d'estampes comprenant 2000 pièces repré-

trad. d'Arnauld d'Andilly (édition elzévirienne) imprimée en 1680; 5 vol. in-12, maroquin rouge, 200 fr. — Le Montaigne imprimé en 1640, en grand papier maroquin rouge, 235 fr. — Un manuscrit du quinzième siècle du Roman de la Rose a été laissé à 420 fr. C'étoit un texte, mais ce n'étoit pas, comme il y en a de ce livre, un élégant manuscrit. — Les *OEuvres d'Amadis Jamin*, l'édition originale in-4° reliée en veau aux armes de Mme de Pompadour, 176 fr. — Racine, de 1697; 2 vol. maroquin rouge, dernière édition publiée du vivant de l'auteur, 180 fr. — Un recueil de ballets, divertissements, etc., in-4°, 300 fr. — L'édition originale des poésies de Mme Deshoulières; 2 vol. petit in-8°, maroquin vert, doublés de maroquin, 330 fr. — Le recueil des cent portraits de Van Dick, publié à Anvers en 1646, in-f°, 810 fr. — Le *Thesaurus græcarum antiquitatum* de Gronovius, 34 vol. in-f°, 380 fr.

sentant 800 maîtres de toutes les écoles et contenues dans huit portefeuilles qui ont été vendus ensemble 4550 fr., sans compter un supplément fait dans le même genre, adjugé à 275 fr. et composé d'une réunion très-nombreuse de lithographies de diverses dimensions et représentant des ornements, des costumes, des caricatures, 1400 pièces.

Nous avons remarqué plusieurs manuscrits dans la théologie, dans les sciences et arts : *Les Roses*, peintes par Redouté en grand papier : 252 fr. — *Le Règne animal* de Cuvier, 20 vol. in-8°, fig. coloriées; 720 fr. — Un recueil de 500 dessins originaux et croquis d'habillements, mascarades, scènes et décorations de théâtre, en un volume in-folio provenant de la collection des Menus-Plaisirs et de la bibliothèque de M. de Soleinne, a été vendu 2500 fr. à M. le baron de Rothschild. — *Le Musée royal*, par H. Laurent, 2 vol. in-folio faisant suite au *Musée Napoléon* de Robillard, a atteint 1100 fr. — Une suite de 34 pièces d'ornements d'architecture dessinées et en partie gravées par J. Androuet du Cerceau, et un dessin original adressé au même artiste, a été adjugée au prix de 456 fr. — Un très-curieux recueil de pièces diverses tant peintes que gravées, spécialement employées à la décoration des livres, telles que miniatures et lettres initiales historiées, tirées de manuscrits au nombre de 494 ; des frontispices, des bordures de pages, des cartouches, culs-de-lampes et fleurons, au nombre de 4965 pièces ; des marques et devises d'imprimeurs et de libraires, etc., etc., le tout formoit 6100 pièces décrites au 4° volume du *Catalogue raisonné*, a été vendu 1505 fr. — *L'Histoire généalogique de la maison de France*, par le P. Anselme, 9 vol. in-folio, cuir de Russie : 630 fr. — *Correspondance originale du cardinal de Richelieu*, composée de 120 lettres sur les affaires d'État, reliées en un volume in-folio : 1760 fr. — *Le Régent aux enfers*, comédie licencieuse contre le duc d'Orléans régent (n° 458), accompagné de 19 grandes médiocres peintures à la gouache : 1010 fr. — L'ouvrage de *Strutt* sur les *Costumes et les usages anciens de la nation angloise* avec 215 planches : 250 fr. — *Les monuments françois inédits pour servir à l'histoire des arts*, par Willemin, 2 vol. in-folio : 340 fr.

— La belle édition de César, *Londres, Tonson*, 1712, 2 vol.
in-f° grand papier, maroquin rouge, 465 fr. — L'*Histoire
généalogique de la maison de France*, par le P. Anselme;
9 vol. in-f° reliés en veau marbré, grand papier, 601 fr. —
Histoire de la ville de Paris de Félibien; 5 vol. in-f° grand
papier, a été vendue (par une bizarrerie extraordinaire)
306 fr. — Les *Annales et Chroniques d'Anjou de Bourdi-
gné*, médiocre état, médiocre reliure (dernière reliure moderne), 360 fr. — Le *Plutarque d'Amyot, Vascosan*, condition ordinaire, 530 fr.

Nos provinces, non plus, n'ont pas été inactives dans le
grand mouvement du commerce des livres. Le 12 mars
et jours suivants, on a vendu à Saint-Omer et au milieu
d'un nombreux concours d'amateurs, la bibliothèque de
M. Taffin de Givenchy, ancien secrétaire perpétuel de la
Société des antiquaires de la Morinie. Composée avec un
soin tout particulier, cette collection, qui comprenoit 1500
ouvrages, offroit, dans plusieurs de ses séries, des livres remarquables par leur importance, leur rareté et *quelquefois*
par leur bonne condition. Les enchères vivement soutenues
ont atteint, selon les exemplaires, des prix élevés : *Dom
Martène, Veterum scriptorum collectio*, s'est vendue 97 fr.
Un *Rymer* (aux armes), 160 fr. Les *Ordonnances des rois
de France*, 330 fr. L'*Art de vérifier les dates*, 188 fr. La
Gallia Christiana, en 13 vol., 464 fr. L'*Histoire des ordres
monastiques*, par Helyot, 100 fr., etc., etc.

La partie la plus curieuse de cette bibliothèque étoit, sans
nul doute, la section relative aux provinces du nord de la
France; et quoiqu'on ait pu regretter le nombre relativement restreint des volumes qu'elle comprenoit, l'importance et la rareté des ouvrages mis en vente ont vivement
intéressé les amateurs. L'*Histoire d'Artois*, d'Hennebert, a
atteint le prix de 41 fr. Celle de *Dom De Vienne*, 34 fr.
L'*Histoire de Calais*, par Lefebvre, 2 vol. in-4°, tirée à
100 exemplaires, en 1766, s'est payée 90 fr.; et un beau
Malbrancq, de Morinis, 159 fr.

Quelques manuscrits mis sur table se sont élevés à des prix non moins remarquables, et l'un d'eux, les *Annales de la ville de Saint-Omer*, par de Neufville (qui vivoit au dix-huitième siècle), a atteint le chiffre inattendu de 2505 fr.

Quoiqu'il y ait lieu toujours de regretter la dispersion d'une bibliothèque locale formée comme celle de M. Taffin de Givenchy, par un amateur distingué, ces richesses ne sont pas perdues pour le pays qu'elles intéressent particulièrement : elles ont été recueillies dans les collections locales. Donnant un exemple que l'on ne sauroit trop encourager, la ville de Saint-Omer a enrichi sa bibliothèque de plusieurs documents importants pour son histoire, et la liste des acquéreurs reproduit souvent les noms de MM. Titelouse de Gournay, Deschamps, Quenson, juge à Hazebrouck, Liot aîné, le président Quenson, de Rheims, Henneguier, Taillar, Dewisme, comte de Hoston, etc., etc., qui possèdent, pour la plupart, des collections déjà précieuses. Cette vente a produit plus de 32 000 francs.

Le mois suivant, on vendoit à Douai une remarquable collection de livres, manuscrits, gravures, autographes, médailles et curiosités composant le cabinet de M. Bigant, ancien magistrat. Le chiffre de la vente indique assez l'importance de cette collection : elle a produit 64 000 francs.

Des amateurs plus désintéressés ou plus patriotes ont fait don à leur ville natale de collections importantes : ainsi, M. de Sars de Salmon a enrichi la bibliothèque publique de Valenciennes d'un recueil considérable de généalogies manuscrites, formant une vingtaine de volumes in-folio. La ville d'Aix a eu pareille fortune en recueillant pour son musée une remarquable collection de curiosités et d'objets d'art, l'*une des plus considérables du Midi*, écrit le *Mémorial d'Aix*.

Ainsi se dispersent, ainsi se reforment les collections ; et tandis que le nombre des amateurs augmente sans cesse, comme le témoigne assez clairement l'élévation continue des prix d'adjudication, le nombre des beaux exemplaires

des livres rares et anciens diminue progressivement. Les uns
se casent à tout jamais dans les bibliothèques publiques, ou
dans des bibliothèques de famille presque inaliénables; d'autres, hélas! disparoissent comme tout disparoît, par l'action
du temps, de la barbarie ou de l'ignorance. Parlerons-nous
des destructions, vraiment criminelles celles-là, commises
par les amateurs? Combien de livres, de livres beaux, rares,
uniques quelquefois! perdus ou gâtés par de maladroites
restaurations! Combien brûlés au lavage, opération meur-
trière toutes les fois qu'elle n'est pas pratiquée avec ménagement et dont on abuse aujourd'hui! Combien de reliures
anciennes sacrifiées à la gloire de la mode et de l'uniforme!
Combien surtout de beaux exemplaires à jamais souillés par
la marque brutale de l'estampille à l'huile grasse, vanda-
lisme honni par Charles Nodier! Récemment nous avons vu
de nos yeux un volume payé 500 fr. et certainement précieux, ainsi déshonoré deux jours après l'acquisition par un
amateur, qui ne s'est pas douté que cette brutalité de propriétaire ôtoit les trois quarts de la valeur à son exemplaire.

On peut donc affirmer que si les livres beaux et rares deviennent moins facilement abordables, ils acquièrent aussi
une valeur plus sérieuse et plus certaine : car outre le plaisir
de posséder de belles choses et de s'en faire honneur, les
amateurs peuvent se promettre désormais que leurs *folies*
ne dérangeront en rien leur fortune. On peut même dire
que les plus grandes folies sont les plus raisonnables, si l'on
prend garde que les livres les plus chers sont justement ceux
dont la valeur a le plus de chances d'augmenter.

Les combats livrés *sous la lance* ne sont pas les seuls événements bibliographiques dont nous ayons à nous occuper
dans cette chronique; plusieurs ouvrages importants ont été
achevés cette année ou sont en voie de l'être. On nous excusera de citer en première ligne la troisième édition de
Tallemant des Réaux, dont les deux derniers volumes (VIII
et IX) ont paru il y a trois mois. Il étoit temps que ce livre,
un des plus étonnants, un des plus singuliers de la langue

françoise, s'offrît au public dans des conditions dignes de
son succès. Nous avons lieu d'espérer que, grâce aux restitutions et aux savants commentaires de M. Paulin Paris,
grâce aussi au soin matériel qui a présidé à cette édition
définitive, le grand portraitiste, le précieux indiscret pourra
désormais figurer avec honneur dans toutes les bibliothèques
parmi les plus belles éditions des mémoires anciens ou ré-
cents. Signalons aussi l'*Histoire des journaux en France*, de
M. Eugène Hatin, dont le sixième volume a été publié cette
année. Nous saisirons l'occasion de la publication prochaine
du septième volume pour parler avec détail de cet ouvrage
plein de faits et de renseignements de toutes sortes qui passera dans l'avenir pour un des plus utiles travaux de la critique littéraire au dix-neuvième siècle. Nous aurons à revenir aussi sur le volumineux catalogue de la bibliothèque du
savant bibliophile Gomez de La Cortina, dont le *septième*
volume nous arrive de Madrid. Un amateur assez persévérant
pour acquérir de pareilles richesses, assez heureux pour pouvoir les conserver, mérite mieux qu'une mention dans le *Bulletin du Bibliophile*. Une tentative qu'il convient encore de
saluer, c'est l'ingénieuse édition du *Roman du Renart*, que
vient de donner aux lecteurs françois le docte éditeur des
Historiettes. On a assez souvent reproché à la France de
n'avoir pas d'épopée ou même de poëme national, pour
qu'on ne doive point laisser passer sans un examen atten-
tif un essai destiné à populariser l'une des plus remarquables
fictions de l'esprit françois au moyen âge. Cette *translation*
nouvelle du poëme de Pierre de Saint-Cloud est dédiée par
M. Paulin Paris *aux enfants :* c'est assez dire dans quel sens
le savant commentateur a dirigé son travail et quelle a été
son ambition.

Le prince Michel Galitzin, ministre de Russie en Espagne
et dont le nom a été plus d'une fois inséré dans ce *Bulletin*,
possédoit à Moscou un véritable palais. Par une clause de
son testament, le premier étage de ce palais est transformé
en galerie de tableaux et le rez-de-chaussée en bibliothèque

publique, dans laquelle on remarque, entre autres, la collection de xylographes la plus complète qu'ait rassemblée un amateur.

Bibliophile très-éclairé, le prince Galitzin, qui n'étoit pas assez Moscovite au gré de quelques-uns, a tenu à ce que sa ville natale profitât de ses recherches dans presque toutes les villes d'Europe. En présence des tristes dispersions auxquelles nous assistons, ce fait nous semble mériter d'être ici signalé et applaudi.

Une publication anonyme vient de paroître à Lyon, sous le titre de *Lettres de Piron à M. Maret*, secrétaire de l'Académie de Dijon. C'est à tort que ce recueil a été annoncé comme étant entièrement inédit. Sur les treize lettres qui le composent, cinq étoient déjà connues et sont comprises dans les *OEuvres inédites de Piron*, publiées par M. Honoré Bonhomme. On s'explique difficilement comment l'éditeur a pu ignorer que près de la moitié de son livre se trouve dans un volume publié il y a dix-huit mois à peine, dont tous les journaux et revues ont rendu compte, et qui, indépendamment de son succès en librairie, a été l'objet d'appréciations étendues de la part des critiques les plus autorisés.

Et pour aujourd'hui le chroniqueur en restera là, en demandant pardon d'avoir trop embrassé peut-être pour bien étreindre. Cette fois il s'agissoit surtout de mettre, comme on dit, la correspondance à jour. Nous pourrons désormais suivre avec tout le calme et tous les développements nécessaires les événements littéraires du mois à mesure qu'ils se présenteront.

Sur ce, bonne année et bonne vie aux bibliophiles! Il suffit, pour leur donner courage et joie, de leur signaler dans un avenir très-rapproché les ventes de MM. de Monmerqué, Solar (2ᵉ partie), Émeric David (de l'Institut), Lamoureux, etc., etc.

VAN DER BOECK.

MÉLANGES BIOGRAPHIQUES
ET LITTÉRAIRES.

———

PASSERAT

DANS SA CHAIRE DU COLLÉGE DE FRANCE.

Si nous parlons de Passerat à nos lecteurs, ce n'est point pour les entretenir de ses œuvres françoises bien connues et goûtées de tous, mais pour tirer de l'oubli un petit livre latin qui, si l'on en croit son compatriote Grosley, bon juge en matière d'esprit et d'enjouement, est le plus ingénieux de ses ouvrages : il s'agit des discours (*Orationes et præfationes*) qu'il prononça dans sa chaire d'éloquence au collége royal, chaire dans laquelle il avoit succédé à Ramus. Chaque fois que notre professeur, ou lecteur, comme on disoit alors, abordoit un nouveau sujet, il faisoit précéder sa leçon d'une petite préface d'ouverture ; ce sont ces petites préfaces (*præfatiunculæ*) que son neveu, de Rougevalet, fit paroître après sa mort, et qu'il dédia au duc de Sully. « Je t'offre ô très-illustre duc, les discours de mon oncle le bienheureux Passerat (*macaritou Passeratii*), très-volontiers nous acceptons et saisissons au passage cette canonisation, et cette canonisation en grec d'un homme qui, en littérature, est certainement au nombre des élus. »

Trente préfaces composent notre recueil : sept sont consacrées à Plaute, huit à Cicéron, cinq à Properce. Viennent ensuite Salluste, Ovide, Caton l'Ancien et son collègue Valérius, à propos de la discussion de la loi Oppia, Virgile avec ses *Bucoliques ;* le tout se termine par un éloge de la cécité, paradoxe enjoué qui témoigne du courage avec lequel l'auteur supportoit la perte de la vue.

Leclerc, au tome VII de sa *Bibliothèque ancienne et moderne*, a donné de chacun de ces discours un sommaire aride et sans agrément ; à peine inspire-t-il le désir de les connoître. Le procédé des savants est souvent, en pareille matière, différent de celui de l'abeille : ce que l'abeille prend sur la fleur, c'est justement ce que le savant laisse. Le savant ne s'inquiète point du miel, mais il cueille la tige et la range dans son herbier. Si le sage nous envoie pour la conduite de la vie à l'école de la fourmi, le même sage, en fait d'études littéraires, devroit nous envoyer à l'école de l'abeille. C'est donc son procédé qu'ici nous chercherons à imiter. Notre ambition, ce seroit de faire que nos lecteurs crussent assister aux leçons de Passerat, l'entendre lui-même dans sa chaire, qu'ils imaginassent en un mot faire un instant partie de l'auditoire qui se pressoit autour de lui, et où se voyoient des personnages de distinction, des conseillers et présidents au Parlement.

Dès l'entrée du volume, et comme sur le seuil d'un logis dont il lui appartient de nous faire les honneurs, s'offre à nous Plaute, le meilleur et le plus vieil ami de Passerat ; leur amitié s'est formée, selon la règle des anciens, de manger plusieurs boisseaux de sel ensemble, règle aussi bien applicable au choix des livres qu'à celui des amis. Avec Plaute surtout, on ne peut se lier qu'après avoir, par un long commerce, pénétré le caractère de son génie.

Passerat, dès l'âge de vingt ans,

> Alors qu'un sang plus jeune animoit son courage,

s'étoit senti attiré vers lui et avoit lu et étudié sept de ses comédies, *l'Amphitryon*, *l'Asinaire*, *l'Aululaire*, *les Captifs*, *le Charançon*, *le Soldat fanfaron* et *le Pseudole*. Mais ce fut pendant les troubles de la Ligue et l'interruption des cours de l'Université de Paris que, retiré dans l'asile de l'hôtel de son Mécène, Henri de Mesme, il lut d'un bout à l'autre et se rendit familier celui que dès lors il appelle ses amours (*Plautum meos amores*). Bonne société que celle du vieux poëte latin pour l'aider à passer ces difficiles années de la fin du seizième siècle ! Heureux moyen de se dérober aux tristesses du présent que de se réfugier dans la Rome d'avant Scipion, et de substituer à cette tragi-comédie de Mayenne et des Seize l'amusante comédie des vieillards dupés, des jeunes gens amoureux, des esclaves fripons, des parasites en quête de bons repas ! Puis nous imaginons qu'après s'être transporté avec Plaute au milieu de ce monde évanoui et oublié, il initioit à son tour son auteur à la comédie de son temps, et faisoit défiler devant lui ses processions grotesques de moines armés de pertuisanes. Nous ne voudrions pas jurer que, grâce à son guide, Plaute n'ait pris parti pour Henri IV contre les ligueurs, contre les jésuites ; qui sait s'il n'a pas dit son mot dans la Satire Ménippée, et s'il ne faut pas joindre sa collaboration à celle de Pithou, de Gillot, etc.?

Que Plaute soit l'ami de Passerat, nous n'en voulons pour preuve que le zèle que ce dernier met à le défendre contre ceux qui lui reprochent de corrompre la jeunesse, oubliant que le théâtre, qui est le miroir de la vie humaine, en doit représenter les événements et les personnages. Par cette représentation fidèle, la comédie, loin d'être une mauvaise école, nous fait acquérir sans peine et à peu de frais cette sagesse qui pour Ulysse fut le fruit de tant de voyages, de tant de traverses et de fatigues. Et ici Passerat, tout heureux de mettre Ulysse de son côté, l'installe au parterre, ou plutôt dans une bonne loge (*in cavea*), comme il convient à un personnage aussi distingué.

Mais parmi les détracteurs de Plaute, Horace ne pouvoit être omis, lui qui a dit :

At nostri proavi....

« Nos ancêtres goûtèrent le style et les plaisanteries de Plaute un peu trop patiemment pour ne pas dire sottement. » On

ne sauroit croire quelles récriminations ce passage a soule-
vées parmi les savants du seizième siècle. Scaliger, Juste-
Lipse, Turnèbe disent à ce sujet de grosses injures à Horace.
Passerat, qui est dans les mêmes sentiments, voudroit bien
toutefois ne pas fâcher l'homme qu'il sait irascible, ce qui ne
l'empêche pas de faire plusieurs allusions plus irrévérencieuses
les unes que les autres, amenant tour à tour dans ses comparaisons l'âne qui aux asperges préfère ses chardons, Romulus qui dans le ciel, sous le nom de Quirinus, dédaigne
pour des raves l'ambroisie dont se repaissent les autres dieux,
et enfin je ne sais quel roi de Scythie, qui trouvoit plus de
charme aux hennissements de son cheval qu'aux plus doux
sons d'un célèbre joueur de flûte ; il ne tire point la conséquence de ces prémisses, mais Horace, qui n'est point un sot,
en conclura qu'on veut lui dire qu'il n'a pas le goût meilleur que Romulus et le roi de Scythie, ou, comme l'a dit Scaliger, que son jugement est sans jugement (*Horatii judicium
sine judicio est*). Avouons que si Horace ne se fâche pas,
c'est que, depuis que lui-même est avec les dieux, sa nature
est un peu changée, ou qu'il a déjà pris le parti que Passerat
en finissant conseille à lui et à tous les détracteurs de Plaute,
qui est d'aller se promener. Nous traduisons librement la
phrase latine. L'expression françoise qui envoie les gens se
promener, sans être très-polie, ne suggère pourtant que des
idées agréables ; mais ici notre texte ne laisse pas aux gens
le choix du lieu de leur promenade ; il les envoie, nous
pourrions dire au diable, dans le pays de Morbonie, c'est-à-
dire de Malencontre, pays inventé tout exprès par les Grecs
et les Latins pour y envoyer les importuns, les fâcheux, les
gens moroses, les oncles atrabilaires.

Ce sont ces mêmes comédies de Plaute, qu'il avoit étudiées dans sa jeunesse, que Passerat explique à ses auditeurs.
C'est à propos de l'*Amphitryon* qu'il rompt des lances pour
son auteur. L'*Asinaire* vient ensuite qui amène un autre
éloge, celui de l'âne, éloge souvent reproduit dans
des recueils de pièces badines où il paroît un peu long,

mais qui est ici à sa place et dans son cadre naturel. Cette comédie de *l'Asinaire*, ainsi nommée d'un marchand d'ânes à qui l'on escroque une somme d'argent destinée à de vilains usages, est, sous le rapport de la morale, l'une des plus faites pour contrarier cette thèse que Plaute est un digne précepteur de la jeunesse. Il n'y a vraiment d'honnête dans cette pièce que ces ânes qui l'ont baptisée, et que l'esclave imagine enfermés avec la somme qui les représente dans la bourse où il veut plaisamment les empêcher de braire, ce que seroient tentés de faire les braves ânes à cause de cette honnêteté que nous venons de dire; mais force leur est, ainsi métamorphosés en pièces d'or, de garder le silence et d'être les complices de la fourberie.

De *l'Amphitryon* à *l'Asinaire*, Passerat craignoit de paroître descendre; dans la comédie des *Captifs* il remonte, tant il en sait tirer une haute moralité. Cette pièce est la comédie de l'humanité tout entière, *la comédie humaine*, comme on diroit aujourd'hui. « Les hommes, dit-il, ne sont-ils pas tous serfs de leurs passions? Personne dans cette grande ville (et ici, de la Rome de Plaute il se transporte dans le Paris de son temps), personne qui ne soit esclave. » Mais bientôt ni Rome ni Paris ne suffisent plus au tableau que déploie son imagination, et, transformant sa chaire en un tribunal suprême et la salle où il parle en une sorte de vallée de Josaphat, voici qu'il fait défiler devant son auditoire les vivants et les morts. A cette scène imaginaire qui ne manque pas de grandeur, il applique les formules romaines; c'est le censeur qui convoque les ordres comme pour le recensement quinquennal. Mais que parlons-nous d'ordres? Toute division de ce genre disparoît là où la servitude commune fait qu'il n'y a plus ni sénateurs, ni chevaliers, ni parmi le peuple personne à qui puisse être accordé le droit de suffrage. Bientôt commence le dénombrement du genre humain. Le héraut appelle à haute voix les princes d'abord; ils paroissent précédés de faisceaux et de haches. Voici venir Alexandre, qui n'est pas mieux traité ici que dans la satire de Despréaux;

puis César, dont la mort paroît trop douce à Passerat, qui
voudroit le voir, comme parricide, cousu dans un sac et jeté
dans le Tibre. Viennent ensuite les hommes de divers états
et professions, magistrats, avocats, médecins, marchands,
tous esclaves de l'avarice, tous en proie à cette vaine inquiétude que le vieil Ennius décrit en quelques mots quand il dit :
Præter propter vitam vivitur, c'est-à-dire qu'on ne vit jamais dans le présent, qu'on est toujours en deçà ou au delà
de la vie, en deçà par le souvenir, au delà par l'espérance.
Ennius nous jette ici dans des réflexions qui rappellent les
pensées de Pascal. Aussi Passerat trouve-t-il ce commentaire
moral, dont il vient d'accompagner la comédie des *Captifs*,
venu très à propos dans le mois où l'on étoit alors, dont le
patron étoit le dieu qui ramenoit la terreur, la colère, la discorde, et qui partant forgeoit le plus de chaînes pour les humains. Mais le mois qui ramène la guerre ramène aussi le
carême. Comme Mars en carême, dit le proverbe. S'il a
connu Mars, Plaute semble avoir aussi connu le carême, tant
il le définit admirablement, l'appelant les fêtes du jeûne,
esuriales feriæ, expression digne de figurer dans quelque
mandement épiscopal. Ainsi du poëte accusé de corrompre la
jeunesse, Passerat (ô le bon apôtre !) fait presque un des prédicateurs du saint temps qui vient de s'ouvrir. Oh ! que de
ce prédicateur les sermons nous eussent amusés et que volontiers nous eussions été l'écouter !

Si nous nous arrêtions au *Charançon* (*Curculio*), quelque
plaisir que ce nous fût d'assister au repas de Diogène, qui,
dans son tonneau, avoit aussi des parasites, les rats, on
pourroit nous accuser dans le langage de Plaute d'entrer en
trop de détails : *Curculiuncos narras.*

Le Soldat fanfaron lui-même ne nous arrêtera qu'à cause
de la petite digression dont il est le sujet. Passerat, qui préparoit une édition de cette comédie et qui avoit espéré
qu'elle seroit imprimée avant l'ouverture de ses leçons, apprend tout à coup que le papier manque aux imprimeurs et
qu'il a émigré en Espagne, où l'ont suivi les fabricants, atti-

rés par les doublons du roi Philippe. Quoi ! point de papier dans ce Paris où il arrive des deux côtés de la Seine, dans ce Paris qui en est d'ordinaire si bien approvisionné, tant on sait le besoin qu'il en a et la consommation qu'il en fait ! Aussi l'histoire de l'émigration en Espagne ne contente point l'éditeur désappointé, qui assigne à cette disette une autre cause, la multitude des mauvais écrivains. S'égayant aux dépens de ces derniers, il trouve qu'il y avoit du bon dans ce Caligula, qui avoit imaginé de les contraindre à se servir de leur langue comme d'une éponge pour effacer leurs écrits, et peu s'en faut, lui qui tout à l'heure vouloit mettre Alexandre aux Petites-Maisons, qu'il ne fasse à Caligula l'honneur de le nommer censeur de cette république des lettres où, dit-il, ce sont, comme dans l'État, les plus pauvres qui ont toujours le plus d'enfants. Gentille réflexion qu'adopteront les écrivains de peu de livres ou de petits livres, mais qu'il ne faudroit pas cependant prendre trop au pied de la lettre, la grandeur du génie n'excluant pas, mais supposant plutôt la fécondité. Les riches, dans la société civile, ont quelquefois aussi beaucoup d'enfants.

Le Pseudole, que Cicéron estime une des meilleures pièces de Plaute, fournit à Passerat l'occasion de s'abandonner à son enjouement naturel. Après avoir de nouveau justifié le dessein de la comédie, qui est, en nous montrant les vices des hommes, de nous apprendre à nous en corriger, il passe du grave au plaisant, et se met à faire la leçon au *Pseudole*, qui n'auroit, dit-il, qu'à prendre le manteau et qu'à s'ajuster la barbe d'un philosophe pour alléguer l'autorité de Platon, qui permet le mensonge aux magistrats et aux médecins. Les gens du barreau, les jurisconsultes viendroient aussi à son aide. Ulpian lui diroit qu'employée contre un ennemi et un voleur, la tromperie est un bien.

Du *Pseudole*, le fil de nos petites préfaces nous conduit aux *Ménechmes*, qui sont la matière du septième et dernier des discours consacrés à Plaute. Après quoi nous prenons congé de cet auteur et passons à Cicéron, qui est l'objet des

huit discours qui suivent. On voit que ces discours sont rangés dans un ordre méthodique et se suivent sans interruption
selon l'auteur auquel ils se rapportent. Cet ordre a été établi
par l'éditeur. Passerat, en réalité, quittoit et reprenoit les
mêmes écrivains. C'est ainsi que dans un certain programme
d'ouverture il les compare, Plaute et Cicéron, à deux cour-
siers de rechange à l'aide desquels il fournit cette carrière
que Varron appelle *stadeum charteum*. C'est au sujet de
l'oraison pour Licinius qu'il donne ce programme qui est tel :
après l'*Oraison*, la comédie du *Pseudole*, ensuite les discours que prête Tite Live à Caton et à Valère dans la discussion de la loi *Oppia*. Telle est la triple armée qu'il déploie et
range en bataille; puis, laissant là cette comparaison belliqueuse et sans doute effrayé de son rôle de général, il se rabat à une métaphore d'un ordre un peu inférieur, et descend
au rôle d'amphitryon ou même de cuisinier; et ici ses auteurs sont bien obligés d'entrer dans la comparaison et de
subir les exigences de l'ordonnance du festin : Cicéron est le
premier service, Plaute le gros du repas, ce que nous appel-
lerions la pièce de résistance, et Tite Live la pâtisserie. Ces
comparaisons prises de la cuisine plaisent à Passerat, et il y
revient en plusieurs occasions, ce qui pourroit faire croire
qu'il a été quelque peu gastronome en son temps.

Nous n'entrerons pas dans le détail des huit discours consacrés à autant de harangues ou de traités de Cicéron. L'un
d'eux est resté célèbre pour avoir été prononcé à la réouverture des cours de l'Université, après la victoire définitive de
Henri IV sur les ligueurs. Dans ce discours, qui sert de prélude au traité des plaisanteries qui fait partie du livre II de
l'*Orateur*, Passerat ne plaisante pas et s'en donne à cœur joie
contre l'Espagne et les jésuites. Après un bel éloge du roi,
dont il salue le génie et à qui il applique des vers d'Horace
pour Auguste, il s'adresse à l'illustre académie qu'il est heureux de retrouver, mais qu'il veut purifier des souillures
qu'elle a reçues afin que les Muses, appelées de nouveau,
daignent y revenir. La plus nécessaire purification, c'est d'en

chasser ceux qu'il compare aux harpies, ces bipèdes sans plumes dont une agrafe attache la robe grise :

Curva quibus pullam subnectit fibula vestem.

On reconnoît ici les jésuites, que Jacques Gillot et ses amis appeloient dans leurs lettres les pères agrafés. Passerat leur en veut, à ces pères, qu'il compare aux Grecs enfermés dans le cheval de bois. Sa diatribe est amère, violente, injuste, toute grosse des haines et des préjugés du temps. Aussi sous la Restauration, au plus vif de la guerre contre les jésuites, fut-elle réimprimée. Ce n'est qu'en finissant que Passerat juge à propos de parler un peu de son sujet, et encore trouve-t-il moyen de décocher de nouveaux traits contre ses ennemis. « Pour ce qui est, dit-il, du choix que j'ai fait de cette dissertation sur l'enjouement, je l'expliquerai en peu de mots; et d'abord dans cette ville que vient de délivrer la valeur de notre invincible monarque, je dirai ceci librement: c'est que dès que je pus rire en sûreté, il me plut de rire. « Qu'eussé-je fait? dit Cicéron à Atticus, j'avois tant pleuré « que j'en étois las. » Qu'ils passent leur vie aux champs entre le râteau et le sarcloir; qu'ils vieillissent parmi les buissons et les ronces, épineux et incultes eux-mêmes, ceux que ne réjouit pas l'urbanité! Qu'ils vivent dans la fadeur, ceux qui craignent le sel! Que les sots se nourrissent de bettes, et qu'à une si belle chère soient par eux conviés ces beaux petits hommes nos amis, les pères agrafés. S'ils aiment mieux pleurer que rire, je le leur permets. Quant à nous, qui savons que la nature a donné le rire à l'homme, nous croirons plus humain et plus naturel de rire que de nous rechigner. Rire est non-seulement chose honnête et libérale, mais sacrée. En même temps que Rome décrétoit des honneurs divins à Vituline et à Lubence, qui présidoient à la joie, le rire étoit mis au rang des dieux par les Grecs, qui lui instituoient un jour de fête et des jeux annuels avec de solennels sacrifices. Les Thessaliens se rendirent célèbres par le culte qu'ils vouèrent au dieu Rire. Lycurgue lui-même, malgré la

très-grande sévérité de sa discipline, lui éleva dans le temple
de Sparte une statue de marbre et ordonna qu'après s'être
acquittés des travaux de la milice, les citoyens lui feroient de
religieuses supplications, et ce très-sage législateur trouva
juste et utile que, de même que les corps se refont par le
repos, les esprits fussent récréés par l'hilarité. »

Le Traité des lois de Cicéron est l'occasion d'un de ces
charmants préambules familiers à notre professeur; préam-
bule est le mot pour désigner de vraies promenades, des
excursions dans le pays de l'imagination et de la fantaisie.
Il semble qu'un lutin enjoué l'introduise dans les sujets qu'il
traite et lui fasse faire, ainsi qu'à son auditoire, l'école buis-
sonnière avant d'arriver à la classe. Ici nous le voyons pris
d'un scrupule tiré de la civilité puérile et honnête, ou plutôt
de l'usage consacré par la politesse de tous les peuples, qui
est que l'on doit, avant d'entrer chez les gens, frapper à la
porte. Ce sont de grandes dames que les lois; elles habitent
un palais, presque un temple, où demeurent avec elles de
grands personnages, les jurisconsultes. Il y a bon nombre de
ces derniers logés céans, entre autres Ulpian, à qui Passerat
vient tout exprès chercher querelle. Sa discrétion n'est qu'apparente et cache une intention que ne soupçonne pas le vieux
légiste, tout habile qu'il est, sans quoi il ne lui diroit pas
d'entrer, ou tout au moins le laisseroit-il se morfondre quelque temps à la porte. Cet Ulpian est donc là au fond d'un
cabinet, devant un bureau chargé de volumes et de papiers.
Il feuillette de vieux titres de lois, ses besicles sur le nez.
Mais que disons-nous, et quel anachronisme nous commettons! Les anciens, et Ulpian est un ancien, n'ont point connu
les lunettes. C'est là, Perrault l'a remarqué, une de leurs in-
fériorités à l'égard des modernes. Il nous semble qu'en effet
Aristote et Platon auroient une figure plus respectable si
l'on pouvoit se les représenter avec des besicles. Mais croyez
que même des besicles sur le nez n'arrêteroient ni n'intimi-
deroient en ce moment Passerat, qu'anime une noble chaleur
de cœur contre celui qui a osé proférer et consacrer deux

maximes abominables : la première que le prince est au-dessus de la loi ; la seconde que le prince n'est point sujet à la
loi. Nous ne cherchons point à examiner dans quel sens philosophique Ulpian entendoit probablement ces deux axiomes.
Passerat, dans le sens étroit et littéral qu'il leur donne, a
beau jeu et s'escrime contre son adversaire avec beaucoup de
raison et d'érudition. Ce qui n'en cause pas moins un vrai
tapage, un vrai scandale dans ce logis où, après être entré si
discrètement, il se met tout à coup à casser les vitres. Ce
qu'il y a de curieux, c'est que, dans sa controverse contre
Ulpian, emporté par son sujet, il invoque cette vieille maxime
que tout est permis contre le prince qui se croit tout permis
à lui-même, tombant ainsi dans la prétendue doctrine du
tyrannicide tant reprochée aux jésuites. Cette remarque est,
ce nous semble, bien faite pour l'embarrasser, et nous serions tentés de lui appliquer ici ce vers de La Fontaine :

Honteux comme un renard qu'une poule auroit pris.

Décidément notre professeur a l'humeur belliqueuse dans
sa chaire du collége royal ; il a cherché querelle à Horace ;
il vient de maltraiter les jésuites et Ulpian. Voici maintenant
(préface de la lettre de Cicéron à Hirtius et à César) qu'il
s'en prend à un travers des latinisants de son siècle. Stimulé
par le mouvement qui se produisoit dans les idiomes vulgaires, le latin, que l'honneur d'être la langue des hautes
sciences et des spéculations philosophique n'empêchoit pas
d'être regardé comme langue morte, se prit en ce temps-là
à protester contre cette qualification et fit acte de vie en tombant dans les excès où ne tombent d'ordinaire que les langues vivantes. La recherche curieuse des origines et des
sources premières de la langue fut poussée si loin que Passerat lui-même, tout épris qu'il étoit de l'antiquité, se moqua
de cette manie, voulant qu'en cette matière, qui étoit la
sienne, l'investigation fût contenue en certaines limites, et
surtout que les vieux mots fussent comme ces objets de curiosité que les amateurs rassemblent dans leurs cabinets pour

les montrer seulement, sans les faire servir aux usages de la
vie. Il lui déplaisoit que tout ce courant venu du haut Latium
troublât tout à coup la limpidité du fleuve cicéronien. Faisant l'histoire de cette mode des archaïsmes, il montre qu'elle
n'est pas nouvelle et date d'Antoine, dont l'éloquence, qui
se sentoit du camp plus que du barreau, mérita pourtant
l'estime de Plutarque. Cet orateur affectoit l'emploi des expressions obscures, des mots tombés en désuétude. « Antoine, dit-il, a depuis une vingtaine d'années trouvé bien des
imitateurs, et le mal est d'autant plus dangereux qu'il vient
d'un bon fonds et a un côté très-séduisant. Il est si facile de
se laisser prendre au charme du vieux langage. La belle
chose de s'enfoncer bien loin dans ces régions reculées où
ne règne point la grammaire, et d'en rapporter des mots inconnus au vulgaire. Au retour de ces expéditions, ne semble-t-il pas à ces navigateurs de l'océan grammatical que ces
vieux mots soient comme autant d'exilés qu'ils ramènent
dans la patrie, et ne se croient-ils pas pour cela dignes de la
couronne civique? Ces corrupteurs de la belle latinité dédai-
gnent dans le fumier d'Ennius ce qu'y a pris Virgile, et y
prennent ce qu'il y a laissé. Leur fastueuse érudition méprise
Cicéron, César, Térence, s'arrête à peine à Caton et à Varron, qu'ils trouvent trop jeunes encore, et va jusqu'aux lois
des décemvirs, jusqu'aux premiers traités conclus avec les
Sabins. L'Égérie de Numa, la Carmenta d'Évandre leur ap-
paroîtroient qu'ils seroient en état de causer avec ces antiques fées. » Passerat poursuit ainsi sa raillerie. Il ne veut pas
que l'on reprenne même à Plaute et à Salluste leurs vieilles
expressions et bannit du langage tout ce qui a un air d'affectation. Il va jusqu'à blâmer les maladroits imitateurs de Cicéron, ceux qui s'entortillent dans ses longues périodes, ces
cicéroniens (*ciceroniani*) que, par un jeu de mots intraduisi-
ble, il traite de *ciceroniasini*, d'ânes chargés de Cicéron.
Nous sera-t-il permis d'intervenir et de dire ici notre mot?
Nous le trouvons un peu sévère pour cette jeunesse érudite,
qui eût voulu savoir en quelle langue Évandre, s'éveillant

sous son toit de chaume au babil des hirondelles, prioit les dieux. Avouons que ce sont là de bien gentilles curiosités, et qu'un bibliophile s'y laisse aisément tenter. En un autre endroit de son recueil, il jette encore des pierres dans notre jardin, à propos d'un certain Didyme dont Sénèque a dit qu'il mesuroit les livres à la toise comme les champs, et qu'il avoit composé quatre mille volumes de questions puériles telles que celles-ci : Quelle étoit la patrie d'Homère? Quelle étoit la vraie mère d'Énée? Anacréon aimoit-il plus le vin que les belles? Sapho avoit-elle fait métier.... Nous n'achevons pas. Le problème que pose Didyme est très-injurieux pour Sapho. Quant au désir de faire cesser la dispute au sujet du berceau d'Homère, qu'a-t-il de si ridicule? Ce Didyme dont se moque Sénèque mériteroit plutôt, lui aussi, d'être traité d'excellent homme :

Ce Didyme, monsieur, est un excellent homme.

Et si Hector demande s'il est de Paris, que Valère cette fois ne réponde pas qu'il est de Rome, car il est en effet François et Parisien, ce Didyme, et notre ami, et abonné au *Bulletin du Bibliophile.*

Passerat, quand il en arrive à parler de Salluste, retrouve la question des archaïsmes, qu'il permet plus volontiers à l'histoire, qui est la gardienne du passé. Les mutilations qu'a subies le texte de cet écrivain lui suggèrent ensuite de sages conseils relatifs à la restitution des textes des auteurs de l'antiquité, restitution qui étoit la grande affaire des savants des seizième et dix-septième siècles. Ces savants sont les médecins des livres et doivent avoir la main légère. Dans la tâche par eux entreprise, qu'ils se défient surtout de leur imagination, car l'imagination se glisse dans la glose et le commentaire aussi bien que dans le poëme et le roman; tout lui est logis à cette folle. Peut-on supporter d'entendre dire : J'ai rétabli ce passage conduit par la seule conjecture? Après plusieurs siècles, il en seroit des livres restaurés par ce procédé comme de ce vaisseau de Thésée, qui n'étoit plus le

même à force d'avoir été renouvelé, et à ce sujet et sur ce
vaisseau de Thésée, qui est tout exprès à sa disposition, Passerat envoie tous les commentateurs à Anticyre, où il trouveroit volontiers qu'il n'est point pour eux assez d'ellé-
bore :

> Qu'il n'est point d'ellébore assez en Anticyre.
>
> (*Régnier.*)

Plus loin il compare ces mêmes commentateurs aux chèvres
dont les agriculteurs redoutent la dent funeste aux arbustes.
Chèvres et commentateurs, les unes dans les champs, les autres dans les livres, causent les mêmes dommages, broutant
mal à propos les tendres bourgeons, ôtant à ce qu'ils tou-
chent la fleur, la délicatesse, la grâce.

Rencontrant sur sa route Caton et Valère, ou plutôt les
discours que leur prête Tite Live dans la discussion de la loi
Oppia, destinée à mettre un frein au luxe des femmes, Passerat ne pouvoit manquer d'attacher sa petite préface à ce
sujet qui lui sourit et où il trouve qu'il y a lieu de s'espacer et
de s'égayer à son aise. Il faut le voir étaler sur sa chaire,
transformée en boutique de parfumeur, tout l'attirail de la
toilette des femmes, tous leurs onguents, toutes leurs pom-
mades. Les jurisconsultes, qui ont voulu, eux aussi, entrer
dans cette énumération, s'y sont perdus. Mais croyez que
leur embarras étoit moindre encore que celui des maris, qui
n'ont pas à décrire mais à payer toutes ces belles inventions.
Après avoir fait la satire des femmes, notre professeur, qui
ne cherche que matière à enjouement, se met à plaider leur
cause, et tout d'abord, pour contre-balancer quelques plaisanteries un peu usées sur leur caquet, il oppose leur
douce causerie au coin du feu à toute la criaillerie des procureurs et des avocats dans le palais. Mais le trait le plus
décisif à leur honneur, c'est que leur plus redoutable adversaire, le promoteur de la loi *Oppia*, le vieux Caton lui-
même, quand le tonnerre grondoit, alloit se jeter dans les
bras de sa femme, comme s'il n'y avoit eu que là de refuge

pour lui contre la colère de Jupiter. Charmant symbole que cette action du vieux Caton et dont l'application a lieu tous les jours. Où trouver, en nos temps de troubles et de révolutions, d'asile meilleur et de consolation plus vraie qu'au foyer de famille, avec sa femme et ses enfants? Ceci prouve que ce vieux Caton, quelque dur qu'il fût avec ses esclaves, étoit un bon homme au fond.

Après Caton, voici venir Ovide, dont Passerat voulut relire l'épître de consolation à Livie pour se consoler lui-même de la mort d'un sien neveu. Il n'y a que les poëtes et les humoristes pour avoir de ces idées-là : c'est ainsi que M. Shandy, après la mort de son fils Bobby, se mit à relire certaine lettre adressée à Cicéron à l'occasion de la mort de sa fille. Quoi qu'il en soit, l'oncle nous paroît un peu oublier le neveu en nous parlant d'Ovide, dont il fait l'éloge, et qu'il justifie du reproche qu'on lui fait d'avoir trop d'indulgence pour son génie. Son avis est qu'on doit se servir de son esprit comme on fait de son cheval, à qui on abandonne les rênes. Sans doute lui-même usoit de ce procédé, et volontiers il eût dit de son esprit comme Mme de Sévigné de sa plume, qu'il lui mettoit la bride sur le cou.

D'Ovide nous passons à Properce, que Passerat aime presque à l'égal de Plaute. Aussi soutient-il que lui aussi n'a rien de dangereux pour la jeunesse, et qu'en peignant les tourments de son cœur il n'excite pas plus à aimer, que le soldat qui raconte ses faits d'armes n'excite à aller à la guerre, agréable paradoxe sur lequel il ne faudroit pas appuyer. Nous l'avons dit, cinq discours sont consacrés à Properce. L'un de ces discours roule sur la comparaison de la Fortune et de l'Amour, comparaison qui se prolonge à travers toutes sortes de citations empruntées aux poëtes et se termine par le gentil apologue du loup et du renard descendus dans un puits. Cette fable, Passerat eût pu la tenir d'Ésope, il étoit bien assez savant pour cela ; mais point : c'est une vieille femme qui la lui a contée en le gardant pendant une de ses maladies. Quant à la vieille, nous aimons à croire qu'elle la

tenoit de l'esclave de Phrygie, ce qui ne peut s'expliquer
qu'en disant qu'elle étoit fée, et qu'elle avoit soigné Ésope
un jour qu'il avoit été battu par Xantus, peut-être à l'occasion des figues qu'on l'accusoit d'avoir mangées ou en quelque autre circonstance que n'a point rapportée le bon moine
Planude. Nous devons même dire, il faut rendre à chacun
justice, et les fées en général ne gâtent point ce qu'elles tou-
chent, qu'en passant par la bouche de la vieille la fable s'est
embellie d'un trait plein d'à-propos et de vérité que n'a
point imaginé Ésope. Nous voulons parler de cette poulie
et de ces seaux dans l'un desquels descend le loup, tandis que par contre-poids remonte le renard riant dans sa
barbe, et moins lourd apparemment que son compagnon,
quoique plus fourré de malice ; invention aussi agréable que
vraisemblable et qui donne un caractère pittoresque à la
scène. Dans le recueil d'Ésope, le renard a pour camarade
non un loup, mais un bouc, à qui il persuade de lui faire la
courte échelle à l'aide de ses cornes. Passerat, après avoir
conduit cet apologue à bonne fin, c'est-à-dire jusqu'au moment où maître renard s'en va, laissant le pauvre sot de loup
dans l'embarras, le termine par ce petit épilogue de sa façon :
« Du loup qu'advint-il ensuite? Croyez que je ne le sais ni
ne m'en soucie : soit que, par un renouvellement du supplice
infligé autrefois aux cuisiniers voleurs, notre voleur de loup
ait été réduit à faire cuire son souper dans le puits ; soit que,
par le secours de Mars qui le protége, il ait été tiré de là, et
que, dans sa joie d'avoir échappé au danger, il ait réalisé le
proverbe grec : *le loup danse auprès de la citerne*, toujours
est-il que la bonne vieille (*anicula*) qui racontoit le fait de
manière à faire croire qu'elle y avoit assisté, se bornoit à dire
que le renard, par son habileté, s'étoit en allé sain et sauf.
C'est pourquoi, nous aussi, allons-nous-en comme le renard,
sains et saufs. Non sans avoir tout d'abord par nos prières
supplié Apollon, dieu protecteur des troupeaux, dieu ennemi
des loups, dieu qui tue les loups, de faire que ce qui est arrivé à ce loup arrive à tous les autres, et que les troupeaux in-

nocents, trouvant à la perte de leurs ennemis leur sûreté, toute la race des loups soit jetée au fond des puits. » On devine trop de quels loups il s'agit ici, loups revêtus de capes espagnoles ou de robes de jésuites. A propos de loups, Passerat retourne à ses moutons.

Il est un sujet qui revient souvent dans la bouche de notre professeur, celui des excuses qu'il donne à ses auditeurs des retards mis par lui à la reprise de ses leçons; il ne les recommençoit guère, surtout dans les dernières années de sa vie, avant les mois de mars et d'avril. Quelque gentille convenance montroit toujours l'à-propos de ce retard. Mars, c'étoit le mois assigné à l'ouverture de l'année par Romulus, qui avoit presque autant de droit que Henri IV à être le roi de Passerat. Avril, c'étoit le mois de Vénus, la déesse des amours. Que si, le calendrier à la main, on lui alléguoit le printemps commencé, il avoit recours à un autre calendrier que ni pape ni rois n'avoient permission de réformer, celui d'un certain Verrès qui, pour croire au printemps, ne s'en fioit ni au zéphyr ni à l'hirondelle, mais à la première rose épanouie.... N'avoit-il pas raison ce Verrès? Le zéphyr est un étourdi qui vient exposer ses ailes au givre et aux frimas, et l'hirondelle n'a guère plus de prévoyance que le zéphyr, mais la rose ne s'y trompe pas. Dans un autre endroit, ses excuses ont un caractère moins poétique et tout personnel. Se comparant à un soldat mal payé, il prétend s'autoriser de ce défaut de paye pour n'être pas très-assidu sous les drapeaux. Et là-dessus, le croiriez-vous, lecteurs? le voici qui, deux siècles à l'avance, invente la chanson de *Marlborough s'en va-t-en guerre*. Vous demandez où sont ses appointements : *Quo abeant quæritis? Ad bellum*. A quoi il ajoute, pour perfectionner et compléter la ressemblance : *Incertum quando reditura sint*, ne sais quand ils viendront. Puisque nous en sommes sur ce chapitre des excuses, venons aux plus jolies pages du livre; nous les avons réservées ici pour la fin et pour le dessus de notre panier. Il s'agit des raisons de santé qu'avoit à alléguer trop souvent Passerat, dont la goutte et

les infirmités alloient croissant avec les années. Sujet trop réel
et fort triste, hélas ! Mais de quoi ne savoit tirer parti son
inépuisable gaieté ? Un jour donc, de ce fond triste et fâcheux il fit, comme par un coup de sa baguette magique,
sortir le plus enjoué de ses prologues. Ce prologue est une
scène qu'il ne faut pas vous conter, mais vous mettre sous les
yeux. Le voyez-vous en ce moment monter dans sa chaire,
le gentil professeur ? Quel air de contentement sa physionomie
exprime ! Jamais, croyez-le bien, il n'a eu l'humeur plus
gaie et plus coquette. On diroit d'un homme qui va représenter dans quelque comédie son personnage d'amoureux. Ce
n'est pas sans dessein que ce mot se place sous notre plume :
tel est en effet aujourd'hui son rôle. S'il a tant tardé à reprendre son cours, c'est qu'il poursuivoit une amie. Ici,
comme introduction au récit de ses amours, vient l'histoire
d'un soldat qui, épris au temps jadis d'une belle ou plutôt
d'une laide passion pour une femme de basse condition, s'é-
chappoit chaque nuit du camp pour aller la rejoindre, sans
respect de son serment qu'il violoit et de la peine de mort
qu'encouroit sa faute. L'empereur, qui connoissoit le zèle du
soldat et sa fidélité, à part ce chapitre des amours, instruit de
ses absences nocturnes, le fait venir, et, après l'avoir répri-
mandé, achète cette petite esclave qu'il aimoit et la lui donne.
Ami Passerat (pardonnez-nous ce ton de familiarité qui sied
peut-être assez mal à notre rôle d'auditeur et de disciple),
nous voyons où vous en voulez venir avec votre historiette ;
vous prétendez capter ici notre bienveillance, car c'est justement à nous que vous allez faire représenter le personnage
de l'empereur, et cette comparaison ne peut que nous flatter.
Donc, si ce soldat a obtenu grâce devant César, pouvons-nous
vous tenir rigueur, à vous qui êtes aussi un soldat, et un
soldat fugitif du camp des Muses ? Et au lieu de la grâce
que vous demandez, n'avons-nous pas des éloges à vous
donner ? L'amie que vous avez recherchée n'est point de
petite extraction ; elle est nièce d'Apollon, fille d'Esculape,
et telle de tout point que vous nous dites que Xénocrate lui-

même, un philosophe, ne rougiroit pas de sa poursuite. Puisque vous vous donnez pour rival Xénocrate, il faut que cette amie soit tout au moins la sagesse. Mais quoi ! ne vaut-elle pas mieux que la sagesse celle sans qui la vie est plus triste que la mort, qui seule donne à Vénus la beauté, à Cupidon le désir, aux Grâces leur charme, aux Jeux leur amabilité, à la Jeunesse sa fleur, à Hercule sa force ? Si nous ne devinons quelle est cette amie, sans honte vous la nommerez, puisque sans honte vous l'embrasseriez devant tous et la presseriez sur votre cœur en pleine place publique. La santé, voilà, pendant tout le temps qu'a duré l'absence du professeur, l'amie qu'il a recherchée, poursuivie, et plût à Dieu qu'il l'eût attrapée et saisie ! Mais, hélas ! qu'elle est encore peu morigénée à son égard. « Si, par quelque désastre, s'est santé de vos seigneuries émancipée ; quelque part, dessus, dessous, devant, derrière, à dextre, à sénestre, dedans, dehors, loin ou près vos territoires que elle soit, la puissiez-vous incontinent, avec l'aide du benoît servateur, rencontrer ; en bonheur de vous rencontrée, sur l'instant soit par vous asserée, soit par vous vendiquée, soit par vous saisie et mancipée. Les lois vous le permettent, le roi l'entend, je le vous conseille. » Maître François, qui prend ici la parole et se substitue à Passerat si naturellement qu'à peine nous sommes-nous aperçus du changement, maître François ne semble-t-il pas réclamer l'honneur d'avoir inspiré cette gentille préface, le vingt-cinquième des discours de notre recueil, dont Leclerc se borne à dire que c'est une excuse bien tournée de l'auteur, que ses incommodités avoient obligé de demeurer chez lui une partie de l'hiver. Elle n'a que deux pages, cette petite préface, mais c'est un bijou, un chef-d'œuvre.

La Fontaine ne veut pas que l'on épuise une matière ; observons son précepte, et puisque nous venons de prendre la fleur de la nôtre restons-en là.

Avons-nous réussi à donner dans ces pages une idée de l'attrait du petit livre que nous venons de parcourir et des moments agréables que nous a fait passer notre cher profes-

seur du seizième siècle? Ceux de nos contemporains à qui le
loisir et le voisinage permettent d'aller au collége de France
ou à la Sorbonne écouter les spirituelles et doctes leçons de
certains maîtres de nos jours ont-ils des jouissances plus vives? Ajoutons que les discours de Passerat, sous leur dégui-
sement cicéronien, sont gaulois et champenois au fond, et
que les traduire c'est, pour ainsi dire, leur rendre leur costume national. C'est ce que nous avons essayé de faire. Toutefois nous avons, tout en traduisant, pris un peu de la
liberté de la paraphrase et du commentaire. En un mot nous
avons mêlé au style de notre auteur un peu du nôtre, espérant bien faire tourner à notre profit cette confusion que nous
serions heureux que nos lecteurs eussent quelque peine à
démêler.   Marquis de GAILLON.

A M. TECHENER, *directeur du* Bulletin du Bibliophile.

Monsieur le directeur,

Le « Catalogue des livres rares, » etc., annexé à votre
Bulletin pour novembre-décembre 1860 annonce, sous le
numéro 662, les « Mémoires politiques, amusants et satiriques de messire J. N. D. B. C. de L., colonel du régiment des dragons de Casanski et brigadier des armées de
Sa Majesté Czarienne. » Pour démasquer le véritable nom
caché sous ces initiales, l'excellente notice qui accompagne
l'annonce s'en réfère au catalogue récemment publié des
Rossica de la Bibliothèque impériale publique de Saint-Pétersbourg. Tout en remerciant l'auteur de la notice pour la
mention honorable qu'il a bien voulu m'accorder à cette
occasion, je me permets d'ajouter ici quelques détails sur le
livre en question, qui, peut-être, ne seront pas dénués de
quelque intérêt pour vos lecteurs.

Nous commencerons par dire que l'édition de 1735, annoncée dans votre catalogue, n'est que la seconde, ces

« Mémoires, » etc., ayant déjà paru une fois en 1716, avec la même indication (A Veritopolie, chez Jean Disant-Vrai). La seconde édition ne se distingue d'ailleurs de la première que par des caractères plus fins, ce qui a diminué le nombre des pages; au reste, toutes les deux sont absolument identiques, même pour les fautes d'impression. Elles le sont également pour les initiales désignant le nom de l'auteur; mais la liste, placée au premier volume (page 112 de la première édition), des officiers généraux démissionnaires des armées czariennes, dont il étoit aussi (pages 113 et 114), nous communique en plein ce nom correspondant aux initiales; de plus, en parlant au deuxième volume de sa femme, l'auteur l'appelle en toutes lettres « comtesse de Lion » (page 261). Ainsi son incognito fut divulgué lors même de la publication du livre.

Quant à ce que le soi-disant comte de Lion rapporte concernant la Russie, cela se borne à assez peu de chose. Sans savoir un mot sur la manière dont il y prit du service, nous l'y trouvons au commencement de ses Mémoires, en 1711, avec le grade supérieur qu'il s'attribue, participant à la guerre « du grand sultan avec Pierre-Alexis, empereur de la grande et petite Russie, » qui finit avec la paix du Pruth, mais avec laquelle se termina aussi la carrière de notre héros dans les armées russes. Ce récit forme le sujet des pages 3-114 du premier volume. Ensuite, au second (pages 259-304), il parle du service, de fort peu de durée d'ailleurs, de sa femme comme grande gouvernante auprès de l'épouse du fils de Pierre le Grand (« la princesse Czarwis »). Les détails sur ce service, sur la cour du Czaréwitch et sur les deux favoris Levenvolde (« Leuvoldt, » comme il écrit), ne manqueroient pas d'intérêt, s'il étoit permis d'y prêter foi après les autres assertions absurdes de l'auteur, comme, par exemple, que Saint-Pétersbourg (volume I, page 8) est situé sur la même rivière de Nerva que la ville de ce nom (*Nerva* au lieu de *Néva*)!!

Le savant et studieux bibliographe livonien *Gadebusch* a

consacré dans sa « Bibliothèque livonienne » (*Riga*, 1773, tome I, pages 98-109) un long article à cet ouvrage et son auteur ; mais ses notions biographiques sont tirées principalement des mêmes Mémoires. Il ajoute que différents doutes sur leur véracité l'engagèrent à s'adresser à ce sujet à un chambellan de la cour de Saint-Pétersbourg, qui lui répondit d'ailleurs assez énigmatiquement : « On dit qu'ils (c'est-à-dire les Mémoires) n'ont pas le défaut de fatiguer la crédulité du lecteur par une vérité outrée ; voilà toute la connoissance que j'ai pu en avoir. »

Un contemporain, l'agent de Hanovre à Saint-Pétersbourg, *Weber*, qui avoit résidé de longues années à la cour de Pierre le Grand, est plus explicite. En parlant du livre de Brasey, dans la préface de sa « Russie transformée » (*Francfort*, 1721), il dit que, hors les quelques vérités que ce livre contient sur la campagne du Pruth, le reste n'est qu'un fatras de mensonges et de calomnies, tiré (l'auteur lui-même n'ayant jamais mis le pied à Pétersbourg) des récits de sa femme, qui, au contraire, y a été suffisamment « dégustée » (*disgustirt*), de façon, ajoute-t-il, que tous les honnêtes gens qui, alors et depuis, ont visité la Russie conviennent que le livre en question n'est qu'un misérable pamphlet.

Moréri, qui dans son « Grand Dictionnaire, » (édition de 1759) appelle l'auteur *Jacques Moreau*, dit qu'il étoit fils de l'avocat général de Dijon Étienne Moreau, et qu'il prenoit la qualité de sieur de Brassey (Brasey ou Brazey), quoique cette terre n'ait jamais appartenu à sa famille ; quant au livre qui nous occupe, il parut réellement à Amsterdam, chez Étienne Roger.

Selon Barbier (« Dictionnaire des ouvrages anonymes et pseudonymes, » tome II, page 392) et Quérard (« Supercheries littéraires, » tome II, page 302), ce Moreau, ou Brasey, s'appeloit *Jean Nicole*. Dans son livre même (volume II, page 266) il prétend avoir encore publié, en 1713, des « Mémoires de la guerre du Turc et du Russe, » dont

cependant nous n'avons aucune connoissance et que personne ne cite.

L'ouvrage de Brasey, plein de faconde, de commérages,
peut-être de calomnies et surtout d'anecdotes galantes, qui,
comme il l'avoue lui-même, « ont dû donner quelque mouvement au manchon ou à l'éventail » de la belle dame ré-
duite à le lire, ne pouvoit manquer de provoquer, en son
temps, une vive opposition.

Nous en trouvons la preuve dans deux brochures, aujour-
d'hui rarissimes, mais que la bibliothèque de Saint-Pétersbourg a eu cependant la bonne fortune de se procurer. En
voilà les titres :

1° Lettre du sieur de *** à M. de *** au sujet d'un livre
intitulé : « Mémoires politiques, amusants et satiriques de
messire J. N. D. B. C. de L., colonel du régiment de dragons de Casanski, brigadier des armées de Sa Majesté Czarienne. » Imprimé à Veritoplie (*sic*), chez Jean Disanvray
(*sic*). S. a. in-4°, de XVIII pages non numérotées.

C'est une diatribe, entremêlée de vers et pleine des invectives les plus violentes contre l'aventurier françois, que
du reste l'auteur réfute plutôt par des injures que par des
faits. Le peu d'arguments matériels que l'on y rencontre
s'attache principalement aux endroits ayant trait à la cour
de Pologne. L'opuscule se termine ainsi : « Je finirai cette
lettre, monsieur, en vous disant que cet auteur qui fait le
guerrier, le *politique* et le *bel esprit*, est ingrat envers le roi
de Pologne, envers Sa Majesté Czarienne, envers deux illustres familles polonaises, envers cent particuliers qui l'ont
obligé, en Pologne, en Saxe, à Berlin, en Moscovie, et
qu'ainsi il ne mérite pas qu'on ajoute aucune foi à ses *Mémoires satiriques.* »

La lettre porte pour date : A Dresde, 1716 (donc l'année
même de la première publication des « Mémoires »), et plusieurs passages prouvent qu'elle a été composée à la cour
de Pologne. Toute la brochure pullule, du reste, de fautes
d'impression, dont un des précédents possesseurs de notre

exemplaire s'est donné la peine de corriger une partie à la main.

2° Caractères des historiens satyriques de notre temps, ou remarques sur les Mémoires amusants, politiques et satyriques du sieur D. Brasey. A Veritopolie. S. a. in-4°, xiv pages non numérotées de dédicace (au comte de Flemming, premier ministre du cabinet du roi de Pologne) et de préface, 101 pages de texte et 3 de table des matières.

Livre magnifiquement imprimé sur papier fort et à très-grandes marges, mais qui, malgré ses belles apparences et son épaisseur plus grande que celle du volume précédent, est à peu près de la même force quant à son contenu et à sa portée. Il est divisé en douze « caractères, » chacun avec un intitulé à part, comme, par exemple : « Premier caractère. Les écrivains qui ne cherchent qu'à amuser les lecteurs et qu'à faire des satires réussissent rarement dans leurs ouvrages. » Après avoir énuméré, à son point de vue, les qualités de Brasey, l'auteur se pose entre diverses autres questions celle-ci : « Un tel homme, dis-je, doit-il être cru? un homme qui se vante de ses fameux exploits à la bataille du Pruth, où l'on assure qu'il n'a jamais été; un homme qui se dit colonel et brigadier des armées de Sa Majesté Czarienne, quoiqu'on sache de bonne part qu'il n'a été à l'armée qu'en qualité de volontaire; un homme qui s'est signalé par plusieurs fourberies et par plusieurs mensonges. Un tel homme, encore un coup, prétend-il en imposer à la crédulité du public? » (Pages 92 et 93.)

Ce livre, dont la dédicace décèle suffisamment l'origine et que notre *Gadebusch* attribue à un gentilhomme saxon du nom de *Sporr* ou *Spor*, est accompagné d'une planche en taille-douce, représentant un temple sur la cime d'une montagne et à ses pieds des femmes qui, à coups de fourche, précipitent du haut d'un rocher un homme et quelques livres, que des satyres reçoivent dans leurs bras. Au dire de « l'explication » (pages 96-101), c'est M. Brasey et son ouvrage que les Muses font dégringoler ainsi du Parnasse et qui sont accueillis au bas du rocher par des satyres « avec qui l'auteur avoit d'étroites habitudes. » Apollon veut faire brûler les Mémoires par la main de « l'exécuteur du Parnasse ; » mais, à l'intercession de l'indulgente Vénus et des satyres, il révoque sa sentence, à condition que le titre du livre soit reformé et que désormais il porte celui de « Mémoires médisants, fabuleux et satyriques. »

Agréez, monsieur le directeur, les assurances de ma parfaite considération.

Baron M. DE KORFF.

Saint-Pétersbourg, le 6/18 janvier 1861.

————————

Monsieur,

Dans les quelques lignes qu'il a mises en tête de la *Lettre de Catherine de Médicis à Charles IX*, insérée aux pages 1612-1613 de votre *Bulletin* d'octobre dernier, M. Quitard vous dit : « Je ne pense pas que cette lettre soit restée jusqu'ici sans être imprimée, comme le prétend la personne qui a bien voulu me permettre de la transcrire pour votre *Bulletin*. » M. Quitard a raison, et cette personne avoit tort. Pour mon compte, je connois deux reproductions de cette lettre : la première dans la *Galerie philosophique du seizième siècle*, par de Mayer, 1783, in-8°, t. II, p. 47-57 ; l'autre dans le recueil publié par Mesle en 1810, sous ce titre : *Esprit du Mercure de France depuis son origine jusqu'en 1792*, in-8°. La lettre se trouve dans le t. II, p. 169-179, et comme ce recueil ne donnoit que des articles publiés précédemment par le *Mercure*, celui-ci avoit certainement reproduit la lettre de la reine dans un de ses numéros, ce qui, au lieu de deux, feroit trois reproductions antérieures à celles que donne votre *Bulletin*. Dans le livre de de Mayer, on trouve cette note au sujet de Montagne, nommé à la fin de la lettre : « Montagne

étoit un des secrétaires du cabinet de la reine; » ce qui est
vrai. M. Lucas de Montigny possédoit une lettre de Catherine de Médicis, où la reine n'avoit fait qu'apposer sa signature, mais qui étoit tout entière écrite de la main de François
Montaigne et contre-signée par lui. Un extrait de cette lettre
se trouve à la page 389 du *Catalogue de la collection d'autographes de M. de Montigny.*

Vous voyez, monsieur, mais je n'avois pas besoin de vous
le dire, qu'il se faut défier des *inédits*, et aujourd'hui plus
que jamais : on a tant imprimé, et l'on imprime tant! A ce
propos, un mot encore, s'il vous plaît, sur un article du *Bulletin.* Cet article, inséré dans le numéro de septembre, est de
M. Édouard Gardet. Il contient de fort curieux extraits des
papiers de Voltaire, conservés en Russie, et notamment des
glanes faites dans ce recueil manuscrit que Voltaire appeloit
son *Sottisier.* M. Léouzon-Leduc y avoit puisé comme dans
une source *inédite ;* M. Gardet y puise à son tour et pense
que ce qu'il en tire « sort vraisemblablement pour la première fois de ce singulier reliquaire.... » Ils se sont trompés
l'un et l'autre, sinon pour toutes les pensées qu'ils donnent
pour *inédites,* du moins pour la plupart. J'ai trouvé plusieurs
de celles qu'ils ont retrouvées à l'Ermitage dans le petit volume publié chez Pourgens, en l'an X, avec ce titre : *Pensées, remarques et observations de Voltaire,* in-12 ; recueil
très-curieux donné d'après une sorte d'agenda manuscrit de
Voltaire, qui avoit appartenu d'abord à M. de Villevieille,
« son ancien et intime ami, » puis au fils du célèbre compo-
siteur Paccini.

M. Beuchot l'avoit connu, mais n'en avoit pas fait grand
cas ; quoique l'esprit de Voltaire s'y trouve à chaque ligne, il
avoit douté que ce recueil fût de lui, et il avoit dédaigné par
conséquent de le reproduire dans son édition des œuvres complètes. Maintenant que M. Léouzon-Leduc et M. Édouard
Gardet ont retrouvé la plupart des mêmes pensées dans un
manuscrit qui provient incontestablement de Voltaire, on ne
peut plus mettre en doute que le petit volume publié en l'an X

ne soit une œuvre sortie de la même main, du même esprit, et dont la réimpression seroit, par conséquent, fort intéressante.

Mille pardons, monsieur, pour cette trop longue lettre, mille compliments pour votre excellent *Bulletin*, et croyez-moi

Votre bien dévoué

ÉDOUARD FOURNIER.

6 décembre 1860.

ANALECTA-BIBLION.

PUBLICATIONS NOUVELLES.

Manuel de l'archiviste des préfectures, des mairies et des hospices, contenant les lois, décrets, ordonnances, règlements, circulaires et instructions relatifs au service des Archives ; des renseignements pratiques pour leur exécution et pour la rédaction des inventaires ; et précédé d'une introduction historique sur les archives anciennes et modernes ; par M. Aimé Champollion-Figeac. *Paris, chez Paul Dupont ;* 1860, in-8°.

Voici un livre d'une utilité pratique incontestable, et dont il faut remercier l'auteur d'avoir conçu le plan, aussi bien que de l'avoir mis à exécution. Comme l'indique le titre détaillé que j'ai reproduit intégralement, c'est un recueil de tous les documents officiels relatifs aux archives des villes et des établissements publics de la France, dont les plus anciens remontent à la fin du dix-septième siècle. L'auteur l'a fait précéder d'une introduction trop courte, vu l'importance du sujet, mais qui résume en termes clairs et précis les efforts tentés par les gouvernements différents qui se sont succédé en France depuis Louis XIV jusqu'à nos jours. Avant cette époque toutes les archives étoient seigneuriales, ecclésiastiques ou judiciaires ; elles étoient régies par les intéressés avec un soin d'autant plus grand que de leur conservation intacte dépendoient les priviléges et les immunités dont ils jouissoient. Quand Louis XIV, soit par la conquête, soit par la suppression de ces priviléges, eut fait prévaloir l'autorité royale, la majeure partie des titres les plus anciens, fut considérée comme inutile ; la négligence, le désordre, s'introduisirent dans les anciennes archives. Ce fut bien pire encore quand la Révolution de 1789 eut éclaté : toutes les pièces qui échappèrent à la destruction furent jetées pêle-mêle dans des greniers ; elles étoient considérées avec raison, comme inutiles au point de vue de l'administration, et ne conservoient pour la plupart qu'un intérêt historique, trop souvent méconnu. Disons-le cependant à la louange de la monarchie, du consulat et de l'empire, cet intérêt historique n'a jamais été nié complétement. Les trois gouvernements se sont efforcés de préserver de la destruction les documents qui pouvoient avoir quelque valeur ; c'est aux tentatives faites par les ministres intelligents de toutes les époques, que sont dues certaines ordonnances, certains règlements recueillis et mis au jour par M. Aimé Champollion.

C'est à l'année 1615 que l'on peut faire remonter la pensée de constituer de nouveau et plus régulièrement les archives en France. Matthieu Molé, devenu procureur général du parlement de Paris, après avoir fait unir à cette charge celle de trésorier des Chartes, entreprit immédiatement de reconstituer l'ancien *Trésor des chartes du roi* alors presque entièrement dispersé, et d'en faire dresser un inventaire régulier. Colbert, d'Aguesseau avoient conçu le projet d'une collection générale des documents relatifs à l'histoire et au droit public du royaume ; ces travaux dont ils ne purent qu'entamer l'exécution, reçurent particulièrement sous le règne de Louis XV, une forte impulsion. Les États des provinces et le corps du clergé s'y associèrent par des votes de fonds. Dès l'année 1708, un édit du roi donné au mois de janvier, créoit des offices de gardes des archives près les parlements, chambres des comptes, cours des aides et des monnoies, requêtes de l'hôtel du roi et du palais, bureaux des finances, bailliages, sénéchaussées, et autres siéges ressortissant aux cours souveraines ; ces agents nouveaux de l'administration étoient chargés de conserver les registres, titres, arrêts, aveux, dénombrements, etc., et les ormaires de ces offices, indépendamment d'une foule de privilèges, avoient encore droit au même titre de connesse que les secretaires de la commune, maison et finances du roi, etc.

En novembre 1733, furent institués les secretaires-greffiers, chargés des archives des villes et des communautés, et un arrêt du conseil d'État du 26 février 1743, leur ordonna de faire immédiatement le recensement des titres, papiers et autres actes étant aux greffes et dans les archives des villes et communautés. Sur ces indications precises, M. Aimé Champollion donne quelques détails sur les recherches faites dans les archives à la fin du dernier siècle, soit par les bénédictins, soit par les savants non religieux que le gouvernement de Louis XV avoit chargés de la publication des monuments de notre histoire.

Avec la Revolution de 1789 s'ouvre une époque funeste pour la conservation des archives. Sans parler de la destruction partielle ou de l'abandon de différents dépôts publics et particuliers, je rappellerai le trop fameux décret rendu le 24 juin 1792, dans lequel on lit : « Tous les titres généalogiques qui se trouvent dans un dépôt public quel qu'il soit seront brûlés. » décret qui fut suivi d'autres dispositions prises la même année, par exemple celle qui autorisoit la vente de certaines pièces provenant de la cour des comptes, celle qui condamnoit à cinq ans de fers les citoyens qui cachoient les parchemins ou papiers dont la destruction avoit été décidée. Si le temps et la gravité des événements avoient permis que ces fatales ordonnances fussent ponctuellement exécutées, quel nombre infini de documents historiques d'une valeur inappréciable eussent été perdus pour la science ; combien de travaux, poursuivis maintenant avec ardeur, fussent devenus impossibles. Entre toutes les mesures désastreuses prises à cette époque, je signalerai l'arrêté du comité de salut public, du 7 frimaire an III (nov. 1794) qui ordonne que les parchemins *imprimés ou écrits* soient livrés à la commission des armes et poudres pour servir à la confection des gargousses de l'artillerie. Cette mesure fatale ne fut que trop strictement exécutée, et l'on ne peut penser sans gémir au nombre infini de documents précieux qui fut détruit de la sorte. On en jugera par le détail suivant.

En 1854, il restoit encore quelques-uns de ces parchemins dans les magasins de l'artillerie à Paris. M. le ministre de la guerre en informa son confrère M. le ministre de l'intérieur qui s'empressa d'envoyer un inspecteur des archives, M. Eugène de Stadler, ancien élève de l'École des chartes, pour reconnoître la valeur de ces parchemins. Presque tous avoient de l'importance: il s'y trouvoit principalement plusieurs feuilles d'un compte des dépenses de la reine Anne de Bretagne pour l'année 1492. Examen fait de ce compte, il comprenoit tout le détail du trousseau qui fut donné à la jeune reine lors de son mariage avec Charles VIII (1).

Il est juste de dire que même parmi les plus fervents défenseurs du régime de 89, il s'est trouvé quelques hommes à qui l'odieuse ineptie de pareilles mesures n'a pas échappé, et qui ont usé de toute leur influence pour en atténuer l'effet. Au mois d'octobre 1794, un décret prorogeoit à six mois le brûlement des titres féodaux d'une certaine classe, et depuis cette date les auto-da-fé sacriléges ne recommencèrent plus. Il y eut des pertes nombreuses, irréparables sans contredit, mais le temps n'étoit pas loin où le magnifique dépôt connu maintenant de toute l'Europe savante sous le nom d'Archives générales de l'empire, alloit être formé à Paris, où les archives des départements enrichies des collections religieuses ou particulières qui les entouroient, alloient recevoir un commencement d'organisation. Dès l'année 1795, la loi relative au brûlement des archives fut rapportée, et depuis le Directoire jusqu'à nos jours, tous les gouvernements qui se sont

(1) Il faut lire, au sujet de ces parchemins, un article très-curieux de M. le comte de Laborde, dans la *Revue de Paris* de février 1854; M. de Laborde a fait connoître le premier l'importance de ces fragments dont il a cité des extraits. Voir aussi *la Renaissance des arts à la cour de France*, du même auteur, additions au tome I, p. 728.

succédé ont veillé à la conservation de ces précieux dépôts. La réouverture de l'École des chartes en 1829, l'organisation, en 1833, des travaux historiques dus à M. Guizot, alors ministre de l'instruction publique, le nombre toujours croissant des travaux sérieux, approfondis sur notre histoire, ont fixé l'attention publique sur les archives dont l'organisation s'améliore de jour en jour. En réunissant dans un corps d'ouvrage tout ce qui a été publié par les autorités compétentes sur cette matière, M. Aimé Champollion, si bien informé par ses fonctions pour que rien ne lui échappe, a rendu un service à tous les travailleurs dont bien heureusement le nombre se multiplie chaque jour.

Le Roux de Lincy.

———

Fastes militaires des Indes occidentales néerlandaises, par Gerlach (A. J. A.), capitaine d'artillerie au service de S. M. le roi des Pays-Bas. 1 vol. gr. in-8° de 800 pages, avec portraits, figures et plans. *Zalt-Bommel, J. Nomon et fils*, libraires-éditeurs.

J'ai donné, dans la *Revue contemporaine* du 15 octobre dernier, une analyse détaillée de ce livre, publié sous le patronage et avec le concours du gouvernement des Pays-Bas. Cette publication, faite en langue françoise, est significative. Elle semble indiquer que ce gouvernement renonce au système de dissimulation longtemps suivi par rapport à ses colonies. C'est en même temps un juste hommage de reconnoissance rendu à la France. Les succès importants obtenus par les Hollandois dans l'archipel Indien depuis 1815 ont été dus en grande partie à des officiers formés à l'école des grandes guerres du premier empire. Le récit de leurs opérations, peu connues jusqu'ici en Europe, tient une place importante dans l'ouvrage de M. Gerlach et en fait un livre aussi intéressant pour la France que pour la Hollande elle-même.

Indépendamment de sa valeur intrinsèque, l'apparition d'un livre françois, imprimé avec un grand luxe, en plein dix-neuvième siècle, dans la patrie des Elzévir, des Moetjens, des David Mortier, est un phénomène bibliographique rare et intéressant. L'imprimeur de Zalt-Bommel a fait de louables efforts pour ne pas rester trop au-dessous de ses illustres devanciers, et mérite des éloges tant pour l'exécution typographique que pour la bonne qualité du papier. Nous faisons toutefois nos réserves à propos des caractères italiques majuscules employés pour l'épître dédicatoire. Ces caractères, lourds et disgracieux, ont le tort de rappeler parfaitement les *exemples* de certains professeurs d'écriture.

Les illustrations de ce livre sont sans doute un spécimen de ce qui se fait de mieux en Hollande; elles laissent toutefois beaucoup à désirer. Le frontispice, gravé sur acier à la Haye, démontre surabondamment que les graveurs des beaux livres illustrés, publiés naguère en Hollande, n'ont pas laissé d'héritiers dans ce siècle de progrès.

Nonobstant ces imperfections, ce livre n'est nullement indigne de l'attention des bibliophiles françois, en raison de son origine et de son impression correcte, sinon élégante. Il y a là un premier effort pour raviver d'anciennes et glorieuses traditions typographiques. Cet effort, pour n'avoir pas été complétement heureux, n'en est pas moins curieux et mérite d'être signalé et encouragé.

Baron ERNOUF.

VARIÉTÉS.

Deux petits volumes imprimés à Caen par les soins de M. Trébutien, nom connu des bibliophiles, viennent de paraître à Paris à la librairie de Didier, et contiennent les œuvres de Maurice de Guérin, sous ce titre funèbre et pieux, *Reliquiæ*. Il s'agit d'un jeune homme mort il y a vingt-deux ans à qui des amis élèvent le monument destiné à perpétuer son souvenir.

Déjà, en 1840, la publication du *Centaure* dans la *Revue des Deux-Mondes* avoit jeté quelque lumière autour de ce nom de Guérin ; cette lumière est devenue tout à coup une auréole par le récent article de M. Sainte-Beuve qui a paru dans le *Moniteur*. Cet article, reproduit en tête du premier volume, y sert d'introduction.

Même après M. Sainte-Beuve et malgré le talent qu'il a de prendre comme l'abeille la fleur des sujets, il y auroit dans ces pages posthumes bien des choses à noter, un miel bien exquis à recueillir. Nous essayerons peut-être de le faire une autre fois ; aujourd'hui, le *Bulletin*, prêt à paraître, ne nous permet que d'annoncer à nos lecteurs à quel plaisir vraiment littéraire ils sont conviés. Nous leur recommandons surtout *le Journal* de Maurice, ce *cher petit cahier vert* sur lequel il écrivoit ses pensées, et à qui il adresse quelquefois la parole, tant c'est bien sérieusement qu'il lui prête son âme. La voici donc, grâce à ce confident muet qui revit pour nous, cette âme formée avec délicatesse pour la plus idéale et la plus charmante rêverie, cette âme où se reflète la nature avec la majesté de son ensemble et la grâce de ses détails. Pour exprimer sommairement notre impression, nous dirions volontiers qu'il y a ici un mélange heureux de la grande et orageuse nature de *René*, et de la grâce fine et de l'art délicat des *Pensées de Joubert*. Combien est aimable chez ce dernier le *moi*, ce *moi* que veut qu'on haïsse l'ingrat Pascal qui lui doit tant! Combien il l'est aussi chez Guérin! Nous n'en voulons pour preuve que ce passage où, las de poursuivre ses chimères d'ambition, et froissé de sa dernière sortie, il rentre en son logis intérieur et s'y fait humble et petit à plaisir. « Je veux me barricader chez moi, m'y murer pour m'ôter toute tentation, ne bougeant pas plus qu'un terme, dussé-je sécher sur pied. J'ai lu quelque part que des milliers d'animalcules nagent à l'aise dans une goutte d'eau; la circonférence de mon domaine intellectuel est à peu près égale, je crois, à celle de la goutte, et j'y suis seul n'ai-je pas sujet d'être heureux sans inquiéter davantage mon repos par des rêves d'ambition? Oh! oui, mon petit monde, ma gouttelette imperceptible, tu es à moi seul et désormais à toi seule je serai. S'il se rencontre quelque vivant aussi menu que moi qui me prie de lui donner entrée, j'exercerai volontiers l'hospitalité, je le recevrai cordialement, plein de reconnoissance pour la sympathie qui l'aura fait frapper à ma porte; je le promènerai par toute ma demeure, livrant tous les détails à sa curiosité, comme on feroit d'un palais; nous causerons avec charme de mille petites choses qui seront grandes affaires pour nous : bonheur, peines, travaux, découvertes, philosophie, poésie, tout cela passera dans nos entretiens, mais dans des proportions convenables à l'étendue infiniment bornée de nos conceptions et à l'exiguïté de nos âmes. Après nous être donné à cœur-joie de causeries et d'amitiés, je reconduirai mon hôte jusqu'à la porte, et, lui laissant un baiser et un adieu (deux choses touchantes qui vont de compagnie), je pousserai les verrous et me tiendrai coi dans mon univers microscopique, jusqu'à ce que le marteau m'avertisse encore qu'il y a au dehors une pensée qui pense à moi. » Y a-t-il rien de plus gracieusement ingénieux que cette page, et quelle idée attrayante ne donnet-elle pas du recueil des écrits de Maurice de Guérin?

Citons encore ce passage qu'avoueroit La Fontaine, un

La Fontaine contemporain de Verther et de René, et mêlant à l'analyse des troubles de son cœur les souvenirs de ses chers animaux. Dans un de ces moments de profond découragement comme il en avoit souvent, Guérin, repoussé du monde, se rabat sur la résignation qu'il se figure comme un terrier creusé dans les racines d'un vieux chêne où se réfugie la proie fuyante et longtemps poursuivie : « Elle enfile rapidement son ouverture étroite et ténébreuse, se tapit au fin fond, et là tout accroupie et ramassée sur elle-même, le cœur lui battant à coups redoublés, elle écoute les aboiements lointains de la meute et les cris des chasseurs. » Voici donc Guérin dans son terrier, et c'est lui qui est cette proie fuyante et poursuivie : *que faire en un gîte à moins que l'on ne songe ?* Il songe donc, il songe à cette proie, il la voit qui se rassure et tente de nouveau l'aventure au dehors. « Le danger passé, la proie regagne les champs, va revoir le soleil et la liberté ; elle retourne toute joyeuse à son tapis de serpolet et d'herbes savoureuses qu'elle a laissé à demi-brouté, elle reprend les habitudes de sa vie errante et sauvage. Les blés, les vignes, les taillis, les buissons, les fleurs, sa litière dans une touffe d'herbe ou dans la mousse, dans le hallier, ses songes, sa vague et douce existence, tout est à elle de nouveau. »

Quelle agréable et naïve peinture ! N'y a-t-il pas ici un petit air du Janot lapin de La Fontaine qui trotte, court, et fait tous ses tours *parmi le thym et la rosée ?*

Qu'il nous soit permis, en finissant, de joindre à nos remercîments pour M. Trébutien, un reproche, ou plutôt une prière. Pourquoi aux reliques du frère n'a-t-il pas joint les reliques de la sœur publiées il y a quelques années ? Nous eussions aimé à pouvoir réunir dans le même reliquaire les deux âmes de Maurice et d'Eugénie. Puisse cette omission être réparée dans la seconde édition, avec un tirage à part qui permette de compléter la première !

Mis DE GAILLON.

CATALOGUE RAISONNÉ

DE

LIVRES ANCIENS, RARES, CURIEUX QUI SE TROUVENT EN VENTE

A LA LIBRAIRIE DE J. TECHENER.

Janvier (1861.)

1. ALMANACH DES PETITS GÉNIES, rédigé par deux grands
esprits, Alain et Desmazures, recueil comique contenant
l'Histoire du patron Jean, des cantiques et des complaintes, les Lavements, un dialogue entre un déclamateur
gascon et un comédien, une manière de manger les gigots
de mouton, les Amours de Cadet Giraudier, trois ou quatre impromptus posthumes de Voltaire, Piron et Rousseau,
plusieurs pièces de vers, épîtres, chansons non connues
de M. Marmontel, Parny, le chevalier Aude, Bertin, le
chevalier de Cubières, quelques contes anonymes, choses
relatives aux affaires du temps et historiettes lyonnoises.
Aux Broteaux, impr. de Michault, 1790; in-18, dos de
mar. r., non rogné. . . . .   8—»

Cet almanach, imprimé à Lyon, doit être assez rare, car on ne le voit pas cité
dans la nombreuse série des almanachs que Fleischer a décrits soigneusement,
t. 1er de la *Bibliogr. françoise* (Paris, 1812, in-8°). Les prétendus éditeurs de cet
almanach, Alain et Desmazures, sont des auteurs imaginaires que Rivarol avoit
créés, comme tant d'autres, dans son *Petit almanach des grands hommes*. Le véritable éditeur de l'*Almanach des petits génies* n'est autre que le chevalier Aude,
qui avoit été secrétaire de Buffon et du marquis Caraccioli, avant de devenir vau-
devilliste. Il étoit alors fixé à Lyon, où il avoit publié une *Vie de Buffon* et fait
représenter un vaudeville, *le Tribut des arts à la ville de Lyon*. Cet almanach est
tout rempli de sa prose et de ses vers; il a vidé ses portefeuilles pour le composer, sans recourir aux *Petits génies* de Lyon, quoique le volume soit dédié à
certaines dames lyonnoises: « C'est principalement sous vos auspices que nous
publions ce grand œuvre ; vous y trouverez du tendre et du gai, du sérieux et du
frivole, de la mollesse et de la dureté : daignez nous prendre comme nous sommes. » On trouve en tête de cet almanach un Avant-propos, un Avertissement, une
Préface et un Avis aux patriotes : « Il y a autant d'idées neuves dans notre livre,
dit l'honnête royaliste et chevalier Aude, que de réformateurs dans les cafes,
d'aristocrates chez l'étranger et de manœuvres à Perache. » Le chevalier Aude a

tenu ses promesses aussi bien qu'il pouvoit le faire. On remarquera pourtant l'*Histoire du patron Jean*, chef-d'œuvre désopilatoire de narration burlesque, et une lettre, très-intéressante pour l'histoire du théâtre, sur les spectacles des trois principales villes de la province avant la révolution. **P. L.**

2. ANATIPOPHILE BÉNÉDICTIN (l') aux pieds du Roy et de la Royne, pour la réformation de l'ordre de S. Benoist, par un Père d'un noviciat de l'observance bénédictine. *Paris, Ch. Chastellain*, 1615; in-12, parch . . . . . . 28—»

Livre rare et curieux. — Un bénédictin *anonyme*, père d'un noviciat *de decà les monts*, enflammé d'un beau zèle pour la réforme de son ordre, adresse une supplique au roi et à la reine, par l'entremise du chancelier, auquel il dédie son œuvre. Il déclare que le roi seul peut exécuter cette réforme, et, pour l'engager à cette entreprise, il consacre le premier chapitre de son livre à démontrer que Louis XIII étoit parent de saint Benoît; puis il expose que ce grand saint est le protecteur spécial de la France, et que les trois ennemis capitaux du royaume, les Normands, les Anglois et les Juifs, ont été chassés par son assistance. Il décrit ensuite l'état de perfection des anciens bénédictins. Cet ordre, dit-il, a fourni trente-un papes, cent quatre-vingts cardinaux, mille cent soixante-quatre archevêques, trois mille cinq cent douze évêques, deux régents de France, Suger et Matthieu de Vendôme, et quarante-quatre mille saints, *qui nous servent d'advocats en la cour souveraine du Paradis*; enfin, il compte plus de cinquante-deux mille abbayes de bénédictins. Dans le chapitre suivant, l'auteur fait un triste tableau de la décadence de l'ordre, de l'ignorance, de la licence et des vices des moines. « Les monastères de saint Benoist sont à présent comme l'arche de Noé, où toute sorte d'animaux sont les bien-venus. Les ignorants, les contrefaits, les borgnes, les bossus, les inutiles, les estropiats de corps et d'esprit y sont admis en récompense de quelque service rendu à l'abbé commendataire, ou à prix d'argent. On y voit l'envieux Caïn, le querelleur Ismaël, le gourmand Ésaü, le desloyal Laban, Acham le larron, le gras et replet Eglon, les lascifs enfants d'Hély, le simoniaque Giesy, le sacrilège Héliodore, le traistre Judas, etc., etc. Les jeux de paulme sont leurs récréations communes; la chasse est leur promenade ordinaire; l'entretien des dames leur sert de conférence spirituelle; le caquet affilé, de psalmodie, etc., etc. » Cette satire des moines faite par un moine, dépasse tout ce que les calvinistes ont écrit sur le même sujet.

Voici les expédients que l'auteur propose pour réformer l'ordre de saint Benoît : Fonder des noviciats et des écoles de philosophie et de théologie, pratiquer l'oraison mentale après matines, incorporer tous les moines dans les congrégations des célestins, des feuillants et de saint Vannes, qui seules observent strictement la règle, et réprimer les dilapidations des abbés commendataires. Ce projet méritoit d'être favorablement accueilli et promptement exécuté; mais il froissoit les intérêts des hommes puissants qui possédoient en commende de riches abbayes et s'engraissoient aux dépens de la manse conventuelle. Aussi, cette requête, quoiqu'elle soit accompagnée de vers latins et françois en faveur de la réforme, fut-elle mise à néant et même condamnée officiellement. Cette censure est une singularité qui fait partie intégrante de l'histoire de l'*Anatipophile bénédictin*. Le texte est précédé d'une *Approbation* de deux docteurs en théologie de la faculté de Paris qui, le 3 janvier 1615, certifient avoir lu ce traité, *auquel n'avons trouvé rien qui ne soit digne d'être leu et veu*. Mais on a joint au volume une pièce imprimée en placard et intitulée: « Censura facultatis theologiæ pariensis in librum, qui inscribitur l'*Anatipophile bénédictin*. » Or, la faculté de théologie, assemblée le 1er août 1615, dans la salle du collège de Sorbonne, après avoir entendu le rapport de quatre docteurs commis à cet effet, censure et condamne l'*Anatipophile* qui renferme une foule de propositions erronées, injurieuses, scandaleuses et dangereuses. Ainsi, à quelques mois de date, les théologiens de Paris approuvèrent, puis condamnèrent le même livre. Ceci prouve que les parties intéressées s'étoient émues de ce projet de réforme, et qu'elles réussirent à l'étouffer sous le poids d'une censure sans appel. Ap. B.

3. Antithèse de la vraye et fausse église. *Paris*, 1561 ; in-16, mar. or. janséniste, tr. dor. (*Duru.*). . . 65— »

Charmant exemplaire d'un petit livre très-rare et bien imprimé. — On connoît plusieurs ouvrages hétérodoxes, publiés sous le titre d'*Antithèse*: ce sont des satires violentes contre le pape et l'Eglise romaine, dans lesquelles les raisonnements sont noyés dans un déluge d'injures et de mauvaises plaisanteries. L'*Antithèse de la vraye et fausse église* est écrite d'un style plus sérieux, et tend à prouver que la véritable Église est celle des calvinistes, et qu'elle représente l'ancienne Église dans toute sa pureté. « Car, dit l'auteur, il faut que nous soyons l'Église de Jésus-Christ et vous la synagogue de Satan, ou que nous soyons la synagogue de Satan et vous l'Église de Jésus-Christ ; il n'y a pas de milieu. Tout le nœud consiste à montrer ce que c'est que la vraye Église. Jusques à ce que cela soit décidé, c'est pour néant que vous médisez de nous et nous de vous, et pour néant que vous dites avoir la vraye Église et nous aussi. » Le théologien entre alors en matière. Il expose les articles de foi des réformés, et il conclut de cet examen qu'ils sont chrétiens et non hérétiques, et qu'ils suivent à la lettre les préceptes de l'ancienne Église de Jésus-Christ. Vient ensuite l'Antithèse, ou la contre-partie. L'auteur reproche à l'Église romaine l'introduction de pratiques nouvelles ou superstitieuses dans la religion, telles que les indulgences, l'eau bénite, l'adoration des saints, l'influence attribuée à la grâce, le mépris du mariage, l'usurpation des biens temporels à main armée, le mauvais usage des richesses qui ont été données à l'Église pour les pauvres, et dont profitent seuls les ecclésiastiques et les moines, etc., etc. Enfin, il demande que l'Église romaine se décide à réunir un concile, où les deux Églises seront définitivement jugées. Ap. B.

4. Arlequin, comédien aux Champs-Élysées, nouvelle historique, allégorique et comique; seconde édition, revue, corrigée et augmentée de plusieurs scènes dans les Intrigues d'Arlequin, de plusieurs remarques de quelques philosophes, de trois lettres, d'un opéra-comique et d'une petite comédie intitulée la Baguette. *Paris, Arnoul Seneuze*, 1694; in-12 de 4 ff. prélim., 250 pages et 1 f. pour le privilége, mar. r. janséniste, tr. d. . . . 28—»

Très-bel exemplaire d'un des plus curieux ouvrages de l'inépuisable abbé Bordelon. Cet abbé avoit au suprême degre la passion d'écrire et d'imprimer ; il manquoit presque totalement d'imagination, mais il avoit une certaine tournure d'esprit plaisante et bizarre qui lui faisoit trouver des cadres et des titres de livres singuliers, bouffons, excentriques. Il possédoit d'ailleurs, comme ressource littéraire, une prodigieuse mémoire, qui lui fournissoit à point nommé l'extrait méthodique de tout ce qu'il avoit lu. Telle est la matière encyclopédique des quarante ou cinquante volumes qu'il a compilés et mis au jour avec une ardeur que ne décourageoit pas l'indifférence du public. Il étoit surtout passionné pour le

théâtre : tout abbé qu'il fut, il fréquentoit les spectacles, il recherchoit les auteurs
dramatiques, les comédiens et même les actrices, en tout bien tout honneur ; il
n'eut pas la joie de pouvoir faire jouer un seul petit acte, malgré le bon accueil qu'on
lui faisoit à la Comédie-Italienne. Ce fut la mort d'un Arlequin (nous ne savons
lequel), qui lui donna l'idée de publier, sous le titre d'*Arlequin aux Champs-
Élysées*, la comédie des *Intrigues d'Arlequin*, qui attendoit son tour dans les
cartons du Théâtre-Italien depuis nombre d'années. Il est possible que la fermeture de ce théâtre, par ordre du roi, après l'indécente représentation de *la
Prude*, où l'on crut reconnoître Mme de Maintenon, ait forcé l'abbé Bordelon
de se contenter de l'impression de sa pièce. Il inventa donc un cadre assez ingénieux, pour l'y introduire. Il suppose que les philosophes anciens s'ennuient de la
vie qu'ils mènent dans les Champs-Élysées : à l'arrivée d'Arlequin, qui est tout
étonné de tomber au milieu des philosophes, Pluton imagine de faire donner la
comédie à ces illustres représentants de la sagesse antique qui bâillent à qui
mieux mieux. La pièce qu'il s'agit de monter est fournie par le répertoire de la
Comédie-Italienne, mais les acteurs sont choisis par Arlequin entre les sujets de
Pluton : Aspasie jouera *Isabelle* ; Théano, *Colombine* ; Aristote, *le docteur Ba-
louarde* ; Diogène, *Mezzetin* ; Démocrite, *Pierrot* ; Ésope, *Polichinel*, etc., etc. On
fait de grands préparatifs pour cette représentation extraordinaire ; la comédie est
goûtée généralement ; les acteurs, encouragés par l'exemple d'Arlequin, se surpassent dans leurs rôles ; les philosophes rient et applaudissent, en déclarant que
la véritable sagesse existe aussi bien dans une farce de théâtre que dans un chef-
d'œuvre de morale. Voilà ce que raconte Cardan dans plusieurs lettres qu'il
adresse à son correspondant terrestre. A cette seconde édition de son *Arlequin aux Champs-Élysées*, l'abbé Bordelon, satisfait du succès que la première
avoit obtenu, a encore ajouté un opéra comique intitulé : *Arlequin Roland furieux*,
et une petite comédie assez amusante, *la Baguette*, qui roule sur les expériences
de la baguette divinatoire, qu'on employoit alors pour découvrir des trésors cachés et pour retrouver des objets perdus. L'abbé Bordelon, afin de prouver qu'il
avoit toutes les qualités d'un abbé galant, a composé différents morceaux de musique sur les paroles qui doivent être chantées dans sa comédie des Champs-
Élysées. Nous doutons fort que le musicien soit supérieur au poète.   P. L.

5. **Bruscambille.** Péripatétiques résolutions et Remonstrances sentencieuses du docteur Bruscambille, aux perturbateurs de l'Estat. *Paris, par Va du Cul, gouverneur
des singes*, 1619 ; — Sages résolutions et Remonstrances
sentencieuses du docteur Bruscambille, aux perturbateurs
de la France. *Paris, Pierre Cligny*, 1619.— Advis donné
par le sieur de Briscambille (*sic*) aux protestans révolté
(*sic*) de France. *A l'Enclose, par Ti-pe-to-to*, 1621 ; portr.
de Bruscambille sur le titre. — 3 pièces en 1 vol. pet.
in-8 . . . .   90—»

Ces trois pièces rares ont été composées sous le nom de Bruscambille, mais ne
font point partie de ses œuvres. C'est ainsi qu'on publia sous son nom, en 1615,
un *Advertissement sur le voyage d'Espagne* ; en 1617, une *Description de Con-
chini Conchino* ; en 1618, des *Prédictions grotesques pour l'année* 1619.

Les *Péripatétiques résolutions* sont dirigées contre les mécontents qui s'étoient réunis autour de la reine mère, lors de sa retraite à Angoulême près du duc d'Epernon. Cet opuscule politique est écrit d'un style très-facétieux et fournit quelques renseignements sur Bruscambille, c'est-à-dire sur Deslauriers, comédien de l'hôtel de Bourgogne. L'auteur commence ainsi : « Eh bien, gros Guillaume dira donc son advis des murmures de ce temps, Gautier Garguille en discourera, chacun y mettra le nez, et nous, docteurs en toutes sortes de sciences et plusieurs autres, qui avons la discouration née avec nous, ainsi que niais, et stupides busches, nous ne dirons mot ! Si ferons, si ferons, par saint Tripet, mais ce seront des marveilles. » Il dit plus loin : « Si vous trouvez en moy quelque chose qui ne soit pas dans Cicéron, ne vous en estonnez pas, je ne me suis jamais amusé à le lire : ains je croy qu'il désireroit de venir en ce monde pour apprendre mon style et réformer toutes ses œuvres selon le modèle des miennes. Et si vous me demandez quel droict j'ay de vous remonstrer, disant que je ne suis qu'un faiseur de farces et que je suis aussi fol que vous : je vous respondray doctement *et in a barrocho*, qu'il y a bien à dire entre vous et moy. » Et alors il compare d'une manière très-plaisante sa joyeuse vie de comédien avec le triste sort qui, dit-il, attend les rebelles : « *Tertio*, quand (sur le théâtre) je dis quelque chose de bon, on en rit ; et quand vous serez sur le théâtre, on rira peut-estre ; et peut-estre fera-on mieux, car on chantera ; mais le mal c'est que ça sera en latin, *latine. Quarto*, quand on vous mettra sur le théâtre qui ne sera pas si bien tapissé que le nostre, on vous promettra que vous yrez souper au ciel, et moy, quand je monte sur le théâtre, j'espère d'aller souper chez Cormier ou en quelque autre bon endroit qui ne soit pas si loing. *Itaque*, partant je concluds que puisque toutes mes actions réussissent bien et les vostres mal, je suis plus sage que vous et mieux advisé : *Ergo*, capable de vous remonstrer pour vous faire sçavoir que vous n'estes que des fols, *in superlativo, tivo*, la pénultième longue, c'est-à-dire en cramoisy. » Il compare ensuite les mécontents à Phaéthon, dont l'ambition causa la mort ; à Lucifer qui se révolta contre Dieu et fut précipité dans l'abîme ; à un rat.... Mais qu'on nous permette de transcrire cette historiette : « Un rat de mon logis qui, voulant venir ronger la queue de mon maistre Mithou, qui dormoit, fut bien trompé : car le finet de rat qu'il estoit, s'en venoit *piano, piano*, pour prendre sa nourriture à la queue du chat qui naguère passant dans une laicterie l'avoit mouillée dans la cresme : mais voulant sucer le jus qui estoit à ladite queue, il ne se peut empescher qu'il n'emportast aussi un petit morceau de la chair, dont le drosle de rominagrobis vous l'attrape avec la griffe, et, sans autre forme de procès, engoule tout d'un coup ce maistre effronté qui lui vouloit faire la barbe. »

Les *Sages résolutions* sont une contrefaçon des *Peripatetiques résolutions*, dont on a défiguré le titre. L'éditeur ou le pseudo-imprimeur, Pierre Cligny, a opéré quelques retranchements, changé certains mots, corrigé plusieurs fautes pour en commettre de nouvelles. Ainsi, au lieu de la citation latine insérée dans cette phrase de l'édition originale : «Or sus commençons, *mihi musas causas memoria*, comme disoit le poëte ; c'est pour vous monstrer que je ne suis pas un asne messieurs. » On lit dans la contrefaçon : *musa mihi causa memora*. La première version convient beaucoup mieux à Bruscambille.

L'*Advis donne aux protestans* a été publié après la prise de Saint-Jean-d'Angély, en 1621 : « Les débris de cette ville métamorphosée au bourg Saint-Louis, devroient changer les rébellions de tous les rebelles. » Il résulte de ce passage que la ville de Saint-Jean-d'Angély, après avoir été rasée, dépavée, et dépouillée de tous ses priviléges, fut rayée de la liste des villes de France, et reçut le nom de bourg Saint-Louis. L'auteur de cet opuscule croyoit sans doute écrire une facétie, mais il s'est trompé. En lisant ses plaisanteries et le nom estropié de *Briscambille*, nous nous sommes rappelé la fable de *l'Ane et le petit Chien* : notre auteur n'est pas le petit chien.

Ap. B.

6. COLONY (*Jean-Denis de Cecier*, dit). Chrestienne recréation. *Berne, Jean Le Preux*, 1601; pet. in-8, mar. r. fil. tr. dor. (*Trautz-Bauzonnet*.) . . . . 65—»

RARE. — Ce livre, composé et imprimé à Berne, orné sur le titre des armes de cette ville, est cependant essentiellement françois. En effet, l'imprimeur, Jean Le Preux, doit être l'imprimeur du même nom qui exerçoit à Paris en 1564, et qui, par suite des troubles, se réfugia à Berne. Jean-Denis de Cecier, dit Colony, naquit dans le pays de Gex, réuni à la France en 1601 par échange avec le marquisat de Saluces ; Colony se retira également à Berne, pour échapper aux persécutions qui décimèrent les familles protestantes du duché de Savoie.

Il paroît que Colony était un calligraphe distingué, car on lit dans un sonnet laudatif imprimé au verso du titre :

> Ta Muse avec ta main, d'un cœur et d'un courage
> Joustent, à qui mieux mieux, pour emporter le prix.
> . . . .
> D'ailleurs, ta main d'un traict bien limé et compris
> Fait voir aux yeux de tous ta plume l'usage.

La *Chrestienne recréation* est dédiée au *magnifique seigneur* Vincent Dachselhofer, *du conseil étroict* de Berne, en reconnoissance des bienfaits que l'auteur avoit reçus de ce haut personnage. Cette œuvre poétique se compose de vingt-sept *sonnets* pieux, mais hétérodoxes. Quelques-unes de ces pièces sont illustrées d'anagrammes ou d'acrostiches ; d'autres ont été écrites à l'occasion d'un tremblement de terre advenu le 8 septembre 1601, de l'achèvement du temple de Morges, de la conférence d'un capucin d'Avignon avec un ministre protestant, etc. Les sonnets sont suivis d'un *Cartel* épigrammatique, d'une *Plainte* sur la misère humaine, de plusieurs *Pseaumes* traduits en vers, d'une *Prière pour dire en allant à la guerre*, d'un *Cantique*, et enfin d'une *Ode* aux seigneurs de Berne, pour les remercier d'un présent. Voici le début du sixième sonnet :

> Où courez-vous, mortels ? hélas ! que faictes-vous ?
> Dieu n'est-il pas icy, aussi bien comme à Rome ?

Nous extrayons les vers suivants du sonnet sur le tremblement de terre :

> Quel réveille-matin ! Quelle diane sonne !
> Quel tocsain ! Quelle alarme oit-on de toutes pars,
> A cette heure première, au jour appelé Mars !
> C'est la terre qui tremble. Hé ! qui ne s'en estonne ?
> . . . .
> Il semble que les cieux soient bandez contre nous,
> Que Dieu veut à ce coup desployer son courroux,
> Et qu'or'il se repent d'avoir créé le monde.

Nous citerons encore cette sentence :

> Les hommes font les combats,
> Mais Dieu donne la victoire.

L'ode aux seigneurs de Berne finit ainsi :

> Puisque ce n'est pour salaire,
> Que ce don venez de faire,
> Ni pour l'avoir mérité :

Ce sera me faire entendre
Que de vous je dois dépendre,
Suivant le droict d'équité.

Je mettray donc mon estude
A vous obéir ainsi :
Et fuyant l'ingratitude,
A tant diray : « Grand merci. »

Si Colony avoit traité un sujet moins stérile, il auroit certainement pu être classé parmi les bons poëtes du seizième siècle; car ses vers ne manquent ni de verve, ni d'élégance.   Ap. B.

7. Constante amarilis (la), de Christoval Suarez de Figueroa, en quatre discours, traduite d'espagnol en françois, par N. L. Parisien. *Lyon, Claude Morillon, 1614 ;* in-8° de 7 ff. prélim., 565 p. et 9 ff. non chiff. pour la table et le privilége, frontisp. gravé par Jaspar Isaac, dos de c. de R. . . . .   28—»

Voici la note que le marquis de Paulmy a mise dans son catalogue manuscrit, au sujet de cet ouvrage : « Ce roman, dans l'ancien goût espagnol, est fort singulier. Il est mêlé de prose et de vers, d'une infinité de réflexions morales, même chrétiennes, et d'allégories. Il n'y a que très-peu d'intrigues et d'aventures. L'auteur espagnol étoit un fameux jurisconsulte connu en Espagne par des ouvrages de droit. Quant à Nicolas Lancelot, il est le même qui a traduit plusieurs morceaux tirés des nouvelles espagnoles, que j'ai plus bas. L'édition originale de ce roman est, suivant Lenglet Du Fresnoy, de Valence, 1609, in-8°. » Le second ouvrage du traducteur de la *Constante Amarilis* est intitulé : *Nouvelles tirées des plus célèbres auteurs espagnols*, par le sieur Lancelot (Paris, 1628, in-8°). Nous ne croyons pas que Nicolas Lancelot ait publié autre chose. Il avoit entrepris la traduction du roman pastoral et poétique de Christoval Suarez de Figueroa, pour obéir au *commandement* de la *très-haute et très-vertueuse* Mme de Maugiron, à qui la *Constante Amarilis* est dédiée. Mme de Maugiron étoit une savante et un bel esprit, qui n'ignoroit rien de ce qu'il est honnêtement permis de savoir à celles de son sexe : ce sont les termes de la dédicace que le traducteur lui adresse. Cette traduction, qui se présente accompagnée des éloges de trois poëtes lyonnois absolument inconnus, L. de Martel, F. de Bernières, et de Boraces, ne manque pas d'un certain mérite, quoiqu'elle soit peu littérale : l'écrivain françois s'est surtout préoccupé de donner une physionomie françoise à son auteur espagnol; il écrit en prose avec correction, sinon avec élégance, mais il écrit en vers avec un véritable talent de forme et d'expression ; il n'a jamais eu l'honneur d'être cité parmi les poëtes, et il pourroit cependant se placer avantageusement à côté d'Honoré d'Urfé et de Racan, ses contemporains, qui rimoient aussi des bergeries pour le plaisir des dames.   P. L.

8. Cœur de philosophie (le), translaté du latin en françois à la requeste de Philippes le Bel, roy de France. *Nouvellement imprimé à Paris pour François Regnault, libraire juré de l'Université. Ilz se vendent à la rue Sainct-Jac-*

ques, à l'enseigne de l'Éléphant, devant les Mathurins.
In-4° goth. de 6 ff. prélim. et 118 ff. chiffr., fig. en bois,
cartonné . . . .　**60—** »

Il y a beaucoup d'éditions gothiques de cette espèce d'encyclopédie du moyen
âge ; mais elles n'ont pas toutes été décrites, car les exemplaires en sont fort
rares. Nous ne connoissons pas l'original latin, d'après lequel cette traduction
auroit été faite sous le règne de Philippe le Bel, c'est-à-dire avant 1314. On
comprend que le texte françois ait dû être rajeuni depuis cette époque. On ne
sait pas les noms de l'auteur ni du traducteur : « Ceulx qui jadis s'entremettoient
de faire et composer aucuns livres tant en prose que en rime, conqueroient l'a-
mour des roys, des ducz, des contes et des princes, et souloient rediger et faire
compte ou chief de leurs livres des noms de ceulx pour qui ilz le faisoient, affin
de mieulx plaire à leurs ditz seigneurs et maistres. » Auteur et traducteur se sont
dispensés de se conformer à un exemple qu'ils recommandent. L'ouvrage représente les enseignements moraux, scientifiques et historiques, que le philosophe
Tyméon donne à un fils de roi, nommé Placides, dont il avoit promis de faire l'é-
ducation. On jugera de ce que valoit cette éducation, d'après l'explication de la
fable de Pasiphaë et du Minotaure, que Thiméon ose offrir à son élève. Pasiphaë
devient amoureuse d'un taureau et confie son amour à Dedalus, en lui demandant
le moyen d'en venir à ses fins. Dedalus se charge de tout. Il examine qu'elle est
la vache que le taureau aimoit le plus et il la fait enfermer ; il enferme aussi le
taureau « et luy feit moult bien donner à boire et à manger : puis feit d'ung
fort fust une figure creuse en la forme d'une vache. Et quant il eut ce fait, si
feist tuer la vache qui estoit enserrée celle que le thoreau aymoit tant, et du
cuyr tout frais escorché feit couvrir la figure qu'il avoit fait, et la fist mettre en la
maisonnette où la vache avoit esté longtemps enserrée, et feit la royne entrer
dedans la figure qui estoit couverte du cuyr de la vache. Si estoit celle figure si
soutivement faicte, que la royne povoit avoir sa nature endroit icelle nature que la
vache avoit. Quant la royne fut dedans, le povre subtil qui en mauvaistié illec mist
sa subtilité, laissa aller le thoreau, de la maison où il estoit, en la maisonnette où
estoit la figure et la royne dedans et où la vache avoit conversé. Et le thoreau
voulentaire et fort et chault et enragé, là où il voit celle figure ensevelie en celluy
cuyr de vache, si sault dessus : et la royne que loing que près comme folle et
hors du sens le receut. Le thoreau feit sa nature si que la dame en enceinta. »
A la suite du *Cueur des secretz de philosophie* (on a vu un échantillon de ces merveilleux secrets), on trouve, à partir du feuillet 70, le *Traicte de l'espere du monde*,
et à partir du feuillet 102 jusqu'à la fin du volume, le *Compost* et *Kalendrier*,
composés en latin par maître Aignam, et traduits en françois par maître Symon
de Compiègne, moine de Saint-Riquier : ce qui fait que La Croix du Maine a mal
à propos attribué la traduction du *Cueur de philosophie* à Simon Gréban, de Compiègne, qui vivoit sous Charles VII et non sous Philippe le Bel.　　　**P. L.**

9. DÉCLARATION des consuls, eschevins, manans et habitans
de la ville de Lyon, sur l'occasion de la prinse des armes
par eux faicte, le 24 feburier 1589. *Lyon, Jean Pillehotte,*
1589, pet. in-8°, mar. r. fil. tr. dor. (*Bauzonnet-
Trautz.*) . . . .　**95—** »

Bel exemplaire d'une pièce très-rare, reliée sur brochure. — C'est l'édition originale, publiée par ordre du conseil de l'hôtel de ville de Lyon. En effet, on lit à
la fin de cet opuscule : « A esté ordonné que les articles de *l'Union* seront impri-

mez et publiez, ensemble la forme du serment que doivent faire tous les habitans de la ville de Lyon, et par ce est enjoinct à Jean Pillehotte, imprimeur de
la dite ville, de les imprimer. Faict au conseil tenu, en l'hôstel de ville, le jeudy
deuxième jour de mars 1589. *Signé* Sonthonas. » Cette pièce a été réimprimée à
Paris, la même année, sous ce titre : *Entreprise decouverte des Huguenots et
politiques de Lyon, par les catholiques de ladite ville; avec la defaite de ceux qui
tenoient le parti de Henri de Valois.*

C'est un manifeste contre l'assassinat du duc de Guise, contre l'alliance du roi
avec les Huguenots, et contre la violation du serment qu'il avoit prêté à la Ligue.
On trouve dans ce manifeste, une relation détaillée des tentatives faites par les
calvinistes et les politiques, pour se rendre maîtres de Lyon, au commencement
de l'année 1589, et une curieuse dissertation sur l'obéissance que les sujets doivent au souverain. Les Lyonnois protestent de leur soumission au roi; mais,
disent-ils, il n'en faut ni trop, ni trop peu. Ainsi, nous avons failli par *le trop*,
lorsqu'en 1562, nous acceptâmes pour gouverner le sieur de Saulx, *au lieu de
le mettre par le poing dehors :* car il s'entendoit avec les hérétiques, et leur fournit
le moyen de s'emparer de la ville et de nous piller pendant vingt-deux mois.
Quand on reçoit des ordres du roi, il est utile d'examiner, avant d'obéir, si ces
ordres émanent d'un mauvais ou d'un bon conseil. C'étoit sous l'influence d'un
mauvais conseil que le roi vouloit remettre la citadelle de Lyon entre les mains
de d'Espernon, le chef des politiques et l'ami des hérétiques. Si nous avions obéi
à cet ordre, nous serions dans le même état que sont « les pauvres catholiques
de Niort et autres villes de Poytou, abandonnés à la rage des hérétiques qui les
persécutent à feu et à sang. » La ville de Niort avoit été surprise par les calvinistes en 1588, et ne put être reprise par les ligueurs. Au surplus, ajoute le conseil de l'hôtel de ville, l'acte d'Union a été juré par le roi, et est devenu loi de
l'État : les habitants de Lyon sont résolus à défendre l'union et la religion catholique au péril de leurs vies. Ils ont donc le droit de s'opposer à toutes les entreprises qui auroient pour but de renverser la religion et d'abolir la sainte Union.
Les échevins rapportent alors les diverses intrigues des calvinistes pour s'emparer
de Lyon; le passage, dans la ville de Sancy, d'Alphonse Corse (d'Ornano), des
agents d'Espernon, etc. Enfin, ils racontent qu'on trouva le moyen de faire brûler
la porte du pont du Rhône, sous prétexte d'avoir les clous pour les remettre en
une neuve, de sorte que ladite porte n'étoit fermée que d'une seule grille, que
quatre hommes pouvoient lever. Cet incident donna l'alarme; les habitants passè-
rent la nuit suivante, sous les armes. « Mais Dieu, embrassant notre cause, suscita
un gentilhomme d'honneur, lequel, le jeudy 23 février, despecha un homme toute
la nuit, nous donnant advertissement que les troupes de Dauphiné venoyent droit
au fauxbourg de la Guilhotière. » .... « Les catholiques se résolurent de prendre
les armes, et le jour de Saint-Mathias (le 24 février) sur le matin, nous estant mis
en armes en pleine rue, nous nous saisîmes de la ville, sans aucun empeschement. » Suivent les articles de l'*Union* que devoient jurer tous les habitants de Lyon.

Cette pièce, écrite avec assez de modération, est d'autant plus importante pour
l'histoire de la ville de Lyon, qu'elle est officielle, et qu'elle fut rédigée à l'hôtel de
ville, le 2 mars 1589.   Ap. B.

10. Femme démasquée (la) ou l'Amour peint selon l'usage
nouveau. *La Haye, Abraham de Hondt* (à la Sphère),
1698; petit in-12 de 8 ff. prélim. et 240 p., fig., v. ant. fil.
tr. d. (*Koehler*) . . . .   24—»

C'est un petit roman contre l'infidélité des femmes; l'auteur semble traiter un
sujet qui lui tenoit au cœur personnellement et il a soin de s'appuyer de l'opinion

du *fameux* Mollère à l'égard de la perfidie du beau sexe, en citant une centaine de
vers de l'*École des femmes*. Ce qui fait la curiosité de ce livret, c'est la longue
dédicace adressée « à Son Excellence François-Jacques Le Fort, admiral et général,
vice-roi de Novogrodeck, chancelier, premier conseiller, premier ambassadeur
et premier chef de l'ambassade de sa Sacrée Majesté le czar de Moscovie, vers
leurs hautes puissances messeigneurs les états généraux des Provinces-Unies. »
Dès que l'auteur apprit que la grande ambassade du czar, « ce vaillant et généreux
prince, souverain maître d'un des plus beaux empires du monde, » alloit arriver à
la Haye, il se hâta de dédier son livre à l'amiral Lefort qu'il savoit être à la tête
de cette ambassade. Quel étoit le but de ce pauvre auteur, en accourant, une
dédicace de livre à la main, au-devant du nouvel ambassadeur? Il espéroit un secours,
un présent, car il se présente comme persécuté par la fortune et tellement occupé de ses malheurs, que son ouvrage devoit bien se ressentir de l'état de son
esprit. Il avoit pourtant publié onze volumes, avant celui-ci, mais ces volumes
sur différents sujets n'avoient pas paru sous son nom, et même leur publication
avoit excité *des vapeurs malignes*, qui formèrent des tempêtes et des orages contre
lui : « La malignité de mes envieux m'a attiré une suite horrible de persécutions
et de misères, dit-il. Il faut, dans le siècle où nous sommes, penser une chose et en
dire une autre ; il faut s'imaginer qu'on est parmi des peuples qui sont toujours
masquez et qui ne se dementent jamais. » Nous avons cherché en vain à découvrir quelques-uns des onze volumes publiés par l'auteur de la *Femme démasquée*,
qui a signé la dédicace de cet ouvrage : J.-J. Quesnot.   **P. L.**

11. Nouveau diable boiteux (le), tableau philosophique
et moral de Paris, mémoires mis en lumière et enrichis de
notes, par le docteur Didaculus de Louvain. *Paris,
F. Buisson, an VII de la République;* 2 vol. in-8°, fig.
grav. par Delignon et Bacquoy, d'après Garnerey,
brochés . . . .   12—»

C'est un ouvrage très-curieux qui mérite d'être recherché et qui le sera un
jour quand on appréciera mieux son importance historique : il renferme, en effet,
un des tableaux les plus fidèles qu'on puisse trouver de la physionomie de Paris
sous le Directoire. Il n'y a que le *Nouveau Paris*, de Mercier, qui offre une peinture aussi complète des mœurs de la capitale à cette époque, et le *Nouveau Paris*,
où l'on ne trouve pas comme ici de jolies estampes finement gravées par Bacquoy
et Delignon, est encore plus dédaigné que cet ouvrage de Publicola Chaussard.
Telle est la fortune des livres : ils sont en discrédit ou en faveur, par des circonstances tout à fait indépendantes de leur mérite. Sans doute, le style ampoulé
de Chaussard, qui ne le cède en rien à Mercier sous ce rapport, fatigue et repousse le lecteur ; on le lit péniblement, on s'impatiente de ses phrases creuses et
sonores, comme de ses éternelles exclamations et de ses mystérieuses lignes de
points. On croiroit voir un grand prêtre sur le trépied des oracles. Les défauts de
Mercier sont les mêmes et plus intolérables encore, à cause des néologismes et
des incorrections qui hérissent toutes les pages du *Nouveau Paris*. Mais, en faisant
la part de ces défauts, on recueillera, dans le *Nouveau Diable boiteux*, une multitude d'anecdotes très-singulières, de traits extraordinaires et de détails inouïs.
Il faudroit, il est vrai, un fil pour se diriger dans ce labyrinthe, et une clef pour en
ouvrir toutes les portes. Chaussard se sert volontiers de l'allégorie ; il ne désigne
les gens qu'il met en scène, qu'avec des périphrases assez peu transparentes ; il ne
nomme pas même les lieux qui feroient reconnoître les personnages ; néanmoins,
en se familiarisant avec la manière de l'auteur, on finit par deviner ce qu'on n'a

pas compris d'abord, et on retrouve sous un vernis chatoyant et factice la véritable expression des choses qu'il a peintes d'après nature. Il n'existe que son livre pour nous faire pénétrer dans les assemblées des sociétés secrètes, dans les maisons de jeu et de débauche, dans les gouffres de l'agiotage, dans les coulisses des théâtres, dans l'officine des journaux, en un mot dans tous les endroits où il est bon d'étudier une des faces bizarres, plaisantes, obscènes ou monstrueuses de l'époque du Directoire. La faute en est au temps, s'il n'a produit que Mercier et Chaussard, au lieu d'un Juvénal. **P. L.**

12. GRAND TREMBLEMENT (le) et espouvantable ruyne qui est advenue en la cité de Jerusalem, et par tout la province d'icelle.... *On les vend à l'enseigne S. Sébastien, près la porte S. Marcel, à Paris*, s. d.; petit in-8 de 4 feuillets, mar. r. fil. tr. dor. (*Niedrée.*). . . . .   38—»

Charmant exemplaire d'une plaquette rarissime. — L'auteur de cette relation écrit à son seigneur observandissime, que le 14 janvier 1546, à midi, une tempête effroyable fit écrouler une partie de la muraille du saint Sépulchre à Jérusalem, renversa la *tierce part* du temple de Salomon et tous les clochers de la Judée, ruina de fond en comble plusieurs villes, « et au lieu d'icelles villes ne s'y voit rien, non plus que si jamais n'y eust eu rien édifié. » Le Jourdain, la mer de Ghiazza et les fleuves voisins restèrent desséchés pendant deux ou trois jours, puis après ces fleuves roulèrent du feu et du sang au lieu d'eau, pendant quarante jours. Bien plus, depuis la mer de Ghiazza jusqu'au port de Jaffo, le chemin étoit couvert de perles et de pierres précieuses; les Turcs se ruèrent sur un si riche butin, mais la mer, débordant avec violence, les engloutit jusque au nombre de dix ou douze mille hommes. L'auteur achève son œuvre en rappelant au lecteur chrétien que, l'an 1367, un furieux tremblement de terre renversa les villes de la Sicile, le temple des Hébreux à Jérusalem, et causa la mort de vingt-cinq mille hommes : « et alors les Hébrieux se convertirent à la foy de Jésus-Christ et se firent *tous* baptiser. » Ce trait d'histoire est encore plus merveilleux que le reste.
Ap. B.

13. JOURDAIN (*Pierre*). A. B. D. L. [Abrégé de la] Cosmographie et pélérinaje du monde universel.... Avec un petit treté des sferes naturele et artificiele.,.. compozé suivant la nouvelle ortografe; par le sieur P. J. (Jourdain), matématisien. *Paris, P. Variquet*, 1675; pet. in-12, cartes. . . . .   18—»

Petit livre curieux. — Pierre Jourdain, mathématicien, après avoir voyagé pendant vingt-cinq ans, consigna dans cet ouvrage le résultat de ses travaux géographiques et astronomiques. Le plan de cet abrégé de cosmographie, n'est pas mal conçu. L'auteur a divisé son œuvre en vingt chapitres, qui sont eux-mêmes, subdivisés en plusieurs sections. Le tout est clair et concis ; seulement, on est étonné qu'en 1675, un astronome admette encore la solidité du firmament et onze cieux qui, se mouvant avec rapidité, entraînent avec eux les astres qui s'y trouvent fixés. Il raconte que le onzième ciel tourne autour des pôles en vingt-quatre heures ; que le dixième ciel achève son mouvement du sud au nord, en trois mille quatre cent trente et un ans; le neuvième ciel exécute sa révolution d'orient en occident, en mille sept cent quinze années; mais le huitième ciel, outre les trois mouvements que lui impriment les cieux dont nous venons de parler, a un quatrième mouvement qui lui est propre, d'occident en orient : il n'achèvera ce mouvement qu'en quatre mille neuf cents ans, et emporte avec lui toutes les planètes, lesquelles outre ces quatre mouvements en ont un, chacune en particulier, d'occident en orient, passant par le midi. Il résulte de ce système que chaque planète se promène, en même temps, dans cinq directions différentes. Nous ne sommes pas assez savants pour comprendre ces principes d'astronomie, à l'usage du Dauphin : car l'auteur a dédié sa cosmographie au roi, pour désennuyer son fils.

Toutefois, la singularité de ce livre ne consiste pas en quelques erreurs astronomiques, mais dans l'orthographe adoptée par l'auteur. Le traité de cosmographie est précédé d'un avertissement de cinq feuillets, *sur l'orthographe;* il commence ainsi : « Il i a plus de quatre ans que fezant imprimer le premier volume de ce treté, j'avois obligé l'imprimeur à cete ortografe; mais son ignorance, ou son infidélité, jointe à l'avidité du gain, en ont arété le cours, ainsi que du livre, pendant que pluzieurs m'ont devancés an cete entreprize, quoiqu'inperfetemant, come l'èt ancor cele-ci. » Cette citation suffit pour faire connoître la nouvelle orthographe de Jourdain. Il retranche toutes les lettres doubles, écrit les mots comme on les prononce, abolit l'*y* et le *ph.* Ainsi, *sosison* au lieu de saucisson, *pasion, axion, filozofe,* etc. « Mais, dit-il, ce n'èt pas encor asé, il fot parvenir à plus grande perfexion. » C'est beaucoup trop, et nous protestons contre une *plus grande perfexion :* nous avons eu assez de peine pour déchiffrer ce petit livre. Voici la phrase de la dédicace relative au Dauphin : « Jé dresé et abréjé ce petit volume, pour le desannuier de ses études journalières. » Il est probable que le fils de Louis XIV ne fit point usage de ce volume pour apprendre à écrire correctement la langue françoise. Cependant, Jourdain avoit des rivaux, car il se plaint de Mallet, ingénieur du roi, qui s'étoit servi de son orthographe dans un livre de *fortifications* et dans un traité du *jeu de dames,* ainsi que Louis de Lesclache, dans ses œuvres philosophiques. On peut remarquer que les imprimeurs ont toujours été hostiles à ces projets de réforme. Dès 1554, Meigret fut obligé de renoncer à son système d'orthographe, parce que les imprimeurs refusoient de publier ses ouvrages; et Jourdain chercha pendant quatre ans un typographe assez complaisant pour se soumettre à ses exigences.   Ap. B.

14. **Lettres de Thérèse** ***, ou Mémoires d'une jeune demoiselle de province pendant son séjour à Paris. *La Haye, Jean Neaulme,* 1740; 6 part. en 1 vol. in-12, v.   20—»

On n'imagine pas combien nous sommes riches en jolis romans des dix-septième et dix-huitième siècles ; il faudroit réimprimer trois cents volumes pour former une collection de tous ces romans qui ont été injustement oubliés et qui sont dignes de survivre à l'époque où ils sont nés avec plus ou moins de succès. Ce seroit la plus juste et la plus agréable résurrection, que celle de tant d'ouvrages amusants, spirituels, ingénieux, touchants ou comiques, qui renferment une peinture si vive et si réelle des mœurs de nos ancêtres dans toutes les classes de la société. On les recherchera certainement un jour, et on leur accordera sans doute l'intérêt qu'on attache aux vieux romans de chevalerie. Parmi ces romans qu'il faudra sauver de l'oubli, mettons à part d'abord les *Lettres de Thérèse* ***, qui n'ont pas l'éloquence et la haute portée philosophique des *Lettres de la nouvelle Heloïse,* mais qui se recommandent par des qualités remarquables d'observation, d'esprit et de style. C'est un tableau du monde de la finance, c'est une galerie de portraits finement touchés, c'est un dépôt de notes précieuses sur les théâtres de Paris. On y rencontre une foule de petits détails qui peuvent intéresser l'histoire du temps. Ainsi, nous voyons, page 23 de la troisième partie, que les aristarques du parterre arrivoient à la Comédie-Françoise avec de petits siéges portatifs qu'ils accrochoient par des cordes aux pointes de fer de l'orchestre, c'est-à-dire à la grille surmontée de lances aiguës, qui séparoit l'orchestre du parterre. « L'abbé de La Garde, dit le marquis de Paulmy dans son catalogue manuscrit, l'abbé de La Garde qui n'a guères été connu que par cet ouvrage, par quelque acte détaché d'opéra-comique, et pour avoir été bibliothécaire de Mme de Pompadour, est mort à la fin de 1767. Il s'appeloit Bridard de La Garde. Ces *Lettres* ont eu assez de succès ; il y en a une seconde édition de 1766. » Cette dernière édition est augmentée et présente beaucoup de changements importants. La première édition avoit paru en 1737, imprimée à Rouen, sous la rubrique de la Haye; elle fut réimprimée, sous la même rubrique, en 1739, 1740, 1742, et en 1746, sous la rubrique d'Amsterdam. Philippe Bridard de La Garde a composé un autre ouvrage du même genre : *Les Annales amusantes, ou memoires pour servir à l'histoire des amusemens de la nation* (Paris, 1742, in-12) ; il a publié un recueil périodique en 1740, *l'Écho du public*, et il a coopéré à un assez grand nombre d'opéras, d'opéras-comiques et de parodies, qu'on ira chercher, si l'on veut, dans le catalogue de la bibliothèque dramatique de M. de Solienne, car la *France littéraire* de M. Quérard n'en a pas fait mention.　　　　　P. L.

15. Luce (*Bertrand* de La). Nouvelle deffense des Françoys, à l'encontre de la nouvelle entreprise des ennemys: comprenant la manière d'éviter tous poisons, avecq les remèdes à l'encontre d'iceulx. *Paris, Denys Janot* (1537) ; pet. in-8, goth., vél. blanc (*Bauzonnet.*). . . . 65—»

Charmant exemplaire d'un livre fort rare. — Cet ouvrage fut composé à l'occasion de l'empoisonnement du Dauphin, fils de François Ier. Nous avons parlé de cet événement, et nous avons même indiqué la *Nouvelle defense des François*, dans un article sur la *Copie de l'arrest du grand conseil contre l'empoisonneur du Dauphin* (Bull. du Bibl., juin 1859). Nous n'avons donc à nous occuper que du livre de Bertrand de La Luce. C'est un des plus anciens traités de toxicologie écrit en françois. Il est précédé : 1° d'un *Privilége*, daté du 4 août 1537; ce privilége fait connoître le nom de l'auteur, qui n'est pas sur le titre; 2° d'une *Épître au gentilhomme qui a fait responce au secrétaire allemand son amy, sur le différent de l'Empereur et du roy Françoys Ier*. Ce gentilhomme, dont la *Lettre* anonyme est citée par les bibliographes, seroit Guillaume du Bellay, d'après une pièce de vers qui suit l'épître :

> Hic sibi magnanimus non deficit ille Guielmus
> 　　Bellaius, musis natus et eloquio.
> Impia *veridicis* depangit crimina *chartis*,
> 　Mox eadem trutina diluit ipse gravi.

Bertrand de La Luce expose, dans son épître, que l'auteur de la réponse au secrétaire allemand, a prouvé sans réplique le bon droit du roi de France ; puis, que François Ier a fait triompher ses droits par les victoires qu'il a remportées sur l'armée impériale, en Provence et en Picardie; mais, que Charles-Quint, ne pouvant soutenir ses prétentions ni par la discussion, ni par les armes, s'est servi du poison, comme troisième *instrument*, et « pour ce que je n'ay encores veu ne cogneu aulcune résistence ou deffence, je me suys ingéré préparer et dresser ceste troisième garnison et deffence, affin que deshormais les ennemys soient

sives, on rencontre difficilement des exemplaires bien conservés. La gravure sur cuivre, placée sur le titre, représente Tabarin et Montdor dialoguant sur le théâtre. — On sait que la première édition du *Recueil général* contient trois pièces qui ont été retranchées dans les éditions suivantes : 1° *L'Imprimeur au lecteur* ; — 2° *Ode sur les rencontres tabariniques* ; et 3° *la Question huit*. Notre exemplaire est précédé d'une *Notice* manuscrite *sur Tabarin et ses œuvres*, dans laquelle sont reproduites les trois pièces que nous venons de mentionner. Ainsi, à l'aide de cette notice autographe de six feuillets, datée du 16 août 1845 et signée du monogramme de M. Aug. Veinant, la première édition devient inutile au possesseur de cet exemplaire. Quant à l'œuvre tabarinique, nous renvoyons le lecteur aux *Recherches d'un homme grave sur un farceur*, par M. Leber et à la *Notice* de M. Veinant.

Nous ferons cependant une observation. Il est certain qu'on ignore complétement l'époque à laquelle Tabarin cessa de débiter ses gaillardises sur le théâtre de la place Dauphine. M. Leber suppose qu'il y parut jusqu'à la fin de 1625. Il nous semble qu'en rapprochant certaines indications, nous arriverions à une conclusion toute différente. En effet, remarquons déjà que les seize pièces facétieuses publiées séparément sous le nom de Tabarin et analysées par M. Leber, ont été imprimées de 1619 à 1623. Je ne parle point de la *Rencontre de Gautier Gurguille et de Tabarin aux enfers*, 1634, pièce qui ne se rattache pas aux productions tabariniques, ni des éditions collectives de 1622, réimprimées après 1623. M. Leber cite (p. 22 de la 2° édition de son livret donnée par J. Techener en 1856), les quatre vers suivants, extraits du *Parnasse sàtyrique*, ouvrage dont la première édition est de 1623 :

> Tout divertissement nous manque,
> « Tabarin ne va plus en banque, »
> L'hostel de Bourgogne est désert,
> Chascun se tient clos et couvert.

L'*Adieu de Tabarin au peuple de Paris*, facétie reconnue comme un produit de la place Dauphine, est également daté de 1623. Enfin, on n'a fait nulle attention à la dernière phrase de l'*Épître au sieur Tabarin*, une des pièces liminaires du *Recueil géneral* : « Permettez donc « durant ce peu de séjour qui vous reste à de-« meurer encore avec nous, » que la lanterne dé vostre faveur serve de guide et de conduite au chariot de ce discours et de ce recueil. » De tout ce qui précède, n'aurions-nous pas le droit de conclure que Tabarin songeoit à se retirer dès l'an 1622, et que, vers le commencement de 1623 au plus tard, il abandonna le théâtre, après avoir fait ses adieux aux Parisiens, si même Rocollet n'a pas publié les adieux de Tabarin après son départ. Notre conjecture repose sur des documents imprimés ; si elle n'est pas vraie, elle est au moins vraisemblable. Et, jusqu'à preuve contraire, nous serons d'avis que la carrière facétieuse de Tabarin a pris fin avec l'année 1622.   Ap. B.

Le retard de ce numéro n'est que trop facilement justifiable auprès des abonnés du *Bulletin du Bibliophile*.

Un deuil de famille, une perte cruelle, rapide, imprévue est venue fondre sur la maison de l'éditeur et l'a surprise en pleine activité, au milieu des préparatifs d'une vente attendue et dont le catalogue alloit être lancé.

Le chef de la maison lui-même, absent et voyageant en Angleterre, est à peine arrivé pour les derniers adieux. Quelques heures après sa maison étoit veuve et ses enfants sans mère.

Si quelque adoucissement pouvoit être espéré en de telles épreuves, M. Techener et ses enfants l'auroient trouvé dans l'empressement que tous ceux qui, de près ou de loin, comme amis ou comme clients, entretenoient des relations avec eux, ont mis à faire cortége à leur douleur.

Littérateurs, académiciens, bibliothécaires et bibliophiles, libraires, imprimeurs, artistes de la reliure et du burin sont venus rendre hommage à la maison honorée, à la famille respectable, hospitalière aux lettres et aux arts.

Nous avons remarqué dans la foule MM. Cuvillier-Fleury, le baron Taylor, Paulin et Louis Paris, le baron Jér. Pichon, Paul Lacroix (le bibliophile Jacob), de Beauchesne, Boutron-Charlard, Pierre Clément (de l'Institut), Ferdinand Denis, Le Roux de Lincy, Champollion-Figeac, J. Chenu, Ap. Briquet, Ed. Turquety, Joseph d'Ortigues, Constant

Halphen, M. de Ganay, Double, O. de Behague, J. Édouard
Gardet, Quitard, A. de La Fizelière, J. Andrieux, H. Bon-
homme, Huillard; MM. Ambroise Firmin Didot, Potier,
Porquet, Labitte, Aug. Aubry, Hector Bossange, Fon-
taine, Camerlinck, Lécureux, Caen, libraires; M. Laverdet;
MM. Boulouze, Pillet, Boulland, commissaires-priseurs;
M. Merlin, ancien libraire; M. Chambry, ancien maire du
quatrième arrondissement; MM. Wittersheim et Renou, im-
primeurs; MM. Trautz-Bauzonnet, Hardy, Duru, Thompson,
Capé, Galette, Lortic, Mme Niedrée et Raparlier, relieurs;
MM. Lemaire, Pannemaker et Jacquemart, graveurs, etc.

Comme suprême consécration, le bras sur lequel s'appuyoit M. Techener fils étoit celui d'un célèbre académicien,
d'un bibliothécaire et d'un bibliophile éminent, M. Silvestre
de Sacy, qui témoignait ainsi son vieil attachement pour
une famille amie et son estime pour le libraire émérite.

Bien des noms nous échappent, sans doute, que l'éditeur
du *Bulletin du Bibliophile* confond, avec ceux que nous venons de citer, dans l'expression publique de sa reconnoissance.

Malgré la réserve qui nous est commandée par la place
même où nous écrivons, réserve que tout le monde comprendra, nous n'aurions rendu qu'incomplétement l'impression de cette triste journée si nous n'exprimions une pensée
qui fut celle de tous comme elle fut la nôtre. Dans ce concours de tant d'hommes distingués, célèbres, il y avoit autre
chose que de la sympathie pour une noble douleur, autre
chose qu'un hommage rendu à la probité, à la haute intelligence d'un confrère ou d'un patron; il y avoit surtout,
nous l'attestons, un regret; un regret sincère de ce que
tous, clients ou amis, perdoient ce jour-là. Il y avoit le
souvenir de la bienveillance et de la bonne grâce; le souvenir de cette librairie transformée en salon et où, pendant
vingt-cinq ans, les plus grands noms comme les plus nouveaux, les talents les plus éclatants comme les plus humbles,
se mêlèrent incessamment, rappelés ceux-là par le charme et

ceux-ci par l'indulgence ; de ce salon où Ch. Nodier se plaisoit tant, et aussi, j'ai le droit de le dire, où les derniers
venus, où les plus inconnus retrouvoient dans un accueil
prévenant les antiques traditions, tant oubliées ailleurs, du
respect dû aux lettres et aux travaux de l'esprit.

Si une oraison funèbre avoit dû être décernée à Mme Techener, c'étoit avec ces noms-là qu'il falloit la faire. Il eût
suffi de nommer l'un après l'autre les hommes fameux dans
la littérature, dans la bibliographie, qui, pendant un quart
de siècle, se sont fait honneur d'être de sa société : les
Charles Nodier, les Armand Bertin, les Monmerqué, du
Roure, J. Brunet, C. Leber, Paul Lacroix, M. Ch. Giraud,
M. Victor Cousin, M. Thiers, M. de Sacy, Jules Janin,
Cuvillier-Fleury ; tout ce que la France a possédé dans ces
dernières années de plus distingué et de plus glorieux.

De tels noms autour d'une vie digne et respectée, en
rendent la mémoire éternelle, car ces souvenirs ne périssent
jamais ; ils sont le meilleur et le plus profitable des héritages.

Heureux privilége des belles âmes et des bons esprits : ils
se survivent à eux-mêmes et portent bonheur à ceux qui les
pleurent.   CHARLES ASSELINEAU.

ÉTUDES

SUR

NOSTRADAMUS[1].

II

OEuvres et Adversaires.

S'étant fixé à Salon, en 1549, Michel de Nostredame débuta, comme écrivain, par un *Almanach* pour l'année 1550,
contenant des prédictions, selon l'usage, et signé Nostradamus. L'astrologie était alors en si grand honneur, que ce
n'étoit point déroger : c'étoit même faire preuve de capacité médicale, puisque chaque partie du corps humain
étoit sous l'influence d'un signe.

Il composa aussi deux livres de recettes qui parurent
d'abord en 1552, et se réimprimèrent plusieurs fois sous différents titres. Voici celui de la plus ancienne édition que je
connoisse, bibliothèque de l'Arsenal : *Excellent et moult utile
opuscule*, à touts necessaire qui desirent avoir cognoissance
de plusieurs exquises Receptes, divisé en deux parties.— La
premiere traicte de diverses façons de Fardemens et Sen-
teurs pour illustrer et embellir la face. — La seconde nous
monstre la façon et maniere, de faire confitures de plusieurs
sortes, tant en miel, que succre, et vin cuict, le tout mis
par chapitres, comme est fait ample mention en la table. —
Nouvellement composé par maistre Michel de Nostredame,
docteur en Medicine de la ville de Salon de Craux en Pro-

---

vence, et de nouveau mis en lumiere. — A Lyon, par Antoine Volant. M. D. LV. — In-16 de 228 pages et 11
pour la table (1).

Vient d'abord un long *Proœme* dont voici le début :
« Michel de Nostredame medicin au lecteur Benivole salut.
— Apres avoir consumé la plus grand part de mes jeunes
ans ô lecteur benivole en la pharmaceutrie, et à la cognoissance et perscrutation des simples par plusieurs terres et
pays depuis l'an 1521 jusques en l'an 1529, incessamment
courant pour entendre et savoir la source et origine des planetes (*sic*) et autres simples concernans la fin de la faculté
Iatrice : que apres avoir voulu imiter la seule ombre de
Paulus Aegineta, non quod velim conferre magna minu-
« tis ; mais tant seulement diray, Nostradami laborem
« me nosse, qui plurimum terræ peragravit, sextrophæa na-
« tus Gallia. que quand suis esté au bout de mes huict
ans accomplis et consumés, me suis trouvé ne pouvoir parfaitement attaindre en ceste summité de la parfaite doctrine,
ay fait, comme recite celuy qui estoit culmen linguæ Latinæ, disant : et egressus sylvis vicina coëgi. et vins para-
chever mon estude jusques à l'heure presente, qui est le
trente un an de ma vacation, que tenons mil cinq cens cinquante deux. Et après avoir soigneusement et par frequent

(1) La bibliothèque Mazarine possède une traduction allemande de cet ouvrage,
par Jérémie Martius, docteur en médecine, Augsbourg, 1589, déjà imprimée au
même lieu en 1772. Le traducteur dit dans sa préface que Nostradamus fit imprimer ce livre, en 1552, seulement pour ses amis intimes. Il ajoute qu'on venoit à
lui de toutes parts, comme à un autre Apollon, connoissant toutes choses : ce
dont il peut rendre témoignage, comme beaucoup d'autres personnes dignes de foi.
Ainsi, en 1558, passant à Montpellier sans vouloir s'y arrêter, Nostradamus y fut
retenu quelques jours par une foule de gens qui venoient le consulter, soit pour
leur santé, quoiqu'on y trouve en surabondance les plus doctes médecins de la
chrétienté, soit dans un autre but ; et l'affluence devint enfin si grande, qu'il fut
obligé de se cacher, et de faire dire qu'il étoit parti. Ce qu'il prédit à François Ier
allant en Italie, fut trop bien confirmé par la triste captivité de ce prince ; et
la récente (*nechst geschehne*) et effroyable défaite des Turcs, bien qu'annoncée
d'une manière obscure et figurée, selon son habitude, prouve également sa
connoissance des choses futures. — Cette désignation de la bataille de Lépante,
livrée le 7 octobre 1571, montre que cela fut écrit, pour la première édition, cinq
ans après la mort de Nostradamus ; et il résulteroit de la prédiction relative au
désastre de Pavie, qu'il passoit pour un voyant dès sa vingt et unième année.

et continuel estude, veu tous et un chascun les autheurs
tant Grecs, Latins, que Barbares, tournés la plus grand part
en langue Latine, et dautres mis en parole peregrine : et
entre les autres matieres ay veu ceux qui avoient laissé par
escrit quant à la illustration de la face. » Il m'a semblé que
ces détails n'étoient pas sans intérêt.

La suite se compose de quelques idées sur l'objet du premier livre, et de longues digressions sur la littérature médicale, le tout dans un style qui ressemble un peu au langage
d'un homme ivre. Souvent il perd le fil de son discours, et il
commence une nouvelle phrase avant d'avoir fini la première, ou bien il en mêle plusieurs, qui forment un vrai
galimatias. On diroit les premiers efforts de la pensée pour
se dégager du chaos. Voici le morceau de ce genre le mieux
réussi : « J'ai veu quelques receptes concernants le fait inte-
rieur du corps humain, que telle prescription estoit certioree
par plusieurs venant de degré l'un à l'autre, et d'escrire les
matieres que le personnaige par divers pais a usé, faisant
parfaite distinction supputee par symmetrie du temps de
l'eage du mal, et la qualité des simples lon peut plus facilement attribuer foy et estude, veu que apres la long estude,
la dangereuse exercitation, l'experience perilleuse a esté
par long-temps consumee à celuy que non pas à tel par
moyen d'un parler affecté, dune tres eloquente phrase, dune
grace singuliere à rediger par escrit, que moyennant la multiplication de sa doctrine, son engin tres subtil auroit mis
par escrit tant seulement ce qu'il auroit trouvé inseré par
plusieurs et divers autheurs. » Le plus clair, à mes yeux,
dans cette très-éloquente phrase, c'est « une grace singulière
à rediger par escrit; » et, tout benivole que je suis, je le soupçonne un peu de vouloir se moquer du lecteur. Chavigny,
plus benivole encore, dit à Dorat : « Quin mihi videtur styli
« obscuritatem a natura ipsa habuisse, non arte quæsiisse.
« Namque etiam ἄνευ ἐνθουσιασμοῦ multa ejusdem vidi quæ
« natatore Delio (ut in proverbio est) opus haberent, rudi-
« bus atque incompositis sermonibus simillima. » Ce qui

rend la chose plus curieuse, c'est qu'il dit plus haut : *Vray est que maintenant que la vraye langue Attique est suscitée...; et plus bas : Je auserois affermer ce present siecle regner la vraye langue Attique.*

Cette préface renferme aussi un échantillon du talent poétique de l'auteur, son premier essai de versification françoise, peut-être. C'est la traduction d'un sixain de Lucilius contre dame Heliodora, qui se lavoit et fardoit sans cesse pour remédier aux progrès de l'âge. Après avoir donné le texte grec, il ajoute : « Ces vers jadis furent tournez en Latin par Gaspar Ursinus Vellius, consellier à Vienne en Austriche, qui un soir soy pourmenant le long du Dannube la terre se fendit, et tumba et se nya : et pour satisfaire à quelques uns, nonobstant qu'il ne touchast rien à la matiere, nous y voulons inserer le Latin et puis le Fraucois de nostre traduction :

« Inficis ora dies nunquam tinctura seniles,
    « Nunquam rugosas explicitura genas.
« Desine jam stibio faciem depingere totam,
    « Ne larvam, haud faciem quis putet esse tuam.
« Nil reliquum. quæ est hæc dementia : nam neque fucus,
    « Nec cerusa Helenen fecerit ex Hecuba. »

« Combien que ne soions pas trop exercitez en la poesie Francoise, ce nonobstant avons traduict en Huictain :

HUICTAIN.

Combien que farde ta face enviellie,
N'ayes ja peur qu'on en oste les taches.
Puisque viellesse ainsi t'assaillie :
Il n'est besoing qu'a mettre tu ne tasches
A ton visaige aucun fard que tu scaiches :
Qu'a ton corps puisse donner emblanchiment :
Car sublimé, ne ceruse, ne tasche
De rendre vielle, jeune par fardement (1).

(1) Dans l'édition d'Olivier de Harsy, Paris, 1556, qui se trouve à la bibliothèque de Carpentras, on lit au premier vers, *Bien que tu fardes...;* au troisième,

Je reviendrai sur cette épigramme à triple forme, qui est
en contradiction manifeste avec la fin, que voici : « Si ledit
sublimé est fait comme il est escrit, indubitablement le visaige sera preservé en beauté longuement, et fera devenir
Hecuba en Heleine. Toy disant à Dieu de saint Remy en
Provence dite Sextrophæa, ce premier jour d'Avril mil cinq
cens cinquante deux, composé à Salon de Craux en Provence. »

Le premier livre ne renferme pas uniquement des cosmé-
tiques. Le chapitre VIII donne la composition d'un tro-
chisque odoriférant qui fut un moyen des plus efficaces
contre la peste d'Aix, en 1546, durant laquelle l'auteur fut
*esleu et stipendié par le senat et peuple pour la conserva-
tion de la cité. Tous ceux qui en portoyent à leur bouche
estoient preservés.* Le chapitre XVIII manque dans plusieurs
éditions : le voici, moins une partie de la recette, tel qu'il
est dans celle d'Olivier de Harsy :

« Pour composer au vray le poculum amatorium ad
Venerem, duquel usoient les anciens au fait d'amour.
— La façon pour faire les beuvandes amoureuses que communement les Grecs appelloient philtra, et les Latins poculum amatorium : que quand un personnaige en avoit
jeté d'une bouche en l'autre lon perissoit du mal d'amous,
tant que le personnaige qui longuement le tenoit à la bouche,
sil ne le jetoit à certaine heure, il mouroit toute effrené, sil
ne jouissoit du personnaige qu'il pretendoit : et fut premierement inventee par Medee : de semblable comme cestuy cy, en
mourut le poète Lucretius, et ceste bevande a tant de vertu
et d'efficace, que si un homme en avoit un peu à la bouche,
et durant qu'il la tient à la bouche en baisant une femme,
ou femme luy, et se jetant de cecy meslé avec la salive, et
luy en mettant dens la bouche : cela tout soudain lui cause
en feu, non point feu, febricitant n'aiant ne soif ne chaud,

---

*t'a assaillie, au quatrième, qu'à mettre aussi tu tasches ; au sixième, Qui à ton
corps donne blanchissement ; au septième, Par sublimé...; et au dernier, De rajeunir vielle....*

mais le cœur luy brusle d'accomplir l'effect amoureux, et
non point en autre, sinon qu'à celuy ou celle qui luy donne
le baiser, luy jettant dans la bouche, et l'amour à ces deux
demeure tant longuement et inviolable, que l'un et l'autre ne
peut durer sans estre ensemble : et si on venoit separer
l'amour, tel amour quelquefoys par lors que la grand fervente
amour estoit convertie en fureur : lors l'on estoit constreint
de faire l'amuletum Veneris, que nous disons breu d'a-
mours, avec l'oyseau que nous disons cauda tremula, qui
n'apparoist que l'hiver : plusieurs qui usoient de la sainte
magie le sçavoient faire : comme fut Diotima, celle qui en-
dotrina Socrates à l'occulte philosophie, et usa au temps des
sa jeunesse de ceste beuvande amoureuse, et en sa viellesse
en voulant user aux jeunes les venoit plus tost à fasciner ou
charmer : mais cestuy-cy qui s'ensuit tient une manifeste
vertu, a faire l'attraction de son semblable qui constreint la
femme ou pucelle de s'abandonner, et gouster ce que par
conjecture artificielle elle vient à imaginer : mais gardes d'en
user en maulvaises fins, que ne le tenies guieres dens la
bouche, que vous ne l'emplies : car il vous pourroit prejudi-
cier : mais il fault que vous le portes dens une bien petite
fiolle de verre : et quand vous serez pres du personnaige la
ou vous le vouldres jetter mettes en lors en la bouche et le
lui jettes dedens en la baisant. Le poëte (et la façon de la
composition est comme il s'ensuit) Lucretius à son quatriesme
livre demonstre en avoir usé, disant : Affligunt amiclæ corpus jungunt que salivas Oris, et inspirant pressantes dentibus
ora. Il me semble qu'il ne sera pas aliene n'estrange à
nostre institution, si je viens à descrire comme on les faisoit :
et nonobstant qu'aucuns ne trouveront bon que la recepte
soit icy inseree, combien vrayement qu'encores par nully
que l'on saiche n'a esté encores mise par escrit : nonobstant
que par l'occulte philosophie qui se faisoit par les poisons
deffendue du temps de Nerva, Trajanus, Adrianus : comme
plus amplement Apuleius philosophe Platonique en l'apologie qu'il a fait contre Emylianus, et fait quelque umbrageuse

mention : mais pour ne sortir hors de noz limites nous des-
crirons la plus principalle façon qu'il se faisoit, que depuis
l'invention de Medee alla par toute Thessalie, ou les femmes
en usoient fort.

« Prenes trois pommes de mandragore et les alles cuillir
tout incontinent que verres le soleil lever, et les enveloppes
dans les feuilles de verbene, et dans la racine de molly
herbe, et les laisses jusques à l'endemain matin à la serene :
et puis prendres de lapidis magnetici de la partie ou elle
refuse le fer, ou la façon se cognoist au quadrant, le poix de
six grains, qui soit pulverisé sus le marbre le plus subtilement qui se pourra, l'arrosant quelque peu avec le suc de
la pomme de mandragore : puis prendres le sang de sept
passereaulx masles seignez par l'esle senestre, d'ambre gris le
poix de 57 grains d'orge, musc le poix de sept grains, le
dedens de la meilleure canelle qui se pourra trouver le
poix de 377 grains d'orge, gyrofle et lignum aloes fin le
poix de trois deniers, du pourpre poisson de chascune branche un oieilet, qui soit confit et condit en miel, macis le
poix de vingt un grain, de calamus odoratus le poix de
cinq cents grains, de racine de lyris Illirica ou esclavonie
le poix de sept cents grains, racine apij risus 31 grain, du
vin cretique au double du poix du tout, sucre finissime le
poix de sept cents grains, qui sont environ plus d'une once....
Et a d'autres vertus grandes pour resjouyr la personne : mais
qu'il fut fait sans le lapis magneticus, que sont incom-
parables : mais pour avoir vertu et efficace pour la conse-
cration de Venus est necessaire que la pierre y soit : car
par la vertu la mandragore fait excitant la vertu de la semence genitale expulsive ostant l'apij risus. Et notes si un personnaige marié ensemble que l'amour de tieulx fut froide, et
y eut quelque divorce ensemble moyennant par le default de
l'un ou de laultre, mesmes de l'home : qui la plus grand
part est attainct de l'imperfection que la femme n'a pas, en
y adjoustant des feces l'huylle de lambre gris le poids de
31 grain dissoulu en sang de colombe blanche et mixtioné

avec un peu de philtre amuleti, que vient à deschasser
toute hayne et rancheur, pourveu qui ne fut à femme effre-
nee et enragee : qui de sa nature est maligne, car ceci la
pourroit pacifier par peu de jours : mais à la fin elle seroit
tousjours enclinee à sa mauvaise malignité, mesmes quand
elle est procedee de parentz mauvais pleins d'occulte malice :
et seroit bien possible que quelques uns de l'estude de la
philosophie Platonique qui voudront juger cecy pour frivole : mais s'ilz avisent bien toutes les raisons trouveront
cecy estre eschappé et issu de l'eschole, æ, æ, que pleut au
souverain soleil, qui est la vraye lumiere de Dieu, que nul
ne fut si hardy de vouloir entreprendre à le faire, or mis
que par contraincte matrimoniale : car pour en user d'amour
fraudulente et libidineuse ce seroit mal user de son sçavoir. »
— Ce morceau curieux a scandalisé quelques personnes,
placées à un autre point de vue que l'auteur. Nous l'exa-
minerons plus tard.

On lit à la fin du chapitre xxv : « Le présent opuscule a
esté redigé à la requeste d'une grande princesse. » Et chapitre xxvii : « J'ai suyvy tout le Royaume de France, au moins
la plus grand part, et ay hanté et cogneu plusieurs apothi-
caires, mais j'ai veu faire des choses tant enormes.... Et en
exerçant la faculté de medicine, ou gist ma principale profession, ai cogneu tant d'abus, et en tant de diverses citez,
que pour n'offenser les oreilles des uns et des autres, je
changeray de propos.... Si je voulois reciter toutes les villes
que j'ay practiqué, ou la medicine se faict bien et mal, nostre
livre seroit par trop enorme; donnant toutesfois la palme,
tant de sa cité que d'ailleurs à Joseph Turel Lecurin, de la
cité d'Aix en Provence, et de present à nostre ville de Salon
à François Berard. » Et au chapitre xxx du second livre :
« Ici ou je fais ma residence je suis logé (pour la faculté de
quoi je fays profession) entre bestes brutes et gens barbares
ennemys mortelz de bonnes lettres et de memorable erudition. » Il ne craint pas, on le voit, de déplaire aux méchants
et aux sots; mais il ne blâme qu'en général, tandis qu'il

cite avec éloges plusieurs médecins et pharmaciens de
Savone, Marseille, Arles, Valence, Vienne, Lyon, Montpellier, etc.

La préface du second livre est adressée au frère de Michel,
maistre Jean de Nostredame, procureur au parlement d'Aix.
On y voit que les meilleures confitures viennent de Gênes,
de Venise et de Valence en Espagne : mais que, si l'on veut
suivre les préceptes de l'auteur, on peut en faire d'aussi
belles et bonnes au pays gaulois.

Le style des recettes est ordinairement pur, coulant, et
parfaitement clair : on comprend sans le moindre effort les
nombreux détails qui se présentent à chaque page; tandis
que le reste est souvent, comme on l'a vu, confus, obscur,
et plein d'affronts au bon sens et à la grammaire. La préface du second livre se termine ainsi : « Doncques seigneurs
à qui l'une des facultes de l'art Iatrice est cogneue en moi
ne soit donnee coulpe, si à ceux qui n'ont cognoissance de
medicine, ne membres aucuns d'icelle, j'ay voulu en nostre
langue donner à entendre à plusieurs, qui sont esloignez de
ceux qui ignorent totalement la façon de conserver leurs
fruictz par composition, que si se treuvent quelques uns des-
plaisants, le plus grand nombre sera de ceux qui y prendront
plaisir. »

Ce sont des études de langue, au moins en partie. Il créoit
alors la sienne. « Multa etiam adinvenit (ut erat ingeniosus)
quæ obscurarent stylum, » dit Chavigny.

Le second livre est suivi, dans l'édition d'Antoine Volant,
d'un appendice curieux en lui-même, et qui peut jeter quelque lumière sur la pensée de l'auteur. Le voici en entier :

In commendationem celeberrimi medicæ facultatis doctoris, D. Michaelis Nostradami hujusce libelli, candidis Lec-
toribus non exiguam commoditatem allaturi, autoris eximii,

HEXASTICHVM.

Doctor ave summa dignissime laude Michaël,
Nec studiis desiut præmia magna tuis.

Hoc reseras parvo quam plurima dogmata libro :
> Sicque tuus multis proderit ipse labor.

Multa doces debet quæ conmendare juventus :
> Et tua laudabunt scripta legenda senes.

Hermolaus Barbarus envoie salut à Pierre Cara jureconsulte et facondissime orateur. — Translatée de Latin en François par maistre Michel Nostradamus.

Le seigneur Trivulce vaillant home en fait de guerre et en temps de paix a espousé femme, une dame Neapolitaine d'une tres noble et honorable famille. Je suis esté invité au convive, mais plus tost au soupper pontificial et sumptueux : mais moy aux premieres viandes que furent apporteez, je feuz saoul : et faisois plus du spectateur, que du convive. Je pense qu'il te sera bon et aggreable, ou aux posterieurs, si je te veulx descrire les mets, et les viandes, non pas ainsi que Macrobe envers les nostres, ne Atheneus aux Grecz par grandz volumes nous a laissé par escrit : mais tout ainsi qu'un homme occupé, et non excedant la mesure d'une epistre.

Premierement l'on donna l'eau à laver les mains, mais non pas comme devers nous l'on fait tout debout, mais bien elle feut presentée, quand un chascun feut assis, et partout eau rose : en apres et tout incontinent feurent apportes le pignolat en tablete et roche fait de succre, eau rose et pignons, et puis apres la tartre et massepan faits de succre, eaue rose et amandes, que nous appelons communement pains Martiens.

Le second metz feurent des esparges nouvelles.

Le tiers metz c'estoient le cœur, le foye et l'estomach des oyseaux : foyages les appellent nos cuisiniers.

Le quatriesme metz la chair de dain rostie.

Le cinquiesme les testes des jenisses et veaux boullies avec leurs peaux.

Le sixiesme chappons, poulailles, pigeons accompaignez avec langues de bœufz, jambons de truye, le tout bouilly,

adjousté avec la saulce du lymon : ainsy les cuysiniers Mila-
noys les appellent, ce que nous cuysiniers Venitiens appellent
sermiaque.

Le septiesme le chevreau tout entier rosty, à un chascun
dens une assiete d'argent, en forme quadrangulaire, avec le
jus qui se fait des cerises amayres, ou comme aucuns aiment
mieulx appeller, cerises de laurier, qui se fait en lieu d'une
saulse et condiment.

Le huictiesme tourterelles, perdrix, faisans, cailles, gryves,
bequeficz, et de toutes manieres de volataille, mollement et
studieusement rosties, les olives Salohnoises, colymbades
feurent mises en lieu de condiment.

Le neufviesme un coq cuit avec le succre madefié et arrousé
avec l'eau rose a un chacun des convivez dens une petite
platine d'argent concave, ainsi comme toutes les autres
vaisselles.

Le dixiesme metz c'estoit un petit cochon tout entier
rosty, a un chacun deux sus un petit vaisseau escuelle, ou il
y avoit une certeine liqueur à chacune vaisselle.

Le unziesme metz c'estoit un paon rosti, et pour son condiment il y avoit une saulse blanche, ou plus tost ferruginée,
qui estoit de foyes pistez et d'une precieuse et aromatique
composition, adjoustée selon la proportion et simmetrie : les
Espagnolz l'appellent Garrouchas.

Le douziesme metz c'estoit un monde tortu, et recro-
quillé, qui estoit fait d'œufz, laict, saulge, farine et succre :
nous l'appellons saulgret.

Le treziesme metz estoit cartiers de coings confitz avec
succre, girofle et canelle.

Le quatorziesme c'estoient costes de chardons, pignons,
artichaulz, si vous aimes mieulx.

Le quinziesme, apres que les mains feurent lavées, toutes
sortes de dragées, comme coriandre, fenoil de Florence,
amandre, anis, giroflat, orengeat, canelat, dragée musquée.

Et apres ilz feurent amenes joueurs de farces, et comœ-

dies, **batteleurs**, et joueurs de goubelletz, et faiseurs de sou-
bresaulz, joueurs de bonnes moralitez, chemineurs dessus les
chordes : d'autres qui de leur bouche contrefaisoient toutes
sortes d'animaulz, de toutes sortes d'instrumentz à fleutes,
joueurs de lucqs, orgues, espinetes, guiternes et psalterions,
harpes. En apres a un chacun metz les torches de cyre blanche faites en parfum et lymnicques demy dorées aloient
devant et estoient concavez dedens : ou il y avoit de toutes
sortes d'oyseaulx et autres animaulx de quatre piedz : et
d'autant de sortes qu'il y avoit de touts oyseaulx et autres
animaulx cuictz apportez à table, autant y en avoit il des
vifz : une chacune table estoit adaptée avec ses sieges et son
buffet : et ceux qui servoient aux privez, estoient privez :
les ministres cogneuz aux cogneuz : devant toutes les autres
choses, il y avoit un silence tel que nul onques de la secte
Pythagorique n'y observa jamais. Dieu soit avec toy, de
Milan ce VI de may M. CCCC. LXXXVIII.

Michaël Nostradamus Sextrophæanus faciebat Salone
litoreæ, 1552.

C'est vers le même temps, et apparemment pour s'exercer,
qu'il mit en vers françois les hiéroglyphes d'Horus Apollon. Cet ouvrage inédit, qui se trouve à la Bibliothèque im-
périale(1), se compose de cent quatre-vingt-deux épigrammes divisées en deux livres, contenant environ deux mille vers
de dix syllabes. En voici le titre : *Orus Apollo, fils de*
Osiris, roi de Ægipte niltacque, des notes hieroglyphiques,
livres deux mis en rithmë par epigrammes, œuvre de
increedible et admirable erudition et antiquité. Vient ensuite un *Prologue du translateur à madame la princesse*
de Navarre, c'est-à-dire à Jeanne d'Albret, qui ne devint
reine qu'à la mort de son père, en mai 1555. Cette pièce,
de 116 vers, est une collection, dans le goût du temps,

(1) Je dois à l'obligeance de M. Ferdinand Denis, conservateur à la bibliothèque Sainte-Geneviéve, la connoissance de ce manuscrit et de plusieurs
lettres inédites de César Nostradamus, qui se trouvent aussi à la Bibliothèque impériale.

de merveilles attribuées aux plantes et aux animaux, par
Pline, Aristote et autres écrivains de l'antiquité. En voici
le commencement, le milieu et la fin :

Nature saige mere de sympathie
Par faictz contraires ce rend Antipathie
Aiant trouue lame par sa concorde
Et la destruyre apres par sa discorde
Comme il me semble chose bien necessaire
Descripre vng peu si se profond mistere
Mesmes les choses passant Lengin humain
Ie n'ay traduict ces deux liures en vain
Mais pour monstrer a gens laborieux
Que aux bones letres se rendent studieux
Des secretz puissent sçauoir lutilite
Qua plusieurs notes comprinse est verite
Que quant le docte aura veu mon prologue
Mesmes des cas secretz faict philologue
Ont se pourroit quelque peu merueiller
Comme nature aduoit peu trauailher
Cas diferentz surpassant sens humain
Que Epaphus mit exare de sa main
Auand de Memphys trouues les caratheres
Car ilz en feurent les premiers inuentayres
Donc ie vouldrois scauoir qui est la cause
Que lelephant furieux bouger nause
Se Rend souafue par le voir du mouton
Et seffrayer sil voit en vng quanton
Ou bien la voix dung ieusne couchon nai
Plus a de peur quhomme a mort condemne
Et le taureau sauluaige se admitigue
Si lon latasche a larbre pourtant figue
Et le cheual puissant se rend a coup
Quest eschape de la gueulle du loup
Puys est legier vollant comme arondelle
La chair mangee de tout bestail que beelle

Qui a estee aux loups faicte ia proye
Est sauoureuse mais la laine enuoye
Force vermine et poulx vient generer
Le cheual vient soy deteriorer
S'il vient marcher ou le loup souuent passe
Si sus esquilles le loup faisoit sa trasse
Il se viendi oit subit tout afoyblir
Le regnard cault sachant ce vient munir
Par peur du loup d'esquilles ses cauernes
Si le loup vient preuoir par ces luzernes
Lhomme en chemin le vient rendre inbecille
Et de sa voix le priue et le debille
Et si le loup plus tost par l'homme est veu
Il se rend plus debille et plus deceu
Le lyon vient safoiblir et fascher
Si sus les feulles dieuze il vient marcher
. . . . . . (Parlant de l'hyène :)
Et si quelqung des mains tenoit sa langue
Seroit equal a mercure d'harangue
Et seroit saulue des gros chiens et mastins
Et les rendroit touts barbets et satins
Ung aultre cas beaucoup plus infelice
S'on enuironne de lherbe lescreuice
Du pollipode quercin sens fayre faille
     (Il manque ici le 72ᵉ vers.)
La souris chaulue que faict son nid en piarre
Meurt du perfum faict par le bois de lhyarre
Les voultours meurent par odeurs doignements
Le serpent meur sil faict atouchement
Ou si on lui met dessus feulhes de chaisnes
Le vent ne nuict pour fort qu'il soit aulx fresnes
Si le serpent par esle de cigoigne
Sus est gectee de la plus ne sesloigne

. . . .

Daultres grandz cas que nature a sagaxe
Par ceux d'Ægypte voions en plaine face

Dieu et son monde son ciel le lieu terrestre
Bestes sauluaiges et priuees ont voit estre
Et plusieurx aultres cas asses merueilleux
Mer champs forest et lieux delicieux.

La troisième note ou épigramme du premier livre est suivie d'une addition de Nostradamus que voici. Je copie en italiques ce qui est en grandes lettres dans le manuscrit :

Annotation sus la figure de Isis
pour la figurer aultrement que n'est
scelon les antiquiss. topographies
Felici Arabiæ repertum.

Placuit huc ponere ob rei venustatem
quæ a nonnullis traduntur scriptoribus
Osiridis videlicet et *Isidis* Deorum sepulchra
In Nisa Arabiæ sita esse, et illhic utrique
dicatam columnam sacris sculptam litteris
inque *Isidi* columna hæc scripta est.

Ego Isis sum Aegipti regina a Mercurio
erudita. quæ ego legibus statui. nullus
solvet. ego sum mater Osiridis. ego sum
prima frugum inventrix. ego sum
Ori regis mater. ego sum in astro canis
refulgens. mihi Bubasta urbs condita
est. gaude gaude Aegypte quæ me
      nutristi.

Isidi cornua iunguntur les anciens adiouxtoient cornes
a sa teste comme ung demy croissant les cornes contremont
a cause de laspect de la lune que vient apparoir aux premiers
iours et ainsi la fault figurer

Interpretation de lepigramme

DIZAIN.

Ie suis Isis iadiz royne dEgipte
Que ce que iai par loix estatue

Car a Mercure iai este erudite
Nul ne viendra iamais prostituer
Ie suis la mere dOsiridis tue
Ie feuz la prime des fruictz inuenteresse
Du roi Orus ie feus mere et maistresse
Ie suis a lastre Procyon refulcie
Bubast condite en feut par ma noblesse
Ioye en Egipte. Ioye que ma nourrie.

Ce premier livre est suivi de quatre épigrammes traduites d'un très-ancien exemplaire grec des Druides. Le second se termine ainsi : « Fin des hieroglyphes de Orus Apollo niliaque de Aegypte mises en rithme par epigrammes œuure de admirable consideration et esmerueillable litterature traduict par Michel Nostradamus de Sainct-Remy en Prouence. » Puis on lit : *Aultres adiouxtez par le translateur*, et on trouve dix épigrammes, dont neuf sont traduites de l'édition de Jean Mercier, de 1551. En voici quelques-unes, qui donneront une idée suffisante de tout le reste :

Comment ils signifioient la vie future.

Signifier voulant mutation
Des dorés siecles par vng futur presaige
Des monarchies par transmutation
Le denontant par vn document saige
Et l'empire estre au supresme aduantaige
Et non durable ni stabille ni ferme
Ils faisoient paingdre comme vng chascung aferme
Deux lignes mises en perpendiculayre
Comme de taph indice si conforme
Qu'il presaigoit vn grand diuin mistere (1).

(1) Jean Mercier donne en latin, à la fin de son édition grecque-latine d'Horus Apollon, sept hiéroglyphes qu'il a recueillis çà et là. Le premier représente une croix, suivie de cette note, que Nostradamus traduit un peu librement : *Vitam eos salutem futuram indicantes, geminas lineas ducebant, quarum transversa altera alteri in perpendicali modum ductæ supersterneretur. Atque ejus rei nulla illis alia suppetebat ratio, nisi quod hæc divini cujusdam mysterii significatio esset.* Mercier ajoute, dans la seconde de ses observations, à la fin du volume, que les Égyp-

Comment signifioient les deux vertus principales dung Roy.

> Le deux vertus principales dung Roy
> Signifier voulant paignent vng sceptre
> Vng oieil dessus pouse en bel arroy
> Comme *vng* indice de ses nobles ancestres
> Vng *Roy* humain dominateur doibt estre
> Par loieil le prince qui tout sort regardant
> De touts ayme estre homme docte en letres
> De mal son peuple en le contregardant (1).

Comment ils signifioient le Roy.

> Signifiant le Roy tel qui doibt estre
> Ils faisoient paingdre vne mouche a miel
> Le Roy qui doibt aduoir dextre et senestre
> Le doulx a lune a laultre aiant le fiel
> De vnray tel Roy est enuoye du ciel
> Qui vient aulx bons vser de sa pollice
> L'esguilhon est par cas potenciel
> Quand les mauluais fait piquer par iustice.

Comment ils signifioient la mort ou fin de l'homme.

> Signifiant la mort ou fin de l'homme
> Ilz faisoient paingdre du fil vne fuzée
> Et du filet le bout rompeu tout comme
> Si séparé estoit. par diuisee
> De la quenoille (du fil) indiuisee
> Par les trois sœurs toute la vie humaine
> Le quenoille est. par cloto mise en plaine
> Lachesis file qui puys la vient corrompre
> La vie de l'homme par aduenture vayne
> Atropos vient qui le filet fait rompre.

tiens désignoient la vie future par une croix gravée sur la poitrine de Sérapis, et que le Taf de l'ancien alphabet hébraïque avoit la forme d'une croix. Je reviendrai sur ce point remarquable.

(1) *Ung* et *Roy*, omis d'abord, et ajoutés dans l'entre-ligne, sont de la même écriture, mais d'une encre différente. Cet hiéroglyphe est le second du supplément de Mercier. Le suivant a été détaché par Nostradamus du 60ᵉ du 1ᵉʳ livre, *Les abeilles.*

Comment il appelloient (sic) *les dieux infernaulx qu'ils*
appelloient manes. D. M.

Quant ilz vouloient leurs grand dieux infernaulx
Signifier paignoient vng visaige
Sens hieulx informe par dessus paingt egaulx
Deux hyeulx a part comme ont voit a lymaige
Par les deux hieulx ont notoit dung bien saige
Les dieux entendre par mesmes document
Et par la face sens hieulx estoit passaige
Quon le faisoit grauer aux testementz (1).

Nous verrons plus loin ce qui résulte de ces divers passages pour la connoissance des idées de l'auteur. Il n'y a,
du reste, comme on le voit, ni ponctuation, ni orthographe.
Le même mot diffère d'un vers à l'autre. Le style, à nul
autre pareil, et de singuliers principes de versification, font
reconnoître aisément l'auteur des Centuries. Enfin certaines
corrections semblent prouver que ce volume in-16, de
soixante-dix feuillets, est écrit de sa main.

Présages et Pronostications. — Chavigny nous apprend
qu'établi à Salon, Nostradamus se mit à écrire les Présages
et les Centuries, qu'il garda longtemps sans les publier. Il
est donc possible que la traduction d'Horus Apollon fût
déjà composée en 1551, et qu'il y ait seulement ajouté depuis les dix épigrammes qui la terminent. Quoi qu'il en soit,
il fit paroître, en 1555, la première édition des Centuries,
et la même année il inséra des quatrains dans son Almanach,
qui, jusque-là, ne s'étoit probablement distingué des autres
que par l'obscurité et l'originalité des prédictions. Ces quatrains, qui sont les quatorze premiers du recueil intitulé
Présages, étoient placés, le premier au commencement de
l'année, le second en tête d'une épître liminaire particulière

(1) Cette épigramme, qui termine le manuscrit, est traduite de la dernière note
de Jean Mercier, que voici : « Manes, hoc est Infernos deos, significabant de-
« picta sine oculis facie, ac superne geminis oculi : oculis deos, ut jam dictum
« est, intelligentes : facie autem absque oculis, eos qui apud Inferos sunt atque
« in tenebris. »

à cette année-là, les douze autres en tête de chaque mois. Dans le premier, sorte de préface poétique, il dit que son âme, saisie de l'esprit divin, prévoit des fléaux, des troubles, des guerres et la mort de plusieurs princes. Dans le second, il annonce que la mer sera en sûreté sous la protection du baron de La Garde, la Provence sous celle du comte de Tende, son gouverneur, et le Languedoc sous le sien, *l'heroïq de Vilars*. L'épître s'adressoit probablement à eux, ou seulement au comte de Tende, qui « aimoit et estimoit » l'auteur. Les autres quatrains ne semblent différer des Centuries que par une plus grande concision, qui devient telle, dans la suite du recueil, que plusieurs n'offrent que des mots juxtaposés, sans aucune liaison grammaticale.

Outre son Almanach proprement dit, Nostradamus publioit une *Prognostication*, c'est-à-dire des prédictions pour l'année courante. Ces brochures devinrent si rares en peu de temps, que Chavigny n'avoit pu se les procurer toutes, et qu'aujourd'hui on en trouve à peine les titres. En voici un que donne la 4ᵉ édition du *Manuel du Libraire*, de M. Brunet : *La grand pronostication nouvelle avec portenteuse prediction pour l'an* 1557, composée par maître Michel Nostradamus, docteur en médecine de Salon de Craux en Provence. Paris, Jacques Kerver, 1557, in-4 de 12 ff., lettres rondes. Morceau écrit en prose (1).

Il paroît, d'après quelques citations de Chavigny, que ces prédictions en prose étoient aussi classées par mois; mais il est difficile de se bien représenter la composition de ces Pronostications et celle des Almanachs, tant les renseignements sont rares et imparfaits. Un coup d'œil vaudroit mieux que toutes les indications.

On ignoroit même jusqu'ici la source des Présages, parce que Chavigny ne la désigne que sous le nom vague de prognostics ou de commentaires; mais voici un passage du

(1) Le *Registre vert* de la mairie de Salon contient une notice fournie par le maire au préfet, où l'on cite un acte notarié du 29 août 1561, par lequel Nostradamus donne quittance a deux imprimeurs de Lyon de vingt écus d'or, va'ant 222 francs d'aujourd'hui, pour la vente des Almanachs et Pronostications de 1562.

Monstre d'abus, composé en 1557, qui tranche cette question, et peut répandre quelque lumière sur les autres :

« Qui est celuy qui puisse sçavoir que tu entends par ton *indigne orné* et *l'esleu premier*, commencement des premiers vers qu'on a recouvert ceste annee de ce tant venerable oracle de Salon ? » Or, les deux premiers vers du quatrain de janvier 1557, commencent en effet, dans les Présages, par les mots en italiques. Il continue : « Que nous veux-tu aussi donner à entendre par tous tes autres vers logez de quatre en quatre sur le commencement de chascun mois ?... Que veulent signifier ces mots desguisez qui s'ensuivent, contenuz en tes presages, comme au presage de Ianvier : *Seront sept qui orneront le nay biparty qui les rendra confus....* Et un peu apres, au presage de Febvrier : *Et commencera Deucalion à soy retirer*. Qui est il ce Deucalion? Qui le congnoist ?... Tu marques en tes almanachz, au catalogue des jours, les jours prefix que les choses doivent arriver : et qu'il soit vray, que trouve lon plus communement et souvent en iceux, sur tous les jours de l'annee, que ces marques escrites : *Bataille navalle, ville assiegee, victoire gallique, retour felice, la mort du grand, heureuse nativité*, et une infinité d'autres telles asneries et sotteries. »

Adversaires. — Les premières Centuries ayant paru au mois de mai 1555, « tout incontinent, dit Chavigny, le bruit et renommée en courut par la bouche de noz hommes et des estrangers avec grandissime admiration. De ce bruit et fame empennée esmeu, le tres puissant Henry II, Roi de France, l'envoya querir pour venir en Cour, l'an de grace 1556, et ayant avec iceluy communiqué de choses grandes, le renvoya avec présens. » César, *Histoire de Provence*, rapporte qu'arrivé à Paris le 15 août, la goutte le retint au lit dix à douze jours, pendant lesquels le roi lui envoya cent écus d'or, et la reine presque autant ; et qu'aussitôt hors de ces violentes douleurs il fut envoyé à Blois pour voir les enfants de France, ce qu'il fit très-heureusement. « Quant aux honneurs, despouilles royales, joyaux et magnifiques présens qu'il reçut de leurs majestés, des princes et des plus grands de la cour, ajoute-t-il, j'ayme mieux les laisser au bout de ma plume, que de les dire par trop d'exquise vanité, craignant d'en avoir plus dit que ne requiert la modestie. » Il fut nommé conseiller et médecin du roi.

Tant de gloire et d'honneurs devoient exciter l'envie, et irriter les incrédules et les protestants, ennemis naturels du prophète. Je dis les protestants, parce que, zélé catholique, il en parloit avec mépris, et ne leur annonçoit que des revers. Ainsi, en 1552, dix ans avant les guerres civiles, il disoit, chapitre xxx du livre des Confitures : « La nompareille cité de Lyon estoit n'y a gueres pourveue d'un noble personnage d'incomparable sçavoir, qui est Phil. Sarracenus, qui des miens premiers principes, moi ja aagé, l'avois instigué, que j'ay ouy dire qu'il s'est retiré à Villefranche : *illi nec invideo :* mais il me semble que veu sa doctrine, qu'il ne devoit aller là : car leur regne ne sera gueres durable (1). » Trois ans plus tard, il les traite d'*idiots sans testes* dans le quatorzième quatrain de la première Centurie, qu'on dut certainement

(1) Que signifie cette phrase? Il me semble que l'auteur, profondément catholique, s'étonne que Sarrazin, après avoir adopté ses principes universels, ait pu courber la tête sous le dogme étroit de Calvin. De Haitze l'a compris autrement. Il dit qu'ils eurent, touchant les doctrines médicales, une contestation qui laissa entre eux de la division. Astruc ajoute que ce fut apparemment pendant la maladie contagieuse de 1547; et, de nos jours, dans une biographie de Nostradamus ornée de contes faits à plaisir, et d'un portrait qui ne ressemble nullement à ceux d'Aix et de Salon, peints par César, un mystificateur a tiré de cette donnée un des plus jolis épisodes de son roman. — Voici encore un exemple de cette manière d'écrire l'histoire. D'Artigny avoit dit : « Un médecin, pour charmer les ennuis de sa solitude, s'avise de publier des éphémérides, où il parle des temps propres pour l'agriculture...» — Pourquoi vivoit-il seul ce médecin? La *Biographie universelle* de Michaud va nous l'apprendre : « Il obtint une réputation que ses confrères ne virent pas sans jalousie. Les tracasseries qu'il essuya de leur part l'obligèrent de s'éloigner de la société. Vivant seul avec ses livres, sa tête s'échauffa au point qu'il crut avoir le don de connoître l'avenir. » Ce conte, recueilli par les biographes suivants, a été brodé par le mystificateur. Ses confrères cherchoient tous les moyens de le perdre. Sarrazin fit courir le bruit qu'il s'adonnoit à la magie blanche (*sic*), et d'autres médecins des environs firent tant, qu'au bout de quelques mois il passoit pour être possédé du diable. Vivement affecté de la lâche trahison de ses anciens amis et de ses collègues, il se retira du monde, ne communiqua plus avec personne, et les habitants de Salon, d'admirateurs passionnés qu'ils étoient, devinrent ses plus furieux adversaires. — Qu'y a-t-il de réel au fond de tout cela? L'esprit des inventeurs.

leur appliquer avant Chavigny ; et dans la suite, pendant la
première guerre de religion, sa Pronostication pour 1563
renferma les passages suivants, où l'on voit en outre comme
il écrit, lorsque bon lui semble : « Ceux qui s'essayent de
destruire la sainte Messe edifiée de Jesus-Christ, s'abusent
grandement : et ceux qui le feront ne dureront gueres, ains
souhaiteront la restituer et remettre en son pristin estat : et
pareillement esteindre, suffoquer et anichiler les autres opinions qu'ils ont, qui resemblent plus à un judaïsme que
vray Christianisme. Ce sera le vouloir de Dieu, qui pacifiera
le tout apres les grands troubles. — Je ne voudroy aucunement offenser les oreilles des uns ni des autres, sçachant fort
bien qu'il y en a des plus sçavans du monde en toutes
sciences ; si est ce que par un vray et certain jugement Astrologique, avec la consonance des sacrées escrittures, combien
que ceux de la nouvelle religion ayent quelque lumière de
raison, qui les vient obfusquer et obnubiler, cela n'est point
durable, et ne s'y fault plus abuser. — Quant à ce qu'aucuns
disent, que le saint Siege Apostolique ne sera à perpetuité :
combien que de tout temps se soyent trouvez des oppugnateurs, et pour le present aussi : s'ils accordent bien les saintes
escrittures, ils trouveront qu'il sera à jamais pardurable :
c'est à dire, jusques à la consommation du siecle. Je di ceci
pour demonstrer à plusieurs devoyez, qu'ils se trouveront non
moins trompez et abusez, que les Juifs en attendant leur
Messie desja passé, aberrantes utique toto cœlo, totaque
via (*Janus*, épître au roi). » « Et le PER OMNIA sera durable
et permanent *per omnia secula seculorum* (*Janus*, p. 260). »

Mais il n'avoit pas seulement contre lui les envieux, les
protestants et les sceptiques. Malgré son zèle pour la bonne
cause et sa vie exemplaire, il étoit suspect ou en horreur à
une foule de catholiques, qui, persuadés qu'il avoit le don
de prophétie, l'attribuoient aux inspirations du démon.
C'étoit une maladie de ce temps-là, dont beaucoup de gens,
instruits et sensés du reste, n'étoient pas exempts, de présu-
mer l'influence du diable dans tout phénomène singulier.

D'ailleurs, comment Dieu eût-il voulu faire une telle faveur à un homme du commun des fidèles, dont le genre de vie n'avoit rien d'extraordinaire? Un siècle plus tard, Jaubert s'attache encore à combattre cette idée ; et j'ai trouvé à la bibliothèque Mazarine, dans un fragment d'un almanach de 1631, une lettre *A nos seigneurs les chancelier et conseillier de sa Majesté*, signée *Godefridus Wendelinus Bethasiorum Parochus*, où ce savant, lié avec Gassendi, Peiresc et Naudé, s'exprime de la sorte : « Un grand tas de coquins, sous le prétexte de l'astrologie, font profession de magie. Tel a été, de mémoire des hommes, un certain faiseur d'almanachs, et qui a publié quelques centuries de prédictions, par l'art, comme quelques-uns pensent, d'astrologie ; ou bien, comme lui-même confesse au beau commencement, par un *secret estude*. Aussi m'a tesmoigné le très-docte Mons. Fontaine, professeur de médecine premièrement en Avignon, puis à Aix en Provence, qui l'avoit fréquenté privément, qu'il n'étoit rien moins qu'astrologue, mais bien très-grand magicien, et qu'à voir seulement une personne, il lui disoit, tu seras cecy, tu seras cela : comme il fit un jour, lorsqu'un pauvre frère mineur passant devant sa maison, il le salua par deux fois : *Salve, sancte pater*, comme lui prédisant qu'un jour il seroit pape : ce qui arriva despuis. Or le Familier de cet homme-là lui pouvoit bien former telle impression en l'imagination, veu que les mauvais esprits peuvent naturellement comprendre plusieurs choses. Et outre ce, sont exécuteurs des arrêts du ciel ; et de la teneur d'iceux sçavent jusques où s'estend leur commission, quelle formalité sera observée en la procédure, quel ordre tenu, et combien durera, quels outils bons, quels mauvais y employez. »

L'inquisiteur Michaëlis, très versé en pareille matière (1),

(1) Il parvint, après de longs efforts, à chasser du corps d'une fille un diable nommé Verrine, qui le mystifioit en feignant de vouloir se convertir, et en tenant les discours les plus orthodoxes, appuyés d'une clairvoyance merveilleuse et de tours de force étonnants : assurant même un jour, pour effrayer les pécheurs, que l'Antechrist étoit né, et qu'il feroit mourir trois des assistants ; ce que le bon

n'étoit pas moins hostile à notre héros, car, d'après une pièce du volume 661 du fonds Dupuy, intitulée : *De la comparaison des prophéties de Nostradamus avec les prédictions de l'abbé Joachim*, il dit, le 25 juillet 1612, « en son petit convent du collége de Boissy, » qu'il trouvoit dans Nostradamus des choses si conformes aux prédictions de Joachim, qu'il devoit les avoir puisées dans ses écrits, ou les avoir apprises de quelque savant démon, qui les eût dérobées au même ou à d'autres saints personnages ; « disant encore que par les premiers quatrains de Nostradamus il se collige que lorsqu'il escrivoit ses prédictions, il estoit assis dans une chaise d'airain, et tenoit son pied sur le bord d'un bassin, et un bâton orné d'herbes et de fleurs en sa main droite, en la mesme posture des oracles anciens qui sont exprimez dans la *Mimica dæmonis* ; et que du dedans de la manche de son bras gauche sortoit une petite voix douce, qui articuloit lesdites prédictions toutes entières ; et il ne faisoit que les escrire en mesmes mots, le plus souvent sans les entendre, pour être ravi en espèce d'enthousiasme. »

Mais, dans son *Histoire de Provence*, publiée en 1694, messire Jean-François de Gaufridi, conseiller au parlement d'Aix, homme grave et religieux, après avoir rappelé cette imputation, presque dans les mêmes termes, sans en nommer l'auteur, ajoute : « Ceux qui l'ont voulu faire passer pour magicien n'ont pas eu raison de se fonder sur la ma-

---

Père, qui n'en doutoit pas le moins du monde, fit consigner dans le procès-verbal, et imprimer ensuite dans l'*Histoire admirable d'une penitente seduite par un magicien, la faisant sorcière, au pays de Provence, conduite à la Sainte-Baume pour y être exorcisée*, l'an 1610, sous l'authorité du P. Sébastien Michaelis ... Paris, Chastelain, 1612, in-8.

L'ancien amant de cette fille étant poursuivi comme sorcier, le parlement d'Aix écoutoit la lecture de plusieurs dépositions, attestant que le malheureux alloit au sabbat et en revenoit par sa cheminée, lorsqu'on entend gronder celle de l'appartement, et il en sort un grand homme noir, qui secoue vivement la tête. Belzébuth vient défendre son élève. Tout fuit. Ce seroit donc une des apparitions de ce genre les mieux constatées, si le rapporteur, empêché par sa robe, qui s'accroche au bureau, n'eût adjuré de dire le but de sa visite, le ramoneur qui s'étoit trompé de chemin. (Voir *Essais historiques sur le parlement de Provence*, par M. Cabasse, conseiller à la cour royale d'Aix. Paris, 1826, t. I, p. 608.)

nière dont il s'est décrit lui-même. Car traitant, comme il
faisoit, ses Centuries d'oracles, ce n'est pas merveille qu'il se
soit représenté dans le même état qu'étoient ceux qui les
prononçoient autrefois. Du reste, bien des choses peuvent
détruire cette opinion : sa déférence pour l'Église, à laquelle
il soumit ses écrits, sa vie très-chrétienne et très-exemplaire,
sa mort accompagnée de tous les sacrements, ses funérailles
publiques et solennelles, son tombeau qu'on regarde encore
avec vénération. »

Puisque Wendelin attribue au diable la clairvoyance
de Nostradamus, il n'est pas étonnant que Gabriel de
Saconay, archidiacre et comte de l'église de Lyon, soit
du même avis, dans sa *Généalogie et fin des Huguenaux....*
Lyon, Benoist Rigault, 1572, in-8. Il dit, feuillets 95 et 96,
que les protestants « présentèrent dix mille livres aux maistres massons pour abatre la grande église de Saint-Jean de
Lyon : et ne tint leur marché qu'à cinq cens livres ; mais
principalement à la bonté de Dieu, qui la préserva et plusieurs autres aussi, contre les efforts des portes d'enfer, qui
sont les entreprinses des hérétiques. Je ne puis que je ne ré-
cite à ce sujet une chose fort véritable. Deux ans devant
lesdits premiers troubles, Nostradamus estant à Lyon, fut
convié à disner en une maison des plus plaisantes et aërées,
en bonne compagnie. Après disner, il mit la tête à la
fenestre, et demeura quelque temps contemplant ladite ville,
laquelle quasi toute il pouvoit descouvrir. Estant lors enquis
quelles estoient ses pensées, respondit : « Je contemple cette
« belle église de Saint-Jean, la ruine de laquelle est jurée : et
« n'estoit qu'elle est en la protection de Dieu, à cause du ser-
« vice divin qu'on y célèbre si religieusement, il n'y demeu-
« reroit en bref pierre sur pierre. » Qu'on dise maintenant
que Satan n'estoit pas de la partie quand ces menées se
brassoyent, puisqu'il en donnoit si bon advertissement à son
favori Nostradamus. »

C'est, je crois, à ces causes, et non, comme le prétendent La Croix du Maine et Jaubert, aux menteries des alma-

nachs faussement publiés sous son nom, que nous devons attribuer les pamphlets qui parurent bientôt contre lui.

Antoine Couillart.—Voici le premier, composé dès 1555, qui se trouve à la bibliothèque Mazarine : *Les prophéties du seigneur du Pavillon lez Lorriz.* A Paris, pour Jan Dallier, 1556. In-8 de trente-un feuillets. Le privilège est daté du 4 mai, et l'auteur dit : Donné au Pavillon lez Lorriz le quart jour de janvier, l'an de grâce 1555, c'est-à-dire 56. Il semble qu'il ose à peine attaquer Nostradamus, car il dit, sous le nom de l'imprimeur, qu'il « a desiré en respondant par grande vehemence aux nouvelles propheties louer le grand sçavoir du prophete et seulement detester la vanité. Doncque ceux qui ne cognoissent le follastre, le tiendront, comme à la verité il est, homme sçavant en plusieurs langues, penseront aussi ce traicté avoir esté faict pour monstrer que Dieu, sans aultre ayde, regit et gouverne toute la machine, et peut seul, et non pas les hommes, juger des choses futures. » Il engage, plus loin, à ne prendre au criminel tant les propos invectifs qu'aucuns passages tirés d'ailleurs, qu'il dirige à quelque nouveau prophète, qu'il n'a pas voulu nommer. Mais, au lieu des invectives et des citations hostiles qu'il annonce, on ne trouve guère que des plaisanteries, souvent graveleuses, imitées de Rabelais.

Ces précautions oratoires devoient avoir un motif, apparemment la crainte de mécontenter le roi et la reine, partisans de l'astrologie ; et un but, la publication de l'ouvrage suivant, qui fut probablement ajournée par le voyage de Nostradamus à la cour, et qui n'eut lieu que sous le règne de François II et des Guises : *Les contredicts du seigneur du Pavillon, lez Lorriz, en Gastinois, aux faulses et abbusifues propheties de Nostradamus, et aultres astrologues.* A Paris, pour Charles L'Angelier, 1560, petit in-8. — J'ai seulement parcouru ce livre à la Bibliothèque impériale, parce que je cherchois des renseignements sur les éditions des Centuries, et que je reconnus à plusieurs passages qu'il datoit réellement de 1555. Je n'y ai vu que des raisonnements, des dé-

clamations et des injures, point de faits à recueillir. Couillart
ne vise peut-être qu'à se signaler, en attaquant le héros du
jour. F. BUGET.

(*La suite prochainement.*)

VERS INÉDITS DE DU MONSTIER.

Daniel Du Monstier, le célèbre peintre (né en 1576, mort
en 1646), sur lequel on lit une curieuse notice dans les *Historiettes* de Tallemant des Réaux (édition Paulin Paris,
tome III, pages 490 et suiv.), a laissé quelques vers généralement médiocres. On les trouve dans les *Délices de la poésie
françoise*, de Rosset et de Baudoin, Paris, Toussaint du Bray,
1615 et 1620, 2 vol. in-8. Quelques-uns de ces vers (ceux relatifs à la mort de Henri IV) avoient déjà paru dans le *Recueil
de diverses poésies sur le trespas de Henry le Grand*, Paris,
Rob. Estienne, 1611; in-4, de 150 et 17 feuillets. Je ne sache pas
qu'il existe d'autres pièces de ce peintre poëte dans d'autres
recueils que ceux ci-dessus indiqués. Voici toutefois un sonnet inédit que nous avons vu dans un exemplaire du *Second
livre des délices de la poésie françoise*, de Baudoin, 1620 ;
in-8; exemplaire ayant appartenu à Du Monstier lui-même
et conservé à la bibliothèque Mazarine, sous le n° 21806.
Ce sonnet est écrit de sa main sur un feuillet de garde, à la
fin du volume.

SONNET.

Le ciel m'excusera si j'ay cette creance
Que sans estre coupable on la peut adorer,
Que le plus bel esprit la doit plus admirer,
Et qu'elle est en effet la Minerve de France.

Il faut tout oublier pour cette souvenance;
Car quel objet mortel se pourroit comparer
A cette déité qui, sans rien ignorer,
Des siècles seulement ignore la puissance?

Tous les esprits du temps, par des labeurs divers,
Voulant de ses vertus estonner l'univers,
En font de leurs desseins le sujet et l'histoire.

Moy mesme je conseus à leur temerité,
Non pas croyant arriver à sa gloire,
Mais comme ne pouvant celer la vérité.

A quelle personne s'adresse ce sonnet ? Cela est assez difficile à décider d'une manière positive ; nous croyons cependant que la *Minèrve de France* n'est autre que la reine
Marie de Médicis.

En. T.

A PROPOS D'UN EXEMPLAIRE

DU TARTUFFE

DE MOLIÈRE.

Il s'agit d'un exemplaire de l'édition originale du *Tartuffe*
(*Paris, Jean Ribou*, 1669, in-12), que j'ai trouvé sur un
étalage du quai, et dont je suis devenu l'heureux possesseur,
moyennant quelques sous. C'est là une de ces bonnes for-
tunes de bibliophile, qui sont bien rares aujourd'hui, et qui
équivalent au gain d'un numéro sortant à la loterie. Mais,
en ma qualité de bibliothécaire, je n'ai pas voulu garder un
livre *de haute curiosité*, et placer dans ma bibliothèque particulière un petit volume qui s'est vendu trois cent quarante
francs à la vente Solar. Je me suis empressé d'en faire don
à l'amateur le plus digne de le posséder, au savant M. Ambroise-Firmin Didot, qui a la noble passion des livres, et
qui, certainement, ne vendra pas les siens par caprice ou
par nécessité. J'estime à grand honneur d'être représenté

dans son admirable bibliothèque par un *ex dono* qu'il m'a
fait le plaisir d'accepter comme un témoignage de mes cor-
diales sympathies de bibliophile.

Toutefois, avant de me dessaisir du précieux volume, j'ai
pris le temps de l'examiner, et j'y ai puisé de nouveau cette
conviction, que la meilleure édition de Molière, celle de
M. Taschereau, ou celle de M. Auger, ou celle de M. Aimé
Martin, ne reproduit pas exactement le texte des éditions
originales.

Ce n'est pas tout; l'exemplaire du *Tartuffe* que j'avois
sous les yeux m'a permis de constater plusieurs circonstances
peu connues de la publication de cette comédie. M. Taschereau, dans son *Histoire de la vie de Molière*, n'a pas
mentionné ces circonstances qui offrent pourtant de l'intérêt; mais, dans une prochaine réimpression de cet excellent
ouvrage, il ne manquera pas sans doute d'expliquer et de
compléter les faits que nous signalons.

Il existe, de la première édition du *Tartuffe*, des exemplaires qui présentent des différences notables : les uns, et
l'on peut dire la plupart, n'ont pas de préface, et les quatre-
vingt-seize pages de la comédie sont précédées seulement de
deux feuillets non chiffrés, comprenant le titre, le privilége
et les noms des personnages ; les autres contiennent la préface en dix-huit pages préliminaires, non compris le titre,
le privilége et les personnages, qui occupent deux feuillets.
Personne encore n'a remarqué que, dans les exemplaires
où la préface a été conservée, il manque un ou deux feuillets après le titre, car la première page de cette préface est
signée A iij. Or, ce feuillet, ou, si l'on veut, ces deux feuillets, qui furent enlevés dans tous les exemplaires, étoient
remplis par une dédicace au roi.

Tel est le fait que nous avons vu cité, et dont nous dou-
tions fort avant d'avoir examiné plusieurs exemplaires de la
première édition du *Tartuffe*, dans lesquels on avoit supprimé
un ou deux feuillets qui devoient précéder la préface, puisque
la première page de cette préface porte pour signature A iij.

On sait tous les chagrins que la comédie du *Tartuffe* avoit causés à Molière; il fut dénoncé, accusé, comme coupable d'outrage envers la religion et ses ministres; il faillit tomber en disgrâce auprès de Louis XIV, qui finit par se déclarer en sa faveur et par le protéger contre ses ennemis. Molière voulut rendre sa victoire plus éclatante, en la plaçant sous l'égide du nom du roi; mais Louis XIV, qui avoit probablement accepté la dédicace de la pièce qu'il venoit d'autoriser, revint sur une décision prise à la légère, et invita Molière à ne pas le compromettre par cette dédicace dont quelqu'un lui fit entrevoir le danger. Voilà pourquoi le *Tartuffe* parut sans dédicace.

Molière, cependant, n'eut rien de plus à cœur que de constater l'appui moral et matériel que le roi daignoit lui accorder en permettant la représentation et l'impression du *Tartuffe;* non-seulement il offrit un exemplaire de sa pièce à Louis XIV, mais encore il en fit relier des exemplaires en maroquin et en veau fleurdelisés, et il distribua ces exemplaires parmi les personnes influentes de la cour, et même dans la domesticité de Versailles. C'est un de ces exemplaires ornés de fleurs de lis, que j'ai eu le bonheur de trouver sur le quai, où il étoit arrivé je ne sais comment, après avoir traîné peut-être dans les antichambres de Louis XIV.

Le seul exemplaire qui nous soit parvenu du pamphlet de Pierre Soulès, curé de Saint-Barthélemy, est également décoré de fleurs de lis, et l'on y reconnoît l'exemplaire de dédicace que ce furieux ennemi de Molière avoit envoyé au roi, qui le fit déposer dans sa bibliothèque en ordonnant que l'édition entière fût supprimée. C'est dans ce pamphlet intitulé : *Le Roy glorieux au monde ou Louis XIV le plus glorieux de tous les Roys du monde* (Paris, Moncornet, 1668, in-12), qu'on lit cet incroyable paragraphe relatif à *Tartuffe* et à son auteur : « Un homme, ou plutost un démon vestu de chair et habillé en homme, et le plus signalé impie et libertin qui fût jamais dans les siècles passez, avoit eu assez d'impieté et d'abomination pour faire sortir de son esprit diabolique une pièce toute preste d'estre rendue publique en la faisant monter sur le théâtre à la dérision de toute l'Église et au mépris du caractère le plus sacré et de la fonction la plus divine, et au mépris de ce qu'il y a de plus saint dans l'Église ordonné du Sauveur à la sanctification des âmes, à dessein d'en rendre l'usage ridicule, contemptible, odieux. Il méritoit, par cet attentat sacrilége et impie, un dernier supplice exemplaire et public, et le feu mesme, avant-coureur de celuy de l'Enfer, pour expier un crime si grief de leze-majesté divine, qui va à ruiner la religion catholique, en blasmant et jouant sa plus religieuse et sainte pratique qui est la conduite et direction des âmes et des familles par de sages guides et conducteurs pieux. Mais Sa Majesté, après luy avoir fait un sévère reproche animé d'une juste colère, par un trait de sa clémence ordinaire en laquelle il imite la douceur essentielle à Dieu, luy a par abolition remis son insolence et pardonné sa hardiesse démoniaque, pour luy donner le temps d'en faire pénitence publique et solennelle toute sa vie, et afin d'arrester avec succès la vue et le débit de sa production impie et irreligieuse, et de sa poésie licentieuse et libertine, elle luy a ordonné, SUR PEINE DE LA VIE, d'en supprimer et déchirer, estouffer et brûler tout ce qui en estoit fait, et de ne plus rien faire à l'avenir de si indigne et infamant.... » On sait que le pauvre curé de Saint-Barthélemy mourut d'un accès de rage en apprenant que le *Tartuffe* avoit été joué en plein théâtre, au bruit des applaudissements de l'auditoire.

Louis XIV, qui prononçoit en même temps la suppression du livre de Pierre Soulès et l'autorisation de la comédie du *Tartuffe*, ne pouvoit accepter la dédicace de cette comédie, qui lui devoit de paroître en public. On s'expliquera donc pourquoi nous n'avons pas découvert un seul exemplaire dans lequel cette dédicace imprimée ait été conservée par mégarde ou avec intention. Quant aux exemplaires à la reliure fleurdelisée, il s'en trouve un maintenant dans la bibliothèque de M. Ambroise-Firmin Didot. Au reste, répétons-le, les exemplaires de cette première édition , *achevée d'imprimer le 25 mars* 1669, sont très-rares, soit qu'ils fussent tirés à petit nombre *aux despens de l'autheur*, soit qu'ils aient été détruits avec soin, ce qui détermina peut-être Molière à faire réimprimer immédiatement son *Tartuffe* avec la préface, l'avis du libraire et les placets au roi, seconde édition dont l'impression fut terminée le 6 juin 1669.

En décrivant ces deux éditions dans le catalogue de la bibliothèque dramatique de M. de Soleinne, j'avois indiqué rapidement quelques-unes des différences qu'un coup d'œil rapide m'avoit fait remarquer dans le texte de chacune d'elles ; j'avois aussi conseillé aux éditeurs de chercher dans ces deux éditions le véritable texte du *Tartuffe*. Les éditeurs n'ont pas encore profité de mes conseils à cet égard, et, en relisant l'édition originale du chef-d'œuvre de Molière, je me suis convaincu qu'on avoit à y prendre beaucoup de variantes, qui ont été négligées par oubli, sinon par insouciance. On jugera du mérite de ces variantes par celles que j'ai notées au courant de la plume.

Il ne faut pas perdre de vue que la première édition du *Tartuffe* a été revue et corrigée par Molière lui-même, puisque le privilége, accordé à son nom, est ainsi formulé : « Permis à J.-B.-P. de Molière de faire imprimer, vendre et débiter, par tel libraire ou imprimeur qu'il voudra choisir, une pièce de théâtre de sa composition, intitulée : *L'Imposteur*. » Tout a donc une importance réelle dans une impression que l'auteur a surveillée, et la moindre virgule, pour ainsi dire, a sa raison d'être. On doit ainsi s'étonner que les noms des personnages, au commencement de chaque scène, aient été placés dans un autre ordre que celui que Molière avoit fixé, suivant la position des acteurs sur le théâtre. Voici, par exemple, comment Molière avoit rangé ses personnages à mesure qu'ils entroient en scène à l'ouverture du premier acte : *Mme Pernelle et Flipote sa servante, Elmire, Martane, Dorine, Damis, Cléante*. Cette nomencla-

ture, qui représente la mise en scène, est tout à fait inter-
vertie dans toutes les éditions modernes.

Prenons pour point de comparaison l'édition d'Aimé
Martin, qu'on a l'habitude de préférer aux autres, quoiqu'elle
ne soit pas préférable à celle de M. Taschereau. Commençons par la préface.

1re édition de 1669.	Édition d'Aimé Martin.
Le moindre pas à droit et à gauche....	A droite et à gauche.
Il ne tient pas un seul moment l'audi-teur en balance.	L'auditoire.
Je ne vois pas quel grand crime c'est que de s'attendrir.	C'est de s'attendrir.

Passons au second acte de la comédie, et voyons ce que
sont devenus les jeux de scène soigneusement indiqués par
Molière :

Édition de 1669.	Édition d'Aimé Martin.
MARIANE. Que cherchez-vous? ORGON. *Il regarde dans un petit cabinet.* Je voi....	MARIANE, *à Orgon, qui regarde dans un cabinet.* Que cherchez-vous?
DORINE. J'enrage De ne pouvoir parler. *Elle se tait, lorsqu'il tourne la teste.*	DORINE, *à part.* J'enrage....
ORGON. Que quand tu n'aurois mecme aucune sym-Pour tous les autres dons ... [pathie *Il se tourne devant elle et la regarde les bras croisés.* DORINE. La voilà bien lotie!...	DORINE, *à part.* La voilà bien lotie! *Orgon se tourne du côté de Dorine, et, les bras croisés, l'écoute et la regarde en face.*
ORGON. Il faut que je luy donne un revers de ma main *Il se met en posture de luy donner un soufflet, et Dorine, à chaque coup d'œil qu'il jette, se tient droite sans parler.*	*Il se met en posture de donner un soufflet à Dorine, et, à chaque mot qu'il dit à sa fille, il se tourne pour regarder Do-rine, qui se tient droite sans parler.*
DORINE. moquerois fort de prendre un tel [espoux. ORGON. *lui donner un soufflet et la manque.*	DORINE, *en s'enfuyant.* Je me moquerois fort de prendre un tel [époux. ORGON, *après avoir manqué de donner un soufflet à Dorine.*

Dans la fameuse scène de la querelle des amants, toutes les indications du jeu et de la pantomime des acteurs sont différentes :

VALÈRE.	
Je vais vous contenter.	
Il fait un pas pour s'en aller et revient toujours.	*Il fait un pas pour s'en aller.*
MARIANE.	
A la bonne heure.	
VALÈRE.	*VALÈRE s'en va, et lorsqu'il est vers la porte*
Euh ?	*il se retourne.*
Il s'en va, et lorsqu'il est vers la porte il se retourne.	Hé ?
DORINE.	
Holà, seigneur Valère !	
Elle va l'arrester par le bras, et luy fait mine de grande résistance.	*Elle arrête Valère par le bras.*
	VALÈRE, *feignant de résister.*
DORINE.	**DORINE,** *quittant Valère et courant après*
Elle quitte Valère et court à Mariane.	*Marianne.*
Elle quitte Mariane et court à Valère.	*Elle prend Valère et Marianne par la*
Elle les tire l'un et l'autre.	*main et les ramène.*
Mariane tourne l'œil sur Valère et luy fait un petit souris.	*Marianne se tourne du côté de Valère en lui souriant.*

Ailleurs, les changements sont de vrais contre-sens ; ainsi, dans la scène de Tartuffe avec Elmire :

Il luy serre le bout des doigts.	*Prenant la main d'Elmire et lui serrant les doigts.*
Il luy met la main sur le genou.	*Il met la main sur les genoux d'Elmire.*
Elle recule sa chaise et Tartuffe rapproche la sienne.	*Elmire recule son fauteuil et Tartuffe se rapproche d'elle.*

En voilà plus qu'il n'en faut pour prouver que nous n'avons pas encore dans les éditions modernes le texte de Molière. Que diroient les érudits si l'on ne mettoit pas plus de soin à la réimpression des classiques latins? Qui oseroit changer un vers de Virgile, une phrase de Cicéron ?

P.-L. Jacob, bibliophile.

NOEL SUR LE PÈRE BOUHOURS.

Bouhours fit paroître en 1697 le premier volume de sa traduction du *Nouveau Testament ;* cette traduction fut critiquée et même chansonnée, témoin ce *Noël* donné pour faire suite à ceux de l'Avent de 1696, sur l'air : *Les bourgeois de Chartres et de Montlhéri.*

Bouhours, puriste habile,
Vint lui-même au berceau
Porter son évangile,
D'un françois tout nouveau ;
L'ouvrage méritoit à son nom de paroître,
Car sans lui sauroit-on, don, don,
Que le diable emporta, la, la,
Jésus notre bon maître.

Mons avoit osé dire :
Aimez votre prochain.
Peut-on plus mal traduire,
Et d'un françois moins fin ?
Aimez ceux avec qui, dans la présente vie,
Vous avez liaison, don, don,
Du délicat, voilà, la, la,
En dépit de l'envie.

Avecque l'Allemagne
Je n'ai point liaison,
Et j'ai contre l'Espagne
Une même raison ;
Rome, Lyon, me sont connus comme Séville.
Point de charité donc, don, don,
Avec tous ces gens-là, la, la.
L'excellent évangile !

Avecque ce faux frère,
Je ne saurois lier,
C'est un traître, un faussaire,
Un coquin à noyer;
Suis-je obligé d'aimer cet homme abominable?
N'ayant point liaison, don, don,
Rien ne m'y contraindra, la, la.
O morale admirable !

Conseiller aux laïques
Le Nouveau Testament,
C'étoit être hérétiques,
Dénoncés nommément.
A présent que Bouhours vient de nous le traduire,
Beurrière et marmiton, don, don,
Impunément pourra, la, la,
A toute heure le lire.

Qui traduit de la sorte
Et s'érige en auteur,
Que le diable l'emporte,
Je le dis sans aigreur :
Car ce terme n'est plus dans le monde une injure.
Bouhours dit sans façon, don, don,
Que le diable emporta, la, la,
L'auteur de la nature.

Hélas! le pauvre père,
Il ne devoit jamais
Quitter son caractère
Après de si beaux faits.
Son talent fut toujours pour la galanterie,
Une traduction, don, don,
De cette force-là, la, la,
Excédoit son génie.

Il nous faut joindre à cette chanson un petit commentaire,

afin de justifier, s'il est possible, le bon père jésuite, pour
qui nous nous sentons un foible, ne fût-ce qu'à cause de ce
caractère de galanterie qu'on lui reproche. Saint-Matthieu,
racontant comment le diable tenta Jésus dans le désert, dit
qu'il le prit et l'emporta dans la sainte cité : *Assumpsit in
sanctam civitatem.* Le démon alors l'*emporta* dans la sainte
cité, dit Bouhours. Sacy avoit dit : *le transporta.* Entre ces
deux mots de la même famille, la différence n'est pas grande
et nous donnerions le choix pour une épingle, ce qui ne rend
pas plus piquante la raillerie de notre chansonnier, qui a en
vue ces phrases vulgaires : le diable m'emporte ! le diable vous
emporte ! souhaits qu'heureusement ne prennent à la lettre
ni celui à qui ils sont adressés, ni celui qui les adresse.
Bouhours, *puriste habile*, connoissoit assurément ces expressions; mais, comme nous croyons qu'elles n'étoient guère à
son usage, nous le trouvons bien excusable de n'y avoir pas
pensé.

La plaisanterie sur l'amour du prochain se présente mieux,
et éveille la curiosité et la malice. Dans ce double sentiment
nous avons tout d'abord ouvert saint Matthieu, au chapitre
où Jésus explique aux pharisiens le premier et le second
commandement de la loi. Nous désirions presque trouver
Bouhours en faute; car, nous l'avouons à notre honte, quoique le bon père soit de nos amis, nous sommes un peu de
ce pays de *Parisie*, où l'on aime mieux perdre un bon ami
qu'un bon mot. Pour un bon mot à soi, passe encore ! mais
pour un bon mot d'un autre !... Cette réflexion aggrave bien
notre péché. Toutefois la périphrase attribuée au jésuite nous
paroissoit bien forte. elle étoit en contradiction avec la règle
que lui-même établit dans sa préface de n'user jamais de
circonlocution, lorsqu'un seul mot suffit pour exprimer le
sens du texte. Aussi trouvâmes-nous qu'au passage indiqué
Bouhours avoit traduit comme il falloit traduire : *Vous aimerez votre prochain.* Partout ailleurs il en use de même, et
rend le mot de *proximum* par celui de prochain. Partout
ailleurs, disons-nous, c'est nous avancer un peu trop. Voici

le janséniste de notre noël, que nous croyions avoir confondu, qui rit sous cape et dans sa barbe en nous montrant du doigt le chapitre v du même saint Matthieu. Bouhours, dans ce chapitre, a en effet employé la malencontreuse périphrase en question. En vérité nous ne savons à quoi il songeoit en traduisant *Audistis quia dictum est : Diliges proximum tuum,* par : « Vous avez appris qu'il a été dit : *Vous aimerez celui avec qui vous avez quelque liaison.* » On le voit, l'inadvertance est ici fort inoffensive, puisqu'elle ne regarde que l'ancienne loi abrogée par la loï nouvelle. Il n'y a donc point à crier haro contre le pauvre traducteur. Cependant la distraction est singulière, et l'on ne pouvoit manquer de la relever dans le camp ennemi. Les jésuites, à qui l'on reprochoit d'avoir affoibli le premier commandement de la loi, pouvoient être soupçonnés de vouloir atténuer aussi le second, cela complétoit leur morale relâchée. L'accusation étoit plaisante, et, pour la rendre probable, il suffisoit que notre chansonnier prétendît à la qualité d'auteur grave.

Marquis de Gaillon.

LES
SUPERCHERIES D'UN COLLECTIONNEUR.

Il est assurément regrettable que la collection Dubrowsky, en partie formée au détriment de nos dépôts publics, soit allée, vers les premières années de ce siècle, enrichir la Bibliothèque impériale de Saint-Pétersbourg ; ne perdons pas de vue toutefois les circonstances au milieu desquelles elle a été composée ; n'oublions pas que ce fut pendant les années les plus tourmentées de la période révolutionnaire, et ne déplorons pas outre mesure un exil (1) qui, pour un grand nombre de ces manuscrits, devint l'unique moyen

(1) Cette collection, cédée en 1805 à l'empereur Alexandre, étoit sortie de France dès 1794.

peut-être d'échapper à une destruction inévitable. Si légitimes d'ailleurs que soient les regrets en pareil cas, il semble
raisonnable de leur donner pour mesure l'importance de la
perte qui les inspire ; or, nous nous croyons autorisé, après
un sérieux examen, à déclarer que la collection Dubrowsky
est plus considérable en réalité qu'elle n'est précieuse, et
que, sauf un certain nombre de manuscrits du moyen âge
dont la valeur est purement extrinsèque, sauf surtout une
série de pièces officielles qui ont laissé dans les registres d'où
elles ont été violemment arrachées une irréparable lacune,
elle est en général composée de manuscrits incomplets ou
défectueux, de copies dont nous avons les originaux, et enfin
d'une énorme quantité de paperasses absolument dépour-
vues d'intérêt et de signification. C'est là un point, nous le
savons, dont ne fût pas volontiers convenu Dubrowsky qui
s'efforçoit par tous les moyens de surfaire la valeur de sa
collection et d'en exagérer l'importance (1). Les notes qu'il
avoit l'habitude d'écrire sur la page du titre ou sur la garde
de ses volumes, soit pour en indiquer la provenance, soit
pour donner ses conjectures sur l'auteur anonyme, attestent
presque toujours une ignorance grossière quand elles ne
prouvent pas une évidente mauvaise foi. Les exemples que
nous allons en donner suffiront pour prémunir les personnes

---

(1) La *Revue de l'instruction publique*, dans ses numéros des 9 et 16 août 1860,
a publié sur la Bibliothèque impériale de Saint-Pétersbourg un travail intéressant,
mais qui se ressent de la hâte avec laquelle l'auteur a visité cet établissement, et
qui renferme un certain nombre d'inexactitudes et d'omissions dont M. G. Depping,
dans une lettre insérée dans ce même recueil (numéro du 4 octobre 1860), relève
quelques-unes. M. Depping s'y montre d'abord très-offusqué d'une faute typographique qui transforme en *Galuski* le nom des frères *Zaluski* ; cette susceptibilité
que nous comprenons très-bien, nous autorise peut-être à lui faire remarquer à
notre tour qu'il ne faut pas écrire *Dobrowski* comme il le fait, mais *Dubrowsky*,
selon l'orthographe du collectionneur moscovite lui-même dont la signature autographe nous est passée des centaines de fois sous les yeux. La liste que donne
ensuite M. Depping des pièces comprises dans la collection *Dubrowsky* est loin
d'être complète, et ses indications manquent parfois d'exactitude. On y trouveroit,
selon lui, 48 lettres des *Montmorency* dont TROIS seulement du connétable ; nous
sommes en mesure de lui affirmer que le portefeuille où sont renfermées les lettres
de cette famille en contient 72 dont une VINGTAINE du connétable. Après avoir
avancé que cette collection contient une *foule* de lettres du cardinal *Mazarin*,

qui auroient occasion de visiter cette collection contre les
décevantes illusions que pourroient faire naître en elles ces
étiquettes mensongères.

Le registre qui à la Bibliothèque impériale de Saint-
Pétersbourg contient la liste des manuscrits françois, ne
mérite pas le nom de catalogue ; les titres y sont consignés
sans ordre ni méthode, et notamment en ce qui concerne
les manuscrits provenant de la collection Dubrowsky, on
s'est presque toujours borné à reproduire les titres fort arbitraires qu'il leur donné en les accompagnant souvent de ses
annotations plus arbitraires encore ; il n'y a là qu'une transcription pure et simple faite sans contrôle et sans examen,
et qui, nous le répétons, expose les lecteurs à de fâcheuses
déconvenues. Faute d'un catalogue raisonné et méthodique,
nous avons dû recourir à cette espèce de répertoire, et nous
avons tout d'abord senti comme des éblouissements à la vue
de toutes ces prétendues richesses ; le moyen, par exemple,
de n'être pas affriandé par une indication comme celle-ci :

« DIEUDADE ou caractères satyriques de la cour de
« Louis XIV (portraits de Jupiter, Junon, Ganymède,
« Diane, Adonis, Vénus, Apollon et Narcisse qui sont gra-
« vés en caricatures). Ms. de 75 ff., attribué à La Bruyère. »

M. Depping écrit quelques lignes plus loin qu'on n'en trouve que 18 ; en réalité
les deux volumes consacrés à *Mazarin* en renferment 143 ; quant à des lettres de
Colbert dont, selon le dire de M. Depping, il y auroit une grande quantité, la bibliothèque de Saint-Pétersbourg n'en possède pas une ; on rencontre, il est vrai, dans
cette collection une vingtaine de lettres signées Colbert, mais elles ne sont pas du
célèbre ministre ; elles ont été écrites par son frère *Charles Colbert, marquis de
Croissy*. M. Depping signale le recueil des lettres du ministre *Chamillart*, il en
existe à Saint-Pétersbourg plus de 500 (renfermées dans trois et non dans quatre
volumes), presque toutes adressées à son gendre, le duc de La Feuillade ; nous
avons lu ces lettres, et nous pouvons assurer à M. Depping qu'il n'y trouveroit pas
les éléments de la réhabilitation qu'il semble rêver pour l'honnête et malhabile
conseiller de Louis XIV. M. Depping parle encore d'écrits inédits de Jean-Jacques
Rousseau ; c'est là manifestement une erreur : les rares pièces autographes de cet
écrivain conservées à Saint-Pétersbourg ont toutes été imprimées dans ses œuvres.
En ce qui concerne enfin les papiers de la Bastille, nous renverrons M. Depping à
la notice que nous avons publiée dans la *Revue des Sociétés savantes* (livraison
d'avril 1859).

Inutile de faire remarquer que c'est là la transcription littérale du titre écrit de la main même de Dubrowsky sur la première page de ce manuscrit. La Bruyère ne nous a laissé qu'un très-mince bagage littéraire : deux petits volumes suffisent à le contenir ; il n'en occupe pas moins, grâce à l'esquise perfection de son style, une place considérable dans la littérature françoise, et certes un fureteur de vieux papiers comme nous se fût réjoui de découvrir quelques pages inédites de cet écrivain accompli. Ce n'est donc pas sans une certaine émotion que nous avons ouvert ce manuscrit. Hélas ! notre illusion fut de courte durée, et nous reconnoissions dès les premières lignes que nous avions affaire à une rapsodie absurde sans invention ni sel, à une platitude que désavoueroit le dernier des écrivains. Nous pouvons affirmer en outre que ces notices ne contiennent pas la moindre intention satirique, non plus que les dessins grotesques qui les accompagnent. L'auteur, certainement, n'y a pas mis tant de malice. En présence d'une supercherie aussi grossière, on est vraiment tenté de croire que Dubrowsky n'avoit jamais ouvert ce manuscrit, car si ignorant qu'il eût été, comment le supposer capable d'avoir pu attribuer de pareilles pages à la plume aussi élégante que correcte de La Bruyère ; il faut remarquer toutefois qu'en écrivant vaguement ces mots : *attribué à La Bruyère*, Dubrowsky semble avoir voulu échapper à la responsabilité d'une aussi insoutenable imputation. Mais voici qui est plus affirmatif :

« La vie de J.-B. Rousseau par Voltaire. Ms. de 140 « pages, original, unique, préparé pour être imprimé, mais « il a été saisi avec ses autres papiers. Il vient des archives « de la Bastille. »

Titre et note sont de la main du Dubrowsky. Nous avons lu cette biographie d'un bout à l'autre, et pourquoi ne le dirions-nous pas ? nous l'avons lue avec intérêt, non pas qu'elle soit de Voltaire, il n'y a pas à s'y tromper ; elle n'est pas davantage, ainsi qu'on l'a prétendu, l'œuvre d'un faus-

saire qui auroit cherché à imiter le style du célèbre écrivain, en confectionnant un pastiche pour assurer le succès
de son livre ; il suffit d'en lire quelques lignes pour ne pas
conserver le plus petit doute à cet égard. Écrite en 1738
(c'est l'auteur qui nous l'apprend), l'année même de la mort
de Jean-Baptiste Rousseau, cette biographie n'est pas dépourvue d'un certain mérite ; le style est foible, mais le plan
en est bien conçu et les matières convenablement disposées.
L'auteur paroît être bien informé et sa notice renferme sur
le poëte des détails très-particuliers que peut-être on chercheroit vainement ailleurs ; Jean-Baptiste y est sévèrement
jugé, mais, ce nous semble, avec justice. S'il est incontestable
que ce manuscrit n'est pas l'œuvre de Voltaire, il n'est d'ailleurs pas impossible qu'il ait été trouvé dans ses papiers. On
peut supposer sans invraisemblance qu'il le gardoit pour s'en
servir ; peut-être même en a-t-il fait usage dans les nombreux passages de ses œuvres où il est question de Jean-
Baptiste Rousseau. D'autre part, nous consentons bien
volontiers à ce qu'il soit *original et unique*, mais nous devons
ajouter que nous n'avons distingué nulle part de traces qui
indiquent qu'il fût *préparé pour être imprimé*. Quoi qu'il en
soit, il ne nous a pas paru mériter d'être copié, à plus forte
raison ne le croyons-nous pas digne d'être imprimé ; c'est
là, croyons-nous, une opinion que partageront ceux qui le
liront après nous, excepté peut-être les personnes qui professent pour le talent de Jean-Baptiste Rousseau une admiration que nous avouons pour notre compte n'avoir jamais
ressentie.

Une autre indication qui, dans ce même catalogue, éveilla
notre attention et piqua notre curiosité, est celle-ci :

« Fragmens sur différentes matières trouvées dans la liasse
« des papiers de J.-J. Rousseau. Ms. de 97 ff. »

Ce manuscrit, ou plutôt ce dossier, est enveloppé dans un
papier gris et épais, noué d'une ficelle (une ficelle du
temps, à en juger par l'apparence) ; sur cette enveloppe et

au-dessous du titre que nous venons de transcrire, on lit de
la main de Dubrowsky : « Ces fragments, je me souviens,
« m'ont été donnés par la femme de Jean-Jacques Rous-
« seau, mais ils ne sont pas de sa main. J'ai oublié à quel
« savant ils appartenoient. » Ayant mis, nous nous en souvenons, à ouvrir cet intéressant paquet un peu trop de pré-
cipitation, mal nous en prit, car aussitôt les quatre-vingt-
dix-sept feuilles volantes dont il se compose et qui de
longtemps n'avoient vu le jour, s'échappèrent comme des
oiseaux effarouchés et s'éparpillèrent à notre grande confusion sur le plancher de la salle où nous nous trouvions,
lequel en fut jonché en un instant ; nous nous mîmes à ramasser un à un ces précieux feuillets et à les réintégrer avec
soin et précaution dans leur enveloppe, opération qui nous
coûta un grand quart d'heure au moins et nous valut une
courbature.... En moins d'une minute le garçon de salle en
eût fait justice d'un coup de balai et les eût relégués au tas
d'ordures, leur véritable place. Notre jugement paroîtra
sévère, mais nous le rendons en connoissance de cause :
nous avons examiné avec un soin scrupuleux ces quatre-
vingt-dix-sept morceaux de papier qui affectent toutes les
dimensions et toutes les formes, voire toutes les écritures, —
excepté celle de Jean-Jacques, — les uns contiennent des
considérations politiques, d'autres des fragments ayant trait
aux sciences naturelles et mathématiques, le plus souvent
ce sont des recettes médicales ou bien des formules phar-
maceutiques, — le tout bien entendu extrait de livres imprimés. La pièce capitale du recueil c'est le *Libretto* en quelques pages d'une pastorale représentée dans une fête donnée
à l'ambassade d'Espagne le 21 janvier 1730. — Aucun de
ces feuillets ne contient rien qui vaille ; ils sont tous bons, —
y compris la pastorale, — à aller rejoindre le sonnet
d'Oronte ; c'est là, il faut en convenir, un méchant cadeau
que Thérèse Levasseur fit à Dubrowsky.

  La Bruyère, Voltaire, Jean-Jacques Rousseau, voilà les
noms qu'invoque notre collectionneur quand il est en quête

de patrons pour ses paperasses ; il lui arrive cependant de
s'adresser à des renommées moins éclatantes, témoin Scarron auquel il croit pouvoir attribuer un poëme burlesque
sur la Fronde ; au moins est-ce là une conjecture dont la critique peut avoir raison, mais que le sens commun ne désa-
voue pas. Il s'agit cette fois d'un manùscrit relié dans le
format d'un petit in-12 ; sur le premier folio Dubrowsky a
écrit et signé de sa main le titre et la note dont voici la
reproduction textuelle :

LA BASTILLE CONQUISE, poëme heroï-satyrico-comique,
« divisé en neuf chants, où se voit l'histoire entière de tout
« ce qui a précédé, accompagné et suivi le blocus de Paris,
« entrepris par le cardinal Mazarin contre le parlement en
« l'année 1649. Ms. autographe. »

    « Il y a tout lieu de croire que cette pièce est de la main
« de *Scaron* (*sic*) ou de Sandricourt qui ont beaucoup écrit
« en vers pendant les troubles de la Fronde. J'ignore *qu'elle*
« (*sic*) fût imprimée, du moins elle ne se trouve pas dans la
« fameuse collection des Mazarinades faite par MM. Secousse
« et le duc de La Vallière.   P. DUBROWSKY. »

Ce poëme n'est pas en effet mentionné dans le catalogue
La Vallière, il n'en est pas davantage question dans l'excellente *bibliographie des Mazarinades* de M. Moreau ; nous
pouvons donc, jusqu'à preuve contraire, le considérer comme
inédit. *Scarron a beaucoup écrit en vers pendant les troubles
de la Fronde ;* sans doute, mais cela ne prouve rien, et c'est
pourtant l'unique motif que Dubrowsky donne de son opinion d'ailleurs très-soutenable ; nous aurions voulu qu'il
l'étayât de raisons plus solides. Il est très-vrai que ce poëme
que nous avons lu tout entier (il n'a pas moins de sept mille
vers), se rapproche par plus d'un côté de la manière de Scarron ; nous ne pensons pas néanmoins qu'il en soit l'auteur : ce n'est pas que la verve y fasse défaut, mais elle n'est,
pour ainsi parler, qu'intermittente, et l'on sait qu'elle étoit
intarissable chez le célèbre cul-de-jatte, bien que trop sou-

vent entachée de mauvais goût et de trivialité. Les vers sont
en général bien frappés et la richesse des rimes y est particulièrement remarquable, qualité qui n'étoit pas celle de ce
temps et qui ne fut jamais celle de ce genre de compositions, mais qu'on retrouve chez Scarron. Dubrowsky auroit
pu faire ressortir ce point de rapport et en tirer une forte
présomption en faveur de son sentiment. Les principaux
épisodes qui signalèrent les premiers troubles de la Fronde
y sont racontés en traits burlesques et certains portraits sont
assez bien réussis, mais il renferme des longueurs qui en
rendent la lecture fatigante et pénible. En somme et malgré
d'incontestables points de rapport, nous ne pensons pas, encore un coup, que ce poëme soit l'œuvre de Scarron qui, à
l'époque de sa confection, en 1649, ne professoit pas encore
pour le cardinal Mazarin cette animosité qui deux années
plus tard armoit sa verve satirique (1). Si ce poëme n'est pas
de Scarron, est-il tout au moins de Sandricourt? car on
vient de voir que Dubrowsky nous donne, pour ainsi dire, le
choix. L'alternative ici nous semble au moins singulière ; est-
ce donc que le talent de l'un égale le talent de l'autre et que
la manière de ces deux auteurs soit tellement identique qu'on
puisse indifféremment attribuer le même ouvrage à l'un ou
à l'autre? Nous avouerons en toute humilité que nous ne
sommes pas en mesure d'éclaircir ce point, n'ayant jamais
rien lu de Sandricourt, et n'ayant pu nous procurer aucun
de ses ouvrages (2). Nous nous contenterons de faire observer que ce pamphlétaire qui compte effectivement parmi les
plus féconds de la Fronde, semble n'avoir rien produit
avant l'année 1651 ; que toutes ses productions sont relative-

(1) *La mazarinade*, le plus célèbre des pamphlets inspirés par la Fronde, celui
qui donna son nom à tous les autres, parut en 1651 ; mais il est plus que douteux
qu'il soit de Scarron. Voyez la Bibliographie de M. Moreau.
(2) Les pamphlets de Sandricourt ont été recueillis sous ce titre : *Les Fictions
politiques en sérieux et agréables caprices du sieur de Sandricourt sur les désordres
civils arrivés en France ès années 1651 et 1652*. Rouen, 1652, in-4. Nous avons
demandé ce volume à la Bibliothèque impériale, et, après des recherches, on n'a
pu nous en livrer que le premier feuillet, lequel contient le titre et la dédicace.
On peut encore consulter sur Sandricourt le livre de M. Moreau.

ment très-courtes; que s'il eût été l'auteur de ce poëme,
lequel seroit sans comparaison, au moins par l'étendue, la
plus importante de ses œuvres, il n'eût pas manqué d'en
revendiquer la paternité et de le faire connoître. Disons en
terminant que le poëme de la *Bastille conquise* est divisé
en *dix* et non pas en *neuf* chants, ainsi que le prétend Dubrowsky, dont l'erreur vient manifestement de ce que
n'ayant fait que parcourir ou plutôt que feuilleter son manuscrit, il n'aura pas su distinguer la limite qui sépare le
neuvième du dixième chant, cette séparation étant à la vérité peu apparente.

Nous avons pensé qu'on ne liroit pas sans intérêt les premiers vers de ce poëme, que nous avons retrouvés dans nos
notes :

> Sus maigre, sus hydeuse faim
> Que l'on ne voit qu'aux jours sans pain,
> Allez faire ailleurs la grimace
> Et renguainez vostre menace,
> En vain vous nous monstrez les dents ;
> Nous deffions les accidents,
> Et sçaurons y mettre tel ordre
> Que vous ne pourrez pas nous mordre.
> Paris a farines et vins
> Nonobstant tous les mazarins
> Et de plus, c'est le mot pour rire,
> Il a mesme aussy de quoy frire,
> Et de quoy malgré leur eschecq
> Ne manger pas son pain tout secq.
>   Sus doncq, hàve et sale squelète
> Deslogez d'icy sans trompette,
> Adieu laide retirez-vous.
>   Et vous, Muse au visage doux,
> Dont l'haleine sent la pastille (1),

(1)   .... *Sa bouche sent la violette....*

dit Scarron en parlant de Déjopée, une des suivantes de Junon (*Virgile travesti,*
liv. I).

Approchez, et de la Bastille
Faittes-moy chanter d'un ton haut
Le siége périlleux et chaud.
    Ce sera chose bien plus vraye
Pour ceux de Saint-Germain-en-Laye
Que tout ce qu'ils en ont appris
Par espions et par escrits.
Escoutez-moy donc, je commence
Car je sens qu'avec véhémence
Pour favoriser mon dessein
La Muse m'eschauffe le sein....

Il nous est revenu que ce poëme avoit été récemment copié, et la copie emportée à Paris; nous ne savons si c'est avec l'intention de la livrer à l'impression, mais il nous semble douteux qu'une pareille publication soit accueillie avec faveur. A moins d'un mérite tout à fait exceptionnel, ce qui n'est pas le cas ici, l'à-propos n'est-il pas le premier élément de succès pour ces sortes d'ouvrages?

Il reste démontré, ce nous semble, par ces exemples que nous aurions pu facilement multiplier, que les indications fournies par Dubrowsky lui-même sur sa collection, loin d'en faciliter l'exacte appréciation, ne tendent, au contraire, qu'à abuser le public sur la valeur et la nature des pièces qui la composent. Au reste, nous n'avons fait aujourd'hui qu'effleurer un sujet sur lequel il nous semble utile d'insister, aussi nous proposons-nous de revenir prochainement et en détail sur la collection et sur le collectionneur; nous avons eu tout le loisir d'examiner l'une pendant un séjour prolongé à Saint-Pétersbourg, et nous avons recueilli sur l'autre de curieux renseignements.

                                    J. Édouard Gardet.

LETTRE INÉDITE DE CHARLES NODIER.

Nous devons à l'obligeance de M. Perrotin, éditeur des œuvres de Béranger et légataire de notre grand chansonnier, qui l'honoroit de sa confiance et de son amitié, la communication d'une lettre autographe de Charles Nodier, laquelle s'est trouvée dans les papiers de Béranger. On peut rechercher, dans la *Correspondance* si curieuse, si intéressante et si sympathique de l'illustre poëte, recueillie et mise en ordre par M. Paul Boiteau, les circonstances qui se rapportent à l'envoi de cette lettre. Béranger étoit l'ami d'Arnault, alors secrétaire général de l'Université impériale; il fut chargé de répondre, sous le nom d'Arnault, à la lettre que Charles Nodier avoit adressée à ce haut fonctionnaire et qui étoit restée sans réponse sur le bureau de l'auteur de *Marius à Minturnes*. Arnault devoit pourtant aimer les fables, puisqu'il en composoit; mais la lettre de Charles Nodier ne parloit que des fables de La Fontaine et de l'édition qu'il avoit préparée. Il a été question déjà de cette même édition, à laquelle l'éditeur attachoit beaucoup d'importance, dans plusieurs autres de ses lettres publiées pour la première fois, dans le *Bulletin du Bibliophile*, par M. Techener, qui s'occupe, avec un zèle pieux et persévérant, de réunir la correspondance de Charles Nodier.   **P. L.**

A M. Arnault, secrétaire général de l'Université impériale.

« Monsieur,

« J'ai pris l'habitude de vous ennuyer tous les ans, tantôt d'une triste lettre et tantôt d'une mauvaise brochure. Daignez permettre que j'en use encore une fois.

« Vous aimez La Fontaine, car vous êtes un de ces héros

généreux qui savent estimer leurs rivaux. Il y a longtemps
que je perds peut-être à le commenter les années que vous
employez si bien à vous mettre en état de l'égaler un jour.
Cet ouvrage qui exigeoit une longue patience et un petit talent, compose aujourd'hui toute ma fortune. C'est pourquoi
je le mets le plus vite que je peux sous la protection de la
bonté et de la gloire.

« J'ai été malheureux à l'époque où l'on commence à vivre ;
mais j'ai donné en revanche à l'étude et au travail le temps
que les autres donnent au plaisir et à l'oisiveté. Mon *Commentaire de La Fontaine*, le premier de ce genre qui paroisse en France, m'a coûté six ans de travail ; et, avant l'âge
de trente ans, j'ai cependant mis à fin trois entreprises de
la même espèce. Ce qui reste à savoir, c'est si j'y ai bien
réussi.

« Ce manuscrit, l'unique ressource de ma pauvre petite famille, ne tente que foiblement la cupidité des libraires ; le
prix qu'ils m'en offrent ne la soutiendroit pas pendant six
mois, et quand on dépense en six mois ce qu'on ne gagne
qu'en six ans, on a placé son temps à trop mauvais intérêt.

« Il en iroit autrement si la Commission de l'Université,
chargée du choix des livres classiques, rangeoit le mien dans
ce nombre, comme on le lui doit peut-être ; mais par qui ose-
rois-je le lui faire soumettre, si ce n'est par l'homme bienveil-
lant dont les dignités n'ont pas altéré le noble caractère et
qui prend encore intérêt au malheur, comme si le malheur
étoit connu de lui ?

« J'ai peine à m'expliquer à moi-même la hardiesse de
cette prière, mais à qui pouvois-je l'adresser ? Le poëte est
un homme public qui se manifeste à toute la société par ses
écrits, et qui communique spontanément avec tout ce qu'il y
a d'âmes sensibles ; je ne suis pas en peine de trouver une
âme forte et libérale dans le peintre de *Marius*.

« Votre réponse m'autorisera, ou non, à faire déposer une
copie de mon manuscrit entre vos mains ; votre réponse,
dis-je (car j'en attends une avec assez de confiance), telle

qu'elle soit, elle ira à mon cœur, ce sera encore une marque de bienveillance, et je vous devrai assez : il y a déjà du bonheur à vous occuper de soi.

« Daignez agréer l'assurance des sentiments de profond respect, avec lesquels j'ai l'honneur d'être votre très-humble et très-dévoué serviteur.   CHARLES NODIER.

« Quintigny, près Lons-le-Saulnier (Jura), 24 décembre 1811. »

On lit au bas de la lettre cette note autographe de Béranger :

« C'est moi qui répondis à cette lettre que M. Arnault avait oubliée. Nodier se montra reconnoissant pour Arnault.
« B. »

ANALECTA-BIBLION.

PUBLICATIONS NOUVELLES.

Notre collaborateur Clément de Ris vient d'ajouter un second volume à ses notices sur les *Musées de province* (1). L'an dernier nous avons, en parlant du premier volume, indiqué la méthode et le plan de cet ouvrage. Les musées décrits dans cette seconde partie sont ceux de Dijon, Besançon, Lyon, Grenoble, Marseille, Nîmes, Montpellier, Toulouse et Bordeaux. Chemin faisant, l'auteur relève plus d'une fausse attribution accréditée par la vanité locale, blâme, juge, conseille avec l'autorité d'une expérience acquise dans les hautes fonctions de l'administration. On suit avec intérêt de notice en notice la révélation d'artistes nés et morts dans leur ville natale, et pour cette raison inconnus ou peu connus à Paris, et dont les noms viennent s'ajouter à l'arbre généalogique de l'art françois : c'est à Dijon, François Colson, élève de l'école de Devosge, un coloriste à la manière de Chardin ; les Rivalz à Toulouse, Reynaud-Levieux à Avignon, Wallaert à Marseille ; à Besançon, Grésely, Barbault qui mourut à Rome, et Wyrtsch, Suisse d'origine, qui fut directeur de l'école de dessin de Besançon. M. Cl. de Ris nous paroît sévère pour ce peintre, qu'une longue notice publiée l'an dernier dans *le Pays*, par M. Francis Wey, nous avoit appris à estimer. Nous avons vu de Wyrtsch des portraits point du tout méprisables. Un autre mérite très-précieux du livre, c'est de nous redonner l'adresse d'œuvres admirables et admirées, que notre mémoire et notre admiration ne savoient plus où aller chercher. On est heureux d'apprendre, par exemple, que le *Barra* de Louis David est à Avignon ; on note pour

(1) Les *Musées de province*, par L. Clément de Ris. Paris, veuve Renouard, 2 vol. in-8.— Voy. année 1860, p. 989.

ses prochaines excursions le fameux Parmegiani de Greno-
noble, etc. C'est assez en dire sur l'intérêt et l'utilité de ces
deux volumes et c'est assez marquer quelle reconnoissance
est due à l'auteur par tous les amateurs des belles choses.

C. A.

Singularités historiques et littéraires, par B. Hauréau.
1 vol. in-8, chez *Michel Lévy*.

Sous ce titre, emprunté à une publication du dix-huitième
siècle, M. B. Hauréau vient de réunir un certain nombre
d'études sur les temps les plus obscurs de notre histoire littéraire. Dans la première de ces études, une des plus intéressantes du volume, M. Hauréau met dans un vif relief un
fait trop peu remarqué jusqu'à présent : on sait l'affligeant
spectacle que présentoit le monde occidental vers la fin du
sixième siècle; les barbares l'avoient visité et foulé dans tous
les sens, traditions, souvenirs, institutions, tout avoit disparu
sous leurs pas ; on eût dit que la pensée se fût retirée de
l'intelligence des hommes dont l'activité tout entière maté-
rialisée ne se dépensoit plus qu'en luttes sanglantes. Or, il y
avoit en ce moment un coin éloigné de l'Occident où la barbarie n'avoit pas encore mis le pied, — l'Irlande, — où la
culture des lettres grecques et latines s'étoit réfugiée comme
dans un lieu d'asile. Là s'étoit formée depuis près d'un siècle
une école qui devint promptement une pépinière de savants
docteurs, lesquels, pendant les septième et huitième siècles,
franchirent plus d'une fois le détroit pour aller répandre sur
le continent les connoissances dont ils avoient si providen-
tiellement reçu et si soigneusement conservé le dépôt. Les
écoles d'Irlande demeurèrent en pleine floraison jusqu'à la
fondation de l'école palatine par Charlemagne, à laquelle
elles fournirent un brillant contingent de professeurs, parmi
lesquels il faut citer le grammairien *Clément* et *Jean Scott
Érigène*. Sur ces écoles, sur les œuvres que leurs maîtres nous
ont laissées ou que nous avons perdues, l'étude de M. Hau-

réau est pleine de faits nouveaux et intéressants. L'auteur, ·
dans ses savantes recherches, nous semble guidé par une ·
préoccupation constante, qui, en même temps qu'elle sert
de lien naturel à ses études, en rehausse singulièrement le
mérite à nos yeux ; bien convaincu que l'esprit humain accomplit à travers les âges une marche incessamment pro-
gressive, qui se ralentit parfois, mais qui jamais ne s'interrompt, M. Hauréau en recherche les traces jusque dans la
nuit des temps barbares, il s'attache à bien déterminer le rôle
que joue l'intelligence humaine aux époques les plus troublées, à préciser les formes diverses de ses manifestations,
et l'on peut dire que chez lui l'érudition n'est que l'auxiliaire d'un esprit essentiellement philosophique.

Quand le monde se fut remis des terribles secousses de
l'invasion barbare, quand le christianisme eut à son tour
vaincu la barbarie et assuré son influence civilisatrice, la
pensée humaine fit effort pour secouer ses entraves et reprendre ses libres allures ; mais longtemps encore son vol
fut lourd et ses expansions timides, car elle dut longtemps
encore s'incliner sous l'inflexible niveau de l'autorité religieuse, ce que M. Hauréau fait nettement ressortir d'un
mot, quand il dit quelque part dans son livre (page 119) :
*Les libres penseurs du neuvième siècle, c'étoient les gram-
mairiens.*

Nous regrettons de ne pouvoir suivre M. Hauréau dans
chacune des monographies dont se compose son volume et
où il fait preuve, dans la comparaison des textes, d'autant
de sagacité que de pénétration. Nous avons été souvent
frappé des vives lueurs qu'il savoit faire jaillir du rapprochement de certaines circonstances isolément insignifiantes.
Nous aurions eu à noter plus d'un point demeuré obscur
jusqu'à présent et qu'il a su éclairer d'un jour nouveau et
définitif, et telle question toujours controversée et sur laquelle il nous semble avoir dit le dernier mot. Ces différentes notices consacrées à *Théodulfe*, évêque *d'Orléans*,
à *Smaragde*, abbé *de Castellion*, à *Odon de Cluny*, à *An-*

selme le péripatéticien, à *Gaumilon*, *le trésorier de Saint-Martin*, à *Roscelin de Compiègne*, à *Guillaume de Conches*, mettent en évidence sans doute les qualités de l'érudit, mais elles attestent d'un autre côté les préférences du philosophe : les noms que nous venons de retracer ne sont-ils pas, en effet, ceux des libres penseurs pendant cette première période du règne de la scolastique ; et bien que généralement assez peu connus, il en est plus d'un parmi eux qui, sous le rapport de la science et de l'éloquence, ne le cède en rien aux plus illustres d'alors, aux *Alcuin*, aux *Scott Érigène*, aux *Abélard*, aux *Bernard*, etc.

Les dernières pages de ce volume diffèrent sensiblement et par le sujet qu'elles traitent, et aussi par la forme des précédentes études de l'auteur ; mais nous devons d'autant moins oublier de les mentionner dans le *Bulletin*, qu'elles nous paroissent de nature à intéresser particulièrement les bibliophiles, qui y trouveront le récit très-animé d'un vol de manuscrits précieux fait à la Bibliothèque du roi pendant les premières années du dix-huitième siècle. Ils y apprendront comment, après bien des vicissitudes subies en pays étranger, les illustres fugitifs furent enfin, bien qu'un peu éclopés et mutilés, réintégrés dans le dépôt d'où nous devons espérer qu'ils ne sortiront plus.

M. Hauréau, dans sa préface, nous fait remarquer que le livre de *Dom Liron*, dont il a emprunté le titre, parut en 1734, et que cette année fut, comme l'année 1859, féconde en événements qui durent solliciter et même satisfaire la curiosité publique. Le livre de D. Liron trouva des lecteurs néanmoins, ce qui l'encouragea à donner trois autres volumes. M. Hauréau nous donne à entendre que, si malgré les préoccupations du moment, pareil accueil étoit fait à son livre, il seroit tout disposé à suivre jusqu'au bout l'exemple de son devancier. Nous prenons acte de la promesse de M. Hauréau, et nous croyons pouvoir attendre avec confiance son accomplissement.   J. E. G.

NOUVELLES ET VARIÉTÉS.

Nécrologie. — Une mort subite et prématurée est venue enlever à sa famille et à ses amis M. le comte Léon de Bastard. Jeune encore, plein de force et d'avenir, M. de Bastard, après avoir franchi les grades inférieurs de la carrière diplomatique, avoit été désigné par M. le baron Gros pour l'accompagner en Chine, en qualité de premier secrétaire. Dans ses rapports publiés par le *Moniteur*, notre ambassadeur a noblement rendu justice à l'énergie, au tact, à l'habileté déployés par son premier secrétaire dans la périlleuse mission qu'il lui avoit confiée, de préparer les bases du traité qu'une poignée de soldats européens est allée faire signer à Pékin.

C'est au moment où, sa mission terminée, il s'embarquoit pour revenir en France, que les fatigues et la maladie ont trahi les forces de M. de Bastard. Le navire qui devoit le ramener ne rapportera que sa dépouille mortelle.

Une mort loin de son pays, loin des siens, même au milieu du triomphe, est toujours profondément douloureuse. Combien plus, quand c'est une intelligence exercée, un esprit actif, un digne cœur, une noble et belle nature qui s'en va! Tous ceux qui ont connu Léon de Bastard savent jusqu'à quel point la Providence lui avoit départi ces heureuses qualités. Leurs regrets sont le plus bel éloge que l'on puisse faire de l'ami qui n'est plus. Je ne dis rien de ceux de sa famille.

A ses heures perdues (Dieu sait si ce sont là des heures perdues!) Léon de Bastard s'étoit senti attiré par le goût des lettres et par celui des livres. Nous avons souvent passé de longues heures avec lui, occupés à feuilleter la jolie collection qu'il avoit réunie avec autant de discernement que de goût. Comme tous les vrais bibliophiles, il aimoit les livres un peu pour le contenant, beaucoup pour le contenu. Propriétaire du vieux château de Maligny, en Bourgogne, il avoit écrit, sans jamais vouloir y mettre son nom, la vie d'un des anciens châtelains qui, après avoir exercé d'importantes fonctions diplomatiques sous Charles IX, alla, par un épouvantable revers de fortune, mourir sous l'habit d'un galérien. Ce livre, imprimé aux frais de Léon de Bastard, et tiré à 170 exemplaires, a pour titre : *Vie de Jean de Ferrières, vidame de Chastres et seigneur de Maligny.* Il a été édité en 1858, à Auxerre, par Perriquet et Rouillé.

En lisant ces pages, où les recherches les plus ardues se cachent sous le style simple et clair des affaires, où la connoissance judicieuse de l'histoire marche de pair avec la sagacité que donne l'exercice de la diplomatie, on se persuadera, ce me semble, que ce n'est pas seulement dans le cœur de ses amis que la perte de Léon de Bastard laisse un vide. Ou je me trompe fort, ou il y a dans la *Vie de Jean de Ferrières* des promesses que la mort jalouse l'a empêché de tenir.   Comte L. CLÉMENT DE RIS.

———

— Nous nous empressons d'annoncer à nos lecteurs que M. B. Hauréau vient d'être nommé bibliothécaire de l'ordre des avocats à la Cour impériale de Paris, en remplacement de M. A. J. Marmier, décédé.

—M. Giacomo Molini vient de fonder à Florence un recueil mensuel sous le titre de *Giornale generale della bibliographia italiana.* Ce recueil, qui manquoit à l'Italie, remplit une lacune qui étoit très-regrettable, et rendra de grands services aux libraires de tous les pays. M. Molini a un représentant à Paris, boulevard Montmartre, 5.

— Le célèbre éditeur de Leipzig, M. Bernhard Tauchnitz, vient de recevoir du duc de Saxe-Cobourg, en récompense de ses publications angloises, le titre de *baron* pour lui et sa descendance directe.

— Une trouvaille intéressante pour les amateurs d'anciens documents historiques vient d'être faite par un peintre héraldique de Belleville, en rangeant des paperasses depuis longtemps en sa possession. Ce sont des parchemins dont l'un est un titre de noblesse accordé à deux défenseurs de Rouen, à l'époque où Jeanne d'Arc délivroit la France des Anglois : ces bourgeois s'appeloient Étienne Guillier et Jean Becquet; l'autre est un *don de retrait*, espèce d'apanage accordé au fameux chancelier Séguier, et consistant en une *terre et seigneurie du Buisson*, en Champagne, prise sur les domaines de la couronne. C'étoit en 1639 ; Richelieu récompensoit ainsi ceux qui l'aidoient dans l'exécution de ses projets et de ses vengeances. Ces deux pièces sont dans un parfait état de conservation et portent les caractères de la plus incontestable authenticité.

— De grands changements viennent d'être opérés à la Bibliothèque impériale.

Les grandes galeries Voltaire, des Pyramides et du Parnasse ont été coupées de quatre mètres en quatre mètres, et transversalement, à droite et à gauche d'une allée centrale, par de hautes bibliothèques dont les rayons sont déjà chargés de livres relégués dans les greniers depuis de longues années.

La belle galerie des manuscrits, toute couverte de peintures de Romanelli, prend issue maintenant sur l'escalier même qui conduit à la salle de travail du département des manuscrits.

L'ancienne salle archéologique, dite du Zodiaque, est transformée en bureaux pour l'administration. A droite et à gauche, dans la galerie des manuscrits, on a disposé des montres pour y exposer les curiosités du département.

Tous ces changements, dont plusieurs ne sont que provisoires, ont eu lieu par suite des constructions qui se continuent sous l'active direction de M. Labrouste, au midi du grand établissement.

CATALOGUE RAISONNÉ

DE

LIVRES ANCIENS, RARES, CURIEUX QUI SE TROUVENT EN VENTE

A LA LIBRAIRIE DE J. TECHENER.

(Février-Mars 1861.)

18. **Abus** (de l') des nuditez de gorge par (Jacq. Boileau.)
Bruxelles, Foppens, 1965; 1 vol. in-12, mar. brun,
tr. dor. (*Hardy.*) . . . . 35—»
Très-joli exemplaire d'un petit livre curieux.

19. L'**Amie de court** inuentée par le seigneur de La Bode-
rie; la Contramie de court, par Charles Fontaine, Parisien; l'Androgyne de Platon, par Antoine Heroët, dict
La Maison Neufue, etc. (*Paris, G. Corrozet*, 1542);
in-16, lettres rondes, mar. vert, fil. tr. dor. (*Bauzonnet-
Trautz.*). . . . . 80—»
Édition fort rare et la plus complète.

20. **Les Amours de Psyché et de Cupidon** (par M. de La
Fontaine). *Paris, Cl. Barbin*, 1669; in-8, mar. rouge,
fil. tr. dor. . . . . 90—»
Édition originale rare. Exemplaire très-grand de marges et bien conservé.

21. **Apulée.** Les Métamorphoses ou l'Asne d'or d'Apulée.
Paris, Nic. et J. de La Coste, 1648; in-8, fig. de Crispin
de Passe, mar. viol. dent. tr. dor. doublé de tabis. 90—»
Exemplaire Renouard.

22. **Aresta amorum LII** (auct. Martial d'Auvergne), accura-
tissimis Ben. Curtii Symphoriani comentariis ad vtriusque
iuris rationem, forensiumque actionum usum quam acu-
tissime accommodata. *Parisiis, apud G. Nigrum*, 1555;
in-16, v. br. à comp. tr. dor. (*Anc. rel.*). . . . 35—»
52 arrêts et les ordonnances sur les masques.

23. ARETINO. Lettere scritte a P. Aretino da molti si-
gnori, communità, donne di valore, poeti, et altri eccel-
lentissimi spiriti. *Venetia, Marcolini,* 1551 ; 2 vol. in-8,
m. rouge, tr. dor. janséniste. (*Duru.*). . . . .   160—»

TRÈS-BEL EXEMPLAIRE d'un recueil FORT RARE de lettres intéressantes pour l'histoire du seizième siècle, mais dont quelques-unes pourroient, par leur liberté,
être insérées dans les *Ragionamenti.*

24. ARIOSTO. Orlando furioso di Lodovico Ariosto. *Birmin-
gham, Baskerville,* 1773 ; 4 vol. in-4, fig. gravées en
taille-douce, mar. r. fil. tr. d. (*Derome.*). . . .   400—»

BEL EXEMPLAIRE EN GRAND PAPIER.

25. ATHENÆUS (græce) ex recensione Marci Musuri. *Venetiis, in ædibus Aldi et Andreæ soceri, mense augusto
M.D.XIIII;* in-fol. mar. r. fil. tr. d. (*Anc rel.*).   60—»

Édition princeps ; bel exemplaire.

26. S. AVR. AVGVSTINI de ciuitate Dei. (A la fin) : *Aurelii
Augustini doctoris egregii atque episcopi Ypponensis de
ciuitate Dei liber vicesimus secundus explicit contra paga-
nos, sub anno a natiuitate Domini M.CCCC.LXVII*
(1467); gr. in-fol. goth., cuir de Russie. . . . .   600—»

PREMIÈRE ÉDITION précieuse et fort rare ; elle a été exécutée avec les mêmes
caractères que le Lactance, imprimé dans le monastère de Subiaco en 1465, qui
est le premier ouvrage imprimé en Italie avec date.

27. BAÏF. La tragédie d'Euripide nommée Hécuba, trad. de
grec en rhythme françoise, par Baïf, dédiée au roi. *Paris,
de l'imprimerie de Robert Estienne,* 1544 ; in-8, mar. v.
fil. tr. dor. larg. dent. (*Niedrée.*). . . . .   85—»

Exemplaire grand de marges et d'une parfaite conservation, d'une édition rare.
Belle reliure, richement dorée à petits fers. Volume *dédié au Roy.* La tragédie
d'*Hecube* est suivie de la *Fable de Cadmus d'Ovide,* d'une *Épître de madame
Laure,* d'une *Ballade présentée à la royne en Espagne,* et d'autres poésies de Baïf.

28. BERALDE DE SAVOIE. *Leide, Elzév., à la Sphère,* 1672 ;
pet. in-12, mar. rouge, fil. tr. dor. (*Trantz-Bauzon-
net.*). . . . .   45—»

Charmant exemplaire d'une édition rare.

29. BERTAUT. Recueil des Œuvres poétiques de J. Bertaut,
abbé d'Aunay. *Paris, Mamert-Patisson,* 1601 ; in-8,
mar. r. fil. tr. d. (*Bauzonnet-Trautz.*). . . . .   110—»

TRÈS-BEL EXEMPLAIRE.

30. Bertrand du Guesclin. Les Faitz et Gestes du noble et vaillant chevalier Bertrand du Guesclin jadis connestable de France. *Paris, pour Jean Bonfons, s. d.;* in-4, goth., fig. sur bois, mar. or. fil. tr. dor. (*Koehler.*) . . . . 300—»

Bel exemplaire d'un volume d'une grande rareté. Roman de chevalerie important.

31. Biblia cvm concordantiis Veteris (ac Noui) Testamenti. (A la fin) : *Impressum per magistrum Mathiam Huz Alemanum. S. l. (Lugduni), anno legis noue* 1494; pet. in-fol. goth. à 2 col., mar. r. fil. à fr. tr. dor. (*Trautz-Bauzonnet.*) . . . . 400—»

Très-bel exemplaire d'un volume rare.

32. Bibliothèque spirituelle, publiée par M. de Sacy, de l'Académie françoise. *Paris, Techener,* 1854-1859; 17 vol. in-16, mar. brun, fil. à comp. tr. dor. (*Capé.*).   500—»

Un des cent exemplaires tirés sur papier de Hollande ; collection complète d'un choix estimé des meilleurs ouvrages de la littérature chrétienne écrits en langue françoise : *l'Imitation de Jesus-Christ. — L'Introduction à la vie devote. — Les Lettres spirituelles de Fenelon. — Les Lettres de Bossuet et le Traité de la concupiscence. — Choix des petits traités de morale de Nicole. — Traités de morale chretienne par Duguet. — Sermons choisis de Bossuet, de Bourdaloue et de Féulon.— Le Nouveau Testament. —* Belle reliure.

33. Boccaccio. Il Corbaccio (di Boccaccio). *Parigi, Feder. Morello,* 1569; in-8, mar. brun, fil. à riches comp. tr. dor. (*Capé.*) . . . . 140—»

On lit dans le *Manuel du libraire* l'indication suivante : « Edition estimée, non-seulement à cause des notes de Jac. Corbinelli, mais parce qu'elle a été faite sur une copie du texte manuscrit de François Mancni, de l'an 1354, et que l'ancienne orthographe y a été conservée. »

34. Boccaccio. Il Decamerone di G. Boccaccio. *Amsterdamo,* (*Holl., Elzév.*), 1665; in-12, mar. brun, fil. à comp., tr. dor. doublé de mar. brun. (*Thouvenin.*). . . . 160—»

Très-bel exemplaire provenant de la bibliothèque de M. Cigongue; H., 5 p. 6 lig. (150 millim.), *témoins.*

35. Bonifacivs, papa VIII. Liber sextvs decretalivm. *Moguntiæ, per Petrum Schoiffer, anno* 1470 *die* 17 *aprilis;* in-fol. de 137 ff. mar. br. . . . .   2500—»

Précieux volume, admirable monument des premiers essais de l'imprimerie. Superbe exemplaire imprimé sur vélin, élégamment rubriqué.

36. Bossuet. Avertissements aux protestants sur les lettres du ministre Jurieu contre l'Histoire des variations, par mess. J.-B. Bossuet. *Paris*, 1689; in-4, mar. r. tr. dor. . . . . 90—»
Édition originale.

7. Bossuet. Histoire des variations des églises protestantes, par J.-B. Bossuet, évêque de Meaux. *Paris, Cramoisy*, 1688; 2 vol. in-4, mar. bleu, fil. à comp., tr. dor. (*Hardy.*). . . . . 160—»
Superbe exemplaire de l'édition originale, rare en bon état.

38. Bruscambille. Les Fantaisies de Bruscambille, contenant plusieurs Discours, Paradoxes, Harangues et Prologues facétieux, faits par le sieur Deslauriers, comédien. *Paris, Jean de Bordeaulx*, 1612; pet. in-8, mar. r. fil. tr. dor. (*Trautz-Bauzonnet.*). . . . . 160—»
Bel exemplaire de la plus ancienne édition.

39. Bruscambille. Péripatétiques résolutions et remonstrances sententieuses du docteur Bruscambille. *A Lyon, prins sur la coppie imprimée à Paris, chez Va-du-cul, gouverneur des singes*, 1619; in-8, mar. viol. fil. tr. dor. (*Bauzonnet.*). . . . . 80—»
Opuscule fort rare. Exemplaire de Ch. Nodier.

40. Cancionero general : que contiene muchas obras de diuersos autores antiguos, con algunas cosas nueuas de modernos, de nueuo corregido y impresso. *En Anuers, en casa de Philippo Nucio, à la enseña de las dos Cigueñas, Año* M.D.LXXIII; in-8, v . . . . 550—»
Bel exemplaire d'un très-rare et précieux volume.

41. Celestina, tragi-comedia de Calista y Melibea en la qual se contienen, de mas de su agradable y dulce estito.... *En Anuers, en la officina Plantiniana*, 1599; pet. in-12, mar. r. fil. tr. dor. (*Trautz-Bauzonnet.*). . . . 120—»
Charmant exemplaire d'une édition rare et très-joliment imprimée.

42. La Celestine, en laquelle est traicte des deceptions des seruiteurs enuers leurs maytres et des macquerelles enuers les amoureux, translatee dytalien en françois. —

Imprime a Paris, *par Nic. Cousteau pour Galliot du
Pré*, 1527; in-8, goth. mar. rouge, tr. dor. janséniste.
(*Duru.*) . . . .∴. 165—»
Bel exemplaire de cette édition fort rare.

43. LA CHRONIQVE MARTINIANE de tous les Papes qui furent iamais et finist iusques au Pape Alexãdre derrenier, de-
cede 1503. — *Cy fine la derreniere partie de la Croni-
que Martinienne, impr. a Paris pour Anthoyne Verard.*
S. d. (vers 1505); in-fol. goth. à 2 col. de 46 lig., mar.
r. fil. tr. dor. (*Duru.*) . . . . 1400—»
Exemplaire complet et parfait; si grand de marges qu'on pourroit le croire en
grand papier.

44. M. T. CICERONIS OPERA. Orationum vol. 3. *Parisiis, apud
Simon. Colinæum*, 1543-44. — De Philosophia, vol. 2.
—1545. Epistolæ familiares, vol. 1. 1545. — Officia, de
Amicitia, Paradoxa, etc., vol. 1. 1543. — Rhetoricorum
lib. III, vol. 1, 1545.—Epistolæ ad Atticum, cum scho-
liis P. Manutii, vol. 1. *Parisiis, ex offic. Rob. Stephani*,
1547. — De Oratore, de Claris Oratoribus, etc., vol. 1.
Ibid., id., 1546; 10 vol. in-16, mar. r. doublé de mar.
r. tr. dor. (*Anc. rel.*). . . . . 1500—»
Précieux exemplaire portant, sur le dos et à l'intérieur des plats, la *Toison d'or*
de Longepierre.

45. CLAVDIANI SIVCLI VIRI IMPRIMIS DOCTISSIMI DE RAPTV PRO-
SERPINE, tragedia prima heroica. (*Absque nota, sed Ultraj.
Ketelaer et Leempt, circa* 1473); in-fol. de 16 ff. car.
goth., mar. vert, fil. tr. d. . . . . 110—»
Bel exemplaire d'une édition très-rare et très-précieuse, dont les caractères
sont ceux de Ketelaer et Leempt, imprimeurs à Utrecht. Elle est imprimée à longues lignes, sans chiffres, réclames ni signatures. On en trouve une ample description dans la *Bibliotheca Spenceriana*, t. II, p. 1, et dans le *Cat. des incunables
de la Bibliothèque royale de la Haye*, n° 25. — Cet exemplaire provient de la
biblioth. de M. Rich. Heber et de celle de Soleinne.

46. LES COLACIONS DES SAINCTS PERES ANCIENS, translateez de
grec en latin, par Cassiodorus, translateez de latin en françoys, par Maistre Iehan Golein. — *Les collations des
Saints Peres imprimees a Paris pour Anthoine Verard,
libraire, demourant a Paris, deuant la rue neufue Nostre*
XVe SÉRIE. 9

Dame (après 1503); in-fol. goth., fig., mar. brun, tr. dor.
(*Duru.*). . . . .   220—»

SUPERBE EXEMPLAIRE d'un volume RARE. (Voy. BRUNET, t. I, p. 568, 4ᵉ édition.)
Les impressions faites par Ant. Verard sont importantes à recueillir, surtout pour
les livres en françois.

47. LA CONJURATION DU COMTE JEAN-LOUIS DE FIESQUE (par le
cardinal de Retz). *Cologne (à la Sphère)*, 1665; pet. in-12,
mar. rouge, fil. tr. dor. (*Trautz-Bauzonnet.*). .   80—»

CHARMANT EXEMPLAIRE d'un petit ouvrage devenu classique. Cette jolie édition
elzévirienne est très-recherchée.

48. LES CONTROVERSES DES SEXES MASCULIN ET FEMININ (par
Gratian du Pont, escuyer, seigneur de Drusac). — *Dedans*
Tholose : imprime entierement est-il ce liure : sachez
nouuellement par maistre Iacques Colomies surnomme
maistre imprimeur... etc., l'an MDXXXiij; 3 part. en 1 vol.
in-fol. goth., fig. sur bois, mar. bl. fil. tr. dor.   350—»

Première édition fort rare.

49. COQUILLART. Sensuyuent les Droitz nouueaulx auec le
Debat des Dames et des Armes | lenqueste entre la Simple
et la Rusee | auec son plaidoye | la cõplaincte de Echo a
Narcisus | et le refus ql luy fist auec la mort dicelluy Nar-
cis; et le monologue Coqllart | auec plusieurs aultres cho-
ses fort ioyeuses | compose par maistre Guillaume Coquil-
lart (official de Reims lez Champaigne. *Paris (Jehan Jannot)*.
S. d. (vers 1518). Pet. in-4, goth. à 2 col., titre rouge et
noir, fig. sur bois au verso, mar. v. fil. tr. dor. (*Trautz-
Bauzonnet.*) . . . .   480—»

50. CORIOLANUS. Coriolani Martirani Cosentini Episcopi
sancti Marci tragœdiæ VIII : Medea, Electra, Hippolytus,
Bacchæ, Phœnissæ, Cyclops, Prometheus, Christus. —
Comœdiæ II : Plutus, Nubes. — Odysseæ lib. XII, etc.
Neapoli, Janus Marius Simonetta, 1556; in-8, mar. bl.
f. à fr. tr. d. (*Bozerian.*). . . . .   60—»

SUPERBE exemplaire bien complet de la collection Renouard.

51. CORROZET. Les Antiquitez, chroniques et singularitez de
Paris, par Gilles Corrozet, Parisien. *Paris, par Nicolas*

Bonfons, 1581; in-16, veau f. fil. tr. dor. (*Trautz-Bau-zonnet.*). . . . . 90—»
Édition rare. Très-joli exemplaire.

52. Le Couronnement du roy François premier de ce nom. Voyage et Conqueste de la duche de Millan | victoire et repulsion des exurpateurs d'icelle auec plusieurs singulari-tez des eglises | couuens | villes | chasteaulx et forteresses d'icelle duche fais lan mil cinq cẽs et quinze | cueillies et redigees par le Moyne sãs froc (Pasquier le Moyne). *Paris, Gilles Couteau*, 1520; in-4, goth., m. r., à comp., tr. dor. (*Kœhler*) . . . . 450—»
Bel exemplaire d'un livre fort rare.

53. Cronica daragon. A gloria y loos de la Santissima Tri-nidad.... *fue impressa la presente Cronica en la ciudad de Valencia: ē la casa y oficina dicha almoli de la Rouella por idustria dl experto y enesta arte asaz docto Juan Jofre señor y maestro, ē la casa sobre dicha. Acabosea IX de junio de nra reparaciō*, 1524; in-fol. goth., fig. s. bois, mar. br., fil. tr. dor. . . . . 290—»
Très-rare et précieux volume.

54. Dramata sacra, comœdiæ atque tragœdiæ aliquot e Ve-teri Testamento desumptæ. *Basileæ, ex offic. J. Opo-rini*, 1547; 2 tom. en 1 vol. in-8, vél. tr. dor. 160—»
Belle reliure molle aux premières armes de de Thou.

55. Dubuisson. Armorial des principales maisons et familles du royaume; ouvrage enrichi de près de quatre mille écus, gravés en taille-douce. *Paris*, 1757; 2 vol. in-12, mar. r. fil. à comp. tr. dor. . . . . 150—»
Très-bel exemplaire d'un livre fort recherché et que l'on rencontre très-rare-ment en aussi belle condition. 4000 blasons gravés.

56. Esau ou le Chasseur, en forme de tragédie, nouvelle-ment représentée au collége des Bons-Enfants de Rouen (par J. Behourt). *Rouen, Raphaël de Petit Val*, 1606; pet. in-12, mar. br. de Tanger, tr. dor. (*Trautz-Bauzon-net.*). . . . . 40—»
Petite pièce rare provenant de la bibliothèque de M. Armand Bertin.

57. Eusèbe. Histoire ecclesiastique de Eusebe de Cesaree,

translatée de latin en françoys, par maistre Claude de
Seyssel. *Imprime en Anuers, par Martin Lempereur,*
MDXXXIII; in-8, goth., mar. br. tr. dor. janséniste (*Trautz-
Bauzonnet.*). . . . . 80—»
Superbe exemplaire.

58. EUTROPIUS. Eutropius historiographus et post eum Paulus
Diaconus de historiis Italice provincie ac Romanorum. *Rome,
imp. a° MCCCCLXXI*; in-fol. mar. r., comp. à tr. dor.   225—»
Édition princeps rarissime. (Charact., ut videtur, Georgii Laver, sine sign., cust.
et pagg. — Panzer.)

59. FLAVII JOSEPHI Opera. *Lugduni, apud Seb. Gryphium,*
1555; 3 vol. in-16, v. f. tr. dor. les plats richement ornés
de comp. d'or et couleurs. . . . .   160—»
Curieuse reliure du seizième siècle, genre Maïoli, et différente pour les trois volumes. On remarque sur le titre la signature d'un sieur de Baillon (*écriture du
seizième siècle*).

60. LA FONTAINE D'HONNEUR et de vertu, où est montré
comme vn chascun doit viure en tout eage... translaté de
latin en langue françoise, par maistre François le Breton,
Constantinois. *Lyon, par Jean de Tournes,* 1544; in-16,
m. rouge, fil. tr. dor. (*Trautz-Bauzonnet.*).   140—»
Délicieux petit livre, fort rare.

61. LA FOREST DE CONSCIENCE CONTENANT LA CHASSE DES
PRINCES SPIRITUELLE (par Guillaume Michel dict de Tours).
— *Imprimé par Michel le Noir, libraire iuré en l'Vniuersité de Paris, demourant en la rue Sainct-Jacques,
le dernier iour daoust mil cinq cens et vingt* (1520);
pet. in-8 goth., mar. rouge, fil. tr. dor. (*Trautz-Bauzonnet.*). . . . .   225—»
Volume fort rare, orné de très-curieuses figures en bois. L'*ente nouvelle* de
salut est un éloge de la Vierge Marie fait en souvenir d'un pèlerinage à Notre-
Dame de Boulogne, près Paris.

62. FRÉNICLE. Palémon, fable bocagère et pastoralle de
N. Frénicle. *Paris, Dugast,* 1632; — La Niobé, du même.
Ibid., id., 1632; gr. in-8, mar. r. tr. dor. (*Trautz-Bau-
zonnet.*). . . . .   65—»
TRÈS-BEL EXEMPLAIRE EN GRAND PAPIER.

63. GAMBARA. Laur. Gambaræ Brixiani rerum sacrarum li-

ber, cum argumentis J. Pacti Siculi Mamertini. *Antuerpiæ,*
ex officina Chr. Plantini, 1577; in-4, mar. r. fil. larges dentelles à petits fers, tr. dor. (*Riche reliure de Hardy.*)   70—»
Bel exemplaire d'un livre orné de 56 figures gravées à l'eau-forte. Le frontispice
porte : *Bernardinus Passarus RO. inv.*

64. GARNIER. Hippolyte, tragédie de Rob. Garnier, conseil-
ler du Roy au siége présidial et séneschaussée du Maine.
A Paris, Robert Estienne 1573; in-8, mar. rouge, tr. dor.
(*Trautz-Bauzonnet.*). . . . .   60—»
Édition ORIGINALE TRÈS-RARE, dédiée à messeigneurs de Rambouillet.

65. GARNIER. Les Tragédies de Robert Garnier, conseiller
du Roy, lieutenant général criminel au siége présidial et
sénéchaussée du Mayne. *A Rouen, chez Raphaël du Petit
Val,* 1596; pet. in-12, mar. vert, fil. tr. dor. (*Trautz-
Bauzonnet.*). . . . .   90—»
Exemplaire d'une parfaite conservation et grand de marges, d'une édition rare
et complète.

66. GELLI. I Capricci del Bottaio di Giov. Gelli. *Vinegia,
appresso Giorita Rupirio,* 1550 ; pet. in-8, mar. r. tr.
dor. (*Duru.*). . . . .   70—»
Très-joli exemplaire d'un livre rare.

67. GRENADE. OEuvres complètes du R. P. Louis de Grenade. Savoir : Catéchisme ou Introduction au symbole de
la Foy ; trad. en françois par M. Girard. *Paris, P. le
Petit,* 1661-1667; 5 vol. in-8. — Le Mémorial de la vie
chrétienne. *Paris,* 1675 ; 2 vol. in-8. — Additions au
Mémorial. *Paris,* 1675 ; 2 vol. in-8. — Traité de l'oraison et de la méditation. *Paris,* 1675 ; 2 vol. in-8. —
Le Guide des Pescheurs. *Paris,* 1679 ; 2 vol. in-8.   280—»
Ces treize volumes sont uniformément reliés en mar. r. fil. tr. dor. Tous, à l'exception du premier, paru en 1661, sont doublés de mar. r., au semis d'M et de
croix de Lorraine. Cette marque est celle de Marie d'Apremont, duchesse de Lorraine, femme du duc Charles IV (1665-1695).

68. GUEVARA. Libro primo (e secondo) delle Lettere del
illustriss. S. D. Antonio di Guevara, vescouo di Mondo-
gneto, trad. (di spagn. in ital.) dal S. Dominico di Catzelu.
In Vinegia, apv. Gab. Giolito de Ferrari, 1546-47; 2 vol.

in-8, mar. br. à comp. tr. dor. (*Belle reliure italienne du
temps.*). . . . .   **65—»**

69. HARDY. Le Théâtre d'Alexandre Hardy. *Paris*, 1624-28;
6 vol. in-8, mar. bl. . . . .   **265—»**
Le deuxième volume est de la réimpr. de 1632. Le sixième est daté de 1623.
COLLECTION FORT RARE.

70. HELISENNE DE CRENNE. Le Sōge de madame Helisenne,
compose par la dicte Dame, la consideratiō duquel est
apte a instiguer toutes personnes de s'aliener du vice, et
s'approcher de vertu. *Paris, Denys Janot,* 1541 ; in-8,
mar. citr., fig. sur bois, tr. dor. . . . .   **90—»**
Très-bel exemplaire d'un volume fort rare.

71. HISTÒRIÆ ECCLESIASTICÆ SCRIPTORES GRÆCI : Eusebius,
Socrates, Theodoritus, Hermias, Evagrius... Joanne Chris-
tophorsono, Anglo, interprete. *Coloniæ Agrippinæ, apud
hæredes Arnoldi Birckmanni,* 1581 (cum annot. et indice); 1 vol. in-fol. mar. vert, fil. tr. dor. *Aux deuxièmes
armes de J.-A. de Thou.*). . . . .   **350—»**
Beau volume, d'une parfaite conservation.

72. HISTORIÆ SOCIETATIS JESUS pars quinta, tomus posterior
ab a° Christi 1591 ad 1616; auctore Josepho Juvencio,
Soc. ejusd. sacerdote. *Romæ, ex typog. G. Planthi,* 1710;
in-fol. mar. rouge, fil. tr. dor. (*Aux armes du comte
d'Hoym*.). . . . .   **110—»**

73. Histoire d'Aurelio et d'Isabelle, fille du Roy d'Escosse
(en laquelle est disputé lequel donne plus d'occasion de ·
pécher, l'homme à la femme ou la femme à l'homme).
Paris, par Arnoul l'Angelier, 1547; in-16, réglé, mar.
bleu, fil. tr. dor. (*Trautz-Bauzonnet.*). . . . .   **85—»**
Délicieux exemplaire; charmant volume imprimé avec soin, avec le texte italien en regard de la traduction françoise.

74. L'Histoire des successeurs d'Alexandre le Grand |
extraicte de Diodore sicilien : et quelque peu de Vies es-
criptes par Plutarque, translatees par messire Claude de
Seyssel. *Laquelle histoire a este imprimee par M. Josse*

Badius (à Paris), l'an de grace M.D.XXX; in-fol. mar.
br. à comp. tr. dor. . . . . 60—»

Admirable impression en lettres rondes. C'est un beau livre dans sa première
reliure parfaitement conservée.

75. Histoires tragiques extraites des œuures ital. de Bandel
et mises en langue françoyse, les six premieres par Pierre
Boistuau, surnommé Launay, natif de Bretaigne, les douze
suiuantes par Franç. de Belleforest, Comingeois (ensemble
18 histoires). *Lyon, Jean Martin,* 1564; in-16, mar.
rouge à comp. tr. dor. (*Trautz-Bauzonnet.*). . 80—»

Charmant exemplaire, de la bibliothèque de M. Armand Bertin, d'un petit livre
très-rare et des plus intéressants.

76. IMP. JVSTINIANI NOVELLÆ CONSTITUTIONES, per Julianum
antecessorem Constantinopolit. de Græco translatæ; ex
bibliotheca Petri Pithœi, I. C. *Basileæ, ex officina Petri
Pernæ,* 1576; in-fol. mar. r. fil. tr. dor. . . 190—»

Bel exemplaire, aux premières armes de J.-A. de Thou. On a joint à ce livre
une quittance sur parchemin, signée de J.-A. de Thou, l'année de sa mort, 1616;
quittance de 3 500 livres pour le trimestre de la pension que l'illustre historien
recevoit du roi comme *appointements et gages.* Ce volume a appartenu à Chrestien
de Lamoigne, marquis de Baville.

77. Introduction à la vie dévote du bienheureux François
de Sales, évesque de Genève. *Paris, de l'impr. royale du
Louvre,* 1641; in-fol., fig. de Cl. Mellan, mar. r. à comp. tr.
dor. (*Aux armes de la duchesse d'Aiguillon.*). 200—»

78. Jeux d'esprit et de mémoire, par M. L. M. D. C. (le
marquis de Chastres). *Cologne, Frédéric le Jeune,* 1694;
in-12, mar. v. tr. dor. (*Duru.*) . . . . 40—»
Le marquis de Chastres s'appeloit Jean Brodeau. — Joli exemplaire.

79. JUDAS MACHABEUS. Les excellentes, magnifiques et tri-
umphantes Croniques : des tres louables et moult vertueux
faictz de la saincte hystoire de Bible du tres preux et
valeureux prince Judas Machabeus vng des ix preux. —
*Cy fine le ii. liure et accomplissemët de la tres excel-
lente hystoire des preux et nobles Machabees. Imprime a
Paris pour Anthoine Bonnemere; lan de salut mil cinq

cens et xliii; in-fol. goth., fig. sur bois, mar. bleu, tr.
dor. (*Duru.*). . . . .   400—»

Le traducteur, Charles de Sainct-Gelais, « chanoine et esleu d'Angolesme,» est
nommé dans le prologue. — Très-bel exemplaire.

80. Le Ivgement d'amovrs, auquel est racomptée lhystoire
de Ysabel, fille-du roy d'Escosse, traslaté de langaige es-
paignol en nostre langaige vulgaire en lñgue frñçoyse.
Paris, 1533; in-16, mar. citr. tr. dor. . . . . .   80—»

Édition rare en lettres rondes du livre de Juan de Florès.
Dans le même volume : *En ensuyuant le Iugement d'amours, ici commence le
Messagier d'amours.* Id., id., sign. a-c.iii.

81. Ivlivs Cæsar, siue historiæ Imperatorum Cæsarumque
Romanorum ex antiquis numismatibus restitutæ lib. primus. — Accessit C. Iulii Cæsaris vita et res gestæ, Hu-
berto Goltz auctore et sculptore. *Brugis Flandrorum,
apud Hubertum Goltzium*, 1563; in-fol. mar. br. à comp.
tr. dor. (*Anc. rel.*). . . . .   55—»

Rare et belle édition dont les planches sont remarquablement gravées.

82. Laet. L'Histoire du Nouveau Monde ou Description des
Indes occidentales, contenant dix-huict livres, par le sieur
Jean de Laet, d'Anvers. *Leyde, Bonav. et Abrah. Elze-
viers*, 1640; 2 tomes en 1 vol. in-fol., mar. r. fil. tr. dor.
(*Anc. rel.*). . . . .   60—»

Très-bel exemplaire. Cartes et figures. La bordure du deuxième tome est gravée
par Séb. Le Clerc.

83. La Porte. Les Épithètes de M. de La Porte, Parisien,
liure non-seulement vtile à ceux qui font profession de la
poésie, mais fort propre aussi pour illustrer toute autre
composition françoise. *Paris, Gabriel Buon*, 1580; un
gros vol. in-16, mar. rouge, tr. dor. (*Trautz-Bauzonnet.*) . . . .   80—»

Très-joli exemplaire d'une parfaite conservation, avec témoins, d'un petit livre
estimé et rare.

84. Leduc. Proverbes en rimes ou rimes en proverbes; le
plaisant, le sérieux, le louable, le picquant, ainsi que tous
les autres sujets qui se peuvent imaginer, y sont traittés
agréablement; ouvrage utile et divertissant à l'honneur

de la langue françoise, et pour montrer qu'elle ne cède
en proverbes, non plus qu'en son idiome, aux estrangers;
par Le Duc. *Paris*, 1665; 2 vol. pet. in-12, mar. r. fil.
tr. dor. (*Niédrée.*) . . . . 70—»

Très-joli exemplaire de la bibliothèque de M. Aimé Martin. C'est un livre rare.

85. LE MAIRE. Les Illustrations de Gaule et Singularitez de
Troye, contenant troys parties, auec lespitre du roy à
Hector de Troye. Le Traictie de la difference des scismes
et des concilles. La vraye histoire et non fabuleuse du
prince Syack Ismail dict Sophy; le tout compose par Maistre Jean Le Maire. *Imprimees nouuellement a Lyon, par
Anthoine du Ry, lan de Grace* 1526, in-fol., fig., mar. r.
fil. à compart. tr. dor. (*Hardy.*) . . . . 130—»

Exemplaire d'une édition rare, complet dans ses différentes parties.

86. LE MAIRE. Illustrations de Gaule et Singularitez de
Troye, nouuellemēt reueues et corrigees oultre les precedentes impressions (par J. Le Maire de Belges). *On les
vēd à Paris, par Galliot du Pré.* M.D.XXXI; in-8, fig., mar.
r. fil. tr. dor. (*Duru.*) . . . . 200—»

Lettres rondes. ÉDITION RARE ET TRÈS-RECHERCHÉE.

87. LIBURNIO. Le Occorrenze humane, per Nicolo Liburnio
composte. *Vinegia, Aldus,* 1546; in-8, mar. vert, fil.
tr. dor. (*Trautz-Bauzonnet.*). . . . . 90—»

Volume curieux et qui contient, entre autres particularités, un éloge de la Bibliothèque royale de Paris. — SUPERBE EXEMPLAIRE.

88. LIRON. Singularités historiques et littéraires (par Dom
Liron). *Paris,* 1738; 4 vol. in-12, v. m. (*Rare.*).   48—»

89. Le Liure de la discipline d'amour diuine. La Repeticion
de la discipline. (A la fin) : *Cy finist.... celuy qui la
dresse a l'imprimerie et requiert a ceulx qui le liront
vne souuenance amoureuse deuers Dieu pour celuy qui la
compose | pour tous ceulx de sa religion | pour vne bonne
Vierge qui a communique lexemplaire et toutes ses con-
seurs | et pour luy et tous ceulx qui lont promeu a estre
imprimc. Faict a Paris ce xxviii. iour de nouēbre pour*

Regnault Chaudiere libraire... lan mil D.XIX (1519);
in-8 de VIII et 176 ff., mar. bl. tr. dor. (*Duru.*). . **90—**»
Très-bel exemplaire d'un livre ascétique fort curieux. Voy. Du Verdier.

90. LONGUS. Les Amours pastorales de Daphnis et Chloé,
trad. du grec de Longus, par J. Amyot (imprimé par
les soins de Lancelot), *à Paris*, 1718; in-8, mar. rouge,
fil. tr. dor. (*Rel. de Derome.*). . . . .   **140—**»
Bel exemplaire de l'édition qui contient les planches originales des figures gravées par Ben. Audran, sur les dessins du duc d'Orléans, régent du royaume. On
y a ajouté la figure des Petits pieds.

91. LOSSIUS. Historia passionis Iesu Christi interrogationibus
et object. explicata et iconibus artificiose expressa, Luca
Lossio aut. *Francofurti, ap. Chr. Egenolphum*, 1552;
in-8, fig. sur bois, mar. r. tr. dor. (*Capé.*) . .   **75—**»
Dans le même volume : Evangelia, heroico carmine a G. Æmilio M. reddita,
imaginibus artificiose sculptis adjectis. *Coloniæ*, n° 1554, fig. sur bois.

92. LUCA. Notationes in sacra Biblia, auct. Francisco Luca
Brugensi. *Antuerpiæ, ex off. Christ. Plantini*, 1580; in-4,
mar. vert, tranches dorées. (*Aux premières armes de
J.-A. de Thou.*) . . . .   **140—**»
Très-beau volume d'une conservation parfaite.

93. MAIMBOURG. Histoire du pontificat de saint Grégoire le
Grand. *Paris, Cl. Barbin*, 1686; in-4, mar. r. fil. tr. dor.
(*Aux armes du grand Dauphin.*) . . . .   **45—**»
Exemplaire en grand papier. Quelques taches.

94. MAIRET (Jean) : La Silvanire ou la Morte-Vive, tragi-
com. pastorale avec les fig. de Mich. Lasne. *Paris, Fr.
Targa*, 1631. — Les Galanteries du duc d'Ossonne, vice-
roy de Naples, com. *Paris, P. Rocolet*, 1366. — Le
Marc-Antoine ou la Cléopâtre, trag. *Paris, Sommaville*,
1637.—L'Illustre Corsaire, tragi-com. *Paris, A. Courbé*,
1640. — Le Roland furieux, tragi-com. *Ibid., id.*, 1640.
— L'Athénaïs, tragi-com. *Paris, Jonas de Bréquigny*,
1642, frontisp. gr. par Brebiette. — La Sidonie, tragi-
com. héroïque. *Paris, Sommaville et Courbé, s. d.*(1643);
7 vol. in-4, demi-rel. dos et coins mar. r. . . .   **48—**»

95. LA MANIERE DE TOVRNER EN LANGVE FRANÇOYSE les verbes

actifs, passifz, gerundifz, supins et participes. *Item :* les verbes impersonnels ayans termination actiue ou passiue, auec le verbe substantif nommé *Sum. On en trouuera à Rouen chez Iehan Burges, s. d.*, pet. in-8 goth. de 11 ff., mar. rouge, tr. dor. (*Duru.*). . . . . 65—»

Édition fort rare imprimée avant l'année 1525 et qui est différente de celles publiées plus tard par les Estienne. Charmant exemplaire comme non rogné et réglé avec soin.

96. La maniere de tourner en langue françoise les verbes actifz, passifz, gerondifz, etc., les noms, pronoms et participes (par Rob. Estienne). *Paris, Rob. Estienne*, 1540; in-8, mar. r. à comp. tr. dor. (*Capé.*) . . . . . . 45—»

Bel exemplaire d'un volume rare.

97. Menander. Ex comœdiis Menandri quæ supersunt (accedunt e comicis Græcis xli deperditis sententiæ). *Parisiis, ap. Guil. Morellium*, 1553; pet. in-8, v. f. fil. tr. dor. (*Trautz-Bauzonnet.*). . . . . 36—»

Exemplaire, très-grand de marges et bien conservé, d'un petit livre rare; chef-d'œuvre typographique recherché.

98. Meschinot. Les lunettes des princes composees par le noble homme Iehan Meschinot, escuyer, en son viuant grand maistre d'hostel de la royne de France. *Paris, Iehan du Pré*, 1494; in-4, goth., mar. vert, fil. tr. dor. (*Anc. rel.*) . . . . 800—»

Exemplaire bien conservé d'une édition rarissime et qui n'est pas encore passée en vente publique. M. Brunet en a trouvé un exemplaire seulement à la bibliothèque de l'Arsenal. Il provient de la vente de M. Solar.

99. Mexia. Silva de varia leccion, ultimamente agora emendata, y añadida la quarta parte della por el autor (Pedro Mexia). *Anvers*, 1555; in-8, mar. r. fil. tr. dor. (*Belle reliure de Capé.*). . . . . 325—»

Première et fort rare édition des quatre parties réunies. Très-joli exemplaire.

100. Mirame. Ouverture du théâtre de la grande salle du Palais-Cardinal : Mirame, tragi-comédie. *Paris, Henri Le Gras*, 1641; in-fol. v. m. . . . . 148—»

Édition originale rare de cette tragi-comédie, dont Desmarets de Saint-Sorlin consentit à prendre la responsabilité littéraire en signant la dédicace au roi, mais qui est tout entière du cardinal de Richelieu. Elle est ornée de six estampes remarquablement dessinées et gravées à l'eau-forte par Della Bella.

101. MONTAIGNE. Les Essais de Michel, seigneur de Montaigne. *Paris, Abel Langelier,* CIƆ. IƆ. XCV (1595); in-fol. v. br. tr. dor. (*Aux armes du comte d'Hoym.*).   450—»

Bel exemplaire de la première édition des *Essais*, donnée après la mort de Montaigne par Mlle de Gournay, sur un exemplaire de 1588, chargé des corrections de l'auteur. Elle y a joint une préface apologétique. C'est, comme autorité et comme authenticité, la plus importante des anciennes éditions de Montaigne. On a ajouté à cet exemplaire les variantes publiées par le docteur Payen et tirées in-fol. à 5 exemplaires.

102. NICASIUS. Primatus Hispaniarum vindicatus, sive Defensio primatus Ecclesiæ Toletanæ adversus memoriale Ecclesiæ Hispalensis, auct. Nicasio Sevillano. *Romæ, ex typogr. Vaticana,* 1729; in-fol. GR. PAP., v. br. à comp. peinte et dorée. . . . .   60—»

Exemplaire de dédicace à l'archevêque de Tolède, dont les armes sont gravées sur les plats. Livre important pour l'histoire ecclésiastique.

103. MONFAUCON (D. *Bern.* de). L'Antiquité expliquée et représentée en figures. *Paris,* 1719 et 1724; 10 vol. — LES MONUMENTS de la monarchie françoise avec les figures de chaque règne, 1729; 5 vol. : ensemble 20 vol. gr. in-fol. mar. rouge, fil. tr. dor. . . . . . .   2000—»

MAGNIFIQUE EXEMPLAIRE EN GRAND PAPIER d'une collection d'une haute importance historique et archéologique, accompagné de mille planches gravées.

104. NOVVEAU TESTAMENT (le), reueu et corrige par l'aduis des ministres de Geneve, auec annotations, par Aug. Marlorat. *Lyon, Anth. Vincent,* 1564; in-16, mar. br. tr. dor. (*Capé.*). . . . .   60—»

Joli et rare volume. Au commencement, on trouve une *Épistre monstrant comment Christ est la fin de la loy,* par JEAN CALVIN.

105. NOUVEAU TRAITÉ DE DIPLOMATIQUE, où l'on examine les fondements de cet art, etc., par deux religieux bénédictins de la congrégation de Saint-Maur (D. Toustain et D. Tassin). *Paris,* 1750; 6 vol. in-4, v. éc. fil., fac-simile. . . . . · . . . .   265—»

EXEMPLAIRE EN GRAND PAPIER.

106. NOVI TESTAMENTI, lib. historici gr. et lat. perpetuo commentario illustrati (gr.-lat.-franç.). *Lugduni Batav., ex off. et typogr. Adriani Wyngaerden,* 1653; 2 vol.

in-4, mar. vert, fil. tr. dorée. (*Aux armes du comte d'Hoym.*). 225—»

Frontispice gravé; très-belle reliure ancienne.

107. **Nyder**. Consolatorium timoratæ consciëtie venerabilis fratris Johanis Nyder, sacre theologie pfessoris. *S. l. n. d. (Cologne, Ulric Zell*, goth. 1475); in-4, mar. bl. dent. tr. dor. doublé de tabis. (*Bozérian.*). . . 48—»

Edit. rara, sine cust., sign. et pagg. indicatione. Lin. 30, fol. 108.

108. **OEuvres de J.-L. de Balzac**, savoir : OEuvres diverses *Dan. Elzev.*, 1664. — Aristippe ou de la Cour, *Leide, J. Elzev.*, 1658. — Les Entretiens. *Amst., L. et Dan. Elzev.*, 1663. — Lettres choisies, *Amst., les Elzev.*, 1678. — Lettres à Conrart. *Ibid., id.*, 1664. — Lettres à Chapelain. *Ibid., id.*, 1661. — Socrate chrestien. *Arnheim, J-F. Haagen*, 1675; 7 vol., pet. in-12, mar. r. fil. (*Bauzonnet.*). . . . . 1,000—»

Bel exemplaire, **non rogné**, des ouvrages de Balzac imprimés par les Elzévirs. Ils sont complétés par le vol. suiv. : *Le Prince de Balzac*, reveu, corrigé et augmenté de nouveau par l'autheur. *Imprimé à Rouen, et se vend à Paris chez A. Courbé*, 1661; in-12, mar. r. tr. dor. (*Rare.*)

On y a joint un double du *Socrate chrestien. Amsterdam, Pluymer*, 1662. In-12, mar. citron, fil. tr. dor. (*Rel. anc.*)

En tout 9 vol. in-12, formant l'œuvre complet de Balzac, en petit format.

109. **Ovide de arte amandi**; translate de latin en francoys. — *Cy finist Ouide de lart daymer, auecque les sept ars liberaux, nouuellement imprime a Geneve* (vers 1510); pet. in-4, goth., mar. vert, fil. à rich. comp., tr. dor. (*Niedrée.*). . . . . 145—»

Édition curieuse d'un livre françois imprimé à Genève au dix-septième siècle, et qui contient la traduction abrégée ou une imitation en vers de *l'Art d'aimer*, le poème intitulé *la Chief d'amour*, et *les Sept Arts liberaux*, le tout en vers. Ce volume se place dans la série des poètes françois du dix-septième siècle.

110. **Palliot**. La vraye et parfaite science des armoiries ou l'Indice armorial de feu maistre Lovvan Geliot, augmenté de nombre de termes, et enrichy de grande multitude d'exemples des armes de familles, tant françoises qu'étrangères..., par P. Palliot. *Dijon et Paris*, 1664; in-fol., fig., mar. rouge, fil. tr. dor. (*Trautz-Bauzonnet.*). . . . . 450—»

Superbe exemplaire.

111. PASCAL. Agathonphile, martyr, tragi-comédie, par
D.-F. Pascal, fille lyonnoise. *A Lyon*, 1665; in-8, mar.
r. tr. dor. (*Duru*.) . . . .   60—»
TRÈS-BEL exemplaire d'une pièce fort rare et singulière.

112. PASQUIER. Les Lettres d'Estienne Pasquier, conseiller
et aduocat general du Roy en la chambre des Comptes de
Paris. *Paris, Abel l'Angelier*, 1586; in-4, mar. r. fil.
tr. dor. (*Duru*). . . . .   90—»
Bel exemplaire de l'édition originale.

113. PATHELIN. La Comédie des tromperies, finesses et sub-
tilitez de maistre Pierre Pathelin, advocat à Paris; pièce
comique. *Sur la copie de l'an* 1560. *A Rouen*, 1656;
in-12, mar. br. fil. tr. dor. (*Trautz-Bauzonnet*.).   120—»
Petit volume rare. Exemplaire provenant de la bibliothèque ARMAND BERTIN.

114. PELETIER. L'Art poetique de Iaques Peletier du Mans,
departi en deux liures. *A Lyon, par Ian de Tournes et
Guillaume Gazeau*, 1555; in-8, mar. r. fil. tr. dorée,
réglé. (*Niedrée*.). . . . .   90—»
Volume rare ; exemplaire réglé et bien conservé.

115. PHILANIRE, femme d'Hypolite. Tragédie françoise (trad.
du latin de Claude Roillet, par lui-même). *Paris, Nicol.
Bonfons*, 1577; petit in-8, mar. vert, tranche dorée.
(*Duru*.). . . . .   60—»
Volume RARE. L'auteur cherchoit à innover dans la tragédie, par le choix de
sujets contemporains, sans s'éloigner de la forme antique.

116. LE PLAISANT IARDIN DES RECEPTES, ou l'on apprend à
n'auoir iamais pauureté... pour n'auoir iamais faim ny
soif, pour n'auoir iamais chaud ny froid, et pour garder
que les poux et puces ne vous mordent. (Avec la medecine de maistre Grimache.) *Paris, Iean Martin*, 1626; in-8
de 24 pp., mar. bl. tr. dor. janséniste. (*Duru*.).   120—»
Bel exemplaire d'une facétie fort rare.

117. PLAUTUS emendatus et commentariis explicatus a Dio-
nysio Lambino Monstroliense. *Lutetiæ, apud B. Ma-
cæum*, 1587; in-fol., mar. vert, fil. tr. dor. . .   40—»
Très-bel exemplaire.

118. PLAUTUS. Ex Plauti Comœdiis XX, quarum carmina

magna ex parte in mensum suum restituta sunt. m.d.xxii.
Venetiis, in ædibus Aldi; in-4, mar. r. fil. tr. d. (*Anc.
rel. avec des B et des Y entrelacés sur le dos; sur le plat,
les armes d'un comte-abbé.*). . . . . 65—»
Bel exemplaire.

119. C. Plinii Secundi, Novocomensis, Epistolarum lib. X;
ejusdem Panegyricus, etc. *Parisiis, ex offic. Rob. Stephani,* 1529; in-8, mar. r. fil. doublé de mar. r. tr. dor.
(*Boyet.*). . . . • . . . . 90—»
Dans le même vol. : *Elementorum Rhetorices libri duo, authore Phil. Melanchthon. Ibid., id.,* 1534.

120. Plutarque. Epitome ou Abregé des vies de cinquante
et quatre notables et excellens personnaiges tant Grecs
que Romains, mises en parangon l'une de l'autre, extraict
du grec de Plutarque de Chaeronée (par Ph. des Avenel-
les). Premier volume. *Paris, de l'impr. de Phil. Danfrie
et Rich. Breton,* 1558; in-8, mar. rouge tr. dorée, janséniste. (*Trautz-Bauzonnet.*). . . . . 80—»
Imprimé en caractères de *Civilité.* Ce tome 1ᵉʳ est le seul qui ait été publié.

121. Plutarchi Vitæ (græce). *Florentiæ, in ædibus Philippi
Juntæ,* 1517; in-fol., mar. r. fil. tr. dor. . . . 140—»
Édition princeps. Exemplaire Colbert; titre raccommodé.

122. Procès et amples examinations sur la vie de Caresme-
Prenant, dans lesquels sont amplement descrittes toutes
les tromperies, astuces, caprices, fantaisies et deborde-
mens.... qu'il a commis et fait pratiquer en la présente
année.... traduit d'italien en françois. *Prins sur la copie
imprimée à Paris et depuis imprimée à Lyon,* 1618; in-8,
mar. vert., tr. dor. (*Duru.*). . . . . 120—».
Pièce fort rare en édition ancienne.

123. Proverbios de Seneca. *Impressos en Seuilla por Iean
Croberger,* 1535; in-fol., goth. à 2 col., lettres initiales,
grav. en bois, mar. rouge, fil. tr. dorée. (*Belle reliure de
Capé.*). . . . . 350—»
Livre très-rare. Ces proverbes, attribués à Sénèque, sont traduits de la *For-
mula vitæ honestæ de Martin de Braga.* — Superbe exemplaire.

124. Psalterium hebræum, græcum, arabicum et chaldæum, cum tribus latinis interpretationibus et glossis studio Aug. Justiniani. *Petrus Paulus Porrus Mediolanensis, Genuæ, in ædibus Nic. Justiani Pauli,* 1516; in-fol., demi-rel. vél. . . . . **65—»**

Première édition polyglotte, remarquable par la singularité du commentaire. C'est dans les notes de ce volume qu'on trouve des renseignements curieux sur la vie de Christophe Colomb.

125. Pulci. Sensuyt lhistoire de Morgant le Geant, leql auec ses freres Psecutoyent souuent les chrestiens et seruiteurs de Dieu | mais finablement furent ces deux freres occis par le conte Roland. — *Cy finist lhystoire de Morgant le Geant, nouuellement imprime a Paris, par Alain Lotrian. S. d.* (vers 1539); in-4, goth. à longues lignes, fig. sur bois mar. r. fil. tr. dor. (*Rel. angl.*). . . . . . **600—»**

Traduit de l'italien de Luigi Pulci. Bel exemplaire de la collection du prince d'Essling, d'un roman de chevalerie de toute rareté.

126. Racine. Les OEuvres de Racine. *Paris, de l'imprimerie de P. Didot l'aîné,* an ix (1801-1805); 3 vol. in-fol. max., mar. r. dent. doublé de mar. v. dent. pet. fers, tr. dor. (*Capé*). . . . . **1500—»**

Le plus remarquable chef-d'œuvre de la typographie française, accompagné de 57 grav. d'après les dessins originaux faits par Prudhon, Gérard, etc.

Très-bel exemplaire, épreuves avant la lettre, dans une splendide reliure. (*De la bibliothèque de M. Solar.*)

127. Recueil de portraits de souverains, princes, seigneurs, gravés par Balthazar Moncornet. 1663; in-4, mar. orange, fil. dent. tr. dorée, 46 portraits. (*Riche reliure ancienne.*). . . . . **240—»**

Au verso de chacun de ces portraits se trouve une notice biographique manuscrite, en italien; très-bonnes épreuves. Personnages de la cour de Louis XIV, tels que Philippe, duc d'Orléans, Henriette d'Angleterre, la princesse de Conty, Nicol. Fouquet, Françoise d'Orléans de Valois, Marguerite de Valois, Marguerite de Lorraine, Jules de Bourbon, duc d'Enghien, etc. Ce recueil provient de la bibliothèque du Pape.

VENTE

DE LA

BIBLIOTHÈQUE DE M. FÉLIX SOLAR.

Tout a été dit sur cette admirable bibliothèque qui n'existe plus aujourd'hui que dans le souvenir des bibliophiles ; le catalogue, qui est destiné à perpétuer ce souvenir, en dira seul plus et mieux que nous ne saurions le faire, puisqu'il représente et conserve, pour ainsi dire, l'ensemble de cette célèbre collection, maintenant dispersée et qu'il ne sera probablement donné à personne de refaire.

Après tant de ventes de livres, qui ont été confiées à nos soins pendant plus de trente ans, après ces ventes mémorables que les noms d'Audenet, Cailhava, Charles Nodier, Aimé Martin, Armand Bertin recommandoient à l'attention des amateurs, nous sommes heureux d'avoir pu être chargé d'une vente qui a surpassé toutes les autres et qui restera illustre entre toutes, celle de la bibliothèque de M. Félix Solar, comparable aux plus fameuses bibliothèques du dernier siècle, aux bibliothèques de Gaignat, de La Vallière, de Méon et de Mac-Carthy.

Une pareille vente étoit un événement qui n'avoit pas eu d'analogue depuis un demi-siècle. Une foule d'amateurs et de curieux, françois et étrangers, s'y étoient donné rendez-vous avec une sorte d'émulation bibliographique, et ce spectacle vraiment nouveau pour nous, malgré l'habitude journalière des ventes de livres, s'est continué pendant dix-huit séances consécutives, au milieu des émotions les plus vives et les plus intéressantes.

Nous avions choisi, pour faire cette vente, une des plus jolies pièces de l'hôtel que M. Solar avoit fait décorer avec

autant de goût que de luxe. Trois jours avant la vente, une
exposition générale de toute la bibliothèque avoit eu lieu
dans le local même qu'elle occupoit encore, et l'affluence de
visiteurs distingués que cette exposition attiroit, faisoit déjà
prévoir le succès de la vente qui devoit la suivre immédiatement. La salle de vente dont la décoration, peinte à fres-
que, représente un berceau en treillages orné de statues,
étoit garnie de fleurs et d'arbustes.

L'exposition publique de chaque vacation ouvroit à midi,
et la vente commençoit ordinairement à midi et demi. A
quatre heures, vingt becs de gaz s'allumoient tout à coup,
et ravivoient, en quelque sorte, la chaleur des enchères jusqu'à la fin de la séance qui se terminoit entre six heures et
six heures et demie.

L'assemblée étoit presque toujours composée des mêmes
personnes, à quelques exceptions près : à gauche, les principaux libraires, qui venoient eux-mêmes exécuter les commissions de leurs clients, MM. Potier, Porquet, Aubry,
Labitte, Caen, Tross, Julien, Bossange, Fontaine, etc.; à
droite, les amateurs qui vouloient revoir et toucher encore
les volumes qu'ils se proposoient de disputer aux enchères,
MM. Odiot, Huillard, Walckenaer, Laroche de Lacarelle,
E. Piot, etc. Au fond de la salle des curieux inconnus,
mais la plupart bibliophiles d'instinct et de tempérament, des-
tinés peut-être à devenir un jour possesseurs des beaux livres
qu'ils admirent et convoitent à présent en silence. Derrière
la table des vendeurs, M. Thompson, l'habile relieur, dont
la signature rehausse la valeur d'un grand nombre des
livres de cette bibliothèque, MM. Boone et Quaritch, tous
deux libraires à Londres, venus exprès pour remplir à la
vente les commissions des amateurs anglois. Enfin, aux places
réservées, les grands amateurs, MM. Ambroise Firmin Didot,
le baron Jérôme Pichon, le comte de Lignerolles, le comte
de Behague, le comte d'Auteuil, le marquis de Ganay, le
comte du Tillet, de Villeneuve, de Fresne, Léon Say, le
comte de La Beraudière, le comte de Rayneval, Broleman, le

Dʳ Danyau, Grangier de La Marinière, Giraud de Savine, Boutron-Charlard, le comte Léopold Lehon, le comte de La Villestreux, le comte de Janzé, A. Berger, M. Réal, le comte de Laborde; et il ne faut pas oublier que dans le cabinet à gauche, d'où l'on pouvoit voir sans être vu toutes les péripéties de la lutte, se tenoient modestement cachés M. Double, et son fils, bibliophile passionné à l'âge de quinze ans, M. Edmond de Rothschild, aussi jeune et non moins ardent, et quelques autres, qui sembloient se faire un plaisir de tourner de leur côté le feu des enchères et de décourager tous leurs concurrents.

On remarquoit souvent parmi les assistants, des savants et des littérateurs, MM. Paulin Paris, Le Roux de Lincy, Gaiffe, Asselineau, Gardet, Briquet, Paul de Saint-Victor, le comte Clément de Ris, de Beauchesne, etc.; des peintres, MM. Gigoux et Triqueti; des architectes, MM. Destailleur, Lesoufacher, Pigny; des magistrats, MM. Moignon, Sorel, Benoist; et des étrangers de distinction, MM. Rob. Turner, Delaware-Lewis, Hanckey, Robinson, le prince Galitzin, Serge Sobolewsky, etc.

Quant aux amateurs qui avoient donné des commissions importantes aux libraires, il faudroit, pour les nommer tous, dresser la liste de tous ceux qui aiment et possèdent de beaux livres à Paris et dans les départements, après avoir cité en première ligne le plus éminent, le plus généreux et le plus instruit des bibliophiles françois, Mgr le duc d'Aumale, nous nommerons quelques absents, MM. Yémeniz et de Chaponay, à Lyon; le comte de La Garde, à Pernes; de Crozet, à Marseille; le docteur Bernard, à Toulouse; de Sermizelles, à Quincize; Chédeau, à Saumur; le comte de Montesson, au Mans; A. Gautier, à Nantes, Ed. Yver et Piquet, à Caen; Gillet, Meaume et Chartener, à Nancy; Vander-Helle, à Lille, etc.

D'autres amateurs qui habitent Paris, et qui ne pouvoient assister en personne à la vente, s'y étoient fait représenter. On nous permettra de nommer de grands financiers, MM. le baron de Rothschild, le baron Scillières, Schneider, de Norzy, Audenet, etc.; des hommes politiques, MM. Cousin, Thiers, de Sacy, Roger du Nord, etc.; des dames bibliophiles, Mlle Dosne, Mme Léon Say (fille de M. Armand Bertin), la comtesse de Mnischek, de Balzac, la comtesse Saint-Aignan, etc.

Le British Museum de Londres, et la Bibliothèque impériale de Paris avoient tenu à honneur de figurer dans cette espèce de tournoi qui mettoit en présence les bibliophiles de tous les pays du monde. Le directeur-administrateur de la Bibliothèque impériale, M. Taschereau, avoit obtenu, à cet effet, un crédit spécial, et deux conservateurs, MM. Ravenel et Richard, s'étoient chargés de surveiller eux-mêmes les acquisitions. On peut contaster que depuis nombre d'années la Bibliothèque impériale n'avoit pas pris un intérêt aussi sérieux à une vente de bibliothèque par enchères, et nous nous en réjouissons pour l'honneur de ce magnifique établissement qui dispose de ressources bien modiques en raison de son utilité et de son importance.

C'est donc sous les auspices et avec le concours des amateurs que nous venons de nommer et de beaucoup d'autres que nous regrettons de n'avoir pas cités, qu'il nous a été possible d'obtenir, pour cette vente, un résultat qui n'est pas inférieur à nos prévisions, mais qui s'est élevé bien au delà de celles de M. Félix Solar lui-même, car il ne soupçonnoit pas, en rassemblant à grands frais, avec une rare intelligence et avec un bonheur plus rare encore, les livres les plus beaux et les plus curieux, qu'il faisoit une bonne affaire et qu'il plaçoit son argent à gros intérêts. Il accueilloit avec empressement toute proposition qui lui étoit faite soit directement soit par l'entremise de M. Deschamps, son bibliothécaire, qui a retrouvé dans le succès de la vente aux enchères, la juste rémunération de son travail et de son zèle de bibliophile. La première vente a produit 525 000 francs; la seconde, 51 550 francs.

Nous allons maintenant donner un aperçu des adjudications les plus remarquables, en y ajoutant les noms des acquéreurs lorsqu'ils nous seront connus. Jamais l'embarras du choix ne s'est mieux fait sentir dans la revue d'une vente de livres ; il eût fallu citer tous les articles du catalogue, il eût fallu citer,tous les noms des amateurs qui ont voulu avoir un souvenir matériel de la bibliothèque de M. Félix Solar.

Nous avons fait imprimer pour ces deux catalogues une *table des ouvrages* et des noms d'auteur par ordre alphabétique, ainsi que le prix d'adjudication pour chaque article ; le tout forme une brochure qui se trouve à notre librairie.

Techener.

Sous le n° 35, le *Nouveau-Testament* en françois, imprimé à Lyon par Barthélemy Buyer, en 1473. Ce beau livre a été acheté 1045 fr. par M. Ellis, libraire à Londres. — Le n° 40, *Biblicæ Historiæ*, Francfort, 1537, fig. de Beham ; le n° 41, *Bible de Paradin*, Jean de Tournes, 1553 ; le n° 42, *Les Quatrains de la Bible*, de Jean de Tournes, 1560, avec les figures du petit Bernard ; le n° 43, *Les Figures de la Bible* de Virgile Solis, Francfort, 1560 ; ces quatre volumes ont été achetés par le baron de Rothschild. — Le n° 54, la 1ʳᵉ édition des *Figures du Nouveau-Testament*, très-rare, de Jean de Tournes, 1554 ; le n° 56, *Les figures de l'Apocalypse*, de Paris, Groulleau, 1552 ; le n° 64, *Icones catechesos*, Vitebergæ, 1560, et le n° 65, *Meditationi della Passione*, 1564, ont été également achetés par le baron de Rothschild. — Le n° 91, le beau missel de Bourges, *Missale bituricensis ecclesiæ*, admirable volume imprimé sur vélin, a été acheté 1315 fr. par M. Jules Niel, bibliophile parisien. — Le n° 112, *Heures de la Vierge Marie*, 1505, imprimé à Paris et relié à Venise ou en Orient, a été acquis par M. le marquis de Ganay, 475 fr. — Le n° 114, *Heures* de Geoffroy Tory, 1541, petit in-8, avec une ancienne reliure, a été adjugé à M. Boone, de Londres, 610 fr. — Le n° 124, *Conciles*, de l'imprimerie royale, 1644, 37 vol. in-fol., mar. rouge, à M. Toowey, de Londres,

pour 1080 fr. — Le nᵒ 152, *Abelardi Opera*, très-beau vo-
lume aux armes de de Thou, a été acheté 250 fr. par
M. Cousin. — Le nᵒ 164, *Maximes chrestiennes*, de l'abbé
de Rancé, aux armes de Jacques II, vendu 210 fr. à M. de
Villeneuve. — Le nᵒ 197, *Sermons de Bourdaloue*, 16 vol.,
à M. le baron Edm. de Rothschild, pour 350 fr. — Le nᵒ 214,
Imitation de J.-C., 1692, rare volume, acquis par M. de
Fresnes, de la Société des Bibliophiles françois, pour 140 fr.
— Le nᵒ 219, le rare et précieux volume imprimé en 1483,
Cy finist le liure de maistre Jehan Gerson, a été adjugé pour
565 fr. à la Bibliothèque impériale. — Le nᵒ 224, *Le Trésor
de l'âme*, par Robert, précieux volume, imprimé par Verard,
sur velin, pour 3000 fr. à Mgr le duc d'Aumale. — Le
nᵒ 315, *Les tres-merueilleuses victoires des femmes du nouueau monde*, par G. Postel, 1553, Jean Ruelle, volume aux
armes du comte d'Hoym, à M. le comte de Behague, pour
327 fr. — Le nᵒ 373, *Gratiani Decretum*, 1472, très-bel
exemplaire imprimé sur vélin, vendu 1900 fr. à M. Giraud
de Savine. — Le nᵒ 381, *Le Songe du Vergier*, 1491, à
Mgr le duc d'Aumale, 280 fr. — Le nᵒ 392, *Justiniani In-
stitutionum, libri IV*, 1468, in-fol., admirable exemplaire imprimé sur vélin, de l'édition princeps, est resté à M. Giraud
de Savine pour 4000 fr. — Le nᵒ 411, *La Somme rurale*,
de Colard Mansion, 1479, in-fol. goth., mar. bl. doublé
de mar. rouge, dent., belle reliure de Niedrée. La première
édition de ce livre extrêmement rare a été laissée à M. Boone,
de Londres, pour 3500 fr. — Le nᵒ 412, *Les Coustumes
d'Auxerre*, de 1563, aux armes de de Thou, à Mgr le duc
d'Aumale, au prix de 600 fr. — Le nᵒ 414, *Coustumes....
de la ville de Lille*, imprimé en 1534, à Anvers, par Martin
Lempereur, 410 fr., à M. Boone. — Le nᵒ 415, *Coustumes
du bailliage de Mante*, Paris, J. Dallier, 1558, superbe exemplaire sur vélin, à Mgr le duc d'Aumale, 550 fr. — C'est
également à Mgr le duc d'Aumale que le nᵒ 416, *Coustumes
de Meaux*, a été adjugé pour 410 fr.; le nᵒ 419, *Coustumes
d'Orléans*, 610 fr.; le nᵒ 420, *Coustumes de Paris*, 1000 fr.;

le n° 421, *Coustumes du grand comté de Perche*, 1558,
450 fr.; le n° 424, *Coustumes de Touraine*, 805 fr.; et le n° 472,
cette première édition des *Enseignements moraux*, par la princesse Suzanne de Bourbon, femme de Charles, duc de Bourbon, publiée du vivant de la princesse, beau vol. in-4° goth.,
400 fr. — M. Lebrument, libraire de Rouen, a acquis, au
prix de 1300 fr., le n° 417, *Coustumes du pays de Normandie*, peut-être le premier livre imprimé en Normandie, en
1483. — Le n° 422, *Coustumier du Poictou*, de 1515, imprimé sur vélin, adjugé à M. Double pour 1545 fr. — Le
n° 468, *Le Liure de Sapience*, par Guy de Roye, imprimé
en 1478, acheté par la Bibliothèque impériale, ainsi que le
n° 469, *Le Doctrinal de Sapience*, imprimé en 1483, l'un
au prix de 650 fr., l'autre au prix de 290 fr. — La Bibliothèque impériale a également acheté le n° 473, *Montaigne*,
de 1580, pour 645 fr., et le n° 479, le *Montaigne* de 1595,
pour 1005 fr. Ce dernier exemplaire est de la première édition des *Essais*, celle qui, comme autorité et authenticité,
est la plus importante des anciennes éditions de Montaigne.
— Le n° 601, *Atalanta fugiens*, de 1608, in-4, riche reliure
mosaïque de mar. citron, rouge et vert de Padeloup, exemplaire de la collection de De Bure, édition originale, a été
adjugé, au prix de 635 fr., à M. le comte d'Auteuil. — Le
n° 627, les dessins d'Oudry pour les *Fables* de La Fontaine,
ont été achetés 6100 fr. par les ordres de M. le baron Taylor,
ainsi que la suite des dessins de Punt pour les *OEuvres de
Molière*, le n° 628, pour 1200 fr., et le n° 634, *Les Caprices*,
de Goya, pour 400 fr. — M. le baron Seillière a acquis le *Van
Ostade* (n° 670), adjugé au prix de 2500 fr., ainsi que le
Phebus, n° 733, qui a été vendu 1250 fr. — Le n° 735, *Le Roy
Modus*, imprimé en 1486, dont on connoît l'excessïve rareté,
a été adjugé à 3900 fr. — M. Quaritsch, de Londres, a payé
12 450 fr. le n° 784, *Le Catholicon*, de Janua Balbi. Ce précieux volume, imprimé sur vélin en 1460, est un double de
la bibliothèque de Munich, mais incomparablement le plus
beau. C'étoit la perle des livres de la bibliothèque de

M. Solar. — Le n° 928, *Virgilius*, *Aldus*, 1527, exempl.
Grolier, aujourd'hui chez M. Double. — Le n° 1040, *Le
Roman de la Rose*, a été vendu 1620 fr. — Le n° 1048,
L'Epistre de Othea, 390 fr., et le n° 1049, *Les cent histoires de Troye*, 800 fr., pour Mgr le duc d'Aumale. — Le
n° 1058, *Le Testament de Villon*, Paris, 1497, édition de
la plus grande rareté, a été vendu 805 fr. à la Bibliothèque
impériale. — Le n° 1059, même ouvrage, dont la date de
l'impression est supposée antérieure à l'an 1500, et qui provient de la bibliothèque de M. Armand Bertin, a été, dit-on,
acheté par M. Crapelet.—Le n° 1098, *Les Loups rauissants*,
de Pierre Gobin, imprimé à Venise vers 1503, bel exemplaire
d'un ouvrage rare et curieux, avec figures sur bois d'une naïveté extraordinaire, a été disputé avec assez de vivacité entre
M. Firmin Didot et M. Boone, de Londres, qui l'a emporté
au prix de 565 fr. — M. le comte Clément de Ris a obtenu,
au prix de 650 fr., le n° 1101, *Les Chants royaulx*, imprimé
en 1527, superbe exemplaire, orné d'une magnifique reliure
de Trautz-Bauzonnet. — *Les menus propos de Pierre Gringore*, n° 1107, imprimé en 1521, in-8 goth., reliure de
Derome, admirable exemplaire, a été adjugé à M. Giraud de
Savine pour 901 fr.—M. le comte d'Auteuil a payé 270 fr.
le n° 1138, *Les Controverses des sexes*, par Gratian du
Pont, charmant exemplaire de l'édition de 1538, in-16,
avec une reliure de Padeloup, et 220 fr. le n° 1147, le *Jan
Marot*, de Caen, bel exemplaire de Renouard, imprimé le
22 janvier 1532. — Parmi les nombreuses acquisitions de
la Bibliothèque impériale, nous mentionnerons le n° 1150,
le *Clément Marot*, de 1532, le seul connu comme portant
la date du 14 août, 990 fr. — Le n° 1066, *Les Lunettes des
princes*, de Galliot du Pré, ont été adjugées 705 fr. à
M. de Behague. — Le n° 1086, *Coquillart*, gothique,
590 fr. à M. Double. — Le n° 1088, *Coquillart*, de Galliot du Pré, 1532, 430 fr., à M. de Fresnes. —Le n° 1090,
Le Séjour d'honneur, 610 fr., à M. Martin. — Le n° 1103,
Chasteau de Labour, 600 fr.; *Les Faintises du monde*,

330 fr. Ces deux ouvrages de Gringore, ont été adjugés à la Bibliothèque impériale. — Le n° 1151, le *Clément Marot*, exemplaire de Nodier, 620 fr. ; le n° 1152, le *Clément Marot* de 1532, suite de *L'Adolescence Clémentine*, 500 fr. ; le n° 1153, de la même série des *Clément Marot*, 260 fr. ; le n° 1154, le plus bel exemplaire connu de l'édition de 1538, publiée par Clément Marot lui-même, 1320 fr. ; le n° 1156, 270 fr. ; le n° 1157, 300 fr. et le n° 1160, édition de 1548, 230 fr. — Le recueil provenant de Nodier, des pièces originales de Marot et Sagon, 850 fr., à M. de Fresnes. — M. Crapelet a acheté, pour 1050 fr., *Les Marguerites*, n° 1173, magnifique exemplaire par sa conservation et la grandeur de ses marges, qui, par sa reliure, rappelle comme élégance et richesse des ornements les plus belles reliures de la fin du quinzième siècle. C'est un chef-d'œuvre de Niedrée exécuté pour le marquis de Coislin. — Le n° 1179, *Saint-Gelais*, de 1547, édition rarissime, *exemplaire le seul connu*, à peine ébarbé et de la plus parfaite conservation, relié par Trautz-Bauzonnet, a été adjugé, pour 1600 fr., à M. Double. — Le n° 1233, *Ronsard*, a été payé 861 fr. ; il est chez M. Double. — Le n° 1265, *Philippe Desportes*, édition de 1600, exemplaire parfait de conservation, revêtu d'une superbe reliure de Trautz-Bauzonnet, a été adjugé, pour M. Crapelet, à 467 fr. — M. Aubry a obtenu, pour 600 fr., le n° 1347, *La Muse*, de Loret, imprimée en 1665. — Le n° 1399, *Recueil des meilleurs contes en vers*, de La Fontaine, Voltaire, Grécourt, Piron, etc., Londres, 1778, a été acquis par M. Réal pour 147 fr. — *L'Escole de Salerne*, exempl. non rogné, n° 1447, adjugé au prix de 775 fr. à M. Potier, est passé entre les mains de M. de Behague. — Le 1456, *Le Parnasse des Muses*, 1650, a été vendu 616 fr. à M. de Behague ; et le 1457, *Nouveau entretien des bonnes compagnies*, 600 fr. — M. Legras, libraire à Paris, a acquis *Le Cancionero*, imprimé à Anvers en 1555, au prix de 450 fr., ainsi que le n° 1553, *Recueil de poésies espagnoles*, provenant de la bibliothèque de De Bure, et de la plus grande rareté, 460 fr. —

C'est à Mgr le duc d'Aumale que le n°1556, *Tewrdannckh*, le magnifique exemplaire imprimé sur vélin, « de ce poëme chevaleresque composé par Melchior Pfintzing, à l'occasion du mariage de Maximilien Ier avec la fille de Charles le Téméraire, Marie de Bourgogne. » Il a atteint le chiffre de 4000 fr.—Le n° 1625, *Maistre Pierre Pathelin*, exemplaire le *seul connu*, ayant fait partie de la bibliothèque de Soleinne, puis de celle de M. Armand Bertin, édition précieuse, imprimée à la fin du quinzième siècle et de la plus grande rareté, riche reliure, un des chefs-d'œuvre de Niedrée, a été adjugé pour 1700 fr. à M. Léon Say, gendre M. Armand Bertin. — Le n° 1684, *OEuvres de Corneille*, édition de 1648, fort précieuse, a été acquis par M. Victor Cousin. — Le *Molière* de 1674 a été acheté 900 fr. par M. Lewis, de Londres.—Le n° 1754, *Racine* de 1687, qui provenoit de la bibliothèque du baron Taylor, a été vendu 305 fr. au baron de Rothschild.—Mlle Dosne a acquis pour 790 fr. le n° 1157, *Esther*, de 1689, et l'*Athalie* de 1692 : éditions originales, exemplaire de Longepierre.— Le n° 1842, *Roman de saint Graal*, 3200 fr. à M. Double.— Le n° 1847, *Tristan de Lconnois*, très-bel exemplaire de l'un des plus importants romans de chevalerie qui existent, in-fol. gothique, relié par Bauzounet, appartient aujourd'hui, pour 3100 fr., à M. Giraud de Savine. — M. Quaritsch, de Londres, nous a enlevé : le n° 1848, autre exemplaire de *Tristan*, pour 620 fr.; le n° 1856, *Les 4 fils Aymon*, exemplaire du duc de La Vallière pour 1000 fr.; et le n° 1862, *Ogier de Danemarche*, exemplaire de M. le baron Taylor, pour 2000 fr. — Le n° 1882, a été adjugé à M. Techener pour un de nos plus jolis cabinets parisiens, contre M. Quaritsch, au prix de 4300 fr. : c'est le précieux vol. de Baudoin de Flandres, imprimé à Lyon le 12 novembre 1483 par Buyer. (Cet exemplaire est l'un des doubles de la Bibliothèque royale, obtenu par le duc de La Vallière.) — Le n° 1884, *Berinus*, a été acquis par la Bibliothèque impériale au prix de 950 fr. — M. Didot a payé 505 fr. le n° 1897, *Bertrand Du Guesclin*, exemplaire de Revoil et du prince d'Essling. — Le n° 1983, l'édition originale des *Contes de Perrault*, a été vendu 1000 fr. à M. Double, qui a·aussi obtenu la première édition des *Cent nouvelles* de Verard, au prix de 6100 fr. — Le 1984, le second exempl. de l'édition originale des *Contes de Perrault* a été acheté 610 fr. par M. Léon Say. — Le n° 1985, l'édition de Lamy en papier de Hollande, du même ouvrage, a été adjugé à 610 fr. à M. de L***.— *Le Parangon des nouuelles*, délicieux volume gothique, une des perles du cabinet de M. de Clinchamp, a été acheté 1190 fr. par M. Giraud de Savine. — L'édition de 1558, si rare, de *L'Histoire des amants fortunés*, a été vendue 820 fr. — Le n° 2084, *Tirante il Bianco*, ainsi que *la Cronica del cauallero el Cid*, n° 2086, ont été acquis par M. R. Turner.— Dans la série des *Rabelais*, la Bibliothèque impériale a obtenu la première édition du *Gargantua*, au prix de 1020 fr.; celle de 1537 pour 420 fr.; le *Rabelais* complet de 1537 pour 520 fr.; le *Pantagruel* de 1547 pour 520 fr.; le *Rabelais* de Lyon, Pierre de Tours, pour 500 fr.; la première édition du cinquième livre imprimé en 1563 pour 450 fr. — M. de L*** a obtenu pour 910 fr. le *Pantagruel*, 1534, Lyon, Fr. Juste, format allongé. — Un charmant exemplaire du *Pantagruel*, d'une édition que M. Brunet croit la seconde (n° 2105), a été acheté 2220 fr. par M. Potier. — Le *Rabelais* de Lyon, François Juste, le charmant exemplaire de M. de Clinchamp, a été acheté 695 fr. par M. Double.— Le *Rabelais* de Dolet a été vendu 2150 fr., exempl. de M. de Clinchamp. — Un second exemplaire de la même édition a été acheté 800 fr. par M. Didot. — La première édition du troisième livre de Pantagruel a été vendue 740 fr. — M. Clément de Ris a acheté 400 fr. les *Navigations de Panurge*, d'une édition rarissime. — Le comte d'Auteuil a acquis pour 310 fr. le *Rabelais* Elzevir, reliure ancienne, et un second exemplaire a été adjugé pour 400 fr. à M. Julien, libraire.—M. de Behague a acheté 775 fr. un superbe exemplaire de l'édition originale des *Songes drolatiques de Pantagruel;* 520 fr. *La Navigation des compagnons à la bouteille*, et 300 fr. un délicieux volume relié par les soins de M. de Clinchamp, *Les Nouvelles récréatives, plaisantes et curieuses de Panurge.*—Le n° 2150, *Les Fanfares et corvées abbadesques*, a été vendu 500 fr. à la Bibliothèque impériale. — Le n° 2364, *Cicéron* de Longepierre, a été acheté 1000 fr. par M. Techener, ainsi que le n° 2374, *Balzac* Elzevir non rogné, 810 fr. — *Le Livre des merveilles du monde* (2504), et (2505)*Miroer historial*, ont été achetés pour la Biblioth. impériale, le premier 835 fr., le second 850 fr.—Le n° 2507, *Chronica Bossiana*, exemplaire à la reliure de Grolier, a été porté à 3000 fr., acquis par Mgr le duc d'Aumale. — Le n° 2628, *Recueil des historiens des Gaules et de la France*, par Dom Bouquet, a été adjugé à M. Minoret au prix de 2200 fr. — Mgr le duc d'Aumale a emporté sur M. Thiers le n° 2654, *Livre du Jouvencel*, de Jean de Breuil, ouvrage de toute rareté, imprimé en 1529, in-4 goth., avec une reliure en maroquin de Bauzonnet. (Cet exemplaire, d'une conservation irréprochable, a atteint le chiffre de 1000 fr.). Il avoit appartenu à M. Armand Bertin.—S. A. I. le prince Napoléon a acheté 1500 fr. le n° 2779, MARAT, *l'ami du peuple*, 1789-1792, 11 vol. in-8. (Tous les bibliophiles connoissent l'extrême rareté de cette collection, dont jamais les ventes n'ont offert d'exemplaire complet; elle est chargée par Marat lui-même de curieuses et précieuses notes et corrections, quelques-unes d'une grande importance et toutes de sa main.) — C'est encore à M. Minoret qu'est échu le n° 2905, *Monumenta Germaniæ historica*, superbe exemplaire en grand papier, enrichi de nombreux fac-simile d'une importance historique aussi grande pour la France que pour l'Allemagne, publié sous la direction intelligente de M. Pertz, le savant conservateur de la bibliothèque de Berlin. Il a été vendu 1800 fr. — Nous terminerons cet aperçu des principaux articles de la belle bibliothèque aujourd'hui éparpillée *partout*, par le n° 2979, *Dictionnaire de la noblesse*, la Chesnaye Desbois, 1770-86, 15 vol. in-4, bel exemplaire qui contient les 3 vol. détruits pendant la révolution et dont on connoît l'extrême rareté; M. Auguste Durand, libraire, s'en est rendu acquéreur pour 1855 fr., ainsi que du n° 2972, *Armorial général de la France*, par d'Hozier, pour 1705 fr. — Le n° 3081, *Bibliothèque historique de la France*, par le P. Lelong, 1768, 5 vol. in-fol., mar r., dent., tr. dor., a été acheté par M. Odiot fils, 510 fr.

Le Supplément, dont la vente, annoncée d'abord pour le 26 février, n'a pu avoir lieu que le 15 avril, a produit 51 000 fr. — Le joli manuscrit de Jarry, porté sous le n° 3171, est en la possession de Mgr le duc d'Aumale pour 900 fr. — M. le duc de Luynes (dit-on) a payé l'autre petit Jarry (n° 3772) 700 fr. — M. Boone, de Londres, a acquis les n° 3208 et 3209, *Le Recueil d'anciennes poésies françoises* et le *Livre de Job* en vers françois, l'un au prix de 780 fr., et l'autre de 650 fr.— Le n° 3213 appartient aujourd'hui à la Bibliothèque impériale : c'est le *Recueil de chansons*, précieux manuscrit sur vélin, composé pour le connétable de Bourbon vers 1510. Il contient 102 chansons écrites avec la musique, richement ornées de bordures en miniatures d'or et de couleurs. Dibdin parle souvent de ce beau livre, qu'il avoit convoité pour lord Spencer lors de son voyage en Normandie. Il a atteint à la vente le chiffre de 4750 fr.— Le n° 3217, *Les Chansons autographes de Bussy Rabutin*, ont été achetées 705 fr. par Mgr le duc d'Aumale. — La correspondance autographe de J. J. Rousseau (n° 3230) a été vendue 1700 fr. — 36 *lettres autographes de Voltaire* (n° 3231), 400 fr. — 82 *lettres inédites de Beaumarchais* (n° 3232) ont été vendues 335 fr. — Une *correspondance inédite* de Canova (n° 3233) a été adjugée à 510 fr. — Viennent ensuite les autographes, parmi lesquels figurent, sous le n° 3326, une lettre d'Élisabeth d'Angleterre, la fille de Henri VIII et d'Anne de Boleyn, vendue 127 fr. à M. Boone, de Londres. — Le n° 3340, lettre de saint François de Sales à M. de Laporte, datée d'Annecy, du 6 juin 1603, a été adjugée à M. René Muffat pour 162 fr. — Le n° 3551 étoit une lettre de Henri II, roi de France, au duc de Guise. M. Boone l'a payée 112 fr. — M. Giraud de Savine

a réuni à sa précieuse collection une lettre de Mlle de La
Vallière au temps de son repentir, signée sœur Louise de la
Miséricorde; cette lettre, qui figure au catalogue sous le n° 3362,
a été adjugée au prix de 225 fr.—La lettre de Melanchthon,
le célèbre luthérien (n° 3391 du catalogue), a été laissée à
M. Laverdet pour 126 fr. — Enfin, M. Giraud de Savine s'est
rendu acquéreur de la correspondance de la famille de La
Tour d'Auvergne de 1602 à 1609 (n° 3441) au prix de 540 fr.

LETTRES ET DOCUMENTS INÉDITS

RELATIFS A Mᵐᵉ DE MAINTENON ET A SA FAMILLE [1].

La correspondance que nous publions aujourd'hui pour
la première fois, nous fait pénétrer dans un coin de la vie
privée de certains membres de la famille de Mme de
Maintenon, à l'égard desquels, faute de données positives,
les biographes n'ont pu exprimer, à vrai dire, qu'un espoir
et un regret : l'espoir de découvertes plus amples dans
l'avenir, le regret de n'avoir pu les faire eux-mêmes.

Nous venons combler quelques-unes des lacunes signalées
par ces écrivains.

Il s'agit de dix-huit lettres adressées à la marquise de Villette, cousine par alliance de Mme de Maintenon, et qui,
plus tard, devenue veuve, épousa lord Bolingbroke. Ces
lettres, qui sont datées de 1716 et 1717, lui ont été écrites
par son fils, le marquis de Villette, J. B. Rousseau, Mme Rabutin (de Vienne), le comte de Sinzendorf, chevalier de
l'Empire, et le chevalier de Caylus, pendant la campagne
que fit le jeune marquis de Villette en Hongrie, où il fut tué
aux côtés du prince Eugène.

Le tout forme un ensemble complet, homogène, une sorte
de drame qui a son exposition, son nœud, ses péripéties, et
enfin pour dénoûment la mort violente d'un de ses héros.

---

[1] Voir, pages 1673 à 1699 du *Bulletin du Bibliophile*, la première série de
ces documents.

Marie-Claire Deschamps de Marsilly (1) s'étoit mariée, en 1695, avec Philippe Le Vallois, marquis de Villette, lieutenant général des armées navales, dont nous avons des *Mémoires* publiés par Monmerqué en 1844 (2), et qui étoit petit-fils d'Agrippa d'Aubigné. Née en 1675, Mlle de Marsilly avoit alors vingt ans, et le marquis, né en 1632, en avoit quarante-trois de plus qu'elle. Il étoit veuf en premières noces de Marie-Anne-Hippolyte de Châteauneuf, fille de Gaspard de Châteauneuf, seigneur de Dillay et d'Ardin, et d'Antoinette Raisin. Il avoit eu de cette union deux fils connus sous le nom de marquis de Mursay et de comte de Mursay, et une fille, la comtesse de Caylus, l'adorable auteur des *Souvenirs* que tout le monde connoît et dont on vient de nous donner une nouvelle et charmante édition (3).

Une anecdote assez plaisante est racontée à l'occasion du mariage de Mlle de Marsilly avec le marquis de Villette. On prétend que l'un des fils de ce dernier voulant épouser cette jeune personne, la fit voir à son père, qui la trouva si digne d'être sa bru, qu'il jugea bon de l'épouser lui-même. Hâtons-nous de dire, en vue d'excuser ce petit tour de passe-passe, que, d'après Saint-Lambert, M. de Villette, père, avoit de l'esprit, et que Mlle de Marsilly, qui en étoit brillamment pourvue, le trouva plus aimable que son fils. Elle avoit autant de vertus que d'agréments, ajoute Saint-Lambert, l'âme noble et sensible, une imagination vive et sage, et de la solidité dans l'esprit (4). « Elle est fort jolie, dit à son tour

---

(1) MM. Monmerqué et Charles de Rémusat ne lui donnent que ces deux prénoms ; Moreri en ajoute un troisième, celui d'Isabelle.

(2) Pour la *Société de l'Histoire de France.*

(3) *Souvenirs de Mme de Caylus*, avec une introduction et des notes par Charles Asselineau. Paris, J. Techener, 1860. 1 vol. in-18 jésus. Édition enrichie de gravures.

(4) *Essais sur la vie de Bolingbroke, par Saint-Lambert*, t. V de ses *OEuvres philosophiques*, page 173. Paris, Agasse, an IX, 5 vol. in-8. — Pour avoir un *specimen* du style de la marquise, le lecteur peut se reporter au 3ᵉ volume des *Lettres historiques et politiques* de Bolingbroke, publiées par le général Grimoard, chez Dentu, 1808, 3 vol. in-8. Il trouvera, pages 139, 181 et 208, des lettres collectives adressées par Bolingbroke et sa femme à d'Argental et à l'abbé Alary, en 1721, 22 et 23.

Dangeau (*Journal*, 6 avril 1695), et n'a nul bien. M. de
Villette a attendu que M. de Mursay, son fils, fût marié
pour conclure cette affaire. » On conviendra que le père
devoit bien à son fils cette attention-là, après l'*escamotage*
dont il a été parlé. Du reste, Mlle de Marsilly avoit été
élevée à Saint-Cyr sous les yeux de Mme de Maintenon ;
et c'est elle qui fut chargée du rôle de Zarès, quand la tragédie d'*Esther* fut représentée à la cour, en présence de
Racine. A sa sortie de Saint-Cyr (29 mars 1690), elle fut
placée, par les soins du roi et de Mme de Maintenon, qui
prenoient à elle un très-vif intérêt, dans la communauté
des *Filles de Sainte-Geneviève*, dirigée par Mme de Mira-
mion, retraite qu'elle quitta le 3 avril 1695, pour aller à
l'autel.

Après une assez longue résistance, le marquis avoit,
dès 1687, abjuré la religion protestante, à la sollicitation
de Mme de Maintenon, qui, profitant de l'absence de son
cousin et contre son gré, avoit déjà converti ses enfants. Il
mourut à Paris, au mois de décembre 1707, âgé de soixante-
quinze ans, et, pour le remplacer, au lieu d'un lieutenant
général de marine, on en créa deux : d'où l'on put dire,
fait observer Monmerqué, comme on l'avoit dit de Turenne :
« *La monnoie de Villette.* »

Il avoit perdu ses deux fils nés de son premier mariage (1), dont il ne lui restoit que Mme de Caylus. Il laissoit trois enfants du second lit, savoir :

1° Ferdinand-Tancrède-Frédéric Le Valois de Villette,
lieutenant du roi en Poitou, blessé mortellement au siége de
Belgrade, le 16 août 1717 : c'est celui dont nous publions
la correspondance ;

(1) Philippe Le Valois, comte de Mursay, cornette des chevau-légers, en 1683,
et mestro de camp du régiment Dauphin, en 1688, fils aîné du marquis de Villette, étoit mort prisonnier de guerre au siége de Turin, le 9 novembre 1706,
laissant un fils de son mariage avec Marie-Louise Le Moine ; et Henri-Benjamin
Le Valois, marquis de Mursay, colonel des dragons de la reine, second fils du
marquis de Villette, mourut le 3 août 1692, de blessures reçues au combat de
Steinkerque. Il avoit épousé Madeleine de Beaumont-Gibaud, dont il n'eut point
d'enfants.

2° Isabelle-Sophie-Louise Le Valois, qui devint abbesse de Notre-Dame de Sens;

3° Et Constance-Lucie-Adélaïde Le Valois, qui épousa, en 1724, Jean-Baptiste-François de Montmorin Saint-Hérem, baron de Volore, gouverneur et capitaine des chasses de Fontainebleau.

Restée veuve à quarante-deux ans avec de la fortune, Mme de Villette, dont l'esprit et la conversation étoient cités comme des modèles, se lia d'une amitié intime avec lord Bolingbroke, vicomte de Saint-John, ministre disgracié de la reine Anne, lequel étoit venu chercher un asile en France, et qui passa une partie de son exil à la terre de Marsilly, en Champagne, auprès de la marquise. Il paroît avoir épousé cette dernière en mai 1720 (1), à Aix-la-Chapelle, où il l'avoit emmenée pour y passer la saison des eaux.

En se mariant, ils cessèrent d'habiter Marsilly et allèrent fixer leur séjour à *la Source*, près d'Orléans, terre magnifique dont Bolingbroke avoit fait l'acquisition, et où les personnages les plus distingués du temps les visitèrent. Les membres de ce fameux *club de l'Entre-sol*, fondé par l'abbé Alary, s'y rencontrèrent souvent. Du reste, Bolingbroke étoit un des adhérents enthousiastes de ce *club*, espèce de société littéraire et politique, qu'il se *permettoit d'égaler à l'Académie françoise*, nous dit avec une sorte d'humeur ou d'ironie, on ne sait lequel, un de nos plus aimables immortels, M. Charles de Rémusat, dans une étude sur Bolingbroke (2), travail excellent par le fond, mais dont un *simple mortel* eût peut-être plus amoureusement soigné la forme, n'auroit-ce été que pour être lui-même académicien un jour.

Voltaire alloit aussi quelquefois à la Source, et le 2 jan-

(1) Saint-Lambert fait remonter ce mariage à l'année 1717; nous croyons que c'est une erreur.

(2) Nous avons consulté avec fruit ce travail, qui a pour titre : *Bolingbroke, sa vie, son temps*, et qui a paru dans la *Revue des Deux-Mondes*, les 1er, 15 août, 1er et 15 septembre 1853.

vier 1722, étant à Blois, il écrivoit les lignes suivantes à Thiriot :

« Il faut que je vous fasse part de l'enchantement où je suis du voyage que j'ai fait à la Source, chez milord Boling-broke et chez Mme de Villette. J'ai trouvé dans cet illustre Anglois toute l'érudition de son pays et toute la politesse du nôtre. Je n'ai jamais entendu parler notre langue avec plus d'énergie et de justesse. Cet homme, qui a passé toute sa vie dans les plaisirs et dans les affaires, a trouvé pourtant le moyen de tout apprendre et de tout retenir. Il sait l'histoire des anciens Égyptiens comme celle d'Angleterre; il possède Virgile comme Milton, il aime la poésie angloise, la françoise et l'italienne, mais ils les aime différemment parce qu'il discerne parfaitement leurs différents génies. Après ce portrait que je vous fais de milord Bolingbroke, il ne siéra peut-être pas mal de vous dire que Mme de Villette et lui ont été infiniment satisfaits de mon poëme (la *Henriade*). Dans l'enthousiasme de leur admiration, ils le mettent au-dessus de tous les ouvrages de poésie qui ont paru en France, mais je dois rabattre de ces louanges outrées. »

En 1723, Bolingbroke fut rappelé une première fois en Angleterre où, deux ou trois mois auparavant, il avoit envoyé sa femme; il la ramena en France peu après, et elle repartit seule pour Londres l'année suivante. A ce second voyage elle se prêta à un stratagème qui montre la bonté de son cœur. La passion du chevalier d'Aydie pour Mlle Aïssé étoit alors dans toute sa force, et la pauvre et belle affranchie se trouvoit sur le point de devenir mère. N'osant faire l'aveu de sa faute à Mme de Ferriol, sa très-peu délicate protectrice (qui auroit insolemment triomphé de voir la jeune *Circassienne* se jeter à la tète d'un simple chevalier, après avoir refusé, par son entremise, les offres pompeuses du Régent), Mlle Aïssé confia sa peine à Mme de Villette, qui feignit de l'emmener avec elle en Angleterre; mais, en réalité, elle la laissa dans une maison des faubourgs de Paris. Là, entourée des soins de Sophie, sa fidèle gouvernante, et du chevalier d'Aydie, Aïssé mit au monde une fille, qui, baptisée sous le nom de Célénie Leblond, fut transportée en Angleterre sous celui de miss Black, puis ramenée en France et placée au couvent de Notre-Dame de Sens, pour y être élevée, à titre de nièce de Bolingbroke, par les soins de l'abbesse, qui étoit une fille même de Mme de Villette.

Afin de mieux tenir secrète cette généreuse supercherie, Bolingbroke, resté à la Source pendant que sa femme voyageoit, écrivit à Mme de Ferriol :

« Avez-vous eu des nouvelles d'Aïssé? La marquise (Mme de Villette) m'écrit de Douvres. Elle y est arrivée vendredi au soir, après le passage du monde le plus favorable. La mer ne lui a causé qu'un peu de tourment de tête; mais pour sa compagne, elle a rendu son dîner aux poissons. »

La mauvaise foi d'un banquier de Londres, à qui Mme de Villette avoit confié des valeurs importantes pour les placer dans les fonds publics, avoit nécessité ce second voyage. Cet homme suscitoit des difficultés sans nombre à milady Bolingbroke, à cause de l'irrégularité de son état civil : car elle étoit veuve lorsqu'elle lui avoit confié ses fonds, et le banquier exigeoit une autorisation de son mari, la menaçant d'une dénonciation en règle et invoquant même contre elle l'application de la loi de confiscation, etc. Mais ayant eu la prudence de faire toutes ses démarches sous le nom de marquise de Villette, elle parvint à triompher de tous ces embarras, donna des soins, en outre, aux intérêts de son mari, et sut si bien gagner à sa cause la duchesse de Kendal (maîtresse en titre de George Ier), qu'elle put compter sur les promesses qui lui furent faites touchant le rappel définitif de Bolingbroke.

Ce rappel eut lieu l'année suivante, et les époux se rendirent en Angleterre, pour y fixer leur séjour. Monmerqué allègue qu'à dater de cette époque, les rapports de milady Bolingbroke avec la France cessèrent. C'est une erreur. On voit, par les lettres d'Aïssé, que la marquise lui écrivoit souvent (1) : « Milady Bolingbroke est toujours malade, mandoit Aissé à Mme Calandrini, en 1727. L'air de Londres l'incommode. On avoit fait courir le bruit que le mari et la femme étoient mal ensemble ; rien n'est plus faux. Je reçois des lettres, presque tous les ordinaires, de l'un et de l'autre ; ils me paroissent dans une grande union. Les inquiétudes qu'il a de la santé de sa femme, et celles qu'elle a de la sienne, ne ressemblent point à des gens mécontents. » Dans une autre lettre d'octobre 1728, Aissé revient sur le même sujet : « Milady Bolingbroke a été très-mal ; elle s'est mise au lit tout à fait ; elle se trouve mieux de ce régime. Le public, qui veut toujours parler, assure que son mari agit mal avec elle : je vous assure que rien n'est plus faux (2). » Enfin, le 17 novembre 1729, Aissé, parlant de sa fille qu'elle a été voir à Sens, dit que milady Bolingbroke vouloit emmener cette enfant avec elle et avoir soin de sa fortune ; ce qui afflige terriblement qui vous savez (le chevalier d'Aydie) ; il en est fou. » D'après cette lettre, milady étoit très-malade à Reims, d'où elle comptoit aller à Paris. Elle s'y rendit, en effet, ainsi que le constatent deux lettres autographes du comte de Caylus adressées à l'abbé Conti, et qui font partie d'une correspondance curieuse que nous destinons à la publicité. Dans la première de ces lettres (5 janvier 1730), le comte de Caylus annonce que Mme de Bolingbroke est à Paris depuis deux mois, pour y rétablir sa santé, qui étoit dans un état déplorable ; dans la seconde

---

(1) *Lettres de Mlle Aïssé à Mme Calandrini*, publiées par M. Ravenel. Paris, Dantu, 1853. Un vol. in-12 (vii° xiv° et xxiii° lettres).

(2) Il est difficile de savoir jusqu'à quel point le public avoit raison. Incontestablement, avant de connoître Mme de Villette, l'orageux Bolingbroke ne brilloit pas par la constance ; mais il aimoit sa femme, il en étoit même jaloux, et, dans une lettre adressée par lui au docteur Swift, nous trouvons le passage suivant : *Cet amour, que j'avois coutume de prodiguer au beau sexe, en général, est consacré, depuis quelques années, à un seul objet* (sa femme). Cette lettre, qui est sans date, a été classée par l'éditeur des *Lettres de Bolingbroke*, dans l'année 1723 ; mais elle peut avoir été écrite plus tard, à l'époque même où les mauvaises langues s'égayoient aux dépens des époux. En définitive, et cela semble plus concluant, selon Saint Lambert, Bolingbroke *pleura la mort de sa femme le reste de ses jours, qui ne furent pas de longue durée.* Il mourut un an après.

(1ᵉʳ décembre 1730), il parle assez longuement de l'agrément de ses relations avec milady, *la seule personne du monde, dit-il, avec laquelle et chez laquelle il pouvoit vivre avec une pleine liberté et trouver quelques consolations* (le comte avoit perdu sa mère l'année précédente, et il en étoit aussi affligé que le premier jour) ; il termine en faisant connoître que, depuis un mois, milady Bolingbroke est retournée en Angleterre. De ce moment, nous perdons sa trace ; nous savons seulement qu'elle mourut en Angleterre, le 18 mars 1750, un an avant son mari, avec qui elle vivoit retirée dans le château de Battersea, patrimoine des ancêtres de Bolingbroke. Elle est inhumée dans le caveau des Saint-John de l'église de Battersea ; et sur son tombeau Bolingbroke a fait graver une épitaphe où il lui a donné le titre de *vicomtesse de Bolingbroke*. Ceci répond aux méchants qui alloient répandant le bruit qu'ils n'étoient pas légitimement unis. Du reste, leur mariage avoit trouvé des incrédules de bonne foi, de même que la conversion de la marquise à la religion protestante. Quant à ce dernier point, nous n'avons pu parvenir à l'éclaircir d'une manière concluante.

Parlons maintenant de la correspondance que nous présentons au lecteur, des incidents qui y ont donné lieu et du personnage dont elle rend plus spécialement le caractère et la physionomie.

Ferdinand-Tancrède-Frédéric Le Valois, marquis de Villette, prit part, comme nous l'avons dit, à la campagne de Hongrie (1716-1717). Il avoit alors vingt ans. On pourroit croire qu'il agit en cela sous l'influence de ce sentiment moitié religieux, moitié chevaleresque, qui, depuis les croisades, portoit la noblesse françoise à rechercher les occasions de combattre *le Turc*, comme on disoit alors. L'Empereur d'Allemagne venoit de conclure avec la république de Venise une ligue offensive et défensive contre la Porte-Ottomane, et faisoit marcher, sur les bords du Danube et de la Save, une armée nombreuse, dont le commandement avoit été confié au prince Eugène, cet implacable ennemi de

Louis XIV et de la France. La réputation de l'habile capitaine attiroit sous ses drapeaux, outre la noblesse de l'Empire, une foule de seigneurs et de princes étrangers ; et il n'y
auroit eu rien d'extraordinaire à ce que le jeune de Villette,
cédant au mouvement profond qui se manifestoit autour de
lui, eût ambitionné de se mêler aussi aux hasards de cette
espèce de guerre sainte, en vue d'y faire ses premières armes
et de gagner ses éperons. Cependant il n'en a pas été précisément ainsi. Sa détermination a eu une autre cause, un
autre mobile ; il prit ce parti à son corps défendant, à la
suite d'une circonstance à laquelle il est fait allusion une ou
deux fois dans les lettres de J. B. Rousseau, et dont les
Mémoires de Saint-Simon nous ont livré le secret. Voici
comment s'exprime le grand historien (1) :

« Dans le même temps de la querelle du duc de Richelieu
et du comte de Gacé (1716), il y eut un badinage de rien
entre deux jeunes gens ivres à souper chez M. le prince
de Conti à Paris (2), à quoi eux-mêmes ni personne n'eussent pris garde sans la malice des convives, excités par
l'exemple du maître de la maison, qui leur apprit le lendemain qu'ils avoient eu une affaire la veille, et qui voulut
faire semblant de les accommoder. L'un étoit Jonzac (3), fils
d'Aubeterre, l'autre *Vilette* (*sic*), frère de père de Mme de
Quailus (*sic*). M. le duc, qui ne voulut pas que les maréchaux de France se mêlassent d'une affaire arrivée chez
M. le prince de Conti, les envoya chercher deux jours après
et les accommoda. Mais ceux qui de rien avoient fait une
affaire, se mirent si fort après eux, que les familles s'en
mêlèrent et les crurent déshonorés s'ils ne se battoient pas.
Tous deux y résistèrent ; mais enfin, poussés à bout, ils se

---

(1) *Mémoires du duc de Saint-Simon*, tome XIV, p. 29. Paris, 1829, édition
Sautelet.

(2) Louis-Armand de Bourbon, prince de Conti, fils de François-Louis de Bourbon et de Mlle de Bourbon, né en 1695, mort en 1727.

(3) Gentilhomme d'abord frivole, puis médiocre, qui devint plaisamment célèbre plus tard par ses mésaventures conjugales. Il étoit beau-frère du président
Hénault. Voy. *Mémoires de Maurepas*, 1791, t. II, p. 66.

battirent en fort braves gens, et montrèrent ainsi que leur résistance ne venoit que de ne savoir pourquoi se battre. Tous deux furent blessés, Vilette plus considérablement, et ils disparurent. Cette affaire avoit trop éclaté et trop long-temps pour pouvoir être étouffée. Le parlement procéda, Vilette sortit du royaume et mourut bientôt après ; Jonzac se cacha longtemps, et ne se présenta que bien sûr de ce qui arriveroit de son affaire. Il en fut quitte pour une assez longue prison, absous après et ne perdit point son emploi. •

Le jeune marquis de Villette avoit la plupart des défauts de ce qu'on appeloit alors *un fils de famille;* en revanche, il en avoit les brillantes qualités. Il étoit joueur, prodigue, mais brave et généreux. Il avoit de l'esprit, de l'instruction, la confiance naïve attachée à ses vingt ans et une expérience précoce. Ce n'étoit pas encore l'homme, mais ce n'étoit plus l'enfant. Il oscilloit entre la douceur et la force, l'abandon et la hauteur. Les grâces de la marquise et le sang des d'Aubigné avoient passé par là : on le devinoit, et ces dons précieux se disputoient un empire qui, plus tard, eût été partagé. Tel nous apparoît le jeune marquis. Ses lettres sont comme un cadre animé où il s'est peint lui-même. On le voit, on l'entend, il agit. Il nous mène successivement à Lunéville, à Bude, à Vienne, au camp du prince Eugène, enfin sous les murs de Belgrade, où il trouve une mort glorieuse. Nous assistons à ses marches, à ses contre-marches, à ses fatigues, à ses plaisirs; et ce qu'il nous tait, J. B. Rousseau, qui étoit alors à Vienne (nous dirons tout à l'heure pourquoi), et un certain M. du Bourg, que nous soupçonnons être un *correspondant d'affaires,* ont soin de nous le dire. Cette alternative de demi-aveux spontanés et d'indiscrétions rétrospectives jettent une variété piquante dans *l'action*, l'animent et la complètent.

Du reste, le marquis portoit à sa mère une affection tendre et profonde : il avoit la religion de l'amour filial. Lorsqu'il fut atteint d'une balle dans l'épaule à la bataille de Belgrade, il voulut en informer lui-même la marquise, afin de la rassurer sur les suites de cette blessure, qui lui coûta la vie. Cette lettre, qu'on trouvera plus loin et qui est datée du 16 août 1717 (jour même du combat), fait le plus grand éloge de son courage et de son cœur.

Quant à J. B. Rousseau, on sait qu'un arrêt du parlement, en date du 7 avril 1712, l'avoit condamné au *bannissement perpétuel du* royaume, *pour avoir composé et distribué des vers impurs, satiriques et diffamatoires* (il s'agit des fameux couplets qui n'étoient pas de lui). Dans la prévision de cet arrêt qui, provoqué par des ennemis puissants, lui paraissoit inévitable, Rousseau, dès 1711, s'étoit retiré en Suisse où l'ambassadeur de France, le comte du Luc, l'avoit accueilli avec une faveur marquée. Le comte ayant été appelé, en 1715, de l'ambassade de Suisse à celle d'Autriche, Rousseau le suivit à Vienne. Là, il trouva le prince Eugène, qui se fit son zélé protecteur, mettant peut-être quelque orgueil, dans sa haine contre la France, à honorer celui qu'elle flétrissoit, qu'elle rejetoit de son sein. Au surplus, Rousseau avoit laissé des amis dévoués et influents en France, et, au dire de Saint-Lambert (1), la marquise de Villette étoit du nombre; elle ne l'abandonna pas dans ses malheurs; elle eut le courage de le croire innocent et celui de le dire; enfin, elle estimoit sa personne autant qu'elle admiroit ses talents. On s'explique dès lors pourquoi nous retrouvons J. B. Rousseau à Vienne, le motif de l'intérêt que l'illustre proscrit portoit au jeune marquis et la correspondance qu'il entretint avec sa mère.

HONORÉ BONHOMME.

(1) Voy. l'*Essai* déjà cité.

LETTRE DU MARQUIS DE VILLETTE A MME LA MARQUISE
DE VILLETTE, SA MÈRE (1).

A Lunéville, ce 4 mai 1716.

J'ai reçu, ma chère mère, la lettre de M. de Macgoneld
qui me mande de votre part de partir pour Vienne. M. de
Craon ne peut pas absolument m'emmener pour des raisons que S. A. R. (2) lui a données, qui paroissent naturelles
pour ses intérêts. Ainsi, je pars jeudi sans faute tout seul ; je
vais seulement jusque hors des terres de France, avec un
commandant allemand qui va à Worms et avec lequel je
pourrai sortir en sûreté, et de là regagner Rastadt. L'envie
que j'ai de faire la campagne et d'apprendre mon métier,
m'empêche d'attendre plus longtemps ; je crois que vous
trouverez mon empressement raisonnable, craignant que la
campagne ne commençât sans moi. Je compte être à Vienne
le 16, ou le 17 au plus tard, et j'irai, comme vous me l'or-
donnez, droit chez M. le comte du Luc (3). Je vous renvoie
la chaise par M. le marquis de Sabran, à qui j'ai obligation
en ce pays, m'ayant rendu tous les services qui dépendoient
de lui à cette cour-ci. Le plus grand regret que j'aie en
quittant ce pays, que je compte presque comme le mien, c'est
de m'éloigner de plus en plus de vous. Je vous prie, ma
chère mère, de croire qu'en quelque endroit du monde que

---

(1) La reproduction de cette correspondance est expressément réservée par
M. Bonhomme, sauf la seconde lettre qui appartient à M Rathery.

(2) Il s'agit de Léopold-Charles, duc de Lorraine et de Bar, fils de Charles IV
et marié à Élisabeth–Charlotte d'Orléans, sœur du régent. La Lorraine a été pos-
sédée par des ducs de la maison d'Autriche jusqu'en 1736, époque à laquelle elle
fut cédée, en échange du grand-duché de Toscane, à Stanislas Leczinski, beau-
père de Louis XV, qui en jouit pendant sa vie. A la mort de ce prince (1766),
elle fut réunie à la France. Les ducs de Lorraine faisoient leur résidence à Lunéville, où, paroît-il, le jeune marquis de Villette avoit cherché une retraite, à la
suite de son duel. Ce M. de Craon dont il parle étoit le favori du duc de Lorraine.
Dans sa *Correspondance*, *Madame* (la *Palatine*) tire à *boulets rouges* sur ce personnage, de même que sur sa femme, qu'elle présente comme étant la maîtresse
de son gendre.

(3) Ambassadeur de France à la cour d'Autriche.

j'aille, je serai toujours, avec tout le respect et tout l'attachement possibles, votre très-humble et très-obéissant serviteur
et fils.   DE VILLETTE.

Je crois que je ferai bien de m'arrêter deux jours à Munich, tant pour me reposer, que pour y donner des lettres
de cette cour-ci.

Je me suis trouvé ici, ma chère mère, dans l'obligation de
faire quelque espèce de dépense et de jouer, avant de savoir la nouvelle de mon départ. J'ai cru ne me pas devoir
défaire de 125 louis qui me restoient, pour un aussi long
voyage que celui que je vais faire ; ayant perdu 388 livres
de Lorraine au jeu, avec un François que je connois fort, je
lui ai promis de lui faire toucher son argent incessamment
ici : ainsi, ma chère mère, si vous voulez avo la bonté de
faire envoyer 300 livres, monnoie de France, au sieur Mayer
Coblence, rue Quincampoix, chez le sieur Benard, tapissier,
et tirer son reçu, que vous aurez la bonté de faire adresser
à M. Haudot, chez M. le marquis de Spada, à Lunéville,
vous me tirerez du premier embarras où j'aie été pour le
jeu. Je crois, ma chère mère, que vous voudrez bien
m'excuser, et vous n'aurez dans la suite aucun lieu de
vous plaindre de moi. Ayez la bonté que le reçu soit au
nom de Samuel, trésorier de S. A. R. à Nancy, pour qu'il
le paye quand on le lui présentera.

LETTRE DE J. B. ROUSSEAU A LA MÊME (1).

A Vienne, le 12 mai 1716.

Je ne connoissois pas encore, madame, toute l'étendue
de ma sensibilité, et après les épreuves que j'en ai faites
dans le cours de ma vie, il me falloit encore celle de voir la
vôtre en danger. M. de Lanchal n'a pu vous représenter que
bien foiblement les alarmes que j'ai souffertes. Enfin, Dieu

(1) Nous devons la communication de cette lettre à l'obligeance si gracieuse et
si souvent éprouvée de M. Rathery, de la Bibliothèque impériale.

a eu pitié de moi : vous voilà rétablie. Mais à peine commençois-je à respirer que j'ai été frappé d'un nouveau coup de foudre en apprenant ce qui est arrivé à monsieur votre fils (1). Ma consolation et celle de vos amis est que les circonstances en sont honorables pour lui, et que si le malheur vouloit qu'il fût obligé de rester longtemps hors du royaume, il y a lieu de croire qu'il trouvera ici de quoi réparer au moins ce qu'il a perdu dans le service de France. Sa naissance, sa jeunesse, sa figure et l'esprit qu'il doit avoir, étant né de vous, madame, y parlent déjà fort haut pour lui avant qu'il y ait paru ; et vous verrez par la lettre que M. le comte de Bonneval (2) vous écrit, avec quelle vivacité il entre d'avance dans ce qui peut le regarder. Je connois assez ce pays-ci pour vous pouvoir assurer que monsieur votre fils ne peut y avoir une meilleure recommandation ni un meilleur guide, supposé qu'il fasse la campagne et qu'il soit obligé de perdre de vue M. l'ambassadeur (3).

J'ai lu à S. E. la lettre que vous m'avez fait l'honneur de m'écrire, et vous aurez déjà vu par sa réponse qu'elle se fera un plaisir de régler elle-même tout ce qu'il faudra à M. le marquis de Villette pour paroître à l'armée en homme de sa condition. Je ne puis vous bien dire au juste à quoi cela peut aller dans un pays comme la Hongrie, où on fait la guerre sans voir ni villes ni villages, et où on est souvent obligé de porter avec soi l'eau qu'on boit et le bois qu'on brule. Le nécessaire, par conséquent, y va fort loin ; mais ce que je puis vous répondre, madame, c'est que monsieur votre fils sera en bonnes mains et en bonne école. Je ne vous parle point de la joie infinie que je me fais de pouvoir m'acquérir son amitié, et de vous marquer en sa personne le souvenir que je conserve de vos bontés. Je serois peut-être en

---

(1) Allusion au duel du marquis de Villette avec Jonzac, fils d'Aubeterre.

(2) Bonneval (Ch.-Alex. comte de), né en 1675, mort en 1747. Après la vie la plus aventureuse, due en partie à son caractère fougueux et fier, il se rendit en Turquie, embrassa l'islamisme, et, sous le nom d'Achmet-Pacha, devint chef des Bombardiers. Son tombeau est dans un des cimetières de Péra.

(3) Le comte du Luc.

état de vous en assurer de plus près si tous mes amis pen-
soient aussi juste et aussi noblement que vous, et si je n'avois
pas été obligé d'arrêter moi-même des démarches faites à
mon insu et que j'aurois été forcé de désavouer publiquement si elles eussent été poussées plus loin (1). En quelque
lieu et en quelque situation que je me trouve, je m'estime-
rai toujours heureux si je puis mériter la continuation de
votre estime, et vous marquer par là le respect avec lequel je
serai toute ma vie, madame, votre très-humble et très-obéissant serviteur.   ROUSSEAU.

J'apprends dans le moment que M. le chevalier Desalleurs
vient d'arriver. J'espère avoir l'honneur de le voir demain
chez M. le duc d'Aremberg, où je dois dîner.

LETTRE DU MARQUIS DE VILLETTE A LA MÊME.

A Vienne, le 2 juin 1716.

J'ai reçu, ma chère mère, la lettre que vous avez eu la
bonté de m'écrire ; j'en ai été si comblé que je l'ai montrée
à M. l'ambassadeur et à M. Rousseau, pour qu'elle pût servir d'exemple aux pères et mères de France qui ont des enfants à Vienne dans le même cas que moi, et qui sont fort
inquiets de leur destinée. Je sais que vous m'envoyez beaucoup plus que vous ne pouvez en me donnant deux mille

(1) Les amis zélés et puissants que J. B. Rousseau avoit laissés à Paris, et en
tête desquels figuroit le baron de Breteuil, agirent si bien, qu'en février 1716 —
trois mois avant la date de cette lettre — ils lui avoient obtenu des *lettres de
rappel*. Mais, préférant une réhabilitation solennelle à une grâce, Rousseau les refusa,
et écrivit au baron de Breteuil : « J'aime bien la France, mais j'aime mieux
encore mon honneur et la vérité.... Je préférerai toujours la condition d'être
malheureux avec courage, à celle d'être heureux avec infamie. » Vingt ans
après, las du séjour et du climat de Bruxelles où il s'étoit réfugié, et déjà chargé
d'ans et d'infirmités, il sollicita mais en vain ces mêmes *lettres de rappel*. — Voyez
la correspondance de Piron datée de Bruxelles, 1738-1740, consignée dans ses
OEuvres inédites, et où il rend compte de ses relations avec J. B. Rousseau, dans
deux voyages qu'il fit aux Pays-Bas. — Vers la fin de 1738, voulant revoir un
moment la patrie absente, J. B. Rousseau fit *incognito* une courte apparition à
Paris ; et l'autorité ferma les yeux sur cette infraction à l'arrêt du parlement. De
retour à Bruxelles, il ne fit plus que languir ; il y mourut le 17 mars 1741, après
avoir reçu les sacrements et en protestant de son innocence.

écus par an ; je n'en ferai point sûrement de mauvais usage,
outre que quand on est à quatre cents lieues de son pays, on
a le temps de faire des réflexions, en attendant les lettres
de change. Il n'y a que cette campagne-ci qui me dérangera
beaucoup. Je crois que vous aurez reçu le mémoire que je
vous ai envoyé ; je l'ai tiré d'un grand économe qui fait les
affaires de M. de Bonneval ; et M. le comte du Luc m'a mis
entre les mains d'un homme dont il est sûr comme de lui. On
se dispose à partir, et ce sera le 20 de ce mois-ci, au plus
tard ; il y a des préparatifs immenses. On prétend que le
Turc va assiéger une place aux Vénitiens. Je puis vous
mander quelques nouvelles, car ma lettre part par le courrier de M. de Craon ; celui que l'Empereur avoit envoyé à
Constantinople, avec un ordre pour le Grand Seigneur de
cesser ses préparatifs contre les Vénitiens, ne revient point ;
cela inquiète infiniment tout le monde ; il y a près de deux
mois qu'il est parti. On embarque sur huit vaisseaux de cinquante à soixante canons que l'Empereur à fait faire pour
barrer le chemin du Danube aux Turcs, au-dessous de Pé-
tervaradin, une quantité prodigieuse de bombes, de grosses
grenades, cinquante-cinq pièces de 24 et tous les préparatifs pour un siége considérable. Je crois que voilà assez de
nouvelles, car elles pourroient vous ennuyer. Pour en revenir à quelque chose qui me regarde de plus près, M. de
Bonneval, qui me témoigne toujours beaucoup d'amitié, m'a
l'autre jour promis que, si je comptois m'établir en ce pays-ci,
il me donneroit une compagnie dans son régiment, mais qu'il
ne le pourroit faire sans en être assuré. Je vous prie, ma chère
mère, de n'en point parler, car, comme il vient de la refuser
à une femme qui a du crédit en ce pays-ci, quoique les
femmes n'y en aient communément guère, je serois au désespoir s'il se mettoit à dos des gens dont il doit infiniment attendre, principalement ceux pour qui j'ai eu des lettres. Je
ne m'explique pas plus clairement.

Je vous prie, ma chère mère, de me faire souvent donner
de vos nouvelles : c'est la seule chose, à cette heure, à quoi je

m'intéresse en France, n'y ayant ni patrie, ni amis qui puissent
l'égaler; j'en attends avec impatience et vous prie de croire
que je serai toute ma vie, avec tout le respect et l'attachement possibles, ma chère mère, votre très-humble et très-
obéissant serviteur et fils.   DE VILLETTE.

LETTRE DU MARQUIS DE VILLETTE A LA MÊME.

De Bude (1), le 29 juin 1716.

Nous arrivons enfin à Bude, ma chère mère, en parfaite santé
et en assez bon ordre, au temps près. Le moindre coup de vent
arrête notre voiture presque pour tout le jour; nous avons fait
le tiers du chemin en six jours. C'est enfin cette grande ville où
M. de Nettancourt a tant signalé son courage et dont il nous
a tant battu les oreilles (2); d'où nous sommes, elle ne paroît
qu'une bicoque. Nous partirons demain à la pointe du jour.
Pour continuer notre route, il faudra prendre quelques provisions pour faire cent quarante lieues de France sans trouver un village. Nonobstant cela, nous nous divertissons à
merveille. M. de Spinola est de fort bonne compagnie;
C'est un Italien très-délié; il a fait une fort jolie action. Son
père le vouloit faire d'Église; il est parti de Bruxelles et est
venu droit ici; il n'est à charge à personne, car il a bien de
l'argent, ce qui ne laisse pas que d'être un point dans tous
les pays du monde pour être bien reçu, quand d'ailleurs on
a du mérite personnel. Dès que je serai au camp, je vous
ferai le détail de notre route. Surtout, ma chère mère, mé-
nagez votre santé, c'est elle uniquement que je désire, tout
le reste m'est fort indifférent. Je ferai tout ce que je pourrai
pour qu'il vous revienne du bien de moi, tout mon but
étant de mériter les bontés que vous me marquez, et que
vous soyez persuadée que je serai toute ma vie, avec tout

(1) Bude, capitale de la basse Hongrie, dont les fortifications formoient une
barrière entre les Turcs et les chrétiens, au xvi° siècle.
(2) M. de Nettancourt faisoit sans doute allusion à la prise de Bude, en 1686,
et aux scènes affreuses de massacre et de pillage qui la suivirent.

le respect et l'attachement imaginables, ma chère mère, votre très-humble et très-obéissant serviteur et fils.

De Villette.

Lettre de J. B. Rousseau a la même.

A Vienne, le 15 juillet 1716.

Cette lettre, madame, n'est que pour accompagner celle que Mme la comtesse de Bathiani (1) m'a remise il y a deux jours pour vous. Cette dame m'a paru tout à fait sensible à la politesse que vous avez eue de lui écrire et aux bontés que vous avez eues pour son fils, pendant le séjour qu'il a fait à Paris. Je lui ai dit que pour peu qu'elle voulût se piquer d'honneur, il lui seroit aisé de prendre sa revanche, et que vous prendriez volontiers en payement tout ce qu'elle feroit pour M. le marquis de Villette. Je crois qu'il trouvera à son retour une bonne amie en elle. Vous savez le crédit qu'elle a sur Monseigneur le prince Eugène. Elle est fort polie et a été belle et l'est encore, et ne manque ni d'esprit ni de vivacité. Je me suis chargé avec plaisir de vous cautionner sa reconnoissance et celle de M. son fils, qui vous assure de ses très-humbles respects. Il part pour l'armée où il trouvera M. le marquis de Villette, de qui j'ai reçu hier une lettre sans date, où il me marque seulement qu'il est arrêté par les vents à un méchant village, à dix-huit milles de Bude, c'est-à-dire à six ou sept de l'armée. Je ne doute point qu'il n'y soit arrivé à l'heure qu'il est, en bonne santé. Il me prie fort de lui envoyer le reste des deux mille francs qu'il comptoit de recevoir de MM. Veuzel et Sineri, et sur lesquels il m'a chargé d'acquitter quelques billets qu'il a faits en partant; mais le cruel M. Bernard n'a point encore écrit à ces messieurs, chez qui j'envoie tous les ordinaires inutilement.

Nous n'avons point encore de nouvelles de l'arrivée du

---

(1) Maîtresse du prince Eugène.

prince à l'armée. Je sais seulement qu'il a passé, le trois, à
sept heures du matin, devant Bude, et qu'il a dormi pendant toute la canonnade qu'on y a tirée pour lui faire honneur. Les Turcs ne sont point encore assemblés, mais cela
ne peut tarder, et le grand vizir doit être présentement à
Belgrade. Il ne paroît pas qu'ils aient grande envie de
guerroyer cette année, à voir leur inaction du côté de la
Dalmatie et des Iles. On ne sait pas même si leur flotte est
encore sortie des Dardanelles. Une partie de celle du Danube mettra demain à la voile ici. On n'a point encore vu
de bâtiments comme ceux-là sur le Danube. Ce sont de
vrais vaisseaux qui pourtant ne prennent que six pieds
d'eau et qui ne laissent pas d'avoir deux rangs de batteries.
L'amiral, sur lequel j'ai été il y a deux jours, a soixante-
quatre canons, et les autres en ont quarante-huit à cinquante. Je ne sais comment cela pourra manœuvrer sur une
rivière. On en peut tirer beaucoup d'utilité s'ils y réussissent ; mais je vois bien des gens qui en doutent. Je suis toujours avec toute la reconnoissance et tout le respect possibles, madame, etc.   Rousseau.

Lettre de J. B. Rousseau a la même.

A Vienne, le 18 août 1716.

Je voudrois bien, madame, pouvoir mériter les remercîments dont il vous plaît de m'honorer à l'occasion de monsieur votre fils ; mais il faudroit pour cela que je fusse lieutenant criminel ou procureur général, et je ne le suis ni ne
le voudrois être. Je souhaite que ceux qui le sont puissent se
rendre dignes des vôtres. Il en restera à M. de Villette l'honneur d'une campagne la plus glorieuse qui ait encore été
faite en Hongrie. Je ne doute point qu'il ne vous ait informée
des particularités de la dernière victoire de M. le prince Eugène. Elle est d'autant plus glorieuse qu'il n'avoit pas quarante mille hommes contre les Turcs retranchés avec plus
de cent soixante mille.

Leur dessein étoit de s'emparer de Peterwaradin (1) et
d'empêcher par là le passage du Danube aux Allemands : ce
qu'ils auroient exécuté si le prince eût donné la bataille un
jour plus tard, et s'il eût attendu la jonction de toutes les
troupes. J'ai su par plusieurs personnes que monsieur votre
fils ne l'avoit pas quitté d'un moment, et il a pu voir bien
des choses en le suivant : car tout le monde convient que la
seule activité du général a fait pencher la victoire, qui a été
longtemps disputée. Le pauvre comte de Bonneval, qui commandoit à la droite, y a été blessé d'un coup de lance dans
le ventre, et a combattu plus d'un quart d'heure en tenant
ses boyaux de la main gauche, après avoir tué de la droite
celui qui l'avoit blessé (2). Il a fallu que les grenadiers de
son régiment l'enlevassent par force du champ de bataille.
On m'écrit du 11 qu'il est hors de danger. Le duc d'Aremberg, malade d'un érysipèle à la tête, a fait des merveilles,
en ralliant l'infanterie, en quoi il a été très-bien secondé
par M. de Girardin, et le chevalier Desalleurs a soutenu un
poste où M. d'Aremberg l'avoit placé avec vingt hommes
dont il en a eu quatre tués à ses côtés.

Ils se portent à merveille et pourront encore voir le siége
de Temesvar tout à leur aise, car il n'y a pas d'apparence
que les Turcs puissent mettre cinq cents hommes de leur infanterie ensemble du reste de la campagne. Cette ville doit
être investie aujourd'hui par le maréchal Palfi et le prince
Alexandre de Wirtemberg. Je ne sais si M. de Villette restera à la grande armée, car il n'écrit point. Tout ce que je
sais par des gens non suspects, c'est qu'il a été vu partout

(1) La bataille de Peterwaradin eut lieu le 5 août 1716. Trente mille Turcs y
périrent. On leur prit 156 pièces de canon, 172 drapeaux ou étendards, 5 queues
de cheval, 3 paires de timballes et toutes les provisions du camp, qui fut aban-
donné au pillage. Les Allemands perdirent 5000 hommes et 500 chevaux.

(2) Ce fait héroïque est confirmé par l'histoire qui, en outre, présente le comte
de Bonneval comme ayant résisté, une heure entière, avec deux cents soldats, à
un corps nombreux de janissaires qui l'enveloppait de toutes parts. Outre l'ode III
du livre IIIe de ses œuvres que Rousseau a dédiée au comte de Bonneval,
il en a composé une autre sur la bataille de Peterwaradin, qui est la xe du même
livre, où, dans la 13e strophe, il glorifie en beaux vers l'action du comte de
Bonneval, qu'il appelle un *nouvel Alcide.*

et qu'on l'estime fort à l'armée. J'ai reçu pour lui la lettre de
change de mille florins dont vous me faites l'honneur de me
parler dans votre lettre ; sur quoi il est bon que vous sachiez,
madame, que M. *** nous en a escamoté soixante, et que
deux mille francs de France valent ici mille soixante florins.
J'en ai payé ce qu'il avoit laissé de dettes ici, et j'ai retiré
ses billets. Je lui enverrai le reste dès qu'il m'aura donné
une adresse pour cela. Je suis persuadé, madame, qu'il se
fera honneur de la dépense que vous faites pour lui. Je m'en
ferai toujours un fort grand des occasions que vous me
donnerez de lui marquer mon zèle et de vous donner des
témoignages de l'attachement et du respect infini avec lequel je suis, madame, etc.   ROUSSEAU.

J'ai bien peur que vous ne receviez pas de si bonnes nouvelles de Corfou que de Hongrie. Les Turcs y avoient dé-
barqué trente mille hommes dès le 9 du mois passé, et on
ne doute presque point qu'ils n'en soient actuellement les
maîtres. L'Empereur a donné hier un régiment au duc d'A-
remberg.

LETTRE DE J. B. ROUSSEAU A LA MÊME.

A Vienne, le 1ᵉʳ septembre 1716.

Je n'aurois eu garde de manquer, madame, à vous informer de la bataille de Peterwaradin par le courrier de
M. l'ambassadeur, si j'avois pu alors vous mander des nouvelles de monsieur votre fils. J'ai eu l'honneur de vous
écrire depuis ce temps-là ce que j'en ai su. Il s'en est tiré
d'une manière très-glorieuse pour lui et très-satisfaisante
pour vous, à deux légères contusions près, qui ne l'ont pas
empêché de monter à cheval dès le lendemain. Il est présentement devant Temesvar (1) où l'armée est arrivée le 26

(1) Temesvar étoit une place que la nature et l'art avoient également fortifiée.
Les Turcs y avoient, depuis plus de deux siècles, une garnison de 12 000 hommes
avec toutes les munitions nécessaires pour un long siège. Par les ordres du prince
Eugène, le comte de Palfi fut détaché, avec seize régiments, pour investir cette
place, dont on se rendit maître après un combat de plus de quatre heures.

après une marche de quatorze jours dans un pays si affreux que l'eau s'y est vendue jusqu'à dix sous la pinte. On me mande du 27 qu'il se porte bien, malgré le mauvais air du pays ; que ce jour-là on devoit prendre poste autour de Te-mesvar et travailler les suivants aux lignes de circonvallation en attendant la grosse artillerie , après quoi on ouvriroit la tranchée. Il y a neuf à dix mille hommes dans la place, qui est très-forte et tout entourée de marais, en sorte que sans un temps sec il est impossible de demeurer devant. Cette conquête est la plus importante que l'Empereur puisse faire en Hongrie, dont elle achève de chasser les infidèles. Elle assure la Transylvanie, ouvre la Valachie, assure le Danube au-dessous de Belgrade, et donne moyen de prendre des quartiers d'hiver à portée de cette dernière ville et d'en faire le siége avant que l'ennemi puisse mettre en campagne. Mais l'entreprise est hardie et difficile, et elle a déjà été manquée deux fois par les armes victorieuses de l'Empereur Léopold. Les Turcs se défendent mieux derrière des mu-railles qu'en campagne. Ils ne sont pas si civilisés que nous. On les étrangle quand ils capitulent, et on les tue quand ils se laissent prendre d'assaut; c'est le parti qu'ils prennent toujours. J'espère que monsieur votre fils sera assez heureux pour en voir la fin sans maladie et sans blessure ; et il pourra se vanter d'avoir vu une belle et instructive campagne.

J'écris aujourd'hui à M. de Bonneval et je lui fais part de tout ce que vous me mandez d'obligeant pour lui. Sa bles-sure va de mieux en mieux, et il compte encore d'être assez tôt sur pied pour aller chercher son reste à Temesvar. Il m'a écrit de sa main, et tous ceux qui l'ont vu m'ont assuré qu'il n'avoit jamais été de si bonne humeur. M. l'am-bassadeur a été incommodé quatre ou cinq jours de ses pal-pitations, mais il en est parfaitement guéri. Je sais de lui, madame, avec quelle vivacité votre amitié s'intéresse pour lui, et personne ne peut vous dire mieux que moi à quel point il en est reconnoissant. Comme il se peut faire que nos Fran-çois ne soient pas plus réguliers à écrire à Paris qu'à Vienne,

Mme Desalleurs ne sera peut-être pas fâchée d'apprendre que monsieur son fils est en bonne santé, et que les fatigues l'ont guéri d'une horrible fluxion qu'il avoit sur les yeux. Nous sommes à tout moment dans l'attente d'une action entre la flotte des Vénitiens et celle des Turcs. Corfou est très-pressé et le général Schnylembourg a été obligé d'abandonner les hauteurs d'Abraham et de Saint-Sauveur qu'il avoit fortifiées tout l'hiver, faute de monde pour les garder. Le courrier de M. l'ambassadeur m'a assuré que votre santé étoit bonne. C'est la meilleure nouvelle qu'il m'ait donnée de Paris, personne au monde ne s'y intéressant plus que je le fais, et n'étant avec plus d'attachement, de respect et de reconnoissance, madame, votre très-humble et très-obéissant serviteur.   ROUSSEAU.

LETTRE DE J. B. ROUSSEAU A LA MÊME.

A Vienne, le 8 janvier 1717.

Je n'ai reçu que depuis cinq jours, madame, la lettre que vous m'avez fait l'honneur de m'écrire du 1er décembre. Le retardement du courrier de M. l'ambassadeur à Paris en a été cause. Il est arrivé enfin et nous a apporté le congé que nous demandions. Ainsi, madame, pour peu que la santé de M. le comte du Luc continue à bien aller, je compte que vous le verrez avant le mois de mai. Vous pouvez bien juger de ce que me coûtera cette séparation; mais je ne puis en être plus affligé que je l'ai été de l'état où nous l'avons vu, et d'ailleurs elle lui est nécessaire et c'est bien le moindre sacrifice que je doive à son bonheur que celui de ma satisfaction. Après avoir été à la mort, il a eu quinze jours d'intervalle qui ont été suivis d'une rechute très-fâcheuse, dont il ne commence à se rétablir que depuis huit jours; de sorte qu'il n'a point quitté le lit depuis la Toussaint. Il a reçu pendant tout ce temps-là la lettre que vous lui aviez adressée pour M. le prince Eugène, qui fut rendue le même jour. J'aurois répondu sur-le-champ à celle que son courrier m'a ap-

portée, mais comme tout ce qui vient de votre part m'est
sacré, j'ai cru devoir commencer par exécuter une partie de
vos ordres, et pour cela il falloit savoir les sentiments de
monsieur votre fils. Je l'ai trouvé dans la résolution de s'attacher fixement à ce service et d'y prendre de l'emploi, ce
que j'aurois fort approuvé si son affaire eût été désespérée (1) ; mais j'ai cru devoir lui représenter que les liens de
la patrie n'étant point rompus, et étant moralement sûr d'y
retourner dans un an, il ne devoit point songer à prendre
des engagements chez un prince étranger, à moins qu'ils ne
fussent de nature à pouvoir être quittés avec honneur ; qu'il
étoit bien vrai que les marques de distinction qu'il pourroit
recevoir en ce pays-ci ne lui seroient pas désavantageuses en
France, mais qu'il les obtiendroit plus facilement en faisant
paroître que ce n'est point l'intérêt qui les lui fait rechercher,
et que les appointements d'une campagne n'étoient pas assez
considérables pour captiver sa liberté par des serments. Il
s'est rendu à mes raisons, et M. le comte du Luc m'a paru
dans les mêmes sentiments. Nous sommes donc convenus
de solliciter pour lui la place d'adjudant général sans appointements. Vous savez, madame, qu'elle ne s'accorde qu'à
d'anciens officiers tout au moins lieutenants-colonels, et les
Allemands, jaloux comme ils sont, ne digéreroient pas aisément un passe-droit de cette nature en faveur d'un jeune
étranger, si monsieur votre fils étoit moins aimé ici. J'en ai
parlé fort au long au comte de Sinzendorff, chancelier de la
cour (2), et il m'a promis d'en faire incessamment la demande à M. le prince Eugène et de l'appuyer de tout son
crédit, qui est fort grand. Dès qu'il aura fait l'ouverture, je
saurai du prince même quels sont ses sentiments, et je ne
manquerai pas, madame, de vous en informer.

Vous avez déjà vu sans doute M. le comte de Bonneval.
Si son avis par hasard ne se trouvoit pas conforme au nôtre,

(1) Allusion aux suites du duel.
(2) Plus loin se trouve une lettre de ce personnage, adressée à la marquise de
Villette.

il seroit toujours temps de songer à autre chose, et je puis
vous assurer sans compliment que l'estime générale où vous
êtes ici, sans peut-être le savoir, influera plus sur la fortune
de M. de Villette qu'aucune des plus fortes recommanda-
tions. Je ne dirai point qu'il n'y a rien à regretter pour moi
en France. Je vous regretterai toute ma vie, madame, aussi
bien que M. Boudin et Mme de Caylus ; mais la nécessité n'a
pas de loi. Je suis avec tout l'attachement et tout le respect
possibles, madame, etc.   Rousseau.

Lettre du marquis de Villette a la même.

A Vienne, ce 24 février 1717.

J'ai toujours attendu à vous écrire, ma chère mère, que
vous eussiez reçu la lettre de M. Rousseau, pour vous dissua-
der des mauvaises impressions qu'on vous avoit données sur
mon chapitre. Je puis même vous assurer que M. l'ambassadeur a été fort fâché d'avoir cru un peu trop facilement, si
j'ose le dire, le discours de quelques valets impertinents qui
ne connoissoient pas la conséquence de ce qu'ils avançoient
et le tort que cela me pouvoit faire. Il y a assez de gens qui
peuvent veiller sur ma conduite, et vous rendre un compte
exact de toutes les démarches que j'ai faites et ferai en ce
pays ; je fais tout mon possible pour qu'elles soient conformes à vos intentions et pour que vous n'ayez aucun sujet de
vous plaindre de moi. J'ai été assez heureux, sans risquer du
mien, de gagner trois cents ducats : je les ai sur-le-champ
employés à mon équipage, qui est fait, à la réserve de quelques bagatelles, qui vont peut-être à six cents livres, tout au
plus, moyennant quoi j'en aurai un des plus jolis de l'armée. Comme vraisemblablement ce sera la dernière campagne, il est bon de la faire un peu convenablement, et en cas
que ce que nous demandons nous soit accordé, il ne me
faudra pas un sou de surplus. Ainsi, ma chère mère, toute
la grâce que je vous demande, en cas que vous puissiez le
re, sans trop vous incommoder, c'est de me faire toucher,

le 1er d'avril, au lieu de 500 francs qui seront échus, 1000 francs, pour achever de finir mes petites provisions, pour acheter un radeau et payer les frais du voyage qui se monteront à six cents livres. S'il se pouvoit faire qu'en partant j'emportasse quelques mois d'avance, cela me feroit grand plaisir; sans cela, je serai dans la même position que l'année passée avec les lettres de change, puisque personne n'emporte d'argent superflu en Hongrie pour les payer. Le prince Frédéric de Wirtemberg, qui m'avoit chargé de sa commission pour les selles, enverra l'argent demain ou après, au plus tard, à M. l'ambassadeur pour vous le faire tenir. Ainsi, ma chère mère, si vous voulez avoir la bonté de les faire retirer de chez Bizet et de les faire envoyer au plus tôt par le coche à Strasbourg, à l'adresse de MM. Kommann, banquiers à Strasbourg, pour M. le prince Frédéric de Wirtemberg (de Strasbourg à Stuttgart), vous me ferez un grand plaisir, et M. l'ambassadeur, qui part dans six jours, vous portera l'argent si on ne demande aucune augmentation aux selles. Si vous avez quelques ordres pour ce pays-ci, je les attends, et m'en acquitterai le mieux qu'il me sera possible. Je suis, ma chère mère, avec un profond respect, votre très-humble et très-obéissant serviteur.   DE VILLETTE.

LETTRE DU MARQUIS DE VILLETTE A LA MÊME.

A Vienne, ce 4 avril 1717.

La lettre que j'ai reçue de vous, ma chère mère, du 18 de mars, m'a tiré d'une grande inquiétude où j'étois pour votre santé, et m'a fait grand plaisir, en m'apprenant la nouvelle du départ du prince de Dombes : car, quelque lié que l'on soit avec les Allemands, on est toujours bien aise de voir quelqu'un de sa nation, et c'est un soulagement pour des étrangers de retrouver leurs compatriotes. Pour M. le prince de Conti, s'il vient, je lui ferai connoître qu'on peut se passer d'un prince du sang aussi facilement hors de chez soi que

dans son propre pays (1).; je puis même me vanter qu'il auroit beaucoup plus besoin de moi ici que je n'ai eu de lui en
France. Le prince Eugène me questionne fort, toutes les fois
que je le vois, sur son humeur et sa manière de vivre ; mais
mon silence sur ce chapitre ne lui fait rien augurer de bon.
Le prince Frédéric m'a envoyé l'argent pour les selles en
question ; mais M. l'ambassadeur n'a pas voulu s'en charger,
personne ne se charge d'argent de ce pays-ci pour France.
Ainsi, ma chère mère, je vous supplie de vouloir bien faire
partir incessamment les selles, et de me retenir cet argent
qui fait 1045 francs sur celui que vous m'enverrez pour la
campagne ; Coquille le garde toujours en attendant. On me
presse fort, et ce seroit entièrement désobliger le prince, qui
peut me faire plaisir, de ne pas s'acquitter de cette commission, et cela n'auroit nulle grâce, après le lui avoir promis,
de lui rendre son argent et de n'en rien faire. J'espère, ma
chère mère, que vous aurez cette bonté. J'achèverai de répondre à votre lettre, l'autre poste, car celle-ci part dans
le moment. Je suis, ma chère mère, avec tout le respect ima-
ginable, votre très-humble et très-obéissant serviteur et fils.

DE VILLETTE.

LETTRE DU MARQUIS DE VILLETTE A LA MÊME.

Du camp de Foutack, en Hongrie, ce 13.

Je suis enfin arrivé hier au camp, ma chère mère, en fort
bonne santé, après un petit voyage de dix-huit jours sur l'eau :

(1) On se souvient que c'est le prince de Conti, d'après le rapport de Saint-
Simon, qui poussa les deux jeunes gens à se battre. Dès lors, on ne sauroit être
étonné de la petite pointe d'humeur et de dépit qui perce dans cette phrase de la
lettre du marquis. C'étoit une juste représaille. Du reste, ce prince appartient plutôt à l'histoire anecdotique de son temps qu'à la grande histoire ; il fut plus célèbre par ses défauts que par ses qualités. Contrefait de corps et d'humeur bizarre,
il eut avec sa mère, et surtout avec sa femme, des querelles qui défrayèrent
longtemps la malignité publique. Les mémoires et les chansons fourmillent de
traits peu à sa louange. Il eut néanmoins l'esprit d'applaudir un des premiers aux
premiers succès de Voltaire. Cette preuve de bon goût peut faire pardonner quelque
chose à sa mémoire.

c'est une des tristes voitures que l'on puisse trouver. Nous nous sommes accoutumés, pendant ce temps, aux galettes de blé de Turquie, en guise de pain, qui sont fort bonnes dans un tel pays : car il en faut fort peu pour rassasier tout un équipage. Pour vous mettre au fait de tous nos malheurs, nous avons été si accablés de cousins, et de mouches plus grosses que les taons de France, pendant notre route, qu'on ne reconnoissoit personne en arrivant, tant on étoit défiguré. Je ne sache aucun supplice plus rude que celui-là. Cela étoit au point que plusieurs de nos gens en ont pensé perdre la vue ; nous en sommes, Dieu merci, dehors, très-contents d'être en ce pays-ci, qui paroît fort agréable. J'ai déjà pris possession de ma charge, qui n'est pas des plus difficiles ; il n'y a qu'à courir. L'armée n'est pas encore tout assemblée ; elle arrive tous les jours ; nous sommes, à deux lieues de France, de Peterwaradin. On compte dans quelques jours passer le Danube ; en adressant les lettres à l'armée, chez le prince Eugène, elles seront toujours rendues. Je crois que la campagne ne laissera pas que d'être longue ; nous ne serons vraisemblablement pas à Vienne avant la fin de novembre. Il fait fort beau ici, il n'y a que les nuits qui sont très-froides, quoique les chaleurs du jour soient aussi fortes qu'en Italie. Je suis, à cette heure, campé auprès de M. de Bonneval, qui me charge de vous assurer de ses respects. Il a mille bontés pour moi, dont je ne saurois avoir trop de reconnoissance, car il s'intéresse à tout ce qui me regarde avec une attention infinie. Je fais, de mon côté, tout ce que je puis pour lui marquer mon attachement ; il m'est d'un grand secours ici, car il est aimé et estimé généralement de toute l'armée. J'attends, ma chère mère, tous les jours des nouvelles de ma destinée, je voudrois savoir à quoi m'en tenir, pour être sûr si je suis pendu ou non ; ils me font beaucoup languir (1), car j'espère, de quelque manière que cela se tourne, que j'aurai le plaisir de vous voir incessamment après cette campagne : c'est tout ce que je souhaite, et

(1) La marquise de Villette faisoit faire des démarches actives pour hâter le retour de son fils en France.

que vous soyez persuadée que je serai toute ma vie, avec
un très-profond respect, ma chère mère, votre très-humble
et très obéissant serviteur et fils.   DE VILLETTE.

Le chevalier Desalleurs a fort mal aux yeux, et j'en
suis fort inquiet. Je vais dans le moment souper chez le duc
d'Aremberg.

Vous devez un compliment à M. de Bonneval, qui a été
avancé : il vient d'être fait lieutenant général d'infanterie de
l'Empereur.

Depuis ma lettre écrite, le chirurgien qui voit le chevalier Desalleurs vient de me dire que ses yeux vont beaucoup
mieux et que ce ne sera rien.

LETTRE DU MARQUIS DE VILLETTE A LA MÊME.

Au camp de Foutack, le 24 mai 1717.

Je suis arrivé hier ici, ma chère mère, avec le prince Eugène, qui m'a permis de venir avec lui sur son bateau. Je
n'ai pas manqué, en chemin, de lui témoigner le désir que
j'avois d'apprendre mon métier sous lui ; il m'a paru que
cela lui faisoit plaisir, mais il ne m'a rien dit de positif et
sur quoi je puisse tabler. Le chevalier de Rabutin, frère de
M. le comte de Sinzendorf, qui est fort de mes amis, m'a
offert, en cas que je voulusse m'attacher pour toute ma vie
en ce pays-ci, de faire en sorte d'accommoder un capitaine
de son régiment de dragons, et de me donner sa compagnie ; je l'ai beaucoup remercié et l'ai prié d'attendre votre
décision, ma chère mère, sans laquelle je ne veux rien faire.
Il en a paru content, et m'a fait des objections très-sensées :
il m'a même dit que, rien ne me forçant à prendre de l'emploi dans le pays, puisque je pouvois retourner en France,
je ne pouvois pas honorablement entrer dans ce service
pour le quitter un jour, et qu'il falloit bien me sonder
pour faire ce pas ; que le prince étoit déjà âgé, et que lui, il
étoit rarement à son régiment ; que si l'armée venoit à être

commandée par un autre, je pourrois facilement rester vingt ans capitaine, y en ayant dans son régiment qui le sont avant que je fusse né. J'ai été bien aise de vous rendre compte de cette conversation ; ainsi, ma chère mère, si votre dessein est de me faire rester toute ma vie en ce pays-ci, dès que j'aurai reçu vos ordres, je demanderai la compagnie, et de ce jour-là je me compterai Allemand, et ne retournerai en France que pour vous y voir et vous assurer qu'en quelque lieu que j'aille, je serai toujours avec un très-profond respect, ma chère mère, votre très-humble et très-obéissant servi-teur et fils.   DE VILLETTE.

LETTRE DE DU BOURG (1) A LA MÊME.

Vienne, le 26 mai 1717.

J'ai reçu, madame, la lettre que vous m'avez fait l'hon-neur de m'écrire, avec la lettre de change qui y étoit jointe. Quoique les 1080 francs ne soient pas payables à mon ordre, le banquier veut bien me les compter, et je les recevrai sans en avertir M. le marquis de Villette. Je ne vous parlerai pas, madame, du penchant qu'il a pour la dépense ; vous le connoissez ; mais peut-être que l'embarras dans lequel il s'est trouvé pour son départ le portera à me tenir la parole qu'il m'a donnée de ménager son argent plus qu'il n'a fait. Avant le départ de M. le comte du Luc, il paroissoit que ses affaires étoient en règle et que peu de chose le mettroit en état de faire la campagne avec distinction ; mais les approches du dé-part m'ont fait voir le fond du sac, et j'ai reconnu avec regret qu'il étoit à la veille de ne pouvoir pas faire la campagne. Dans cet état, madame, je lui ai fait trouver de l'argent, chose difficile à Vienne. Il m'a d'abord demandé 500 francs, et puis il en a pris jusqu'à 1300 des mêmes personnes à qui j'avois répondu ; malgré cela, il ne pouvoit encore sortir de Vienne, en ménageant quelque chose pour sa campagne, et il

(¹) Correspondant d'affaires entre la marquise et son fils, ou plutôt surveillant secret de celui-ci.

a trouvé l'expédient de me renvoyer ses créanciers, qui montent à plus de mille florins. Il est vrai qu'il compte ménager en campagne; mais Dieu seul sait s'il tiendra parole. Voilà, madame, l'état au vrai de la situation de M. le marquis de Villette; il a un fort bel équipage et sera fort au-dessus des François qui feront la campagne; mais je sens avec regret que vous vous incommodez pour lui; il le sent aussi, il parle à merveille sur cet article, et il n'y a que l'exécution qui trouve de la difficulté, car d'ailleurs monsieur votre fils a tout ce qu'il faut pour se faire aimer et pour s'acquérir l'estime. Il faut, de votre côté, lui tenir les rênes courtes; peut-être que ce parti lui fera connoître le prix de l'argent. Celui que vous lui enverrez, madame, sera reçu par moi et employé à payer ce qui est dû à Vienne; mais je ne lui dirai pas tout, et si vous le jugez à propos, je lui ferai croire, à son retour, qu'il doit encore beaucoup, afin de l'obliger à vendre de ses chevaux pour payer et diminuer par là son équipage qui est par trop fort. Je m'imagine, madame, qu'il vous aura informé de ce qu'on lui a dit, par rapport au service de l'Empereur. La campagne, l'amitié que le prince Eugène a pour lui, et vos volontés décideront du parti que M. de Villette aura à prendre. Si c'est de rester quelques années ici, il trouvera toutes sortes de facilités, car il est généralement aimé, et c'est une justice que je ne puis lui refuser. J'aurai soin de vous informer de ce qui pourra l'intéresser, et vous devez être persuadée que, par attachement pour vous et pour lui, je ne négligerai rien de ce qui regarde monsieur votre fils. Je suis avec un profond respect, madame, votre très-humble et très-obéissant serviteur.   Du Bourg.

Lettre de Du Bourg a la même.

Vienne, le 10 juillet 1717.

J'ai reçu, madame, la lettre que vous m'avez fait l'honneur de m'écrire le 14 juin. J'ai envoyé à M. le marquis celle qui étoit pour lui, et j'ai pris la liberté de lui dire mon sen-

timent sur le nombre de créanciers qu'il a laissés à Vienne.
Je n'ai point ouï dire, madame, qu'il ait emprunté d'argent
depuis qu'il est à l'armée ; s'il se ménage pendant la campagne, il pourra se tirer d'affaire sans vous causer un aussi
grand dérangement que je l'ai craint. Il s'est bien gardé de
dire à quoi montoient ses dettes ; ainsi, madame, je ne puis
vous en rendre un compte bien fidèle. J'ai payé à Donon
404 florins dont les lettres ont été renvoyées, et j'ai donné
quelques à-compte à ceux à qui il est dû ; eu sorte qu'il me
reste de l'argent que vous m'avez envoyé, 180 francs, que
je garde en cas de besoin. Il est dû 800 francs à un banquier
qui, je crois, a renvoyé les lettres à Paris, et il attendra votre
commodité ; le reste des dettes peut aller à 400 ou 500 florins.
Une fois que le plus pressé sera payé, je ne serai point embarrassé de trouver de l'argent dans un besoin ; mais il faudra
que le besoin me paroisse évident, et, si je suis encore ici l'hiver prochain, je vous réponds, madame, que je veillerai de
plus près à la conduite de M. le marquis. Après m'avoir fait
voir qu'il lui falloit de l'argent pour payer son équipage, je
lui en ai fait trouver ; il a pris le double de ce qu'il m'avoit
demandé, et avec cela il n'a payé personne. Ce seroit un
grand bien s'il pouvoit perdre son goût pour la dépense, car
d'ailleurs il a tout ce qui fait estimer, et chacun l'aime à
l'envi. Je suis bien heureux, madame, de ce que vous voulez
vous intéresser avec tant de bonté à ce qui me regarde ; il ne
faut pas moins qu'une protection comme la vôtre pour ébranler le conseil dont je dépends. M. le maréchal d'Auxelles me
promet de m'envoyer de l'argent, et je suis aussi tranquille
que si je savois où prendre de quoi vivre dans quatre jours.
Continuez-moi vos bontés et ne doutez pas du très-profond
respect avec lequel je serai toute ma vie, madame, votre
très-humble et très-obéissant serviteur.

Du Bourg.

LETTRE DU COMTE DE SINZENDORF (1) A LA MÊME.

A Luxembourg, ce 9 de juin 1717.

J'ai reçu, madame, la lettre que vous m'avez fait l'honneur de m'écrire. J'y ai reconnu avec plaisir cette délicatesse d'esprit et cette même politesse que j'avois admirées pendant mon séjour en France. M. le marquis de Villette est bien heureux d'être né d'une telle mère ; aussi faut-il lui rendre justice qu'il a bien fait son profit de la belle éducation que vous lui avez donnée. Si son inclination le porte à rester au service de l'Empereur, je ne doute pas qu'il n'y trouve des accommodements qui lui conviendront. Il sait la langue : c'est déjà un avantage ; et l'on voit avec plaisir qu'il se fait aux manières du pays, sans pourtant rien gâter à celles qu'il a apportées de votre cour. Il paroît que le prince Eugène le goûte beaucoup, et vous jugez bien qu'il n'en faut pas davantage pour le mettre dans la meilleure et la plus agréable route. Le reste viendra avec le temps. Cependant, madame, assurez-vous que tout ce que je pourrai faire pour son service, je le ferai avec une attention particulière, et que je serois ravi de pouvoir vous donner en cela des marques de l'estime et de la vénération avec laquelle je suis, madame, etc.

LE COMTE DE SINZENDORF.

LETTRE DU MARQUIS DE VILLETTE A LA MÊME.

Du camp devant Belgrade, ce 16 août 1717.

Ma chère mère, je vous écris de ma main pour vous tirer d'inquiétude pour ma santé. J'ai été blessé à la bataille d'une balle dans l'épaule. J'espère que ce ne sera rien moyen-

---

(1) Sinzendorf (Ch.-L. comte de), ministre d'État autrichien, chancelier de l'Empire, 1671-1742, se fit un nom par l'habileté qu'il déploya dans plusieurs missions diplomatiques, et remplaça le prince Eugène dans la haute direction des affaires. Ce fut lui qui décida les guerres avec la Turquie et la France, la quadruple alliance, la pragmatique, etc., etc. J. B. Rousseau lui a dédié une de ses odes, la VI° du livre III de ses Œuvres.

naut l'aide d'Alibourg. Je ne saurois écrire davantage. Coquille vous mandera le détail.   DE VILLETTE (1).

LETTRE DU CHEVALIER DE CAYLUS (2) A LA MÊME.

Au camp devant Belgrade, le 16 août 1717,
à 6 heures du soir.

Monsieur votre fils, madame, m'a chargé de vous envoyer cette lettre par laquelle il vous apprend la blessure qu'il a reçue ce matin, qui, quoique grande, ne vous doit point inquiéter, d'Alibourg, dont je crois que vous avez ouï parler, m'ayant assuré qu'elle n'étoit pas dangereuse. J'aurai l'honneur de vous informer très-exactement de l'état où il se trouvera, et je compte, dans une vingtaine de jours, vous mander sa parfaite guérison. J'ai l'honneur d'être très-respectueusement, madame, etc.   LE CHEVALIER DE CAYLUS.

LETTRE DE MME RABUTIN (3) A LA MÊME.

Vienne, ce 1ᵉʳ septembre 1717.

Madame,

Quoique je n'aie l'honneur de vous connoître que par

(1) On ne peut voir, sans émotion, l'original de cette lettre, où le jeune homme a déposé tout ce qui lui restoit de force et de courage. Les caractères en son inégaux, tremblants, mal assurés; on sent la douleur palpiter sous sa main. Il avoit peine à tenir la plume, et il cherchoit à donner à sa mère un espoir qui lui échappoit à lui-même. La bataille de Belgrade eut lieu le 16 août 1717, date même de cette lettre. Après une résistance opiniâtre, les Turcs furent battus, laissant 43 000 morts, 5000 blessés et autant de prisonniers. Les Allemands y perdirent plus de 3000 hommes. D'après Saint-Simon, le comte de Charolois et le prince de Dombes s'y distinguèrent, et Estrades eut une jambe emportée. Il mourut peu après.

(2) Caylus (Ch. de Tubières de Grimoard de Pestel de Levi, chevalier, puis marquis de), nommé capitaine de vaisseau en 1727, mourut à la Martinique le 12 mai 1750. Il était fils de la comtesse de Caylus.

(3) Les Rabutin de Vienne descendent de ce Louis de Rabutin, cousin de Mme de Sévigné, laquelle raconte dans sa lettre à Bussy, du 23 janvier 1671, l'aventure qui força son jeune parent à sortir de France. « C'étoit, dit Saint-Simon (t. V, p. 45, édit. Hachette), ce page, pour lequel Mme la princesse fut enfermée à Châteauroux, d'où elle n'est jamais sortie. Accusé de galanterie avec sa maîtresse, il se sauva de vitesse, se mit dans le service de l'empereur, s'y distingua, épousa une princesse fort riche (la duchesse de Holstein), et parvint avec réputation aux premiers honneurs militaires. »

vos mérites et l'esprit que vous marquez dans toutes les occasions, je ne puis pas m'empêcher de m'intéresser sensiblement à la perte que vous venez de faire, laquelle est irrémédiable, parce que la providence de Dieu l'a voulu disposer ainsi. Madame, c'est à cette heure le temps de profiter de vos qualités et de vous remettre à la volonté de Dieu. Vous avez perdu un fils, lequel est regretté de tout le monde. Je souhaite pour votre repos que vous laissiez à la raison le soin de vous consoler d'une perte si sensible, et que vous me conserviez votre amitié pour la mémoire de votre cher fils, qui étoit le premier sujet de notre connoissance; et moi je serai toute ma vie votre très-humble et très-obéissante servante. RABUTIN.

NOTE

SUR

LE CABINET DES MUSES.
(1619).

Ce curieux recueil de poésies parut en 1619 sous ce titre : *Cabinet des Muses ou nouveau recueil des plus beaux vers de ce temps. A Rouen, de l'imprimerie de David du Petit Val, imprimeur et libraire ordinaire du Roy*, 1619, in-12 de 943 pages. Il est précédé de l'avertissement suivant : « L'imprimeur aux lecteurs. — Messieurs, la courtoisie de mes amis m'ayant mis entre les mains un bon nombre de pièces des meilleurs poëtes de ce temps, lesquelles n'ont encores été imprimées, j'ay cru profiter au public de leur faire voir le jour sous le nom du *Cabinet des Muses* pour les faire recognoistre entre une infinité de livres de poésie qui courent sous divers titres. Et pour le rendre de juste volume j'y ai adjoint les plus notables pièces de MM. du Perron, Bertaut, Malherbe, Porchères, de Lingendes, Renier (*sic*), Motin et autres, et principalement les plus recentes. J'espère que vous ne blâmerez mon dessein, ce qui m'occasionnera à l'advenir de rechercher avec plus de sollicitude ce qui se fera de nouveau qui soit digne d'estre veu, pour vous en faire participans en plus grand volume et caractère, Dieu aidant. »

Ce que dit l'imprimeur est loin d'être exact, car la plupart des pièces qui composent le *Cabinet des Muses*, avoient déjà vu le jour dans des recueils antérieurs (Voir *Les Muses françoises ralliées* 1603, *le Parnasse des plus excellents poëtes de ce temps*, 1607, *Nouveau recueil des plus beaux vers de ce temps*, 1609, *le Temple d'Apollon*, 1611, *Délices de la poésie françoise*, de Rosset, 1615).

Bien que portant la date de 1619, ce recueil ne renferme, à de rares exceptions près, que des œuvres de poëtes du temps de Henri IV. C'est un des ouvrages les plus importants pour l'histoire de la poésie sous le règne de ce prince, et, à ce titre, il ne sera peut-être pas sans utilité d'indiquer les noms des poëtes que David du Petit Val a mis à contribution pour composer son volume.

Disons d'abord que presque toutes les pièces de vers sont signées ; quelques-unes seulement sont sans indication de nom d'auteur.

Le nom de du Perron apparoît le premier au seuil de l'ouvrage : cet honneur étoit bien dû à un cardinal. Viennent ensuite des vers de Regnier ; P. Motin de Bourges ; Malherbe ; Robert Estienne, second du nom (né vers 1560, mort en 1630) ; Bertaut ; Laugier de Porchères ; d'Hemery d'Amboise ; le sieur de La Salle et des Termes ; de Pomeny, amant de Marguerite (1) ; Charles de Piard, sieur d'Infrain-

(1) Le sanglant libelle de d'Aubigné, *le Divorce satirique*, s'exprime ainsi au sujet de Pomeny : « C'est pour luy qu'elle (la reine Marguerite) fit faire les lits de ses dames d'Usson si hauts qu'on y voyoit dessous sans se courber, afin de ne s'escorcher comme elle souloit les espaules ni le fessier en s'y fourrant à quatre pieds toute nue pour le chercher ; c'est pour luy qu'on l'a veue souvent tastonner la tapisserie, pensant l'y trouver, et celuy pour qui bien souvent en le cherchant

ville et de Touvant, disciple de Malherbe ; Gabriel de Trellon, conseiller au parlement de Toulouse (qu'il ne faut pas confondre avec son frère Claude de Trellon, le ligueur); Maynard ; G. d'Agoneau ; Raoul Callier, parent de Rapin ; de La Roque ; Ant. de Vermeil (*Stances sur le gris, la mort d'Astrée*); Catherine de Bourbon, duchesse de Bar, sœur de Henri IV (1); d'Haxattime; Du Maurier, huguenot et plus tard ami de Saint-Amant ; des Yveteaux, fils de Vauquelin ; Alexandre de Pontaimery, seigneur de Focheran (*Hymne de l'aumosne*); de Beaumont ; Pierre Pyard de La Mirande, sans doute parent de Touvant, et auteur de *Bergeries*, qui ne sont pas sans mérite. Voici un de ses sonnets :

SONNET.

Ces prés, heureux témoins de nostre amitié sainte
Puissent, ma Doralise, à jamais estre verts,
Toujours de fleurs de jonc et de glayeul couverts
Sans de la courbe faulx jamais sentir l'atteinte !

Y. puissions-nous toujours, francs de haine et de crainte,
Le long des clairs ruisseaux serpentans au travers,
Nous baiser sans soupçon et couchés à l'envers,
L'un à l'autre d'amour nous entrefaire plainte !

Qu'en l'écorce des saux nos chiffres engravés
Contre l'effort du temps soient du ciel préservés,
Afin d'estre tesmoins à la race future

Combien ferme en nos cœurs autrefois fut l'amour
Dont, malgré le trespas, la flamme chaste et pure
En nos esprits unis rayonnera toujour.

de trop d'affection, elle s'est marqué le visage contre les portes et les parois. C'est pour luy que vous avez tant ouï chanter à nos belles voix de cœur ces vers faits par elle-même :

A ces bois, ces prés et cet antre
Offrons les vœux, les pleurs, les sons,
La plume, les yeux, les chansons
D'un poëte, d'un amant, d'un chantre. »

(1) Ant. de Vermeil a écrit *l'Épithalame de monsieur le duc de Bar, prince de Lorraine, et de madame Catherine de Bourbon, sœur unique du roy.* (Voir le *Parnasse des plus excellents poètes de ce temps.* Lyon, 1618, t. II, ff. 50-52.)

On trouve encore dans ce recueil des poésies de François de Rosset, l'éditeur des *Délices* de 1615 ; Le Cordier de Maloysel ; Le Metel (Bois-Robert) ; Jean Baudoin, l'éditeur des *Délices* de 1620 ; Bouteroue (*Le petit Olympe d'Issy*, pièce non signée) ; Lingendes, l'auteur des *Changements de la bergère Iris* ; de L'Espine ; Chaulvet (*Le Gage touché*) ; de Viau (c'est le fameux Théophile) ; Fr. Chovayne ; de Lastre ; Passerat (vers non signés) ; J. Chrestien ; N. Renouard (vers de piété) ; et Coulomby (*Consolation de la reine mère sur la mort du feu roy*, pièce non signée).

Citons maintenant quelques vers de Motin, un poëte jadis célèbre et maintenant presque oublié (1).

Motin n'est guère connu que par ce qu'en dit Boileau dans *l'Art poétique*, chant IV :

> J'aime mieux Bergerac et sa burlesque audace,
> Que ces vers où Motin se morfond et nous glace.

(1) Pierre Motin naquit à Bourges. On ne sait au juste ni la date de sa naissance ni celle de sa mort, mais il n'existoit plus en 1615 et même en 1614 (voir les vers de Bonnet, neveu *du défunt sieur Motin*, dans les *Délices* de Rosset, 1615, p. 933 : le privilége est du 27 novembre 1614). Il avoit une sœur qui, elle aussi, cultivoit la poésie (il y a deux sonnets de cette dame dans *Les Muses en deuil, en faveur du sieur Brun, sous le nom de Cleante pour la mort de son Alcinde.* Paris, Toussaint du Bray, 1620 ; in-8 de 64 pages). Les poésies de Motin n'ont jamais paru en volume : elles sont éparses dans les recueils suivants : *Les Muses françoises ralliées de diverses parts par le sieur Despinelle.* Lyon, Barthel. Ancelin, 1609, in-12 ; *le Parnasse des plus excellents poëtes de ce temps,* 1607, 2 vol. in-12 ; id., Paris, Guillemot, 1618 ; id., Lyon, 1618 ; *Les Muses incognues, ou la seille aux bourriers pleine de desirs et imaginations d'amour.* Rouen, Jean Petit, 1604, in-12 ; *Les Muses gaillardes, recueillies des plus beaux esprits de ce temps, par A. D. B. P.* (Ant. du Brueil, Parisien), 1609, in-12 ; *Nouveau Recueil des plus beaux vers de ce temps.* Paris, Toussaint du Bray, 1604, in-8 (p. 213-281) ; id., Lyon, Barth. Ancelin, 1615, in-12 ; *Le Temple d'Apollon, ou nouveau Recueil des plus excellents vers de ce temps.* Rouen, Raph. du Petit Val, 1611, 2 vol. in-12 ; *Les Satyres bastardes et autres œuvres folastres du cadet Angoulevent,* 1615, in-12 ; *Les Délices de la poesie françoise,* de Rosset, 1615 (p. 561-643), et de Baudoin, 1620 (p. 377-448) ; *Recueil des plus excellents vers satyriques.* Paris, Estoc, 1617, in-12 ; *Le Cabinet satyrique ; Les Delices satyriques.* Paris, Ant. de Sommaville, 1620, in-12 ; *Le Cabinet des Muses,* 1619 ; *Le Parnasse satyrique ; Le Sejour des Muses ou la Cresme des bons vers,* 1626 ; id., 1630 ; *Recueil des plus beaux vers de Malherbe, Racan, Monfuron, etc.* Paris, Toussaint du Bray, 1627, in-8 (p. 690-792); id., 1630 (p. 730-883); id., Pierre Metlayer, 1638. — Voir sur lui Goujet, *Bibliothèque françoise,* t. XIV, p. 218-221.

Mais cette sentence de Boileau est loin d'être juste. Qu'on veuille bien lire les vers de Motin insérés dans le *Cabinet satyrique*, et l'on verra s'il mérite la qualification de poëte froid. Ami de Regnier, il rivalisoit avec lui de licence et d'obscénités. Mais cela ne l'empêchoit pas d'être bien accueilli à la cour de Henri IV. Il y a de beaux vers dans ses *Stances sur ce qui fut attenté contre le Roy le lundi* 19ᵉ *jour de décembre* (il s'agit de l'attentat du procureur Jacques des Isles, qui frappa le roi sur le Pont-Neuf en 1605). Les voici :

STANCES.

Vous qui pour le danger du plus grand Roy qui vive
Sentistes les frissons d'une fièvre craintive,
Faites que de vos chants l'air plus haut soit frappé,
Que la juste allégresse à la frayeur succède,
Et que du bien présent le plaisir vous possède,
Au lieu du souvenir du péril eschappé.

. . . .

On dit que par magie en frappant une image
Celuy qu'elle figure en reçoit le dommage,
Sentant au mesme temps le mesme coup sur soy :
Tout le corps de l'Estat que le roy seul asseure
De ce coup parricide eust senty la blesseure
Et respandu son sang par les veines du Roy.

Grand Roy que tout le monde en l'adorant contemple,
Qui sert d'estounnement et non pas d'un exemple,
Car un Roy comme luy ne peut estre imité,
Sans premier ny second, seul pareil à soy-mesme,
Dont le bonheur s'égale à la valeur extresme,
Et l'extresme valeur à l'extresme bonté.

. . . .

Parmy les coups divers des piques et des lames,
Dans le bruit des canons, la poussière et les flammes
C'est ce Roy qui soutint cent bataillons armés,
Tenant aux accidens ses vertus préparées,

Et vit autant de morts contre luy conjurées
Que d'ennemis vivans à sa perte animés.

C'est luy qui s'est fait jour dans la foule des armes
Et ne paslit jamais que de pitié des larmes,
Que de regret de voir le sang humain versé,
Et que des ennemis l'âme au corps estouffée
A sa rare clémence eust ravy le trophée
De pouvoir pardonner quand il est offensé.

. . . .

Seigneur, ne permets pas qu'un sacrilége efface
Par la mort de ton oingt le portrait de ta face,
Mais un fil plus durable à ses jours attachant,
Sans qu'aucun de ses vœux ta faveur lui denie,
Rends par luy sans effet l'œil de la calomnie,
La bouche du perfide et la main du méchant.

Fay que de son Dauphin les saisons avancées
Passent mesme l'espoir conceu dans nos pensées
De le voir des guerriers plus craindre qu'envier,
Et que l'enseignement d'un si généreux père,
Donne au destin du fils pour le rendre prospère,
Ce que le doux ruisseau donne au jeune olivier.

Fay que d'un Roy si grand le nom partout se vante,
Et comme le cyprès les serpens espouvante,
Que son ombre aux meschans apporte de l'effroy;
Fay-luy voir que des siens l'amitié luy doit plaire,
Que la plus seure garde est n'en avoir que faire,
Mais n'en avoir que faire, il ne le peut sans toy.

Citons encore quelques fragments de sa *Méditation sur
le Memento homo :*

> Souviens-toy que tu n'es que cendre,
> Et qu'il te faut bientost descendre
> Dans le fond d'un sépulchre noir,
> Où la terre te doit reprendre,
> Et la cendre te recevoir.

Le péril te suit à la guerre,
Dessus la mer, dessus la terre
Le péril te suit en tous lieux ;
Et tout ce que le monde enserre,
Vit en péril dessous les cieux.

. . . .

Des hommes la maudite vie,
A mille maux est asservie,
Dont le moindre est assez puissant,
Pour arracher l'âme et la vie
Hors de nostre corps languissant.

Puis après la mort endurée,
De ta despouille demeurée
Les membres seront sans chaleur,
Et ta face défigurée
Et tes deux lèvres sans couleur.

Des prestres la triste cohorte
Viendra chanter devant ta porte ;
Un drap de morts et un linceuil
Couvriront ta charongne morte,
Prisonnière dans un cercueil.

Les torches luiront par la rue,
Et des tiens la troupe accourue,
Couverte d'un long habit noir,
A ton âme mal secourue
Payeront le dernier devoir.

Alors la prunelle offusquée,
La langue qui s'est tant moquée
Et ta peau cendre deviendront,
Et au lieu de poudre musquée
Les vers dans ton poil se tiendront.

Tout ce qui dans terre chemine
De puanteur et de vermine,
Mille crapeaux, mille serpens

Iront sur ta morte poitrine,
Et dessus ton ventre rampans.

Ton âme de nul consolée
Qui cependant sera volée
Où l'on juge en dernier ressort,
Toute tremblante et désolée
Mourra de peine après ta mort.

La main de ton juge équitable,
A ton offense détestable
Sa justice fera sentir :
Un grand abysme épouvantable
S'entrouvrira pour t'engloutir.

. . . .

Pense donc que tu n'es que cendre
Et qu'il te faut bientost descendre
Dans le fond d'un sépulchre noir
Où la terre te doit reprendre
Et la cendre te recevoir.

Certes de tels vers ne viennent pas d'un poëte médiocre,
et sont loin de justifier la sévère censure du législateur du
Parnasse. Boileau, du reste, comprenoit fort peu notre
vieille poésie : ses jugements sur Ronsard, du Bartas et Saint-
Amant ont été revisés par la critique moderne. En sera-t-il
de même de l'opinion par lui émise sur Motin ? nous l'espérons.   Ed. T.

ÉTUDE BIBLIOGRAPHIQUE

SUR

LES ROMANS DE CHEVALERIE ESPAGNOLS.

Il n'est guère de genre de livres aussi rares, aussi recherchés et souvent aussi peu connus que les anciens romans de

chevalerie en langue espagnole. Depuis la funeste destruction de la bibliothèque de don Quichotte, il n'a été donné à nul amateur d'en réunir un grand nombre. A quel prix énorme ne s'élèveroit pas aujourd'hui la collection formée par l'immortel chevalier errant, si elle étoit livrée à Paris ou à Londres aux chances des enchères, et surtout si elle se composoit d'exemplaires tels que ceux qu'exigent à présent les bibliomanes, auxquels il faut des volumes grands de marge et exempts de tout défaut, en dépit des deux ou trois cents ans qui pèsent sur eux?

Un littérateur espagnol, aussi zélé qu'instruit, a inséré en tête d'une réimpression d'Amadis de Gaule et d'Esplandian (1) un *catalogo razonado* de ces précieux volumes. Beaucoup plus court et bien moins complet que l'excellent travail de M. le comte Melzi sur les fictions italiennes de ce genre (2), l'étude due à don Pascual de Gayangos est toutefois d'un intérêt réel; elle complète, à certains égards, les renseignements fournis dans l'admirable *Manuel du libraire;* nous avons pensé qu'il n'étoit pas superflu de relever ces informations, en nous abstenant de reproduire ce qui est déjà connu des lecteurs du *Manuel* et en ajoutant parfois quelques indications nouvelles.

§ 1. *Romans du cycle breton.*

La Demanda del sancto Grial. *Toledo*, 1515. Il s'en trouve un exemplaire au Musée britannique, dans la collection léguée par sir Thomas Grenville.

Clemencin, dans ses notes sur don Quichotte (t. III, p. 457), croit qu'il existe un roman de *Lanzarote del Lago* (Lancelot du Lac) distinct de celui dont le titre vient d'être transcrit, mais le *Lanzarote* et la *Demanda* ne sont qu'un même ouvrage.

---

(1) Cette réimpression fait partie de la *Biblioteca de autores españoles;* elle en forme le tome XL. (Madrid, Rivadeneyra, 1857.)

(2) Bibliografía dei romanzi e dei poemi romanzeschi d'Italia. Milano, 1828; 2ª édition fort améliorée, 1839.

Le *Manuel* indique l'édition de Tolède, 1515 (pour 1535), et dit que la date est évidemment fautive. Cependant, selon M. de Gayangos, la souscription porte bien : *mil y quinientos y quince años*. Ce savant mentionne, comme se trouvant dans la bibliothèque du collége des avocats à Édimbourg (précédemment dans la collection du marquis d'Astorga), une autre édition, *Sevilla*, 1535 (date en toutes lettres). Elle se compose, comme l'autre, de 194 feuillets et 8 feuillets de table. L'une auroit été achevée le 10, l'autre le 12 octobre. N'y auroit-il, en fin de compte, qu'une seule édition?

El Baladro del sabio Merlin, Burgos, 1498. Édition décrite par Mendez dans sa *Typografia española*. M. de Gayangos n'en a jamais vu qu'un seul exemplaire, celui qui est en la possession du marquis de Pidal.

Merlin y demanda del sancto Grial, Sevilla, 1500. Édition citée par Nicolas Antonio dans sa *Bibliotheca Hispana*, mais que nul bibliographe ne paroît avoir vue. Parmi les manuscrits de la Bibliothèque royale de Madrid, on trouve indiquée : *La tercera parte de la Demanda del sancto grial*.

Memorias das proëzas da segunda Tavola Rodouda, Coimbra, 1567, in-4. Indiqué au *Manuel* et non décrit; il a été signalé par De Bure et Quadrio. M. de Gayangos en a vu à Londres un exemplaire imparfait. C'est probablement celui qui, privé du titre et de ce qui précède le texte (240 feuillets petit in-4), est porté au catalogue *Wolters* (*Delion*, 1844), n° 1010.

Une édition antérieure, Coimbre, J. Alvares, 1554, format in-fol. goth. à 2 colonnes

La Crónica de los nobles caualleros Tablante de Ricamente y de Jofre.... (por Nuño de Garay). Tolède, 1513, in-4. Édition qui n'est citée par aucun bibliographe, si ce n'est par Salva (*Repertorio americano*, IV, 67), lequel la mentionne sur la foi du catalogue de Mariano Romanis. Rome, 1823. — Le *Manuel* indique les éditions de Tolède, 1526 (un exemplaire provenant de la collection du baron de Hohendorf est dans la bibliothèque impériale à Vienne), et celle

de Séville, 1599 (un exemplaire 60 francs, vente De Bure
en 1853, n° 446).

Tristan de Leonis, Valladolid, 1501. Édition indiquée
par le bibliographe allemand Ebert, et dont l'existence n'est
peut-être pas bien certaine. M. de Gayangos n'a jamais pu
rencontrer ce volume.

Le *Manuel* indique une édition de Séville, J. Cromberger, achevée d'imprimer le 4 novembre 1528; il la décrit:
80 feuillets et 2 pour la table. M. de Gayangos mentionne
sans la décrire cette édition de 1528 dont l'indication lui
a été fournie par un bibliophile des plus zélés, M. V. Salvá,
à Valence; il décrit ensuite, comme ayant également 80 feuillets et 2 pour la table, une édition, même ville et même libraire, achevée le 4 novembre 1533. Il est permis de croire,
en présence de l'identité du jour où l'impression fut terminée et de l'absence de toute différence dans le nombre des
feuillets, qu'il n'y a de fait qu'une seule édition.

Un exemplaire de l'édition de 1534 (décrite au *Manuel*)
est dans la bibliothèque de don Justo Sancha.

§ 2. *Romans carlovingiens.*

Historia del Emperador Carlo Magno, Sevilla, 1549,
in-fol. (un exemplaire dans la Bibliothèque impériale de
Vienne, ainsi que celle d'Huerta, 1641), Cuenca, in-fol. sans
date (cité par Antonio ; à ajouter aux éditions que mentionne le *Manuel* (5ᵉ édition, t. I, col. 1583), lequel indique
une édition de Séville in-fol., *Viuda de Fr. de Leedfael,* sans
date, peut-être est-ce la même que celle que M. de Gayangos
mentionne avec la date de 1650 sur la foi d'un catalogue
de la Haye, 1728 (*Bibliotheca anonymiana*).

Espejo de Cavallerias, Sevilla, J. Cromberger, 1551,
in-fol. Édition que le *Manuel* mentionne sans la décrire.
Il ne signale pas une édition de la *segunda parte,* que
M. de Gayangos mentionne comme ne portant pas d'indication de lieu et comme datée de 1586. Cet ouvrage a été
réimprimé à Medina del Campo, 1586, in-folio avec ad-

dition d'une seconde et d'une troisième partie. On a prétendu qu'Arioste avoit puisé dans cet ouvrage l'idée de son épopée, assertion que M. Panizzi a démontré ne point avoir de fondement (voir son édition de l'*Orlando Furioso*, I, 45), mais l'*Espejo* est si rare que ce savant bibliographe étoit resté fort longtemps dans l'impossibilité d'en consulter un exemplaire; enfin le fameux bibliophile Richard Heber, qui possédoit plus de papier imprimé que qui que ce fût au monde, lui prêta le sien. L'exemplaire de la *Bibliotheca Grenvilliana* est, nous le croyons, le même que celui d'Heber. Le frontispice de l'édition de 1586 en tête de l'impression de 1515 (voir p. 602) où l'on fait remarquer que Pedro de Reynosa est nommé comme auteur sur le frontispice, dans le privilége de la première partie et au commencement de la troisième, circonstance qui avoit échappé à un bibliographe célèbre.

Coronica del noble cavallero guarino Mesquino, Sevilla. Andres de Burgos, 1584, in-fol. à deux colonnes, caractères gothiques, 128 feuillets chiffrés et 2 feuillets liminaires. Un exemplaire se trouve dans la bibliothèque de la comtesse de Campo-Alange. Le *Manuel* qui indique, tome II, p. 479 et 480 de la 4ᵉ édition, de nombreuses éditions italiennes et françoises de Guérin Mesquin, ne parle, ce nous semble, d'aucune édition espagnole. Il est à croire qu'il en existe une antérieure à 1548, car en 1530 l'auteur du *Dialogo de las lenguas* p. 158) mentionne cet ouvrage parmi les livres remplis de mensonges et si mal écrits qu'ils sont illisibles.

Libro del gigante Morgante (Valladolid), 1533. Indiqué au *Manuel* comme étant porté dans la *Bibliotheca Grenvilliana*, dans laquelle on trouve rapporté tout au long l'avis d'el *Impressor al lector*, lequel annonce que l'ouvrage traduit de l'italien contient le récit de la bataille de Roncevaux où moururent les douze pairs de France, chose aussi désirée qu'honorable pour la nation espagnole. Le tout est à l'honneur et gloire de Dieu tout-puissant et de la très-sainte vierge Marie, sa mère. Malgré cette pieuse indication, le

titre n'oublie pas de dire qu'on trouve dans cet ouvrage la
narration *de los sabrosos amores del señor de Montalvan.*
Cet exemplaire étoit offert au prix de 12 guinées sur un catalogue de Payne et Foss, 1837.

Reynaldos de Montalvan, Salamanca, 1526. Édition indiquée d'après le catalogue Du Fay, et non décrite. M. de
Gayangos nous apprend qu'elle forme un in-fol. à 2 colonnes de 226 feuillets, plus 2 feuillets liminaires.

Une édition de la *Trapesonda*, Séville, 1533, formant la
troisième partie de *Reinaldos*, est décrite au *Manuel.* Moratin,
dans ses *Origenes*, en indique une autre de Tolède, 1538,
mais il est le seul qui en ait parlé, et M. de Gayangos suppose qu'il y a là une erreur. Ajoutons que nous trouvons
au supplément de la *Bibliotheca Grenvilliana*, p. 840, une
édition *del tercero y postrero libro del Cavallero don Re-
naldos de Montalvan, emperador de Trabesonda,* Sevilla,
Juan Cromberger, 1545 ; nous ne la rencontrons ni au *Manuel*, ni dans le catalogue dressé par M. de Gayangos.

§ 3. *Romans des Amadis.*

Amadis de Gaula, Salamanca, 1510. Édition signalée
par Lenglet Du Fresnoy et par Quadrio, ainsi que dans un
catalogue manuscrit d'ouvrages chevaleresques dressé par
l'archéologue anglais Ritson (et conservé au Musée britannique). Le vague des indications fournies par ces divers écrivains autorise à regarder cette édition comme fort problé-
matique.

(*Roma?*) Antonio de Salamanca, 1519. Sir Thomas Philipps possède un exemplaire de cette édition précieuse ; un
autre est dans la bibliothèque publique d'Oporto. Clemencin, dans ses notes sur don Quichotte, en mentionne un troisième comme se trouvant dans la Bibliothèque nationale à
Madrid; mais, selon M. de Gayangos, il ne s'y rencontre plus.
— L'édition de Saragosse, G. Coci, 1521, est également
dans la riche collection de sir Thomas Philipps, où l'on
trouve aussi celle de Séville, 1552, que le *Manuel* mentionne

d'après le catalogue Du Fay en 1728. Cet amateur a été assez heureux pour obtenir, en outre, l'édition de Séville, 1575.— Il n'est peut-être pas d'autre collection particulière offrant pareille réunion de quatre éditions très-rares de l'Amadis espagnol.

Las Sergas de Esplandian, Sevilla, 1542. Édition décrite au *Manuel* d'après l'exemplaire qui est à la bibliothèque Mazarine. Un autre est mentionné dans la *Bibliotheca Grenvilliana*, p. 22.

Lisuarte de Grecia, Sevilla, 1525, in-fol. Un exemplaire chez sir Thomas Philipps. Une autre édition, Séville, Juan Cromberger, achevée d'imprimer le 19 janvier 1550, in-fol., à 2 colonnes, 109 feuillets, caractères gothiques, est mentionnée par M. de Gayangos ; nous ne la trouvons pas au nouveau *Manuel*. On remarquera que par le nombre des feuillets elle concorde avec l'édition donnée également à Séville, en juin 1548, par Dominico de Robertis. J. Perez Buyer, dans son *Viaje a Andalucia y Portugal* (ouvrage inédit dont le manuscrit se conserve dans la bibliothèque de l'Académie royale d'Espagne à Madrid), indique une édition de Séville, 1550. M. Brunet fait mention, d'après Lenglet Du Fresnoy, copié par David Clément, d'une édition de Saragosse, 1587, in-fol. M. de Gayangos, qui a eu la bonne fortune de la rencontrer, la décrit comme exécutée *en casa de Pedro Puig y Jose Escartilla*, in-fol. à 2 colonnes, 97 feuillets chiffrés, et non chiffrés contenant la table.

Lisuarte de Grecia y Muerte de Amadis, Sevilla, 1526. Un exemplaire chez sir Thomas Philipps; un autre incomplet se trouve dans la collection de don Justo Sancha.

Amadis de Grecia. Le *Manuel* mentionne, d'après le *Trésor des livres rares* du docteur Graesse, une édition donnée en 1564 à Medina del Campo. On en trouve un exemplaire indiqué dans le catalogue de la bibliothèque du marquis de Monte-Alegre.

Rogel de Grecia (ce roman forme la troisième partie de *don Florisel de Niquea* et le onzième livre des Amadis).

Une édition de Salamanque. *Andres de Portonariis*, 1551, in-fol., se trouve dans la Bibliothèque impériale de Vienne. Il est très-vraisemblable que cet imprimeur fit également paroître le dixième livre des Amadis (soit la première et la seconde partie de *don Florisel*), puisqu'il imprima la troisième et la quatrième ; mais on n'en a pas la certitude. .

Don Florisel de Niquea, Saragosa, P. de la Floresta, 1568, in-fol. M. Brunet déclare ne pas avoir vu cette édition qu'il mentionne d'après le témoignage de M. Graesse ; M. de Gayangos dit en avoir tenu dans les mains un exemplaire, et sa description s'accorde avec celle du bibliographe allemand. Les frontispices des deux tomes sont différents : le premier représente un chevalier armé de toutes pièces et chevauchant, précédé d'un page qui porte sur l'épaule une lourde épée ; sur le second on voit un chevalier qui brandit un cimeterre.

M. de Gayangos, après avoir mentionné les douze livres des Amadis qui ont paru en espagnol, s'occupe des livres XIII et XIV qui n'existent pas en cette langue, ou du moins qui sont restés inédits.

Le XIIIe livre est l'histoire, en italien, du *famoso principe Sferamundi de Grecia*, Venise, 1558, in-8; l'auteur (ou le traducteur italien) la qualifie de *prima parte del decimo terzo libro de Amadigi*. Mambrino Roseo de Fabriano, auquel on doit cette production, dit l'avoir traduite d'après un texte espagnol, et, bien qu'à cette époque des ouvrages originaux fussent en ce genre donnés comme des traductions, il seroit possible que l'assertion fût exacte. Tramezino fit suivre cette *prima parte* de cinq autres, et il les donna également comme des versions d'un livre espagnol. Toutes ces parties ont été réimprimées à plusieurs reprises.

La désignation du XIVe livre des Amadis peut s'appliquer à un ouvrage portugais intitulé *Penalva*, que cite Nicolas Antonio (*Bibliotheca nova*, t. IV, p. 404). Le héros mourut pieusement dans son lit, s'il faut s'en rapporter à la narration qu'on trouve dans *Lisuarte de Grecia* (VIIIe livre des

Amadis); mais ce dénoûment ne fut pas du goût d'un écrivain portugais, qui imagina de le faire périr dans un combat singulier contre un chevalier lusitanien. Il faut observer que Barbosa dans sa *Biblioteca lusitana* ne fait aucune mention de ce *Penalva*. Peut-être l'assertion d'Antonio, bibliographe parfois peu digne de foi, n'est-elle pas rigoureusement exacte ; en tout cas, cette composition est aujourd'hui tout à fait ignorée.

§ 4. *Les Palmerins.*

Palmerin de Oliva, Salamantia, 22 décembre 1511, in-fol. gothique, à 2 colonnes. Édition des plus précieuses qui étoit restée ignorée des bibliographes et dont il se conserve un exemplaire à la bibliothèque impériale de Vienne. La première édition que cite le *Manuel* est celle de 1525 ; il mentionne aussi celle de Tolède, *Pedro Lopez de Haro*, 1580, in-fol. ; nous ajouterons qu'elle se compose de 184 feuillets. Une édition de Venise, 1577, in-8, indiquée par Quadrio, a jusqu'ici échappé aux recherches.

Primaleon, fijo de Palmerin, 1516. Édition indiquée par Salvá (*Repertorio americano*, t. IV, p. 40) d'après Nicolas Antonio et Dunlop, mais son existence est douteuse. Une autre édition, *Medina del Campo*, 1563, in-fol., n'est signalée que par Pellicer, dans ses notes sur don Quichotte. Une édition de *Lisboa, Simao Lopez*, 1598, in-fol., est indiquée, sans être décrite, par M. Brunet et M. de Gayangos, mais ce dernier écrivain mentionne de plus une édition imprimée à Lisbonne *en casa de Manuel Joan, en este año de* MDLXVI (1566), in-fol. à 2 colonnes, caractères gothiques, 242 feuillets. Quant à *Polindo* et à *Platir* qui forment les IIIe et IVe livres de Palmerin d'Olive, M. Gayangos n'ajoute rien à ce qu'on en sait déjà. Le *Flotir* ou V^e livre a paru en italien, et on n'en connoît pas d'édition espagnole ; il a dû cependant circuler en cette langue, car un écrivain du seizième siècle, Jeronimo Gascon de Torquemada, parle du récit des aventures fabuleuses d'un descendant de

Palmerin d'Olive, appelé Flotir, comme d'un livre fort goûté du vulgaire (*uno de estos libros con que el vulgo se entre-tiene y deleita*).

Palmerin de Inglaterra, 1547-48, 2 volumes in-fol. Quelques détails sur cet ouvrage se rencontrent dans le *Repertorio americano*, t. IV, p. 42-46. Le libraire Salvá, qui est l'auteur de cette notice, transcrit divers passages du *prologo* de Miguel Ferrer, mis en tête de la première partie, ainsi que quatre stances de huit vers chacune, adressées *al lector por el auctor* et qui sont à la fin de l'épître dédicatoire.

Duardos de Bertanha, Lisboa, 1604, in-fol., deux parties formant la troisième et la quatrième de Palmerin d'Angleterre et le VIIe livre de la série des Palmerins. Un exemplaire est indiqué dans la *Bibliotheca Grenvilliana*, page 519, avec l'observation que les quatre derniers feuillets de la seconde partie sont imprimés avec un caractère plus fin que le reste du livre.

Don Clarisel de Bertanha offre les cinquième et sixième parties. Un exemplaire de l'édition de Lisbonne, 1602, in-fol. (décrite au *Manuel*), se trouve dans la bibliothèque de don Serafin Estevanez Calderon. M. de Gayangos indique aussi une édition publiée également à Lisbonne, en 1602, mais le titre présente des différences, et le nom de l'imprimeur est *Jorge* Rodriguez et non *Juan* Rodriguez. Il ne décrit point ce volume qu'il n'a pas eu l'occasion de voir, et on peut supposer qu'il ne s'agit que d'une seule et même publication. Les quatre dernières parties de Palmerin sont très-rares, et Southey, dont on connoît les travaux persévérants sur l'histoire littéraire du Portugal, avoue qu'il n'a jamais eu la satisfaction de les rencontrer.   G. B.

(La suite prochainement.)

ANALECTA-BIBLION.

Cromwell, tragédie en 5 actes, par M. Anot de Maizière.

Il semble de mode aujourd'hui de faire un accueil ironique et dédaigneux à toute œuvre intitulée tragédie. M. Anot de Maizière en appelle de ce dédain vulgaire au tribunal des chefs du monde littéraire. Un appel devant de si grands juges doit-il intimider les voix sympathiques tentées d'apporter leur témoignage en faveur d'une œuvre élevée et touchante? Nous ne le pensons pas. Laissons donc la critique au temps et à qui de droit, et disons simplement ce que nous avons senti et pensé en lisant cette tragédie nouvelle.

Un esprit général de mansuétude règne dans l'œuvre et enveloppe d'une sorte de manteau charitable les passions violentes qui s'agitent sur la scène. L'allégorie politique, le point de vue philosophique, pris de très-haut, donnent à cet ouvrage un effet de lointain qui fait rêver l'âme plutôt que la saisir. On sent qu'il a dû en coûter à l'auteur d'écrire un drame sanglant : sa plume est certainement trempée dans les larmes plus que dans le sang. De cela, ce n'est pas nous qui lui ferons reproche, car nous savons qu'il a au fond du cœur une source de larmes que rien ne peut tarir (1).

A chaque page de cette tragédie se révèle le sens profond qui étoit dans la pensée de l'auteur, et dont il nous parle dans sa préface. Chaque personnage de ce mythe historique sym-

(1) M. Anot de Maizière a perdu deux de ses fils dans nos dernières guerres. Sa tragédie est dédiée à leur mémoire.

bolise une des passions, M. Anot de Maizière dit même un
des droits politiques qui se partagent le monde ; mais y a-t-il
donc tant de droits ? N'est-ce pas là une de ces fictions de
mots habituelles à notre langue ; on dit : *le bon droit*, y en
a-t-il donc un mauvais ? M. Anot de Maizière a, du reste,
fait bonne justice de tous ces prétendus droits en donnant
une prééminence évidente au seul droit véritable, celui de la
bonté sur la malice, de la droiture sur l'astuce. Le plus touchant représentant de ce droit imprescriptible est, dans la
pièce, la jeune lady Francis, jetée au milieu de ce drame politique comme une fleur au milieu des ronces, comme un
rayon de lumière dans une galerie sombre. Cette gracieuse
figure tempère la sévérité du tableau et nous fait entrevoir
les cordes délicates du talent de M. Anot de Maizière.

Lady Francis est fille de Cromwell et ardente royaliste. La
ballade qu'elle chante au moment où son père s'exalte dans
ses espérances de royauté, nous a paru d'un effet très-poétique.

LADY FRANCIS.

Sur la royale forteresse
L'ombre descend du haut des cieux ;
Les feux s'éteignent, le bruit cesse,
Un doux sommeil clôt tous les yeux ;
Pourtant dans la tour solitaire
Je vois quelqu'un pâle d'effroi ;
Plus de sommeil pour ta paupière,
Tremble, Macbeth, te voilà roi !

Au quatrième acte elle raconte à son père un rêve qu'elle
a fait :

Mille images funèbres
M'entourent. Cette nuit dans l'horreur des ténèbres,
Le voile du sommeil étendu sur mes yeux
S'entr'ouvrit par degrés, un jour mystérieux
Se répandit au fond d'une salle déserte
Et me fit voir un mort dans une tombe ouverte ;

Ce mort, c'étoit Stuart ; pâle, les yeux hagards,
En face de la tombe, où plongeoient mes regards,
Un spectre étoit debout. D'épouvante saisie,
Je le vis se baisser, et d'une main impie
Voler son diadème au front sacré du mort,
Puis lorsqu'ayant ravi sa proie avec effort,
Il l'emporta dans l'ombre, à sa main retenue
La tête de Stuart demeura suspendue.

Ne se rappelle-t-on pas avec saisissement le tableau célèbre de Paul Delaroche sur le même sujet?

M. Anot de Maizière nous paroît aussi s'être inspiré plusieurs fois heureusement du récit de M. de Chateaubriand dans son livre des *Quatre Stuarts*. Il a placé habilement l'interruption de lady Fairfax, dont la généreuse audace osa contredire les commissaires qui accusoient le roi. Il a laissé entrevoir un des côtés du caractère de Cromwell, composé, dit M. de Chateaubriand, « du burlesque et du grand, » dans plusieurs passages où l'ironie le dispute à la cruauté, ainsi dans ce vers :

Au roi, ceux qui mourront serviront d'avant-garde.

Puis il jette l'ironie à tous les partis :

IRETON.
Le peuple a tout entier voté la république.
Sur qui, pour renverser cette œuvre de ses mains,
Sur qui donc comptez-vous?
CROMWELL.
               Sur les républicains.

Ailleurs il dit à Richemond, qui l'engage à reconnoître pour roi le fils de Charles Stuart :

CROMWELL.
Je ne sais, à leurs pieds si mettant la victoire
J'obtiendrois des Stuarts le pardon de ma gloire,

qui sont encore aux prises aujourd'hui. Milton **reproche son** ambition à Cromwell.

MILTON.

Quand tout sera tremblant et muet devant toi,
A ton but arrivé, tu diras, je suis roi !
Mais prends garde, Macbeth, au delà de l'armée
Où ta sombre grandeur se tiendra renfermée
Sera le peuple-roi dont les ressentiments
Mornes, silencieux et calmes pour un temps,
Sur ton front, au jour dit, feront tomber la foudre
Qui de Charle a lancé le trône dans la poudre ;
Les règnes de terreur passent vite. A son tour
Le peuple contre toi, le peuple aura son jour ;
Le peuple est tout-puissant.

CROMWELL.

          Oui, quand il se fait homme,
Quand, de peuple d'Athène ou de peuple de Rome,
Pour sa gloire il devient Alexandre ou César.

Ainsi de grandes pensées traversent continuellement cette œuvre et en font pour le lecteur sérieux plus qu'un drame : c'est une étude philosophique présentée en tableaux qui nous sembleroient très-dignes de la scène et que la foule applaudiroit sans doute ; mais qu'il soit permis à ceux qui ont le culte des têtes royales tombées de préférer le silence d'une lecture méditée pour ces pages du martyrologe des rois.   Comtesse DE L.

CATALOGUE RAISONNÉ

DE

LIVRES ANCIENS, RARES, CURIEUX QUI SE TROUVENT EN VENTE

A LA LIBRAIRIE DE J. TECHENER.

(Avril-Mai 1861.)

128. RECUEIL GÉNÉRAL DES CAQUETS DE L'ACCOUCHÉE. 12 pièces en 1 vol. pet. in-8, mar. bleu, fil. tr. dor. (*Bauzonnet*.) . . . . 200—»

Réunion des pièces originales publiées séparément en 1622, de la plus grande rareté.

Savoir : 1° Caquet de l'Acouchée. — 2° La seconde après-dinée du Caquet de l'Acouchée. — 3° La troisième après-dinée du Caquet de l'Acouchée. — 4° La Response des Dames et Bourgeoises de Paris au Caquet de l'Acouchée, par Mademoiselle ED. M. *Paris, chez l'imprimeur de la ville,* à l'enseigne des Trois-Pucelles. — 5° La dernière et certaine iournée du Caquet de l'Acouchée (il manque le titre). — 6° La dernière après-dinée du Caquet de l'Acouchée. — 7° L'Anti-Caquet de l'Acouchée. — 8° Les Commentaires de César. — 9° Le Passepartout du Caquet des Caquets de la Nouuelle-Acouchée. — 10° Le Relèvement de l'Acouchée. — 11° Le Caquet des Femmes du Fauxbourg Saint-Marceau. *Paris, chez Guillaume.* — Précieux recueil provenant de la bibliothèque de M. Arm. Bertin.

129. RÉFLEXIONS SUR LA MISÉRICORDE DE DIEU (par la duchesse de La Vallière). *Paris*, 1712; in-12, mar. vert, fil. tr. dor. (*Anc. rel.*) . . . . 475—»

Exemplaire de Longepierre, provenant du cabinet de M. de Clinchamp.

130. LA RODOMONTADE, mort de Roger, tragédies et amours de Catherine (par Charles Bauter dit Meliglosse). *Paris, Clovis Eve, relieur ordinaire du roy*, 1605; pet. in-8, mar. r. fil. dent. tr. dor. (*Reliure de Biziaux.*) 75—»

Un des plus rares volumes de la série, difficile à réunir, des œuvres dramatiques du règne de Henri IV. Cet exemplaire bien conservé provient de la bibliothèque de M. de Soleinne. Beau frontispice gravé par Léonard Gaultier.

131. ROMANCES nueuamente sacados de historias antiguas de la Cronica de Espana, compuestos por Lorenço de Se-

pulveda. *En Anvers, en casa de Pedro Bellero.* M.D.L.XXX;
in-12, vél. . . . .   150—»

Deuxième édition; M. Brunet dit qu'elle n'est pas moins rare que la précédente; 238 ff. et 2 ff. de table. Jolie condition ancienne.

132   RONDEAVLX NOVVEAVLX jusques au nombre de cent et
troys contenant plusieurs menus propos que deux vrays
amants ont euz nagueres ensemble depuis le commencement de leur amour iusques à la mort de la dame. *On les
vend à Paris, en la rue neufve Nostre-Dame, à l'enseigne Saint-Nicolas (sans date);* pet. in-8 goth., mar. r.
à comp. tr. dor. (*Trautz-Bauzonnet.*)

Volume de toute rareté et à peine connu. Il a été imprimé en beaux caractères gothiques vers l'année 1510 ou 1515 et il est attribué à Pierre Gringore.

133. RUFUS. Duplicatio in patronum Molinæi, pro Pont.
Max., etc., auth. Remundo Rufo, jurium doctore. *Parisiis, Poncet le Preux,* 1555; in-8, v. f. ant. à comp. tr.
dor. . . . .   120—»

Belle reliure du seizième siècle, très-fraîche.

134. SEBON. La Théologie naturelle de Raymond Sebon
(trad. du latin par Michel de Montaigne). *Paris, Gourbin,*
1569; in-8, mar. br. fil. tr. dor. (*Duru.*) . . .   120—»

Très-bel exemplaire de l'édition originale; grand de marges.

135. SERMONS DES COMMANDEMENS DE DIEU. *S. l. n. a.* (*Impr.
probabl. à Rouen, vers 1518*); pet. in-8, mar. r. fil. tr.
dor. (*Trautz-Bauzonnet.*). . . . .   130—»

Sermons fort curieux, que l'on peut attribuer à Olivier Maillard. Ce petit volume
faisoit peut être suite à un plus ample recueil, car il est signé A. I.—C.8., avec
des capitales qui semblent indiquer un second alphabet. Au verso du dernier
feuillet une gravure sur bois.
Ce recueil, très-bien conservé, a appartenu à M. J. Coppinger, qui a écrit sur la
garde : « Sermons fort curieux prêchés sous Louis XII; il y est question de l'archevêque de Rouen, légat en France. »

136. SIDRAC. Mil. IIII. vingtz et quatre Demandes auec les
solutions et responses à tous propoz, œuure curieux et
moult recreatif, selon le saige Sidrac. *Paris, Galliot du
Pré,* 1531; in-8, mar. cit. fil. tr. dor. fig. sur b.   180—»

Exemplaire de PIXÉRÉCOURT. Édition très rare, imprimée en lettres rondes.

137. Sophoclis Tragœdiæ VII, opera Gulielmi Canteri Ultrajectini. *Antverpiæ, ex officina Christophori Plantini*, 1579; pet. in-8, mar. r. fil. tr. dor. doublé de mar. rouge *(Anc. rel.)*. . . . .   70—»

Charmant exemplaire; reliure de Boyet.

138. Suidas. *Impressum· Mediolani, impensa et dexteritate D. Demetrii Chalcondyli, Joannis Bissoli, Benedicti Mangii, Carpensium*, 1499; in-fol. v. f. fil. tr. dor. *(Anc. rel.)*. . . : . . . .   150—»

Très-bel exemplaire de l'édition princeps. Nous y avons compté 510 feuillets. Il provient de la belle bibliothèque du savant Brunck.

139. Symmachus. Q. Aurelii Symmachi, Epistolarum ad diuersos libri X, ex biblioth. Cœnobij S. Benigni Diuionensis, cura et studio Fr. Jureti. *Parisiis, ap. Nic. Chesneau*, 1580; in-4, mar. br. fil. tr. dor. . .   40—»

Sur le titre : *Ex libris Bossuet*, ancien évêque de Troyes.

140. Terentii Comœdiæ sex, ab Ant. Goueano integritati suæ restitutæ. *Lugduni, apud Seb. Gryphium*, 1541; in-4, v. br. à comp. tr. dor. . . . .   100—»

eliure ancienne avec le dauphin de François II sur les plats. — L'exemplaire est couvert de notes d'une fine écriture du seizième siècle. Cette édition est dédiée à Guillaume du Bellay, sieur de Langey.

141. Terentius. Le Grant Therence en françois tãt en rime que en prose. — Marc Therēce Varron, liure tres plaisant et ioyeulx contenant diuerses sentences des facessies et ieux q̃ iadis estoieut iouez a Romme.... *Paris, G. de Bossozel*, 1539; in-fol. goth. fig. s. b. mar. br. à comp. tr. dor. *(Rel. angl.)* . . . .   225—»

Très-bel exemplaire de M. Armand Bertin.

142. Le même. *Impr. à Paris par G. de Bossozel pour Guill. Le Bret*, 1539; in-fol. goth. mar. br. à comp. tr. dor. *(Duru.)*. . . . .   265—»

Bel exemplaire. — Même édition, tirée avec un titre différent, et la marque de Le Bret, à la place de celle de Bossozel.—M. Brunet croit cette traduction de Guil. Rippe, secrétaire du roi Louis XI. — Le texte est imprimé en lettres rondes, les arguments et la traduction en gothique.

143. La terrible et merveilleuse vie de Robert le Diable. *Nouuellement imprime a Paris par Nicolas Bonfons, s. d.*

(vers 1530); in-4 goth. à 2 col. fig. s. b. mar. v. à comp.
doub. de mar. r. tr. dor. (*Koehler.*)

Très-bel exemplaire du prince d'Essling; avec la signature de Jacq. Poille.

144. Thesaurus cornucopiæ. (A la fin) : *Venetiis, in domo
Aldi Romani, summa cura laboreq; præmagno, mense
Augusto.* M. IIIID. (1496); in-fol. mar. r. fil. tr. dor.
(*Rel. de Chamot.*) . . . .   220—»

Editio primaria. Bel exemplaire du duc de La Vallière.

145. TIRANTE IL BIANCO valorosissimo caveliere, di lingua
spagnola nello idioma nostro per messer Lelio Manfredi
tradotto. *In Vinegia, nelle case di P. di Nicolini da Sab-
bio : alle spese pero del nobile huomo M. Fed. Torresano
d'Asola nell' anno* 1538; in-4, à col. lett. rondes, mar.
v. fil. tr. dor. (*Padeloup.*) . . . .   800—»

Exemplaire La Vallière : on sait que ce RARISSIME VOLUME se rattache à la collection des Aldes.

146. TITI LIVII Historiarum libri, ex recensione et cum notis J. F. Gronovii. *Lugd. Batavorum, ex officina Elzeviriana,* 1645; 4 vol. in-12, réglé, mar. r. fil. à comp. tr.
dor. (*Dusseuil.*). . . . .   95—»

Les deux premiers volumes sont enrichis de notes savantes et précieuses de la
main de Tanneguy Le Fèvre. (*De la collection Renouard.*)

147. TRÉBISONDE. Sensuit la Cõqueste du tres puissãt empire
de Trebisñde et de la spacieuse Asie. — *Cy fine-ce present
liure la Conqueste de lempire de Tresbisonde, faicte par
Regnauld de Montalban. . . . Imprime à Paris par la vefue
feu Jehan Trepperel, S. d.;* in-4 goth. à 2 col., fig. s. b.,
mar. ol. doub. de mar. r. dent. tr. dor. (*Koelher.*)

Exemplaire du prince d'Essling, d'un volume rarissime.

148. TURRECREMATA (vulgo Torquemada) (Joannes de). Expositio super todo Psalterio. (A la fin) : *Reuerendissim
cardinalis tituli sancti Sixti domini Johannis de Turre
cremata expositio breuis et vtilis super toto Psalterie
Magūtie impessa anno Dñi M.CCCC.LXXIIIJ... p*

Petrū Schoyffer de Gernshem feliciter est consumata;
in-fol. mar. bl. dent. doub. de tabis, tr. dor. 120—»

Édition sans chiffres, récl. ni signat., décrite par les bibliographes. Elle a 171 ff.,
comme le dit M. Brunet. Il y a à la fin l'écusson de Fust et Schœffer.

149. VERBOQUET. Le Délices joyeux et récréatifs avec quelques apophthegmes nouvellement traduicts d'espagnol en
françois, par Verboquet le Généreux. *A Rouen, chez
Jacques Besongne*, 1625; in-12, mar. r. tr. dor. (*Derome*.) . . . . 120—»

Exemplaire Méon de la deuxième édition, court de marges. Petit volume de
toute rareté.

150. VIGERIUS. Marci Vigerii Saonensis decachordum chris-
tianum, Julio II, Pont. Max., dicatum. *Quod Hieron.
Soncinus in vrbe Fani his caracteribus impressit.
M.D.VII;* fig. s. b., pet. in-fol. demi-rel. v. f. 35—»

Quelques mouillures.

151. VIVÈS. Ludouici Viuis de institutione fœminæ christianæ ad Seren. D. Catherinam Hispanam Angliæ reginam,
libri III, *Antverpiæ, apud Michaelem Hillenium Hoochs-
tranum,* 1524; in-4, cuir de Russie, fil. tr. dor. 325—»

PRÉCIEUX EXEMPLAIRE imprimé sur PEAU DE VÉLIN. On a ajouté le premier cahier
imprimé sur papier à côté de ce même cahier, reproduit à la plume sur vélin.
Cette édition, la première de l'ouvrage, est dédiée à Catherine d'Aragon, femme
de Henri VIII d'Angleterre.

152. XENOPHONTIS, philosophi et imperatoris clarissimi, quæ
exstant opera. *Lutetiæ Parisiorum, typis regiis*, 1625;
2 vol. in-fol. mar. r. fil. tr. dor. (*Aux armes du prince
Eugène de Savoie*.) . . . . 190—»

---

153. BERGERON (Nicolas). — Le Valoys royal. *Paris, Gilles
Beys,* 1683 ; in-8, v. f. fil. tr. dor. (*Capé*.) . . 28—»

Charmant exemplaire d'un livre rare et intéressant.—Nicolas Bergeron, avocat
en parlement, né à Béthisy dans le Valois, avoit recueilli de nombreux documents relatifs à l'histoire de son pays natal. Marguerite, reine de Navarre, fut
investie, vers 1583, du duché de Valois, des comtés de Senlis et d'Etampes.
Bergeron s'empressa, en fidèle sujet, de dédier à la reine Marguerite une histoire
succincte de ce duché. «Or, pour bien despeindre et représenter au vif comme en
un petit tableau l'excellence et prestance de nostre Valois, nous commencerons

ceste entreprise par une sommaire chorographie, ou figure et description de nostre province : puis nous continuerons et parachèverons la besongne par une briefve prosopographie, ou déduction généalogique et historiale des seigneurs et dames, successeurs, propriétaires de ce duché. »

Après avoir recherché et proposé plusieurs étymologies du mot Valois, l'auteur fait observer que ce duché est au centre de l'Ile-de-France, ainsi nommée, dit-il, à cause des cinq rivières navigables qui la bordent de tous côtés, savoir : la Seine, la Marne, l'Oise, l'Aisne et l'Ourcq Quoique le duché de Valois n'ait que quinze ou seize lieues de long sur dix à onze de large, c'est néanmoins une des contrées les plus fertiles de la France. Il cite les six châtellenies royales et les nombreux châteaux qui existent dans le pays; il en décrit les antiquités; il démontre que Crespy, la capitale de cette petite province, étoit autrefois une ville populeuse, qui fut ruinée pendant la guerre avec les Anglois, etc.

Nous avons remarqué dans ce livre quelques faits historiques assez curieux. Ainsi, le *Roman de la vie de sainte Geneviève* fut composé au douzième siècle, par le commandement d'Aliénor de Vermandois, comtesse de Valois.

> La dame de Valoys me prie
> De mettre en bon roman la vie
> D'une sainte que moult el'clame.

On connoît l'histoire ridicule de maître Pierre du Cugnet; mais cette histoire a toujours été mal expliquée. En voici l'origine, extraite du *Valoys royal :*

Messire Pierre de Cugnières, sieur de Saintinnes en Valois, mari de Jeanne de Néry, fut avocat du roi en la cour du parlement, archidiacre de Notre-Dame, et grand conseiller du roi. Philippe VI l'autorisa, en 1329, à disputer publiquement contre Pierre Bertrand, cardinal et évêque d'Autun, sur la puissance, juridiction et autorité ecclésiastique et royale. « Et fut ceste conférence et altercation si sagement conduite, qu'à la remonstrance dudit de Cugnières, fut aucunement réformée l'usurpation et entreprise de la cour de Rome sur la liberté de l'Église gallicane. Et quoyque l'autheur de ceste réformation, par dédain et moquerie de quelques maladrises gens d'Église, ait esté appellé maistre Pierre du Cugnet, et par manière de dire, transformé en un marmouset de l'un des piliers de Nostre-Dame de Paris, ou (à mieux parler) qu'il ait esté lapidé pour un bon œuvre ; si est-ce que par ceste communication, maistre Pierre de Cugnières fit-il ouverture dès-lors aux appellations comme d'abus, qui ont apporté plus de fruict en France que quelques-uns ne pensent. »

Nous citerons encore un passage du livre de Bergeron, relatif aux armes royales de France : « Et bien que le roy Charles sixième eust réduit l'escu de France en trois fleurs de lys, le duc Loys ne changea le sien, et le porta dernier de ceste lignée, semé de France. » Le *duc Loys* étoit Louis duc d'Orléans, frère unique de Charles VI, assassiné par l'ordre du duc de Bourgogne, le 22 novembre 1407 ; « la justification duquel assassinat, par arrest et advis des théologiens de Paris, fut condamnée le 16 mars 1413. »　　　　　　　　　　Ap. B.

154. Chantereau Le Febvre (*Louis*). Discours historique concernant le mariage d'Ansbert et de Blithilde, prétendue fille du roi Clothaire I ou II. *Paris, Ant. Vitré*, 1647; in-4, v. r. br.. . . . . 34—»

Bel exemplaire, à grandes marges, d'un livre rare et curieux.—Louis Chantereau Le Febvre naquit à Paris le 12 septembre 1588, et mourut le 2 juillet 1658. Il fut successivement intendant des fortifications, intendant des gabelles en Picardie, commissaire pour l'échange de la principauté de Sédan, intendant des duchés de

Lorraine et de Bar, puis conseiller du roi en ses conseils. On a de lui des *Mémoires historiques* sur la maison de Lorraine.

Dans les premières années du règne de Louis XIV, on s'occupa beaucoup à rechercher les origines de la deuxième et troisième race des rois de France. Les *vindiciæ hispanicæ*, composées par J. J. Chifflet, médecin du roi d'Espagne, en faveur de la maison d'Autriche, provoquèrent de violentes réponses. M. A. Dominici écrivit son *Assertor gallicus;* le baron d'Auteuil *Le vrai Childebrand;* et enfin, la même année 1646, parut le grand ouvrage de Du Bouchet, intitulé : *La veritable origine de la deuxième et troisième lignée des rois de France*. Les historiens françois reconnoissoient l'existence d'un certain Childebrand, frère de Charles Martel, dont Hugues Capet étoit le descendant direct; J. J. Chifflet publioit *Le faux Childebrand relégué aux fables*. Chantereau admet le frère de Charles Martel et sa descendance d'Arnould, évêque de Metz; mais il rejette les cinq degrés antérieurs dont Ansbert occupe le second. Cette généalogie d'Ansbert et son mariage avec Blittielde ont été reproduits par Dominici, par Du Bouchet et par d'autres écrivains.

Dans son *avant-propos*, Chantereau a inséré une curieuse dissertation sur la loi salique, question assez obscure de notre histoire, que l'auteur paroît avoir judicieusement éclaircie.

La fable du mariage d'Ansbert et de Blittielde avoit été inventée pour convaincre Hugues Capet d'usurpation et pour démontrer que la couronne de France appartenoit aux maisons de Hainaut, de Brabant et de Lorraine. C'est sur cette base qu'avoient été établies les fausses généalogies de la maison de Lorraine, et entre autres celle qui causa tant de tribulations à son auteur, François de Rosières, archidiacre de Toul. En réfutant les partisans d'Ansbert et de Blittielde, Chantereau faisoit acte de patriotisme, car il ruinoit les prétentions des princes étrangers qui convoitoient depuis longtemps le royaume de France. Les preuves qu'il allègue contre l'existence des cinq degrés antérieurs à l'évêque de Metz, Arnould, sont irréfutables. L'auteur a examiné la question sur toutes ses faces; il n'a laissé aucun point dans l'obscurité, et ses conclusions ont été adoptées par tous les historiens nationaux.   Ap. B.

155. Cinq Histoires admirables, esquelles est monstré comme miraculeusement par la vertu et puissance du S. Sacrement de l'Autel a esté chassé Beelzebub, prince des diables, auec plusieurs autres demons, qui se disoient estre de ses subiects, hors des corps de quatre diuerses personnes : Et le tout aduenu en ceste presente année 1582 en la ville et diocese de Soissons. Recueillies des actes d'un notaire royal et du greffier, et mises par ordre tresfidelement, par D. Charles Blendec, Artesien, religieux de l'abbaye de Marchiennes, demeurant en ladicte ville de Soissons, au bourg Saint-Vast. *Paris, Guillaume Chaudiere*, 1582; in-8 de 16 ff. prélim. non chiffr., 125 ff. chiffr., et 6 ff. pour la table, v. f. fil. tr. dor. (*Petit*.) . . . .   40—»

Bel exemplaire d'un livre fort rare et des plus curieux. L'auteur a dédié son ouvrage à Charles de Roucy, évêque de Soissons, qui lui avoit confié la mission délicate d'exorciser les *demoniacles*. Cet auteur, comme la plupart de ses contemporains, croyoit à l'existence des démons, et, en effet, les scènes merveilleuses, terribles, singulières et vraiment étranges dont il fut témoin dans l'exercice de ses fonctions d'exorciste, devoient le rendre plus crédule et plus aveugle en sa foi. Il faudroit analyser longuement ce volume pour raconter les prodiges, souvent bizarres et grotesques, par lesquels le *prince des diables* manifestoit sa présence. Charles Blendec a rapporté textuellement ses entretiens avec cet infernal ennemi, qui osoit lui tenir tête en face de la croix et de la bannière, et qui n'avoit garde de s'enfuir sous une pluie d'eau bénite. Ces entretiens ressemblent beaucoup, nous n'hésitons pas à le constater, aux conférences des *mediums* et des tables tournantes de notre époque. Par exemple, on interroge l'esprit malin en lui demandant comment il se nomme; il répond à voix basse : *Ébul;* on réitère la demande avec nouveaux signes de croix; il répond plus intelligiblement : *Bzebul;* on insiste, on lui ordonne de parler plus haut et plus net; alors il se met à crier : *Beelzebub.* Mais il y a d'autres diables que Beelzebub; il y en a de plus grands et de plus maîtres : *Lannesson* d'abord, *Bonnoir* ensuite. L'exorcisme en est d'autant plus difficile : aussi, l'évêque de Soissons avoit-il fait construire dans l'église de Saint-Gervais un théâtre, oui, certes, un beau « théâtre de charpenterie, de sept à huit pieds de hault et de vingt-quatre pieds de longueur, au devant du chœur, et tout proche du pupiltre de ladicte église, pour icelui faire le dernier exorcisme et conjuration et remporter la victoire entière contre Beelzebub et son compagnon Legio. » Ce n'étoit pas sans peine que Charles Blendec remportoit cette victoire, en délivrant les possédés et en chassant les démons. Le peuple assistoit en foule à ces pieuses représentations, qui valoient bien celles que les *spirites* donnent aujourd'hui, non plus dans une église, mais dans un salon de restaurateur du Palais-Royal. Ce sont toujours les mêmes esprits invisibles que la curiosité de l'homme va chercher bon gré mal gré dans les espaces imaginaires des mondes inconnus.   P. L.

156. Dictionnaire étymologique, ou racines des plus beaux mots que la langue françoise a empruntez des autres qui sont originelles; par C. B. *Genève, pour J. Herman Widerhold,* 1666; pet. in-12, front. gr., v. f., fil. tr. dor. (*Hardy.*) . . . . **28——»**

Bel exemplaire d'un livre rare. — C'est en vain que nous avons recherché le nom de l'auteur, qui s'est caché sous les initiales *C. B.* Le rival de H. Estienne, de Trippault, de Borel et de Ménage, reste encore inconnu. Il est probable que ce petit volume, d'un format commode, étoit devenu classique. La mauvaise qualité du papier et des caractères, l'incorrection du texte dénotent un livre destiné aux écoles. Entre autres bévues typographiques, nous indiquerons celle-ci : « Inceste vient du latin *in*, qui signifie *non* et *castus*, cheval. »

Ces étymologies de mots françois, classées par ordre alphabétique, sont tirées de l'hébreu, du grec, du latin, et même de l'italien. Nous transcrirons quelques articles, qui nous ont paru un peu vulgaires. « Potage vient de *pot*, parce que le potage est ordinairement fait dans un pot. » Mais alors quel nom doit-on donner au *potage*, quand il est fait dans une marmite? *sub judice lis est.* L'auteur a oublié dans son dictionnaire le mot *marmite.* — « Marge d'un livre, vient du latin *margo*, qui signifie le bord d'un champ, et par métaphore, *le vuide qui est au dos de la page du livre.* » — Brouter vient du grec *brotos*, qui signifie viande, parce qu'en broutant *on la mange.* » — Carnaval vient du latin *carne*, qui signifie chair, et *aval* de avaler, parce qu'en carnaval on avale à force chair. » Voici, cependant, une étymologie qui n'est pas à dédaigner. « Loup-garou : c'est un loup qui mange la chair humaine, duquel la rencontre est dangereuse, dont on les appelle *garous*, tiré par syncope de ces deux mots *garez-vous*, du mot *garer*, dont l'impératif est encore en usage, car on dit *gare*. »

Ce petit nombre de citations suffit pour démontrer que ce curieux dictionnaire renferme une foule d'étymologies inédites ou singulières.

157. EOBANUS HESSUS. Ad illustrissimam principem Joannem Fridericum, ducem Saxoniæ, Elegia. — Epicedia duo. — Idyllion. *Nurembergæ, Frid. Peypus*, 1526; pet. in-4 de 12 feuillets non chiffrés, signat., titre encadré.   18—»

Très-bel exemplaire d'un livre rare. La bordure du titre, ornée de la marque de l'imprimeur Frédéric Peypus, peut être attribuée à Albert Durer.

Cet exemplaire a été offert par l'auteur à l'un de ses amis, Lazare Spengler; l'envoi autographe, signé *Eob. H.*, est écrit en deux lignes sur la marge supérieure du titre; et, sur le verso du dernier feuillet, on lit ce distique autographe d'Eobanus:

> Accipe parva libens, quia si hec parva probaris,
> Lazare, tam parvis arduiora feres.

Nous avons déjà parlé plusieurs fois dans le *Bulletin*, de Hélias Eobanus, né dans la Hesse, le 9 janvier 1488, et mort à Marbourg, le 5 octobre 1540 : il étoit un des meilleurs poëtes de son siècle. Ce volume contient un Avis au lecteur, en quatre vers, imprimé sur le titre; une Dédicace à Philippe Melanchthon; une Élégie sur l'avénement au pouvoir de J. Frédéric, duc de Saxe; deux Poëmes funèbres sur la mort de Frédéric, électeur de Saxe, et de Guillaume Nesenus, qui se noya dans l'Elbe, à l'âge de vingt ans; enfin, une Idylle sur le mépris où étoit tombée l'étude des belles-lettres. Ces six pièces forment ensemble 548 vers latins.   Ap. B.

158. FABRICA (*Joh.* de). Compilatio super relaxatione penarum animarum Purgatorii. *S. l. n. d.* (vers 1482); in-fol. de 18 feuillets (le dernier blanc), non pag., sans sign. ni récl., caract. anciens de Missel, 38 lign. à la page. . . . . 15—»

Superbe exemplaire d'un livre fort rare et très-curieux. Cet ouvrage est cité dans le *Repertorium* de Hain, mais d'une manière incomplète. Ce bibliographe a seulement décrit le premier cahier composé de dix feuillets; il n'a pas connu les huit derniers feuillets qui forment un second cahier. La *Compilation* de Jean de Fabrica avoit été imprimée quatre fois, depuis 1476, in-fol. de six feuillets, sans indication de lieu ni de date. Dans une cinquième édition in-4, gothique comme les précédentes, on réunit à l'œuvre de J. de Fabrica, célèbre professeur de théologie dans l'école des Frères Mineurs, à Paris, un commentaire sur le même sujet de Nicolas Richard, recteur de l'université de Poitiers. Notre édition, qu'on peut dater vers 1482, est beaucoup plus ample que toutes celles que nous venons d'indiquer.

En 1476, le pape Sixte IV, considérant que des cathédrales, construites autrefois à grands frais, sont menacées d'une ruine imminente, si l'on ne travaille pas à les réparer, et qu'il est bon d'accorder des indulgences plénières aux fidèles qui concourront à ces dépenses; attendu que la somptueuse église de Saintes,

élevée en l'honneur de saint Pierre et dotée par Charlemagne, a besoin de répa-
rations considérables; et, eu égard aux sollicitations du roi Louis XI et de la reine
Charlotte, confirme les indulgences plénières concédées à l'église de Saintes par les
papes ses prédécesseurs, Nicolas V et Pie II. « Si des parents, des amis, ou d'autres fidèles visitent l'église de Saintes et payent une certaine somme pour la réparation de ladite église, entre les mains du chapitre ou de notre collecteur, nous
accordons indulgence plénière aux âmes du purgatoire qu'elles auront désignées
en versant leurs offrandes. »

Cette dernière clause souleva des tempêtes. Des moines et des prédicateurs
soutinrent que le pape n'avoit pas le droit de concéder des indulgences aux âmes
du purgatoire; que les morts n'étoient plus sous la juridiction du Saint-Siège.
D'autres disoient que les messes, les prières et les bonnes œuvres devenoient
inutiles pour tirer les âmes du purgatoire, puisqu'il suffisoit de donner de l'argent
pour la réparation des églises; que l'on accordoit ainsi aux riches un privilége
exorbitant; et que bientôt le purgatoire ne seroit peuplé que par les pauvres.

Pour faire cesser les scandales que cette bulle avoit occasionnés, Sixte IV promulgua un bref daté du 27 novembre 1477, dans lequel il explique que ces indulgences ne seront pas d'une plus grande utilité aux âmes du purgatoire, que les
aumônes, les prières et les autres *suffrages* de l'Église.

Enfin, le même pape, par un bref du 26 avril 1482, cédant aux instances de
Louis XI, déclare que les indulgences concédées antérieurement à l'église de
Saintes, et qu'il avoit suspendues par sa bulle de 1476, reprendront force et vigueur
comme par le passé. Ce bref est adressé à Raymond Péraud, archidiacre d'Aunis,
notaire et collecteur apostolique. Raymond Péraud devint, plus tard, évêque de
Saintes et cardinal : il a été connu sous le nom de cardinal de Gurck.

Aussitôt après la publication de la bulle de 1476, frère Jean de Fabrica en
écrivit l'apologie à Poitiers. *Hoc scripsit pro dubio quodam tollendo ex bullis
xanctonensium indulgenciarum, doctor quidam theologus et profundus magister
Johannes de Fabrica Pictavis, anno* 1476. On lit dans cette apologie que le pape
Grégoire délivra de l'enfer l'empereur Trajan; que les anges et les démons sont
soumis au pape; qu'on ne célèbre jamais une messe à l'autel de saint Sébastien,
à Rome, sans qu'une âme sorte du purgatoire.

Lorsque le bref de 1477 eut été publié, Nicolas Richard, recteur de l'université
de Poitiers, composa sa *Déclaration* contre ceux qui refusoient au pape le pouvoir
de concéder des indulgences aux âmes du purgatoire, et on joignit cette pièce à
la *Compilation* de J. de Fabrica. Mᵉ Richard découvrit dans le trésor de l'église de
Saint-Hilaire à Poitiers, une bulle de Clément VI, datée du 27 janvier 1345; et il
s'empressa de la reproduire *in extenso*. C'est dans cette bulle qu'on lit ce fameux
passage : « Si quelque fidèle, allant à Rome pour assister au Jubilé, meurt en
route, et que son âme descende au purgatoire, nous ordonnons aux anges de
s'emparer sur-le-champ de cette âme, et de l'introduire, absoute, dans la gloire
du Paradis. » Il est évident que J. de Fabrica avoit parfaitement raison d'écrire
que les anges et les démons étoient soumis au pape. Cependant, il est reconnu
que le souverain pontife ne peut accorder d'indulgences aux enfants placés dans
les limbes, ni aux âmes plongées dans l'enfer. C'est par cette réflexion que finit
le dixième feuillet et le premier cahier de notre volume.

Le deuxième cahier a pour titre : *Summaria declaratio bulle indulgenciarum
ecclesiæ xanctonensi pro reparatione ejusdem et tuitione fidei concessarum.* On
peut remarquer que c'est seulement dans cette seconde partie que se trouve le
texte de la bulle de Sixte IV de l'an 1476, et le bref de 1482.

Le commentateur de cette bulle raconte que le pape Pascal V (ou plutôt II)
accorda des indulgences plénières aux âmes du purgatoire, pour lesquelles on
feroit dire cinq messes dans l'église de Sainte-Praxède à Rome. C'est dans une
chapelle de cette église qu'on voit la colonne à laquelle le Christ fut garrotté chez

Pilate : chapelle tellement vénérée que les femmes ne peuvent y entrer. — Pascal II, ayant perdu son neveu, s'empressa de célébrer cinq messes pour le salut de son âme ; la cinquième messe étoit à peine achevée, que le pape aperçut au travers de la fenêtre, qui est devant l'autel, la vierge Marie tirant elle-même du purgatoire l'âme de son neveu. Ce fait est *vrai, approuve,* et *écrit authentiquement* sur un tableau placé à l'entrée de la chapelle.

Ces commentaires et ces explications étoient devenus fort utiles, car un prêtre des Pays-Bas, nommé Jean de Wesel, attaquoit déjà, en 1478, l'autorité du pape et la légalité des indulgences. Mais, après l'exposition de tant de preuves irrécusables, les mal pensants (*male sentientes*) cessèrent de dénier au pape le pouvoir et le droit d'accorder des indulgences aux âmes du purgatoire. Cependant, trente-cinq ans plus tard, surgit Martin Luther ; et ce réformateur fit une si rude guerre aux indulgences, qu'elles perdirent un peu de leur prestige. Ap. B.

159. Frénicle. L'Entretien des illustres bergers, par N. Frénicle. *Paris, J. Duguast,* 1634 ; in-8 de 8 ff. prélim. y compr. le frontisp. gravé, 430 pages et 1 f. non chiff., avec deux beaux portraits en taille-douce, mar. r. fil. tr. dor. . . . . 75—»

Très-bel exemplaire d'un recueil qui a sa place marquée dans les collections d'anciens poëtes, aussi bien que dans les collections dramatiques. L'auteur, Nicolas Frénicle, manquoit sans doute de génie créateur, mais il étoit poëte amoureux, ce qui n'exige pas de grands efforts d'imagination, et il composoit correctement, élégamment quelquefois, des vers agréables dans le genre élégiaque et champêtre. Sous le titre d'*Entretien des illustres bergers,* il a encadré, dans une espèce de fable romanesque en prose, une vingtaine d'églogues qu'il n'avoit pas publiées dans ses *Premières œuvres poétiques* (Paris, 1625, in-8), et une comédie pastorale en cinq actes et en vers, intitulée : *La Constante bergère,* qui paroît avoir été représentée sur plusieurs théâtres, à cette époque où la société la plus polie prenoit plaisir à entendre débiter des fadeurs insupportables qu'on mettoit sur le compte des bergers et des bergères. Au reste, Frénicle déclare dans sa préface, qu'il ne rimoit pas pour la gloire : « Mon dessein n'est autre que de rencontrer dedans la poésie du repos et un agréable divertissement ; chacun suit son inclination et emploie les heures de son loisir à ce qui est le plus au gré de ses sens. » On peut aussi supposer que Frénicle, devenu conseiller à la Cour des monnoies, n'avoit pas renoncé à la poésie, par amour pour sa femme, fille de Jacques Cartais, qui lui avoit cédé cette place de conseiller à l'occasion de son mariage. Mlle Cartais étoit d'une rare beauté et d'un esprit très-cultivé ; Frénicle l'avoit surnommée Iris, et il aimoit à faire figurer dans ses œuvres le portrait de sa femme à côté du sien : ces deux portraits sont très-beaux et semblent avoir été exécutés d'après les dessins de Rubens. M. Weiss, qui a fait, dans la Biographie Michaud, un très-bon article sur Frénicle, n'a pas soupçonné que le tendre et doucereux auteur de l'*Entretien des illustres bergers* avoit été gravement compromis dans le procès criminel du *Parnasse satyrique ;* un arrêt, en date du 19 août 1623, fut rendu par la Cour, la Grand'chambre et Tournelle assemblées, contre Théophile, Berthelot, Colletet et Frénicle, « autheurs des sonnets et vers contenant les impietez, blasphèmes et abominations mentionnées au livre très-pernicieux intitulé le *Parnasse satyrique.*» Berthelot et Théophile furent condamnés par contumace à être brûlés vifs avec leurs livres. Quant à Frénicle, qui étoit prisonnier à la Conciergerie, le procureur général devoit informer plus amplement contre lui ; l'information eut lieu et il fut relaxé. Mais ce fut assez pour le

rendre sage ; il épousa la fille de Jacques Carlais et il abandonna la poésie satirique et gaillarde pour s'adonner exclusivement à la bergerie galante et poétique.
                                                                              P. L.

160. Histoires tragiques de nostre temps, dans lesquelles
se voyent plusieurs belles maximes d'Estat et quantité
d'exemples fort memorables de constance, de courage,
de generosité, de regrets et repentances ; dernière édition
augmentée des Histoires de Charles I, roy d'Angleterre,
du marquis de Montrose, Escossois, et de trois innocens de
la ville de Rouen executez à Audely. *Rouen, David Ferrand et Daniel Loudet,* 1651 ; in-8 de 6 ff. prélim. et
814 p., premier frontispice gravé, v. f. fil. tr. dor. (*Petit.*) . . . .   65—»

Le frontispice porte le nom de l'auteur, qui a signé aussi *C. N. de Saint-Lazare,
historiographe,* au bas de l'épître dédicatoire adressée à Pierre de Corbinelly, conseiller et maître d'hôtel du roi. Nous croyons que la première édition, ou plutôt
le premier tirage de ce recueil, souvent réimprimé à Rouen, est celle de 1641,
David Ferrand et Thomas Daré. Tout le monde sait que le sieur de Saint-Lazare n'est
autre que le *bonhomme* Claude Malingre, qui, dans sa vieillesse, continuant à noircir
du papier avec un courage héroïque, et voyant que ses livres, décriés au moment
même de leur naissance, ne trouvoient plus d'acheteurs, se cachoit honteusement
sous des pseudonymes qui échappoient ainsi à son discrédit. Les *Histoires tragiques* du sieur de Saint-Lazare eurent ainsi beaucoup de vogue et s'approprièrent
une partie du succès populaire que les *Histoires tragiques de nostre temps,* par
François de Rosset, avoient conquis avec plus de vingt éditions successives. Le
goût étoit alors aux *Histoires tragiques,* et ce goût-là avoit commencé en France,
lorsque Pierre Boaistuau et François de Belleforest traduisirent, paraphrasèrent et
continuèrent les *Histoires tragiques,* extraites des œuvres de Bandello (Paris et
Lyon, 1571 et suiv., 7 vol. in-16). On vit paroître ensuite l'*Epitome des cent histoires tragiques,* par Alexandre Sylvain (Paris, Nicolas Bonfons, 1581, in-8°).
Puis vint le célèbre recueil de François de Rosset, qui renferme tant de récits
curieux et intéressants. Les imitateurs ne lui firent pas défaut ; avant Malingre,
P. Boitel, sieur de Gaubertin, compila les *Tragiques accidents des hommes illustres*
(Paris, 1616, in-12) ; Malingre ne fut pas le dernier à exploiter une mine qui avoit
fait la fortune de plusieurs écrivains, car, après lui, le P. Benoît Gonon, religieux
célestin, fit paroître les *Histoires pitoyables et tragiques* (Lyon, Jean Huguetan,
1646, in-8°), et J. N. de Parival, les *Histoires tragiques de nostre temps arrivées
en Hollande* (Leyde, Vaguenaer, 1663, in-12). Le *bonhomme* Malingre, comme on
l'appeloit, gagna du moins quelque argent avec ses *Histoires tragiques,* qui ne
sont pas à dédaigner, et qui contiennent de bons matériaux historiques. Quant à
la forme et au style, c'est du Malingre tout pur. On pouvoit être en ce temps-là
historiographe de France à bon marché.   P. L.

161. Histoire, vie et mort de Jacques, cinquiesme roy
d'Ecosse, ensemble l'histoire déplorable de la belle Dun-

glas, vray miroir de constance et chasteté. *Paris, Rollin Baraignes*, 1621 ; in-8 de 7 ff. et 163 p., vél. . 40—»

Nous n'avons pas découvert quel est l'auteur de ce morceau d'histoire écrit dans le goût des romans historiques du temps de Louis XIII. Ce n'est pas probablement cet auteur qui a signé des initiales R. B. la dédicace « à très-haute et très-vertueuse princesse madame Louise-Marguerite de Lorraine princesse de Conti; » c'est plutôt son libraire, Rollin Baraignes, au nom duquel le privilége est accordé. Mais on peut croire que la signature de l'auteur est celle qui figure au bas de deux sonnets *sur les perfections de la belle Dunglas* et *à la memoire du roy Jacques V*. Cette signature, I. L. B., est encore lettres closes pour nous. Ce livre nous paraît être une flatterie et peut-être une allusion à l'égard de la princesse de Conti, qui devoit s'étonner qu'on lui présentât un *miroir de constance et de chastete*, car elle ne s'étoit jamais piquée d'être *très-vertueuse*, suivant la qualification que lui applique la dédicace de cet ouvrage, dans lequel on a l'air de vouloir la comparer à la belle Douglas. Jacques V avoit épousé une des ancêtres de la princesse de Conti ; ce qui fait dire au faiseur de dédicace, en parlant de Marie de Lorraine, sœur du duc François de Guise : « Chascun sçait de combien près il a l'honneur de vous appartenir et en quel degré il vous approche. » La princesse de Conti, à qui l'on attribue l'*Histoire des amours du grand Alcandre*, avoit une petite cour galante composée de beaux esprits, parmi lesquels l'auteur de l'*Histoire déplorable de la belle Dunglas* savoit certainement se faire écouter.

P. L.

162. LE CODE LYRIQUE OU RÈGLEMENT POUR L'OPÉRA DE PARIS, avec des éclaircissements historiques. *A Utopie, chez Thomas Morus, à l'enseigne des terres Australes*, 1743 ; in-12 de 95 pp., non compris le titre, v. f. fil. tr . dor. (*Simier.*) . . . . 24—»

Joli exemplaire d'une facétie très-spirituelle, qui fut prise au sérieux lorsqu'elle parut, et qui circula pendant plusieurs jours à l'Opéra comme un projet de règlement proposé à l'intendant des menus plaisirs du roi. Bien plus, ce prétendu projet eut d'abord, parmi le personnel de l'Académie royale de musique et de danse, des approbateurs et des critiques. L'intelligence des demoiselles ou des filles d'Opéra ne soupçonnoit pas qu'il y eût matière à plaisanterie dans des articles réglementaires semblables à ceux-ci : « XIX. Voulons pareillement, autant pour la sûreté commune du magasin, que pour l'édification du public, que toutes les filles attachées à l'Opéra n'ayent qu'un seul et même accoucheur.... XX. Toute fille, dans le cas de grossesse, sera tenue de le déclarer et de faire constater son état par l'accoucheur de l'Académie.... » Ces articles et d'autres non moins facétieux sembloient aux parties intéressées les plus simples et les plus raisonnables du monde. Mais ce fut une espèce de coup de théâtre, quand la lumière se fit tout à coup dans l'esprit un-peu épais des chanteuses et des danseuses de l'Opéra, qui d'abord n'y avoient pas entendu malice : il y eut une tempête d'indignation contre l'auteur anonyme du *Code lyrique*, et ce nouvel Orphée, s'il s'étoit fait connoître alors, eût trouvé de nouvelles bacchantes dans le magasin de l'Opéra, aussi bien que dans les montagnes de la Thrace. Par bonheur pour lui, Meusnier de Querlon s'étoit tenu caché sous le voile de l'incognito, et il n'eut garde de mettre son nom aux trois éditions successives de son opuscule, que s'arrachoient les plus humbles sujets du chant et de la danse. Quant aux premières artistes, elles n'auroient pas été dupes sans doute un moment, si elles avoient lu les Éclaircissements consacrés

à immortaliser quelques-unes des déesses de l'Opéra, qui y sont nommées en
toutes lettres. On y trouve plusieurs anecdotes très-curieuses pour l'histoire des
mœurs du lieu. Quant au *Point de vue de l'Opéra*, qui précède le *Code lyrique*,
c'est une sorte de dissertation sur la galanterie théâtrale, empruntée à l'abbé de
Bernis, et digne de figurer en tête de ce règlement, que trente ans plus tard Rétif
de la Bretonne reproduisit presque tout entier dans sa *Mimographe*, comme faisant
partie de ses *Idées singulières* et devant servir à la réforme du théâtre.   P. L.

163. Le Loyer. Discours des spectres ou visions et apparitions d'esprits, comme anges, démons et âmes, se monstrans visibles aux hommes : où sont rapportez les arguments et raisons de ceux qui revocquent en doute ce qui
se dit sur ce subject et autres qui en approchent, comme
les voix et sons prodigieux, signes, ecstases et songes admirables, et encore les histoires des apparitions et semblables prodiges advenus en chasque siècle, prinses des
meilleurs autheurs, et puis finalement les moyens de dis-
cerner les bons et mauvais esprits, ensemble les remèdes
et exorcismes pour chasser et conjurer les demons : le tout
divisé en huict livres, par Pierre Le Loyer, conseiller du
roy au siége présidial d'Angers. Seconde édition, reveue
et augmentée. *Paris, Nicolas Buon*, 1608; in-4 de 12 ff.
prélim., 979 pages, et 22 ff. non chiffr., vélin.   38—»

Nous avons cru nécessaire de transcrire en entier le titre de ce rare et singulier ouvrage, parce qu'on ne le trouve pas dans le *Manuel du libraire*, où
figure seulement le titre de la première édition : *IV livres des spectres ou
apparitions et visions d'esprits, anges et demons, se monstrans sensibles aux
hommes* (Angers, Nepveu, 1596, in-4). La véritable seconde édition est celle de
Paris, Nicolas Buon, 1605, in-4 ; celle de 1608 doit être la troisième. Le libraire,
Nicolas Buon, demanda et obtint en son propre nom le privilége du roi, en date
du 28 mars 1605, sans avoir justifié de l'autorisation de l'auteur; car il disoit
avoir *recouvré le Discours des spectres*, qu'il désiroit faire imprimer, et, en prévision des grands frais que lui coûteroit cette impression, il ne vouloit pas s'exposer à voir les libraires de Paris, de Lyon, de Rouen ou de toute autre ville, lui
faire une concurrence ruineuse par la contrefaçon du livre qu'il alloit publier.
On peut donc croire que Pierre Le Loyer n'eut aucune part à cette réimpression,
si ce n'est pour avoir fourni à l'éditeur un errata de trois pages. Il faudroit consacrer à ce livre une longue notice, où l'on exposeroit le plan de l'auteur et les
idées qui l'ont dirigé dans la composition de ce vaste répertoire de démonologie
ou plutôt de pneumatologie. Contentons-nous de dire que c'est l'ouvrage le plus
curieux, le plus étendu, le plus raisonnable (si cette expression peut s'appliquer
à pareil sujet) qui existe sur les spectres, les démons et les esprits. Pierre Le
Loyer étoit un bien savant homme; il avoit une immense lecture; il possédoit les
langues anciennes et modernes; il connoissoit à fond les écrits des rabbins juifs;
La Croix du Maine le caractérise ainsi : « homme docte ès langues, grand poëte
grec, latin et françois, jurisconsulte, historien et philosophe. » Mais, en dépit de

son mérite incontestable, il n'avoit pas l'esprit tout à fait sain, et il s'attachoit
toujours à quelque monomanie, qui prenoit la forme d'un livre. C'est ainsi qu'a-
vant de se préoccuper des spectres, il s'étoit préoccupé des cocus ; il en voyoit
partout, et il étudioit sérieusement les causes de leur perpétuelle multiplication :
sous l'empire de cette fantaisie, il composa la *Nephélococugie, ou la Nuée des cocus, comédie non moins docte que facetieuse.* Il laissa de côté les cocus, pour courir après les démons et les habitants du monde invisible : ce qui devoit produire
le *Discours des spectres.* Plus tard, l'étude des langues le conduisit à la recherche
des origines de chaque peuple, et il decouvrit que ses compatriotes les Angevins
descendoient directement d'Ésaü. Tant il est vrai que l'excès du savoir touche de
près la folie.

Le *Discours des spectres* n'en est pas moins un livre très-intéressant, qui est
devenu rare. Voici peut-être la cause de cette rareté. Un bibliophile, qui avoit
aussi son coup de marteau dans la tête, s'étoit imaginé que certains livres avoient
une influence occulte sur les sujets dont ils traitoient; suivant lui, le *Discours des
spectres* ne servoit qu'à propager cette mauvaise graine; en conséquence, il
achetoit tous les exemplaires qui passoient en vente, et il les brûloit, j'en ai
honte pour lui, à la flamme d'un cierge bénit. Il raconta un jour ces auto-da-fé :
« Votre idée est originale, lui dit-on en riant, mais il est fâcheux qu'on ne se soit
pas avisé de condamner au feu tous les exemplaires de la *Nephelococugie*, pour
détruire la race des cocus.—Voudriez-vous donc que le monde finît ? » répondit-il
avec le plus grand sang-froid. On essaya inutilement de battre en brèche son système incendiaire, en lui démontrant que la *Nephelococugie* s'étoit détruite toute
seule, à ce point qu'il n'en existoit pas dix exemplaires, sans que les héros de la
comédie aient eu à subir la moindre diminution dans le cours des choses naturelles : « Les cocus et les spectres, dit-il gravement, c'est bien différent : les
spectres se multiplient par milliers en un instant; quant aux cocus, on n'en
sauroit faire plus d'un à la fois. » Ce bibliophile étoit le célèbre Berbiguier de
Terre-Neuve, le don Quichotte des *Farfadets.*   **P. L.**

164. Les Lovanges de la folie, traicté fort plaisant en
forme de paradoxe, traduict d'italien en françois par feu
messire Jehan du Thier, cheualier, conseiller du roy et
secretaire d'Estat et des finances dudict seigneur. *Paris,
pour Hertman Barbé*, 1566; pet. in-8 de 48 ff., sign.
Aii-Fiiii, vél. bl. . . . .   65—»

La Croix du Maine nous apprend que cet opuscule a été imprimé à Poitiers par
les de Marnef et Bouchet frères. C'est le seul ouvrage publié de Jean du Thier,
homme très-éloquent, en l'honneur de qui Pierre Ronsard a brûlé quelques grains
d'encens poétique. On peut supposer que cette publication posthume a été faite
par les soins d'un neveu du traducteur, Olivier du Thier, que La Croix du Maine
qualifie d'excellent poëte français et latin. Le traité des *Louanges de la folie*, que
Jean du Thier a traduit de l'italien, ne vaut pas l'*Éloge de la folie* d'Érasme. On
y trouve pourtant quelques détails curieux sur les mœurs de l'Italie au seizième siècle, notamment sur les habits, la chaussure, la coiffure, les fards et les
parfums des femmes. L'auteur italien, Ascanio Persio, s'était caché sous un pseudonyme plaisant, que Jean du Thier a rendu ainsi à la fin de ce traité facétieux :
« Faict et composé en Indie Pastinaque par Monsieur Ne me Blasmez, à l'issue
des masques et folies de Careame prenant. » Mais Ascanio Persio n'avoit pas
destiné cette boutade carnavalesque à subir l'épreuve de l'impression : « Ma doulce
Folie, dit-il en s'adressant à la muse qu'il avoit invoquée, demeure tout coy en

mes coffres, afin qu'il ne t'advienne comme à ces livres-là, qui *sont reduicts de livres en quarterons*, et qui « se trouvent amassez ès mains de certains ignorans curieux, comme les regnards chez le pelletier. »   P. L.

165. LES PETITS SOUPERS ET LES NUITS DE L'HÔTEL BOUILL-N, lettre de milord comte de ****** à milord ******** au sujet des récréations de M. de C-stries ou de la Danse de l'Ours; anecdote singulière d'un cocher qui s'est pendu à l'hôtel Bouill-n le 31 decembre 1778 à l'occasion de la Danse de l'Ours. *Bouillon* (*Londres*), 1783; in-8 de 93 p., y compris le titre et la préface, v. f. fil. tr. dor. (*Derome*.) . . . .   35—»

Ce pamphlet, un des plus célèbres dans l'histoire de la presse satirique et clandestine, est pourtant fort peu connu; on le cite, on le recherche, on l'achète cher à cause de la singularité de son titre, mais on ne se préoccupe pas de savoir dans quelles circonstances il a été composé. C'est une vengeance particulière du marquis de Pellepore (Anne-Gédéon La Fitte) contre les personnes qui figurent dans cette revue drolatique, et notamment contre le marquis de Castries, qui en est le héros bouffon et licencieux. Quant à la cause de cette vengeance, nous ne l'avons pas devinée, et nous serions portés à croire que le marquis de Pellepore, s'étant trouvé le rival du marquis de Castries, amant attitré de la princesse de Bouillon, avoit été la victime de quelques mauvais traitements, dont il essaya d'avoir raison avec sa plume plutôt qu'avec son épée. En tous cas, cette lettre est datée du 30 mai 1782, et en cette même année le marquis de Pellepore étoit allé rejoindre à Londres Thévenot de Morande, avec lequel il fit un pacte offensif et défensif contre le gouvernement françois. Voici les noms des personnages dont il est question dans les *Petits soupers et les nuits de l'hôtel de Bouillon* : la princesse de Bouillon, la princesse d'Hennin, la duchesse de Lauzun, le duc de Bouillon, le duc de Chartres, M. de Genlis, mercure de S. A.; le prince de Guémenée, le chevalier de Coigny, Mentor; le marquis de Castries, le chevalier de Jerdinehem, le prince de Nassau, et le père Fortuné, théatin. On devine ce qui se passe dans les après-soupers et dans les nuits de l'hôtel de Bouillon : c'est toujours la même chose, quant au fond, mais la forme change, et l'on emploie mille procédés variés pour donner satisfaction à l'inépuisable curiosité de Mme de Bouillon, qui se livre avec frénésie à tous les débordements de sa nature amoureuse. De là l'épisode de la Danse de l'Ours, qui n'est autre que le père Fortuné, théatin : ou lui fait danser des bourrées *in naturalibus*, en présence de Mme de Bouillon et de Mme de Castries, qui finissent par entrer aussi en danse. « Elle baptise cette drôlerie, qui est de son invention, *la Danse de l'Ours*, parce que le père Fortuné, dans cet équipage, exhibe de toutes parts une surface hérissée. » Le commentaire qu'on pourroit ajouter à ce volume en doubleroit la grosseur. Ce n'est pas la première édition, mais la seconde que nous avons sous les yeux. « *Les Petits soupers* ont été déjà imprimés au mois de juin 1782, dit l'Avis indispensable qui précède le volume : la caisse contenant l'édition étoit arrivée sans encombre aux portes de Paris, à Charenton, d'où les envois devoient être faits aux différents libraires chargés de la vente, et de remplir les demandes des personnes qui ont souscrit lors des annonces répandues dans le public. Malheureusement, dans ces entrefaites, la police, instruite du dépôt, a dépêché deux de ses limiers pour s'emparer du pamphlet, qui très-vraisemblablement ne sera pas restitué. » La première édition est annoncée dans les *Mémoires de Bachaumont*, auxquels le marquis de Pellepore prêtoit sa malicieuse collaboration. Nous sommes loin de connoître tous les ouvrages de ce pamphlétaire, qui fut un des collaborateurs de Thévenot de Morande, et qui publia sans doute une foule de livres défendus que la librairie clandestine vendoit sous le manteau chez les grands seigneurs libertins. Nous avons recommandé naguère aux lecteurs du *Bulletin du Bibliophile* son roman philosophique, *Les Bohémiens* (Paris, La Villette, 1790, 2 vol. in-12), que malheureusement ils n'ont pas eu la bonne fortune de rencontrer, et qui passeroit pour un chef-d'œuvre s'il étoit signé par l'auteur de *Candide* ou par l'auteur de *Jacques le fataliste*. On a encore de lui *Le Diable dans un bénitier, ou la Métamorphose du Gazetier cuirassé en mouche* (Londres, vers 1784, in-8), et ce livre facétieux, qui témoigne de la malice de l'auteur, a souvent paru dans les ventes. Nous attribuons encore au même marquis de Pelleporc la plus grande partie des six volumes de l'*Espion anglois* et le *Portefeuille de Mme Gourdan*. Il rentra en France au commencement de la Révolution, et donna souvent carrière à sa verve mordante contre les hommes de tous les partis; mais, suivant son habitude, s'il osoit tout écrire, il n'osoit rien signer. Barbier suppose qu'il mourut vers 1840, à l'âge de soixante-cinq ans. Qui nous fournira des détails biographiques et littéraires sur cet homme de génie inconnu?

P. L.

166. LE POT AUX ROSES DESCOUVERT, ou le rabais des filles d'Amour. *Paris, Nic. Alexandre,* 1615; pet. in-8 de 7 feuillets avec le titre, mar. citron, dent. à froid., tr. dor.............................. —»

RARE. — Le règne de Louis XIII a produit une immense quantité de pamphlets et de facéties politiques. Il suffisoit que le roi s'éloignât de Paris, ou que l'armée entrât en campagne, pour voir surgir des brochures de toutes formes et de tous genres, sur les misères du temps et sur la ruine du commerce. Ces plaintes étoient essentiellement parisiennes, car les habitants de Paris souffroient seuls de l'absence de la cour et des officiers de l'armée. En 1615, il y eut une recrudescence de pamphlets, lorsque les princes rompirent ouvertement avec la reine régente. Mais le *Pot aux roses descouvert* fut composé plus tard, pendant le voyage du roi, qui partit de Paris le 17 août, escorté d'une armée, pour se rendre à Bordeaux, où il épousa Anne d'Autriche, le 22 novembre suivant. Cette brochure, en forme de dialogue entre une courtisane et sa mère, est beaucoup mieux écrite que beaucoup d'autres facéties de la même époque. Elle ne traite des misères du temps que pour une profession fort peu estimée : aussi, nous citerons seulement certains détails relatifs à la beauté et à la toilette des femmes. Voici comment Philire fait l'éloge de sa fille : « Tes mérites te rendent digne d'estre servie, au lieu de servir ; et d'ailleurs, où trouvera-t-on une beauté en qui la nature n'ait mis quelque défaut que l'envie mesme ne sçauroit remarquer en toy. Car tu n'as ny les cheveux roux, ny le teint enfumé, ny le front sillonné de rides, ny les sourcils touffus, ny les yeux esgarés et louches, ny le nez racourci, ny les joues decolorées, ny les lèvres pasles et mortes, ny les dents mangées d'une rouille noire et faictes comme les chevilles d'un luth, mais semblables à deux rangs de perles orientales. Au reste, tu as la taille si belle qu'il n'est aucunement besoin que pour l'aggrandir tu marches sur des echasses de liège. » Ce dernier trait est très-original. Myrthale veut, en attendant que la cour revienne à Paris, entrer au service d'une dame, « où elle passera le temps à monter des rabats, à travailler en tapisserie ou en linge, et possible à quelque autre mestier; » et pour exécuter ce projet, « j'iray aux halles, dit-elle, où je vendrai tout mon attirail de damoiselle, sçavoir, mes deux collets montez, mon corps de cotte, qui est de damas tout fin neuf, ma robbe d'estamine, et mon bon cotillon de taffetas, ne me reservant que ma robe de serge et ma cotte de

camelot : je prendray encore un chapperon de bourgeoise, avec un collet double;
et en cest équipage j'entreray en la maison de madame, qui me prendra pour la
fille de quelque honneste bourgeois. » Ce passage nous apprend quelle étoit la
différence, en 1645, entre le costume d'une demoiselle et celui d'une bourgeoise.
Le dialogue finit lorsque Myrthale s'en va aux halles pour vendre ses belles
nippes.   Ap. B.

167. LE ROMANT DES CHEVALIERS DE LA GLOIRE, contenant plusieurs hautes et fameuses adventures des princes et des·
chevaliers qui parurent aux courses faictes à la place Royale
pour la feste des alliances de France et d'Espagne,
avec la description de leurs entrées, équipages, habits,
machines, devises, armes et blasons de leurs maisons. Dedié à la Reine régente, par Francois de Rosset. *Paris,
V° Pierre Bertaud*, 1612; in-4, 3 part. de 94, 76 et
12 ff., non conmpris 4 ff. prélim., v. br. . .   35—»

Cet ouvrage, ennuyeux à lire, mais précieux à consulter, a sa place marquée
dans deux divisions distinctes de la bibliographie générale : ici, parmi les romans
de chevalerie ; là, dans le cérémonial et les fêtes publiques. Il s'adresse aussi
tout particulièrement aux collectionneurs parisiens, qui y trouveront non-seulement
la description des *magnificences* et des tournois, auxquelles donna lieu la publication des mariages du roi et de Madame avec l'Infante et le prince d'Espagne ; mais
encore une description très-détaillée de la place Royale à cette époque. Nous ne
serions pas étonné que cet ouvrage variât de prix, suivant la catégorie d'amateurs
qu'on voudroit intéresser plus spécialement à son acquisition. Il vaut donc plus
comme roman de chevalerie que comme relation d'une fête publique. Ce n'est
pas qu'il offre une lecture plus attrayante que les romans de chevalerie de ce
temps-là : François de Rosset, qui a traduit de l'espagnol ou plutôt paraphrasé
l'interminable *Histoire du chevalier du Soleil* (Paris, Thiboust, 1620-26, 8 vol.
in-8), a le mérite d'être moins long et moins verbeux dans le *Roman des chevaliers de la Gloire*, mais on y sent trop à chaque page que ce roman n'est qu'une
froide et languissante allégorie chevaleresque, imaginée pour encadrer les personnages qui avoient paru en costume d'apparât aux fêtes du *Camp de la place
Royale*. Tel est le titre de la relation officielle que Honoré Laugier, sieur de
Porchères, avoit fait paroître le premier (Paris, Jean Micard, 1612, in-8 de 4 ff.
et 342 p.). François de Rosset, qui étoit l'auteur du canevas des fêtes, et qui en
avoit été le principal organisateur, ne voulut pas laisser à un autre l'honneur et
le profit de son travail : il improvisa un roman au lieu d'une simple relation des-
criptive, et il fit un gros volume in-4 au lieu d'une modeste brochure in-8. Les
vers qu'il avoit composés exprès pour les acteurs de la place Royale trouvè-
rent naturellement à se glisser dans le roman, ainsi que les pièces de vers du
même genre qui avoient circulé avec les signatures de Colombi, de Lingendes, de
Meynard, de d'Infrainville, etc. Cet ouvrage est donc un de ceux qu'on ne lit
guère, à moins d'être pourvu d'une patience et d'un courage héroïques, mais
c'est un de ceux qu'on peut étudier avec fruit pour connoître les costumes, les
armes et les accessoires des fêtes publiques, qui transportoient le théâtre en plein
air et représentoient des tableaux et des scènes historiques pendant plusieurs
journées consécutives. Le *Camp de la place Royale* fut, à vrai dire, une immense
représentation théâtrale, dont les personnages de la cour du jeune Louis XIII
étoient à la fois les acteurs et les spectateurs.   P. L.

168. MAIRE DU PALAIS (le). *Sans nom et sans date (Paris, 1771)*; in-8 de 228 pp. . . . .   12—»

Nous ne savons pas si c'est la première édition de ce pamphlet historique, dirigé contre le chancelier Maupeou, que l'auteur compare à Ébroin, maire du palais, qui abusa de son pouvoir en chassant « tous les serviteurs et magistrats fidèles à la patrie. » Cet auteur, Clément de Boissi, jurisconsulte très-pieux et assez janséniste, avoit pris fait et cause pour les parlements exilés par le nouveau maire du palais. Il ne fut pas inquiété, quoique le voile de l'anonyme sous lequel il s'étoit caché eût été déchiré dès l'apparition de son livre, qui ne se vendoit pas et circuloit de main en main. On voit, dans les *Mémoires de Bachaumont*, la curiosité que ce livre excita, grâce à son titre et au sujet de circonstance qu'il concernoit; mais il étoit écrit trop sérieusement, trop savamment, pour avoir beaucoup de vogue hors des coteries parlementaires. Les agents de police se donnèrent pourtant beaucoup de mal afin de mettre la main sur l'édition, dont ils saisirent seulement quelques exemplaires. Il est probable que nous avons là sous les yeux une réimpression faite postérieurement et peut-être après la chute du chancelier Maupeou, car l'éditeur y a ajouté différentes pièces que Clément de Boissi n'auroit probablement pas placées lui-même à la suite de son factum, savoir une facétie très-insolente contre le roi, son chancelier, Mme Dubarry et les principaux complices du système Maupeou (*Les Remontrances de la Basoche*), et une ode, épouvantable satire, digne des *Philippiques* de La Grange Chancel, contre les mêmes personnages (*La Chancellerie*). Cette ode avoit circulé d'abord manuscrite, sous le titre des *Chancellières;* Bachaumont en parle comme d'une œuvre atroce qui avoit mis la police en campagne; car on croyoit que la pièce étoit imprimée, et elle le fut certainement dans une de ces petites imprimeries clandestines que tous les grands seigneurs avoient à leur disposition. Quand on la réimprima obscurément à la fin de ce volume, tout le bruit qu'elle avoit fait avant d'être connue étoit bien tombé, car on ne songea pas à faire condamner au feu ces odieuses invectives poétiques dans lesquelles le poëte promettoit à Maupeou de se nommer en lui perçant le cœur. Le poëte ne manquoit ni de verve ni d'énergie, mais un peu d'orthographe.

P. L.

169. MONTAGU (*Henry* de). Le Crayon politique, esbauchant les cinq devoirs du subjet à son roy. *Paris, J. Gesselin*, 1609; in-12, vél. blanc, fil. tr. dor . . . .   32—»

RARE. — Exemplaire de dédicace à Henri IV aux armes du roi; légère mouillure.

Henri de Montagu, seigneur de La Coste, en Languedoc, appartenoit à une ancienne famille, maintenue dans sa noblesse en 1667, et en faveur de laquelle la terre de La Coste fut érigée en baronie, au mois de novembre 1647. — On lit dans la *Dédicace :* « Je n'ay peu me tenir d'esclorre ce second avorton, de mesme que son avant-coureur. Celuy-ci porte écrit sur son fronton la descente et les faits de vostre illustrissime race. » Il résulte de cette phrase que H. de Montagu avoit composé une histoire généalogique des Bourbons; mais cet ouvrage, ainsi que le *crayon politique*, n'est cité nulle part. Voici l'*Avis au lecteur:* « Je ne seray pas long à te donner raison de ce titre; il parle assez de soy-mesme. Ce que je te mets icy en monstre, n'est qu'une esbauchure. Pour t'en faire un tableau parfait, y mettre les dernières couleurs, les ombrages et les rehaussemens, il eût fallu un pinceau plus subtil; j'en laisse l'essay à une autre main, la mienne est trop grossière, la matière trop riche, et le modèle mal-aisé: toutefois, si le desseing t'en

. . . . de quelques traits à une seconde édition.
. . . . de nerf, et il a le mérite d'être court. L'auteur
. . . . . . à Henri IV, et ennemi juré des calvinistes. En écri-
. . . . engager le roi à détruire l'hérésie, non par la
. . . . Soudain que vous aurez fait la paix avec eux, ils
. . . . toujours en conteste et jamais d'accord. Cette hé-
. . . . . que les autres. L'erreur de Calvin a beau s'eslever et
. . . . veu la naissance, et nous en verrons le tombeau. » De
. . . . adroitement l'éloge de Henri IV, l'histoire des guerres de
. . . . commis par les calvinistes, dans son *Esbauche des cinq de-*
. . . . , qui sont: *L'amour, l'honneur, la crainte, le tribut et la*
. . . . est daté du 4 mai 1609, un an avant l'assassinat de
. . . . . ne prevoyoit pas ce triste événement, lorsque, après avoir cité
. . . . au conseil et vaillant au combat, » il disoit au roi : « Avec l'une
. . . . . . vous avez descouvert un tas de conjurations contre vostre per-
. . . . avec l'autre, mis la peur au ventre de leurs auteurs.   Ap. B.

9. **PACEUS** (*Richard*). Oratio in pace nuperrime composita
et tædere percusso inter Angliæ et Francorum reges, in
æde divi Pauli Londini habita. *Venit in ædibus Joan.*
Gormontii, s. a. (1518); pet. in-4 de 8 feuillets,
mar. bleu, coins fleurdelisés, tr. dor. (*Trautz-Bauzon-*
net.) . . . .   **100—»**

Très-bel exemplaire, à grandes marges, d'une pièce rarissime, imprimée en
beaux caractères ronds; elle est ornée sur le titre de deux écussons, l'un aux armes
du Dauphin, et l'autre, parti de France et d'Angleterre, et sur le verso des armes
de France. Les deux écussons sont reproduits sur le verso du dernier feuillet, et
accompagnés des armes de François Ier et de la reine Claude, mère du Dauphin.

François Ier conclut, le 1er octobre 1518, un traité d'alliance avec Henri VIII,
roi d'Angleterre; et, comme gage de la sincérité des contractants, il fut convenu
que le Dauphin François, qui mourut en 1536, épouseroit la princesse Marie, fille
de Henri VIII. Mais cette union projetée entre deux enfants au berceau ne devoit
point avoir lieu. Le cardinal Wolsey, gagné par les présents de François Ier, avoit
ménagé cette alliance. Bientôt Charles Quint sut attirer dans son parti ce cardinal
ambitieux et cupide, en lui promettant un appui efficace pour lui assurer la tiare
après la mort de Léon X. Aussi, en 1522, Henri VIII se ligua avec l'empereur et
lui promit la main de sa fille, fiancée au Dauphin depuis quatre ans. Cette princesse, promise tant de fois, étoit née le 18 février 1516, et elle se maria avec
Philippe II, fils de Charles-Quint, le 25 juillet 1554, un an après qu'elle eut été
couronnée reine d'Angleterre.

Cependant, l'annonce de la paix avec l'Angleterre et du mariage du Dauphin
en 1518, excita la verve des orateurs et des poètes anglois et françois. Richard
Paceus prononça le discours que contient ce volume, au mois d'octobre, dans
l'église de Saint-Paul, à Londres, devant le roi Henri VIII, le cardinal Wolsey, et
plusieurs personnages de la plus haute distinction. L'orateur, dans son exorde,
sollicite l'indulgence de la noble assemblée, et rappelle que le roi lui-même a
souvent pris part aux luttes littéraires, et que personne n'a pu lui disputer la
palme. Il fait ensuite un éloge pompeux des bienfaits de la paix, décrit les maux
qu'entraîne la guerre, et anathématise ces nouvelles machines de destruction, inventées depuis peu d'années, *quas bombardas vocamus, diabolicum plane inven-*
tum, quarum non modo ictus hominem prosternit atque execat, sed sonus quoque

ipse adeo horrendus est et terrificus. Il ajoute que le mariage du Dauphin et de la
princesse Marie rendra indissoluble l'alliance de l'Angleterre et de la France. «Ce traité
ne peut être rompu, dit-il, puisqu'il a pour témoins les ambassadeurs de toutes
les puissances, deux légats du saint-siége, et un immense concours de peuple. »
Richard Paceus avoit beaucoup trop de confiance en la bonne foi de Henri VIII.
Voy. plus loin, au n° 175, RINCIUS (Bernardinus). Ap. B.

171. PRIVILEGIA, Gratiæ, favores, immunitates, exemptio-
nes et indulta canonicorum regularium S. Salvatoris, ordinis S. Augustini, cum a plurimis pontificibus, tum vero
a Julio secundo ante concessa, nunc etiam recens a Paulo
tertio confirmata et renovata. *S. l. n. a.* (1549); in-4 de
24 feuillets, vélin, mar. br., fil., tr. dor., armoiries sur
les plats. (*Reliure du temps.*) . . . . 150—»

.Très-bel exemplaire d'un livre rare, IMPRIMÉ SUR VÉLIN. Ces priviléges sont authentiques par la signature autographe du cardinal Guido-Ascanio Sforza, grand
camerier du pape, qui avoit été chargé de vidimer les lettres apostoliques des
papes Jules II et Paul III, et, plus bas, par la signature autographe du notaire de
la chambre, *N. Casulanus,* avec le mot *duplicatur.* Les marges inférieures du
volume ont été percées d'outre en outre, pour recevoir les lacs de soie auxquels
étoit suspendu le sceau de la chambre apostolique. « Sigillique nostri cameraiiatus
officii jussimus, et fecimus appensione communiri. » Ce livre fut achevé d'être
imprimé au mois de février 1549. « Datum Romæ, die vero *xx* februarii, anno
1549. » La date du jour, laissée en blanc par l'imprimeur, est manuscrite.

Marcel Crescentio, ou de Crescentiis, cardinal-prêtre du titre de saint Marcel,
étoit le protecteur, près du saint-siége, de la congrégation des chanoines réguliers de l'ordre de saint Augustin. Il sollicita le pape Paul III de confirmer les
priviléges de cette congrégation, et d'approuver quelques modifications réglementaires proposées par le chapitre général. Paul III, cédant aux instances du cardinal,
promulgua sa bulle confirmative du 18 juillet 1548.

Cet exemplaire sur vélin fut offert au protecteur de la congrégation. Il porte sur
l'un des plats les armes du pape Paul III (Alexandre Farnèse), et sur l'autre plat,
les armes du cardinal de Crescentiis : *d'or, à trois croissants de gueules.*

Jacques de Ferrare, procureur général des chanoines réguliers de Saint-Augustin,
présenta au cardinal Sforza la bulle de Jules II du 2 avril 1512 et celle de Paul III du
18 juillet 1518, en le priant de les vidimer, afin que les expéditions, manuscrites ou
imprimées, revêtues de sa signature et du sceau de la chambre apostolique, eussent
la même valeur que l'original. C'est l'une de ces expéditions que nous avons sous
les yeux. En parcourant les quatre premiers feuillets, qui sont consacrés à la table
des matières, nous avons reconnu que la congrégation des chanoines réguliers
jouissoit de priviléges et d'immunités extraordinaires, que lui avoient concédés
plusieurs papes, depuis Grégoire XII, vers 1407, jusqu'à Jules II, en 1512. Nous
n'analyserons point ces statuts, qui appartiennent à l'histoire ancienne des ordres
religieux; ce n'est plus pour nous qu'un objet de curiosité. Seulement, en comprend aisément que des congrégations riches, puissantes, exemptes de toute juridiction et de tout contrôle, devoient bientôt substituer la licence à la liberté, le
relâchement à l'austérité, et provoquer de fréquentes réformes que nécessitoient
les abus qui s'introduisoient jusque dans les congrégations de femmes.
Ap. B.

172. RECUEIL DE DIVERSES PIÈCES COMIQUES GAILLARDES ET

AMOUREUSES. *Suivant la copie imprimée de Paris, à Leide,
chez Fred. Haaring*, 1689; in-8 de 2 ff. et 510 pp., v. f.
fil. . . . .   **40—»**

La première édition de ce divertissant recueil, souvent réimprimé clandestine-
ment au dix-septième siècle, doit être celle qui porte la rubrique de Paris et la
date de 1671; mais les nouvelles qui composent le volume avoient été publiées
séparément, sous différents titres, et même avec le nom de l'auteur François Oudin
de Préfontaine. Ainsi, nous connaissons une édition partielle intitulée : *Les Maistres d'hostel aux Halles, le Cavalier crotesque, et l'Apothicaire empoisonné* (Paris,
Loyson, 1670, in-12). Comment ne s'est-il pas rencontré un libraire intelligent et
ami des lettres françoises, pour faire une nouvelle édition de cet amusant et spirituel recueil? François Oudin de Préfontaine, fils de César Oudin, maître d'italien de Louis XIV, étoit, il faut l'avouer, un assez mauvais sujet, hantant les
cabarets et les mauvais lieux plutôt que les ruelles, souvent ivre, mais toujours
gai, malin et amusant; il avoit beaucoup d'instruction; il connoissoit les langues
et les littératures étrangères, il écrivoit en françois comme un vrai Gaulois, et
nous ne doutons pas que Molière ne fît ses délices de la lecture du *Recueil de
diverses pièces comiques* et du *Nouveau recueil de divertissements comiques* (Paris,
de Luyne, 1670, in-12), lequel est dédié au jeune marquis de Sévigné. C'est probablement dans ces deux ouvrages que Mme de Sévigné avoit appris à aimer la
gaudriole, sans faire le moindre tort à sa vertu. Au reste, François Oudin de
Préfontaine, qui aura tôt ou tard les honneurs d'une édition de ses œuvres complètes, ne compte pas seulement deux recueils de nouvelles comiques dans son
bagage littéraire : il a fait les *Aventures comiques du chevalier de la Gaillardise*,
et deux ou trois autres romans du même genre, c'est-à-dire très-gaillards, et par
conséquent très-gaulois. Tout cela mérite d'être réimprimé; c'est de la bonne
langue, c'est du bon esprit. Cela vaut cent fois mieux que ces insupportables
romans anglois et américains, dont nous sommes affadis pour la plus grande
gloire de la morale et de l'ennui.   **P. L.**

173. RECUEIL DE PIÈCES GALANTES en prose et en vers, de
madame la comtesse de La Suze et de monsieur Pellisson,
comme aussi de plusieurs autres autheurs. *Paris, Gabriel
Quinet*, 1680; 4 vol. in-12 reliés en un, mar. r. fil. tr.
dor. (*Petit*). . . . .   **35—»**

Charmant exemplaire d'une édition peu commune.— Nous sommes surpris que
M. Marcou, dans son excellente *Étude sur la vie et les œuvres de Pellisson* (Paris,
Didier, 1859, in-8), n'ait pas cherché à expliquer comment et pourquoi ce recueil
avoit été publié pour la première fois en 1661, avec les deux noms accolés de
Pellisson et de la comtesse de La Suze. Ces deux noms étoient bien choisis sans
doute pour recommander au public le recueil, qui se composoit d'abord d'un seul
volume; mais ce n'étoit pas de son autorité privée que le libraire Gabriel Quinet
avoit réuni les pièces fugitives en prose et en vers attribuées aux deux auteurs.
Nous supposons que les amis de Pellisson, qui étoit alors emprisonné à la Bastille avec son malheureux patron, le surintendant Fouquet, avoient imaginé cette
association littéraire, pour témoigner de l'estime et de l'intérêt que lui portoit la
société de Mlle de Scudéry. «Ce recueil, en grossissant pendant un siècle, dit
M. Marcou, étouffa sous un amas de pièces signées ou anonymes le nom de
Pellisson, mais le conserva toujours comme une amorce sur sa première page.»
La dernière édition, publiée en 1748, forme cinq volumes in-12, mais on en

a retranché la dédicace du libraire à la marquise de Béthune, dédicace gonflée de flatteries qui avoient pour objet de gagner une puissante protectrice à la cause du prisonnier de la Bastille. Il n'y a pas dans ce recueil cent pages qui appartiennent à Pellisson, mais on y trouve des vers et de la prose de Segrais, d'Isarn, de Mlle de Scudéry, do Sarrasin, et de tous les écrivains renommés de la même époque. Malheureusement, la plupart des pièces ne sont pas signées, et il n'est pas facile de découvrir les auteurs à qui on doit les attribuer. Nous avons cherché inutilement dans les bibliothèques publiques de Paris un exemplaire sur lequel ces noms auroient été écrits à la main par une personne initiée aux petits mystères des ruelles du dix-septième siècle. Nous sommes sûr que plusieurs de ces morceaux anonymes ont été fournis par La Fontaine, Chapelle et Molière : il ne faudroit que savoir les reconnoître ou les deviner. **P. L.**

174. REQUESTE DES COURTISANNES DE PARIS, au syndic des bourgeois de la Samaritaine et agents du cheval de bronze. *S. l.*, 1634 ; pet. in-8 de 8 feuillets, mar. r. fil. tr. dor. (*Bauzonnet-Trautz.*). . . . . 125—»

Charmante et rare plaquette. C'est une satire contre les mœurs, qui est écrite d'un style trop rabelaisien pour nous permettre de l'analyser. Cette requête, adressée au *syndic des bourgeois de la Samaritaine*, est une parodie de requête plus sérieuse. L'auteur, en adoptant cette allure facétieuse, avoit acquis la liberté de tout dire : il en a largement usé. En dénonçant si ouvertement le vice, il avoit sans doute pour but de provoquer les magistrats à réprimer la licence des mœurs de l'époque. A-t-il réussi dans ce projet de réforme? Il y a tout lieu d'en douter. Les courtisanes de Paris se plaignoient d'un édit somptuaire récemment promulgué : « La plupart d'entre nous, disoient-elles, ont été contraintes de se desborder, d'oster tous attifets et mignardises, dentelles, broderies de Naples, boutons françois, point coupé d'Hollande, passements de Flandres, fors et excepté les galands (*nœuds de rubans*), qui sont reservez au présent édict, et dont l'usage est permis et loisible (comme toujours). » Mais elles se plaignoient encore plus vivement des bourgeoises, des *becs friands* garde-boutiques, des nourrices ou bavolettes, et des servantes picardes, champenoises et normandes, qui empiétoient sur leurs attributions et les ruinoient de fond en comble.—C'est une des nombreuses brochures qui, sous le règne de Louis XIII, prirent toutes les formes pour attaquer et discréditer les mœurs dissolues de la société du dix-septième siècle. **Ap. B.**

175. RINCIUS (*Bernadinus*). Epitalamion in nuptiis Francisci, Galliarum Delphini, et Mariæ, Britannorum regis filiæ. *Vænit in ædibus Joannis Gormontii*, 1513 ; pet. in-4 de 12 feuillets, fig., mar. vert, coins fleurdelisés, tr. dor. (*Trautz-Bauzonnet*). . . . . 100—»

Bel exemplaire, à grandes marges, d'une pièce très-rare, non citée par le P. Le Long. Elle est ornée de lettres grises à fond criblé. On voit sur le titre les armes de France, soutenues par deux anges : au-dessous de la dédicace, deux écussons, l'un aux armes du Dauphin, l'autre parti de France et d'Angleterre. Le recto du onzième feuillet est occupé par les armes de France, telles qu'elles sont imprimées sur le titre, et par un portrait du roi en arabesque. Une autre figure du même genre est placée sur le verso du dixième feuillet. On retrouve ces gravures singulières dans la *Forest des philosophes*, imprimée à Paris par le P. Le Ber en 1529. Enfin le verso du dernier feuillet contient quatre écussons, aux armes de François Iᵉʳ, de la reine Claude, du Dauphin, et parti de France et d'Angleterre.

Bernardinus Rincius, de Milan, docteur ès arts et en médecine, dédia cet épithalame à Antoine Du Prat, chancelier de France et son Mécène (*Mœcænati optimo*). La dédicace et l'épithalame sont datés du 12 décembre 1518, et furent imprimés le 16 du même mois. L'auteur s'excuse d'avoir oublié un instant les devoirs de sa profession, pour parler du roi de France et des affaires d'État, devant une assemblée de savants, dans la célèbre université de Paris, *in qua his temporibus (ut olim Athenis) omnium bonarum artium studia florent.* Il prie Antoine Du Prat d'accueillir ce discours avec bienveillance, en attendant qu'il puisse lui présenter ses quatre livres sur les disputes des médecins et des péripatéticiens.

Le discours de Rincius est soigneusement divisé d'après les principes de la rhétorique, et, afin que le lecteur ne puisse en douter, on lit sur les marges : *Exordium, narratio, divisio, confirmatio*, etc. Nous avons remarqué dans l'exorde un passage que bien des gens devraient méditer : *Compertum enim habeo, hominem politicum esse animal, et inter cætera animantia societati præcipue obnoxium.* Il fait ensuite l'éloge de François Iᵉʳ, du connétable Charles de Bourbon, du roi d'Angleterre ; quoique, dit-il, Richard Paceus ait déjà traité ce sujet dans le discours qu'il prononça à Londres, au mois d'octobre. » Enfin, il raconte un fait que nous n'avons lu nulle part. Il paroît que, le 6 décembre, le roi François Iᵉʳ, étant à Vincennes, promit à Bernard, cardinal et légat *à latere*, de fournir dix mille cavaliers, quarante mille fantassins et quatre-vingts canons, pour faire la guerre aux Turcs.

On trouve sur les derniers feuillets, deux pièces de vers latins à la louange de l'auteur et une lettre adressée par J. A. Bolanus au vicomte de Milan, dans laquelle il nous apprend que Rincius, aussi sage que Nestor, aussi éloquent qu'Isocrate, aussi savant en médecine qu'Esculape, avoit professé dans quelques académies d'Italie, puis étoit venu en France pour disputer sur les points les plus ardus de la philosophie et de la théologie, dans la célèbre université de Paris.

Ap. B.

176. ROMAN DES LETTRES (le), dédié à Son Altesse Royale Mademoiselle. *Paris, J. B. Loyson*, 1667; in-8, vélin . . . . — . . . . 35—»

Lenglet Du Fresnoy cite ce roman, sans le juger digne d'aucune observation particulière. On peut supposer qu'il ne l'avoit pas lu. Il n'en nomme pas même l'auteur, quoique le privilége du roi nous donne les initiales du nom de cet auteur : L. D. S. A. D. M. Nous ne sommes pas parvenus à découvrir ce qu'elles signifient, après avoir cherché à les appliquer à Louis le Laboureur, bailli du duché de Montmorency, poëte et bel esprit, un peu lourd et très-plein de lui-même, qui étoit sur un bon pied dans la société des précieuses. Nous voyons, au bas du privilége, que M. L. a cédé et transporté le droit de ce privilége à J. B. Loyson, marchand libraire à Paris, pour en jouir suivant l'accord fait entre eux. Quoi qu'il en soit, la dédicace à Son Altesse Royale Mademoiselle, c'est-à-dire à la duchesse de Montpensier, est signée Ariste; cet Ariste avoit sans doute ses entrées à la cour, car il parle des gens de lettres avec le plus souverain mépris : « Ces gens-là, dit-il, qui portent eux-mesmes leurs lettres pour s'en faire payer le port, sont souvent mal venus à la cour, parce qu'ils sont ordinairement incapables d'une honneste galanterie, incompatibles avec les modes nouvelles, ennemis de toute propreté, mal mis et mal polis, et quand ils ne s'érigent pas en bouffons importuns, ils ont presque toujours un visage de philosophes incommodes. » Ce *Roman des lettres* n'est pas un roman, mais un recueil de lettres écrites par Ariste aux

dames de sa connoissance, avec les réponses de ces dames. Il faudroit donc avoir
la clef de tous les noms imaginaires qui se présentent dans cette mascarade épistolaire. Cette clef existe-t-elle quelque part? Voici le cadre dans lequel l'auteur a
renfermé une collection de lettres écrites avec beaucoup d'élégance, mais d'un
style toujours affecté et raffiné. Cléonce, « autant illustre par la modération de sa
vie que par l'excellence de ses ouvrages, » s'est retiré à la campagne pendant les
grandes chaleurs de l'été ; son ami Learinde, « dont la conversation estoit mêlée
de musique et de poésie avec une érudition considérable, » vient le chercher
dans sa retraite et le trouve au milieu d'un amas de papiers qu'il met en ordre
pour les publier : ce sont les lettres d'Ariste, ainsi que celles de toutes les belles
dames qui ont été en correspondance avec lui. Il y a aussi des lettres d'apparat
adressées à de hauts personnages par cet Ariste, qui étoit certainement attaché à
la maison de quelqu'un des princes du sang de France. Nous remarquons surtout,
page 370, une lettre à M. le grand amiral de France, c'est-à-dire au duc de Beau-
fort. Les lettres qui remplissent la dernière partie du volume sont adressées à des
hommes politiques, à des magistrats, au cardinal Mazarin sans doute : elles se rapportent à des événements de l'histoire de la Fronde. On comprend donc ce qu'on
pourra découvrir dans ces lettres, qui ont été écrites réellement aux personnes
distinguées de la cour et de la ville, quand on saura quelles sont Clitie, Élice,
Urfélide, Alminde, Uranie, Mélanie, et tant d'autres belles inconnues. Quant à
l'*illustre prélat des Ambiens*, c'est un évêque d'Amiens qui regardoit l'hôtel de
Rambouillet comme faisant partie de son diocèse.   **P. L.**

177. VALANCIER (*Estienne*). Complainte de la France, touchant les misères de son dernier temps. *S. l.*, 1568; pet.
in-8 de 8 feuillets, mar. bleu, janséniste, tr. dor. (*Trautz-
Bauzonnet.*) . . . .   75—»

Très-joli exemplaire d'une plaquette rare et curieuse. — Estienne Valancier,
poëte forésien, ne nous a révélé son existence et son talent que par cette *Complainte ;* elle est précédée d'un dizain que l'auteur adresse au peuple françois :

> Peuple françois, de qui le grand renom
> Est parvenu de l'un à l'autre pôle,
> Fait par effect reluire le tien nom
> De treschrétien, de peur qu'il ne s'envole, etc.

Ce prologue indique le but que cherchoit à atteindre Est. Valancier. La troisième
guerre civile, qui éclata en 1568, fut plus animée que les précédentes, et des
troupes étrangères se joignirent aux protestants. La France, dévastée par les deux
partis, avoit de justes motifs pour se plaindre.

> Vous, qui m'oyez chanter piteusement
> Ces tristes vers de regrets et complainte,
> Escoutez-moy un peu patiemment,
> Et vous sçaurez si la matière est feinte.

La France raconte alors son histoire depuis la création du monde jusqu'à la
venue de Jésus-Christ. Peuplée d'abord par des sauvages sans foi ni loi, elle fut ensuite livrée aux païens qui adoroient « des dieux qui sont diaboliques. » Enfin, après
l'introduction du christianisme, elle respiroit à l'aise, lorsque naquirent des
hommes ennemis de la religion et de Dieu :

> Car ces pervers luy tournent tous la face
> En luy faisant la plus laide grimace.

. . . .
Las ! on me mange, on me bat, on me tue.
Si que je suis d'angoisse toute pleine.

Cependant la France espère que Dieu écoutera ses plaintes, et que

Maugré qu'en ait ceste gent insensée,
Qui contre toy fait tousjours entreprise,
En mon pays sera par toy dressée
Excellemment la tienne saincte Eglise.
. . . .
Alors, ô Dieu, tout mon pays sera
Vrayement tien, pour te faire service :
Et d'iceluy alors on chassera
L'impiété, et tout malheureux vice.

Cette complainte est évidemment dirigée contre les protestants ; et, cependant, par une exception bien rare à cette époque, on n'y trouve ni sarcasmes, ni injures. Bien plus, on chercheroit vainement, dans ces 344 vers, la moindre allusion aux événements de l'histoire du temps. Le poëte a même banni de ses vers, les mots calviniste, huguenot et catholique. **Ap. B.**

ÉTUDES

SUR

NOSTRADAMUS [1].

II

OEuvres et Adversaires (*Suite*).

Le monstre d'abus. — Une diatribe que je n'ai trouvée dans aucune bibliothèque, mais que j'ai, et dont voici le titre exact, c'est : Le monstre d'abus — *Composé premierement en Latin par maistre Iean de la daguenière, docteur en medecine et matematicien ordinaire des landes d'anniere. — Et despuis traduit et mis en nostre langue Françoyse par le More du Vergier, recteur extraordinaire de l'uniuersité de Mateflon, et protecteur des gondz de la Haioulén.— Marinus Nouetus Nucensis — In Nostradamum. — Nondum grammaticæ calles primordia, et audes — Vim cœli radio suposuisse tuo.* — A Paris, Pour Barbe Regnault, demourant à la rue S. Iaques, deuant les Mathurins. 1558. Auec priuilege. — Petit in-8 de 20 feuillets non chiffrés.

Personne, que je sache, n'a essayé d'expliquer ce titre bizarre (2). Voyons si l'auteur ne nous mettra pas lui-même

---

(1) Voir l'année 1860, page 1699.

(2) Lamonnoye, annotant Du Verdier, dit à ce sujet : « Tous ces noms sont supposés, sans en excepter celui de Barbe Regnault, qu'à son ordinaire cependant Lacaille a extrait d'ici pour en grossir son catalogue. » Et M. Brunet, *Manuel du libraire*, 4e édition, t. III, p. 530, pense que « le nom de l'auteur est supposé, aussi bien que celui du traducteur, et peut-être même de l'imprimeur. » Mais je trouve dans le *Bulletin du Bibliophile* de janvier 1860, p. 916, l'annonce d'un volume intitulé : *La forme et maniere de la punctuation et accents de la langue françoise... Paris, Barbe Regnault,* 1560, réimpression de deux opuscules d'Étienne Dolet ; et, dans le numéro de janvier 1861, page 55, *Le cueur de philosophie, translaté du latin en françois à la requeste de Philippes le Bel, roy de France. Nouvellement imprime à Paris pour François Regnault, libraire juré de l'Universite. Ilz se vendent à la rue Sainct-Jacques, à l'enseigne de l'Éléphant, devant les Mathurins.* In-4e goth., sans date. Il paraît donc que le pamphlétaire a emprunté le nom d'un libraire existant.

XVe SÉRIE.16

sur la voie. D'abord c'est manifestement un protestant. Il parle de la république chrétienne et des excessives richesses des temples; il dit que la foi et crainte de Dieu, éternellement gravée dans le cœur, est le seul et souverain moyen pour jouir de la félicité incompréhensible de la seconde vie, et que c'est par cette seule foi, purement, fidèlement et inviolablement gardée, que la vraie et sûre immortalité nous est promise et donnée. Voilà bien la démocratie de Calvin, sa prédestination absolue, et la justification sans le culte et les œuvres. Or quelle étoit la position des calvinistes en France vers la fin de 1557, époque où fut composé ce libelle?

Henri II, craignant l'influence politique du calvinisme, et se souciant peu de voir les nobles s'emparer, comme en Allemagne, du bien du clergé, mis en partie à sa disposition par le concordat de 1516; excité d'ailleurs par Diane de Poitiers, sa maîtresse, ennemie jurée des novateurs, qui osoient la traiter de Babylonienne, avoit résolu, dès son avénement, d'extirper l'hérésie de son royaume. Différentes causes entravèrent longtemps la persécution; mais la nouvelle secte s'organisant rapidement en églises, et une partie des magistrats inclinant à l'indulgence, il pria le pape, en février 1557, d'établir en France l'inquisition de Rome et d'Espagne. Une bulle du 26 avril ayant répondu à ses désirs, un édit royal en ordonna l'enregistrement en juillet. Le clergé seul devoit prononcer, et le bras séculier lui obéir aveuglément. Le parlement fit des remontrances. Mais, le 4 septembre, trois à quatre cents protestants, hommes, femmes et enfants, s'étant réunis dans une maison de la rue Saint-Jacques, vis-à-vis le collége du Plessis, furent découverts et cernés par le peuple. La plupart des hommes se frayèrent un passage l'épée à la main; mais le reste fut mené en prison, au milieu des coups et des outrages d'une multitude furieuse. Les supplices commencèrent le 27, et ils continuoient en octobre, malgré des récusations, par injonction du roi, lorsqu'une ambassade de plusieurs cantons suisses, appuyée de lettres du comte Palatin, étant venue le supplier en faveur des prisonniers, le besoin du

moment l'emporta sur la haine, on cessa de brûler, et l'on se
mit à procéder par élargissement. Les auto-da-fé continuèrent
pourtant dans les provinces. Les protestants publièrent des
apologies pour repousser les abominations qu'on leur im-
putoit. Leurs ennemis répliquèrent. L'exaltation étoit grande
de part et d'autre : elle tenoit en partie au désastre de
Saint-Quentin, et au rappel de François de Guise, le plus
grand ennemi des huguenots, qui fut nommé lieutenant général du royaume, avec un pouvoir absolu, en arrivant d'I-
talie, le 5 octobre. Il avoit échoué dans cette campagne, et
la situation étoit des plus critiques.

Donc, plein de confiance dans le triomphe prochain de
sa doctrine, et exaspéré du danger de ses partisans, le chef
des *Saints*, le pape de la nouvelle Rome devoit non-seulement les défendre, mais profiter de l'occasion pour écra-
ser le persécuteur, le Domitien, comme il l'appelle. Les
colporteurs qui, de Genève, inondoient la France de brochures distribuées sous le manteau, offroient une arme politique redoutable. Faire mépriser ce monarque inepte, esclave d'une vieille femme et d'insatiables favoris, n'étoit pas
chose difficile ; mais, dans l'intérêt des victimes, il falloit ménager le tyran, et ne le bafouer que sous un autre nom. Or
personne ne convenoit mieux à ce but que Nostradamus.
En le couvrant de ridicule, on remporteroit une double
victoire, puisque son influence étoit funeste à la cause sainte,
et que des faveurs et des honneurs qui tombent sur un indigne déshonorent un souverain. Il étoit bien aisé de faire
rire à ses dépens. Voyons comment le pamphlétaire de Jean
Calvin, si ce n'est Jean lui-même, a rempli cette tâche.

S'adressant au prophète, il lui fait les compliments, un
peu diffus, dont voici la substance. — On ne sauroit t'estimer trop, et te combler de trop de dignités, de biens et
d'honneurs, si l'événement confirmoit tes prédictions, surtout dans ce temps où la guerre est un vrai fléau ; parce
que les chefs des armées n'entreprendroient jamais rien que le
succès ne fût assuré, et que la connoissance de l'avenir se-

roit une des principales sources de la prospérité publique et
privée. Mais, puisque tes almanachs, présages, et toute
telle race d'œuvres de semblable étoffe, ne servent qu'à
enivrer de mensonges les entendements humains, les rois et les
peuples ne te doivent que mépris et moquerie. Chacun sait
que tes almanachs, jugements du futur et présages sont
si menteurs, qu'on éprouve tous les jours le contraire de ce
qu'ils annoncent. Aussi te rémunère-t-on dignement. J'étois
à la cour en même temps que toi : il sembloit que tu n'y
fusses venu que pour servir de risée à tout le monde. Tu
sais combien de fois tu as failli être mis entre les mains et
à la discrétion des pages. Songe de combien de passetemps tu y as servi et sers encore en ton absence, voire à
toute la chrétienté. Je ne vois personne qui puisse entendre ce
nom sublimé de Nostradamus, à la cour ou ailleurs, sans
rire. Il peint un fou, d'un seul trait, aux yeux des rois, des
princes, des seigneurs et de tous leurs vassaux et sujets. C'est
le nom qu'aux théâtres et jeux publics on donne communément au plus sot personnage, et, à la cour, à Thony, qui
l'accepte comme lui revenant de droit; celui dont, aux échecs,
on a soin de nommer le fou, crainte, si on y manquoit,
de perdre la partie; celui dont on salue, aux tarots, le mat
ou le bagat; dont on baptise, au jeu de cartes, le valet de
trèfle ou de carreau; en un mot, celui qui, partout, sert de
jouet. Il n'est pas jusqu'aux pages et aux laquais, voire
jusqu'aux enfants qui vont à la moutarde, à qui tes papiers
n'aient donné ample motif de t'honorer de la sorte. Non-
seulement à la cour, où je fais mon séjour ordinaire, mais
dans toute la France, on ne te nomme plus que le *Monstre
d'abus;* et les autres nations font de même, chacune dans sa
langue : l'Allemand te nomme *Sonne narritlich und water
lidsellich,* ou fils d'ignorance et père de mensonge; l'Italien, *Tromba di pazzia;* l'Espagnol, *Sacca muelas;* le Bas-
que, *Astoa;* le Gascon, *Fat;* et le Provençal, *Frascaire, Hete-
roclit,* et souvent *Retaillat,* terme propre à ceux qui sont
issus, extraits et descendus des tribus et races de Judée.

Cesse donc de vouloir nous persuader ces évidentes menteries contenues en tes petits paquets annuels, qui sentent
encore leur judaïsme à plein nez.

Si la dernière imputation n'était pas un mensonge, elle
annonceroit un flair théologique bien subtil. Quant à celle
de l'origine, non-seulement elle flétrit celui qui emploie de
telles armes, mais elle prouve combien Nostradamus étoit
sans reproche, puisqu'on ne trouve rien de mieux à lui jeter à la face. Au surplus, il n'avoit pas à rougir de ses ancêtres (1), et même, selon Pierre Joseph, il se glorifioit d'être
issu de la tribu d'Issachar, aimant à citer ce passage des
Paralipomènes, liv. I, chap. xii : *De filiis quoque Issachar
viri eruditi, qui noverant singula tempora, ad præcipiendum
quid facere deberet Israel*. Il est même possible que le début du pamphlet soit une allusion à ce passage.

Quant aux railleries dont tout le monde accable Nostradamus, c'est évidemment une fiction de son ennemi, destinée
à affaiblir l'influence du prophète, en faisant rire la foule à
ses dépens. L'auteur exagère trop pour qu'on le prenne au
sérieux. La cour est *un pays où les gens sont ce qu'il plaît
au prince, ou, s'ils ne peuvent l'être, tâchent au moins de le
paroître*. Si Nostradamus eût jamais été l'objet de la risée
publique, l'histoire et le langage en auroient conservé le

(1) On ne peut guère douter que son trisaïeul paternel ne fût cet Abraham Salomon, de Saint-Maximin, très-savant et renommé en la science de médecine,
grand et célèbre philosophe, que le roi René prit à son service, en 1445, et voulut exempter de toute judaïque imposition, distinction la plus honorable que l'on
pût accorder à ceux de cette loi : "ar c'est le seul, entre plusieurs médecins juifs
au service de René, que César ait nommé dans son *Histoire de Provence*, où je
puise ces détails. C'est son fils, sans doute, qui changea de nom et de religion, et
dont César raconte que Pierre de Nostredame, fameux et docte médecin, bien
versé aux langues, bisaïeul de Michel, fut mis, en 1469, au service du duc de
Calabre, qui le garda toujours, comme fit après lui le bon René. Il avoit choisi
pour devise une roue brisée d'argent, dans un champ de gueules, avec les mots
Soli Deo, armoiries conservées par ses descendants. Chavigny ajoute que le bisaïeul maternel de Michel étoit un autre médecin du même roi, nommé Jean de
Saint-Remy, « qui lui donna, comme en jouant, un premier goût des sciences
célestes » Ce fut sans doute à Saint-Remy en Provence, où le prophète naquit le
14 décembre 1503, de Pierre de Nostredame, notaire au même lieu, profession
qui n'étoit pas alors dérogeante à noblesse.

souvenir. Ainsi la vogue immense de ses prophéties est constatée dans notre langue par l'emploi de *Centurie* pour *Quatrain*, qui ne peut avoir d'autre origine que l'ignorance de la foule. Nostradamus étoit sans doute un objet de raillerie pour bien des gens, mais il avoit d'innombrables admirateurs. « Ce seroit chose superflue, dit Chavigny, si je voulois icy deduire par escrit combien de gens doctes, grands seigneurs et autres arrivoyent à luy de toutes parts et regions, comme à un oracle : et ce que S. Hierosme disoit de Tite Live, je le puis affermer de cestuy, que venans en la France, cerchoyent en icelle autre chose pour voir. » *Le plus fameux* écrivain d'alors, après lui, Ronsard dit, il est vrai, s'adressant à la France après la conjuration d'Amboise :

> Tu te mocques aussi des prophetes que Dieu
> Choisit en tes enfans, et les fait au milieu
> De ton sein apparoistre, afin de te predire
> Ton malheur à venir, mais tu n'en fais que rire.

Mais il ajoute :

> Ou soit que du grand Dieu l'immense eternité
> Ait de Nostradamus l'enthousiasme excité,
> Ou soit que le Demon bon ou mauvais l'agite,
> Ou soit que de nature il ait l'âme subite,
> Et outre le mortel s'eslance jusqu'aux cieux,...
> Comme un oracle antique il a dès mainte année
> Predit la plus grand part de nostre destinée.

Notre pamphlétaire a plus beau jeu en attaquant le style du prophète. Choisissant les phrases les plus étranges de la pronostication de 1557, il en expose une vingtaine à la risée du lecteur. Voici les plus singulières, et les sarcasmes de meilleur aloi.

« Tes écrits sont une obscure nuit, qui enfante une infinité de songes. Que désires-tu qu'on entende par les mots qui suivent : *Mars et ses marteaux quelques dissimulations qu'ilz facent, seront grandement desplaisans de la captivité de leur chef.* Après, y a bien encores à deviner sur ces beaux motz : *La sattrapie ne sortira en plain effect ; mais le sattrape tient l'opinion qui dit :* « *Oderint dum metuant.* » Ne voilà-t-il pas de beaux termes et graves, et fort bien choisis pour faire entendre sa conception ? Voici encores un beau petit trait des tiens, qui n'est pas de trop mauvaise grâce. *Se trouveront plus de voirres cassez que de vaisseaux, combien que l'un ne se pourra garder peu à peu le tort, et celuy qui point n'y pense et casse sans umbre, et sans umbre l'expédition vaine sera vaine.* Y a-t-il au monde un seul homme, ayant pris la peine de lire ces élégants et graves mots, qui ne les juge issus de la tête d'un Triboulet à triple marotte ou d'un fou à double rebras ? Voici encore un autre propos basti presque de semblable matière : *Celui par mer qui apert estre petit rat apparoistra bientost pire que lion, et à l'assiegement sera regretté le grand lion.* Je ne me puis assez esbahir comme tu ne meurs de honte de présenter aux hommes ces lourderies, aussi peu entendues de toy que d'eux. Et de ce qui suit, qu'en penserons-nous ? *Le temps que plusieurs citez seront en rebellion, et vrayement citez, le pasté sera descouvert, ne pour cela sera imposé silence telle que par les pristines ne sortira rien en efect.* Parmi tant de gens qui ont lu tes écrits, je ne trouve personne qui ait deviné ce que tu veux faire entendre par cela. Il me semble chose bien nouvelle qu'un mathematicien ou astrologue se mesle de la pasticerie. Mais tu veux nous persuader, je pense, que tu n'es pas moins habile en cet art qu'en l'autre. Voici encore, à la suite de ce propos, quelque chose de joly, couché par escript en termes aussi bien ordonnés que familiers et intelligibles *La decoction des pavotz sera tel experimentement à la cité par la satrapie tirannisée, que plusieurs pour ne tomber entre les espauges tirannies convertiront leurs mains propres après la vengeance surprinse.* N'est-ce rien que cela ? Selon moi, c'est quelque chose de friand, et qui importe beaucoup à la santé de la religion chrestienne. Mais qui se flatteroit de l'entendre pourroit bien se vanter aussi d'avoir blanchi un more en le lavant. Que dirons-nous encore de ceci ? *L'esperance des sicones dommagera plus les seclistes qu'il ne les augmentera.* Dieu tout puissant, de quelle race de langaige ce rapetasseur de vieux songes nous vient effaroucher les aureilles. Entre autres choses je treuve que tu as bonne grace, et parles certes beaucoup mieux que tu ne sçais, quand tu t'adresses à toute bride a troys de tes calumniateurs, les appellant *bestes bruttes et ignorantes,* pour ce comme tu dis qu'*ilz se meslent de vouloir ensuivre ton umbre ;* vrayment tu n'as pas trop mauvaise cause et raison de les blasonner de la sorte ; et en cecy je te veux ayder, car j'estime encores ceux-là pis que bestes bruttes qui s'amusent à vouloir ensuivre l'umbre d'une trop inutile umbre. Quoy que ce soit tu tasches par tous moyens à leur faire belle peur, les menaçant de les voir *sur l'issue de ceste année en telle extremité, qu'ilz n'auront pas seulement le loysir de purler :* comme si le fil de leur destinée ne dependoit que de ta main. Mais Dieu seul a qui toute souveraineté apartient, et qui seul sonde et mesure la grandeur des bonnes et mauvaises voluntez, te fera mentir en cela, et gardera bien que son peuple ne t'aura en autre opinion que d'abuseur autheur de mensonge, et de damnable superstition : au moins tant que l'opinion te tiendra de continuer à coucher par escript ses abusions dommageables, pleines de songes et inventions superstitieuses, contraires à la foy et religion chrestienne. Laisse donc je te prie toutes ces sottes façons d'escrire non moins escandaleuses que dommageables, et n'employe plus ton temps a œuvre si ville et tant ennemy de verité : ou si ta deliberation est de ne changer point d'opinion, ains d'estre toujours plus affectionné à nous abrever d'an en an des fumées de ton vagabond et lunatique cerveau : Efforce toy au moins de te rendre autant obligé a la verité, et si aysé à te faire entendre, que tu t'es monstré facile et veritable sur la fin de tes presages, à l'endroit où tu dis en latin. *Unus erit omnibus fabula.* Car je te puis bien asseurer, que dez l'heure que tu commenças a dessiler ton œil astronomique pour pre-

sager et juger du futur, tu ne predis jamais chose qui plus apro-
chast de la verité que ceste icy, que chascun trouve fidele-
ment prophetisée de toy mesme, et ne deplaise à l'oracle d'A-
polon qui jadis en Delphe donnoit responce des choses à
venir, que de son temps et tandis qu'il estoit en credit, il
ne donna jamais responce si veritable pour autruy que de
nostre temps l'oracle de Salon a predit et prophetisé de soy
mesme. » — Si tu pensois qu'il n'y eut que cela de répréhen-
sible dans tes écrits, tu te tromperois fort, car j'en ai laissé
pour le moins dix mille fois autant, afin de ne pas tant
me souiller dans tes ordures, sur lesquelles tu veux te forger
je ne sais quelle immortalité, comme le prouvent *deux de
tes vers, placés au premier feuillet de tes écrits, qui sont
adressés à ceux qui tant de fois t'ont fait mort.* Tu t'abuses
fort en cela, car ta réputation est déjà plus que morte et ensevelie, incapable d'arriver jamais à la postérité, si ce n'est,
d'aventure, pour lui servir de fable et de jouet, comme à
nous. Tu ressembles à ce fou qui, ne pouvant s'immortaliser
par des actes vertueux et louables, voulut perpétuer son
nom par une tache d'infamie, en brûlant le temple d'Éphèse.
*Je ne vois aucun des autres almanachs qui approche tant
soit peu des asneries et batteleries des tiens ni même qui en
ait envie.* Tu affectes de marcher seul comme le prince de
tous les astrologues de notre temps ; et tu ne sais pas seulement les rudiments de l'art et science dont tu te mêles.
Est-il au pouvoir d'un homme de connoître les événements
futurs, soit par le cours des astres, soit par aucune autre
science ou expérience ; et, pour comble de ridicule, de désigner le lieu et de marquer le jour ? Il te faudroit forger des
hommes de ton humeur pour le leur faire accroire. — Tu
entreprends sur les hauts secrets de Dieu ; tu veux ravir le ciel
au Tout-Puissant, seul seigneur d'icelui et de toutes choses. »

Avant de finir, il se moque ainsi de Henri II : « Je croy
que lorsque tu deliberas lui adresser et offrir tes povres petis traictez et discours du futur, tu cuidois voluntiers que ce
fut ce cinquiesme Empereur des Babiloniens après le regne de

Sémiramis appellé Bellochus, de qui on ne trouve rien escript, fors qu'il s'adonnoit et amusoit aux prononstications
et almanachz. Mais si ainsi est, tu te trompois du tout : car
nostre Roy s'adonne à œuvres trop plus haultes et louables,
et dont l'hystoire decrite aletera à jamais la memoire de la
posterité. » Quelle sanglante raillerie, dans la bouche d'un
calviniste, contre ce fantôme de roi qui, après le désastre dû
à l'incapacité de son favori, s'empresse de confier à un autre
les rênes de l'État, pour mieux activer lui-même les supplices,
bien qu'il n'ose plus y assister, depuis qu'un regard l'a glacé
d'épouvante, et l'a poursuivi longtemps nuit et jour !

   Il conclut en lui disant que, puisqu'il mourroit de faim,
sans aucun doute, s'il n'avoit d'autre gagne-pain que ses
labeurs nocturnes et lunatiques, il le prie, dans l'intérêt public et dans le sien, de quitter une si étrange façon d'écrire,
inouïe jusqu'à ce jour, afin qu'on oublie peu à peu ses fautes
passées, le voyant résolu de mieux faire à l'avenir. Mais il
ajoute, au lieu d'amen : ΠΡΑΓΜΑ ΚΡΕΙΣΣΟΝ ΕΛΠΙΔΟΣ
(ce que l'on ne peut espérer).

   Notre calviniste, homme de cour ou soi-disant tel, est
donc un helléniste. Calvin savoit le grec, mais son lieutenant
Théodore de Bèze, l'enseignoit à Lausanne d'une manière
distinguée. C'étoit d'ailleurs le grand pamphlétaire du parti,
celui que Ronsard se plaisoit à provoquer, en 1563, comme
un adversaire digne de lui, dans sa *Réponse aux injures et
calomnies de je ne sais quels prédicantereaux et ministreaux
de Genève.* Seroit-ce donc l'auteur de la *Comédie du pape
malade, traduite de vulgaire Arabic en bon Roman et intelligible, par Thrasibule Phenice,* et de l'*Histoire de la mappemonde papistique, composée par Frangidelphe Escorche-
Messes,* et *imprimée en la ville de Luce-Nouvelle, par
Brifaud Chasse-diables,* qui auroit écrit *Le monstre d'abus ?*
Bèze est un railleur insigne. On lui attribua le distique :

   Nostra damus cum verba damus, nam fallere nostrum est,
     Et cum verba damus, nil nisi nostra damus.

D'ailleurs, il avoit à se venger du 45ᵉ quatrain de la première centurie, où se trouvent ces deux vers :

> Beste en théâtre dresser le jeu scenique,
> Par sectes monde confus et schismatique,

dont le premier est ainsi commenté par Chavigny: *Il reprend
l'ignorance de leurs ministres, et se rit de leurs assemblées :*
explication si naturelle, qu'elle dut se présenter d'abord aux
lecteurs; et que, dans ce siècle d'anagrammes, on dut trouver
aussitôt, dans *Beste*, *Bèze*, qui d'ailleurs signait *Besze*. C'est
sans doute par discrétion que Chavigny n'a pas indiqué ce
jeu de mots.

Quoi ! des jeux de mots dans la bouche d'un prophète !
— Oui, monsieur ! Nostradamus en est plein : j'en soupçonne même deux autres dans le vers en question. C'étoit
la mode alors. Non-seulement on raffoloit de l'anagramme,
renouvelée des Grecs; et le *Pindare françois*, Dorat, qui
l'avoit popularisée, trouvoit *Rose de Pindare* dans le nom
de son plus illustre élève, Pierre de Ronsard; mais on se
gardoit bien de s'imposer des règles sévères. Comme on aimoit à rire, on n'étoit pas difficile sur les moyens; on alloit
jusqu'au véritable calembour. Pourquoi pas? Cicéron l'avoit
bien fait. Mais le bon goût suprême tiroit le jeu de mots du
grec ou du latin, trouvant, par exemple, *rabie læsus* dans
Rabelais, vrai triomphe pour ses ennemis; ou bien πᾶς χείρ,
tout main, dans Pasquier, lorsqu'un peintre l'eut représenté
sans les siennes. Une pareille découverte illustroit son heureux auteur, et faisoit la joie de tout le monde.

Cela posé, voyons si nous ne trouverons pas dans l'histoire de Bèze la clef du titre bizarre que nous voulons expliquer. Né avec les plus heureuses dispositions, Théodore fut
confié, dès l'âge de neuf ans, en 1528, à un excellent
homme, Melchior Wolmar, savant helléniste et jurisconsulte, qui le traita comme un fils, lui enseigna tout ce qu'il
savoit, et lui inculqua les opinions de la réforme, dont il fut
en France l'un des premiers apôtres. Il ne quitta ce second

père qu'au bout de sept ans. plein de reconnoissance et de
vénération pour lui. Après avoir terminé ses études à l'université d'Orléans, il vécut assez longtemps à Paris dans la
dissipation ; mais, à la suite d'une maladie grave, ayant
renoncé, en 1548, a deux bénéfices, dont il étoit pourvu, il
se rendit à Genève, où il épousa une femme qu'il aimoit, et
changea de religion. Wolmar, appelé à l'université de Tu-
bingue, par Ulrich, duc de Wurtemberg, qui avoit embrassé
la réforme, y occupoit la chaire de jurisprudence. Bèze se
réunit à lui, et ne le quitta, l'année suivante, que pour enseigner le grec à Lausanne, où il demeura jusqu'à la fondation
de l'université de Genève, dont il fut nommé recteur en
1559. L'un de ses principaux ouvrages, *Confessio christianæ
fidei, et ejusdem collatio cum papisticis hæresibus*, est précédé d'une épître latine, datée de mars 1560, qui renferme
l'abrégé de sa vie, et débute ainsi : *Theodorus Beza Veze-
lius Meliori Volmario Rufo, præceptori et parenti plurimum observando, gratiam et pacem a Domino.*

Pourquoi défigure-t-il ainsi le nom de son maître? et
pourquoi la Comédie du pape malade est-elle *traduite de
vulgaire Arabic en bon Roman et intelligible, par Thrasibule Phenice* (1)? Si le Monstre d'abus est aussi de Bèze, la
solution de ces problèmes peut nous faciliter celle des autres.

Thrasybule, chef des bannis athéniens, rentra dans sa
patrie à main armée, et y fit triompher la démocratie. Son
nom signifie résolution hardie, projet audacieux. Bèze ne
vouloit pas rester prudemment en Suisse, comme Calvin,
mais rentrer en France et y fonder à tout prix la démo-

(1) En voici le titre complet : *Comedie du pape malade et tirant à la fin*, où ses
regrets et complaintes sont au vif exprimées, et les entreprises et machinations
qu'il fait avec Satan et ses supposts pour maintenir son siege Apostatique, et empêcher le cours de l'Euangile, sont cathegoriquement descouuertes. Traduite de
vulgaire Arabic en bon Roman et intelligible, par Thrasibule Phenice. Avec privilege. A Geneve, MDLXII. Petit in-16 de 72 pages. — Les personnages de cette
bouffonnerie en vers sont : Prestrise, le Pape, Moinerie, Satan, l'outrecuidé,
Philaute son valet, l'ambitieux, l'affamé, l'hypocrite, le zélateur, Vérité, l'Église.
Les premières éditions parurent en 1561.

cartic religieuse. Sa conduite le prouve assez. — *Phénice*, en grec et en latin, signifie *rouge*, Phénicien, *Carthaginois*, et l'oiseau merveilleux qui renaît de sa cendre, emblême naturel du christianisme régénéré, dont le vaillant champion est en-nemi juré de Rome, Carthaginois. — Le *vulgaire Arabic* est le jargon des Bédouins, une langue corrompue, qui diffère autant de l'arabe littéraire que l'italien du latin; c'est, en un mot, celle de la cour de Rome et du pape malade. — Le *bon Roman et intelligible*, c'est le françois, que tous les fidèles comprennent, et que la *bonne* et véritable *Rome* préfère au latin. Bien mieux, si l'on décompose *Arabic*, on obtient un vase de malédiction, vrai symbole du clergé de Babylone; tandis que le pape de Genève et les siens sont des élus, de purs vases d'élection.

Wolmar tient de près à *Wohlmæhre*, bonne nouvelle, Évangile, qui va parfaitement à un mage, un Melchior. Mais fi donc! ce n'est pas de l'allemand que l'on tire un jeu de mots. — Latinisons ce nom barbare : nous aurons *vol*, qui nous offre l'idée de bonne volonté, comme dans *Volumnus*, de *vol* et *alumnus*, dieu tutélaire des nouveau-nés, des nourrissons; puis *Marius*, chef et représentant du parti démocratique, un second Thrasybule. Wolmar protége le jeune Marius, son fils, ou plutôt les jeunes Marius, car il eut aussi pour élève Calvin, qui lui dédia l'un de ses ouvrages. Il les protége par son cré-dit auprès d'Ulrich, et, lui-même, il est de cœur un Marius; mais il vaut mieux que l'ancien, parce que c'est la démocratie religieuse qu'il veut faire triompher : de là *Melior* pour *Mel-chior*. Mais pourquoi ce surnom de *Rouge, Rufus?* C'est non-seulement parce qu'il est ennemi de Rome ou Carthaginois, mais parce qu'il est né à *Rothweil, hameau rouge*, signe ma-nifeste de sa haute prédestination. *Marius* venant de *mas* ou *mar*, *Volmarius* peut encore signifier bon mâle, charmante allusion pour ces ennemis du célibat religieux. — Vous rou-gissez, lecteur. Songez que Rabelais vient de mourir, que son livre est dans les mains de tout le monde, et que Bèze est prédestiné à faire des plaisanteries de ce genre; il les pousse

... que quelquefois un peu loin. Mais rassurez-vous : je ne
... pas tout, je ménagerai nos pudiques oreilles.

Passons maintenant au *Monstre d'abus*. L'anagramme est
... parce que, de légers changements de lettres opérant la
métamorphose, on découvre aisément la première forme
sous la nouvelle. Monstre d'abus est aussi la clef principale
de tout le titre. Nous expliquerons en effet les mots obscurs,
en y changeant une ou deux lettres, et en les traduisant en
latin, comme on le fait pour trouver *Nostradamus* sous
Monstre d'abus. Ces ruses de l'auteur pour déguiser sa
pensée sont empruntées de son adversaire inépuisable en
ce genre. Les détails dans lesquels nous allons entrer ne
seront donc pas un hors-d'œuvre, mais une étude préli-
minaire, un prélude à celle de Nostradamus.

Composé premièrement en latin est une formule de ce
temps-là. Écrire en cette langue étant plus facile, c'est par
là que l'on commençoit, puis on se traduisoit en françois ;
quelquefois même on feignoit de s'y être pris de la sorte.
Mais je n'admets rien de banal dans ce titre ; et le latin, le
grec ou l'hébreu, doivent me rendre compte de tout. — Je
procède comme si j'expliquois Nostradamus. J'ai mon idée,
mon but : *composé* ne me convient nullement. J'examine donc les divers sens de *compositum*, et, laissant ce qui
ne me va pas, je m'arrête à *combiné*, imaginé. Voilà mon
affaire. — *Latin* vient de *Latium*, qui vient de *lateo*, qui
vient de λήθω, qui vient de la caverne de *Loth*. Donc *en latin*
veut dire ici *latenter*, en secret ; car il ne faut pas ébruiter
à Genève nos plans de guerre contre la France.

Par maistre Iean de la dagueniere. Jean est le disciple
fidèle qui suit son maître jusqu'à la mort, tandis que Pierre
le renie et l'abandonne. *Maître Jean*, c'est Jean Calvin, le
chef des saints, des élus, dont Bèze et les autres acceptent
les dogmes, font les volontés et justifient les actes : témoin
Servet. — *La daguenière*, c'est Genève (1). Tel qu'il est, ce

(1) La petite initiale de *daguenière* représente la foiblesse de cette Rome nais-

mot n'offre aucun sens. Mais la *Daguanière* est l'habitation
de celui qui *dague* les ânes ; et *tag*, radical latin, passant,
dans ses modifications, de l'idée de contact à celles de frapper, piquer, même foudroyer, duper, railler, la *Taganière*
est l'asile, la forteresse, d'où l'on frappe, perce, foudroie,
couvre de ridicule ces malheureux. Les ânes sont les pa-
pistes, et avant tout Henri II, sans compter Nostradamus,
qualifié, dans le pamphlet, de docteur à longues oreilles,
de roussin d'Arcadie, de poëte à couronner de chardons.

*Docteur en medecine et matematicien ordinaire des landes
d'anniere.* La vraie médecine étant celle de l'âme, l'inspiré qui démontre le secret de la vie éternelle, méconnu
depuis douze siècles, est certes le docteur en médecine par
excellence. — *Matematicien*, sans *h*, ne vient pas de *ma-
themat-icus*, mais bien de *mate-maticus*, mate-fou. En effet,
mater, humilier, abattre, et, aux échecs, faire le roi mat, le
réduire à l'impuissance, vient du radical *mat*, qui signifie,
comme verbe, rendre vain, faire échouer ; comme nom,
vanité, folie, fanfaronnade ; et, avec la désinence adjective,
un insensé, un fou. — *Ordinaire* a ici, outre le sens que
nous y attachons, celui d'*ordinarius*, conforme à l'ordre,
c'est-à-dire à l'ordre véritable, comme l'élection des « ministres du saint Évangile » à Genève ; tandis que l'ordination
romaine, et les effets qu'on lui attribue, sont une momerie
scandaleuse et un mensonge diabolique. — Les *landes d'annière* sont le pays des ânes (1). Le nom d'Asnières, près
Paris, et de quelques autres villages, vient de ce que leurs
habitants, pour tirer parti d'un sol infertile, multiplioient
l'animal patient et robuste, modèle de sobriété. Mais ce
seroit trop général. Aussi n'y a-t-il pas Asnières, mais *annière*. Pourquoi ces deux *n* ? Pour flétrir du même coup le
tyran et sa Babylonienne. C'est une allusion palpable au

sante ; et la grande, qui doit la remplacer, sa grandeur future. Les ruses de ce
genre sont fréquentes dans Nostradamus.

(1) L'u minuscule d'*annière* figure l'affoiblissement de la puissance des ânes,
et spécialement l'absence du premier officier militaire de la couronne, le connétable *Anne* de Montmorency, fait prisonnier à la bataille de Saint-Laurent.

nom de celle-ci. Les deux *n* représentent deux ânes. Or *di*
signifie double : *diaule*, double flûte ; *diphthongue*, double
son. Ainsi, comme le roi et sa maîtresse, double âne et
Diane ne font qu'un. Ce n'est pas galant, mais s'ils l'avoient
tenue, ils l'auroient pendue ou brûlée vive.

*Et despuis traduit et mis en nostre langue Françoise par
le More du Vergier. Despuis* est un mot si grave et si mystérieux que je recule devant ses profondeurs. Chacun sait que
la vérité est au fond du puits. Mais l'auteur, parlant au
pluriel, veut désigner les différentes sources où il a puisé
les vérités admirables contenues dans sa brochure. C'est
d'abord ce puits de science nommé Calvin ; puis sans doute
les conseils de Viret, Farel et autres élus ; puis enfin la verve
satirique et bouffonne d'où jaillira bientôt la Comédie du
pape malade. Je ne dis rien d'une foule d'autres sens. —
Traduit me prouve de nouveau que ce libelle n'a pas été
composé d'abord en latin, mais en françois. En effet *tra-
ducere*, faire changer de lieu, signifie aussi faire passer
d'un état à un autre. C'est précisément ce que Bèze a fait
en donnant à l'idée, au projet ou au plan de Calvin sa
forme actuelle. — *Traduit et mis* en nostre langue. Rien
n'est plus nostradamique que ce pléonasme apparent. C'est
une sottise en françois : preuve qu'il faut demander au
latin le secret de ces deux mots. *Mis* venant de *missum*,
envoyé, lâché, lancé, veut dire introduit, colporté, distribué, semé à pleines mains en France, par les innombrables émissaires de la propagande calviniste. — En *nostre*
langue françoise, parce que les novateurs préféroient le
françois au latin, afin de mieux répandre leurs opinions
dans les masses. — *Par le More du Vergier*. Le More, de
morus, noir, c'est Wolmar, parce que, des trois mages,
Gaspard, Balthazar et Melchior, c'est le dernier qu'on représente comme un nègre. Le Vergier ou verger, c'est
Bèze, que Wolmar s'est plu à cultiver, à enrichir de connoissances précieuses, qui portent maintenant des fruits délicieux, comme ce titre. Mais ce n'est pas Wolmar, c'est

Bèze qui a exécuté le plan de Calvin ; il faut donc lire le Vergier du More. Si l'auteur ne l'a pas écrit, c'est que More va mieux comme nom de personne, et verger comme nom de propriété. C'est dire aussi plus énergiquement que ce qu'il a de meilleur et ce qu'il fait de mieux, on le doit à Wolmar.

Recteur extraordinaire de l'uniuersité de Mateflon. Il nargue, par ces métaphores, François de Guise, lieutenant général du royaume, et l'université de Paris, ennemie déclarée des novateurs. *L'université de Mateflon* est la ligue des prédestinés, dont le général en chef va diriger les efforts contre les infidèles. *Félon* signifioit non-seulement traître, mais cruel, inhumain. Le félon que les saints veulent mater, anéantir, c'est le Domitien, le Phalaris, Henri II. L'*e* de félon est supprimé pour rappeler *phlox* flamme, et *phlégeïn*, brûler. Messieurs les élus brûloient volontiers les mécréants : le fer et le feu devoient en purger la terre. Mais le tyran appliquant ce principe aux élus eux-mêmes, Calvin députa Bèze, Farel et Budé vers les cantons protestants, pour réclamer leur intercession en faveur des victimes. Bèze, chef de l'ambassade, dirigeant l'attaque aussi bien que la défense, est lieutenant général du pape de Genève, ou *recteur extraordinaire* des Matefélon.

Et protecteur des gondz de la Haioulén. Ce dernier mot n'a aucun sens. Mais *Hagioulé* se compose de *hagios*, saint, et d'*oulé*, cicatrice. La papelardise et l'idolâtrie ont fait de ce monde un ulcère immense, une plaie hideuse, qui n'est bien cicatrisée que dans la partie de la Suisse françoise où règne le calvinisme le plus pur. *Cardo, gond*, veut dire aussi ligne tirée vers le nord, et limite. C'est Lausanne, dont le territoire, inondé de lumière, touche le canton de Fribourg et le Valais, plongés dans les ombres de la mort ; Lausanne, où Bèze veille à la pureté de la foi, à l'intégrité de la *cicatrice sainte*. Il en est le dieu *protecteur*, comme *Carda* était la déesse tutélaire des gonds, considérés comme un emblème de l'union conjugale et de la vie de famille, dont le monachisme est le tombeau. Il est naturel que ce protecteur écrive *oulén* au lieu d'*oulé*, parce qu'*oulén* étant comme le pluriel d'*oulé*, salut! *hagioulén* doit signifier Vivent les saints! Cette manière curieuse de modifier un mot pour lui donner un second sens, indépendant de celui de la phrase, mais fortifiant ou complétant l'idée principale, est familière à Nostradamus.

Marinus Nouetus Nucensis in Nostradumum. Marinus, c'est *Phénice.* Comment cela? En cherchant le sens de ce mot, je rencontre Marin de Tyr, ancien géographe, qui me rappelle que Tyr étoit surnommée la Reine des mers, et que les marins par excellence étoient les Phéniciens, et les Carthaginois. J'y vois en outre *maritus*, allusion au fait capital de la vie de Bèze, sa démission de ses bénéfices, pour tenir sa promesse de mariage à sa maîtresse, et le changement de patrie et de religion qui en fut la suite. *Marianus*, partisan de Marius, de Calvin, de Wolmar. — *Novetus* ne m'offrant aucun sens, j'essaye *non vetus*, qui va fort bien à *maritus* : il est amoureux comme le premier jour. Mais c'est une épée à deux tranchants, c'est un reproche amer au papisme, dont les abus l'empêchèrent si longtemps d'épouser la colombe, la Sulamite, la parfaite, qui adore en lui le plus beau des hommes. *Novetus* m'indique aussi *Novatus*, diacre de *Carthage*, qui se rendit à Rome, où il s'unit, en 251, avec *Novatien*, premier *antipape*, d'une grande austérité de mœurs et de principes : Bèze et Calvin. — *Nucensis.* De même que l'*u* de *nuptiæ* s'est changé en *o* dans *nopces*, on traduiroit *Nucensis* par *de Noce*, s'il y avoit une ville de ce nom. Mais comme il n'y en a point, et que madame Bèze se nommoit *Denosse*, c'est dans ses bras qu'est la vraie patrie du bienheureux prédestiné. Enfin, si nous lisons *Lucensis*, nous avons un citoyen de *Luce-Nouvelle*, de la cité radieuse où Frangidelphe Escorche-messes publiera, dans quelques années, son Histoire de la mappemonde papistique (1). *Lu-*

(1) *Frangidelphe* ne seroit-il pas une allusion fanfaronne au Monstre d'abus? Je ne vois pas que l'*Histoire de la mappemonde* assimile personne à un oracle; tandis qu'à propos d'*Unus erit omnibus fabula*, le Monstre compare « l'oracle de Salon » à celui de Delphes.

censis veut dire encore *épée de lumière*. C'est l'ardente polémique de ce bon Théodore, et le rôle qu'il veut jouer en
France.

> *Nondum grammaticœ calles primordia, et audes*
> *Vim cœli radio suposuisse tuo* (1).

Ici le pamphlétaire dit tout bas au prophète : « Je sais
fort bien que l'inspiration n'est pas fille du rudiment, et je
comprends assez ta langue pour admirer ton habileté sous
ton masque de folie. Mais nous sommes ennemis, et je te
mets des oreilles d'âne devant la foule. »

*A Paris, Pour Barbe Regnault, demourant à la rue S.
Iaques, deuant les Mathurins. Auec priuilege.* — *A pari
his,* par un gaillard qui ne les craint pas. Toujours les ânes.
His est le cri déchirant de ce pauvre animal, lorsqu'il veut
chanter. — *Pour faire la barbe au règne*, à ce gouvernement *qui demeure attaché au culte des idoles*, et s'obstine à
persécuter les élus. Les premiers inquisiteurs en titre, les
dominicains, prirent le nom de jacobins, parce que la première maison qu'ils eurent en France étoit située *rue Saint-
Jacques.* — *Le mal saint Mathurin* étant la folie, *devant
les Mathurins* est un sarcasme de huguenot contre des prêtres attachés au collége du Plessis, qui découvrirent et signalèrent au peuple la réunion du 4 septembre, rue Saint-Jacques, en face de ce collége. — *Avec privilége* est une
dernière moquerie : « Nos brochures inondent la France à
ta barbe, tyran. Notre privilége, à nous, c'est l'inspiration ;
c'est la loi vivante, la *loi privée*. »

Si je n'ai pas deviné, lecteur, faites-le vous-même : je
suis au bout de mon latin. Si *Marinus Novetus Nucensis* ne
dit pas, de neuf manières, Bèze, je jette ma langue aux
chiens.

---

(1) Je ne comprends pas le retranchement d'un *p* dans *suposuisse*. Ce n'est pas
une faute d'impr ssion, car on en trouve peu dans la brochure, et le titre a dû
être l'objet d'un soin tout particulier. Je présume donc que c'est une allusion à
quelque chose que j'ignore, et qui, peut-être, s'étoit passé entre l'auteur et Nostradamus.

Videl. — La même année parut la *Declaration des abus,
ignorances et seditions de Michel Nostradamus, de Salon
de Craux en Prouence, œuure tres-utile et profitable à vn
chacun.* Nouuellement traduit de latin en françois. Auec
privilege. Imprimé en Auignon par Pierre Roux et Jan
Tramblay. In-4 de 44 pages.

J'ai lu, à Sainte-Geneviève, ce libelle, dont j'ai copié les
passages qui m'ont paru de quelque valeur. L'auteur a le
ton d'un cafard et le venin de la vipère. Écoutons-le :

« Laurens Videl au lecteur, salut et paix. — S'il te semble que je prends vengeance de l'injure que contre Dieu et
raison Michel Nostramus (*sic*) m'a fait, sache que c'est pour
son grand bien, profit et utilité, mesmes au salut de son
ame... Aucune influence que les estoiles nous promettent et
viennent à signifier, ne nous peut faire bien ou mal si ce n'est
le bon plaisir de Dieu, car c'est celui qui peut detourner tous
mouvemens et les faire aller contre leur naturel s'il est son
bon plaisir, qu'est chose bien evidente que les astrologiens
ne doivent parler ni dire qu'un tel fait viendra pour seur,
ainsi que fait ce phanatique de Nostradamus qu'en ses folles
resveries use continuellement de ces mots infalliblement et
pour seur qu'est un blaspheme intolerable ; en sorte qu'un
chacun se doit essayer à repousser tous ceux qui nous viendront faire entendre telles folles inventions qui ne servent
qu'à porter dommage tant au salut de nos ames que de la
republicque. Mesmes je prie messieurs les prelats, pasteurs et
autres qui ont charge en l'Eglise, y vouloir adviser en donnant ordre que telles resveries qui ne peuvent que troubler
les pauvres consciences debiles ne se viennent ainsi publier,
car à eux appartient de chasser toutes folles curiosités qui se
veulent par trop enquerir des mysteres que Dieu seul s'est
reservés, et toutes autres vanités, observations, superstitions
qui ont esté de long-temps par bonnes raisons defendues en
separant le mechant du bon afin qu'avec le temps le tout ne
soit corrompu par ces temeraires et ignorans, faisant en sorte
que le tout soit à la gloire du nom de Dieu et augmentation

de la sainte Eglise avec toute paix et concorde.... A Dieu, d'Avignon ce 20 novembre 1557. »

« M. Laurens Videl, à Michel Nostradamus. — La plus grand part des gens d'aujourd'hui tiennent que tous ceux qui se meslent de predire ou bien de faire pronosticques usent de magie superstition. Tu as montré que tu estois fort galeux et roigneux, comme il appert par tous tes presages de l'an 1557.... qu'a esté la cause de m'adherer à ce que tient le commun, que tu es conduit à l'accointance de sorcellerie des malins esprits par une magie terrestre et prophane, ignorant la naturelle qu'est saincte et apprend à connoistre et à aimer Dieu..... Or si tu en usois, je n'en feus jamais si asseuré que quand tu t'es fasché quand on a parlé à l'encontre, et aussi je te puis bien asseurement dire que de la vraie astrologie, tu y entends moins que rien.... Certes, si je te voulois reciter toutes tes ignorances, abus et sottises que tu as mis en tes œuvres depuis quatre ou cinq ans en çà, il en faudroit faire un bien grand livre.

« Je trouve que tu avois tres bien prophetisé de toi en l'an 1555, au mois de janvier, disant, *plusieurs en contrefesant prophetes seduiront le peuple;* quant à moi, je n'en ai cogneu autre faisant du prophete que toi, et ne scais si tu serois des prophetes de l'Antichrist qui se doit magnifester au dernier temps. Il est vrai que tu as quelque raison en ce que tu dis qu'ils sont un tas de bestes brutes qui te veulent ensuyvre, ou bien ainsi que tu parles ton umbre; et je dis dadvantage que ceux qui voudroient ensuyvre une telle pecore, meriteroient estre tenus plus bestes que tu ne les estimes et qu'on les envoyat au moulin. Mais en ce tu demonstres que tu es hors de sens, car tu dis qu'ils sont trois qui contre raison t'ont calomnié devant les monarques, j'entends bien que tu parles contre ceux qui font des almanachs en disant qu'ils sont privés de toute cognoissance mathematique. Je te reponds que certainement ils sont bien privés du *mecaseph* qui apprend *abbatou* ou bien quelque autre de telle farine, car en cela ils n'entendent rien, ni

(ainsi que je pense) n'ont affaire à y entendre, de l'un j'en
suis asseuré, et te responds pour tous les trois qu'ils ont plus
oublié aux mathematiques que tu n'en sçauras jamais, car tu
as commencé trop tard, et non es entré par la vraie porte;
tu dis qu'ils ne sçauroient entrer là où tu prends la doctrine,
ils n'ont affaire de telle doctrine, car il est certain que telle
doctrine et observations sont superstitions malefiques et per-
nicieuses, combien qu'aux ignorans (comme toi) leur semble
qu'elles soient sciences divines.

« Un noble et honneste homme digne de foi m'a dit qu'autres fois après avoir eu dîné avec un medecin, tu lui vins
dire sa naissance, son nom, son mariage et combien il avoit
d'enfans. N'es-tu pas un grand trompeur, de vouloir faire
entendre que cela se fait par l'astrologie ; mais tu as esté bien
trompé quand l'on a cogneu que tu n'entends rien en ladite
astrologie, laquelle chose est claire et evidente par toutes
tes œuvres, et t'a fort gasté quand tu t'es voulu empescher à
faire de nativités que ne as sceu par quel bout à commencer,
et ce voyant tu les as faites par sort, comme plusieurs que
j'ai veues que les avois faites par la geomantie, car tu y avois
mis des figures de ladicte geomantie, comme sont *populus
amissio albus* et semblables ; combien qu'il semble que cela
soit tout semblable à l'astrologie, il s'en approche tant comme
le ciel de la terre, et dernierement je en vis une que tu l'a-
vois voulu faire selon l'astrologie , laquelle vint entre les
mains d'un de mes disciples, lequel après avoir cogneu ton
ignorance et bestise la me vint communiquer, là où tu te
monstres le plus ignare qu'il n'est possible en trouver un qui
te seconde en ignorance.... Certes j'ai beaucoup veu des
nativités que tu t'es volu empescher à les faire, mais jamais
tu n'as eu la grace de rencontrer une que tu eusses sceu
trouver le vrai point du zodiaque ascendant. Regarde donc
quel jugement tu nous peux faire? quand ne sçais entendre le
principal point ou faut que soit fait tout jugement.... Tu te
voulois par trop faire cognoistre en te louant toi mesme
quand tu disois que volois dedier une œuvre à un seigneur

que l'ire de Jupiter ni Saturne ne la sçauroit abolir : autant
en as fait au distichon qu'as desrobé à Ovide quand tu dis :
Post mortem nomen vivet in orbe meum. Il te falloit laisser
aire cela à un autre, si tu eusses eu un peu de sagesse.... Au
mois de febvrier 1556, tu disois *la maladie du grand troublera le regne.* Crois-moi, laisse ces resveries qui te font entendre tant de mensonges : et ceux qui te conseillerent escrire
à l'encontre de moi te veulent grand mal ; car je ne t'avois
jamais offensé en aucune chose que ce soit, et toutefois tu
m'as divulgué avec injures. Et te sembloit que je n'aurois
langue à te respondre, car tu me tenois pour mort, voyant
que tu avois dit *qu'au bout de l'année n'aurions loisir de
parler....* Comme quand tu as predict la mort à plusieurs,
aucuns en sont morts, d'autres sont en pleine vie ; mesme
ici en Avignon il y a une femme que tu lui avois dit qu'en tel
mois elle seroit morte, et de frayeur elle en feust bien malade. Pourquoi donnes-tu telle frayeur aux gens? Car autant
en fis à un prebstre que je cognois, et à plusieurs autres. Toutefois et le prebstre et la femme sont en pleine vie et s'il est
le bon plaisir de Dieu vivront plus que toi.... — D'Avignon,
ce jour que tu me menaçois de beaucoup de maux, qu'est le
21 novembre 1557. — Imprimé de l'autorité et permission
de monsieur le vicaire general d'Avignon. »

Une partie de ces accusations est habilement calculée
pour nuire à Nostradamus aux yeux de la foule. Celles d'impiété, de magie et d'ignorance en astrologie, ne sont pas
dignes d'attention ; mais il est curieux qu'après lui avoir
imputé une clairvoyance surnaturelle, Videl l'accuse aussi
de fausses prédictions. Quant à sa vie privée, il lui dit :
« Tu ne te contentes de boire par toutes les bonnes maisons ; mais vas boire par toutes les tavernes et cabarets,
comme un bon pion. » C'est le seul reproche qu'il trouve à
lui faire : on peut juger de sa valeur dans la bouche d'un
tel ennemi. Il prétend, il est vrai, qu'il a conseillé à un malade d'avoir commerce avec une petite femme noire, sans
doute une des formes de Satan, son ami ; et il lui reproche

d'avoir donné, dans le *Traité des fardemens*, une recette pour inspirer à volonté des désirs invincibles. Videl est probablement ici de bonne foi : il est mystifié, comme nous le verrons plus tard.

Je conclus de certains passages que l'auteur enseignoit l'astrologie, et qu'il publioit un almanach, où il avoit parlé contre les prédictions de Nostradamus, sans le nommer, puisqu'il dit qu'il ne l'avoit jamais offensé ; mais en le désignant si clairement, que le prophète s'étoit *fâché*, c'est-à-dire avoit risposté vigoureusement. Que dans sa réplique il eût nommé Videl ou non, c'est par elle que celui-ci se prétend *divulgué avec injures contre Dieu et raison*. Il ajoute : *Tu dis qu'ils sont trois qui t'ont calumnié devant les monarques : j'entends bien que tu parles contre ceux qui font des almanachs. J'entends bien* prouve que c'est une supposition de sa part. De même, bien qu'en s'exprimant ainsi : *Tu avois dit qu'au bout de l'année nous n'aurions le loisir de parler*, il s'applique ces paroles ; elles s'adressent à ces trois qui ont calomnié le prophète, et ces trois ne sont autres que le *tas de bétes brutes qui veulent ensuivre son ombre*. En effet, le Monstre d'abus lui dit : *Tu t'adresses à toute bride à trois de tes calumniateurs, les appelant bestes brutes et ignorantes, pour ce qu'ils se mélent de vouloir ensuivre ton umbre*, et tu les menaces de se voir *sur l'issue de cette année en telle extremité, qu'ils n'auront pas seulement le loisir de parler*. Il est clair aussi que Videl s'applique arbitrairement quelqu'une de ces généralités qui figurent à chaque jour du mois dans l'almanach, lorsqu'il dit en finissant : *D'Avignon, ce jour que tu me menaçois de beaucoup de maux, qu'est le 21 novembre 1557*. Il y avoit peut-être ce jour-là : *Malheureux calumniateur*. L'auteur du libelle n'auroit donc eu d'autre motif pour l'écrire qu'une jalousie de métier. Il est probable, cependant, que non-seulement il publioit un almanach, mais qu'il étoit médecin, car la plupart des astrologues l'étoient. Or Nostradamus avoit dit, chapitre **xxx** du livre *Des Confitures* : « En l'université d'Avignon sont plusieurs qui font tout le contraire que Christus nous a commandé, quand il disoit que l'on se preparast tresor au ciel, où les larrons ne desrobent point, ne si faict banque faillie. » Et il n'avoit cité avec éloge aucun médecin de cette ville. Il pouvoit donc s'être formé là une cabale contre lui. Néanmoins je ne puis admettre que le vicaire général ait voulu autoriser une pareille diatribe contre un des plus zélés défenseurs de l'Église, dans un moment si critique pour elle; et, en conséquence, je regarde ce libelle comme un pseudonyme, où on a profité d'une querelle d'almanach entre Videl et Nostradamus, pour attaquer le second sous le masque de l'autre, et pour ruiner son crédit parmi les siens, en l'accusant d'intimité avec le diable, calomnie la plus terrible de toutes. Je remarque aussi que le pamphlétaire n'élève contre lui aucun soupçon d'hérésie, ce qui prouve que son orthodoxie étoit bien notoire, ou que le véritable auteur étoit protestant. D'ailleurs, comment Videl eût-il osé, dans une ville où Nostradamus étoit si connu, dire qu'il avoit commencé trop tard l'étude des mathématiques? Un mensonge si grossier ne pouvoit réussir que loin de la Provence. Je suppose donc que cette brochure, écrite vers le même temps que le Monstre d'abus, vient de la même source, de Genève, de la propagande calviniste; et je l'attribue à Pierre Viret, ministre à Lausanne, ami de Bèze, dévoué à Calvin, pamphlétaire infatigable, qui alloit souvent dans le Midi, et certainement à Orange, repaire de huguenots, où il put s'informer de Nostradamus. Videl, eût-il été secrètement partisan de la réforme, se fût trop exposé, en faisant coïncider son attaque avec l'apparition d'autres libelles, manifestement calvinistes, pour que je puisse admettre qu'il ait fait partie du complot. Mais son nom est bien choisi, puisque, dans Ovide, *Laurens* est synonyme de *Romain*, et que *Videl* ressemble à *fidèle*, et diffère peu de *Viret*. Enfin, *monstrare* et *declarare* signifiant tous deux montrer, faire connoître, *déclaration* équivaut à *montre* ou *monstre;* et si l'auteur n'eût pas voulu cacher l'origine commune des deux pam-

phlets, il auroit pu dire *Monstre des abus, ignorances et sé-
ditions....* La monstre signifioit la revue des troupes. Passons à un autre libelle.

HERCULE LE FRANÇOIS. —Je n'ai trouvé qu'à la bibliothèque
d'Aix, dans un catalogue d'ouvrages sur la Provence ou sur
les Provençaux, rédigé dans le siècle passé par le savant
abbé Dubreuil, le titre suivant : *La premiere. inuective du
seigneur Hercule le François contre Nostradamus.* Traduit
du latin (par L. u. c. m.). Lyon, Roux, 1557, in-8. C'est sans
doute encore un pseudonyme de Genève. Il est traduit du
latin comme les deux autres, publié vers le même temps,
et l'imprimeur a le même nom que celui de Videl, *Roux,
Rufus, Carthaginois.* Je crus d'abord que *La première invective* en promettoit d'autres du même auteur ; mais je suppose maintenant que ce pamphlet est le premier des trois qui
parut : et, considérant qu'invective vient d'*invehi*, attaquer, je
traduis ainsi : *La première attaque du Seigneur contre Nostradamus.* Ce Seigneur est le Dieu des armées, qui a vaincu celles
du tyran, commandées par ses favoris. Le Seigneur va confondre non-seulement le faux prophète, mais *les inventions des
hommes,* substituées à la pure doctrine de l'Évangile : *nostra
damus. Hercule le François* a aussi plus d'un sens. *Et recule le
François* est une insulte au gouvernement, et particulièrement
à François de Guise. Cette première attaque a été mise en notre
langue, par qui ? *Per lucem,* par les torrents de lumière qui
sont l'apanage des élus. Sans doute : mais qui a reçu d'en
haut le mandat spécial d'illuminer ainsi le monde ? Quel
est ce phare merveilleux qui apparoît dans la nuit orageuse,
pour sauver la France et l'Église ?... O trait de lumière !
C'est le sauveur de Genève, le phare des régénérés, le vainqueur de Charlemagne ; c'est Farel. Le vainqueur de Charlemagne ! Ah ! grand Dieu ! c'est l'auteur lui-même, l'Hercule
françois. Charlemagne créa la nouvelle Babylone, la puissance politique des papes : Farel a fondé la nouvelle Rome,
et brisé la statue de ce mécréant. Hercule purgea de monstres l'univers : Farel écrasera tout ce qui offusque le Sei-

gneur; Farel, effroi des idoles, assommera Guise et Monstradamus. Que dis-je? *Monstradamus!* J'ai vu ce mot dans
Naudé, dans *l'Apologie des grands hommes soupçonnés de
magie.* Son origine n'y est pas indiquée; mais il est sans
doute fils d'Hercule, et Naudé l'a vu dans l'Invective.

Une idée me vient encore au sujet de nos pamphlétaires.
Il seroit plaisant qu'en voulant diffamer Nostradamus, ils
eussent eux-mêmes fourni la preuve de sa clairvoyance prophétique. *Unus erit omnibus fabula,* qui se trouve *sur la fin*
des présages de 1557, semble une allusion à ces libelles qui
parurent contre lui vers la fin de l'année : car s'il ne devint
pas la fable de tout le monde, ils le représentent comme
tel. Ces trois calomniateurs qu'il appelle bêtes brutes et
ignorantes, parce qu'ils *se mêlent de vouloir ensuivre son
ombre,* ne seroient-ils pas les trois pamphlétaires? Ils n'ont
pas compris qu'*ensuivre son ombre* ne signifiait pas imiter
le prophète, suivre ses traces; mais attaquer (*insequi*) la
forme trompeuse, le style mystifiant qui dérobe sa pensée
aux profanes. Il dit qu'*ils se mêlent,* parce qu'ils travail-
lent de concert; et que, sur la fin de l'année, *ils n'auront pas le loisir de parler,* parce qu'ils seront occupés
à écrire contre lui. *Ils l'ont calomnié devant les monarques :* or, d'après le Monstre d'abus, son nom est la risée des souverains et des grands de toutes les nations;
et Videl, s'adressant aux chefs de l'Église, les prie d'empêcher que ses rêveries superstitieuses ne troublent les consciences débiles. Enfin il traite ses calomniateurs de *tas de
bêtes brutes et ignorantes.* Or *tas,* de *taxis,* veut dire ici un
groupe qui agit avec ensemble, *tactique;* et ceux qui le forment sont non-seulement des *Brutus,* des *Brutes,* comme on
disoit alors, des ennemis de l'autorité; mais encore, tout savants qu'ils sont, des *ignorants,* qui se révoltent contre elle,
parce qu'ils ne voient que la surface des choses. Le vrai sens
de *brutus,* au propre et au figuré, c'est lourd, pesant; et
les brutes sont le contraire des oiseaux, symbole de la vie
spirituelle aux yeux des sages. Les pamphlétaires sont donc,

aux yeux du prophète, des *brutes;* et spécialement **Besze,** avec tout son esprit, une *beste;* Videl, un *vide d'aile;* et Guillaume Farel, ce furieux qui ne peut voir les images des grands hommes sans se jeter sur elles pour les anéantir, un *guille*-homme, un *faux* homme, une brute à face humaine(1). Enfin, pour un voyant, un favori de Lucifer, comme Nostradamus, Calvin, malgré son érudition, sa logique et son talent d'écrivain, n'est ni l'aigle de Jupiter, ni l'oiseau de Minerve, ni un poulet sacré; c'est une *chauve*-souris, un aveugle, un Midas, plus incapable de l'apprécier, qu'un âne le chant du rossignol.

Conrad Badius.—Du Verdier cite de lui, dans sa Bibliothèque, *Les vertus de nostre maistre Nostradamus,* satire imprimée à Genève, par lui-même, en 1562. Il en donne le passage suivant, qui est sans doute un des plus beaux endroits :

> J'oublioy de dire en un mot
> Qu'il rime comme poix en pot:
> Mais pour un diseur de matines
> Il couppe mal ses feminines.
> Ses vers sont faicts à estriviere
> Fort courts devant et longs derriere,
> Et sont naiz soubs tel horizon
> Qu'il n'y a ny sens ny raison :
> Tellement que ce docte Homere
> Semble estre fils de sotte mere
> Qui jadis rimoit en dormant,
> Ou plustost dormoit en rimant.   F. **Buget.**

(1) On le vit, à Montbéliard, au milieu d'une procession, se jeter sur un prêtre, arracher de ses mains la statue de saint Antoine, et la précipiter dans la rivière. — *Guillaume* vient de *Wilhelm*, bon protecteur; mais le prophète, citoyen de l'éternité, joue indifféremment avec le son, l'orthographe et l'étymologie. Les langues passent devant lui comme une ombre : il les voit naître et mourir. Elles sont pleines de vertus divines : mais, au point de vue littéraire, ce ce sont pour lui des hochets d'un jour.

(*La fin prochainement.*)

ÉTUDE BIBLIOGRAPHIQUE

ROMANS DE CHEVALERIE ESPAGNOLS [1].

(SUITE.)

III

Romans de chevalerie appartenant à diverses classes.

Arderique.—Libro del esforçado cavallero.... Valencia, 1517. Le *Manuel* indique comme composé de 110 feuillets ce volume précieux, qui est à la Bibliothèque impériale. M. de Gayangos, par erreur sans doute, ne lui donne que 90 feuillets, et il ajoute qu'un autre exemplaire se trouve à la Bibliothèque impériale de Vienne.

Belianis de Grecia. Clémencin, dans ses notes sur don Quichotte (I, 147), indique une édition datée de 1547, mais dont l'existence peut être révoquée en doute. M. de Gayangos mentionne les éditions de 1564 et 1579, signalées par d'autres bibliographes, mais sans les décrire, ce qui prouve qu'il ne les a jamais rencontrées. Il parle comme se composant de 267 feuillets à 2 colonnes de l'édition donnée à Saragosse en 1580 par Domingo de Portonariis y Ursino; nous ne le trouvons pas au *Manuel* (article FERNANDEZ). Un exemplaire des III⁰ et IV⁰ parties de ce roman, Burgos, 1579, figure dans la *Bibliotheca Grenvilliana* (t. II, p. 42).

Cirongilio de Tracia, Sevilla, 1545. M. de Gayangos paroît ne pas avoir vu cette édition, qu'il mentionne d'après le *Manuel*. Un exemplaire se trouve également dans la *Bibliotheca Grenvilliana*. C'est celui qui a paru successivement aux ventes Paris, Standley, Blandford et Haber, et très-pro-

(1) Voir le commencement, p. 199.

bablement c'est aussi celui qui figure au riche catalogue du cardinal Dubois.

Nous croyons que la promesse faite par l'auteur, *Bernardo de Vargas*, de publier une seconde partie *avec les faits du prince Chrisocolo*, veut dire que cette seconde partie sera la suite de *Cirongilio*. M. de Gayangos nous apprend aussi que sir Thomas Phillips possède un exemplaire de *Don Cirongilio*. Nous ignorons s'il en existe un troisième.

Clarian de Landanis. Nous n'avons rien à ajouter au sujet de ce roman peu connu, si ce n'est qu'une édition de Séville, 1545, in-fol., achevée d'imprimer le 18 décembre, est portée au numéro 168 du catalogue d'une vente faite le 18 avril 1847 par l'Alliance des Arts; mais peut-être ce volume, que nous ne trouvons pas cité ailleurs, est-il le même que celui daté de Séville, 1550, indiqué au *Manuel*, et non décrit, ce qui démontre sa grande rareté.

Clarimundo, par Joao de Barros. Nous nous bornons à une seule observation : M. Brunet, dans la dernière édition du *Manuel*, indique comme cinquième édition celle de Lisbonne, 1791, 3 vol. in-8; M. de Gayangos en signale une datée de 1790, 4 vol. in-8. Ne seroit-ce pas la même?

Espejo de principes. — *El caballero del Febo*, par Diego Ortienez Zaragoça, 1562. Cette édition, indiquée par Nicolas Antonio, a paru apocryphe à l'auteur du *Manuel*. Toutefois, M. de Gayangos fait remarquer que le permis d'imprimer, donné le 24 avril 1580 en faveur de Blas de Robles, est accordé pour publier la seconde partie de *Pedro de la Sierra*, ainsi que la première et autres antérieurement imprimées, ce qui donne tout lieu de supposer que l'ouvrage avait en effet paru avant 1580.

Le *Manuel* (t. III, p. 581) cite une édition de Saragosse, 1580. Elle n'est connue que par cette indication à M. de Gayangos, mais ce bibliographe en décrit une d'Alcala, Juan Iniguez de Lequerica, 1580, in-fol., 320 feuillets à deux colonnes. Peut-être n'y a-t-il là aussi qu'une seule impression. En tout cas, le volume avec la rubrique d'Alcala, tiré sur très-mauvais papier, et exécuté avec des caractères usés, est rempli de fautes. Il y a été apporté si peu de soin qu'on a laissé la pagination sauter de 208 à 509.

Un exemplaire de l'édition de Saragosse, 1617, est dans la bibliothèque Phillips.

Une cinquième partie de ce roman est mentionnée par Pellicer (*Vie de Cervantes*) comme existant à la Biblothèque nationale. Il est vraisemblable que c'étoit un manuscrit qui doit se trouver encore à Madrid dans ce dépôt. Nul bibliographe ne l'a signalé comme ayant été imprimé.

Febo el Troyano. Nous croyons devoir donner tout au long le titre de ce roman très-rare, parce qu'il nous semble qu'il n'est point indiqué au *Manuel*. — *Primera parte del Dechado y Remate de grandes hazañas, donde se cuentan los immortales hechos del cauallero del Febo el Troyano y de su hermano don Hispalian de la Venganza, hijos del grande Emperador Floribacio. Con les altas cauallerias y muy estraños Amores de la Real y extremada princesa Clariana y de otros muchos Principes y caualleros, sacada à luz por Estevan Corbera, natural de Barcelona, y en ella impresso, en casa de Pedro Mulo*, 1576, in-fol., 102 feuillets chiffrés à 2 colonnes, et 8 non chiffrés pour le titre et les préliminaires. M. de Gayangos décrit ce volume d'après l'exemplaire qu'il a vu dans le cabinet de don Justo Sancha.

Felix Magno. Los quatro libros, Sevilla, 1543. La bibliothèque de Vienne ne possède que le troisième livre, encore est-il incomplet de plusieurs feuillets.

Florambel de Lucea. Indiqué sans aucun détail par Nicolas Antonio; on trouve aussi cet ouvrage, dans la liste de ceux que le duc de Calabre légua en 1554 au couvent de San Miguel de los Reyes, à Valence.

Un exemplaire de l'édition des IVe et V^e parties de ce roman (indiqué au *Manuel*), et qui, imparfait de quelques feuillets, a figuré à la vente Heber, est entré dans la collection Phillips. M. de Gayangos signale aussi comme étant à la Bibliothèque impériale de Vienne, mais sans le frontispice, une autre édi-

tion de ces deux parties, Valladolid, Nicolas Fierri, achevée
d'imprimer le 25 septembre 1532, in-fol., à deux colonnes.

Florando da Inglaterra, 1545, décrit au *Manuel*. Un
exemplaire est conservé au Musée britannique.

Florindo, hijo de Floriseo, 1530. Par suite d'une faute
d'impression, il est dit au *Manuel* (édition de 1842, t. II,
p. 299) que ce volume contient des figures sur bois. Cette
faute a disparu dans la nouvelle édition (t. II, col. 1308).
M. de Gayangos dit, du reste, que l'exemplaire qu'il a sous
les yeux ne renferme pas une seule gravure.

Floriseo, par Fernando Bernal, Valencia, Diego Gumiel,
1517, in-fol. Nicolas Antonio est le seul écrivain qui cite
cette édition, mais il aura sans doute commis quelque erreur;
Gumiel n'imprimoit pas alors à Valence, et Bernal vivoit dans
une province de l'Espagne fort éloignée de cette ville.

Lepolemo, el cavallero de la Cruz. Le *Manuel* indique et
décrit, d'après l'exemplaire de la bibliothèque de Dresde,
l'édition de Valence, 1525, que M. de Gayangos ne mentionne pas, et il constate qu'il se trouvoit à la vente Heber
un exemplaire de l'édition de Séville, 1534, que ce bibliographe regardoit comme fort douteuse, et qui avoit été citée
par Bowle dans ses notes sur don Quichotte. En revanche,
M. de Gayangos enregistre trois éditions qui ne figurent pas
encore au *Manuel*, mais il ne les a point vues, et peut-être ne
sont-elles pas toutes d'une existence fort authentique :

Tolède, 1543, in-fol. (signalée par Clemencin dans son
commentaire sur don Quichotte) ; Valladolid, 1545 ; Tolède,
Miguel Ferrer, 1562 (mentionnée dans les *Origines* de
Moratin et dans le *Repertorio americano*). Voici la description de l'édition de Séville, Francisco Perez, sans date, que
signale le *Manuel* : 111 feuillets, y compris le frontispice ;
à la fin un feuillet non chiffré, lequel présente, au-dessous
des armes impériales, le nom de l'imprimeur.

Oliveros y Artus. Une édition de Valence, 1505, in-fol.,
est mentionnée par M. de Gayangos, mais sans qu'il l'ait vue,
d'après une indication de don Justo Sancha. Nous ne croyons

pas que ce bibliographe ait connu une édition de Séville, 1544, qui est signalée dans les additions au *Manuel* (édition de 1842), et dont un exemplaire s'est payé 200 francs à la vente De Bure. L'édition d'Alcala, 1604, figure dans la *Bibliotheca Grenvilliana*, qui fait remarquer que le style a été rajeuni. Il existe aussi une édition de Madrid, 1735, in-8.

Philesbian de Candaria, 1542. Un exemplaire, le seul connu et incomplet de quelques feuillets (notamment de celui qui renfermoit la souscription), étoit chez Heber; il a passé chez sir Thomas Phillips.

Tirant le Blanc, Valence, 1490. Indépendamment de l'exemplaire qui, de chez Heber, a passé chez sir Thomas Grenville, le *Manuel* en mentionne un autre comme étant à Rome, dans la bibliothèque du Vatican. Selon M. de Gayangos, il est dans la bibliothèque du collège de la Sapienza, et il y en a un troisième dans la bibliothèque de l'Université de Valence.

La *Bibliotheca Grenvilliana* contient, (p. 734), une longue note sur ce roman; elle est extraite du *Catalogue des romans* dressé par Ritson, manuscrit qui, de la bibliothèque Heber, a passé dans le Musée britannique. Le héros est un Breton qui, après s'être distingué à la cour d'Angleterre, empêche les Sarrasins de s'emparer de l'île de Rhodes, et sauve l'empereur de la Grèce que les Turcs alloient détrôner. Ses amours avec la belle Carmesine, fille de ce monarque, donnent lieu à des épisodes assez singuliers; il finit par être déclaré césar et héritier de l'empire. Il conclut avec les infidèles une paix avantageuse, mais, en revenant à Constantinople, il est attaqué d'une maladie qui l'emporte rapidement. Son beau-père et sa femme ne tardent pas à succomber à leur douleur.

Les deux volumes publiés par le comte de Caylus (vers 1737) sous le titre d'*Histoire du vaillant chevalier Le Blanc* ne sont qu'une imitation fort libre du récit original; ils n'en donnent ainsi qu'une idée bien peu fidèle. On ne sera guère plus instruit en recourant à l'analyse insérée dans la *Biblio-*

thèque des romans (octobre 1783, tome II), et ce que dit
Dunlop dans son *History of fiction*, tome II, pages 73-88,
est nécessairement fort succinct.

Un exemplaire de la très-rare édition espagnole, Valence,
1511, s'est trouvé dans la bibliothèque de lord Stuart de
Rothesay, et s'est vendu à Londres en 1854 ; il étoit incomplet de quelques feuillets.

On recherche la traduction italienne faite par Lelio di
Manfredi, et publiée à Venise en 1538, in-4. Un bel exemplaire a été porté jusqu'à 401 fr. à la vente Libri, en 1847.

Valeriano de Hungaria. M. de Gayangos dit qu'aucun
bibliographe, à sa connoissance, n'avoit mentionné ce roman
espagnol, dont il a un exemplaire auquel manque le titre.
Un autre, également imparfait, est à la Bibliothèque impériale de Vienne. Le titre expose que le *muy alto Principe y
esforçado cavallero* Valérien fut envoyé par son père Pal-
merindo, roi de Hongrie, à l'empereur Octave ; le récit de
ses amours avec la princesse Flerisena et de ses exploits fut
écrit par le sage Arismenio, et traduit du latin par Denis
Clemente, notaire de Valence.

Le *Journal de l'Amateur de livres* (publié par M. Jannet),
Paris, tome II (1849), page 92, décrit, d'après un exemplaire
bien complet, l'édition de Valence, Francisco Diaz Romano,
1540, in-fol.

L'ouvrage espagnol ne contient que deux parties, et il y en
a trois dans la traduction italienne de Pietro Lauro, imprimée à Venise en 1558 ; la dernière a été inventée par le
traducteur, ou bien (ce qui est moins probable) elle est la
version d'un texte aujourd'hui perdu.

IV

Romans de chevalerie espagnole demeurés inédits.

Caballero de la luna. Bibliothèque de Madrid, coté V,
150 ; 268 feuillets. On y trouve le récit des guerres que les
Babyloniens, les Tartares, les Turcs et les Perses firent à la
Grèce, et de leur conversion à la foi.

Claridoro de España. Un manuscrit portant ce titre, in-fol. de 744 pages, se vendit à Londres en 1825; il provenait de chez Southey (Salvà, *Repertorio americano*, IV, 151).

Clarisel de las Flores. Roman en prose, mêlé de vers, qu'écrivit Jeronimo de Urrea, auquel on doit une traduction espagnole de l'Arioste. Il étoit composé de trois parties, mais la première paraît perdue. Le manuscrit autographe des deux autres est conservé à la bibliothèque de l'Université de Saragosse.

Aventuras de gigante Dominiscaldo, par Alvaro da Silveira; manuscrit indiqué par Barbosa dans sa *Bibliotheca lusitana*, 1, 114.

Leon, flos de Tracia. Manuscrit de la fin du seizième siècle, conservé à la bibliothèque de Madrid (coté Bb, 23). C'est un in-fol. de 445 feuillets; le récit, divisé en 147 chapitres, expose les exploits de cet *ynvencyble cavallero*, et ses amours avec deux belles princesses, Altamira, fille de l'empereur d'Alexandrie, et Florinde, fille de l'empereur de Trébisonde.

Marsindo. Manuscrit in-4 de la première moitié du seizième siècle; il fait partie de la bibliothèque de l'Académie royale d'Espagne. Ce *virtuoso y esforçado caballero* est indiqué comme fils de Serpio Eneslio, prince de Constantinople.

Valfloran (cinquième partie). Ce manuscrit fait partie de la bibliothèque de don Serafin Estevanez Calderon.

Cronica del infante Adramon, blamado el caballero de las damas. Manuscrit in-fol. du commencement du seizième siècle, conservé à la Bibliothèque impériale de Paris et décrit dans le *Catalogo* des manuscrits espagnols que possède ce riche dépôt, rédigé par Eugenio de Ochoa, p. 537.

Libro del siervo libre de amor, o Amores de Arlindier y Liessa. Manuscrit in-4, a la Bibliothèque nationale de Madrid (E, 234). L'auteur de cette composition, dans le genre sentimental et chevaleresque cultivé par Diego de San Pedro, Juan de Flores et autres écrivains, est Juan Rodriguez de la Camara.

V

Histoires et nouvelles chevaleresques.

Tractato de amores de Arnalte y Lucenda, par Diego de San Pedro. Le *Manuel* (t. IV, p. 1947) indique une édition de Burgos, A. de Melgar, sans date; M. de Gayangos en signale une autre, Burgos, Fadrique Aleman, du 25 novembre 1491, in-4, lettres gothiques, sans pagination ni réclames. Il en mentionne aussi deux autres qu'il n'a pas vues, et dont l'existence n'est pas bien avérée; en tout cas, elles sont très-rares. Séville, 1527, citée par Quadrio et Ritson; Burgos, 1527, in-4, indiquée par un bibliographe espagnol dans un traité imprimé à Saragosse en 1794, et très-peu répandu : *De libris quibusdam rarioribus in Hispania.*

Historia de Aurelio y Isabella, par Juan de Florès. Ritson indique une édition de Venise, 1529; mais il est à croire qu'il s'est trompé et qu'il ne s'agit que de l'édition italienne imprimée en effet cette année dans la ville en question. Il existe une traduction françoise publiée à Paris, 1530, et il n'est pas douteux qu'il n'ait paru quelques années avant sans doute une édition du texte original, laquelle ne se retrouve plus. Indépendamment des quatre éditions polyglottes mentionnées au *Manuel* et par M. de Gayangos, nous en avons trouvé une en espagnol et en françois seulement (Anvers, 1560, in-8), comme celle de Bruxelles, 1596, portée sur l'un des catalogues du libraire Asher, à Berlin. Nous ajouterons que M. Arthur Dineaux a déjà inséré dans ce *Bulletin* (1842, p. 16) quelques détails sur ce roman, dont on trouvera une analyse dans la *Bibliothèque des romans*, avril 1778.

Historia del rey Cananor, Sevilla, 1528, in-4, 44 feuillets non chiffrés. Le *Manuel du libraire* (5ᵉ édition) indique comme se trouvant à la Bibliothèque de Montpellier un exemplaire de ce très-rare volume; M. de Gayangos n'en parle pas, mais il en signale un autre comme faisant partie de la collection précieuse de M. R. Turner, à Londres.

Il nous apprend aussi que l'édition de Séville, 1546, est à la bibliothèque de Munich, et celle de Séville, 1550, à l'Ambroisienne de Milan.

Historia del caballero Clamades. La collection Grenville possède un exemplaire de l'édition d'Alcala, 1603, beaucoup moins précieuse que celle de Burgos, 1521, mais néanmoins fort difficile à rencontrer. Une traduction portugaise, due à Jean Cardoso da Costa, est signalée dans la *Bibliotheca lusitana* de Barbosa; elle est restée inédite. Du reste, ce petit roman chevaleresque, abrégé et modifié, est devenu un livre populaire qui se réimprime assez souvent en Espagne.

Los Amores de Crisfal. Ouvrage mentionné par Antonio dans l'article qu'il consacre au Portugais Christoval Falcao; mais l'auteur de la *Bibliotheca hispana* ne dit pas s'il s'agit d'une production imprimée ou restée manuscrite.

Historia admirable del principe Filiberto de España, Sevilla, sans date, in-4. Production divisée en deux parties et fort peu connue; elle se trouve à la Bibliothèque impériale de Vienne.

Flores y Blancaflor. La plus ancienne édition connue est datée de 1512, mais il n'est pas douteux qu'il n'en existe dé plus anciennes, car des traductions italiennes et allemandes virent le jour dès 1485 et 1499. C'est encore un ouvrage resté populaire en Espagne, mais le texte original a été fort mutilé. Quadrio prétend à tort que l'auteur castillan se borna à donner une traduction libre du *Philocolo* de Boccace. Selon M. de Gayangos, c'est au contraire Boccace qui a puisé aux sources espagnoles. Une édition in-4, lettres gothiques, sans lieu ni date, fait partie de la *Bibliotheca Grenvilliana.* Observons que bien des auteurs se sont occupés de cette composition fort goûtée au quinzième et au seizième siècle, et qui a été traduite en bohémien, en islandois, etc. (Voir l'*Histoire littéraire de la France*, t. XXII, p. 818-825; Reffienberg.)*Introduction à la Chronique de Mouskes,* p. 249-256. On sait qu'en tête d'une édition qu'il a donnée du texte françois en vers (treizième siècle) de cette compo-

sition insérée dans la *Bibliothèque elzévirienne*, M. E. Du
Méril a placé une introduction de 224 pages dans lesquelles
il aborde bien des questions étrangères aux aventures de
Flore et de Blanchefleur.

*Las hazañas y los amores del buen Gazul, cavallero moro
de Grenada....* compuesto por el bachiller Pedro de Mon-
cayo, *Sevilla*, 1599, in-8. Le *Manuel* cite quatre éditions
différentes d'un autre ouvrage du même auteur : *Flor de
romances*. Un exemplaire de l'édition de Huesca, 1589, a
été adjugé à 206 fr., vente De Bure.

*Tractado compuesto per Johan de Flores donde se con-
tiene el triste fin de los amores de Grisel y Mirabella;* M. de
Gayangos mentionne (mais sans la décrire) une édition in-4,
lettres gothiques, sans lieu ni date, qui est sans doute antérieure au seizième siècle.

*Chronica del rey don Guillermo, rey de Inglaterra et de
la reyna doña Beta su muger*, Toledo, 1526, in-fol. à deux
colonnes, gothique, 35 feuillets; Sevilla, 1533, in-fol. à
deux colonnes, 28 feuillets et 1 feuillet pour la table. Ouvrage très-rare et inconnu aux bibliographes. Le titre expose
qu'un ange vint ordonner au roi Guillaume de quitter son
royaume et de parcourir le monde sans se faire connoître ;
les plus étranges aventures lui arrivèrent pendant ses pérégri-
nations.

Enrique, Oliva. La bibliothèque de Vienne possède
l'édition de 1533, ainsi que celle de 1498, et M. Robert
Turner, à Londres, est propriétaire d'un exemplaire de
l'édition de 1545.

Historia de Isea. Roman de chevalerie portugais imprimé
au quinzième siècle, et dont il existoit un exemplaire dans la
bibliothèque du vicomte de Balsemao, à Oporto, mais il pé-
rit dans un des siéges que soutint cette ville à l'époque des
guerres civiles entre les Pédristes et les Miguelistes. C'est du
moins ce qu'on lit dans un journal littéraire de Lisbonne,
O Panorama, 1837, t. I, p. 164; mais peut-être n'est-ce pas
très-exact.

Leriano y Laureola, o Carcel de amor. On sait que ce petit roman, composé par Diego de San Pedro, a souvent été réimprimé. Une édition différente de celles qu'ont revues les bibliographes est l'objet d'une description *de visu* de la part de M. de Gayangos; elle a au frontispice une gravure en bois qui représente une tour qu'un chevalier escalade, l'épée nue à la main, sans se laisser intimider par deux démons qui sonnent dans des trompes; au-dessus de la tour se tient le phénix. Le volume se termine par quelques vers qui ne se rencontrent pas dans les éditions plus récentes et qui sont adressés à la reine Isabelle.

Il existe aussi une édition de 1508, in-4, 45 feuillets. Quadrio en mentionne une en espagnol et en françois, *Paris,* 1616, in-12. Observons que l'*History of spanish literature* de Ticknor, t. I, p. 424, donne des détails intéressants sur ce livre oublié aujourd'hui, mais qui fit, durant un siècle, les délices des lecteurs.

Selva de Aventuras, par H. de Contreras. M. de Gayangos indique une édition de Séville, Alonzo Escribano, 1572, in-8, antérieure à celle que publia six ans plus tard la veuve de ce libraire, et dont il existe un exemplaire dans la *Bibliotheca Grenvilliana.* Le bibliographe espagnol avait vu une édition de Salamanque, un peu plus récente que celle de 1572, mais il a égaré la note qu'il avoit prise à cet égard. Il signale aussi une édition d'Alcala, 1590.

Historia de la linda Magulona, y de Pierres, hijo del conde de Provença, Sevilla, Juan Cromberger, 1533, in-4, goth. M. de Gayangos ne décrit pas cette édition qu'il n'a sans doute jamais vue, et qui, si son existence est bien réelle, est à joindre aux quatre éditions espagnoles que mentionne le *Manuel.*

Historia del emperador Othaz de Roma e de la infanta Florencia su fija. Manuscrit de la bibliothèque de l'Escurial, in-fol., H. 1.

Historia del noble cavallero Paris e de la muy hermosa donzella Viana, Burgos, Alonso de Melgar, 1524, in-4, gothique, 24 feuillets; livret peu connu. M. Mariano Aguilo, bibliothécaire en second à Barcelone, possède un exemplaire d'une autre édition, imparfait du dernier feuillet. Au-dessous du titre, on voit la figure d'un pélican, les ailes étendues et ouvrant sa poitrine pour désaltérer ses petits avec son sang. Au verso, un Maure à cheval et dans l'attitude du combat.

Libro del çavallero Partinoples. L'exemplaire de l'édition d'Alcala, 1513, porté au catalogue De Bure, a été adjugé à 145 francs. Une autre édition, Alcala, 1515, est mentionnée dans une note de Moratin (*Origines del teatro español*); mais on sait que l'exactitude bibliographique est souvent en défaut chez cet écrivain. Un exemplaire de l'édition de Burgos, 1547, s'est payé 180 fr., vente Libri. Salvà (*Repertorio americano*, IV, 56) dit avoir vu une édition in-fol., sans lieu ni date, qu'il regarde comme ayant été exécutée à Barcelone ou à Valladolid, vers 1700. Partinoples fait aussi partie de la *Bibliothèque populaire espagnole*, et un résumé de son histoire, imprimé en très-mauvais caractère sur papier de rebut, avec toute l'incorrection possible, trouve toujours quelques acheteurs dans les foires.

G. B.

(La fin à un prochain numéro.)

MAISON DE PLANTIN A ANVERS.

A M. Techener, *directeur du* Bulletin du Bibliophile.

Monsieur,

C'est un devoir pour un simple touriste, quand il traverse Anvers, d'aller visiter la maison dans laquelle, à la fin du seizième siècle, Christophe Plantin avoit établi ses presses. A plus forte raison si ce touriste a, comme moi, le bonheur — ou le malheur — d'aimer les livres et tout ce qui y touche. Le hasard des voyages m'a conduit, l'automne dernier, à Anvers ; et, puisque vous avez pensé qu'une description de cette habitation pourroit intéresser vos lecteurs, je vous l'adresse telle que me la retrace ma mémoire, aidée de mes notes. Mais je vous préviens à l'avance que c'est une description toute sèche, privée des recherches archéologiques et historiques qui pourroient en relever l'intérêt. A quelle époque Plantin, quittant sa boutique à l'enseigne de *la Licorne*, a-t-il fait l'acquisition de cet immeuble ? quelles modifications a-t-il subies pendant et depuis lui ? à quelle date remontent-elles ? Je n'en sais absolument rien ; et je laisse le soin d'élucider ces questions à la savante investigation de M. Ruelens, qui ne manquera pas d'en parler dans la biographie qu'il prépare de l'illustre architypographe de Philippe II.

Un mot cependant avant de commencer. Je comprends que la ville d'Anvers se montre fière à bon droit d'avoir abrité dans ses murs un imprimeur tel que Plantin ; mais ce que je comprends moins, c'est qu'oubliant l'histoire et la biographie, on veuille en faire un Flamand, et que l'on se montre fort piqué contre les gens qui, doués d'une mémoire plus longue, revendiquent Plantin comme François, et vont

même jusqu'à se souvenir qu'il étoit Tourangeau. J'ai déjà
eu occasion de le dire ailleurs, et je le répète ici : la règle
universellement admise pour classer un homme célèbre quelconque dans sa nationalité, est de s'en rapporter au lieu de
sa naissance. Peu importe ensuite où il a conquis la célébrité. Cette règle, je le sais, présente des exceptions, des
exceptions nombreuses ; mais c'est encore celle qui en présente le moins ; et en l'éludant, il est impossible de ne pas
arriver à une inextricable confusion. Or Plantin est né en
Touraine, à Montlouis, suivant les uns, à Saint-Avertin,
suivant les autres. Ses homonymes, sinon ses descendants,
sont encore très-communs aux environs de Tours. Il a passé
les quarante premières années de sa vie en France ; il y a
appris son art, qu'il a exercé à Tours, à Paris, à Caen, avant
d'aller se fixer à Anvers (en 1555 ; il était né en 1514). Il
est donc François, tout ce qu'il y a de plus François ; et, à
ce titre, je n'ai pu qu'être profondément touché de la façon
dont la Belgique honore la mémoire d'un de mes compatriotes.

Je ferme cette parenthèse, et j'arrive au sujet de ma lettre.

La maison de Plantin, habitée encore maintenant par la
famille Moerentorf, en latin Moretus, dont un des ancêtres
épousa une fille de Plantin, est située dans l'angle nord-est
de la place dite du *Marché-du-Vendredi*. La façade donnant sur la place est toute moderne et n'offre aucun caractère architectural. Son seul signe distinctif est un cartouche
sculpté sur la clef de voûte de la porte cochère et portant la
marque de Plantin ; une main sortant d'un nuage et tenant
un compas, avec la devise : *Labore et constantia*. C'est dans
cette aile qu'habite aujourd'hui la famille Moretus.

La porte cochère ouvre sur une voûte longue de six ou
sept pas, qui débouche dans le coin d'une cour spacieuse et
aérée, plus longue que large, dessinant un parallélogramme
exact, entourée des quatre côtés par des corps de logis, dont
l'ensemble forme maintenant l'hôtel Moretus.

En pénétrant dans la cour, l'aile que l'on a immédiatement à sa droite est celle dont l'autre façade donne sur la place du Vendredi. Je le répète, son architecture n'offre aucun caractère. Elle doit dater de la fin du dix-septième siècle. On n'y remarque du côté de la cour que deux médaillons représentant, l'un le buste de Balthazar Moretus, sans date de mort (c'est celui mort en 1683), mais signé *H. de Coas? A° 1700*, sculpture lourde et habile, véritable œuvre de praticien; l'autre, un premier Balthazar Moretus, mort en 1642. Ce grand médaillon a été rapporté, après coup, à la place qu'il occupe maintenant.

Cette première aile est coupée à angle droit par la seconde, fermant à droite le petit côté du parallélogramme, et élevée de deux étages. Le rez-de-chaussée est formé par cinq charmantes arcades en anse de panier, dont les retombées s'appuient sur des colonnettes fort élégantes. Le cloître ou promenoir formé par ces arcades se continue, au nombre de trois arcades, sous la partie de la troisième aile qui se soude à la seconde. Le style de cette partie de l'hôtel remonte évidemment aux premières années du seizième siècle, et rappelle par sa fantaisie et ses élégantes proportions la délicieuse Bourse d'Anvers, si malheureusement détruite par l'incendie de 1860. C'est là la partie la plus ancienne, celle dans laquelle Plantin a installé ses presses quelque temps après son arrivée à Anvers, et à laquelle il aura adjoint des constructions successives, au fur et à mesure de l'extension de ses affaires. Pour augmenter le charme de cette coquette architecture, une vigne tellement vieille,. qu'on pourroit, avec un peu d'imagination, la croire contemporaine de Plantin, tapisse toute cette partie du logis, et enveloppe de ses pampres toutes les fenêtres du premier étage. Lors de ma visite, en octobre 1860, de grosses grappes de raisin mûrissoient au soleil et faisoient éclater les sacs de crin dont on les avoit enveloppées. Cette vigne, dans ce logis un peu austère, c'est un paysage de la Touraine entrevu à travers les brumes de l'Escaut. Les tympans des archivoltes portent trois médaillons sculptés, au centre desquels on a placé les bustes des principaux personnages de la famille Moretus. Celui du milieu, entouré d'oliviers et de cornes d'abondance, à travers lesquelles circulent des cartouches chargés des devises : *Labore et constantia, Pietate et prudentia*, contient le buste de Balthazar Moretus, mort en 1683. En bas, au-dessous du buste, le compas mesurant le monde avec la devise : *Circuit orbem ;* au-dessus du buste, l'étoile des Moretus, avec la devise : *Stella duce.*

A gauche, un autre médaillon offrant également le buste de Balthazar Moretus ; à droite un troisième, de Jean-Jacques Moretus, mort en 1757.

Le troisième corps de logis présente deux architectures distinctes, soudées ensemble. La première continue, comme je l'ai dit, les arcades en cloître de la seconde aile. Cette partie est également élevée de deux étages. La seconde partie, qui n'a qu'un étage, offre un joli spécimen de l'architecture flamande bourgeoise de la seconde moitié du seizième siècle. Elle reçoit le jour par de petites fenêtres à croisillons de pierre, fermées par des carreaux fixés par un filet de mailles de plomb. On voit de ces fenêtres dans les tableaux de Breughel le Vieux. A l'intérieur, des volets à double battant, dont les ais sont fixés par des ferrures épanouies comme des fleurs, servoient à clore hermétiquement ces fenêtres. J'ai retrouvé des ferrures semblables dans les tableaux de Meissonier. La construction de cette portion d'aile est sans doute due à Plantin lui-même.

Enfin, il m'a semblé que le quatrième corps de logis, celui qui forme le côté gauche de la voûte d'entrée, avoit eu son rez-de-chaussée reconstruit au dix-septième siècle. En somme, dans ce quadrilatère, les deux côtés empreints réellement du caractère du seizième siècle, ceux le long desquels on se plaît à voir passer la grave et pittoresque figure du vieux typographe tourangeau, sont l'aile qui fait face à la porte d'entrée, et l'aile de droite.

Voici pour l'extérieur. Pénétrons maintenant dans l'intérieur.

Le vieux concierge, chargé obligeamment par la famille
Moretus de faire aux étrangers les honneurs du manoir de
leur aïeul, vous ouvre d'abord le rez-de-chaussée de l'aile
faisant face à la porte d'entrée. On y entre par une petite
porte battante, dont le linteau est orné d'un médaillon de
Juste Lipse.

Après avoir traversé une première pièce à large cheminée,
sur la plaque de laquelle on distingue encore l'aigle impériale à deux têtes et la date de 1564, on pénètre dans une
grande pièce assez basse d'étage, qui n'a pour tout mobilier
qu'une épaisse et large table de chêne massif, noircie et
rendue brillante par le temps, placée perpendiculairement
à la fenêtre, et accompagnée de deux bancs à dossiers, également en chêne. Cette pièce étoit le cabinet des corrections;
cette table étoit celle du chef des correcteurs de l'imprimerie
plantinienne. Or celui qui remplissoit ces humbles et utiles
fonctions n'étoit rien moins que Juste Lipse, c'est-à-dire un
des plus grands lettrés du seizième siècle, où tout le monde
étoit lettré, le triumvir qui, avec Scaliger et Casaubon, a rendu
à la littérature antique le même service qu'Aristarque aux
rapsodies d'Homère. Sans professer pour les savants et les
scoliastes un enthousiasme bien excessif, j'avoue que, vraie
ou fausse, cette tradition n'a pas laissé que de me faire impression, et que ce n'est pas sans un certain respect que je
me suis accoudé à cette vieille table de chêne.

Pour continuer la visite, il faut quitter ce corps de logis
et pénétrer dans le quatrième, celui que l'on a immédiatement à sa gauche en entrant par la voûte.

Le rez-de-chaussée est divisé en deux parties, consacrées
aux compositeurs et aux presses. C'est là sans doute qu'Auguste de Thou, dans son voyage de 1576, vit avec un éton-
nement et une joie dont il a consacré le souvenir dans ses
Mémoires, fonctionner dix-sept presses, malgré la rigueur
des temps et les guerres qui désolaient les Pays-Bas.

La première partie, espèce d'antichambre, contient deux
presses avec leurs casses. La seconde en contient cinq,

trois casses et une presse à taille-douce. Ce ne sont pas,
on peut bien le penser, de ces presses à la Stanhope ou à
l'Applegath, espèces de minotaures avalant un volume d'un
seul coup; mais d'honnêtes presses en bois, à barreau et
à tourniquet qui finissoient par obéir comme un être intelligent aux mains de l'ouvrier qui les manœuvroit. Elles
servent encore à imprimer de temps à autre des livres
d'office et des formulaires de prières. Le manche de leurs
barreaux et leurs vis indiquent un usage récent. Sur la table,
quelques exemplaires en feuilles d'un *Office des morts* portant ces mots :

Antverpiæ
ex architypographia Plantiniana
Apud Albertum Moretum
MDCCCXXXVII.

La porte d'entrée de cette salle est surmontée d'un exé-
crable tableau représentant le Travail armé d'une bêche, et
la Patience tenant une croix et supportant la banderole
Labore et constantia, et la main au compas. Si cette croûte
fait honneur au sentiment qui l'a inspirée, elle n'en fait pas
au talent de l'artiste qui l'a exécutée.

Deux pancartes imprimées, accrochées au mur, relatent
dans tous leurs détails les deux visites dont la famille royale
belge a honoré l'imprimerie plantinienne : le 14 juillet 1835,
le roi et la reine des Belges; le 3 mai 1836, la reine des
Belges et la princesse Marie, sa sœur. Ces pancartes furent
composées et tirées pendant la visite des illustres personnages.

Un escalier en bois conduit au premier étage de ce corps
de logis. C'étoit et c'est encore le séchoir. Des armoires ran-
gées le long des murailles contiennent des planches de
cuivre, des formes en bois, dont aucune des lettres n'est
mobile, et qui rappellent exactement les formes des *Bibles
des pauvres*, des *Ars moriendi*, et de toutes les publications
antérieures à l'invention de la typographie; des bois à gra-

vure et des lettres ornées. La porte du fond est surmontée
d'un médaillon en faïence coloriée, portant la devise plantinienne, et timbré d'un chapeau d'abbé lambrequiné d'une
cordelière à un seul nœud : quelque Moretus qui sera entré
dans les ordres. A gauche de cette porte, une mauvaise
copie d'un tableau de Rubens, *le Christ et saint Thomas*,
figures de grandeur naturelle, à mi-corps, qui pourroit bien
être le panneau central du triptyque dont les deux volets
ont été recueillis par le musée de Tours.

On communique par une porte basse dans le premier étage
du corps de logis faisant face à la voûte d'entrée. Là, précisément au-dessus de la salle des corrections, se trouve une
assez vaste pièce que l'on dit avoir été habitée spécialement
par Plantin et par sa femme, bien qu'elle ait été remaniée
à une époque postérieure au seizième siècle. Le détail le
plus frappant est une grande cheminée à manteau, orne-
mentée dans le goût déjà lourd du dix-septième siècle.
L'abat-vent de la cheminée se fait remarquer par trois figures mythologiques en pied, tiers de nature, en pierre blan-
chie et engluée à la chaux. Elles portent sur leurs socles
cette devise scindée en trois inscriptions :

Virtutis — comes est honor — et doctrinæ.

Les poutrelles saillantes du plafond sont soutenues par trois
forts chevrons, appuyés sur des consoles ornées et enjolivées
de ciselures polychromes. Les deux consoles extrêmes portent la marque typographique de Plantin; celle du milieu,
les armes des Moretus, anoblis en 1692, une étoile avec
la devise : *Stella comes*, et les lettres B. M. (Balthazar Moretus) sous la devise.

L'on passe enfin de cet étage dans l'étage correspondant
du second corps de logis, occupé par des magasins et des
dépôts de toute sorte, papier, caractères, livres en feuilles;
et l'on redescend dans la cour par un escalier de bois en
trompe de mer, plus vieux encore que celui qui lui fait
face.

Après l'obligeance avec laquelle la famille Moretus consent à ouvrir aux étrangers la maison de son glorieux aïeul,
ce qui m'a le plus frappé dans ma visite, c'est le soin religieux apporté à conserver, à entretenir tout ce qui, de près
ou de loin, peut avoir rapport à la mémoire de Plantin. Si
ce sentiment est naturel, il faut avouer qu'il n'est pas commun, et honore d'autant ceux qui en font montre.

Ici s'arrêtent mes notes. Je me suis borné, à peu de chose
près, à les transcrire comme elles ont été écrites, au fur et à
mesure de ma visite. J'espère leur avoir conservé le seul
genre d'intérêt que je puisse revendiquer pour elles, celui de
l'exactitude. Faites-en ce que vous jugerez convenable, et
croyez-moi toujours votre bien dévoué

Comte L. Clément DE RIS.

ANALECTA-BIBLION.

PUBLICATIONS NOUVELLES.

Publications de la Société des bibliophiles de Touraine : *Devotes epistres de Katherine d'Amboise*, par M. l'abbé Bourassé. Tours, A. Mame, 1861.—*Lettres historiques des archives communales de la ville de Tours*, par M. Victor Luzarche. Tours, A. Mame, 1861. — *Recueil de prières, de méditations et de lectures tirées des écrivains sacrés*, par Mme la comtesse de Flavigny. Tours, A. Mame, 1861.

Fondée depuis deux ans à peine, la *Société des bibliophiles de Touraine* continue la série de publications d'après des manuscrits inédits ou des livres devenus introuvables, qu'elle s'est donné pour mission de reproduire. Ces publications ont toutes rapport à l'histoire religieuse, politique, littéraire ou artistique de l'ancienne province de Touraine. La Société n'a pas eu à choisir d'imprimeur, ou plutôt son choix étoit tout fait. Dès le début, elle a été heureuse de confier le soin de publier ses modestes et patriotiques travaux au goût éclairé, ainsi qu'aux vieilles connoissances typographiques de M. Alfred Mame, le successeur et l'héritier direct des Plantin et des Jamet Mettayer.

Quatre volumes ont déjà paru. En 1860, M. le prince Augustin Galitzin, que tous ici nous connoissons, a donné une petite plaquette sous ce titre : *Quelques lettres de Henri IV relatives à la Touraine;* et M. l'abbé Bourassé a mis au jour *la Vie de Mgr saint Martin*, écrite au treizième siècle par un Tourangeau, dont la piété me paroît avoir été plus édifiante que la poésie, Jean Gastineau. Ces deux volumes viennent d'être suivis des *Devotes epistres de Katherine d'Amboise*, publiées également par l'infatigable abbé Bourassé, et des *Lettres historiques des archives communales de la ville de Tours*, dont un bibliophile de Tours, bien connu de ses confrères de Paris, M. Victor Luzarche, a surveillé le classement, et pas assez l'impression.

Les *Devotes epistres* ne mentent pas à leur titre. C'est plutôt un ouvrage de dévotion que de littérature ; et, en ce sens, il ne pouvoit lui arriver rien de mieux que de rencontrer un pieux ecclésiastique pour le mettre en lumière.

Les *Lettres historiques* présentent un genre d'intérêt un peu plus mondain. Ce sont des missives écrites par différents rois de France, depuis Charles VI jusqu'à Henri IV, aux maires et échevins de la ville de Tours. Ces documents authentiques, ces pièces officielles de l'histoire locale embrassent près de deux siècles (1416-1594). Elles sont tirées d'un recueil d'archives municipales déposées à la bibliothèque de Tours, recueil tellement considérable, dit M. Luzarche, qu'il seroit capable de pourvoir, à lui tout seul, pendant plusieurs années, de documents inédits, les *Mémoires* de la Société archéologique de Touraine.

On notera parmi les soixante-six lettres qui composent cet intéressant recueil celle portant le numéro 30, écrite par le poëte Ronsard, comme abbé commendataire de Saint-Cosme, pour repousser les prétentions d'un pauvre diable de teinturier qui, à la façon dont le poëte le traite, me semble avoir eu cent mille fois raison contre lui. Ronsard profite naturellement de cette occasion pour donner une nouvelle consécration au vieux dicton : *Genus irritabile vatum*. M. Luzarche a eu le bonheur de mettre la main sur treize lettres de Henri IV à ses amés et féaux de la bonne ville de Tours, lettres qui avoient échappé aux recherches de M. Berger de Xivrey. Elles sont écrites dans ce style clair et facile, d'une étonnante fermeté, rapide sans hâte, précis sans recherche, net sans dureté, qui caractérise Henri IV et le range parmi les meilleurs écrivains de son temps. C'est, du reste, un fait que M. de Sacy avoit déjà très-judicieusement signalé, que les hautes facultés politiques et l'exercice du pouvoir dans ce qu'il présente de plus élevé, se soient toujours alliés à un incomparable talent d'écrivain. Après Henri IV, le cardinal de Richelieu, Louis XIV, le cardinal Dubois lui-même, Frédéric II, l'empereur Napoléon ont laissé des œuvres qui doivent rendre modestes tous les hommes de lettres présents et futurs.

Il s'est glissé sur le titre des *Lettres historiques* une erreur que je ne sais comment expliquer, et que je demande à M Luzarche la permission de lui signaler. J'y lis en propres termes : *Lettres historiques*, etc.... *depuis Charles VI jusqu'à* LA FIN DU RÈGNE *de Henri IV*, 1416-1594. Or, si je n'ai pas oublié mon histoire de France, Henri IV a été assassiné le 14 mai 1610, et son règne a fini avec sa vie. S'est-on trompé de mot? et a-t-on voulu mettre *commencement* au lieu de *fin?* Alors il fallait écrire 1589 et non 1594, Henri IV ayant légitimement succédé au trône après la mort de Henri III, le 2 août 1589. Mais, dans ce cas, la date ne concorderoit pas avec les lettres, qui vont bien réellement jusqu'en 1594. J'avoue que ce *lapsus calami* me choque. Je regrette de le voir s'étaler en toutes lettres sur la première page du bel exemplaire en papier chamois qui fait un des ornements de mon humble bibliothèque. Peut-être cette faute fera-t-elle un jour la valeur des exemplaires où elle se trouve. Ce ne seroit pas la première bizarrerie de ce genre; ce ne sera pas la dernière :

> Oui ! c'est la bonne édition,
> Car voilà page quinze et seize,
> Les deux fautes d'impression
> Qui ne sont pas dans la mauvaise.

Parmi les prochaines publications annoncées par la Société, je remarque avec plaisir celle des documents ayant rapport à l'histoire des artistes en Touraine. Il a existé à la fin du

quinzième siècle et au commencement du seizième, entre
l'école bourguignonne et l'école de Fontainebleau, une
école tourangelle, dont les œuvres sont parfaitement carac-
térisées et représentent le génie françois dans ce qu'il a de
plus national et de plus personnel. Le mouvement de la
Renaissance et l'engouement pour l'art italien étouffèrent
cette école, dont Jean Fouquet, Michel Colomb, Jean Poyet,
les frères Juste, les frères Clouet sont les plus connus. Espérons que la publication de la *Société de bibliophiles de
Touraine* fera mieux apprécier un groupe d'artistes et une
phase de l'art auxquels on ne rend pas suffisamment justice.

Ce n'est pas dans un travail aussi rapide que je puis avoir
la prétention d'examiner une autre publication, sortant
également des presses de M. Mame : *Recueil de prières, de
méditations et de lectures*, par Mme la comtesse de Flavigny.
Le succès qui a accueilli ce livre à son apparition, et que le
temps confirme chaque jour; les approbations dont il a été
l'objet de la part des dignitaires les plus éclairés et les plus
compétents du clergé françois, me dispensent d'en faire
l'éloge. Le *Recueil de prières* s'adresse à deux classes de
lecteurs : il convient d'abord aux personnes pieuses et pra-
tiquantes, qui y trouveront une nourriture fortifiante et des
conseils dictés tout à la fois par une grande expérience du
monde, par un jugement très-sain, par une indulgence sans
foiblesse, et par une étude très-éclairée des vérités de la religion. Il plaira également, je le crois du moins, à tous ceux
que charment les hautes pensées exprimées en beau style.
Les matières de ce livre se divisent en deux parties : les pratiques et les méditations. Les gloses de chaque pratique spéciale, les méditations et les prières se rapportant à chaque
jour du mois, aux principales fêtes de l'Église, à certaines
dévotions particulières, sont toutes tirées des plus beaux
passages des écrivains et des orateurs sacrés. Le choix des
morceaux fait le plus grand honneur au goût et au tact de
Mme de Flavigny. Bornant sa modeste mission au rôle de
compilateur, elle laisse tour à tour parler les plus illustres

et les plus aimés : saint Augustin, saint François de Sales, saint Vincent de Paul, Bossuet, Fénelon, Massillon, Bourdaloue, et, ajoute Monseigneur de Paris dans son approbation, d'autres plus rapprochés de nous, quelques-uns même nos contemporains, dignes par leur autorité et par leurs vertus de prendre place à la suite de ces grands noms.

Si la piété recueille avec respect l'opinion des plus grands docteurs de l'Église sur tel ou tel cas de dévotion spéciale, l'esprit écoute avec bonheur le magnifique langage dans lequel ils se sont exprimés. Les noms de saint François de Sales et de Fénelon sont ceux qui m'ont paru revenir le plus souvent dans ces pages ; et ce penchant involontaire pour les deux docteurs le plus *femme* du catholicisme — penchant que je suis loin de blâmer — feroit supposer le sexe de l'auteur si le livre était anonyme.

Par le temps de tiédeur où nous vivons, j'ignore si ce livre réveillera la foi au fond des cœurs ; mais je sais qu'il pourra rendre les chrétiens fiers à bon droit de voir leurs croyances défendues aussi éloquemment. Après tout, il n'y a que la vérité qui trouve de pareils accents.   L. Clément DE RIS.

NOUVELLES ET VARIÉTÉS.

Le 24 mai dernier, la Société de bibliophiles françois a procédé à l'élection d'un membre en remplacement d'un démissionnaire. M. A. de Beauchesne a obtenu 4 voix ; M. le comte O. de Behague, 3 ; M. le comte L. Clément de Ris, 1 ; M. Victor Foucher, 1. M. de Beauchesne a été nommé. Les votants étoient neuf. A ce propos, il nous semble qu'une amélioration dans les statuts de la Société devroit être proposée : c'est le vote de tous les membres, soit par la présence, soit par lettre adressée à M. le secrétaire, car, dans un aussi petit nombre de membres, il n'y a aucune chance pour les candidats.

—Le 6 mai, on a vendu, à Lyon, la bibliothèque de feu
M. d'Aigueperse, membre de l'Académie de Lyon.

— Le monde savant a fait, le 29 mai dernier, une perte
bien douloureuse, dans la personne de Joachim Lelewel,
mort à Paris à l'âge de 76 ans. Il est auteur de nombreux
ouvrages d'histoire, de géographie, d'archéologie, de nu-
mismatique.

— La brochure de Mgr le duc d'Aumale, publiée sous le
titre de *Lettre sur l'histoire de France*, a conduit devant la
sixième chambre correctionnelle l'éditeur Dumineray et l'imprimeur Beau. Le premier a été condamné à un an, le second
à six mois de prison, et chacun des deux à 5000 francs
d'amende.— La bibliographie s'intéressera un jour à décrire
les nombreuses impressions de cet opuscule, faites en Angleterre, en Belgique et en Suisse.

— Le 22 avril, M. Potier, libraire, a mis en vente une
collection de livres rares et curieux en divers genres; nous
y avons remarqué : le n° 214, la *Fauconnerie* de Charles
d'Arcussia, in-8, avec l'*Autourserie de P. de Gommer*. N° 267,
les *Épitaphes du feu roy Louis onzième*, opuscule gothique
de 6 feuillets non reliés, imprimé vers 1498, a été acheté
175 francs par M. Giraud de Savine. — Les *Triumphes de
France*, volume de 54 feuilles, non relié, a été adjugé pour
201 francs.—N° 288, le *Tombeau de Marguerite de France*,
duchesse de Savoie, par Cl. de Buttet, 136 francs.—N° 289,
les *Chastes amours de N. Renaud, gentilhomme provençal*,
1565, a été vendu 162 francs.— 446, le *Livre du Jouvencel*
(Paris 1529), in-4 non relié, avec quelques mouillures et
taches, a été acheté 510 francs par le comte de la Garde.—
N° 620, *Entrée du roy de France très-chrestien Loys douzième à sa bonne ville de Paris*, opuscule de 6 feuilles, gothique, imprimé en 1498, a été vendu 340 francs.

— Au moment où nous mettons sous presse, nous appre-
nons la mort de M. le comte H. de Labedoyère, dans sa
soixante-dix-huitième année.

178. DAMHOUDÈRE (*Josse* de). Practique judiciaire es causes criminelles, tres-vtile et necessaire à tous baillifz, preuostz, seneschaux, escoutettes, maires, drosartz, etc. *Anuers, Iehan Bellere*, 1564; in-4, v. f. fil. à compart. tr. dor. (*Petit*.) . . . . 60—»

Bel exemplaire d'un livre rare et curieux. Josse de Damhoudère, célèbre juris-consulte flamand, né à Bruges en 1507, mourut à Amiens, le 22 janvier 1581. Charles-Quint et Philippe II lui conflèrent les plus hauts emplois de judicature dans les Pays-Bas. Il publia sa *Pratique criminelle* en latin, sous le titre de : *Enchiridion rerum criminalium*. Le privilége, en date du 15 janvier 1551, est accordé à Vaubelle, imprimeur de Bruges, *tant pour le latin, françois et thiois*. Cependant, on ne cite que les éditions latines d'*Anvers*, 1556 et 1562. Mais il est probable que l'*Enchiridion* fut imprimé beaucoup plus tôt, puisque Damhoudère annonce qu'il a traduit lui-même en françois le texte latin, et que la première édition françoise que l'on trouve citée, est celle de *Louvain*, 1555. Au surplus, il paroît assez extraordinaire que le privilége obtenu par un imprimeur de Bruges n'ait profité qu'aux imprimeurs de Louvain et d'Anvers. Il nous suffit d'avoir indiqué cette particularité, et nous ajouterons seulement que cet ouvrage fut mis à l'index à Rome, jusqu'à ce que l'auteur l'eût corrigé. Nous ignorons quels étoient les passages qui encoururent la censure ecclésiastique; nous ignorons également si Damhoudère fit des corrections à son livre. Toujours est-il que la *Pratique criminelle* obtint un grand succès, et qu'après avoir été traduite en françois, en allemand et en flamand, elle fut adoptée par les divers tribunaux de l'Allemagne, des Pays-Bas et du nord de la France.

C'est le code pénal le plus détaillé et le plus complet qu'on eût encore com-posé. L'auteur signale et explique minutieusement les circonstances aggravantes ou atténuantes de chaque crime et délit; les cas exceptionnels où un crime puni par la loi est cependant permis, etc., etc. Après avoir lu ce volume, on connoît à fond la jurisprudence criminelle du seizième siècle. Afin de rendre cette lecture plus agréable, Damhoudère a orné son livre de belles gravures sur bois, qui repré-sentent les crimes et les supplices. Ces gravures étoient au nombre de cinquante-six dans l'édition de Louvain; mais les éditions latines d'Anvers de 1556 et 1562, ainsi que l'édition françoise de 1564, contiennent soixante-neuf gravures. Les figures, placées sur les feuillets 104, 108 et 110, reproduisent un peu librement le délit auquel elles se rapportent. Remarquons encore que les gravures de l'édition de 1555 sont imprimées dans le texte, et que celles de l'édition de 1564 ont été imprimées à part et collées avec soin sur les pages. L'édition de 1564 est beaucoup plus ample que celle de 1555 ; elle a été augmentée par l'auteur de cent pages pour le texte, et de vingt-deux feuillets pour une table des matières.

Damhoudere dédia cette nouvelle édition françoise, revue et augmentée, à Guillaume, prince d'Orange. Les armes de ce prince sont imprimées sur le verso du titre, et la dédicace est datée de Bruxelles, 1564. On trouve dans les pièces liminaires, trois pièces de vers à la louange de l'auteur, et un privilége du 13 avril 1564, accordé à Jean Bellère, imprimeur à Anvers, pour les traductions de l'*Enchiridion* en françois et en flamand.

La *Pratique criminelle* contient deux sections qui ne se retrouvent plus dans nos codes, et qui, par ce motif, excitent toujours la curiosité. Ce sont les sections relatives à la torture et à la sorcellerie. L'auteur a consacré sept chapitres à la torture, et ces chapitres se divisent en quatre-vingts articles. Deux gravures représentent des accusés soumis à la torture. Damhoudère décrit froidement les diverses manières de torturer, parmi lesquelles il y en a d'effrayantes. Au surplus, « le juge, dit-il, ne doit avoir regard ou considération aux cris du patient, à ses pleurs, soupirs, gémissements et douleurs. » Il raconte qu'il fit géhenner à Bruges une vieille sorcière, à trois reprises différentes et *très-grièvement*, parce qu'elle nioit obstinément ses maléfices. Enfin, il usa de clémence : au lieu de la brûler vive, on l'exposa sur un échaffault, et attendu qu'on lui avoit rasé les cheveux avant de la géhenner, on couvrit sa tête d'une perruque à laquelle le bourreau mit le feu, et on la bannit à perpétuité. Cette malheureuse se retira à Middelbourg ; mais Florent Van Damme, bailli de cette ville, auquel Damhoudère avoit écrit, la fit arrêter de nouveau, torturer et enfin brûler vive. « Et ce fut bonne justice. » Quant à la sorcellerie, tant d'auteurs en ont parlé, qu'il nous paroît inutile d'insister sur ce point. Damhoudère partageoit les opinions de son époque ; il croyoit aux maléfices, aux enchantements et à la magie. Et, cependant, malgré le pouvoir diabolique des sorciers et des magiciens, il les faisoit torturer *très-grièvement*, puis brûler tout vifs.

C'est dans l'édition de 1564 que fut inséré pour la première fois le curieux chapitre relatif aux galères. Cette peine étoit plus redoutée que la mort. Il est certain que, d'après la description du sort affreux des *forsaires*, il valoit mieux mourir que de vivre enchaîné au banc d'une galère. « Si quelcuns sont enchaînés à une estache, ou enserrés dans une cage de fer et bruslez à petit feu, cette sévérité de punition ne leur estant espouventable que la calamité perpétuelle des galères. Si, d'adventure, ils ont mérité ce terrible supplice, qui est dérompement des os avec une roue ferrée à grosses bandes de fer, et que leurs ossements soyent de membre à membre dérompuz (laquelle chose se fait aux bras, aux espaules, à la poitrine, au dos, au col, aux cuisses et aux jambes), et mis sur ladite roue dressée en haut, à fin que en leur donnant du pain et du vin (dont toutefois ils ne peuvent user), ils meurent et périssent à la parfin de douleurs nonpareilles, de faim et de soif, après avoir survécu aucunefois cinq, dix, quinze, vingt, voire vingt-quatre heures. Ne sont toutefois espouventez de cette manière de supplice, autant que des galères, attendu que la grandeur du supplice prend fin, quand le temps est achevé. » Voilà un specimen des gracieux récits de messire Damhoudère. Et cependant, malgré la sévérité de la peine, l'auteur nous apprend que, lorsqu'on armoit des galères et qu'on manquoit de rameurs, on en prévenoit les officiers de judicature, qui s'empressoient de faire saisir les vagabonds, les merciers, saveticrs, lanterniers et chaudronniers qui parcouroient les campa-nes, et, sans autre forme de procès, on les conduisoit aux galères, la chaîne au cou. A l'aide de cette procédure expéditive, combien de malheureux ont ramé toute leur vie, sans avoir mérité ce châtiment !

La *Pratique criminelle* de Damhoudère est un ouvrage essentiel pour l'histoire des mœurs, au seizième siècle. Ce livre renferme tant de choses, qu'il est impossible d'indiquer tous les passages saillants. Nous avons effleuré huit chapitres, et la *Pratique criminelle* en contient cent cinquante-quatre. Il faudroit écrire un volume pour analyser cette œuvre importante.　　　　　Ap. B.

179. DAMHOUDÈRE (*Josse de*). Le Refuge et Garand des pupilles, orphelins et prodigues, traité fort vtile et necessaire à tous legistes, practiciens, justiciers et officiers, aorné de figures conuenables à la matiere. *Anuers, I. Bellere*, 1567; pet. in-4, portr., lig., v. f. fil. tr. dor. (*Niedrée*.)　　70—»

Bel exemplaire d'un livre rare, orné de dix belles gravures sur bois, du portrait de l'auteur, de ses armoiries et de celles du comte de Mansfeld, à qui le volume est dédié. — Cet ouvrage est plus rare que la *Pratique judiciaire*, dont nous venons de parler Il fut d'abord publié en latin, sous le titre de *Pupillorum patrocinium*, et imprimé à *Anvers* par Jean Bellère, en 1564. Le privilége accordé au même libraire, pour la traduction françoise, est daté du 4 octobre 1566. Les pièces liminaires et les sommaires des chapitres sont imprimés à longues lignes; le texte et la table des matières sont à deux colonnes. Chaque gravure occupe une page entière, ainsi que les armoiries du comte de Mansfeld au verso du titre, et celles du chevalier Josse de Damhoudère, au recto du dernier feuillet. — Le texte est précédé de la dédicace, du portrait, d'une longue pièce de vers adressée aux lecteurs par Antoine Tiron, d'une préface et d'un *Catalogue des titres contenus en l'œuvre presente*. En regard de ce *Catalogue*, l'imprimeur a placé une gravure qui n'a aucun rapport avec le *Refuge des pupilles*. Cette gravure, qui représente des criminels comparaissant devant les juges pieds et poings liés, est extraite de la *Pratique judiciaire criminelle*; mais les proportions des figures ont été réduites. Ce volume contient 14 feuillets pour les pièces liminaires, 133 feuillets chiffrés pour le texte, et 19 feuillets pour la table des matières, le privilége et les armoiries de l'auteur.

Le portrait de Damhoudère est accompagné des quatre vers suivants :

> Corporis effigiem manus impressoria solam
> Authoris tibi dat. Cœtera non potuit.
> At quod non potuit pressor, fœlicius Author
> Emissis libris præstitit ipse tibi.

Le *Refuge et Garand des pupilles* se compose de vingt chapitres subdivisés en nombreux paragraphes. L'auteur traite successivement de l'office des tuteurs, de la justification de leurs comptes, de leur salaire, de leurs malversations, et de la reconnoissance que les pupilles doivent éprouver, pour la bonne gestion de leurs biens par les tuteurs. Ainsi que dans la *Pratique criminelle*, Damhoudère épuise son sujet ; il n'oublie aucun detail ; il explique tous les cas qui peuvent se présenter, et lorsqu'une question l'embarrasse, il la recommande à l'examen des autres jurisconsultes.

Voici le portrait des avocats et des procureurs du seizième siècle, tracé par Damhoudère « Si les pupilles estant en aage compétent, viennent à intenter procès contre mauvais tuteurs, c'est chose esmerveillable de combien de ruses et cautelles ils useront pour leur résister, combien d'eschappatoires ils trouveront. Car ils s'en iront au refuge et conseil par devers aulcuns advocats de leur farine et procureurs sans sçavoir, sans foy ni conscience, et autre telle méchante race de praticiens et mangearts, qui sçavent toutes les ruses, cautelles, tromperies et fi-

nesses qui sont au monde, et les tiennent toutes prestes, comme en une armaire,
pour en servir au premier venu. Ils tirent et prolongent les procès par longues années, voire, ou pour mieux dire les font immortels, tant que les misérables parties estant lassées et travaillées de procès et riottes jusques au bout, et outre ce
apouvries et rongées jusqu'aux os, ils puissent mieux et plus couvertement exercer leurs rapines. »

Ce traité est un fragment curieux de la jurisprudence civile, au seizième siècle. Au surplus, la protection des mineurs et la répression des prodigues, edictées
par les lois modernes, reposent sur les mêmes principes et sont entourées des
mêmes garanties. ·   Ap. B.

180. Desiré (*Artus*). Instruction crestienne contre les exé-
    crables blaphesmes (*sic*) et blaphesmateurs du nom de
    Dieu. *Paris, veuve François Regnault*, 1553; pet. in-8,
    mar. r. fil. tr. dor. (*Trautz-Bauzonnet*.) . . . .   75—»

Rare. — Artus Desiré naquit en Normandie, vers 1510 et mourut vers 1579, à
l'âge de soixante-dix ans. Il embrassa l'état ecclésiastique et il écrivit contre les
protestants avec une violence extrême. Il semoit ses publications de plaisanteries
triviales, de déclamations ridicules, et même d'obscénités. Dans un accès de
fureur religieuse, il adressa une requête au roi d'Espagne, Philippe II, pour
l'engager à entrer en France avec une armée. Arrêté à Orléans et ramené à
Paris, il fut condamné par le Parlement à une reclusion de cinq ans aux Char-
treux, après avoir fait amende honorable. Il parvint à s'évader du couvent où il
étoit renfermé, et recommença à écrire. Artus Desiré a composé un si grand
nombre de vers françois, qu'il faut bien le classer parmi les poëtes du seizième
siècle ; mais il auroit mieux valu, pour sa réputation, qu'il eût aligné moins de
vers et qu'il les eût fait bons.

L'*Instruction crestienne* est composée de cent vingt et une stances de huit vers.
Suivent les *Exemples merveilleux desdictz Blasphesmateurs*, soixante-deux stances.
— *De l'ingratitude des mauvais riches*, sept stances. — *Des mauvais exemples
que les pères et mères donnent a leurs enfans de perdition*, quarante-neuf stances.
Ce volume contient plus de mille neuf cents vers de huit syllabes.

On croit peut-être qu'il n'est pas difficile de citer quelques passages des poésies d'Artus Desiré, au milieu de tant de vers singuliers, de pensées ridicules,
ou ressassées sous toutes les formes. Il est cependant certain que nous sommes
fort embarrassé. En attaquant les blasphémateurs, l'auteur, trop consciencieux,
a inséré dans ses stances tous les blasphèmes dont on faisoit alors un fréquent
usage. En attaquant le luxe des femmes, il les insulte à chaque vers, et si gros-
sièrement qu'on ne sauroit reproduire ses expressions. Toutefois, puisque c'est
une Instruction chrétienne, ne soyons pas plus timides que l'archevêque de
Bourges à qui ce livre fut dédié, et citons les passages les moins scabreux :

> Les principaulx bourgeoys d'enfer
> Sont blasphesmateurs pleins de rage,
> Qui sont subjects de Lucifer ;
> Car ils en parlent le langage.
>
> Ce n'est pas assez de deffendre,
> Mais le principal poinct, il fault
> En faire sur la roc estendre
> Ou pendre pour le grand deffault,
> Ou pour le moins d'un gros fer chauld
> Faire perser leur langue immunde   ·

Dessus quelque hault eschaffaut,
A l'exemple de tout le monde.

. . . .

Or çà, le prince nous avoit
Deffendu velous et dorures,
Et autre chose l'on ne voit
Que chaynes d'or sur les fourures.

Combien voit-on de marchands chiches,
Aux biens mondains insaciables,
Qui, pour faire leurs enfans riches,
Se damnent à tous les grans diables.
Et pendant que les misérables
Seront en tourment et reproches,
Les enfans sonneront sur tables
Les tabourins au lieu de cloches.

Combien voit-on des poures sottes,
Qui n'ont pas vaillant trois groiselles,
Qui changent tous les jours de cottes.

. . . .

Semblablement de damoiselles
Qui jeusnent et endurent faim
Pour espargner chaynes et perles,
Et plus de velous que de pain.
Or çà, depuis un peu de temps,
Les dames ont trouvé la guise
De porter les beaux curedentz,
Dont guère de gens ne les prise.
Et du depuis, par convoytise,
Il n'y a fille à l'environ
Qui n'ait ceste coustume prise
Et qui n'en porte au chapperon.

Il paroît que les dames avoient adopté, en 1553, la mode singulière de porter des curedents pendus à leurs chaperons.

Les vers d'Artus Desiré, que nous venons de citer, suffisent pour faire connoître le style du poète et les idées du théologien. **Ap. B.**

181. DESIRÉ (*Artus*). Le desordre et scandale de France, par les estats masquez et corrompus, contenant l'eternité des peines deues pour les pechez, et de la retribution des esleuz et predestinez de Dieu. *Paris, Guill. Jullien*, 1577; pet. in-8, mar. r. fil. tr. dor.(*Trautz-Bauzonnet.*) 85— »

CHARMANT EXEMPLAIRE d'un volume rare. —Cette satire est composée de 1660 vers alexandrins. A. Desiré a traité de nouveau, en 1577, sous une autre forme, le sujet qui lui avoit inspiré, en 1553, l'*Instruction chrestienne*. Ce sont encore des diatribes contre les blasphémateurs, contre le luxe des habits et surtout contre les modes féminines. Nous sommes étonné que l'auteur ait osé dédier à Diane de France, mareschale de Montmorency, un livre où les femmes sont si mal traitées et poursuivies, avec tant de violence, d'injures obscènes. Les dames qui portoient des miroirs à l'église et qui tortilloient leurs cheveux, n'étoient pas cependant des

calvinistes. D'où provenoit donc cette haine ridicule contre les femmes ? C'est un
secret qu'Artus Desiré n'a point révélé. Voici l'introduction du moraliste :

> Pour le désordre grand que nous voyons en France.
> Et pour l'iniquité qui abonde en usage,
> Icy en avons fait une ample remonstrance
> Afin que tout le monde y pense, s'il est sage.
>
> Il n'est plus question que de divinemens,
> De blasphème et erreur, d'abus et tromperie,
> D'homicide et larcin, de vol, d'enchantemens,
> De necromanciens, et de sorcellerie.

Si ce tableau est exact, la société françoise devoit offrir peu d'agréments, en 1577.
Mais il faut espérer que le poëte voyoit le monde au travers d'une loupe qui gros-
sissoit par trop les objets.

> Et combien qu'aujourd'huy toutes choses soient chères,
> Et que soyons contrains de manger le pain bis
> Si ne vit-on jamais les personnes plus fières
> Qu'elles sont en festins et prodigues habits.
>
> Qui vit jamais porter bas des chausses de soye
> De huict ou dix escus, au lieu d'avoir du pain
> Pour les poures,....

Nous sommes plus heureux dans le siècle où nous vivons. Quoique *toutes choses
soient chères*, il est permis de porter des bas de soie, des robes de soie, et l'on
trouve encore *du pain pour les poures.*

> Vingt et cinq ans y a que si on eust veu femme
> Porter dessus son ventre un miroir en l'église,
> On l'eust estimée estre....
>
> Tortillons de cheveux et ordes vertugalles
> Avec lesdits miroirs, font perdre cent mille âmes.

Artus Desiré est furieux contre les tortillons.

> Elles ont un regard superbe, audacieux,
> Le poil herissonné et le cueur haut et fier
> Avec leurs tortillons tant vilains et hideux
> Qu'elles semblent à voir des hures de sanglier.
>
> O folastres maris de poure entendement,
> Pour Dieu, corrigez-les par moyens et remèdes;
> Ou les tondez plus tost....
>
> Fy ! Fy ! Au diable soient les ordes penaillons,
> Sales, laides souillons, jumens de Lucifer,
> Allez au diable, allez à tout vos tortillons
> Danser le trehory au paradis d'enfer.
>
> C'est quelque marmiton ou chaircuitier d'enfer
> Qui se délecte et prend son plaisir à cela,
> Et à tortillonner vos cheveux à du fer,
> Pour vous faire tomber au feu de par delà.

Si l'auteur est peu galant avec les dames, il est au moins fort poli avec les
saints : *Monsieur saint Pierre, Monsieur saint Bernard*, etc.

Le morceau capital de l'œuvre, c'est la description des tourments de l'enfer.
Cette description en 300 vers, roule uniquement sur deux ou trois idées princi-

pales. Ainsi, le poëte dit et redit cent fois que le feu de l'enfer est plus violent que tous les feux de la terre ; qu'il ne faut pas trop se fier à la miséricorde de Dieu, attendu que sa miséricorde n'est pas infinie; qu'il y aura des pleurs et des grincements de dents au fond de l'abîme, etc. — Quant aux détails, le lecteur pourra en juger par les citations suivantes :

> Où est le plus hardy mauvais garson du monde
> Qui voudroit estre roy de la machine ronde,
> A la charge d'avoir d'anuit jusqu'à demain,
> La grosseur d'un ciron de feu vif en sa main ?

> A ceste peine là n'y a comparaison
> A celle des damnez qui en corps et en ame,
> Brusleront à jamais dans le centre et prison
> De l'abisme profond tant Monsieur que Madame.

Ce feu est tantôt cinq cent mille fois, tantôt cent millions de fois

> . . . . Plus chaleureux
> Que celuy de ce monde, encor qu'il soit bien chaut.

Les damnés souffriront famine, et rassasiez seront de serpents et couleuvres, ou,

> . . . Comme chiens gourmans qui enragent de faim,
> Ils se mordront l'un l'autre et s'entre-mangeront.

Mais s'ils s'entre-mangent, que restera-t-il pour *les tigres mordants qui les rongent jusqu'aux os?* Car A. Desiré a peuplé son enfer de lions et de tigres rugissants, qui se promènent dans les flammes sans se brûler les griffes, et croquent les damnés dès qu'ils sont cuits à point. Si les méchants ont soif, *ils suceront des têtes d'aspics* pour se désaltérer, ou

> Tout ainsi qu'un bon vin à gouster est plaisant
> Comme d'un ypochras très-doux et savoureux,
> Au contraire celuy des enfers est nuisant
> Et terrible à gouster aux pauvres malheureux.

Il est étonnant que le vin des enfers soit si mauvais; il y fait cependant assez chaud pour que le raisin mûrisse. Le feu ne suffit pas à l'imagination en délire du poëte théologien ; il invente un supplice nouveau :

> Du chaud se jetteront dedans la froide glace,
> Et de la glace au feu, sans intermission,
> Dans le centre infernal qui tout brusle et verglace.

L'auteur a soin de nous expliquer que les damnés seront grillés et verglassés sans changer de place.

> . . . . . Tout ainsi comme une fièvre donne
> Premièrement froidure, et puis chauld véhément,
> Ainsi sont les damnez cruciez en personne,
> Sans se mouvoir d'un lieu pour changer de torment.

Il résulte de là que les réprouvés sont condamnés à une fièvre quarte perpétuelle. Ce qui doit rendre encore le séjour de l'enfer mal plaisant, c'est l'épaisse fumée qui aveugle et étouffe les malheureux exposés à cet horrible feu de soufre et de bois vert : j'ajoute de *bois vert*, car autrement on ne sauroit comprendre la cause d'une si étrange fumée.

> Ils seront aveuglez de l'ardente fumée
> Qui les provoquera à larmes et à pleurs.

> Des malheureux damnez la fumée est tant grande,
> Quelle monte toujours, dont ils sont bien dolens.
> Pour ce que esvacuer ne se peut dudict lieu,
> Il faut qu'elle y demeure à perpétuité.

Artus Desiré étale avec complaisance tout le mal qui existe dans le monde ; il décrit des tortures, incroyables même aux enfers, et il ferme les yeux pour ne pas voir le bien. Quelle triste organisation !

Au *Desordre de la France*, l'éditeur a ajouté les *Exemples merveilleux des blasphemateurs*. C'est la reproduction des vingt-deux premières stances d'une pièce publiée sous le même titre, en 1553, à la suite de l'*Instruction chretienne*. Ap. B.

182. L'Estoille du monde. Sensuiuent les aduertissemens ez trois estatz du monde selon la signification de plusieurs choses auenues sur la terre : et est intitulé l'Estoille du Monde. *Impr. à Valence en Daulphiné*, *l'an 1513*, *le 18 septembre;* in-4, goth. à 2 col., fig. sur bois, v. rac. fil. tr. dor. . . . .   120—»

Bel exemplaire d'un livre rarissime. Il y a une autre édition de cet ouvrage, sous la même date, et cependant fort différente ; elle est intitulée : *Advertissemens ez trois Estatz du monde selon la signification du ung Monstre ne à Ravenne*, *l'an 1512*, *par lesquels on pourra prendre advis à soi régir à tousjours mais. Impr. à Valence*, *l'an 1513 et le 18 septembre* (avec le monogramme de l'imprimeur) *Jehan Belon*. — L'*Estoile du monde*, sans indication d'imprimeur, ornée sur le titre de deux étoiles à huit raies, chargées d'une tête de femme et d'une tête d'homme, et, au septième feuillet, de la figure en pied du Monstre de Ravenne paroît être une contrefaçon des *Advertissemens*. Toutefois, ces deux éditions sont également rares.

On lit dans le prologue : *Je qui suis* François Ynoi *perdant ma peine au desert des herbes*. L'auteur se nommoit donc François Ynoi ; mais nous ne chercherons point à expliquer cette phrase énigmatique : *Perdant ma peine au desert des herbes*. Il est certain que cet écrivain étoit Dauphinois, et l'on pourroit supposer qu'il appartenoit à l'ordre des Cordeliers, d'après la réclame suivante : « Et par ainsi en ensuivant la forme et teneur de la confrarie des contemplacions doloreuses sur la passion de nostre redemteur Jesuchrist et des douleurs de la Vierge, sa mère, notre avocate, nouvellement trouvée et fondée à Dye, au pays de Dauphiné pour éviter l'yre de Dieu et pour estre participans et mériter de ladite passion en disant cinq fois la patenostre et cinq fois *Ave Maria*, en criant misericorde et *en donnant cinq deniers tournois le jour de la feste de la Croix pour la reparation de l'église des Frères Mineurs.... »* On peut remarquer, en outre, que l'auteur n'a attaqué les moines dans aucun passage de son œuvre.

Ce livre singulier de théologie morale fut composé à l'occasion d'un Monstre qui naquit à Ravenne, en Italie, le 6 mars 1512 ; il est divisé en vingt chapitres, précédés d'un prologue. Après avoir démontré que *le Monde va en empirant et en confusion*, l'auteur décrit la forme du Monstre de Ravenne, et explique *ce que signifie ledit Monstre, membre par membre, figure par figure, et se pronostication*. Le dixième chapitre est le plus scabreux de tous. A propos du *croissant de lune* figuré sur la poitrine du Monstre, notre cordelier reproche au pape, aux prêtres et laïques leur penchant à violer les préceptes du sixième article du décalogue. Il ose écrire que « il est fort dangereux à femmes qui purement et chastement veulent vivre, à hanter prestres ; » et que ceux-ci « trompent les femmes en leur donnant à entendre qu'ils ne se doyvent abstenir que trois jours avant et trois jours après leur messe. » Il paroît qu'à cette époque, les prêtres ne célébroient pas la messe tous les jours. L'auteur conclut en disant : « Par folle amour, il semble advis que l'autruy pain soit le meilleur. » Enfin, il cite quelquefois le *Roman de la Rose*, comme une autorité compétente en cette matière. On s'étonne des licences que se permettoient les anciens théologiens, surtout en lisant dans ce chapitre un proverbe très-irrévérencieux sur Rome et les cardinaux, la phraséologie obscène qui accompagne l'histoire de l'origine du culte de Priape, la dissertation sur la jalousie de saint Joseph, et quelle est la différence entre un jaloux et un.... En vérité, n'est-il pas extraordinaire qu'on ne puisse reproduire de nos jours des phrases sérieusement écrites par de saints personnages du quinzième siècle et du seizième.

Chaque membre du Monstre sert de texte à une diatribe contre les vices des *trois Estatz*. Le quinzième chapitre traite de *l'avarice des prestres, des nobles, des gensdarmes, des marchands et des laboureurs*. Dans le seizième chapitre, l'auteur déclare que *le pape n'est pas infaillible, qu'il peut pecher, puisqu'il est homme ; et qu'il doit estre juge pour ses malfaicts comme tout autre chrestien.*

Les derniers chapitres contiennent de longs extraits des pronostications *si rares* de Jean Leichtenberger.

Cet ouvrage est une critique acerbe des abus et des vices qui désolaient l'Europe en 1512. L'auteur condamne les mœurs dissolues de l'époque, la cupidité des puissants et l'oppression des foibles. Il ne craint pas d'attaquer les papes, les prêtres et les nobles : seulement il a pris pour cadre de ses vigoureuses satires un titre bizarre et un thème singulier. Ap. B.

183. FABRI (*Pierre*). Le grant et vray art de plaine rethorjcque, vtile, proffitable et necessaire à toutes gens qui desirent à bien elegantement parler et escripre. *Paris, Oudin Petit,* 1544; in-8, goth.,v. f. (*Anc. rel.*). 110—»

Volume rare et curieux, d'une bonne conservation, imprimé en beaux caractères gothiques, et orné de lettres grises à fond criblé. — *Très-expert, scientifique et vray orateur,* maistre Pierre Fabri (ou Le Febure ainsi qu'il est nommé sur le titre du prologue), *en son vivant* curé de Meray et natif de Rouen, avoit déjà publié en 1514 un traité fort singulier, en forme de dialogue, intitulé *le Defensore de la conception.* — *Le grant et vray art de plaine rethoricque* fut imprimé pour la première fois à Rouen en 1521; cet ouvrage eut beaucoup de succès pendant le seizième siècle : on en connoît plusieurs éditions de Paris, 1532, 1536, 1539 et 1544; mais, comme tous les livres d'usage, ce volume est devenu très-rare.

C'est le plus ancien traité de rhétorique en françois, qui soit indiqué par les bibliographes. Fabri nous a conservé les préceptes recommandés en 1521, pour *facilement et aornement composer et faire toutes descriptions en prose et en rythme.* Car ce livre est divisé en deux parties : la première contient les règles de la composition en prose ; la seconde, les règles de la composition en vers. La rhétorique a été rédigée d'après les anciens auteurs latins ; on y retrouve toutes les divisions classiques. Seulement, on peut remarquer que Fabri nomme les figures, des *couleurs de rhetoricque,* et que, malgré sa profession, il écrit souvent des phrases licencieuses. Nous ne transcrirons que certains passages qui donneront au lecteur une idée assez exacte du beau langage de l'époque. *Couleur* nommée *presumption :* « Le tonnerre *trompilloit* par les champs. » — « Les débatz des ventz ont enorgueilly la mer. » Au lieu de dire simplement : « Les ventz opposites ont fait mouvoir la mer. » — « Devant Dieu crient les dévotes silences. » Un tiers de cette rhetorique est consacré aux épitres et lettres missives.

La seconde partie, qui traite de la composition en rhythme, est fort curieuse, par les règles souvent étranges que l'auteur établit, et par les rondeaux *clos, ouverts, partis* ou *en rebus*, les refrains *branslant* ou *volans*, les ballades, les chants royaux, les vers rétrogrades, etc., qui, tous, sont extraits de nos anciens poëtes. Nous avons reconnu que le curé de Meray est encore moins chaste en vers qu'en prose. — Il paroît que quelques *ignorants* cherchoient déjà à latiniser la langue françoise; tentative que Rabelais a si ingénieusement ridiculisée, Fabri nous en fournit un exemple qui a le mérite d'être antérieur à la satire du curé de·Meudon :

En prohibant le berengaudiser
N'escumez point vocabules latines
Ne putez point tel vocabuliser
Vous diriger en perpulchres termines,
Pour dulcorer vostre tres-alme eloque,
Se mon precept ne servez, je communes
Vous forbanir et que chascun s'en mocque.

L'auteur cite pour exemple d'une traduction barbare, cette phrase singulière. « Inter natos mulierum non surrexit major Johanne Baptista. » — Traduction : « Entre deux naites mouillées n'a point sué maistre Jehan le boyteux. »

Concluons que ce volume doit être recherché, non-seulement à cause des curieux préceptes de rhétorique et de poétique françoises qu'il renferme, mais encore à cause des fragments inédits de nos anciennes poésies et de la singularité de plusieurs passages.   Ap. B.

184. FERUS (*Jean*). In epistolam Pauli ad Romanos exegesis. *Lugduni, J.-Fr. de Gabiano*, 1559; in-8, peau de truie, compart. (*Anc. rel.*) . . . . 30—»

Très-bel exemplaire d'un livre imprimé à Lyon et relié en Allemagne; il appartenoit, en 1594, au baron de Wolckenstein, dont les armes sont collées sur la garde du volume. La reliure est d'une conservation parfaite. Les compartiments sont ornés des bustes de Jésus-Christ, de S Pierre, de S. Paul et de S. Jean. On y voit encore le lion, l'aigle et le bœuf des Evangélistes, des têtes en médaillons, les armoiries des ducs de Saxe, etc., et le monogramme C. H. souvent répété. Le compartiment central est formé d'élégantes arabesques entrelacées.

Jean Ferus avoit été chantre de l'église de Mayence : son œuvre ne fut publiée qu'après sa mort Philippe Agricola, l'imprimeur François Behem et Théobald Spengel dédièrent le livre de J. Ferus à J. Fock de Walstat, chanoine et écolâtre de la cathédrale de Mayence. Cette longue dédicace, fort bien écrite, est une savante apologie de l'instruction contre l'ignorance, et une vive critique de ceux qui dénigrent l'étude, comme chose inutile à la société. Il paroît que, dans tous les temps, les travaux de l'esprit ont trouvé des détracteurs qui cherchoient l'excuse de leur paresse, dans le mépris qu'ils professoient pour les arts et pour les sciences.

J. Ferus a commenté minuticusement chaque phrase et souvent chaque mot de l'épître de S. Paul aux Romains. Aussi, la glose forme-t-elle un volume de 200 pages, imprimé en petits caractères ronds, d'une netteté remarquable. On lit à la fin : *Scripta est ad Romanos epistola e Corintho per Phœben ministram ecclesiæ quæ erat apud Cenchras* Cette singulière souscription a été sans doute expliquée par quelque commentateur. On a dû écrire de curieuses dissertations sur *Phœbé ministresse* de l'église de Cenchras. Mais une recherche de ce genre n'est point de notre compétence; nous la léguons aux érudits.   Ap. B.

REMY BELLEAU.

POËTE FRANÇOIS.

(1528-1577.)

Nous détachons cette Notice d'un ouvrage important, les
Poëtes Français ou anthologie française, en cours de publication à la librairie Gide et dont les deux premiers volumes
ont paru le mois dernier. Ce genre d'ouvrages où l'histoire
de la poésie françoise se trouve racontée par des extraits
tirés des œuvres des meilleurs poëtes, outre une utilité
immédiate incontestable, a l'intérêt de présenter les principes
littéraires des siècles où ils sont publiés. Le principal recueil
de ce genre qui ait paru au dix-huitième siècle, celui de Lefort de La Morinière, passe de Marot à Malherbe et omet
Ronsard et son école. Le dix-neuvième siècle, qui comptera
parmi ses gloires l'impulsion donnée à l'étude de l'histoire
littéraire, ne pouvoit tolérer un pareil esprit de système. Le
nouveau recueil, qui prend la poésie françoise aux chansons
de gestes et la conduit jusqu'en 1850, est par son étendue
pleinement au niveau de la science actuelle. Afin de ménager les différents points de vue de la critique moderne, les éditeurs ont partagé la composition des notices qui précèdent
les extraits de chaque poëte entre plusieurs collaborateurs
qui, tout en gardant l'unité de principes et de doctrine, ont pu
s'attacher aux époques et aux veines qui leur étoient le plus
sympathiques et le plus familières. Le premier volume, qui
va du douzième siècle au quinzième, a été confié à
MM. d'Héricault, Moland et de Montaiglon, dont plusieurs
publications de la *Bibliothèque elzévirienne* de P. Jannet
avoient déjà prouvé l'intelligence et l'érudition. Le second
volume, qui embrasse tout le seizième siècle et le dix-

septième jusqu'à l'avénement de Boileau, a été spécialement
commenté par MM. Théophile Gautier, Charles Asselineau,
Théodore de Banville, Hippolyte Babou, Philoxène Boyer,
Édouard Fournier et Malitourne. Les deux derniers volumes, qu'on annonce pour juillet et octobre, répéteront les
mêmes noms mêlés à ceux de MM. Jules Janin, Charles
Baudelaire et Léon de Wailly. L'ouvrage est précédé d'une
introduction historique de M. Sainte-Beuve et d'une préface
de M. E. Crepet, à qui est due l'initiative du livre et qui
en a dirigé la publication.

Si Remy Belleau n'est pas la plus grande étoile de cette
constellation poétique qu'on a appelée la *Pléiade françoise*,
il en est sans doute la plus brillante. Il n'a ni l'éclat fulgurant
de Jupiter ou de Ronsard, ni la clarté limpide et sereine de
Mars ou de Joachim Du Bellay; mais nul n'a eu, mieux que
lui, la lumière vive et scintillante, la flamme prismatique, le
lumen coruscum que les belles nuits nous montrent dans
Sirius, le diamant du ciel. S'il n'avoit fallu qu'un exemple
pour montrer quel merveilleux instrument pouvoit être
dans les mains d'un poëte cette langue françoise qu'on a,
sur la foi du dix-huitième siècle, tant appelée la *langue de
la prose*, à quel brillant, à quel relief elle pouvoit atteindre,
Belleau auroit suffi. Son œuvre entière est comparable à une
forêt délicieuse subitement éclairée par la flamme pénétrante
des feux de Bengale, et dont les moindres détails, les plus
sombres profondeurs apparoissent magiquement illuminées.
Heureusement, ici, point de trahison à craindre. La perfection
de l'art égale la perfection de la nature, et il n'est pas de recoin,
même le plus écarté, qui redoute le rayon accusateur. Dans
cette prodigieuse époque de rénovation poétique, qui eut la
noble folie du beau, Belleau nous montre l'art achevé à côté de
l'art fougueux, le soin exquis et fin à côté de l'audace, l'*in tenui
labor*, mais relevé par la puissance de l'inspiration et par la
grandeur du dessin général. Pour la grâce et le sentiment,
on peut le comparer à La Fontaine. C'est un La Fontaine eu

effet, mais un La Fontaine esclave du rhythme, et qui eût
tenu le vers libre pour forfaiture. Lors même qu'il s'atten-
drit ou qu'il s'abandonne le plus, Belleau veut que sa fantaisie soit arrêtée et incisée avec la précision du plus pur
camée. Artiste sévère, comme on l'étoit de son temps, il
n'eût jamais admis les *grâces négligées*. Une autre analogie
à noter entre eux, c'est qu'ils ont été, l'un et l'autre, les
poëtes de la nature. La Fontaine aimoit les bêtes, Belleau
aimoit les bois et les pierres. Mais tandis que La Fontaine,
philanthrope comme l'est tout satirique, cherche dans l'animal le souvenir de l'homme, Belleau, s'isolant de plus en
plus de l'humanité, s'absorbe dans la contemplation des trésors souterrains et mystérieux dont l'éclat éblouissant a passé
dans ses vers.

C'est en effet dans les trente petits poëmes des Amours
des Pierres (les *Amours et nouveaux eschanges des pierres
précieuses, vertus et propriétés d'icelles*), que Remy Belleau
a donné toute la mesure de son génie et de son talent. Variété de ton et de coupe, richesse du vocabulaire, abondance
de détails, invention dans le récit, tout y prouve une souplesse, une fécondité, une puissance vraiment admirables, et
l'on s'étonne que ces poëmes ne soient point, je ne dirai pas
plus populaires, mais plus à l'ordre du jour parmi les lettrés
et les savants en poésie. Il est évident que jamais l'effort n'a
été poussé plus loin et plus heureusement. Tantôt c'est une
ode d'un jet élégant et soutenu, en l'honneur du Diamant
ou de la Perle ; tantôt c'est une princesse, une femme aimée
qui est chantée sous le nom de l'Agate ou du Saphir ; et
puis, c'est une histoire pompeuse, peinte en riche tapisserie,
telle que celle d'Améthyste changée en pierre par Bacchus ;
tantôt encore, une légende d'amour contée sur le ton doux
et mélancolique des plus tendres rêveries de La Fontaine,
le conte du *Faucon* par exemple, ou la fable de *Philomèle
et Progné*.

Ces poëmes, ou plutôt ce poëme, trop oublié aujourd'hui
et qui auroit dû vivre, ce me semble, ne fût-ce que comme

commentaire aux œuvres du poëte populaire auquel je viens
de comparer Belleau, eut en son temps mieux qu'un grand
succès : il atteignit à la gloire. Ronsard, le grand maître et le
grand dispensateur des brevets, lui avoit promis l'immortalité dans cette épitaphe rapportée au frontispice des œuvres
de Belleau, et que Piganiol de La Force put encore
lire dans l'église des Grands-Augustins au-dessus de son
tombeau :

> Ne taillez, mains industrieuses,
> Des pierres pour couvrir Belleau :
> Lui-mesme a basti son tombeau
> Dedans ses *Pierres précieuses!*

La décadence de l'art poétique, après la première moitié
du dix-septième siècle, a fait mentir la prophétie, et même a
fait oublier le prophète. Pourtant, le lourd Baillet écrivoit
encore en 1685 que « Belleau s'étoit appliqué *particulièrement* à bien choisir les mots, à donner de belles couleurs à
ses pensées, et à polir son discours avec tant d'exactitude,
qu'on auroit pu attribuer ce soin à quelque affectation vi-
cieuse, si l'on n'avoit su que cela lui étoit naturel! » Oh! le
beau jugement à citer après l'éloquent brevet de Ronsard!
Et cependant, cette pesante formule, si niaise dans sa réserve et dans ses contradictions, contient au moins encore
le reflet de la vérité. C'est comme le dernier écho d'un siècle
savant et qui avoit la religion de l'art. Mais n'est-il pas remarquable que déjà, cent ans après la mort de Ronsard, le
choix des mots, le soin du style, l'exactitude fussent réputés
des affectations vicieuses?

Notre seconde Renaissance poétique, en 1820, rendit
quelque lustre à la Pléiade : Ronsard restauré rappela Remy
Belleau. Dès 1828, M. Sainte-Beuve, bien qu'un peu sévère,
sur la foi de Ronsard, pour le traducteur d'*Anacréon*,
jugeoit Belleau, dans l'ensemble de ses œuvres, digne de la
grande réputation qu'il avoit eue en son temps, et se laissoit
séduire par l'abondance et par l'éclat de ses images.

Ronsard faisoit-il bonne guerre à son ami en lui repro-
chant la foiblesse de sa traduction d'*Anacréon?*

> Tu es un trop sec biberon
> Pour un tourneur d'Anacréon,
> Belleau....

Qu'il ait manqué d'énergie ou de fougue pour rendre les
élans passionnés du vigoureux vieillard, il avoit, du moins,
tous les dons nécessaires pour en reproduire la grâce et la
délicatesse. M. Sainte-Beuve, lorsqu'il est revenu quinze ans
plus tard à Remy Belleau et à sa traduction dans sa charmante étude intitulée : *Anacréon au seizième siècle,* a reconnu que, s'il n'avoit pas été complétement, c'est-à-dire
également heureux dans sa tentative, il étoit peut-être, de
tous les poëtes de son temps, celui à qui la fréquentation du
poëte grec avoit le mieux profité. M. Sainte-Beuve cite à
l'appui deux pièces charmantes, déjà signalées par un autre
traducteur d'*Anacréon,* M. de Saint-Victor. J'en pourrois
citer deux ou trois autres, où l'on retrouveroit bien, pour
me servir de l'heureuse expression du poëte critique, l'*esprit
léger de la Muse grecque :* l'*Ode à Vulcain,* par exemple,
sur la façon d'un vase d'argent, ou encore l'*Ode sur l'inutilité de la richesse,* pièce du même rhythme que les stances
de Ronsard sur l'*Élection de son sépulchre,* et dont je veux
seulement citer les dernières strophes.

> Mais las ! puisque la vie,
> A tous vivans ravie,
> Ne se peut racheter,
>   Pour marchander,
>
> Que me sert tant de plaintes,
> Tant de larmes contraintes,
> Et sanglots ennuyeux
>   Poussés aux cieux ?
>
> Puisque la mort cruelle
> Sans merci nous appelle,

Que nous serviroit or
  L'argent ou l'or?

Avant que mort descendre
Là-bas, je veux despendre
Et rire, à table mis
  De mes amis;

Reviens, ma Cythérée,
Mollement enserrée,
Avant le mien trépas,
  Entre mes bras!

Ce qui me touche en Remy Belleau et ce qui achève, suivant moi, de le montrer comme un vrai et grand poëte, c'est
de le trouver toujours si fidèle à lui-même, si constant dans
son inspiration. Où qu'il se tourne, c'est toujours la grâce ou
la beauté qui l'attire : il prend à la Grèce Anacréon; à l'épopée biblique les *Cantiques de Salomon;* à Orphée et à Hésiode
leurs fables les plus tendres et leurs plus merveilleuses lé-
gendes. Ses inventions poétiques sont toutes d'amour et
d'amour délicat, encadrées dans les plus élégants tableaux de
la nature, pendant les plus beaux mois de l'année; sourires
du ciel, fête des bois et des parterres, murmure des fontaines, oiseaux messagers fendant la nue y sont le cortége, y
sont l'accompagnement des présages et des enchantements
qui peuvent troubler un cœur ému d'espoir, de désir ou de
regrets. Le poëme des *Bergeries* est, nous apprend l'éditeur
des œuvres de Belleau, un recueil de divers poëmes composés pour la plupart dans sa jeunesse, « lesquels, voulant gra-
tifier, en les leur dédiant, les princes et seigneurs de la
maison en laquelle il avoit reçu son avancement, il lia par
des proses entremêlées, supposant beaucoup d'occasion à
son plaisir. » C'est au premier livre de ce poëme que se trouve
l'*adorable* pièce d'*Avril*, comme l'appelle M. Sainte-Beuve,
ce cri de l'amour et du printemps, et qui, tant que les cœurs
battront, tant que les bois se renouvelleront, sera le chant

de guerre et comme la *Marseillaise* des amoureux et des adolescents.

Si je parle, avant de finir, de la comédie de la *Reconnue* et du poëme macaronique *Contre les reistres*, c'est qu'après avoir loué la grâce de Belleau, son amour éthéré du beau et sa délicatesse, il me semble bon à noter que cette grâce, qui étoit bien son véritable caractère, a eu plus d'un ton ; qu'elle a été non-seulement la grâce noble, la grâce délicate, mais aussi la grâce comique, et même la grâce bouffonne. Le poëme macaronique, *Dictatem metrificum de Bello Hugono-tico et Reistrorum piglamine, ad sodales*, est en effet un poëme bouffon, tellement bouffon, qu'il est difficile d'en rien citer dans une anthologie, mais où la verve, et surtout le comique dans les mots et dans les images se soutient d'un bout à l'autre. M. Viollet Le Duc, dans son catalogue analytique, qualifie ce poëme de *piquant*.... Sans doute, il a voulu mettre beaucoup de choses dans ce mot ; nous l'adopterons *sous bénéfice d'inventaire*. La *Reconnue* est une comédie d'intrigue, un peu foible d'intrigue peut-être pour les cinq actes que l'auteur lui fait comporter, mais qui se fait lire avec agrément dans son vers de huit pieds, élégant, vif et correct. C'est, comme ton et comme style, une imitation ou un souvenir de Térence, et qui annonce ou qui prépare l'*Étourdi* et le *Dépit amoureux*.

Les faits biographiques recueillis sur Remy Belleau sont peu nombreux. Sa vie d'ailleurs fut celle qu'on pourroit lui souhaiter après avoir lu ses œuvres : une vie calme et indépendante, au milieu des honneurs de la cour, dans la maison d'un noble gentilhomme, Charles de Lorraine, marquis d'Elbeuf, qui, après avoir fait de lui son secrétaire, lui confia l'éducation de son fils. C'est dans cette maison qu'il mourut, âgé de moins de cinquante ans, sans autre événement dans sa vie qu'un voyage en Italie à la suite de son patron, général des galères pendant l'expédition de Naples. Cette existence heureuse, honorée, fut couronnée par de glorieuses funérailles : ses amis voulurent porter son corps sur leurs épaules, et ces amis étoient Pierre de Ronsard, Antoine de Baïf, Philippe Desportes et Amadis Jamyn !

Ses œuvres, publiées séparément durant sa vie, furent réunies après sa mort, en deux volumes qui peuvent compter parmi les plus charmantes éditions du seizième siècle.

Heureux temps et heureux poëtes ! après une vie toute consacrée au plus noble des arts, toute dorée des rayons de la gloire, de la faveur et du génie, ils mouroient pompeusement, ensevelis par des mains pieuses et illustres, et, après leur mort, de non moins pieux artistes élevoient à leur pensée des monuments immortels et faisoient rayonner sur leur œuvre cette divine Beauté qu'ils avoient tant aimée !

Charles Asselineau.

LETTRES ET DOCUMENTS INÉDITS

RELATIFS A Mme DE MAINTENON ET A SA FAMILLE [1].

Nous continuons à placer sous les yeux du lecteur des documents inédits relatifs à Mme de Maintenon et à sa famille.

Il s'agit, cette fois, de quatorze lettres dont neuf sont adressées à la marquise de Villette, savoir : huit par Mme de Maintenon, une par Ninon de Lenclos.

Bien que les cinq autres ne soient pas adressées à la marquise, nous ne les publions pas moins avec empressement, eu égard à leur commune origine, et afin de compléter, autant que possible, la physionomie de cette famille, en donnant un *spécimen* du style de la plupart de ses membres. C'est un genre d'étude qui a son mérite et son originalité.

L'une de ces lettres est écrite par la marquise de Villette

---

(1) Voir au *Bulletin du Bibliophile*, pages 1673 à 1699, année 1860, et 155 à 192 du présent volume, les deux premières séries de ces documents, dont la reproduction est expressément réservée par M. Honoré Bonhomme.

elle-même; les autres sont du comte de Mursay, son beau-fils; de l'abbesse de Notre-Dame de Sens, sa fille; de Mme de Maintenon et de son frère, Charles d'Aubigné. Elles sont adressées au cardinal de Fleury, au marquis de Villette et à un M. Amet, qui avoit sa fille au couvent de Sens. Quant à la lettre de Charles d'Aubigné, elle est dépourvue de son enveloppe, sur laquelle se trouvoit la suscription.

HONORÉ BONHOMME.

LETTRE DE NINON DE LENCLOS (1) A LA MARQUISE DE VILLETTE.

Le 16 août (2).

Je n'aurois jamais osé, madame, vous faire souvenir de moi à Marsilly, si je n'avois appris par M. l'abbé de Châteauneuf (3) que vous me faisiez l'honneur de vous en souvenir. Cette confiance m'étoit nécessaire, et je vous en suis obligée comme d'un bien qui est mérité par mes sentiments, mais que l'on n'a pas toujours droit d'obtenir. Ne me l'ôtez pas, madame, et que je puisse toujours me flatter que vous me croyez la personne du monde qui connoît le mieux tout ce que vous avez d'aimable. Je crois toujours que je vais plus loin que les autres pour tout ce qui peut toucher le cœur. Permettez-moi cette vieille vanité; je n'ai rien perdu de mes goûts, et je prouve par là que je les ai encore bons. Permettez-moi aussi, madame, de vous parler de votre aimable famille. J'en aime le chef, et je vous demande, madame, de l'en faire souvenir. Puisque vous écrivez à notre abbé, je saurai de vos nouvelles, et je demanderai de vivre pour avoir

(1) Lenclos (Anne de), née en 1616, morte en 1706.

(2) D'après nos supputations, cette lettre doit avoir été écrite entre les années 1702 et 1705.

(3) Châteauneuf (F., abbé de), littérateur, parrain de Voltaire, mort en 1709, a publié un *Traité sur la musique des anciens*. C'est par l'abbé de Châteauneuf que Ninon termina sa vie galante; elle avoit alors soixante-dix ans, et elle appeloit ses liaisons avec cet abbé *sa dernière folie*.

encore l'honneur et le plaisir de vous voir. Pardonnez ce griffonnage : l'encre et moi ne faisons rien qui vaille.

ANNE DE LENCLOS.

Et au dos : A madame la marquise de Villette, à Marsilly, par Nogent-sur-Seine.

LETTRE DE MME DE MAINTENON A LA MARQUISE DE VILLETTE.

Vendredi, à midi.

Vous aurez de la peine à avoir M. Maréchal (1). Il est souvent incommodé et n'aime pas à s'éloigner du roi. Je suis en peine de votre sein, et je voudrois qu'il fût possible que vous n'en ayez pas d'inquiétude, car elle augmentera votre mal. Si c'est peu de chose, il ne faut pas s'en alarmer; si c'est le grand mal, nous avons bien des expériences que l'on le porte longtemps quand on ne fait point de remèdes. La nouvelle d'Allemagne est très-bonne. Une pareille en Flandre me rafraîchiroit bien le sang. Je prie Dieu de vous conserver encore M. de Villette (2) et de vous donner la santé qui vous est nécessaire.   MAINTENON.

LETTRE DE MME DE MAINTENON A LA MARQUISE DE VILLETTE.

A Marly, ce 12 octobre (3).

Les afflictions et les incommodités qui m'accablent depuis quelque temps ne m'ont pas empêchée, madame, de m'apercevoir que je ne reçois point de vos nouvelles. Il est vrai que je suis très-fâchée de la mort de M. le maréchal de Noailles (4). C'étoit un ami de quarante ans, sans compter

---

(1) Maréchal (G.), premier chirurgien de Louis XIV et de Louis XV, 1638-1736. Il se distingua particulièrement par son habileté pour l'opération de la taille, et contribua à la fondation de l'Académie royale de chirurgie.

(2) Mort dans le mois de décembre 1707, à l'âge de 75 ans.

(3) 1708.

(4) Noailles (Anne-Jules de), duc et pair et maréchal de France, est mort en 1708 ; il étoit né en 1650.

les autres raisons que j'ai de m'intéresser à lui. Tout est
peine et croix dans le monde, et surtout dans la vieillesse.
Je suis très-persuadée que vous avez de l'amitié pour moi,
et je vous assure aussi, madame, que j'en ai beaucoup pour
vous.   MAINTENON;

LETTRE DE MME DE MAINTENON A LA MARQUISE
DE VILLETTE (1).

A Saint-Cyr, ce 8 mai 1708.

L'affaire de nos chères Carmélites devient plus difficile
que je ne pensois. Vous en jugerez, madame, par la lettre de
M. d'Orsay, que je vous envoie. Je vous supplie de le voir et
de lui dire toutes nos raisons. Il faudroit le joindre avec
M. d'Argenson. Il n'y a que vous qui puissiez répliquer à
M. d'Orsay.

Je suis en peine de l'état de votre santé, que Mlle d'Aumale m'a dit être encore plus mal que quand vous vîntes ici.

Il seroit bien inutile que M. d'Orsay me fît voir tous les
plans dont il me parle. Vous savez que je me rends assez
facilement. Je serois pourtant bien fâchée d'être tout à fait
inutile à Mme de Lévi (2) et à mes chères filles.

MAINTENON,

LETTRE DE MME DE MAINTENON A LA MARQUISE
DE VILLETTE (3).

A Versailles, ce 29 janvier 1710.

J'ai toujours remis à vous écrire, madame, parce que je

---

(1) Lettre écrite par Mlle d'Aumale sous la dictée de Mme de Maintenon, qui
l'a signée. Marie-Jeanne d'Aumale, issue d'une ancienne famille de Picardie,
naquit en 1683 et mourut en 1755. Elle entra à Saint-Cyr en 1690, et Mme de
Maintenon l'appela auprès d'elle en 1704, pour lui servir de compagne et de secrétaire.

(2) Peut-être est-il question ici de Mlle de Chevreuse, qui épousa, en 1698, le
marquis de Lévi, jeune étourdi, aux dépens duquel Saint-Simon s'égaye fort. Il
fallut le baptiser et lui faire faire sa première confession et sa première communion le jour de son mariage. Il mourut duc et pair. — *Mémoires de Saint-Simon*,
édition Sautelet, tome II, p. 92; VI, 125, 134; XIII, 475; XX, 350.

(3) Lettre écrite par Mlle d'Aumale, sous la dictée de Mme de Maintenon, qui
l'a signée.

voulois le faire de ma main; mais le loisir ou les forces m'ont toujours manqué. La fièvre que vous connoissez revient tous les quatre ou cinq jours : la cause ne cesse point.

Quelque ennui que vous puissiez avoir à Marsilly, je comprends que vous y êtes encore mieux qu'à Paris, et surtout si vous y faites vivre vos pauvres. On est accablé ici, et les mauvais discours de Paris augmentent tous les jours. Il y a pourtant un grand bruit de paix répandu, et, par toutes les nouvelles qui viennent de Hollande, on dit qu'elle se fera avant la campagne ; mais je n'y vois point assez d'apparence pour me réjouir encore.

Je savois le ridicule mariage de M. de Lionne. On dit présentement qu'il l'a fait casser en donnant quarante mille francs à la fille. Je les aimerois mieux que M. de Lionne pour mari ; car il y a lieu de craindre, par plus d'un endroit, que sa tête ne soit pas bien timbrée.

Je ne vous mande aucune nouvelle ; car, outre que je suis assez mal instruite, je crois que vous ne manquez pas de gens qui vous écrivent. Je reçois trop rarement de vos lettres. Je suis fort injuste là-dessus, car j'aime qu'on m'écrive et je n'aime pas à faire de réponse.

Adieu, madame. Comptez pour toujours sur mon amitié. Je laisse à Mlle d'Aumale à vous dire des nouvelles de Saint-Cyr. Mille amitiés à la pauvre Sophie.

MAINTENON.

Et au dos : A madame la marquise de Villette, à Marsilly, par Nogent-sur-Seine.

LETTRE DE MME DE MAINTENON A LA MARQUISE DE VILLETTE (1).

A Versailles, 12 juin 1710.

La duchesse de Noailles m'a dit qu'elle vous donnera un lit chez elle quand vous voudrez venir faire vos visites. J'irai

---

(1) Cette lettre a été écrite par Mlle d'Aumale, sous la dictée de Mme de Maintenon, qui y a ajouté de sa main le post-scriptum, après l'avoir signée.

dîner avec vous dès que je vous y saurai; car pour chez moi, madame, il n'y faut pas compter, et je crois qu'il y a bientôt trois mois que je n'y ai mangé. Vous n'y seriez pas longtemps sans y voir grande compagnie, et, comme ma proche parente, ce seroit à vous à vous éloigner; c'est ce que j'éprouve tous les jours.

N'oubliez pas le taffetas gris de Mlle d'Aumale, et en même temps apportez-moi, je vous prie, des échantillons, ou plutôt des pièces, si on veut vous les confier, de plusieurs sortes d'étoffes blanches. J'en suis insatiable et pour le jour et pour la nuit. Quelques taffetas façonnés me seroient bien nécessaires pour une robe de jour; mais je voudrois qu'il fût un peu fort. Je bouffe si peu par ma personne qu'il faut que je bouffe par mes habits. Mlle d'Aumale voudroit bien bouffer aussi et n'avoir pas un taffetas mollasse. En voilà trop pour une personne aussi intelligente.   MAINTENON.

Si vous voyez Mme la duchesse d'Albe, je voudrois bien, madame, que monsieur son mari et elle sussent que je ne les oublie point, et que je partage toutes leurs peines (1).

Au dos est écrit : A madame la marquise de Villette, rue Saint-Dominique, au-dessus de Saint-Joseph, à Paris.

LETTRE DE MME DE MAINTENON A LA MARQUISE DE VILLETTE.

Ce 7 août 1712 (2).

J'ai bien pensé à vous dans nos heureux succès, madame, persuadée que vous les sentiriez par bien des endroits. Vous ne croirez peut-être pas que je m'en suis trouvée mal par une trop grande dissipation d'esprit. Je m'en remets un peu et je rentre dans de nouvelles inquiétudes sur le siége de Douai,

(1) Albe (duc d'), ambassadeur d'Espagne en France. Sans doute Mme de Maintenon fait allusion à la perte du fils de ce personnage, qui mourut en 1709 à l'âge de sept à huit ans. D'après Saint-Simon, la duchesse d'Albe, sa mère, fit des vœux et des dévotions singulières pour obtenir la guérison de cet enfant. Elle alla jusqu'à lui faire prendre des *reliques en poudre par la bouche et par lavement.*—Mémoires de Saint-Simon, tome VII, p. 334.

(2) Écrite de Fontainebleau.

que je crains que le prince Eugène ne veuille secourir. **Que**
votre sainte abbesse (1) et toute la merveilleuse maison dont
vous m'avez fait un si beau portrait ne se lassent pas de prier
et de demander la paix; car il n'y a qu'elle que nous de-
vions désirer. Je n'ai nulle grandeur dans mes sentiments.
Je ne veux pas me venger du prince Eugène, ni me ressentir
de la hauteur des Hollandois. La paix, la paix, voilà tout ce
que je désire et qu'il faut que Sophie demande. La duchesse de Noailles a été très-malade, mais elle doit arriver
ici mardi prochain. On est dans une grande joie à Saint-Cyr.
Je sais la part que vous prenez toujours à cette maison-là,
et je suis très-persuadée, madame, de l'amitié que vous
avez pour moi, que je mérite par celle que j'ai toujours
eue et que j'aurai toute ma vie pour vous.

MAINTENON.

Et au dos : A madame la marquise de Villette, dans l'abbaye de Notre-Dame, à Sens.—(La suscription porte le tim-
bre de Fontainebleau.)

LETTRE DE MME DE MAINTENON A LA MARQUISE DE VILLETTE.

A Saint-Cyr, ce 17 avril 1714.

Est-ce maladie ou discrétion qui vous ont empêchée de me
demander un rendez-vous à Saint-Cyr? J'aurois eu de la
peine à vous le donner en partant de Versailles, car je fus
accablée. Mais présentement je serois très-aise de vous avoir;
la difficulté est d'être fidèle au rendez-vous, car je suis peu
assurée de ma marche; tout ce que je puis vous en dire
c'est que, pour l'ordinaire, je viens ici le mardi, le jeudi et
le samedi.

M. de La Vrillière m'a priée, madame, de vous demander votre protection pour M. le comte de Luce (2), pour une

---

(1) Villette (Isabelle-Sophie-Louise Le Valois de), fille de la marquise de Villette et abbesse de Notre-Dame de Sens. C'est elle qui éleva l'enfant d'Aïssé et du
chevalier d'Aydie. — Voir plus loin une lettre de cette abbesse.
(2) Luce (le comte de), second fils du maréchal de Luxembourg, nommé plus

affaire de M. le comte de Sainte-Croix auprès de l'Empereur, qui sera discutée à Bade. Mme la duchesse d'Elbeuf (1) m'a bien fait la même proposition; car il y sera question aussi des prétentions de feu Mme la duchesse de Mantoue (2). Nous vous prions donc, madame, de nous aider de votre crédit auprès du plénipotentiaire du roi. Il me semble que cette sollicitation est magnifique, et vous fait faire un personnage assez important. Adieu. Je serois assurément très-aise de vous embrasser.   MAINTENON.

LETTRE DE MME DE MAINTENON A LA MARQUISE DE VILLETTE (3).

Ce 21 avril 1718.

Vous pouvez juger, par ma diligence à vous répondre, que mon dessein n'est pas d'éloigner le voyage que vous voulez faire ici. Je vous assure, madame, que je vous y recevrai avec plaisir, et que vous m'en ferez un très-grand d'amener mademoiselle votre fille. Vous devriez même venir ici tout droit et me la laisser. Jamais enfant ne m'a embarrassée. Vous iriez ensuite faire tous vos tours. La duchesse de Noailles compte vous avoir et le désire bien tendrement. Je suis très-contente d'elle sur tout chapitre, et je l'aime plus que je n'ai jamais fait. Mme de Mailly (4)

tard duc de Châtillon-sur-Loing, suivant la promesse que Louis XIV en avait faite à son pere, mais au grand regret du roi. — Voyez *Saint-Simon, edition Sautelet*, tome I, p 337.

(1) Elbeuf (la duchesse d'), fille aînée de la maréchale de Navailles, morte en 1717, *d'une longue suite de maux*, dit Saint-Simon, *qu'elle avoit gagnes de son mari, mort depuis longtemps*.

(2) Mantoue (la duchesse de), fille de la précédente, de la maison de Lorraine. Mlle d'Elbeuf, après mille manéges employés par sa famille, surtout par sa mère, parvint enfin à epouser le duc de Mantoue. Le mariage se fit dans une hôtellerie à Nevers, et fut renouvele à Tortone. Les mauvais traitements de son mari la contraignirent bientôt à l'abandonner. — Voyez *Saint-Simon*, tome IV, V, VI et VII, pages 241, 247; 348, 373; 240; 338, 344.

(3) Cette lettre a été écrite quatre ans et demi après la mort de Louis XIV, et huit mois avant celle de Mme de Maintenon, qui étoit alors retirée à Saint-Cyr. C'est précisément à cette date que Pierre le Grand lui fit la visite dont on a tant parlé.

(4) « Mme de Mailly, dit Saint-Simon, tome I, p. 32-33, étoit une demoiselle du Poitou, qui n'avoit pas de chausses, fille de Saint-Hermine, cousin issu de

m'écrit pénétrée de vos bontés; elle a raison, et je le suis comme elle, car cette compassion ne peut venir que d'un bon cœur.

La fille de Léger est présentement chez son père, parce que sa mère est malade et qu'elle n'a personne auprès d'elle. Je ne sais si la campagne ne lui fera pas tant de peur qu'un couvent. Vous pouvez traiter cette grande affaire ici, ou par vous-même ou par Mlle d'Aumale. Souvenez-vous, madame, de me donner votre fille toute seule pour quelques jours. Préparez-la aux caresses d'un spectre (1), mais spectre qui jouera avec elle et Mlle de La Tour. Je suis ravie que votre santé soit meilleure. La mienne devient ridicule à mon âge. Adieu; il faut aller à vêpres. Ce ne sera pas sans suer.

MAINTENON.

Et au dos : A Madame de Villette, à Marsilly.

LETTRE DE MME DE MAINTENON AU MARQUIS DE VILLETTE (2).

Ce jour de Pâques.

Je suis presque toujours malade. Je vais souvent à Saint-Germain. J'ai beaucoup d'affaires et je suis très-paresseuse. Voilà les raisons qui m'ont empêchée de vous écrire plus tôt. J'ai longtemps attendu que vous eussiez reçu la réponse de M. Colbert : car je ne suis pas de manière avec

germain de Mme de Maintenon. Elle l'avoit fait venir de sa province chez elle, à Versailles, et l'avoit mariée, moitié de gré, moitié de force, au comte de Mailly, second fils du marquis et de la marquise de Mailly, qui, mariés avec peu de biens, étoient venus à bout, avec l'âge, à force d'héritages et de procès, d'avoir ce beau marquisat de Nesle, de bâtir l'hôtel de Mailly vis-à-vis le pont Royal, et de faire une très-puissante maison. »

(1) Il est curieux de rapprocher ce que Mme de Maintenon dit ici d'elle-même, de l'exclamation énergique que la surprise arracha, dit-on, à Pierre le Grand lorsque, tirant brusquement les rideaux de son lit, il la vit pour la première fois.

(2) Villette (Philippe Le Valois, marquis de), cousin germain de Mme de Maintenon, lieutenant général des armées navales, né en 1632, mort en 1707. Cette lettre a très-probablement été écrite du vivant de la première femme du marquis, à l'époque où, sans fortune et sans emploi, il végétoit dans ses terres, et attendoit du crédit de sa cousine qu'on utilisât ses services enfin quelque part.

lui a lui aller vous proposer pour l'ambassade de Moscovie. Mais s'il vous avoit agréé, je pourrois traiter les conditions avec lui et faire tout de mon mieux pour que l'on vous en fît d'avantageuses. Voilà les seuls services que je suis en état de vous rendre, et, quoi qu'on vous dise de ma faveur, il s'en faut de beaucoup que je gouverne l'État.

J'ai été sensiblement touchée d'être obligée d'abandonner Mme d'Emdicour; mais je ne pouvois plus la soutenir sans nuire beaucoup à ma réputation et à ma fortune.

J'ai reçu les dépêches de ma cousine, qui étoient admirables. Je les ai données en bon lieu. M. et Mme de Fonmort ont ici une fâcheuse affaire et dont ils ne peuvent sortir que très-désagréablement. J'en suis très-fâchée, et j'y fais tout de mon mieux.

Adieu, mon cher cousin. Je suis toute à vous, et du meilleur de mon cœur.   MAINTENON.

Et au dos : A Monsieur de Villette, à Niort.

LETTRE DE CHARLES D'AUBIGNÉ (1), FRÈRE DE MME DE MAINTENON.

A Rome, le 15 août 1699.

Toutes vos petites dettes seroient payées, monsieur, si je n'avois cru devoir attendre de nouveaux ordres avant que de donner vingt-deux écus à un nommé Billy, *calderaro* en italien, et chaudronnier en françois. Son mémoire est parmi ceux que vous me fîtes l'honneur de m'envoyer avant que de partir; mais ma difficulté est que je trouve son reçu en bonne forme au pied de ce mémoire, et que cette somme ne peut pas même entrer dans celle de cent cinq écus à

---

(1) Aubigné (Charles, comte d'), né en 1634 au château Trompette, mort en 1703 aux eaux de Vichy, où il étoit gardé à vue, car ses excentricités de conduite et de langage donnèrent de si grands ennuis à Mme de Maintenon, qu'elle finit par le faire accompagner par un prêtre de Saint-Sulpice, nommé Madot, qui s'attacha à ses pas et le suivoit comme son ombre.

Saint-Simon dit que Charles d'Aubigné « étoit un panier percé, un fou à enfermer, mais plaisant, avec de l'esprit et des saillies et des réparties auxquelles on ne pouvoit s'attendre. » Cette lettre donne assez le ton du caractère de son auteur.

quoi vous me marquiez que montoit ce que j'avois à payer.
Cet homme s'est contenté de me donner le temps nécessaire pour savoir vos intentions, et m'a mis en main une
lettre pour vous que je ne vous envoie point, parce que je
crois que vous ne vous souciez guère de son compliment.
Ayez la bonté, s'il vous plaît, monsieur, de me faire savoir
ce que vous désirez que je fasse.

Je n'ai rien pu vendre encore de votre équipage, quelque
mouvement que je me sois donné pour cela. J'ai eu plusieurs offres de vos chevaux; mais toutes beaucoup au-
dessous de ce que vous m'avez dit que vous les avez pu
vendre. Le plus qu'on m'ait offert des deux de carrosse,
c'est cent quarante-quatre, et douze pistoles de celui de la
chaise. Si je trouvois quarante-cinq écus de celui-ci et
cent soixante des autres, je les livrerois, parce que je ne
crois pas, à parler franchement, ni qu'ils vaillent ni que
j'en puisse tirer davantage. J'ai licencié votre cocher au
bout du mois, m'étant aperçu qu'il éloignoit les acheteurs
au lieu d'en chercher, par la douceur qu'il trouvoit à ne
rien faire. Personne ne s'est encore présenté pour acheter
votre carrosse. Je l'attribue à la saison où nous sommes,
qui ne permet guère qu'on se serve de voitures fermées. Il
y a peu de mal à cela parce qu'il ne mange point.

Hier, il y eut un duel fameux entre Belleville, valet de
chambre de M. de La Trémouille (1) et Petit, son officier.
Celui-ci fut tué misérablement du premier coup, et ne dit
pas une seule parole. Leur maître en est au désespoir, et
par la peine que lui fait cette mort, et par la perte qu'il
fait en même temps de son favori : car il est à croire qu'il
ne le gardera pas davantage. Il y a ici d'autres scènes qui
meriteroient votre curiosité; mais il ne me convient pas de
parler sur de telles choses sans chiffres. Vous en trouverez
un à Lyon, chez le correspondant que vous m'avez marqué.

---

(1) Il s'agit probablement du frère de la princesse des Ursins, qui, chargé à
Rome de l'audiencat pour la France, devint cardinal, et se brouilla avec sa sœur,
après s'être rendu tristement célèbre par ses intrigues et ses débauches.

Honorez-moi de vos ordres, monsieur, pour les choses dont vous me croirez capable, et soyez persuadé, je vous supplie, que vous n'avez point de très-humble et très-obéissant serviteur plus dévoué que   D'AUBIGNY.

FRAGMENT D'UNE LETTRE ÉCRITE PAR PHILIPPE LE VALOIS, COMTE DE MURSAY, AU MARQUIS DE VILLETTE, SON PÈRE (1).

. . . .

. . . . Chaque démarche de M. de Vendôme nous confirme dans l'opinion où nous sommes que c'est un général au-dessus des autres. Il me charge, toutes les fois qu'il me voit, de vous faire des compliments. Vous êtes à merveille avec Campistron (2). On ne peut être plus recon-

(1) Cette lettre, dont nous n'avons pu retrouver que la fin, a été écrite par Philippe Le Valois, comte de Mursay, cornette des chevau-légers, en 1683, et mestre de camp du régiment Dauphin en 1688. Il étoit fils aîné du marquis de Villette et de sa première femme, et mourut prisonnier de guerre au siége de Turin, le 9 novembre 1706, laissant un fils de son mariage avec Marie-Louise Lemoine. Dès l'âge le plus tendre, il servoit près de son père en qualité de volontaire, et montra au combat naval de Lipari un courage et une présence d'esprit extraordinaires. Blessé peu après au combat d'Agosta (22 avril 1676), où Ruyter fut tué, le jeune comte de Mursay fit l'admiration de tout le monde. Mme de Caylus dit qu'il avoit alors de huit à neuf ans, et que la singularité du fait le fit nommer enseigne après le combat. Mme de Maintenon se hâta d'en exprimer sa joie à Mme de Villette dans une lettre dont j'ai l'original, et qui trouve naturellement sa place ici. Constatons, en passant, que La Beaumelle, Auger et Monmerqué ont rapporté cette lettre en la datant du 7 juin 1676, bien qu'elle soit dépourvue de millésime. C'est probablement là encore un tour de La Beaumelle. Voici cette lettre :

« A Saint-Germain, ce 7 juin.

« Je ne sais si M. de Villette vous a mandé que son fils a été blessé légèrement à cette dernière occasion; mais je sais bien que vous ne vous attendez pas au compliment que je vous en vais faire, qui est que j'en ai été ravie. Je l'ai fait savoir au roi et à Mme de Montespan, et, quand le premier mouvement de tendresse sera passé, je suis sûre que vous penserez comme moi, et que vous vous saurez gré d'avoir mis un petit héros au monde. Réjouissez-vous-en donc, ma chère cousine, puisqu'il est vrai, sans flatterie, que vous avez le plus joli et le plus surprenant enfant que l'on ait vu. Mes amitiés et mes compliments à la famille; et n'oubliez pas Mme de Mongon, que j'aime et que j'estime fort. Vous me ferez plaisir de me mander de leurs nouvelles, car, malgré l'oubli qui vous paroît souvent, je conserve beaucoup de tendresse pour mes proches. Vous savez que là-dessus vous n'êtes pas traitée en alliée. »   MAINTENON.

Et au dos : A Madame de Villette, à Niort.

(2) Campistron étoit secrétaire du duc de Vendôme.

noissant que je le suis des bontés de Mme de Villette. La
nouvelle du départ de M. le comte de Toulouse (1) pour
Toulon me faisoit croire que vous seriez de l'armement.
Je me sers d'une autre main pour vous faire part de nos
mouvements. Je vous assure, mon cher père, de tout mon
respect.

*Au bas est écrit ce post-scriptum d'une main étran-
gère :*

M. de Vendôme sut mardi matin que les ennemis mar-
choient vers l'Adda (2). Il fit marcher l'armée sur les quatre
heures après midi : notre mouvement continua toute la nuit
et tout le jour suivant. Le mercredi, nous campâmes à Bay-
rol, d'où nous décampâmes hier pour venir ici; l'ordre est
donné pour marcher aujourd'hui. Je suis chargé de mener
la colonne de la gauche à la tête de laquelle doivent être
tous les grenadiers. Cette marche continuelle empêche nos
équipages de nous joindre, parce que nous partons quand
ils arrivent. M. de Vendôme est allé de l'autre côté de
l'Adda pour y donner ses ordres. Nous l'attendons à toute
heure. Les ennemis sont campés au confluent du Bremba et
de l'Adda, leur droite appuyée à l'Adda vis-à-vis Trezzo,
et leur gauche à Brembate. On ne sait point encore s'ils
veulent aller du côté de Lens ou retourner vers l'Oglio.
C'est dans ce même camp où nous sommes que Louis XII
gagna la fameuse bataille contre les Vénitiens et les Suisses.

Et au dos (d'Italie) : A Monsieur le marquis de Villette,
à Marcilly, près Nogent-sur-Seine.

---

(1) Toulouse (L. Al. de Bourbon, comte de), troisième fils légitimé de Louis XIV
et de Mme de Montespan, 1678-1737. Il fut amiral de France à 5 ans, et se distingua pendant la guerre de la succession d'Espagne.

(2) Il s'agit de la campagne d'Italie (1702-1706), où le duc de Vendôme débuta
d'une manière si brillante. Marchant à la rencontre du prince Eugène, qui venoit
au secours du duc de Savoie, le duc de Vendôme le rencontra sur l'Adda, où fut
livrée, le 16 août 1705, la bataille de Cassano, qui fut sanglante, mais indécise.
Cette lettre a été écrite trois mois avant la mort du comte de Mursay.

A Paris, ce 7 septembre 1730.

Monseigneur, ma mauvaise santé et la crainte d'importuner Votre Éminence m'empêchent d'aller lui rendre mes devoirs et lui faire mon compliment sur la naissance d'un second prince (2). Je souhaite que la joie qu'elle vous cause soit suivie de tous les succès que vous pouvez désirer, et qui sont dus à vos travaux pour le bonheur du roi et de l'État. N'est-ce point ici un temps de faire souvenir Votre Éminence de ce qu'elle a eu la bonté de me promettre pour notre abbaye de Sens? J'avois eu dessein de lui en éviter l'importunité en priant M. le marquis de Matignon d'en parler à M. Orry, lequel lui a répondu qu'il avoit des fonds prêts et qu'il n'attendoit que vos ordres, ce qui me fait vous supplier instamment, monseigneur, de vouloir bien les lui donner incessamment; car notre mal presse et augmenteroit tous les jours sans vos bontés. J'ai été obligée d'envoyer quarante pistoles à ma fille parce qu'il n'y avoit pas un sou dans la maison pour la faire subsister. Malgré toute l'économie possible, le revenu est au-dessous de la dépense de quatre mille livres, au moins, comme Votre Éminence verra par la copie du certificat de M. l'archevêque de Sens, mis au bas de l'état qu'il en a fait faire lui-même par les commissaires nommés pour cela.

Si Votre Éminence veut bien nous accorder mille écus par an, je suppléerai au reste avec grand plaisir, et j'espère que M. le cardinal de Rohan, à son retour, voudra bien nous accorder quelque chose pour payer les dettes qui vont

(1) Cette lettre autographe de la marquise de Villette est intéressante, en ce qu'elle renferme des données précises sur l'abbaye de Notre-Dame de Sens, dont sa fille, Sophie, étoit supérieure. Il convient de noter au surplus que les lettres de la marquise de Villette sont assez rares pour que nous nous félicitions d'avoir pu en faire entrer une dans notre travail.

(2) Duc d'Anjou, né le 30 juillet 1730, mort le 7 avril 1733.

à plus de dix ou douze mille francs. Mais le plus pressé est la subsistance courante, sans laquelle les dettes augmenteront considérablement.

Voilà, monseigneur, notre état. Décidez-en, s'il vous plaît, et soyez bien persuadé du respectueux attachement de ma fille et du mien. Il ne peut être plus parfait.

M. C. DE BOLINGBROKE.

LETTRE DE L'ABBESSE DE NOTRE-DAME DE SENS (1)
A M. AMET.

A Sens, ce 24 janvier 1759.

Je ne puis trop vous remercier, monsieur, des soins que vous avez bien voulu continuer de vous donner pour ce pauvre Adam, auquel je m'intéresse beaucoup. Je l'ai envoyé chercher sur-le-champ et lui ai donné toutes les instructions que vous me marquez dans votre lettre. Je ne sais par quel accident elle ne m'est parvenue qu'hier, 23, quoiqu'elle soit datée du 17. Adam partira dès demain. Ainsi, j'espère qu'il n'y aura pas encore de temps de perdu. Je vous prie, monsieur, de remercier pour moi monsieur votre frère, et de lui donner mes compliments. Je les fais aussi à madame votre femme. Je souhaite qu'elle jouisse d'une parfaite santé. Mademoiselle votre fille se porte à merveille ; j'espère qu'elle nous donnera lieu d'être contents, du moins je n'y épargnerai rien de mon côté. Soyez-en bien persuadé, monsieur, et me croyez très-parfaitement et de tout mon cœur votre très-humble servante.   S. DE VILLETTE, *abbesse.*

(1) Villette (Isabelle-Sophie-Louise Le Valois de), abbesse de Notre-Dame de Sens.

ÉTUDES BIBLIOGRAPHIQUES

SUR

LES ROMANS DE CHEVALERIE ESPAGNOLS [1].

(SUITE ET FIN.)

V

Histoires et nouvelles chevaleresques.

Libro del infante don Pedro de Portugal que anduvo las quatro partidas del mundo. Çaragoça. *J. Millan*, 1570, in-4. Il y a sans doute des éditions antérieures, mais elles sont devenues introuvables. On connoît du moins celles de *Barcelone*, 1595, et de *Lisbonne*, 1767, in-4 (cette dernière en portugais).

Peregrino y Genevra. C'est une traduction du roman moral composé en italien par Jacomo Caviceo. La Bibliothèque impériale de Vienne possède un exemplaire de l'édition de Séville, 1527, qui se trouve aussi dans la *Bibliotheca Grenvilliana*. M. de Gayangos signale deux autres éditions, Séville, sans date, in-folio (d'après le catalogue manuscrit de Ritson), et Salamanque, 1548 (d'après Moratin); mais ces indications, empruntées à des bibliographes d'une autorité douteuse, auroient besoin de vérification.

Ponto y Sidonia. On ignore si cette traduction en espagnol du roman françois de Pontus, roi de Galice, a été imprimée. Le savant Vivès en fait mention dans son traité sur l'*Instruccion de las Virgines*, liv. I, ch. v, et l'ouvrage est signalé dans le catalogue de la bibliothèque du comte-duc d'Olivarès, qui a passé sous les yeux de Gayangos. A l'occasion du roman de *Pontus*, nous remarquerons qu'une édition françoise, Paris, Alain Lotrian, in-4, 58 feuillets, est

---

(1) Voir les deux articles précédents, p. 199 et 269.

...ng (1848, p. 260), d'a-
... a bibliothèque de Stuttgart;
... sauf un changement dans le
... es deux éditions, également de
... e *Manuel du libraire*.

... ar Alonso de Ulloa). Le *Manuel*
... 3, in-8, dont un exemplaire fut
... dier, en 1844. Un autre édition,
... bibliothèque impériale de Vienne.
... ailleurs qu'un tissu de sentiments
... avec toute l'affectation de l'époque.
... ature espagnole, Ticknor, est porté à
... a Diego de San Pedro; mais, si cette
... e, il en résulte que l'autre ouvrage qui y
... *aviso de un caballero*, sera d'un autre
... ailleurs très-possible), puisque J. Segura
... indiqué comme l'ayant composé (1).

... *or de dos enamorados*. Une édition in-fol.
... gothiques, sans lieu ni date, est indiquée par
... se trouvant à la Bibliothèque impériale de
... reliée avec le *Cancionero general* imprimé à
... par Ramon de Pitras, et la similitude du
... types montrent que l'un et l'autre ouvrage ont
... par ce typographe.

... *diabo*. Lisbonne, 1733, in-4, rédaction en
... tute par J. Moreyra de Carvalho.

... *Francelisa*. (Ce roman est resté inédit; il a
... Antonio de Aguiar; la bibliothèque publique de
... en possède le manuscrit daté de 1630 et formant
... in-folio.

... *te de Sabios de Roma*. Indépendamment des édi-

... mot de *Process* nous remet en mémoire un livret très-rare que nous
... des bibliographes et que nous avons vu, il y a quelques an-
... à la *bibliotheca Palatina*. Voici la note que nous prîmes à
... *Process e confessione del Squaquarente Carnevar*. Impresso in
... per Alexandro Lappo, 1656, in-4, 4 feuillets, sans chiffres ni signa-
... Titre en caractères gothiques, avec une figure sur bois au-dessous. Le *Pro-
... est en prose et la *Confessione* est en vers.

tions de 1583 et de 1595 que signale le *Manuel*, M. de
Gayangos en mentionne une qui est sans doute précieuse;
c'est un in-4 de 44 feuillets non chiffrés, imprimé à Burgos
en 1530, par Juan de Junta; une autre édition, Séville, 1538,
est à la Bibliothèque impériale de Vienne. On connoît aussi
trois éditions publiées à Barcelone, 1621, in-8; sans date
(vers 1725), chez Pablo Campina, et également sans date,
chez Raphaël Figuero (plus récente).

Historia de la donzella Teodor. Le *Manuel* indique une
édition d'*Alcala*, 1607; les recherches de M. de Gayangos
l'ont mis en mesure d'en signaler plusieurs autres : d'abord
celle de *Caragoza*. Juana Milian, 15 mai 1530, in-4 gothique, 16 feuillets, qui ne figure, à ce qu'il paroît, sur aucun
catalogue; ensuite celles de Ségovie et de Séville, toutes
deux sans date, in-4, que possède la bibliothèque de Vienne.
Plus récemment on trouve des éditions de *Madrid*, 1726,
Lisbonne, 1735, et une rédaction en langue portugaise, *Lisbonne*, 1658, in-4.

Tungaro (*historia del rey*) in-4 gothique. M. de Gayangos
a vu à Londres cet ouvrage imprimé avant 1550; mais, ayant
perdu la note qu'il avoit prise à cette égard, il n'est pas même
bien sûr du titre qu'il cite de mémoire.

Istoria de Valter y Griselda, composta por Bernat metge,
manuscrit catalan signalé par M. Adolfo de Castro, zélé
bibliographe espagnol.

VI.

Romans ou poëmes traitant des sujets religieux.

*Libro de caballeria celestial, del Pié de la Rosa fra-
grante*, por Hieronyro de Sanpedro, Anvers, 1554, in-8.
Cette édition a certainement été précédée par une autre publiée en Espagne, mais qui est inconnue aux bibliographes. Une seconde partie parut à Valence en 1554, in-folio.
Le sujet de cette composition singulière est un récit des
événements contenus dans l'Ancien et le Nouveau Testament,
récit présenté sous la forme des aventures d'une série de

chevaliers errants. L'ouvrage n'est pas divisé en chapitres,
mais en *feuilles* de la rose (il y a 101 feuilles dans la seconde partie); Jésus-Christ est représenté comme le chevalier
du lion; les douze apôtres sont les douze preux de la Table
ronde; saint Jean-Baptiste est le chevalier du désert, et Lucifer est le chevalier du serpent. Entre autres épisodes, on
trouve celui d'une vive querelle entre deux femmes, l'une
vieille (la Synagogue), l'autre jeune (l'Église militante), et
un combat en champ clos entre le chevalier du lion et le
chevalier du serpent. Le premier a pour seconds Moïse, Abel
et David; le second est accompagné de Caïn, de Goliath et
d'Amman. Des passages de l'Évangile sont insérés comme
étant des flèches lancées ou des coups d'épée; il va sans
dire que le chevalier du serpent est mis en pleine déroute.

Hechos del caballero de la Estrella. Poëme mystique et
allégorique en seize chants et en octaves; le manuscrit de la
fin du seizième siècle existe dans la bibliothèque de don Sé-
rafin Estebanez Calderon.

Batalla y trunfo del hombre. — Ce volume imprimé à Séville en 1580, et dont l'auteur est Andres de la Lesa, représente, sous l'image des exploits du chevalier de la brillante
étoile, les combats de l'homme contre les vices.

El caballero Assisio, por fray Gabriel de Mata. *Bilbao*,
1587, in-4. Ce poëme est divisé en deux parties; la première comprend, en vingt-neuf chants, une vie de saint François d'Assise; la seconde raconte l'histoire de cinq des saints
compagnons de ce célèbre solitaire.

El cavallero peregrino, Cuença, 1610, in-4. Production
d'un autre moine, Alonso de Soria. Le titre explique qu'il
s'agit des hauts faits d'un chevalier qui finit par conquérir
le ciel.

VII

Compositions à bases historiques plus ou moins altérées.

*Centuria de las grandes hoches del conde Bernardo Bar-
cine y de don Zinofre su hijo, Barcelona*, 1600, in-folio.

Cette histoire romanesque des comtes de Barcelone est peu connue.

Historia de la doncella de Francia. Indépendamment des éditions de 1567 et 1582 déjà citées, il en existe une de Séville, J. Cromberger, 24 novembre 1530, qui se trouve dans la Bibliothèque impériale de Vienne.

Cronica del Cid, J. Cromberger, 1541. Le *Manuel*, cinquième édition, I, col. 1882, signale cette édition comme indiquée dans le *Trésor des livres rares* de M. Graesse. M. de Gayangos ajoute que le seul exemplaire connu est celui du Musée britannique, et qu'il présente une singularité remarquable : au verso du frontispice et au-dessous d'un court résumé ou *argument* de l'ouvrage, on trouve quelques passages d'un roman de chevalerie qui paroît être Renaud de Montauban.

Cronica llamada el trionfo de los nueve preciados. Indépendamment des éditions de 1530, 1585 et 1586, déjà citées, la Bibliothèque impériale de Vienne en possède une autre très-rare et précieuse (*Valencia, Juan Navarro*, 1532, in-folio gothique, à deux colonnes), de cette rédaction espagnole du *Livre des neuf preux* (Josué, Gédéon, Samson, Judas Machabée, Alexandre le Grand, Jules César, Charlemagne et Godefroy de Bouillon). Notons en passant qu'on trouve une analyse de cette production dans la *Bibliothèque des romans*, édition in-12, juillet 1775, tome I, p. 141-166, et édition in-4, tome I, p. 71-85. Nous avons aussi rencontré dans l'ouvrage de Lang, *Popular poetry of Scotland*, 1832, in-4, un *ballet of the nine nobles*.

Cronica en que se continue la destruycion de la nombrada Troya. Toledo, Miguel Ferrer, 1562, in-folio, caractères gothiques. Cette édition, achevée d'imprimer le 15 décembre, est décrite par M. de Gayangos comme étant un volume à 2 colonnes, 104 feuillets chiffrés; elle est à ajouter aux diverses éditions du même ouvrage qu'indique la cinquième édition du *Manuel*, tome II, colonne 171.

VIII

Traductions ou imitations de l'Orlando de l'Arioste.

Orlando furioso de Leodivico (sic) *Ariosto traducido de Bervo ad Berbum* (sic) *por Hernandez Alcoçar. Con una moral exposicione en cada canto. Toledo, J. Ferrer,* 1550, in-4 de 250 feuillets. Traduction bien moins connue que celle d'Urrea, et peu estimée. Deux fautes d'impression dans les deux premières lignes du titre donnent une triste idée de la correction avec laquelle l'ouvrage a été exécuté.

Celidon de Iberia, par Gonçale Gomez de Luque, *Alcala,* 1583, in-4. Ce poëme de 40 chants se rattache au cycle des Amadis. Atelo, père de Célidon, avait épousé Aurelia, fille de l'empereur de Constantinople. Malheureusement l'ouvrage appartient au genre ennuyeux, aussi est-il fort oublié ; nous en trouvons un exemplaire mis à deux guinées sur un catalogue d'un libraire de Londres, Thorpe (1830, n° 2003).

La gaya de Almançor. Lisbonne, 1630, in-folio. Poëme en 70 octaves, imprimé sur 6 feuillets in-folio. L'auteur Joan Vaz, natif d'Evora, raconte les combats du roi Ramire contre le monarque sarrasin Almansor, la mort de la reine Gaya, l'origine du nom de la ville d'Oporto.

Amores de Felixir y Grisaida. Poëme en dix-neuf chants et en octaves resté inédit ; le manuscrit, qui est de la fin du seizième siècle, se conserve à la bibliothèque de Ségovie.

Pironiso, principe de Sutreya. Poëme en 49 chants, par Martin Caro del Rincon ; il raconte les exploits et les amours de chevaliers qui se rattachent à l'histoire de Roland. Le manuscrit se conserve à Madrid à la Bibliothèque nationale.

Il nous seroit facile de donner plus de développements à ces notices, mais nous craignons d'avoir déjà fatigué, par des détails trop minutieux, la patience des lecteurs du *Bulletin.*

G. Brunet.

VERS INÉDITS DE J. B. L. GRESSET.

N'est-il pas hors de saison de présenter au public une pièce inédite de Gresset? S'intéresse-t-on encore au chantre de *Vert-Vert* et de la *Chartreuse?* Qui lit encore, sinon en cachette, pour n'avoir pas l'air d'être né dans un autre siècle, qui lit encore *Sidney* et le *Méchant?*

Aussi, en nous hasardant à livrer à la publicité quelques vers ignorés du poëte d'Amiens, n'est-ce pas le désir de rappeler l'attention sur lui, de faire revivre sa mémoire. Ce que nous avons à offrir, ce n'est pas un chef-d'œuvre exhumé d'une tombe, une perle que nous venons jeter au milieu du vaste écrin de la poésie contemporaine, c'est une petite pièce sans prétention qui feroit mauvaise figure, je le veux bien, à côté des merveilles poétiques qui émaillent nos revues petites et grandes, mais qu'il faut conserver pourtant à cause du nom dont elle est signée.

C'est donc uniquement pour servir de complément aux œuvres de Gresset que nous confions ces vers au *Bulletin du Bibliophile;* et nous profitons de l'occasion pour faire remarquer qu'il n'existe pas encore une édition *bien complète* des œuvres de Gresset : car celle de Fayolle, plusieurs fois réimprimée, a d'assez nombreuses lacunes.

La petite pièce que nous donnons ici est tirée d'un recueil provenant de la bibliothèque du comte de Hompesch, décédé à Bruxelles il y a quelques années. Le volume renferme : les *Églogues de Virgile*, traduites en françois par le Père J. B. L. Gresset, de la compagnie de Jésus. *Tours,* 1730. Avec ces mots, probablement de la main de Gresset : *Pour le R. P. de le...* (nom effacé). — *Vert-Vert*, 4ᵉ éd., Cologne (Paris?) 1740. — La *Chartreuse*, les *Ombres*, *épître de M. Gresset sur sa sortie de chez les Jésuites*, Paris, 1735. — Le *Lutrin vivant*, Amsterdam (Paris?) 1740. —

... quelques pièces manuscrites, en écriture du temps : *La* *... treuse*, épître de M. Gresset, écrite de la campagne au Père .... — *Épître sur la paresse*. — *Épître aux dieux* *pénates*.

Toutes ces pièces sont connues, excepté l'*Épître sur la* *paresse*, du moins nous ne l'avons trouvée dans aucune des éditions qui ont passé sous nos yeux. M. G. Abry, de la Bibliothèque impériale, a bien voulu collationner les vingt-neuf éditions que renferme cet immense dépôt, et il nous assure que la pièce n'est dans aucune. Nous n'avons aucune raison de douter qu'elle soit bien réellement de Gresset, notre recueil, consacré exclusivement à ce poëte, la lui attribue en termes formels; les vers, d'ailleurs, ont une facture très-reconnoissable et qui les feroit attribuer tout d'abord à celui dont ils portent le nom.

C. RUELENS,

de la Bibliothèque royale de Bruxelles.

ÉPÎTRE SUR LA PARESSE, A M.... PAR M. GRESSET, AUTEUR DU POÊME DE VERT-VERT.

Censeur de ma chère paresse,
Pourquoi viens-tu me réveiller
Au sein de l'aimable mollesse,
Où j'aime tant à sommeiller?
Laisse-moi, philosophe austère,
Goûter voluptueusement
Le doux plaisir de ne rien faire
Et de penser tranquillement.
Sur l'Hélicon tu me rappelles,
Mais ta muse en vain me promet
Le secours constant de tes ailes,
Pour parvenir à son sommet.
Mon esprit, amoureux des chaînes
Que lui présente le repos,

Frémit des veilles et des peines
Qui suivent le dieu de Délos :
Veux-tu, qu'héritier de la plume
Des Malherbes et des Rousseaux,
Dans mes vers pompeux je rallume
Le feu qui sort de leurs pinceaux ?
Ce n'est point à l'humble colombe
A suivre l'aigle dans les cieux ;
Sous les grands travaux je succombe :
Les jeux et les ris sont mes dieux.
Peut-être, d'une voix légère,
Entre l'amour et les buveurs,
J'aurois pu vanter à Glycère
Et mes larcins et ses faveurs ;
Mais La Fare et La Sablière
Ont cueilli les plus belles fleurs
Et n'ont laissé dans leur carrière
Que des narcisses sans couleurs.
Pour éterniser sa mémoire,
On perd les moments les plus doux ;
Pourquoi chercher si loin la gloire ?
Le plaisir est si près de nous.
Dites-moi, mânes des Corneilles,
Vous qui, par des vers immortels,
Des dieux égalez les merveilles
Et leur disputez les autels,
Cette couronne toujours verte,
Qui pare vos fronts triomphants,
Vous venge-t-elle de la perte
De vos amours, de vos beaux ans ?
Non, vos chants, triste Melpomène,
Ne troubleront point mes loisirs ;
La gloire vaut-elle la peine
Que j'abandonne les plaisirs ?
Ce n'est pas que, froid quiétiste,
Mes yeux, fermés par le repos,

Languissent dans une nuit triste
Qui n'a pour fleurs que des pavots;
Occupé de riants mensonges,
L'amour interrompt mon sommeil.
Je passe de songes en songes,
Du repos je vole au réveil.
Quelquefois pour Éléonore
Oubliant mon oisiveté,
Ma jeune muse touche encore
Un luth que l'amour a monté;
Mais elle abandonne la lyre
Dès qu'elle est prête à se lasser:
Car enfin que sert-il d'écrire,
N'est-ce pas assez de penser?

ANALECTA-BIBLION.

PUBLICATIONS NOUVELLES.

LIVRES D'ART.

L'Académie royale de peinture et de sculpture, étude historique, par L. Vitet. Paris, Michel Lévy, 1861. — *Histoire de la gravure en France*, par Georges Duplessis. Paris, Rapilly, 1861. — *Prud'hon*, étude par MM. Edmond et Jules de Goncourt. Paris, E. Dentu, 1861. — *Histoire des faïences hispano-moresques à reflets métalliques*, par J. L. Davillier. Paris, Victor Didron, 1861.

Si l'on considère l'étendue matérielle de la nouvelle publication de M. L. Vitet, c'est plutôt en effet une étude qu'un livre, et il a eu raison de la désigner par ce modeste titre. Six chapitres précédés d'une introduction et suivis de pièces justificatives ne constituent pas, à proprement parler, un livre. Mais si l'on tient compte du sujet même, de l'intérêt qu'il éveille, de la foule de questions attrayantes ou élevées qui s'y rattachent ; si, surtout, l'on est sensible à la perfection du style, dans le maniement duquel l'auteur est passé maître ; si l'on aime à voir de quelle façon s'y prend un esprit judicieux pour dissiper l'obscurité autour de lui, on reconnoîtra qu'il eût pu, sans grande vanité, ne pas ajouter *étude historique* au titre principal de l'*Académie royale de peinture et de sculpture*. « Cet essai, ajoute l'auteur, a déjà vu le jour, mais par fragments, presque sans ordre, et dans un recueil qui n'a guère de publicité que

hors des frontières de France. Nous avons coordonné et
refondu notre travail, et, pour le rendre moins indigne d'une
sérieuse attention, nous n'avons épargné ni les pièces justificatives ni les documents historiques. »

Quelle étoit avant 1648 la condition des artistes? A quels
besoins la fondation de l'Académie a-t-elle répondu? Quelle
fut sa légitimité? De quelle manière agit-elle sur le mouvement de l'art françois? Quelles modifications l'institution
a-t-elle subies jusqu'en 1793? En quoi l'Académie des
beaux-arts diffère-t-elle de l'ancienne compagnie? Telles
sont les questions auxquelles le livre de M. L. Vitet (c'est
son véritable nom) a répondu, de façon à épuiser le sujet.
D'ici longtemps je doute que l'on puisse dire autant en moins
de mots et par conséquent en meilleurs mots (1).

La fondation de l'Académie, on ne sauroit le dire trop
haut, fut un acte éminemment libéral, quasi-révolutionnaire.
En le sanctionnant, le pouvoir royal, fidèle au principe
qu'il a toujours représenté en France, répondit au besoin
d'affranchissement que, dans la première moitié du dix-septième siècle, tous les artistes nourrissoient contre les entraves de la maîtrise. Jusqu'à ce moment les artistes comme
les chaudronniers, comme les charcutiers, étoient organisés
en corporations, en jurandes. Ils payoient patente, ils étoient
tenus à avoir boutique et enseigne; et nul ne pouvoit être
reçu maître sans avoir au préalable passé sept ans comme
apprenti et sans avoir son diplôme en poche. Une des
gloires de l'école françoise, la plus pure peut-être, Lesueur,
avoit été apprenti. Si on lui commandoit un tableau, il pouvoit faire un chef-d'œuvre; mais parce qu'auparavant il

(1) Il n'existoit sur cette question que quelques pages de Sauval, quelques
phrases de Félibien, un récit obscur de Piganiol de La Force, et le recueil des
arrêts, statuts et lettres patentes publié par l'Académie elle-même. En 1853, M. de
Montaiglon publia, sous le titre de *Memoires pour servir à l'histoire de l'Académie
royale de peinture et sculpture depuis 1648 jusqu'en 1664* (Paris, Jannet, 2 vol.
in-16), un manuscrit de Henri Testelin, dont une copie existe à la Bibliothèque
impériale et une autre aux archives de l'École des beaux-arts. Jusqu'au livre de
M. L. Vitet, celui de M. de Montaiglon étoit le plus intéressant à étudier sur cette
époque.

avoit été reçu maître. Puis, quand il falloit faire encadrer
sa toile ou peindre le lambris où elle devoit être suspendue,
on s'adressoit également à un membre de la corporation ; et
l'honnête artisan qui se présentoit chez vous son brunissoir
ou son pot à colle à la main, étoit un confrère de Lesueur,
un confrère dans toute l'acception du mot, payant sa patente comme lui et probablement mieux que lui, partant
plus considéré. En un mot, Lesueur a eu une boutique. Je
serois curieux de savoir où elle étoit située.

En second lieu, vous étiez jeune et ardent ; vous vous
sentiez du génie ou seulement de la vocation. Après des tâ-
tonnements laborieux, des études difficiles, longues, ardues,
vous pensiez avoir suffisamment acquis sans rien perdre de
votre originalité ; et enflammé de l'amour du beau, vous
produisiez vaille que vaille une œuvre quelconque. Aussitôt
la corporation arrivoit qui, l'ordonnance de 1260 à la main,
vous confisquoit votre œuvre, vous condamnoit à l'amende
et vous renvoyoit, pour calmer ce beau feu et recommencer
votre tableau, à sept années d'apprentissage chez un maître.
« A en croire les maîtres, dit M. de Charmois dans sa requête au roi, la corporation défendroit à Michel Ange et à
Raphaël d'Urbin, s'ils vivoient encore, de travailler dans
Paris, si ce n'est pour les maîtres, quand ceux-ci ne seroient
pas capables de broyer les couleurs ou de polir les statues
de ces grands personnages. »

C'est cette confusion de l'art et du métier, c'est cet asser-
vissement de l'un à l'autre que vint faire cesser l'arrêt du
conseil d'État du 20 janvier 1648. Aussi M. Vitet n'a-t-il
pas eu de peine à réduire à néant l'ingénieuse et spirituelle
boutade de M. le comte de Laborde, qui, dans son livre *de
l'Union des arts et de l'industrie*, attaque la fondation de
l'Académie et veut y voir la cause unique de la scission plus
imaginaire que réelle entre les arts et l'industrie.

La scission ! hélas elle diminue chaque jour davantage !
et si jadis, dans les belles et fécondes années du treizième
et du quatorzième siècle, et pendant toute la Renaissance,

c'étoit l'art qui animoit l'industrie, j'ai grand'peur que de nos jours l'industrie n'ait largement réparé le temps perdu et ne soit en train de dominer complétement l'art. Dieu veuille que je me trompe!

La création de l'Académie ne fut donc pas seulement un acte de bon sens et de justice; elle fut surtout, je le repète, un acte d'indépendance, de progrès, d'affranchissement. Elle releva les droits du talent de la tutelle honteuse où les maintenoient les intérêts du métier. A qui en douteroit, nous conseillerions d'étudier les pages 154-158, où M. Vitet a su donner à cette opinion les caractères de la plus éclatante évidence.

Mais l'Académie, une fois constituée et investie de privilèges, devoit rapidement tomber dans l'ornière où avoit péri la corporation des maîtres peintres. Libérale à ses débuts, timide et conciliante avec la maîtrise pendant la première période de sa formation, elle ne devoit pas tarder à devenir tyrannique et oppressive à mesure qu'elle se sentit maîtresse de la position. C'est là une règle infaillible à laquelle sont condamnés les opposants de la veille devenus les puissants du jour, et plût à Dieu, pour l'honneur de la France, que ses effets ne se fussent jamais exercés ailleurs que dans le domaine des lettres et des arts. L'Académie ne fut pas longue à accomplir cette évolution. Elle y mit seize ans; et, les circonstances aidant, l'autorité absorbante de Louis XIV ayant remplacé l'indépendance frondeuse de la Régence, 1664 s'étant substitué à 1648, elle put enfin, grâce à la protection de Louis XIV, à l'appui de Colbert, à la persévérance de Lebrun, se constituer d'une manière définitive et obtenir les statuts qui ont réglementé son organisation jusqu'en 1793.

Au milieu des diverses péripéties de son histoire pendant ces seize années égayées par l'amusant incident de l'expulsion d'Abraham Bosse, le rôle de Lebrun fut prépondérant. Avec beaucoup de tact et de pénétration, M. L. Vitet a exposé les raisons complexes de cette prépondérance : elle fut due

à une ténacité et une suite dans la conduite qui elles-mêmes
étoient le résultat d'un caractère singulièrement despotique,
joint à un rare bon sens et à un sentiment de sa dignité
très-élevé. M. •Vitet, tout en rendant au talent de Lebrun
l'hommage qui lui est dû, juge sévèrement ses actes comme
organisateur quand il les oppose à ceux de Lesueur. Voilà
longtemps que M. Vitet a commencé le panégyrique de
celui-ci, et, dans le parallèle qu'il fait entre la conduite des
deux académiciens, on peut croire que tout l'avantage reste
à son ancien client. Si les raisons dont il appuie ses sympathies ne sont pas toutes sans appel, elles ont du moins un
caractère de sincérité qui les rend fort embarrassantes à réfuter. D'ailleurs elles sont éloquentes; je leur donne gain
de cause.

Toutefois je chicanerai M. Vitet sur un point que j'ai naturellement la prétention de croire le seul vulnérable. Il
me semble exagérer l'importance de la transformation de
1664 et outrer le reproche qu'on lui fait d'avoir enlevé les
germes d'indépendance déposés par les statuts de 1648. Les
arguments, je l'avoue, ne m'ont pas convaincu ; ou du moins
ils portent sur des nuances tellement délicates qu'il faut y
regarder deux fois pour constater une différence. Le seul
changement apporté en 1664 fut de rendre inamovible et
de laisser à la nomination du roi la position des quatre rec-
teurs et du directeur. Par contre, il est vrai, l'Académie fut
dépouillée du monopole concédé par l'arrêt de 1648, et qui
entre ses mains eût pu devenir dangereux, comme tous les
monopoles, et l'Académie de Saint-Luc put se substituer à la
maîtrise et vivre conjointement avec l'Académie jusqu'à la
révolution : elle fut, en outre, établie sur une base assez large
et assez solide pour fournir une carrière de cent vingt-neuf
ans sans rien modifier à sa constitution. M. Vitet le reconnoît lui-même en termes trop précis, pour que je ne lui laisse
pas la parole : « Lebrun, Colbert et Louis XIV se contentè-
rent de modifier et de comprimer, sans le détruire, le principe électif sur lequel étoit fondée l'Académie. C'est grâce à

ce principe qu'elle a pu leur survivre et retrouver après eux
un pouvoir plus efficace et plus durable. Dépouillée de son
monopole en 1664, mais fidèle à ses premiers statuts, c'est-
à-dire ouverte et accessible aux ambitions de tout étage,
aristocratique et populaire, l'Académie du dix-huitième
siècle, même au milieu des capricieuses fantaisies dont elle
fut témoin, et en s'y associant parfois dans une certaine mesure, sut accomplir la difficile mission de maintenir constamment parmi nous ce fonds de solide enseignement, de
traditions et de pratiques qui constitue une école, et d'où
devoient enfin sortir tous ces hommes qui, dans les soixante
dernières années, ont, à des titres divers, porté si haut l'honneur de l'art françois. » Il me paroît difficile de se mettre
en contradiction avec soi-même d'une façon plus catégori-
que et surtout plus éloquente.

Que l'on aille demander aux membres de l'Académie des
beaux-arts, qui sans doute pensent être beaucoup plus libéraux et éclairés que leurs confrères d'il y a cent cinquante
ans ; qu'on aille leur demander de ne pas limiter le nombre
de leurs fauteuils, de s'adjoindre comme collègues tous les
artistes dont le talent jouit d'une notoriété bien constatée,
et l'on verra l'accueil que recevra cette proposition. Souve-
nons-nous que ni Géricault, ni Decamps, ni Marilhat n'ont
fait partie de l'Académie ; que de notre temps ni Théodore
Rousseau, ni Meissonnier, ni Pils, ni Français, ni Gérôme,
ni Cavelier n'en sont membres; et qu'avec l'organisation de
Louis XIV, de pareils oublis eussent été impossibles. Si le
grand roi n'avoit jamais commis d'autres méfaits, s'il avoit
toujours respecté les franchises nationales, et s'il s'étoit seulement contenté d'en régler l'exercice et d'en rendre le jeu
plus facile, comme il le fit dans cette occasion, sa responsabilité devant l'histoire seroit si légère, que M. L. Vitet, j'en
suis convaincu, le compteroit parmi nos souverains les plus
libéraux.

M. Vitet s'arrête à 1664, quand l'Académie est définitivement constituée. Nous avons assisté à ses débuts, nous con-

noissons les phases diverses de sa formation de 1648 à 1664;
M. Vitet ne vouloit pas nous apprendre autre chose. Sa
tâche est terminée. Quant aux questions qui se rapportent
aux époques suivantes et surtout à l'époque contemporaine,
il les indique brièvement et se contente de les éveiller dans
l'esprit du lecteur. Je ferai comme lui et ne chercherai pas
dans son livre ce qu'il ne pouvoit pas y mettre. Qu'il me soit
permis cependant de le citer une dernière fois lorsqu'il établit si clairement la différence tout au profit du passé, qui
auroit existé entre notre Académie des beaux-arts et les anciennes compagnies dont elle est le successeur plutôt que l'hé-
ritière. « On s'imagine en général qu'il n'y a d'autres différences qu'un changement de nom et quelques modifications
plus apparentes que réelles, telles que la réunion des architectes avec les sculpteurs et les peintres, ou bien la division
de l'Académie et de l'école, lesquelles jadis étaient confon-
dues. Il s'en faut que ce soit là leurs seuls traits de dissem-
blance. Ce qui est important, et ce qu'on perd de vue, ce que
peu de gens du moins se rappellent, c'est qu'autrefois les académiciens n'étoient pas tous égaux et ne jouissoient pas tous
des mêmes droits, des mêmes prérogatives. Il y avoit entre
eux des degrés, degrés qui étoient franchis tantôt par l'élection, tantôt par l'ancienneté ; leur nombre, limité seulement
dans les rangs supérieurs et illimité dans les autres, pouvoit,
par une élasticité souvent heureuse, s'étendre ou se restrein-
dre au besoin, de telle sorte *qu'il y avoit toujours place pour
un talent vraiment digne d'être admis*. Ce sont là de sérieuses
différences, des différences de principes, qui modifient profondément le caractère, les devoirs et l'influence de semblables institutions. »

« Aujourd'hui que feroit David parti pour Rome élève et
pensionnaire, et rentrant à Paris trois ans après avec son tableau des *Horaces?* Malgré l'éclat de ce début, malgré les
faveurs de la mode, le hasard pourroit faire que l'Académie
fût au complet, et que pendant dix ans peut-être pas un des
quatorze membres de la section de peinture ne fût d'humeur

à quitter ce monde pour faire place au nouveau venu. Ne pouvant forcer le sanctuaire, quelle tentation d'élever autel contre autel ; et une fois la lutte engagée, quelle puissance qu'un tel homme, soutenu par un tel mouvement d'opinion! En 1780, au contraire, la porte étoit ouverte, il n'y avoit qu'à entrer. *Eût-il été cent fois plus novateur, du moment qu'il avoit fait ses preuves, les plus vieux, les plus encroûtés .professeurs, les plus ennemis de son style n'auroient jamais osé lui refuser un titre aussi modeste que celui d'agréé.* Avec un talent notoire, il étoit, pour ainsi dire, élu de droit ; et une fois agréé, il faisoit partie du corps, sa carrière étoit faite. Trois ans plus tard, en 1783, toujours sans contestation possible, il devenoit académicien. »

Je n'ai, en terminant, à revenir sur aucun des éloges que j'ai adressés à M. Vitet. Ce que j'ai dit suffira, j'espère, à prouver que l'auteur est toujours resté maître de son sujet et que jamais son sujet ne l'a dominé. Les vrais amis de l'école françoise dans le passé, dans le présent et même dans l'avenir, qui possèdent une bibliothèque, peuvent y compter un bon livre classique de plus.

Il me reste bien peu de place à consacrer aux trois ouvrages dont j'ai encore à parler. Sans vouloir déprécier le talent de personne, je pense que leurs auteurs seront les premiers à m'excuser de m'être si longuement arrêté au livre de M. Vitet.

Le 2 octobre 1858, l'Académie des beaux-arts mettoit au concours la question suivante : « Histoire de la gravure d'estampes en France depuis le milieu du quinzième siècle jusqu'à la fin du dix-huitième. Faire connoître l'origine et les progrès de cet art, l'influence que les travaux des artistes étrangers ont exercée sur la gravure françoise, et celle que nos artistes ont ensuite exercée sur les graveurs étrangers. Citer les principaux ouvrages, en nommer les auteurs, et, dans la mention qui sera faite de ces ouvrages, indiquer les numéros qui les désignent dans les catalogues les plus accrédités. » Deux mémoires lui furent adressés, et, le 6 oc-

tobre 1860, elle décerna une médaille de deux mille francs
à M. d'Escamps, auteur du n° 2, et une médaille de
mille francs, à M. Duplessis, auteur du n° 1. C'est ce mémoire revu, corrigé et augmenté, que M. Duplessis vient
de publier sous le titre d'*Histoire de la gravure en France*.

Je ne connois pas le travail de son concurrent, mais il me
paroît difficile de mieux connoître son sujet, d'en parler plus
pertinemment, de mettre dans les descriptions techniques plus
de clarté que ne l'a fait M. Duplessis. Un goût solide et qui
n'a rien d'exclusif sert de guide à cette revue de notre iconographie nationale, qui commence au milieu du quinzième
siècle, s'arrête aux premières années du dix-neuvième, et
embrasse un laps de temps de trois cent cinquante ans.
C'est ce goût qui a permis à M. Duplessis d'éviter l'aridité et
la répétition, dans les descriptions nécessairement fréquentes
qu'il avoit à faire de la manière de chaque graveur.

M. Duplessis, avec l'autorité que lui donne son titre d'attaché au département des estampes, rectifie en passant l'erreur accréditée sur l'origine de la gravure en manière noire
dont les Anglois, et notamment les graveurs de Joshua Rey-
nolds, ont tiré un si magnifique parti. Jusqu'ici on en attribuoit l'invention à Louis Siegen de Cologne, qui vivoit en
1641 et eut le prince Rupert pour élève. Mais la découverte
récente d'une suite de planches représentant le Christ et les
douze apôtres doit faire reculer cette origine de quarante ans,
et semble désigner un nommé François Aspruck pour son
premier inventeur, jusqu'à ce que de nouvelles recherches
viennent détrôner Aspruck de la place dont il a renversé
Siegen. Dans un autre endroit, M. Duplessis se sert habilement de la biographie du Poussin et d'un passage de Félibien, pour insinuer que l'on pourroit découvrir dans quelque château reculé du Poitou des œuvres du Poussin inconnues jusqu'à ce jour, et livre son hypothèse probléma-
tique, mais fort possible, à quelque Poitevin curieux de
l'histoire des arts dans son pays. Ce curieux se trouvera infailliblement; espérons qu'il en sera autant des peintures.

J'ai remarqué en parcourant les pages de M. Duplessis quelques fautes d'impression qui devront disparoître dans une nouvelle édition. Page 262, il dit que Louis-Ferdinand, né à Paris vers 1630, eut pour élève Nicolas Poussin. Or, si 1630 est la date exacte de la naissance de Ferdinand, il me paroît difficile que Poussin, âgé de trente-six ans en 1630, ait pu étudier chez lui. Page 272, un 7 au lieu d'un 6 octroie une longévité de cent trente-huit ans au maréchal de Gassion, qui n'est pas mort le 28 septembre 1747, mais bien le 2 octobre 1647. Ce ne sont là que des fautes typographiques qui n'enlèvent rien à la valeur très-réelle du livre de M. Duplessis.

MM. Edmond et Jules de Goncourt,

> Ambo florentes ætatibus, Arcades ambo,
> Et cantare pares, et respondere parati,

viennent de publier la troisième livraison de leur ouvrage l'*Art au dix-huitième siècle*. Cette livraison est consacrée à Prud'hon, le disciple du Corrége, sur qui les deux frères ont réuni des documents inédits en assez grande quantité et fort intéressants pour ceux qui cherchent à pénétrer dans le ménage d'un homme célèbre. J'aime les deux avocats, et suis convaincu depuis longtemps de l'excellence de leur cause ; mais, malgré toute ma sympathie pour eux, je ne puis en dire autant de leur éloquence. Il me semble que c'est en termes plus simples, en style moins entortillé, en périodes plus naturelles et plus coulantes que Prud'hon doit être défendu. Mais peu importe, s'ils font aimer leur client et s'ils gagnent sa cause, par quels moyens ils arrivent à ce résultat. C'est le cas pour Prud'hon, et j'ai tort d'avoir le goût si difficile ou si chagrin. Cette nouvelle plaquette, tirée à deux cents exemplaires, sort des presses élégantes de M. Perrin, de Lyon, et contient quatre eaux-fortes des deux frères, d'après des dessins de Prud'hon, enlevées d'une pointe très-libre, très-colorée, et en même temps très-respectueuse du caractère du maître. On disoit jadis qu'il ne falloit pas

courir deux lièvres à la fois. MM. de Goncourt ont changé
tout cela, et personne ne s'en plaint.

Nous ne possédons, en France, que bien peu de documents sur la céramique italienne et espagnole. Je pourrois
même dire que noûs n'en avons pas du tout. Il est vrai qu'il
n'y a guère plus de vingt ans que la curiosité s'est portée vers
cette spécialité ; et vingt ans c'est bien peu pour débrouiller une question aussi complexe. En dehors du traité de
M. Bronguiart, composé à un point de vue essentiellement
scientifique et industriel, je ne connois guère sur les faïences
émaillées que la traduction de l'ouvrage de Passeri donnée
par M. Delange, et que quelques passages de l'introduction
au catalogue Debruge-Dumenil par M. Labarte. L'histoire
des faïences hispano-arabes n'avoit jusqu'à présent préoccupé aucun de nos compatriotes. Les Anglois, j'ai regret de
le dire, sont beaucoup plus avancés que nous ; et l'excellent
Catalogue de la collection Soulage par M. Robinson, l'*Histoire de la poterie* par M. Marryat, sont encore les sources
où nous autres François sommes forcés d'aller puiser quand
nous voulons quelque renseignement concis, sérieux et
exact sur la matière. C'est une portion de cette lacune que
M. Davillier, après plusieurs séjours à Grenade, à Valence,
à Majorque et dans tous les anciens centres d'industrie
céramique de l'Espagne, a tenté de combler. Il y a réussi
au moins relativement ; mais j'espère que les cinquante-deux
pages de son opuscule, tout excellentes qu'elles soient, deviendront avec le temps autant de sommaires d'une histoire
qui reste encore à écrire. La trame existe, les principaux
linéaments sont indiqués ; M. Davillier ne voudra pas laisser
à d'autres le soin de broder la tapisserie.

S'il songe jamais à donner satisfaction à notre curiosité,
je crois bien faire en l'engageant à faire une distinction
moins tranchée entre l'influence arabe et l'influence mauresque. Les Maures ne sont ni un peuple civilisé, ni un peuple
civilisateur comme les Arabes. Dans les portions de l'Espagne où la domination mauresque s'est substituée à la do-

mination arabe, les vainqueurs ont été rapidement absorbés
et soumis par la civilisation des vaincus. Ils se sont bornés
à la continuer du mieux qu'ils ont pu, dans les mœurs comme
dans les lois. Les traces de la domina⬤n arabe en Espagne,
dans l'agriculture, dans le commerce, dans l'industrie, dans
les sciences, dans les arts, dans les lettres, sont ineffaçables.
Les Maures n'en n'ont laissé aucune, pas plus que les Bédouins en Algérie. Le nom de faïences hispano-arabes que
la tradition donne aux poteries espagnoles, me semble donc
plus conforme à l'histoire et à l'équité que celui d'hispano-
mauresque proposé par M. Davillier.

Je pourrois relever plus d'une assertion hasardée ou qui
n'est pas environnée de preuves suffisantes; mais j'en ai assez, j'en ai même trop dit sur des matières si étrangères à la
bibliographie. Que le public de bibliophiles qui me lira s'en
prenne à M. Techener et à son inépuisable obligeance.

                    Comte L. CLÉMENT DE RIS.

NOUVELLES ET VARIÉTÉS.

— Malgré la chaleur, la vente, annoncée pour le 4 juin,
des livres de M. le baron E. de V., a eu lieu, et nous mentionnerons les adjudications suivantes, afin que nos lecteurs ne restent pas étrangers au prix courant des livres : un très-joli exemplaire de la *Bible de Richelieu* a été vendu 105 fr.—Le n° 16,
recueil des figures gravées par Jost Amman pour le *Nouveau
Testament*, vendu 185 fr. — Le n° 36, *Sermons de Bourdaloue*, édition de Rigaud, 16 vol., exemplaire de Renouard,
a été vendu 500 fr. — Le n° 91, le *Corpus juris civilis*, relié
en maroquin rouge, doublé de maroquin rouge, par Boyet,
vendu 185 fr. —Le n° 125, les *Characlères des passions*, par
le sieur de La Chambre, édition elzévirienne, a été adjugé
à 141 fr. —Le n° 130, *Émile*, de J. J. Rousseau, exemplaire
grand papier de l'édition originale, 4 vol., 110 fr. — Le

n° 193, la collection des 408 bois gravés d'après Gustave Doré pour les *Contes drolatiques* de Balzac, épreuves d'artistes, a été achetée 220 fr. — Le n° 194, les *Compositions de Flaxman pour Homère, Hésiode, et Eschyle*, in-fol., maroquin rouge, 181 fr. — Le n° 200, le *Musée françois*, de Robillard, et le *Musée royal*, de Laurent, 6 vol., exemplaire de souscription remarquable par le choix des épreuves, 1560 fr., acheté par M. le comte d'Auteuil. — Le n° 206, un recueil factice d'estampes de Wateau, 237 fr. — Le n° 224, la *Paléographie universelle*, de Silvestre, 605 fr.— Le n° 225, les *Cérémonies religieuses*, de Bern. Picart, 9 vol., 103 fr., acheté par M. Walkenaer. — Le n° 243, la *Vénerie*, de Jacq. Du Fouilloux, 1606, 163 fr. — Le n° 325, *OEuvres de Villon*, édition en lettres rondes de 1537, 180 fr. — Le n° 329, le *Séjour d'honneur*, d'Octavien de Saint-Gelais, in-4, 200 fr. — Le n° 330, les *Contredictz de Songecreux*, de Pierre Gringore, 195 fr. — Le n° 337, les *Trois nouvelles déesses*, par Habert, 147 fr., à M. Chédeau. — Le n° 348, les *OEuvres de Jacq. Poille*, 79 fr., à M. Double. — Le n° 410, le *Recueil des diverses pièces comiques, gaillardes et amoureuses*, 101 fr. — Le n° 426, les *Chansons de Béranger*, reliées par Bauzonnet, 165 fr., à Mme la comtesse de M....—Le n° 463, le *Théâtre de Roland Brisset, gentilhomme tourangeau*, 1589, adjugé à 190 fr. — Le n° 476, *Racine*, exemplaire complet, lavé et encollé, 213 fr. — Le n° 478, *OEuvres de Molière*, 1691, 6 vol. petit in-12, maroquin bleu, tranches dorées, 179 fr. — Le n° 578, *Don Quichotte*, exemplaire avec suites, 14 vol. in-12, maroquin rouge, aux armes de la duchesse de Montmorency, 303 fr. — Le n° 717, *Satyre ménippée*, édition de Le Duchat, 3 vol. in-12, maroquin rouge, 126 fr. — Le n° 718, les *Tableaux de la Ligue*, recueil factice, 140 fr. — Le n° 721, l'*Histoire universelle*, du sieur d'Aubigné, l'édition de Maillé, 3 vol. in-fol., maroquin rouge, 155 fr., à M. Odiot. — Le n° 755, l'*Histoire généalogique de la maison de France*, par le P. Anselme, 9 vol.

in-fol., veau fauve, grand papier, très-bel exemplaire,
770 fr. — Le n° 839, le *Plutarque*, traduction d'Amyot,
imprimé par Vascosan, 816 fr., pour M. le duc d'Aumale.—
Le n° 385, le *Cicéron* Elzevir, 10 vol., 183 fr.—Le n° 854,
le *Cicéron* d'Olivet, 9 vol., 230 fr. — Le n° 858, le *Rousseau*, 1793, 18 vol. in-fol., maroquin rouge, 1200 fr., à
M. Fontaine, libraire. — Le n° 879, le *Racine*, édition du
Louvre, 3 vol. in-fol., 705 fr. — Le n° 881, le *Sacre de
Louis XV*, grand in-fol., 290 fr. — Le n° 884, les *Illustres Français*, avec les eaux-fortes et 67 dessins originaux
de Marillier, 1265 fr. — Le n° 885, les dessins originaux
de Cochin pour la *Jérusalem délivrée*, 2 vol. in-4, 1800 fr.

— A la vente de la bibliothèque de feu M. Lechaudé
d'Anisy, on a vendu un exemplaire relié en veau brun des
Bastiments de France, de Du Cerceau, édition originale,
682 francs.—L'*Architecture françoise*, de Blondel, publiée
par Jombert en 4 volumes in-fol., a été adjugée à 320 fr.
—Le *Dictionnaire de la noblesse*, par la Chenaye des Bois,
en 12 volumes in-4, reliés en veau marbré, a été vendu
395 francs. — La *Paléographie universelle*, de Silvestre,
édition publiée en France, a été adjugée au prix de 1095 fr.
à M. Porquet, libraire.

—Le 23 mars, à la vente des livres rapportés d'Italie, de
M. le marquis Terzi de Bergame, on remarquoit un exemplaire imprimé sur vélin du *Pétrarque* des Alde, de 1501,
rareté du premier ordre, mais dont l'exécution laissoit
beaucoup à désirer. Aussi a-t-il été laissé pour 3350 francs
à M. Boone, libraire à Londres.

— Le magnifique missel romain, dans le style du moyen
âge, édité à Vienne par M. H. Reiss, n'a vu le jour que depuis quelques mois, et déjà il a conquis les suffrages de tous
ceux qui s'intéressent aux belles productions de l'art chrétien. Les quatre premiers fascicules parus permettent aujour-
d'hui d'apprécier l'importance de cette publication. Elle est
assurément comparable à ce qui a été fait de plus beau par

le procédé xylographique de l'impression en couleurs, depuis l'invention de la typographie. En voici le titre : *Missal romanum*, publié à Vienne en Autriche par M. Henri Reiss, avec la collaboration d'un comité d'artistes et d'archéologues. Ce missel paraîtra en 10 livraisons et formera 190 feuilles in-fol., illustrées de nombreuses gravures sur bois. Il y aura deux éditions différentes : 1° une édition simple, avec impression en noir de nombreuses miniatures et avec ornements et initiales imprimés en plusieurs couleurs; 2° une édition de luxe où les miniatures et les initiales sont données en or, argent et couleurs, telles qu'elles ont été exécutées dans les peintures originales par des miniaturistes célèbres des écoles de l'Allemagne méridionale, du Bas-Rhin et de la Flandre, au moyen âge. L'édition ordinaire coûtera 45 florins; à Paris, 125 francs. Le prix de l'édition de luxe, avec vignettes en or et couleurs, sera d'environ 400 francs.

— Dans le monde bibliophile, nous avons recueilli aussi quelques nouvelles. Un ouvrage imprimé par Caxton, complet, et par conséquent du plus grand prix en Angleterre, a été, dit-on, vendu, par un des plus célèbres chanteurs contemporains, 6000 francs à *un éminent collecteur* de Londres. — Le joli cabinet de M. le comte d'Essertenne s'est enrichi d'un exemplaire de la *Marguerite des Marguerites*, d'une parfaite conservation et couvert d'une ravissante reliure de Trautz-Bauzonnet. — Un exemplaire de la jolie édition du Rabelais de 1556 est passé entre les mains de M. le comte de Lignerolles. — On parle aussi d'une découverte : les *OEuvres de Louise Labé*, de l'édition de 1555, dont on connoît l'excessive rareté! — M. le baron Jérôme Pichon a acquis un remarquable manuscrit in-fol. relié en maroquin et aux armes du roi Louis XV. Ce manuscrit, présenté au roi, renferme un ouvrage intéressant sur la police administrative de la ville de Paris, et est orné d'admirables dessins de Saint-Aubin. Le même amateur a aussi récemment acheté un opuscule en vers d'une ra-

reté telle qu'on n'en connoît pas d'autre exemplaire; il est
intitulé : *Le débat et procès de nature et de jeunesse*, pet.
in-8 goth., cité par Brunet, t. II, p. 32.—M. Double a enrichi son cabinet, déjà si remarquable, d'un exemplaire des
Contes de La Fontaine, édition de Didot, somptueusement
relié en maroquin violet par Thouvenin, et partagé en quatre
volumes, enrichi de tous les dessins originaux faits par
Eisen pour l'édition de ces mêmes contes imprimés aux
frais des fermiers généraux. Ces dessins n'ont pas l'éclat ni
la vigueur des gravures si admirablement exécutées par
Choffart, Lemire et autres, mais ils ont une délicatesse et
un *velouté* que le burin n'a pas pu rendre. Cet exemplaire
provient de M. le comte d'Ussy, et en dernier lieu de
Mme Doche. — Mgr le duc d'Aumale a récemment acquis
la collection entière des dessins des grands maîtres de M. de
Reiset et la précieuse réunion de tous les dessins originaux
faits par M. Silvestre, l'éminent calligraphe et ancien professeur des princes, pour son ouvrage intitulé : la *Paléographie universelle*, une des plus remarquables publications
faites en France et composée de 4 vol. Il avoit préparé un
cinquième volume composé de 60 feuilles qui n'ont pas été
gravées (1). Le tout est renfermé dans un meuble fait avec
le plus grand soin.

— « Pendant tout le mois d'avril, dit M. Didron dans
les *Annales archéologiques*, on a vendu à Paris, aux en-

(1) Voici la description de ce supplément inédit d'après une note autographe de
l'auteur.

« Mon Manuscrit se compose de 360 feuilles dont 60 inédites ; de ce nombre sont :
Persans : *Dix-huitième siècle*. Belle et grande miniature d'un manuscrit envoyé
du Caire par Bonaparte. — *Dix-neuvième siècle*. Belle et riche feuille des poésies
persanes composées et écrites par l'empereur Fath-Aly-Chah.
Grecs : *Deuxième siècle*. Thème natal sur papyrus d'Égypte. — *Huitième siècle*.
Belle feuille tirée de la bibliothèque Médicis de Florence. — *Onzième siècle*. De la
bibliothèque Ricardi de Florence. — *Douzième siècle*. Page de Breviorum Moder-
norum Sermone Spirituale, etc. (Bibliothèque du Vatican). — *Treizième siècle*.
Page de Demosthenis opera (Bibl. du Roi, n° 2936). — *Quatorzième siècle*. Novum
Testamentum (Bibl. du Roi, n° 47). Belle page de Quatuor Evangelia (Bibl. du
Roi, n° 55); grec et latin. — *Seizième siècle*. Belle page des Cynégétiques d'Op-
pien sur la chasse que fit faire Henri II pour Diane de Poitiers. Manuscrit de la
main d'Ange Vergèce. Arabesques en or sur fond rouge et bleu et une minia-

chères publiques, la collection incomparable que le prince
Pierre Soltykoff avoit mis vingt ans et douze ou quinze cent
mille francs à recueillir. Sans compter les armures occidentales, achetées par l'empereur Napoléon III, ni les armures
orientales, vendues à l'empereur Alexandre II, cette collection comprenoit onze cents articles différents. Ces objets se
divisoient en émaux incrustés, émaux champlevés, majo-
liques, faïences françoises, poterie, verrerie, vitraux, mosaïque, horlogerie, damasquinerie, ébénisterie, sculpture en
bois, sculpture en ivoire, orfévrerie, bijouterie, joaillerie,
cristallerie, marbrerie, fontes repoussées, ferronnerie, dinan-
derie, miniatures, reliures, sceaux et médailles. Tous les arts
industriels, sauf la tisseranderie, y étoient, pour ainsi dire,

ture. — *Dix-septième siècle.* Admirable page d'un lectionnaire de l'Église grecque.
Grande miniature (Bibl. du Roi, Supplément grec, n° 242).

LATINS : *Troisième siècle.* Page à miniature du Virgile du Vatican. — *Septième
siècle.* Évangile de saint Matthieu écrit en or sur parchemin pourpre (Bibl. de Saint-
Germain-des-Prés, n° 662). Tiré d'un manuscrit de François Trevisani, patricien de
Venise, évêque de Vérone (Bibl. de la Minerve de Rome). Page des B. Gregorii Mo-
raliam in Job (Bibl. de Munich). — *Huitième siècle.* Page de l'Evangéliaire de l'É-
glise de Metz, beau manuscrit in-fol. (Bibl. du Roi, n°664). Tiré du manuscrit ayant
pour titre *Chronica varia* (Bibl. du Roi, n° 695). — *Neuvième siècle.* Belle page
écrite en or, du livre de prières de Charles le Chauve (Bibl. du Roi, n° 4152).

ITALIENS : *Neuvième siècle.* Page de Etymologiæ S. Isidori Hispalensis (Bibl. du
monastère de la Cava). — *Quatorzième siècle.* Speculum historiale Vincentii Bel-
lovacensis (Ib.). Jolie miniature. — Lege et ride. Poésies italiennes (Bibl. de la Minerve de Rome). — Deux magnifiques pages du Psautier et Office de la Vierge provenant de la Bibl. Urbini. Grandes miniatures (Vatican, n° 3770). — *Quinzième siècle.* Grande page du beau Virgile de Cosme de Médicis (Bibl. Ricardi de Florence).
Belle miniature et grandes lettres d'un beau style. — *Seizième siècle.* Deux magnifiques pages d'un des plus beaux manuscrits de la Bibl. du Roi (grande et
belle gouache). Tiré du Psautier du pape Paul III (grande et belle page).

PORTUGAIS : *Dix-septième siècle.* Histoire des vice-rois du nouveau monde
(Portrait en pied).

FRANÇAIS : *Onzième siècle.* Belle page de la Bible du cardinal Mazarin (Bibl. du
Roi, n° 7). — *Douzième siècle.* Deux belles pages de l'Évangile selon saint Jean, écrit
en or ; grande gouache (Bibl. du Roi, n° 690). — *Treizième siècle.* Deux pages du
Psautier de saint Louis, roi de France ; miniature curieuse (Bibl. du Roi, N° 686).
Deux pages de la Bible de saint Louis, roi de France (Bibl. du Roi, n° 684). Tiré
de la vie et miracles de la Vierge; petite miniature (Bibl. du Roi, n° 2710). — *Quatorzième siècle.* Deux pages des œuvres de Virgile. Belle miniature (Bibl. du Roi,
n° 7940). Belle page et belle miniature des heures de Louis, roi de Jérusalem et
de Sicile, duc d'Anjou (La Vallière, n° 427). Dernière page de la Bible de Charles V,
dit le Sage, écrite en 4363 ; avec autographes de Charles V, du duc de Berry, son
frère, de Henri III, de Louis XIII et de Louis XIV. — *Quinzième siècle.* Admirable page des heures du duc de Bedfort (Bibl. Royale, n° 82). J'ai consacré près de

représentés; tous les besoins matériels, tous les goûts de l'esprit y avoient leur satisfaction. En effet, ce qui l'emportoit en nombre et en mérite, c'étoient principalement les objets religieux : calices, burettes, aiguières, ciboires, custodes, autels portatifs, retables, diptyques et triptyques, croix, chandeliers, crosses, châsses, reliquaires, ostensoirs et monstrances, encensoirs et navettes, statuettes de vierges et de saints divers, agrafes de chapes, missels, bréviaires, évangéliaires, heures diverses. Aujourd'hui tout cela est dispersé aux quatre coins du monde. C'est notre art, le plus beau et le plus riche du moyen âge, qui vient d'être vendu à l'encan. La France, qui avoit fourni un si grand nombre de précieux objets à cette collection, notamment la châsse

deux mois de travail à cette belle miniature. Superbe page des heures que fit faire Louis de Laval, seigneur de Châtillon, lequel à sa mort les légua à Anne de France, fille de Louis XI, et qui furent depuis possédées par Henri IV dont elles portent le chiffre (Bibl. du Roi, n° 920). —Page des heures du roi René d'Anjou (La Vallière, n° 204). Les miniatures sont de la main du roi René (la grande lettre donne ses initiales). Tiré des histoires de Troyes de Raoul Lefèvre (Bibl. du Roi, n° 6897). — Deux magnifiques pages des Épîtres d'Ovide traduites en françois par de Saint-Gelais, évêque d'Angoulême, par le commandement du roi Charles VIII (Bibl. du Roi, n° 7231).—Grande et belle miniature tirée des Faictz et gestes d'Alexandre le Grand, traduits en françois pour Charles le Téméraire, duc de Bourgogne (Lav., 8).—Belle page historiée, contenant l'Ave Maria en figures coloriées, fond or (cette page me fut signalée par S. A. R. la princesse Marie d'Orléans). — Seizième siècle. Deux pages du Pontificale cum missis solennioribus juxta ritum antiquum (Bibl. du Roi, n° 684) : fleurs gouachées sur or. — Dix-septième siècle. Page tirée d'un Évangéliaire (Bibl. du Roi, n° 677 réserve) : bel encadrement.

ANGLO-SAXONS : Neuvième siècle. Belle page de la Bible de saint Denis, écrite pour Charles le Chauve; grande lettre saxonne et onciales en or. — Dixième siècle. Belle page du Sacramentaire de saint Grégoire (Bibl. de Reims.) — Treizième siècle. Deux belles pages tirées d'un manuscrit saxon de la Bibliothèque du Roi (La Vallière, n° 55).

ALLEMANDS : Huitième siècle. Tiré de Orosius (Bibl. royale de Munich). — Neuvième siècle. Évangéliaire de l'empereur Henri II, le Saint (Bibl. royale de Munich) ; la reliure de ce manuscrit est en or massif et enrichie d'une grande quantité de pierreries et de perles fines. — Onzième siècle. Belle page très-riche, tirée du Quatuor Evangelia Nideraltaich, très-beau manuscrit de la Bibliothèque royale de Munich, recouvert en or et en pierreries. Admirable page du Missel de Bamberg ou de Henri II, empereur d'Allemagne (Bibl. royale de Munich). — Treizième siècle. Deux pages tirées d'un Évangile selon saint Jean (La Vallière, n° 55).

SLAVES : Onzième siècle. Glagolithique à Lunette. Page d'ornements de ce manuscrit unique (Bibl. du Vatican). — Seizième siècle. Page d'une Chronique russe (Bibl. du Roi, fonds slave), manuscrit slavon de l'Oratoire, n° 1706 (D. J. n° 32). Une grande et belle feuille de peintures et grandes lettres, le tout sur fond or de la Bible à trois textes (Bibl. du Roi).

de saint Calmine, n'en a retenu qu'une vingtaine : deux
ivoires, les plus beaux, il est vrai, qui sont allés au Louvre,
et des crosses, châsses et statuettes en repoussé, auxquelles
le musée de Cluny a pu donner l'hospitalité. Le plus grand
nombre a traversé la Manche pour enrichir le *British
Museum* et le musée de Kensington, déjà si riches. Il ne
faut pas trop nous plaindre, puisque la France ne vouloit pas
de ces précieuses dépouilles de notre art chrétien ; on devoit
désirer que la généreuse et intelligente Angleterre en fît
l'acquisition. Là, du moins, on les verra quand on le voudra ; là, ils seront photographiés, moulés en plâtre, reproduits en galvanoplastie, dessinés par le crayon ou le burin,
et, sous ces diverses formes, livrés aux archéologues, aux
historiens de l'art, aux fabricants et industriels pour être
étudiés, décrits, imités, copiés et vendus. C'est une consolation dans notre malheur. Il faut regretter cependant que
parmi les hauts fonctionnaires, qui ont voix dans les conseils du gouvernement, il ne s'en soit pas trouvé un seul qui
ait compris ou fait comprendre combien l'acquisition d'une
collection pareille devoit être glorieuse et utile pour le pays :
glorieuse, puisque d'un seul coup la France, avec ce qu'elle
possède déjà au Louvre et à l'hôtel de Cluny, l'emportait à
jamais sur les musées de toutes les autres nations, et cette
petite gloire est bien près de valoir les plus grandes ; utile,
car l'étude attentive, l'imitation intelligente ou la copie
respectueuse de tous ces objets par les orfèvres, les bijou-
tiers, les émailleurs, les ciseleurs, les céramistes, les fondeurs, les ivoiriers, tous les dessinateurs en général et tous
les fabricants d'objets d'art, auroient eu le pouvoir de perfectionner, de varier et même de rajeunir notre industrie. »
— Nous mentionnerons, en ce qui nous concerne, les adjudications de plusieurs objets très-précieux : des manuscrits,
des diptyques et des tablettes de reliures. — Les n°ˢ 1 et 2
du catalogue ont été réunis avec raison, car ils formoient
ensemble un *évangéliaire*, manuscrit du douzième siècle,
avec les miniatures des quatre évangélistes peintes en style

byzantin, d'une parfaite couservation ; la reliure du premier volume étoit ornée d'un bas-relief en argent repoussé et doré, représentant le Christ assis et bénissant; avec bordure en filigrane, enrichie de frappés circulaires, contenant des sujets tirés de la vie de Jésus-Christ; le tout en même métal. La reliure du deuxième volume étoit du treizième siècle et en émail de Limoges sur cuivre doré. Ces deux volumes ont été adjugés ensemble au prix de 6500 francs, pour M. Libri, dit-on. — Le n° 3, *Bréviaire*, exécuté à Naples en 1404, par François Guantari, sur l'ordre de Henri Fomacelli, abbé de Mont-Cassin, a été acheté 1800 francs par M. J. Niel. — Le n° 4 étoit le missel dit de *Juvénal des Ursins*. Il a été acheté 34 800 francs par M. Ambr. Didot, qui depuis l'a cédé à M. le préfet de la Seine. Ce livre, vraiment magnifique, est orné de 140 miniatures de diverses dimensions, de 3223 lettres, tournures, et de nombreux encadrements à rinceaux, fleurs et figures de la plus riche exécution. Il a été fait pour Jacques Juvénal des Ursins, évêque de Poitiers, prieur archevêque de Reims et frère de Jean Juvénal des Ursins, chancelier de France. On y remarque aussi des indications intéressantes pour l'histoire, telles que plusieurs vues de Paris et la Sainte-Chapelle au quinzième siècle. M. Didot va publier sur ce manuscrit une notice détaillée à laquelle nous renvoyons nos lecteurs. — Quelques autres manuscrits médiocres ont été cependant adjugés à des prix très-élevés. — Nous mentionnerons le haut prix qu'ont atteint quelques-unes des anciennes reliures de manuscrits, enlevées autrefois d'*évangéliaires* ou de *missels*. Ces simples couvertures, considérées comme objets d'art, sont fort rares et d'autant plus précieuses, qu'on employoit pour les embellir l'or, l'argent, les pierreries, et les meilleurs artistes pour les exécuter. Ainsi une de ces grandes *tablettes* en ivoire sculpté, provenant d'un évangéliaire, a été adjugée à 10 000 francs (n° 9 du catalogue). Quel prix auroit été vendu le livre?...

Quant aux curiosités qui sortent du domaine des livres,

nous ne pouvons en parler ici ; nous dirons seulement que les plus beaux objets et les plus précieux spécimens ont été acquis par M. le baron Ach. Seillière, qui possède maintenant une des plus admirables collections qui existent. Tous les amateurs françois ont également profité de la chance des enchères, et ont recueilli, chacun selon son budget, des échantillons de cet inappréciable musée.

— M. Charles Cavaniol vient de nous adresser un prospectus de la réimpression textuelle du *Recueil des historiens des Gaules et de la France*, par Dom Bouquet et autres religieux bénédictins. Treize volumes in-folio, beaux caractères, belles marges, papier vergé, tiré à 250 exemplaires seulement, au prix de 468 francs.

Voici ce qu'il dit à propos de cette nouvelle édition :

« Il est très-difficile, pour ne pas dire impossible, de se procurer les treize premiers volumes du *Recueil des historiens des Gaules et de la France, par Dom Bouquet et autres religieux bénédictins*, cette importante collection ne se trouvant que par le plus grand des hasards. Dès 1846, le *Bulletin du Bibliophile*, publié par M. Techener, le cote 1200 fr. en faisant observer que les tomes XII et XIII manquent ; le même bulletin le porte à 1675 francs.

En 1850, M. Brunet, dans son *Manuel du libraire*, l'évalue à 2000 fr., et M. Graesse, dans le *Trésor des livres rares et précieux*, parle de 2500 fr. Le tome XIII seul, qui a été reproduit, en 1847, au moyen du procédé litho-typographique de Paul Dupont, se vend 200 fr.

Nous nous sommes demandé, en présence d'un pareil fait, si ce ne seroit pas rendre service à la science historique que de rééditer les treize premiers volumes de cette collection indispensable pour l'étude des sources de l'histoire françoise, et dont la place est marquée dans toutes les bibliothèques.

Toutes les personnes à qui nous nous sommes adressés ont résolu cette question dans un sens affirmatif, et nous ont engagés à donner au monde des lettres une réédition textuelle de ces treize premiers volumes.

Il ne s'agit point ici, on le comprendra, d'une affaire de spéculation, et si nous pouvons donner moyennant **468 fr.** treize volumes in-folio, tirés à 250 exemplaires sur papier vergé, c'est que nous nous passons nécessairement de l'intermédiaire des libraires, et que nous évaluons **seulement** le prix de revient. Il est inutile d'insister sur ce point, qui sera compris de tous ceux qui connoissent le **commerce de** la librairie et les droits légitimes que prélèvent les **auteurs.**

La réédition du *Recueil des historiens des Gaules et de la France* sera publiée en deux ans.

L'impression commencera le 1er janvier 1862. L'exécution typographique ne laissera rien à désirer ; cette réédition **sera** imprimée ligne pour ligne, page pour page sur la **première** édition, en caractères neufs et fondus exprès.

Nous donnerons en tête du premier volume les **noms des** 150 premiers souscripteurs.

Chaque exemplaire sera numéroté suivant l'ordre **des** souscriptions reçues et portera le nom du **souscripteur.**

Pour les souscripteurs qui le désireront, il **sera tiré des** exemplaires sur grand papier, à raison de 70 fr. le **volume.**

On sait qu'il est facile de se procurer, à partir du **t. XIV,** les volumes qui composent ce recueil.

La souscription est facile, car l'abonné paye à **terme au** fur et à mesure de l'apparition des volumes.

Il n'a pas à se déranger pour prendre un **mandat de poste.**

Il n'a point à payer les frais dudit mandat.

Il suffit de signer l'engagement ci-contre et de l'**adresser** *franco* à **M. J.** CARNANDET, *bibliothécaire de la ville de Chaumont*, directeur de la publication, ou à **M. Charles** CAVANIOL, imprimeur-libraire audit Chaumont.

L'on peut s'adresser à Paris à la librairie de J. Techener.

N. B. En dehors des 250 exemplaires que nous annonçons, il sera tiré pour les personnes à qui il **manque un ou** plusieurs volumes, et qui nous feront parvenir leurs demandes avant le 1er janvier 1862, quelques **exemplaires** dont chaque tome se vendra séparément au **prix de 70 fr. »**

185. DISCOURS EN FORME DE COMPARAISON sur les vies de Moïse et d'Homère. *A Paris, chez Jean Gesselin*, 1604; pet. in-12, mar. vert, tr. dor. (*Hardy*.) . . .   35—»

Petit livre curieux. — Il paroît que ce livre a pour auteur un nommé Quatre-homme, fils d'un lieutenant de Colommiers. Connoît-on ce personnage même à Colommiers? Pour ce qui est de son livre, l'idée en paroît singulière. La parallèle entre Moïse et Homère ne s'offre pas de lui-même à l'imagination, mais l'imagination fait avec les sujets ce que Mahomet fait avec la montagne : quand ils ne viennent pas à elle, c'est elle qui va à eux. Notre homme n'est point embarrassé de trouver entre Moïse et Homère une foule de rapports. Moïse qui fut, comme on le sait, exposé sur le Nil, a un nom qui, dans sa racine égyptienne, signifie *eau* ; Homère n'eut pas sur le Melès une aventure tout à fait aussi merveilleuse, mais, étant venu au monde sur les bords de ce fleuve, il y a aussi de l'eau dans son nom de Melesigène. Voici un premier rapprochement; il y en a bien d'autres. Moïse a enseigné le culte de Dieu aux Israélites; Homère, dans la mesure de son esprit, destitué de secours surnaturels, a presque élevé l'esprit des Grecs jusqu'à la connoissance de l'Être infini. A voir, au premier livre de l'*Iliade*, Jupiter froncer son sourcil, se refrogner, *ébranler sa perruque*, notre auteur trouve qu'il n'a pas moins de grandeur que Jéhovah, et qu'il n'est pas moins terrible dans la marque de sa colère contre les peuples, faisant trembler la terre et bouleversant les flots. En un mot, Moïse et Homère lui paroissent des esprits divins, et il assigne à la divinité de leur esprit une cause que l'on n'imagineroit pas. L'idée est assez drôlatique pour que nous nous y arrêtions. Mais comment la faire comprendre si tout d'abord nous ne nous transportons dans le désert, où les Hébreux ramassent chaque matin la manne tombée pour eux du ciel? Cette manne, notre auteur en parle comme s'il en avoit goûté. C'étoit, dit-il, une viande délicate et d'une gracieuse saveur. Mais ce qu'il y a de plus merveilleux, et ce dont la Bible ne dit rien, c'est qu'elle avoit le don d'affiner les esprits, d'aiguiser l'intelligence, si bien que les Hébreux, assez peu policés en Egypte, devinrent beaucoup moins grossiers, grâce à cet aliment, et que les enfants *qu'ils engendroient eurent les cerveaux mieux timbrés*. Comme le cerveau d'Homère étoit parfaitement timbré, notre auteur se persuada que ce poëte avoit pour ancêtre quelque Hébreu retourné par succession de temps et marié en Egypte. N'examinons pas si cet Hébreu ne revint point attiré par le souvenir des oignons qu'il préféroit peut-être à la manne. Cette manne n'en continuoit pas moins à agir dans la race d'Abraham. Il y a plus,

elle y agit encore. « Cette manne, au jugement des naturalistes, opère encore
aujourd'hui entre les juifs, qui sont fort subtils. » S'il vivoit de nos jours, notre
auteur n'auroit assurément aucune raison d'abandonner son système; mais au
contraire, à voir tant de noms juifs briller parmi nous, il l'étayeroit de preuves
triomphantes.

186. FIERABRAS (*Hervé*). Methode briesue et facile pour
aisement paruenir à la vraye intelligence de la chirurgie,
en laquelle est desclaree l'admirable construction du corps
humain. Le symbole du corps auec l'ame : regime de
viure tres-singulier ; etc. Le tout recueilly des bons autheurs et mis en langue françoise. *Paris, Nic. Bonfond,*
1583 ; in-16, figure sur le titre, v. f. fil. tr. dor.
(*Capé*). . . . .   75—»

Bel exemplaire d'un petit livre rare. La figure placée sur le titre, représente une
boutique de barbier, où deux fraters sont dans l'exercice de leurs fonctions. —
Hervé Fierabras, de Rouen, docteur en médecine, enseignoit la chirurgie. Il composa cet ouvrage pour faciliter aux compagnons chirurgiens l'intelligence de leur
art. C'étoit, du moins, son intention; mais, dans sa *Méthode chirurgicale*, la seule
chose dont il ne parle pas, c'est la chirurgie. Il a tout simplement extrait des
anciens auteurs un traité de médecine, qu'il nomme *rationale*, et qu'il a tellement
embarrassé de définitions, de divisions et de tableaux compliqués, que l'on comprend difficilement comment ce livre a pu servir à un enseignement élémentaire.
« La Medecine, dit Fierabras, a cinq parties : la Physiologie, l'Igieinie, la Pathologie, la Simiotice et la Terapeutique. Cette dernière partie contient la Pharmacie,
la Diete et la Chirurgie; mais notre œuvre ne traitera que de trois parties: la Physiologie, l'Igieinie et la Pathologie. Quant à la cinquieme, quant à la partie curative,
elle est assez amplement traitée de Hippocrate, Galien, Guydon, Tagaut, Houllère
et autres bons auteurs. » Ainsi Fierabras déclare d'avance qu'il ne s'occupera pas
de chirurgie. Le lecteur est donc prévenu que cette méthode n'est chirurgicale
que sur le titre. Le premier livre renferme une longue dissertation sur la physiologie et les choses naturelles. « Les choses naturelles sont sept : les elements, les
tempéraments, les humeurs, etc. » Chacune de ces choses naturelles est divisée,
subdivisée, alambiquée, à faire perdre la tête aux malheureux compagnons chirurgiens condamnés à une étude si ardue. Citons pour exemple « l'intemperature,
qui est simple ou composée : la simple est chaude, froide, humide ou seche; la
composée est chaude humide, chaude seche, froide humide, ou froide seche. De
ce appert que les differences des temperaments sont en nombre neuf, un temperé
et huit intemperés. Aucunes fois un corps peut estre temperé en une opposition,
comme en chaud et froid; en l'autre intemporé, comme en humide et sec, ou au
contraire, et selon la combinaison des elements. » C'est peut-être dans l'ouvrage
de Fierabras que Montdor, le maître de Tabarin, avoit puisé son éloquence médicale. Le second livre traite de la manière de garder la santé; le troisième, de la
pathologie.

Ce livre composé très-sérieusement, avec des matériaux empruntés à Hippocrate,
à Galien et autres anciens auteurs, peut intéresser les hommes de l'art, qui trouveront dans ce petit volume l'exposition détaillée des principes de la médecine
d'autrefois. Pour nous, qui sommes complétement étranger à cette noble science,
la *Méthode* de Fierabras, nous l'avouons en toute humilité, n'est qu'un livre singulier, et c'est à ce titre que nous le recommandons aux bibliophiles.   Ap. B.

187. FLORÈS. Histoire amoureuse de Flores et Blanchefleur s'amye; auec la complainte que fait vn amant contre Amour et sa dame. Le tout mis d'espagnol en françois, par maistre Iacques Vincent, aumonier de M. le comte d'Angien. *Anvers, Iean Waesberghe*, 1561; in-4, titre à bordures grav., mar. vert, fil. tr. dor..... 200—»

Très-bel exemplaire d'un roman de chevalerie des plus intéressants d'une édition fort rare. — Jacques Vincent, du Crest-Arnaud en Dauphiné, aumônier du comte d'Enghien, avoit déjà traduit de l'espagnol les *Aventures de Palmerin d'Angleterre*, Lyon, 1552, 1553; l'année suivante (1554), il publia à *Paris* chez Michel Fezandat, l'*Histoire de Florès et Blanchefleur*, pet. in-8 de 96 feuillets. La 2e édition de cette traduction paroît être celle d'*Anvers*, 1561. On connoît d'autres réimpressions à *Lyon*, 1570, in-8, et à *Rouen* 1597, in-12; mais l'édition d'Anvers, la seule de format in-4, n'a pas été citée par les bibliographes. Elle est élégamment imprimée à deux colonnes, en beaux caractères, et la bordure du titre est fort remarquable.

Malgré les fulminations lancées par les prédicateurs contre les romans de chevalerie qui, disoient-ils, tendoient à pervertir les mœurs et à damner les âmes chrétiennes, l'aumônier du comte d'Enghien employoit ses loisirs à traduire le Palmerin, Florès, et même Roland l'amoureux, d'après une ode de Tredehan, dont nous parlerons bientôt

> Comme ta frase allechante
> Qui de Rolland l'amour chante
> Etonna l'Italian.

Nous ne dirons pas que les phrases de Jacques Vincent sont alléchantes; mais il faut avouer que sa traduction est écrite d'un style clair et facile, et que, de plus, son orthographe est bien meilleure que celle des autres livres françois du seizième siècle. Il dédia son œuvre à René de Sanzay, seigneur de Saint-Marsault. On lit dans cette épitre : « Si aucun prent la hardiesse de me desestimer pour m'estre amusé sur cette histoire fabuleuse, je ferai mon rempart de l'*Art d'aimer* écrit par Ovide. » N'est-il pas singulier qu'un aumônier invoque en sa faveur l'*Art d'aimer*. Nous sommes tenté de croire que c'est J. Vincent qui inspira à Grandin, le curé d'Angers, la longue diatribe qu'il a inséréo dans sa *Destruction de l'orgueil mondain*, publiée en 1558, contre les romans de chevalerie, contre les traducteurs françois et contre l'*Art d'aimer* d'Ovide. La dédicace à René de Sanzay, est suivie d'une ode adressée à l'auteur, par son ami Pierre Tredehan, d'Angers. C'est un éloge de ceux qui traduisoient en françois les ouvrages écrits en langues étrangères.

> Là donc, Vincent, que soit faite
> Notre langue plus parfaite,
> Je te pry', par ton moyen :
> Fais connoitre à notre France,
> Que tu chasses l'ignorance,
> Comme son bon citoyen.

L'*histoire de Florès et Blanchefleur* renferme, comme tous les romans du même genre, des aventures extraordinaires qui se dénouent à l'aide de talismans, et qui finissent toujours par un heureux mariage. Les héros de ce roman vivoient au temps que l'Espagne étoit sous la domination des Sarrasins. Florès est le fils du roi d'Espagne; Blanchefleur est la fille du prince Perse, neveu de l'empereur de

Rome, et de la princesse Topase, fille du duc de Ferrare. Blanchefleur est chrétienne, Florès, mahométan : de là naissent mille obstacles. Mais Florès se fait
baptiser, il épouse Blanchefleur et devient empereur de Rome.

Ce roman est suivi d'une *Eglogue faite à l'imitation de la seconde de Virgile*,
par P. Tredehan ; puis, de la *Complainte et avis, que fait Luzindaro prince d'E-
thiopie, à l'encontre d'Amour et une dame, continuée jusques à leur fin.*

Cette complainte, mêlée de vers, est une histoire fort triste. Le roi de Grèce avoit
une fille d'une grande beauté, la princesse Médusine, tel étoit son nom, qui étoit
recherchée en mariage par Garinaldo, fils du roi d'Albanie. Cet amour déplut au
père de la demoiselle, et, comme il étoit un peu nécromancien, il enlève sa fille
et la transporte dans un château enchanté. Garinaldo va consulter une magicienne,
qui lui répond que sa mye est morte : première complainte de l'amant infortuné.
Mais la rusée magicienne, plus puissante que le roi de Grèce, conservoit Médusine
pour son protégé Guzindaro, prince d'Éthiopie ; elle l'introduit dans le château
enchanté. Médusine accueille assez mal cet amant d'Éthiopie, et Guzindaro chante
alors une complainte contre l'amour ; le lendemain et les jours suivants il continue
sa complainte. Il devient assommant pour le lecteur ; mais, à force de se plaindre,
il réussit à toucher le cœur de la princesse Médusine, et il l'épouse. La toilette de
la mariée étoit ravissante : une chemise ouvrée d'or et toute semée de perles et
de diamants ; une basquine de velours noir ; une cotte de velours blanc passe-
mentée d'émeraudes ; une robe de velours incarnat brodée de saphirs ; des crevés
par où passoit la chemise ; un carcan de grand prix ; une ceinture ornée de cha-
pelets de fins diamants taillés en clochette ; etc., etc. Mais la richesse ne fait pas
le bonheur. Peu de temps après son mariage, la princesse Médusine meurt. Le
prince Guzindaro, désespéré, recommence sa complainte, brûle le corps de son
épouse et se nourrit de ses cendres *chéries*. Un aliment aussi indigeste ne pouvoit lui conserver la vie : il meurt bientôt, et la complainte finit.   —   Ap. B.

188. FONTAINE (*Charles*). Les nouuelles et antiques mer-
ueilles : Plus, un traicté des douze Cesars, nouuellement
trad. d'italien en françois. Enfin y a vne ode pour Dieu
gard à la ville de Paris, faite en juin 1554. *Paris, Guill. Le
Noir*, 1554 ; in-16, mar. vert, fil. tr. dor. (*Duru.*).   175—•

Charmant exemplaire d'un petit livre d'une grande rareté. Charles Fontaine, dont
nous avons déjà parlé dans le *Bulletin*, à l'occasion de *la Contr'amye de Court*, a
laissé un grand nombre d'ouvrages en prose et en vers. Ce petit volume est un recueil de plusieurs pièces assez curieuses. *Les nouvelles et antiques merveilles* sont
divisées en deux parties. La première a pour titre : *Sommaires du livre des Isles.*
« Le premier recueil, dit l'auteur dans sa dédicace à M. d'Yvor, secrétaire du roi,
contient sommairement et par récapitulation, la description et discours des terres
nouvellement trouvées, qu'on appelle terres neuves : je dy nouvellement trouvées,
pource qu'elles ont esté trouvées seulement de nostre temps, et pour la plus grant
partie depuis soixante-dix ans. Et pource je les appelle les nouvelles merveilles. »
C'est une histoire abrégée de la découverte de l'Amérique et de différents voyages
exécutés par les Espagnols après Christophe Colomb, jusqu'en 1541. L'auteur
n'a pas oublié de mentionner Bétencourt, qui découvrit les Canaries en 1405. Les
Antiques merveilles, autrement les fleurs du livre de Asse, sont un extrait de l'ouvrage latin de Budée, où l'on trouve des détails historiques sur *les richesses,
triomphes et largesses des anciens*. Les *Merveilles* sont suivies du *Petit traité des
douze premiers empereurs de Rome*, traduit de l'italien ; et de l'*Ode pour Dieu gard
à la ville de Paris*, par *Charles Fontaine, Parisien*. Nous écrivons ces dernières

mots en *caractère italique*, parce que nous croyons avoir lu quelque part que cette ode *anonyme* est attribuée à Fontaine par Du Verdier. Cette pièce se compose de cent deux quatrains numérotés. A la fin du volume on trouve une liste des personnages à qui l'auteur adresse ses souhaits de *Dieu gard* : parmi les 67 noms inscrits, nous avons remarqué ceux de Saint-Gelays, Amyot, Sibillet, Dorat, Ronsard, Jodelle, Baïf, Henri Estienne, Lyon Jamet, Gruget, Gohory, Belon, Pasquier, Vascosan, imprimeur, le comte d'Alsinois, etc., etc. Voici un échantillon des quatrains consacrés à la ville de Paris :

> Dieu gard le grand monde de ville
> Ville sur toutes très-fameuse,
> Ville belle, ville civile,
> Là où se fend ma Seine eureuse,
> Et fendant ses pieds, son chef dresse
> Par dessus toute autre rivière,
> Tout ainsi que la ville laisse
> Toutes autres villes derrière.

Cette ode nous apprend que Ch. Fontaine naquit à Paris, fut allaité à Clamart, qu'il reçut le grade de maître ès arts au collège du Plessis, en 1530, et qu'il étoit à Ferrare en 1539. Ce recueil contient encore des odes de Ch. Fontaine à sa Flora, Lyonnoise avec laquelle il se maria en secondes noces, et une ode de Bonaventure du Tronchet, Mâconnois, où il parle avec éloge des poésies de Fontaine

> Tairay-je ces beaux sixains mis
> En lumière? Ces divins vers,
> Vers qui sont de mort ennemis,
> Vers qui ne craignent point les vers.

Notre poëte termine son recueil par un dizain, dans lequel on lit ces deux vers :

> Malgré leur effort toutefoys,
> Vivra ma muse *prosaïque*.

Cette épithète, parfaitement choisie, nous dispensera de formuler notre opinion sur le talent poétique de Charles Fontaine.   Ap. B.

189. Formi (*Pierre*). Traité de l'adianton ou cheveu de Vénus, contenant la description, les utilitez, et les diverses préparations galiéniques et spagiriques de cette plante. *Montpellier*, *P. du Buisson*, 1644; pet. in-8, réglé, figure de l'adianton gravée sur cuivre, mar. vert, jans., tr. dor. (*Trautz-Bauzonnet.*). . . . . . . 68—»

Très-bel exemplaire. Pierre Formi, né à Nîmes au commencement du dix-septième siècle, fut reçu docteur en médecine à Montpellier. Il accompagna le roi Gustave-Adolphe dans le voyage qu'il fit en France, mais il refusa de le suivre en Suède. Il mourut à Nîmes, le 5 juillet 1679.

Le *Traité de l'adianton* a joui longtemps de l'estime des médecins. Nous ferons remarquer que le style de l'auteur est d'une correction et d'une élégance peu habituelles aux écrivains de son époque. On peut en juger par le début de l'épître dédicatoire adressée à Marguerite de Montpezat, abbesse de Nonenquet : « Madame, les anciens Grecs, qui cachoient tous les mystères de la philosophie sous le voile des fables, pour laisser à leurs successeurs des preuves certaines de la divinité des sciences, et allumer en eux le désir de s'y appliquer, ont feint que Minerve, qu'ils disoient être la déesse des bonnes lettres et l'inventrice de tous les arts, étoit née de la teste de Jupiter, pour nous apprendre que toutes les sciences dont l'esprit humain peut estre capable ne sont que des rayons qui naissent de l'éternelle et divine lumière, et de petits ruisseaux qui prennent leur source de cette mer immense de la sagesse infinie de Dieu. Il n'y a point de doute que l'une des sciences les plus utiles que l'homme puisse acquérir, ne soit celle qui luy rend la santé lorsqu'il l'a perdue, et la luy maintient quand il l'a. »

L'adianton est une plante capillaire de la famille des fougères, dont la feuille ne retient pas l'eau ; elle croît à l'ombre et dans les lieux humides. Sa racine, très-chevelue, lui a valu le nom de cheveu-de-Vénus ; et, par suite d'un précepte adopté par les anciens médecins, *Similia similibus apta*, on reconnoissoit à l'adianton la propriété de faire croître les cheveux et de les empêcher de blanchir. Les inventeurs et propagateurs de graisses et de poudres contre la calvitie sont prévenus que l'adianton, très-commun en Languedoc et surtout aux environs de Montpellier, est fort rare dans les autres provinces de la France. Au surplus, c'est un spécifique unique pour toutes les maladies internes ou externes. La description de la plante et de ses propriétés est suivie des diverses préparations qu'on peut lui faire subir. Nous avons dit que l'adianton étoit de la famille des fougères ; le dernier chapitre de ce traité le prouve suffisamment : « Prenez, dit l'auteur, certaine quantité de cendres de l'adianton, mettez-les dans un creuset et les faites embraser dans le feu. Elles se changeront en verre et en crystaux. Le verre est astringent et sert à arrester toutes sortes de fluxions, et la cendre dont il est fait blanchit et nettoye merveilleusement les dents, et la lessive embellit les cheveux et les fait revenir dans tous les endroits d'où ils estoient decheus. » A la fin du volume, on lit quelques pièces de vers en l'honneur de P. Formi et de son ouvrage.   Ap. B.

190. GRANDIN (*François*). Destruction de l'orgueil mondain, ambition des habits et autres inuentions nouuelles (avec le BLASON DES BASQUINES), *Paris, Claude Fremy*, 1558 ; petit in-8, réglé, mar. r. tr. dor. (*Trautz-Bauzonnet.*) . . . . **140—»**

Très-joli exemplaire d'un livre rare et curieux. — François Grandin, curé de l'église de Saint-Jean-Baptiste d'Angers, a traité en prose le même sujet que le poëte catholique Artus Désiré avoit ébauché dès l'an 1553, dans son *Instruction chrestienne*, et complété en 1577 dans les *Désordres de France*. C'est encore une diatribe contre les ajustements des femmes. Il paroît que les modes nouvelles avoient pénétré dans les provinces, et qu'elles comptoient de nombreux prosélytes parmi les dames angevines. Le curé Grandin dédia son œuvre à Élisabeth Colin, épouse de Guy Lasnier, seigneur de Sainte-Jame, etc. Guy Lasnier étoit conseiller au présidial d'Angers et devint maire de cette ville en 1560 ; il eut pour fils Guillaume Lasnier, conseiller au grand conseil et auteur d'un traité *Sur les libertés de l'Église gallicane.*

Voici le début de la *Destruction de l'orgueil mondain :* « Je n'ay proposé et ne pretens faire forme d'oraison rethorique : ne me delecter en une hautesse de parolles, ou sapience, en langage poly et orné, attendu que le royaume de Dieu ne gist en babil ou caquet, aussi que de telz metz ne suis naturel ouvrier. Mais *briefvement* tacheray vous faire une admonition.... » Il appelle *briefve* une admonition de 445 feuillets. Le curé Grandin avoit donc l'habitude de prêcher des sermons in-folio. Parcourons cette singulière et longue mercuriale ; et, sans nous occuper des innombrables citations d'écrivains sacrés et de philosophes anciens, signalons seulement quelques détails de ces modes *diaboliques* qui faisoient, au seizième siècle, le désespoir des prédicateurs : on les trouvera bien surannés ; mais ce sont des matériaux pour l'histoire ancienne des costumes en France. « N'est-ce pas une chose aliene de raison, si une fille ou femme, qui est fille et espouse de Dieu le pere, va à l'eglise et à la messe non pas avecques un chapeau ou boucquet de fleurs seulement, mais aornée ainsi qu'une idole, de perles, pierreries, dorures, inventions nouvelles, et avec une chevelure frisée. » — « Quant est de la face, aucunes de vous la veulent enrichir ou desguiser par quelque fard, tortillements, crespleures ou autres façons indécentes des cheveux: je n'approuve pas cela. » — Et plus loin : « Quelle est cette chevelure frisonnée et tortillée ? quels sont ces anneaux et sandales pour les pieds et les mains? » — Ceci prouve que Grandin et Artus Désiré éprouvoient une égale antipathie pour la frisure et les tortillons. Voici quelques passages où l'on trouve une nomenclature assez curieuse des ornemens d'une dame au seizième siècle : « En ce jour, le seigneur ostera l'aornement des escarpins, les coeffes, les *lunettes*, les flasconnets, les bracelets, les jarretiers, les demiz ceincts, les bagues, les aurilettes, les anneaux, les *aornemens du nez*, les roquets, les mantelets, les guimpes autrement appelées volets, les bourses, les esguilles (c'est un fer pour frisonner et cresper les cheveux), les pierreries, les carcans, les jazerans, les gorgerins, les mirouers ; toutesfois, avecques le philosophe (*Socrate*), je permets qu'on ait mirouers. » — « Je vous demande si une dorure sus la teste, une chaisne ou collier d'or pendu au col, tant de bagues et pierreries es doigts, boutons d'or et d'argent, patenostres de mesme, tant de cordes ou aultres telles choses à l'entour d'un habit, une busque, mille aultres vanités et farderies es habitz, comme bors et bandes de satin, taphetas, velours, les uns decoupez et boufans, tout cela est-ce un habit? » — « Les unes ont robe à l'Italianne, autres à l'Espaignolle ; les unes à la Turquoise, les autres à l'Allemande; l'une portera une vertugalle et busque, les autres n'auront ny l'un ny l'autre; mais toutesfois autre invention contraire: nous parlerons en autre lieu à nos desmanchées et vaines femmes. » — « Vous dites que vos colletz ouvrez et manchons de diverses couleurs, ensemble vos busques et basquines, n'est pas grand chose ; je vous dis que ce n'est aussi grand chose à un brigand d'avoir aujourd'huy tué un homme et volé cent escuz. »

Après les habits, viennent les danses : « Plusieurs dames s'excusent souvent, pour la maladie d'asnerie, d'aller par aventure jusques à l'eglise ouir messe possible un jour pour toute la semaine, ou ouir un sermon, et tost après nous les voyons saines et garies pour danser, aller en toutes compaignies, troter et visiter leurs voisines. » — « Pour la froydeur ou chaleur, elles ne veullent et ne peuvent, ainsi qu'elles disent, demeurer à l'eglise, ne faire long sejour à la predication sans dormir ; elles ne peuvent se lever, ou à grand'peine marcher pour faire œuvres spirituelles, et vous les verrez partie de la nuict à danser et sauter desmesurement, et verrez plus tost le sonneur lassé ou endormy, qu'elles assouvies de telles delices et passetemps. Et à cause que le propos s'est offert, je (veux bien monstrer d'où sont procedées les danses. » — « Il est evident que les danses ont été inventées par le diable. On dansoit devant le dieu Apis ; on dansoit autour du veau d'or. » L'auteur a oublié que David avoit dansé devant l'Arche.

Le jeu : « Tournez les feuillets de vos heures plus tost que des chartes ; le fuseau, plus tost que les dez ; tenez vostre quenoille, plus tost que les quilles. »

Enfin, il n'a point oublié les romans : « Pourquoy lisez-vous des livres reprouvés comme un Lancelot du Lac, le Roman de la Rose, Tristan, Fierabras, Merlin, Florimond, Paris et Vienne, Pierre de Provence et Maguelonne; Melusine, les facetirs de Poge malheureuses et infestissimes, Artus de Bretaigne, Huon de Bordeaux, Ogier le Danois? » — « Mais quelle délectation trouvez vous en telz folz et apertz mensonges? Brief vous voyez et apprenez seulement que l'un en tue dix, l'autre trente ; l'autre reçoit cent playes et retourne à la bataille ; l'un arreste toute une armée ; l'autre fend un homme d'armes jusques aux dents ou arçon de la selle. Et tant de missives et complainctes des langueurs d'amour envoyées par l'amy à sa mye et reciproquement.... Somme toute, ces choses sont alumettes de Sathan. »

L.

Il nous faudroit citer la moitié du volume, pour épuiser les passages curieux qu'il renferme ; et nous n'avons pas encore parlé des poésies du curé d'Angers : car François Grandin étoit poëte. La *Destruction de l'orgueil mondain* est suivie du *Blason des Basquines*, pièce en vers de six feuillets. C'est une satire extraite de l'ouvrage en prose, contre les vertugalles, les basquines et autres ajustements des dames. La première édition de cette pièce, imprimée séparément, parut cinq ans plus tard, en 1563, à Lyon, chez Benoist Rigaud ; et elle a été de notre temps réimprimée à petit nombre pour les collections des bibliophiles. — Le texte de la *Destruction de l'orgueil* est précédé d'un *Huitain aux dames et damoiselles*, qui nous a semblé digne d'être reproduit.

> Dames d'honneur, ce n'est tout que de veoir
> Beaucoup d'escris et iceux mal entendre.
> Mieux vault le peu parfaitement sçavoir
> Et l'accomplir, que le trop entreprendre.
> Ce peu d'escrit vous plaise donc apprendre,
> Lequel contient saincte admonition ;
> S'il est petit, mieux le pourrez comprendre
> Et le reveoir de bonne affection.　　　　　Ap. B.

191. Holtzwart (*Mathias*). Emblematum tyrocinia : siue picta poesis latinogermanica. *Strassburg, Bernhard Jobin*, 1581 ; in-8, figure, mar. rouge, tr. dor. (*Trautz-Bauzonnet*.) . . . . 90—»

Bel exemplaire d'un livre rare et curieux. Toutes les pages sont encadrées d'une élégante bordure. — L'ouvrage est précédé d'une dissertation, en allemand, sur l'origine, l'usage et l'utilité des emblèmes. Holtzwart a dédié ce volume à Frédéric, comte de Wirtemberg et de Montbéliard, et il a posé en regard de la dédicace, les armoiries de ce prince entourées de figures allégoriques. Ce texte consiste en vers latins et en vers allemands, qui accompagnent soixante et onze emblèmes gravés sur bois, et parfaitement exécutés. Quelques-unes de ces figures sont singulières. Nous citerons l'Avare, qui ronge un os décharné, quoiqu'il ait à sa disposition des mets succulents ; le Prodigue, qui porte dans l'écusson de ses armes, un jeu de cartes, un violon et trois dés ; l'écu a pour cimier un casque, ayant une nappe pour lambrequin, et surmonté d'une hure de sanglier posée sur un plat ; la Résurrection de la chair, représentée sous la forme d'une énorme grenouille, qui sort au printemps des profondeurs du marais où elle avoit dormi pendant l'hiver. Enfin dans l'emblème intitulé *Quatuor affectus hominis*, on voit une cruche et une cornemuse anthropomorphes qui rappellent les compositions de Gavarni.

Holtzwart étoit un bon poëte latin. Voici les vers qui accompagnent l'embleme, ayant pour titre *Unusquisque errore suo dicitur*, et représentant deux hommes à queue de serpent :

> Heu quam multiplici variantur tempora casu!
> 　Quam res rara virum nunc reperire bonum!
> Namque quis est ; seu sit dives, seu pauper inopsque,
> 　Qui proprium officium, sicut oportet, obit?
> Livor iners omnes et stulta protervia vexat,
> 　Caudam serpentis condere nemo potest.

Nous ne parlerons pas des vers allemands, et pour cause.

Ce volume contient une seconde partie également latino-germanique. Elle est intitulée : *Eikones cum brevissimis descriptionibus duodecim primorum primaria-*

rumque, quos scire licet, veteris Germaniæ heroum. C'est un recueil de quatorze belles gravures, plus grandes que les *Emblèmes.* La première représente l'Allemagne *Domitriæ gentium.* Suivent les portraits des douze héros de la Germanie, depuis Tuiscon, contemporain de la tour de Babel, jusqu'à Charlemagne. L'auteur a reproduit dans ces portraits les costumes de divers peuples de l'ancienne Allemagne. La dernière gravure est une allégorie qui a pour devise *Virtus Germanica.*

Ap. B.

192. LA JESSÉE (DE). La philosophie morale et ciuile : première edition. *Paris, Federic Morel,* 1595 ; in-8, mar. bleu, fil. tr. dor. *(Capé.)* . . . . 48—»

Bel exemplaire, à toutes marges, d'un livre rare et non cité. Jean de la Jessée, ou de la Gessée, naquit vers 1551, à Mauvoisin dans l'Armagnac. Il fut secrétaire de la chambre du duc d'Alençon, et il composa un grand nombre d'ouvrages tant en prose qu'en vers françois ou latins, Le P. Niceron dit que la Jessée « perdit le duc d'Alençon en 1584, et que depuis ce temps-là on n'entend plus parler de lui, peut-être parce qu'il ne lui survécut pas beaucoup. » La dernière pièce qu'il cite, d'après La Croix du Maine et Du Verdier, est intitulée : *Larmes et Regrets sur la maladie et trespas de M. de France, fils et frere de Roy.* Paris, 1584.

La *Philosophie morale et civile* prouve que la Jessée vivoit encore en 1595 ; et à cette époque, il n'avoit que quarante-quatre ans. Cette œuvre poétique est dédiée à Renauld de Beaune, archevêque de Bourges et grand aumônier de France. Dans cette dédicace, l'auteur se plaint d'une édition subreptice des *premières œuvres de sa jeunesse, qui furent pieçà divulguees en Flandres ;* c'est l'édition in-4, publiée à Anvers par Chr. Plantin, en 1583.

Notre volume se compose de deux parties, contenant chacune cent et un quatrains moraux, que les flatteurs comparoient à ceux de Pibrac. Voici quatre vers laudatifs imprimés sur le verso du titre et signés *Ph. d'Angennes, sieur du Fargis :*

> Ces beaus quatrains, de poésie dorée,
> Servent aux mœurs et d'âme et d'ornement.
> Ceus de Pibrac, sont prisez justement :
> L'air de ces vers, rend ta muse adorée.

La Jessée n'étoit pas gascon à demi. Il dit, en parlant de ses quatrains : « J'en composay gaillardement à un jour, le nombre de cinquante-deux. Excusable, mais excessivement bouillante humeur de mon génie ! » Son génie ne l'a pas toujours bien inspiré, et il auroit dû moins se fier à sa *bouillante humeur.* Au surplus, nous nous rappelons qu'il a écrit quelque part qu'il avoit fait en six jours vingt-huit feuillets in-8° d'épigrammes latines. Malgré cette dangereuse facilité, les vers de la Jessée ne sont pas plus mauvais que ceux de plusieurs poëtes du seizième siècle. On peut en juger par ces deux quatrains :

> O monde immonde, où l'or est le sauveur
> Des plus meschantz ! L'or abat la simplesse.
> L'or donne tout, amour, beauté, noblesse :
> Et si des Roys peut donner la faveur.

> Quand l'envieus s'ingère de saper
> L'honneur d'autruy, que d'abattre il essaye :
> C'est un mastin qui les vertus abaye,
> Ne pouvant mordre, il ose bien japer.

Ap. B.

193. La Maniere de faire testament salutaire. *Cy finist la maniere de faire testament. Imprimé le xiiij de apuril mil ccccc. xlij. (à Lyon), par Oliuier Arnoullet;* in-16 de 32 feuillets, goth., br. . . . .   30—»

Opuscule singulier, inconnu aux bibliographes. Malheureusement, cet exemplaire est incomplet du huitième feuillet; mais ce feuillet ne contenoit que des réflexions ascétiques selon un article dont le commencement et la fin sont conservés; et cette lacune ne nuit point à l'intelligence du texte. Le recto du premier feuillet, où se trouve ordinairement le titre, est entièrement occupé par une aigle impériale, éployée et couronnée.

L'auteur distingue deux sortes de testaments : le commun et le spirituel. Le testament commun est divisé en six points, savoir: la recommandation de l'âme à Dieu, le choix du lieu de la sépulture, la disposition des biens temporels, l'injonction de payer les dettes et d'opérer les restitutions, la nomination des exécuteurs testamentaires. Il recommande de ne pas attendre au dernier moment pour faire son testament, car alors on ne dispose pas toujours de ses biens selon sa volonté. « Les héritiers et parents font écrire au notaire ce que le malade n'entend point, et s'il dit *non*, ils disent au notaire : Ecrivez, il a dit *oui*. » Chacun des six points ci-dessus indiqués sont longuement paraphrasés et appuyés d'exemples assez curieux. Le testament spirituel consiste à se bien préparer à mourir; et il ne faut pas remettre toujours au lendemain à faire pénitence. « Combien vont à perdition par telle dilation! Combien qui proposent se amender, toutes fois ils n'en font rien, mais disent *cras, cras*, comme le corbin, et néantmoins ce *cras* ne vient point, et cependant la mort vient qui dépesche le corbin avec son *cras*. » Ceci est évidemment la traduction de la gravure symbolique des *heures* de Geoffroy Tory (1524), qui représente la Mort foulant aux pieds les hommes qu'elle vient de tuer, et un corbeau, perché sur un arbre, qui s'égosille à crier *cras! cras!* L'auteur dit plus loin : « C'est folle espérance de mal vivre et néantmoins cuyder bien mourir. C'est comme qui vouldroit avoir le corps d'un loup et la queue d'une brebis. » Enfin, voici la comparaison que lui inspire le *Memento mori :* « La recordation (de la mort) sert pour résister aux temptations et les chasser; et ainsi que la queue sert aux bestes pour se deffendre contre les mouches, aussi la mort qui est la queue et la fin de la vie, quand elle est bien considérée, sert beaucoup à chasser les mouches de temptation. Il faut donc remuer ceste queue par bonne recordation, et facilement on chassera les temptations. » Les renseignements que nous avons sur l'auteur se réduisent à cette phrase : « Lequel (livre) j'ay faict en langue maternel (*sic*) pour l'amour de ma sœur Renée et aultres personnes dévotes qui n'entendent point latin. »

Ce petit volume appartient également à la jurisprudence et à la théologie ascétique. Il renferme des conseils pour rédiger un testament en bonne forme, et des règles pour bien se préparer à mourir. Mais, comme l'auteur adresse son opuscule aux personnes dévotes, on doit le classer auprès de l'*Ars bene moriendi* et des autres ouvrages sur le même sujet, par Érasme, Chertablon, etc.   Ap. B.

DE LA PROSE FRANÇOISE

ET DE DIDEROT.

Parce que M. Jourdain a fait pendant quarante ans de
la prose sans le savoir, il y a des gens qui s'imaginent que,
pour écrire de la prose, il ne faut que la capacité de M. Jourdain, plus ou moins développée.

Vous en trouverez qui ne pardonnent pas à je ne sais
quel homme d'esprit d'avoir dit d'une tirade poétique : « Cela
est beau comme de la prose ; » et si cet homme a dit une
chose fort sensée en sa vie, c'est peut-être celle-là.

« Comment, monsieur ! et la mesure du vers et l'harmonie de la cadence, et la souplesse de l'hémistiche, et la riche
redondance de la rime, et la pompeuse périodicité de la
phrase ?... »

J'en conviens, monsieur ; mais l'art de se passer de tout
cela, d'être poëte à propos avec le rhythme méconnu de la
prose, de savoir saisir la pensée, de l'amener toute vivante
au jour, sans artifice, sans parure, sans ressorts matériels et
mécaniques, de la faire palpiter devant vous dans sa nudité
naïve, de se jouer avec elle des conventions serviles de votre
grammaire et de votre rhétorique, c'est quelque chose
aussi !

La prose est dans l'institution du langage ce qu'est le peuple dans celle de la société, tout, parce qu'elle en est l'élément essentiel ; rien, parce qu'elle n'en est pas l'expression
symétrique, le simulacre orné. La poésie a les honneurs du
patriciat. Quand elle dégénère, elle en a la nullité.

L'usage a donné chez nous à la prose une épithète qui se
sépare peu de son nom : la *vile prose*. En françois, le mot
prosateur est nouveau, et se prend à peine en bonne part.
Les Latins n'en avoient point pour désigner l'homme qui

écrit en prose. C'est par exception seulement qu'ils lui ac-
cordoient ces qualités véhémentes qui remuent la multitude.
Eloquentia prosæ passa pour une hardiesse dans *Velleius
Paterculus*.

Cependant on convient que.la prose de Montaigne est
plus vive, plus nerveuse, plus riche d'expressions énergiques
et de tours hardis que la meilleure versification gnomique.
On se souvient plus volontiers d'une de ses périodes que
des vers étranglés de Publius Syrus et du sage Pibrac.

On convient que la prose d'Amyot est plus large, plus
abondante, plus fluide; on convient que la prose de Rabelais a une allure plus dégagée et plus originale, une prise
plus âpre et plus mordante que la versification des meilleurs
poëtes de leur temps.

Nous avions au dix-septième siècle, dans Pascal, dans La
Bruyère, dans Molière surtout, cette prose coupée, mobile,
incisive, inépuisable en mouvements, en formes et en couleurs, qui n'a rien à envier à la poésie de ses surprises et de
ses séductions, et qui la surpasse par l'élan et par la sou-
daineté.

Nous avions cette prose pompeuse, et noble, et sonore,
qui dérobe le mètre et l'harmonie au vers. Elle marche, elle
court, elle vole; elle se répand mollement comme un fleuve
entre ses rives; elle tombe comme un torrent du haut de ses
cataractes; elle a des mélodies pour la joie et pour les larmes; elle est tendre comme le bruit des flûtes dans les con-
certs de Calypso, majestueuse comme les paroles de Moïse
sur les hauteurs du Sinaï; elle exprime à son gré jusqu'aux
« derniers accents d'une voix qui tombe et d'une ardeur qui
s'éteint. »

Au dix-huitième siècle se préparoit une révolution immense dans la société; il arriva ce qui arrive toujours, une
révolution immense dans le langage. L'habitude des impressions transmises, que les générations traduisent avec plus
ou moins de pureté, les unes pour les autres, abâtardit la
poésie, dont elle prodiguoit inconsidérément les richesses

inutiles. L'acquisition des idées nouvelles que le développement des études philosophiques faisoit surgir de toutes parts émancipa la prose. La poésie conserva son vêtement, comme ces cadavres des souverains de l'Égypte qu'on apportoit à la fin des festins, dans leurs habits royaux ; pour être rois encore, il ne leur manquoit qu'une âme. La puissance de la pensée passa dans la prose, comme toutes les puissances d'action avoient passé dans le peuple. On s'aperçut alors que ce qui restoit de la poésie antique étoit un rhythme et que ce qui s'annonçoit de la prose nouvelle étoit une langue.

Cette transition n'a pas été promulguée en rhétorique ; mais elle est patente et sensible. On a pu la connoître au moins par ses effets. La poésie, avide de la pensée qui lui échappoit, cherche depuis quelque temps à se donner la vérité, le nerf et l'indépendance de la prose. La prose, assurée de sa destinée, mais ambitieuse comme toutes les dominations qui commencent, usurpe de jour en jour jusqu'aux ornements factices de la poésie. Poussez l'esprit de cette conquête ou de cet envahissement réciproque à sa dernière expression, Villemain et Ballanche deviendront métriques, et Victor Hugo ne le sera plus. Nous sommes donc arrivés à une époque de lutte, dans les formes extérieures de nos perceptions comme dans leurs applications les plus sérieuses à la théorie des gouvernements et au bonheur du genre humain. Cet état de confusion orageuse n'aura qu'un temps. Les eaux se retireront comme après le déluge ; les arts de l'imagination rentreront dans leur lit naturel ; les sciences sociales reprendront leur pente accoutumée ; on ne retrouvera pas tout, mais on aura peu perdu. Pour ne parler ici que littérature, c'en est fait sans doute du poeme didactique et de la prose d'épopée. Il n'y a pas grand mal à cela.

Ce n'est pas louer médiocrement, selon moi, les hommes supérieurs du temps qui court, que de dire qu'ils n'ont pas un style fixé, mais qu'ils le font. Nous vivons, tous tant que nous sommes, dans des jours d'adolescence nouvelle.

Nos prédécesseurs les plus immédiats ont été très-impar-
faits et ce n'est pas leur faute, car leur imperfection relative
résultoit de la nature même des choses. Après la trivialité
de la révolution, qui fut obligée de se faire peuple pour être
une puissance, le pédantisme classique de l'ancien régime et
puis la fatuité solennelle d'un langage déclamatoire tout badi-
geonné d'images et tout boursouflé de mots, de la dialectique
à faire honte, et de l'éloquence à faire pitié. Le génie de la parole traversa l'Assemblée constituante et la Convention avec
la rapidité d'un éclair. Il y brilla comme ces feux météoriques
qu'on voit étinceler au haut des mâts dans un vaisseau tourmenté par la tempête. Quand le danger est passé on ne se souvient que de l'orage. Foy, Benjamin Constant et quelques
autres ont admirablement manié la prose oratoire. Ils ne le
céderoient peut-être en rien à Vergniaud, si on les avoit vus à
sa place, au milieu de cette polémique à coups de proscrip-
tion, qui avoit pour *ultima ratio* le suicide ou la guillotine.
Ce n'étoit pas Phocion alors qui tenoit la hache des discours
de Démosthène, c'étoit le bourreau. L'époque actuelle est
déshéritée des principaux éléments de l'éloquence; elle
manque de passions nobles et de vrais malheurs. Dans les
formes d'un gouvernement représentatif sagement pondéré,
la discussion de la tribune ne s'élèveroit guère au-dessus de
la discussion du barreau : car elle ne vivroit, comme l'autre,
que de questions de fait et de légalité. Pour que ces fer-
ments de la pensée qui font l'homme éloquent se retrouvent,
il faut que nos sottes dissensions intérieures aient amené
Philippe à nos portes. *Deus omen avertat!*

Je reviens à la prose du dix-huitième siècle. Il y eut, en
ce temps-là, un président à mortier au parlement de Bordeaux qui s'avisa qu'on pouvoit porter dans le développement des questions les plus intimes de l'organisation sociale,
cet atticisme élégant et pur que Pascal avoit dépensé sur de
vaines subtilités scolastiques. Ce fut une idée ingénieuse,
mais que les moyens d'exécution devoient trahir à tout moment; c'étoit la faute de la langue, et non pas la sienne; la

parole manquoit à sa conception, comme aux ouvriers de
la tour de Babel, sinon cette fois par confusion, au moins
par impropriété. Imaginez-vous un architecte qui s'est proposé d'ériger un monument austère à la raison, et qui ne
trouve sous sa main que des pierres taillées pour le temple
des Grâces. Crébillon fils n'auroit pas été plus complétement
déçu, si son imagination frivole avoit été assez tendre et
assez puissante un jour pour s'élever jusqu'au roman passionné. Montesquieu pénétroit dans une mine de diamants,
mais on n'avoit point trouvé jusqu'à lui d'instrument pour
les creuser. Il fallut bien qu'il se contentât de les polir, et de
les faire chatoyer au regard de mille reflets merveilleux. Il
réussit au point de créer un genre qu'on pourroit appeler le
sublime de l'esprit : c'est Machiavel éblouissant; c'est Fontenelle profond. Ce n'est ni le Montesquieu, ni le style que
nous auroit donné un âge plus avancé de l'intelligence et du
langage.

Buffon étoit mieux servi par son sujet. Tout le monde
concevoit en France que la langue de l'histoire naturelle
étoit une langue neuve; et l'étrangeté même des nomencla-
tures lui prêtoit un attrait de jeunesse contre lequel le pu-
risme ne pouvoit protester sans ridicule. Malheureusement
pour son talent, Buffon qui jouissoit plus que personne du
naïf et du simple, et qui cite souvent avec une admiration
sincère l'excellent françois de Belon et de Dupinet, n'imagi-
noit pas que la langue écrite pût se passer de la coquetterie
et de la pompe qui s'étoient introduites alors dans la haute
société, et le goût corrompu du monde au milieu duquel il
vivoit, ne l'affermissoit que trop dans cette erreur si fatale à
son génie. Nous savons par la correspondance, par les mémoires, par les traditions de ces lettrés de l'OEil-de-Bœuf,
plus multipliés de son temps que du nôtre, qu'on lui par-
donnoit à peine le langage familier dans la vie familière, et
qu'on lui reprochoit d'exprimer comme le peuple, quand il
y étoit entraîné par le mouvement de la conversation, un de
ces sentiments universels que les grands éprouvent en com-

mun avec le peuple. Aussi n'avois-je pas besoin d'apprendre
de ses contemporains qu'il écrivoit en habit de cour : je
l'aurois deviné. Son style ne sent pas l'huile comme celui
d'Isocrate, mais la bougie parfumée des odeurs les plus exquises. On voit bien qu'il n'est pas allé chercher ses descriptions éloquentes au pied du volcan avec Pline, ou sous l'arbre
des Pamplemousses avec Bernardin de Saint-Pierre ; mais
dans une serre et une ménagerie attenantes au château. Je
n'ai jamais achevé la lecture d'une de ses belles pages sans
être tenté de m'écrier, comme Mme de Genlis à Montbard :
Admirable, monsieur le comte !

Ce n'est ni dans l'*Esprit des lois*, ni dans l'*Histoire naturelle* qu'il faut chercher les caractères les plus intimes de
la prose, la simplicité, le naturel, la souplesse et le mouvement. Ce n'étoit pas encore de la prose plébéienne, de la
prose construite et accentuée comme elle convenoit à un peuple nouveau qui aspiroit impatiemment à toutes les con-
quêtes de la vérité ; c'étoit de la prose en hermine, de la
prose à talons rouges, la dernière et magnifique expression
d'une civilisation complète en élégance, mais délabrée, dé-
crépite et mourante. La providence des langues venoit heureusement de susciter alors, dans un atelier d'horlogerie,
un de ces prodigieux génies qui inventent l'art de la parole
quand il est à faire, qui le renouvellent quand il en est temps
pour d'autres intérêts sociaux et pour une forme imprévue
d'institutions. Cet instinct d'avenir qui se révéloit à Rousseau
fut servi plus heureusement encore par le hasard de son éducation spontanée et par le choix fortuit de ses lectures. Né
au milieu de la seule république moderne où le peuple eût
conservé quelque part active aux affaires de l'État, et qui
rappelât quelquefois dans ses agitations la vitalité orageuse
des démocraties anciennes, une rencontre inappréciable de
circonstances lui fit découvrir tout à la fois, dans le *Plutarque* d'Amyot, les éléments d'une politique morale et civile,
dont il lui étoit réservé de devenir le plus sublime interprète,
et les tours d'un parler âpre et naïf, élastique et malléable,

qui avoit échappé peu à peu, à travers les révolutions du langage, au besoin de la pensée. Avec quelle autorité il s'en saisit! je n'ai pas besoin de le dire ; on crut entendre encore une voix qui retentissoit dans le chaos, commandant à la lumière d'être, et la lumière fut.

Comme le génie de Rousseau étoit éminemment propre à s'exercer sur des abstractions, son langage contracta d'abord quelque chose de l'idéalité de sa pensée, et, jusque dans son expression la plus individuelle, il manqua, si on peut s'exprimer ainsi, de corps et de réalité. Pour trouver cette harmonie de l'homme et de l'écrivain qui fait le mérite des livres, il faut arriver aux *Confessions*, où la parole reflète partout avec la vivacité d'un miroir des impressions que tout le monde peut apprécier, parce que tout le monde les a plus ou moins ressenties. Propriété, simplicité, grâce, vigueur, éloquence, enthousiasme, il n'y a pas une qualité du style dont les *Confessions* n'offrent des exemples, dans leur tissu d'ailleurs trop lâche et trop inégal. L'*Héloïse*, si vantée, est bien loin d'avoir ce charme qui n'appartient qu'à des écrits vivants de personnalité, d'émotions propres et actuelles, et dans lesquels se réunissent les deux principes essentiels de toute création, la matière et le mouvement ; c'est que les personnages de l'*Héloïse* ne sont pas des portraits peints sur place, c'est que les passions de l'*Héloïse* ne sont pas des troubles de l'âme pris sur le fait : ce sont les inventions d'un homme vivement et admirablement organisé, mais qui n'a touché par aucun point aux choses du monde positif et qui s'est bâti le roman d'une vie factice dans l'inexpérience de la solitude. Si vous retirez de là Claire d'Orbe, dont le type est très-naïvement tracé, parce qu'il est commun et vrai, je vous défie de m'indiquer un acteur de ce drame de convention dont l'attitude et le costume n'accusent le mannequin. Je ne sais pas ce que les femmes pensent de Saint-Preux, et elles sont bien libres d'en penser tout ce qu'elles voudront ; mais je n'ai jamais connu d'homme qui eût voulu de Julie pour maîtresse. Julie n'est qu'un portrait

de fantaisie, un poncis composé de traits sans harmonie, pris
à droite et à gauche, depuis la chambre à coucher de Mme de
Warens jusqu'au comptoir de Mme Bazile, comme ce prétendu
chef-d'œuvre de Praxitèle, où toutes les beautés de la Grèce
avoient fourni un détail à l'ensemble de la statue de Vénus,
et qui n'auroit paru qu'un monstre aux yeux du génie de la
nature. Voyez la Charlotte de Werther! voilà une femme
qui est une femme, qui sera toujours une femme, qui est
formée, à la manière d'Ève, de la chair et des os de l'humanité! Il est arrivé du plan de Rousseau ce qui arrivera
toujours en pareil cas : c'est qu'une composition fausse a en-
gendré un style faux, dont les séductions ne sont pas une
excuse. Il ne se retrouvera pas plus dans l'expression d'une
pensée de femme, ce style bigarré de philosophie, d'amour
et de mysticité, ce langage métis de Ninon de Lenclos, de
la Religieuse portugaise, et de Mme Guyon, qu'une Julie
dans les castels du pays de Vaud, et que des bosquets éroti-
ques sur les coteaux de Clarens.

Il vint un autre homme alors. Celui-ci étoit le fils d'un
coutelier. Dans les lettres comme dans les institutions, c'est
le peuple qui renouvelle tout, parce qu'il ne vieillit pas.

Toutefois, ce n'est pas l'auteur qui se fait remarquer dans
celui-ci, comme dans Montesquieu, dans Buffon, dans Rousseau. Jamais homme ne fut moins l'homme d'un livre, et ne
s'appliqua moins à en faire. Sa vaste coopération à l'*Encyclopédie* prouve qu'il savoit à peu près tout ce qu'on pouvoit savoir de la science de son époque; mais quelle époque
et quelle science! Il a devancé de bien loin le sentiment du
goût et des arts de son temps dans ses *Lettres sur le salon*,
mais qu'étoit-ce alors, grand Dieu, que le goût, les arts et
le salon! Il a jeté sans doute un regard profond dans les
théories philosophiques, parce que c'est y voir très-avant
que d'arriver à reconnoître qu'on n'y voit rien du tout;
parce qu'il y a dans la négation absolue une sorte de puissance téméraire qui stimule l'esprit, et qui révèle au moins à
la raison la plénitude de ses droits à tout discuter; mais

quelle philosophie que la philosophie du dix-huitième siècle! La parole de Diderot est comme un éclair entre les
ténèbres d'une civilisation qui finit, et les ténèbres d'une
civilisation qui commence. Elle ressemble à ce rêve de Jean-
Paul, où l'esprit de vérité descend sur l'autel pour annoncer
aux vivants et aux morts qu'il n'y a rien derrière le voile du
sanctuaire ; ses idées tombent éparses, disséminées, confuses,
sur des pages qui n'ont rien de simultané que l'aspect matériel et la date de l'impression. Ce sont d'autres feuilles de
la Sibylle, qui ne sont ni moins vagues, ni moins obscures,
ni moins rebutantes à l'analyse ; mais qui se recrutent comme
elles d'une inspiration tumultueuse et désordonnée, de la
frénésie du génie et de la solennité du trépied. Ce qu'il y a
de magnifique dans la lave du Vésuve taillée en tablettes,
en ustensiles, en ornements, c'est le poli du lapidaire et le
travail de l'ouvrier ; ce qu'il y a de merveilleux dans le style
de Diderot, c'est moins la matière que la forme, la valeur
des pièces que leur agencement, l'entente et l'harmonie du
sujet que le savoir-faire de l'exécution. Quel style que celui-
là ! un style spontané comme l'imagination, indépendant et
infini comme l'âme, un style qui vit de lui-même et où la
pensée s'est incarnée dans le verbe. C'est tout ce qui reste
d'une société prête à finir ; mais c'est encore son génie : c'est
le cygne qui chante à sa mort, c'est le phénix qui s'allume
un tombeau régénérateur. Donnez tout ce que vous voudrez
à l'écrivain, le *lituus* de l'augure, la houlette du pasteur, le
thyrse de la bacchante, et ne craignez pas de le trouver en
défaut. Il a pour toutes vos affections des accents qui émeu-
vent ; il a pour toute votre destination à venir une voix qui
transporte. A l'instant même où il infirmera vos croyances
les plus sublimes, il y aura en lui je ne sais quel dieu qui les
révèle. Et ce n'est ni à l'arrangement des phrases, ni au
choix des mots, ni à la combinaison de quelques sons flatteurs qu'il devra son autorité ; c'est à un principe d'existence
qui lui est propre, et qui, presque à son insu, anime et
vivifie sa parole. Il ne repousse rien, il ne dédaigne rien dans

les rebuts de vos timides vocabulaires; il revêt le mot avec
une confiance assurée, sans s'informer de son origine et de
son prix, comme le vagabond des rives de la Brenta ou des
campagnes de Rome, qui se drape fièrement de ses haillons
et dont la prestance, l'attitude et le regard annoncent encore
le roi du monde.

Ne me demandez pas où il faut chercher cette propriété
spéciale du style de Diderot. Ce n'est ni là, ni là; c'est partout. Trop exigeant qui en demanderoit un livre; trop sévère qui lui arracheroit une page. Il est trop vrai que ce qui
domine dans ses compositions, et je n'en recommande aucune en particulier sous le rapport de la composition, c'est
le cynisme d'une époque effrontée, où tout le monde s'em-
pressoit à démolir la société pièce à pièce, pour faire je ne
sais quoi de ses débris. Il a subi cette influence de son temps;
il y a concouru, il lui a prêté une autorité immense, il a eu
tort selon la raison et la morale. La question n'est pas là.
D'une médaille spinthrienne de Lysippe, on pourroit en
admirer le coin; d'une gravure sotadique de Marc-Antoine,
on peut en admirer le burin. Tout ce que j'ose me permettre d'admirer en Diderot, c'est le coin de Lysippe et
le burin de Marc-Antoine. Quant à ce travers même des
sociétés en désuétude, on se persuaderoit mal à propos
qu'il a sa racine dans une perversité propre à l'esprit et
au cœur d'une génération corrompue et qui se manifeste à
son jour comme une maladie honteuse de l'âme; c'est le
symptôme infaillible de l'émancipation de la parole chez
un peuple fatigué d'une longue contrainte, et qui se prend
à ce qui cède, en attendant l'occasion de s'attaquer à ce
qui résiste. Du moment où le despotisme a peur pour lui,
on sait qu'il fait bon marché des mœurs. Ainsi la licence
effrénée du langage n'a jamais été poussée plus loin que
sous les gouvernements absolus, qui ont eu de bonnes raisons pour se croire précaires. Son apogée s'est manifestée
sous ces premiers empereurs de Rome, qui luttoient encore
contre les souvenirs d'une république, et sous ces derniers

rois de France, qui luttoient déjà contre une république en
projet. C'est une grande sympathie de position qui a produit *le Festin de Trimalcion* et *les Bijoux indiscrets*. On
abandonnoit volontiers à Diderot comme à Pétrone ce qui
n'intéressoit que la pudeur publique et le culte des vertus
sociales, par lesquelles tout se conserve : une ligue hardie
contre le pouvoir menoit le premier à la Bastille ; une conspiration équivoque réduisoit l'autre à se donner la mort.
S'ils n'avoient jamais menacé que les bases de la morale
éternelle, celui-ci auroit conservé son rang à la cour, celui-
là auroit pris sa place à l'Académie : sotte et avare prévision de la tyrannie, qui achète quelques jours de jouissance
passagère au prix de la destinée des peuples, et qui met
pour régner l'avenir du monde en viager ! Ces déplorables
aberrations de l'esprit, dont le titre seul est un outrage à
l'innocence, on les nommera, si l'on veut, les pustules de la
littérature ; c'étoient aussi, selon l'expression de Mirabeau,
les pustules de la liberté ; et son nom ne vous rappelle-t-il
pas que *le Libertin de qualité* a souillé la plume éloquente
qui traça l'*Essai sur le despotisme?* Ce qu'il y a de remarquable, c'est que la religion condescendoit elle-même avec
une rare souplesse aux honteuses transactions du pouvoir
temporel. On toléroit dans un cardinal l'apologie des plus
infâmes voluptés ; on punissoit de mort, dans un séculier,
la discussion de quelque point insignifiant de scolastique.
Tout étoit bon, pourvu qu'on n'attaquât ni Aristote, ni Ptolémée, ni la suprématie de Rome, ni les tarifs simoniaques
et sacriléges de sa chancellerie. L'odieux Arétin plioit sous
le poids des colliers d'or que lui décernoient les rois, et le
clergé livroit Dolet à la corde et au bûcher.

Pour juger, par quelques exemples vifs et saisissants, de
la puissance du style de Diderot, il faut le prendre dans une
de ces compositions extemporaines, dans une de ces inspirations subites, où sa plume se jouoit avec liberté, comme
pour se délasser des obligations que lui imposoient la modi-
cité de sa fortune et la tyrannie des libraires. Je n'en citerai

que deux sur vingt. Lisez cet admirable conte : *Jusqu'à quel*
point il est permis de s'élever au-dessus de l'opinion, et
soumettez-le, je vous prie, à toutes les exigences de la logique, à tous les scrupules de l'analyse, dans toute l'entente
du plan et l'exécution des détails. Comme tableau, Hems-
kerke n'a rien de plus naïf, Gérard Dow n'a rien de plus
fini, Greuze n'a rien de plus tendre. C'est une scène de
famille vue à travers la vitre et dont nous nous souvenons
comme d'une veillée passée sous notre propre toit, quand
nous étions enfants, à la lueur des lampes qui baissent et
des tisons qui noircissent. C'est une simplicité de narration,
c'est une vérité de dialogue, c'est une intelligence du drame,
dans les entrées, dans les sorties, dans la mise en scène;
c'est une vie dans le portrait, dont on n'a pas approché d'ailleurs entre Molière et Walter Scott. Vous sortez de cette
lecture comme d'un cercle familier, où votre âme, excitée
par des affections soudaines, amusée par des distractions
pleines de grâce, suspendue aux plus hautes discussions de
la morale, remuée par les plus brillantes séductions de l'esprit, a contracté, sans le savoir, une parenté de sentiments
qui ne s'aliénera jamais. Si vous passiez à Langres maintenant, vous payeriez, j'en suis sûr, au poids de l'or la vue
du fauteuil de ce vieux sage, Socrate d'un autre Platon ! Il
y avoit là une petite sœur de Diderot, qui ne paroît que
deux fois pour relever l'oreiller de son père, qui n'est nommée que deux fois, qui ne dit rien, et qui ne doit rien dire
dans une discussion trop élevée pour son âge, et souvent
trop inintelligible pour sa candeur. Vous demanderez Sœur-
rette, et on ne vous répondra pas ; car de toute la famille
des Diderot on ne se rappelle que l'abbé, qui mourut fort
riche, et qui a laissé une belle maison près de l'église. Mais
si vous êtes homme, vous vous souvenez de Sœurette, et si
vous êtes peintre ou poëte, elle vit.

Lisez l'histoire de *Félix et Olivier, les deux amis de*
Bourbonne. Nulle part l'âme de Diderot ne s'est épanchée
avec plus d'abandon ; nulle part son style n'a déployé une

flexibilité plus complète et une variété plus mobile. Ce n'est, si vous voulez, que le caprice d'un harmoniste, l'arpégement d'une main exercée, la riche gamme d'un chromatiste au doigté facile ; ce n'est que le clavecin oculaire du père Castel, avec toutes ses couleurs, dans toutes leurs nuances et dans toutes leurs dégradations ; ce n'est ni Raphaël ni Mozart : c'est une harpe éolienne, c'est un prisme. Le fond du sujet est une de ces anecdotes qui occupent six lignes dans le *Journal de Paris*, et dont on oublie le commencement en lisant la fin. Ici, modifié par autant de manières de sentir, par autant de préjugés d'éducation, par autant de convenances d'État, par autant de formes de style que le développement du récit a pu fournir d'interlocuteurs et de correspondants, tous différents d'impressions et d'expressions, son récit paroît à vos yeux vif, rapide, éblouissant, comme ces mosaïques de soie bigarrée que les opticiens de la foire font rouler devant un flambeau. Cette comparaison n'est point infidèle à ma pensée. Ce qui m'accable dans le style de Diderot, je le répète, ce n'est pas le canevas, c'est la broderie ; ce n'est pas la substance, c'est la figure ; ce n'est pas la réalité, c'est le prestige. Quand Diderot est arrivé, l'idée vivoit ; elle étoit nubile, saine et forte ; elle avoit toutes les conditions d'une longue et puissante existence. En désespoir de création, il s'est saisi de la parole, il l'a pétrie, il l'a modelée, il a soufflé dessus, il lui a donné une âme.

On annonce aujourd'hui la publication de je ne sais combien de manuscrits inédits de Diderot. Certaines personnes sans doute feront plus de cas de cette nouvelle que de la découverte d'une mine de diamants, dont on parlera davantage. Les diamants sont si utiles ! Le peuple le plus éclairé d'ailleurs n'a pas de règles positives pour apprécier les mots ; il ne les essaye pas à l'émeri ; il ne les pèse pas au carat ; il s'en rapporte aux conclusions de son journal, au jugement de son Athénée ; et s'il plaît à un cuistre d'imprimer quelque part officiellement, de par la police ou de par l'uni-

italiens, protecteurs de Rabelais, qui, sans aucun doute, apprécioient parfaitement son œuvre. D'accord sur les bases de la religion, les membres de cette société pouvoient différer sur les avantages de l'immense développement qu'avoit pris l'autorité des papes. L'aversion de Rabelais pour les moines, les sorbonistes et les décrétales, représentoit donc l'opinion d'une partie de ses confrères. Quant au but de l'écrivain, c'est de propager la doctrine qui pouvoit seule, à ses yeux, produire une amélioration véritable; c'est de montrer que l'expérience et le raisonnement ne peuvent nous suffire, et que la foi et l'inspiration sont nécessaires, même pour les choses temporelles, et pour la conduite ordinaire de la vie. Le Pantagruel a pour objet le développement de ce principe, et l'indication voilée du moyen le plus efficace de parvenir à la certitude. Ce moyen, c'est l'usage du *pantagruelion*, clairement et obscurément préconisé dans les derniers chapitres du livre III (1), où est glorifiée la plante inappréciable qui nous donne le haschich : sans parler des mystères qui terminent le cinquième livre, et de mille passages étranges, qui s'expliquent facilement à ce point de vue, et se confirment les uns les autres.— Sauf une modification dans le caractère de Panurge, la plus grande unité règne dans ce merveilleux poëme; et les moyens que l'auteur emploie répondent admirablement à son but. Ceux qui blessent les oreilles pudiques et les goûts délicats, éloignent les esprits timides ou superficiels, et forcent les intrépides, *légers au pourchas et hardis à la rencontre*, à chercher la cause d'une grossièreté de langage évidemment systématique. En attirant et repoussant le lecteur avec une extrême énergie,

(1) Lisez-les, chers Dipsodes, et pour vous convaincre de la puissance divine de ce lin sacré de Carpasie, faites-en l'épreuve. Elle ne vous coûtera pas un millième de centime; et, si vous persévérez, ce fil d'Ariane peut vous conduire à la vraie lumière, à la possession du mot *panomphee*, qui dissipera tous vos doutes. Buvez à la source magique, buvez frais ; et fuyez ce royaume d'utopie dont on a pris les folles chimères pour la vraie pensée de l'auteur. *In vino veritas*. Trinquons. Vive le vin myrionyme! *Io pean! Evohe! Evohe! Io evohé!*

l'*Abstracteur de quintessence* (1) suit la méthode exotérique
léguée par les mystères de l'antiquité à ceux du moyen âge,
méthode qu'il a poussée aussi loin que possible, comme son
confrère Nostradamus. Ils ont voulu tous deux être cho-
quants, et l'être d'autant plus en apparence, qu'ils seroient
au fond plus admirables.

Je pourrois changer ces paradoxes en vérités démontrées ;
mais l'analyse détaillée du chef-d'œuvre d'*Alc-ofry-bas*
m'entraînerait beaucoup trop loin. Je citerai seulement
quelques passages qui m'ont conduit à l'examiner sous un
nouveau point de vue, et à découvrir que l'auteur a, sur les
points fondamentaux, les mêmes idées que Nostradamus, et
ne pouvoit, en conséquence, se ranger parmi ses ennemis.

Livre III, chap. xxi : « J'ai souvent ouï dire que tout
homme vieil, décrépit et près de sa fin, facilement divine
des cas advenir.... Je ne vous alléguerai exemples antiques
de Isaac, de Jacob...., et aultres : seulement vous veulx ra-
mentevoir le docte et preux chevalier Guillaume du Bellay,
seigneur jadis de Langey, lequel au mont de Tarare mourut, le dixiesme de janvier, l'an de son age le climactère, et
de notre supputation l'an 1543, en compte romanique. Les
trois et quatre heures avant son décès il employa en paroles
vigoureuses, en sens tranquille et serein, nous prédisant ce
que depuis part avons vu, part attendons advenir. Combien
que pour lors nous semblassent ces prophéties aulcunement
abhorrentes et estranges, par ne nous apparoistre cause, ne
signe aulcun présent, prognostique de ce qu'il prédisoit. »

Ce n'est pas tout : dans le quatrième livre, qui parut en
1552, Rabelais revient deux fois sur le même sujet. D'abord,
chapitre xxvi, après avoir dit que, durant leur séjour en ce
monde, les grandes âmes sont une source de biens pour ce
qui les entoure, et que leur départ amène des troubles dans
la nature, et des changements dans les religions et les em-

(1) Les anciens entendoient par quinte essence la substance éthérée, qu'ils
regardoient comme un cinquième élément beaucoup plus subtil que l'air, et
dont se composoit l'âme de tous les êtres, notamment celle de l'homme.

. naguère vu l'expérience au
.er Guillaume du Bellay : le-
..e felicité que tout le monde
. monde s'y rallioit, **tout le**
. .n après son trépas, elle a été
. bien longuement. »

.vii : Les cieux je pour déclairer la
.sre dignes de la présence, compa-
. .sgnes ames, l'estonnent et espou-
. .tentes, monstres, et aultres précé-
. .atre tout ordre de nature. Ce que
. avant le département de celle tant
. .toïque ame du docte et preux cheva-
. .l vous avez parlé. — Il m'en soubvient,
. .ores me frissonne et tremble le cœur
. .quand je pense és prodiges tant divers et
. .s vismes apertement cinq et six jours avant
.node que les seigneurs d'Assier, Chemant,
. .. Sanct Ayl, Villeneuve la Guyart, maistre
. .in de Savillan, Rabelais, Cohuau, Massuau,
. .sou, Cereu dit Bourguemaistre, François
. .e, Charles Girard, Francois Bourré, et tant
. .s, domestiques et serviteurs du defunct, **touts**
. .gardoient les uns les aultres en silence, sans mot
. .sache, mais bien touts pensants et prevoyants en
. .sadements que de brief seroit France privée d'un
. .ast et nécessaire chevalier a sa gloire et protection,
. .s cieulx le repetoient comme a eulx deu par pro-
. .saturelle. »

. .ne dira pas que ce sont là des contes. Rabelais n'e-
. pas homme a plaisanter sur la mort de son bienfai-
. ., et le frère du defunt, le cardinal Jean du Bellay, con-
. .ssout trop bien les vrais sentiments de son *medecin*
. .aire, pour qu'il eut ose les dementir en un sujet si
Rabelais croyoit donc sincèrement que les mou-
.uvent prophetiser, et que l'avenir est annoncé par

des prodiges. Mais sa croyance alloit plus loin, comme le
prouvent ces paroles de Pantagruel, qui fût *l'exemplaire*
de toute joyeuse perfection. On délibère si l'on abordera
dans l'île de Ganabin, pleine de larrons qui sonnent le toc-
sin horrifique. « Je sens, dit Pantagruel, en mon âme
rétraction urgente, comme si fut une voix de loin ouïe,
laquelle me dit que n'y devons descendre. Toutes et
quantes fois qu'en mon esprit j'ai tel mouvement senti, je
me suis trouvé en heur, refusant et laissant la part (*l'endroit*)
dont il me retiroit : au contraire en heur pareil me suis
trouvé, suivant la part qu'il me poussoit ; et jamais ne m'en
repentis. — C'est, dit Épistemon, comme le démon de Socrate, tant célébré entre les académiques. »

Pantagruel est donc inspiré comme Socrate. C'est sa religion et sa moralité qui l'ont conduit à ce degré de lumière.
Panurge, au contraire, dépourvu de ces qualités, a besoin
de recourir au moyen par excellence, pour acquérir la confiance intime, qui est le premier besoin de l'homme, et
que tout l'esprit et l'érudition du monde ne peuvent lui
donner.

GASSENDI.—Pour un champion du sensualisme comme
Gassendi, rien n'est plus odieux qu'un soi-disant inspiré,
dont les ennemis eux-mêmes ne pouvant nier la clairvoyance,
l'attribuent à une cause surnaturelle. Professeur de philosophie à Aix un demi-siècle seulement après la mort de
l'imposteur, il seroit donc naturel qu'il eût voulu recueillir
tous les témoignages dignes de confiance, pour réfuter l'opinion du professeur Fontaine et les traditions du pays. On
concevroit aussi qu'il eût gardé le silence sur Nostradamus.
Mais il est singulier que s'étant décidé à le combattre, il
l'ait fait comme pour augmenter sa gloire, par la maladresse
et l'avortement de son attaque. En voici les preuves.

Dans le *Syntagma philosophicum*, résumé posthume de
ses opinions, après avoir cité quelques fausses prédictions
astrologiques, il dit : « Facturus videor operæ pretium, si
heic, veritatis amore, non dissimulem quod de Michaële

Nostradamo comprovinciali meo dicendum occurrit. Nam *de famosis* quidem *Tetrastichorum Centuriis alius est nobis dicendi locus*. Attexo solum specimen ejus, qua utebatur, astrologiæ, juxta quam *si falsa prædixit, par est omnino credere donatum alioquin non fuisse speciali afflatu aut genio, quo a falsorum eventuum prædictione averteretur.* »

Il raconte ensuite que Jean-Baptiste Suffren, juge à Salon, lui a montré l'horoscope de son père, de la main de Nostradamus, où ne se trouvent pas les planètes, mais seulement les signes, disposés en maisons à la manière des Chaldéens; le soleil, placé à trente minutes du second degré du Taureau; et la lune, au sixième du Bélier, sans indication de minutes. Quant aux prédictions, assez nombreuses, pas une seule ne s'accomplit, et il arriva même le contraire. Les règles de l'art n'ayant pas été bien suivies, ce résultat n'intéresse que la prescience de Nostradamus. Il s'ensuit qu'elle n'étoit pas infaillible, s'il a fait l'horoscope sérieusement. Mais en conclure, comme Gassendi, qu'il n'étoit pas doué d'une inspiration spéciale qui le détournât de prédire faux, c'est aller trop loin; c'est un sophisme grossier, qui ne fait pas honneur à un professeur de logique. En effet, l'astrologie, pas plus que le hasard, ne pouvant faire prévoir une certaine réunion de particularités biographiques, la justesse d'un seul horoscope entre mille prouve qu'en le traçant l'auteur avoit le don de prophétie. Mais, au contraire, la fausseté d'une prédiction de ce genre ne prouve nullement qu'on n'ait pas habituellement ce don.

Gassendi raconte lui-même, dans sa *Vie de Peiresc*, que celui-ci rêva qu'un orfèvre lui offroit à Nîmes, pour quatre écus, une pièce d'or de Jules César qu'il désiroit depuis longtemps; et que, passant le lendemain par cette ville, un orfèvre, qu'il rencontra, lui offrit en effet cette médaille, et lui en demanda le même prix. L'accomplissement d'une partie de ce rêve auroit pu être un effet du hasard, dit-il; mais sa complète réalisation est une chose merveilleuse.

Gassendi auroit bien dû nous apprendre ce que nous de-

vous penser de l'horoscope de Charles-Emmanuel, duc de
Savoie. Ce document existe probablement encore, et il faut
espérer qu'on le publiera. En attendant, voici quelques
renseignements à ce sujet. Samuel Guichenon, dans son
Histoire généalogique de la royale maison de Savoie, rapporte que, pendant la grossesse de son épouse, le duc
Emmanuel-Philibert, désirant savoir si elle accoucheroit
d'un fils, envoya Philibert Maréchal, seigneur de Mont-
Symon en Bresse, chercher à Salon Nostradamus, qui se
rendit à Nice, visita la duchesse en qualité de médecin, et
dit que l'enfant s'appelleroit Charles et seroit un jour le plus
grand capitaine de son siècle. Plus tard, l'horoscope du jeune
prince lui réussit mieux que celui de Suffren, si nous devons
en croire le passage suivant d'une lettre de Leboursier, publiée par M. Jules Baux parmi les pièces justificatives de
son *Histoire de la réunion à la France des provinces de
Bresse, Bugey et Gex* (Bourg en Bresse, 1852). « Ce grand
esprit prophétique de Nostradamus, de sa propre main,
donna lumière au monde d'une si grande naissance par un
oroscope profétique, rédigé de sa propre main, où l'on peut
encore voir aujourd'hui les raretés de ce grand personnage
de Nostradamus, et les actions signalées de la vie de ce
prince dans le même oroscope. » De Haitze ajoute que,
selon cette nativité, le prince devoit être blessé grièvement
une certaine année, mais qu'il ne mourroit que lorsqu'un 9
viendroit devant un 7 ; prédictions qui se vérifièrent ainsi :
Charles-Emmanuel, causant un jour d'astrologie avec le
comte de Carignan, se souvint que c'étoit justement l'année
où Nostradamus le menaçoit d'une blessure dangereuse, et
voulant prouver au comte, en lui montrant l'horoscope,
que ce n'étoit pas une plaisanterie, il fit tomber, dans son
empressement, la table sur laquelle il s'appuyoit, et se fit à
la jambe une plaie considérable, dont il fut longtemps incommodé. Dès ce moment, plein de confiance dans la prédiction relative à sa fin, il se figura qu'il atteindroit sa
97ᵉ année ; mais il mourut à l'âge de 69 ans, et l'on recon-

nut alors que le 7 venant après un 9, étoit celui de 76.
J'ignore où de Haitze a puisé ces détails; mais il ne les a pas
inventés, car il est de bonne foi, et le commencement de
son récit est calqué sur Guichenon.

Revenons à Gassendi. Voyons comment il va tenir sa
promesse de traiter la question des Centuries. C'est dans sa
troisième partie, dans la Morale, qu'il examine ce qu'il faut
penser de la divination, ou du pressentiment des choses
futures accidentelles. Ayant démontré dans sa Physique la
vanité de l'astrologie, il en infère que la fausseté des autres
sortes de divination artificielle n'a besoin d'aucune preuve.
D'ailleurs tous les faits cités en leur faveur sont des contes ;
et comme la raison, même dans la situation de Panurge,
nous suffit parfaitement, l'argument tiré de la Providence
tombe de lui-même. D'autre part, les inspirations ou prédictions attribuées à des génies sont des fables, et celui de
Socrate n'est qu'un artifice ingénieux de ce moraliste pour
accréditer ses principes salutaires. On parle d'une faculté divinatrice de notre âme. Mais d'où l'auroit-elle? Faisons-nous
partie d'une âme universelle qui, sachant tout ce qui est,
puisse en déduire tout ce qui sera? Pas le moins du monde.
Nous ne pouvons donc connoître les choses futures ni par
une excitation volontaire, ni en songe, ni par l'effet d'un
état morbide. Si quelques prédictions de ce genre se sont
réalisées, c'est un pur effet du hasard. Quant à prédire par
la connoissance des causes et par leur enchaînement, « *id
soli Deo*, qui condidit disposuitque omnia, concedendum
est. » Enfin il attribue les oracles de l'antiquité, non, comme
une partie des anciens philosophes, à l'esprit divin qui
anime toutes choses; ni, comme saint Augustin, aux démons
ou génies aériens; mais, comme Eusèbe, uniquement à la
fourberie des prêtres. Il finit ensuite brusquement, sans dire
un mot des Centuries.

Quelle peut être la cause de ce silence? Rien n'étoit plus
facile que de tourner les quatrains en ridicule, puisqu'ils paroissent tellement inintelligibles, ou susceptibles d'applications

arbitraires, que le goût du merveilleux ne sauroit en expliquer suffisamment le succès, et qu'on ne peut le concevoir
que par la réputation de l'auteur, fondée sur des faits de
clairvoyance habituels, dont chacun pouvoit se convaincre
en le visitant. La critique des Centuries, ne résolvant pas la
question, eût donc fait peu d'honneur à Gassendi; et d'ailleurs elle eût blessé quelques-uns de ses amis, partisans de
Nostradamus. Le docteur Fontaine n'étoit pas le seul
homme digne de foi qui eût raconté aux contemporains de
Gassendi ce qu'il avoit vu et entendu; ni Wendelin le seul
homme instruit qui eût ajouté foi aux contemporains du
prophète. Ainsi, d'après une lettre de César Nostradamus,
à son neveu de Séva, datée du 20 mars 1629, qui se trouve
à la Bibliothèque impériale, dans le quatrième volume de la
correspondance de Peiresc, ce grand zélateur des lettres et
des sciences vouloit *hautement célébrer* Michel dans son
Histoire des hommes illustres; et nous allons voir ce que
pensoit du prophète un autre ami du philosophe.

Telle est, à mes yeux, la cause du silence de Gassendi :
et comme il n'ignoroit pas que Nostradamus attribuoit sa
haute clairvoyance à l'inspiration divine, qu'il se croyoit
une aptitude héréditaire à connoître l'avenir, et que *Soli
Deo* étoit la devise de sa race, je regarde ce mot, placé dans
l'unique phrase qui laisse une porte ouverte à la prophétie,
comme l'expression voilée d'une concession faite à quelques
personnes, ou de quelque doute sur le fond de la question,
et sur l'arrêt définitif de la postérité.

NAUDÉ. — Dans son *Apologie pour tous les grands personnages qui ont été faussement soupçonnés de magie,* Gabriel
Naudé représente Nostradamus comme un ignorant et un
charlatan, qu'il ne cite que pour rehausser, par son indignité,
le mérite des hommes illustres dont il plaide la cause. A son
avis, « les Centuries sont tellement ambiguës, et si diverses,
obscures et énigmatiques, que ce n'est point de merveille, si
parmi le nombre de mille quatrains, chacun desquels parle
toujours de cinq à six choses différentes, et surtout de celles

qui arrivent le plus ordinairement, on rencontre quelquefois un hémistiche qui fera mention d'une ville prise en
France, ou de la mort d'un grand en Italie, d'une peste en
Espagne, d'un monstre, d'un embrasement, d'une victoire,
ou de quelque chose semblable, comme si tous ces événements étoient extraordinaires, et que s'ils ne se rencontrent
dans un temps, ils ne pussent pas arriver en un autre. Ces
prophéties ne ressemblent à rien mieux qu'à ce soulier de
Théramènes qui se chaussoit indifféremment par toutes sortes
de personnes, ou à cette mesure lesbienne qui étoit de
plomb, afin qu'elle pût s'appliquer également sur les figures
caves, obliques, rondes et cylindriques, toute l'industrie de
cet auteur n'ayant butté à autre dessein qu'à ne leur donner un sens clair et intelligible, afin que la postérité y en
pût trouver un tel qu'il lui plairoit. »—« Toutesfois, comme
il est vrai qu'il n'y a pas une cause si désespérée, laquelle ne
puisse enfin rencontrer quelque avocat qui la défende, aussi
faut-il avouer qu'il y a beaucoup de cerveaux creux, et
propres à recevoir toutes sortes de rêveries sans caution,
qui ne manquent jamais d'avoir ces Centuries dedans leurs
poches, et de les idolâtrer ne plus ne moins que les huma-
nistes font Pétrone, et les politiques Corneille Tacite, leur
attribuant plus de vérité qu'à l'Évangile, et la faisant paroître sur tous les événements qui arrivent de jour à autre,
tant particuliers qu'ils puissent être, et de petite ou nulle
conséquence.... Combien qu'il soit grandement controversé
parmi les fauteurs et partisans de la vérité d'icelles par quel
moyen leur autheur s'est pu acquérir une si certaine connoissance des choses futures, les uns soutenant que ç'a été
par la pratique de l'astrologie judiciaire, les autres qu'elle lui
a été révélée par l'assistance de quelque démon familier ; et
les derniers, qu'il ne s'est servi que de la seule puissance
que notre âme a de prédire les choses futures lorsqu'elle se
retire du gouvernement du corps.... » Naudé prouve ensuite que ni l'astrologie, ni les démons ne peuvent donner
la prescience des actions dépendantes de la volonté, et

que, relativement au pouvoir de prédire qui se manifeste-
roit chez quelques personnes, « il faut véritablement reconnoître que l'humeur mélancolique peut bien par ses qualités
nous rendre plus capables et plus habiles aux sciences, plus
prompts à la recherche des causes, plus persévérants à contempler et méditer profondément sur un sujet; qu'elle peut
donner quelque mouvement à l'âme, par lequel elle pénètre
plus tôt la raison de ce qu'elle recherche ; mais il faut nier
absolument qu'elle lui puisse donner cette divination naturelle de laquelle elle n'a en soi ni la cause, ni les principes
et commencements : aussi n'est-il point croyable que les
vieillards aient aucun pouvoir de prédire plus que les autres,
si ce n'est par révélation, comme Jacob, ou le pape Pie V,
et l'archevêque Angelo Catto, qui surent par révélation, le
premier la nouvelle de la bataille de Lépanthe, gagnée par
les chrétiens, et l'autre celle de la mort du duc de Bourgogne, qu'il annonça au roi Louis XI, à la même heure
qu'elle étoit arrivée. »

Naudé n'avoit pas vingt-cinq ans lorsqu'il écrivoit ainsi.
Il étoit déjà plein d'érudition, mais ses idées n'étoient pas
mûres. Elles avoient bien changé, lorsqu'il publia, vingt-
quatre ans plus tard, son *Jugement de tout ce qui a été imprimé contre le cardinal Mazarin depuis le sixième janvier
jusques à la déclaration du premier avril* 1649; car on y
trouve ce passage : « S (*Saint-Ange*, *libraire*). N'est-ce
pas chose étrange que Nostradamus ait prédit la mort de ce
pauvre prince (*Charles I*ᵉʳ, *roi d'Angleterre*), par ce vers
que j'ai lu assurément dans quelqu'une de ses Centuries :
Sénat de Londre à mort son roi mettra. — M. (*Mascurat,
imprimeur*). Il est encore plus étonnant qu'il ait marqué celle
du Prince Préfet, ou si tu veux, de l'aîné des Barberins,
qui mourut ici l'année passée, par cet autre : *A Ponterosse
chef Barberin mourra.* — S. Ces deux expériences-là, quand
il n'y en auroit jamais eu d'autres, peuvent établir la vérité
de l'astrologie judiciaire contre tous ceux qui la méprisent
comme vaine et ridicule. — M. Nous voilà bien appointés

contraires, puisque je tiens pour certain que telles et semblables expériences sont capables de la détruire entièrement : car la connoissance de ces deux effets si bien circonstanciés ne pouvant venir des astres, il faut qu'elle vienne de quelque autre cause, et de celle-là principalement à laquelle Naudé, en son *Judicium de Cardano*, prouve fort bien que l'on doit rapporter toutes les sortes de divinations. »

C'est dans un volume intitulé *Hieronymi Cardani Mediolanensis de propria vita liber*.... Parisiis, 1643, in-8, que se trouve le *Naudæi de Cardano judicium*. L'auteur y affirme que si Cardan, qui a rencontré juste dans la plupart de ses horoscopes, s'est trompé dans quelques autres, c'est parce que la merveilleuse puissance intérieure qui est la source de la divination, du génie et des grandes actions, l'entraînoit spécialement à pénétrer les secrets de toutes les sciences ; et que c'est là ce qui l'empêchoit d'égaler, comme devin, ceux dont la force intime ne tend qu'à la connoissance de l'avenir, tels que Merlin, Lolhard, Joachim, Savonarole et Nostradamus, ou ces vieillards décrépits, ces vieilles femmes qui radotent et s'enivrent, et ces hommes complétement illettrés qui, chez tous les peuples, annoncent les choses futures avec une justesse qui eût honoré le trépied d'Apollon, et qui n'est point due aux procédés ridicules de l'art divinatoire, mais à la puissance de l'âme (1).

Revenons à l'examen des œuvres du prophète.

EXHORTATION AUX BONNES ÉTUDES. — On diroit que, non content des violentes attaques dirigées contre lui, Nostra-

---

(1) Voici le passage le plus important : « Quoniam vis illa mentis anomala, excedens, rara, quæ factis in homine se prodit magnis et admirandis, eo tantum impulit Cardanum, ut scientiarum omnium secreta penetraret, eaque majori felicitate, acriori judicio, præstantiori modo quam quivis alius unquam fecit explicaret, eam ob rem non potuit ille, juxta cum aliis, qui solas tantum ab illo mentis impetu rerum futurarum præsentiones recipiunt, de morte filii sui, aut Aimari Ranconeti, aliorumve, quemadmodum forsan Nostradamus fecisset, pronuntiare. *Nostradamum autem dico, quia nobis exemplo est, astrologos, quum aliquid certi proferunt, id non artis suæ beneficio consecutos fuisse ; sed illius humoris orgasmo, quem ipsemet Nostradamus divinum appellat, et sibi potissimum faventem fuisse testatur.* »

damus a voulu justifier l'application que le Monstre d'abus
lui avoit faite d'*Unus erit omnibus fabula*, en publiant l'ouvrage que nous allons examiner, tant le style en est absurde
en apparence, et souvent même en réalité. Supposant qu'il
avoit traduit cet opuscule de Galien, qui me sembloit de
peu de valeur, afin que l'on pût trouver le secret de sa
langue en comparant le françois avec l'original, c'est-à-dire
avec la traduction d'Érasme, comme l'indique la préface, je
copiai ce livre d'un bout à l'autre, à la bibliothèque Mazarine,
la seule où je l'aie rencontré, afin de l'étudier à mon loisir.
Mais je ne vis dans cette traduction, souvent presque inintelligible, même avec le secours du latin, qu'une suite d'of-
fenses à la grammaire et au sens commun, de contre-sens
faits à plaisir, et d'omissions qui brisent le fil de la pensée,
dans le but évident de révolter le lecteur et de se faire passer pour un fou : le tout précédé de quatre pièces originales
non moins étranges, et qui méritent d'être conservées,
comme uniques peut-être dans l'histoire littéraire de tous les
peuples. Mon désappointement fut tel, que je passai trois
ans sans continuer mes recherches. Je me trompois encore; car je reconnus ensuite que ce livre contenoit réellement le secret de l'auteur, et complétoit les preuves qu'on
en trouve dans tous ses écrits, si l'on est enfin sur la voie.
Les morceaux préliminaires et les premières pages de la
traduction, que nous allons donner avec l'analyse et quelques fragments du reste, seront en conséquence une des
principales bases de notre jugement sur ce mystérieux
écrivain.

*Paraphrase de C. Galen sus l'exortation de Menodote,
aux estudes des bonnes Artz, mesmement Medicine.* Traduict
de Latin en Francoys, par Michel Nostradamus. A Lyon,
chés Antoine du Rosne. 1557 (in-8 de 69 pages, avec cinq
gravures dans le texte et une au frontispice).

De l'estatue de Galen, traduict du grec.

HUICTAIN.

Le temps estoit quant la terre engendra,
L'homme mortel, par sa science infuse :
Quand l'art iactrice Barbare parfondra,
Le grand Galen qui lors estoit confuse.
Terre, immortelz nourrissoit, quand diffuse
Estoit sa fame, et la porte damnable :
D'enfer vuydee, par art des mains qu'il vse,
Par sa doctrine iactrice tant loüable.

A TRES HAUT, tres illustre, tres magnanime, et tres heroïque seigneur monseigneur le Baron de la Garde, Cheualier de l'ordre du Roy, admiral des mers de Leuant, Michel de Nostredame son tres humble et obeissant seruiteur, baisant la main dextre de son trident, ennoye salut et felicité.

Du premier temps que les lettres commencerent de pulluler, ò tres illustre et tres heroïque seigneur, fut vne coustume, et despuis par plusieurs siecles passez est venu en tel supreme degré de augmentation, et despuis obseruee : que ceulx qui par moyen de leurs continuelles vigiles, venoyent mettre en lumiere quelque cas nouueau comprins par le labeur des lettres, qui fut digne d'estre leu : ou bien aussi si quelqu'un par moyen de son industrie venoit à susciter quelque œuure par plusieurs siecles ia passez par l'iniure du temps estaincte, ou presque du tout suffoquee, ilz venoyent longuement à premediter à qui premierement on viendroit à consacrer leurs œuures : tellement qu'ils venoyent à choisir le personnaige et leur desdier, qui en peussent faire ample iugement, ou bien à leurs plus proches amys le consacrer, que tous aussi fussent vnanimes à le deffendre de la calomnie des enuieux, et aussi que par le point principal, par l'esplendeur et renommee de leur nom, donnassent à l'œuure et au faict suscité plus grand credit et reputation, et que par meilleur droit et digne raison puisse

estre soustenue et viuifié : car il n'y a celui qui tant soit he-
beté de sens, qu'il ne confesse que le nom d'immortalité et
de loüange sempiternelle, ne doiue estre conseruee au Seigneur et patron, à qui le monument de l'œure (pour exigüe qu'elle soit) a esté consacré, s'il estoit requis, oultre
l'enuie de conferer les tres grands faictz aux tres infimes.
Valere le Grand a consacré son œuure, non moins admirable que memorable, à Tiberius Cæsar, qui succeda apres
Auguste, et Plinius voulut consacrer ses diuines œuures à
Vaspasien empereur, et Martial à Domitian, puis à Nerua
et innumerables aultres, et si oserois testifier, qu'il n'est
possible qu'on puisse desnier, que les susdictz empereurs
ne soient estés beaucoup plus celebres, par moyen de la renommee de ceulx qui ont consacrez telles œuures à leurs
magestez, et si ne pouuons bonnement sçauoir s'il est possible : assauoir mon, si l'on peult donner plus grande cele-
brité de nom, plus grand honneur, plus grande gloire, ne
faire cas plus digne de grande excelence que celle qui se
vient proclamer par l'estude de bonnes lettres ou par les
liures. Combien que si petit opuscule ne requiert si grand,
encores ie ne doubte point que en ce monde ou tous
sommes relegués, se puisse trouuer rien qui soit plus digne
ne plus precieulx que les bonnes lettres, et aussi le bien,
l'honneur et la gloire que par moyen des disciplines
l'homme vient attaindre et poursuiure, rien ne peult estre
plus noble par l'uniuers, ne plus honneste, que quant tout
est conclud, il n'y a rien en ce monde qui doiue ne aussi
se puisse preferer à l'immortalité, que aux vaillants et sta-
mittes capitaines, tant au faict terrestre que maritime est
preparé, que reuoluant longuement vostre digne excellence
combien par moyen de vostre trident auez conserué, non
tant seulement l'uniuerselle classe gauloise : mais aussi
combien vous est redeuable la bone maritime des mers de
leuant, que les habitantz d'iceulx sont estez des rauisseurs
Barbares pirattes deliurez et soustenuz, s'il est requis, ô illustre Seigneur, hors toute assolution adulatrice, combien

de foys auez esté enuoyé par les tres chrestiens Roys de
France, en ambassade deuers le grand monarque, qui
obtient l'empire par la pluspart de l'Europe, par toute
l Asie, et l'Affrique tellement que vostre legation a esté de
si felice et heureuse prosperité, que non tant seulement
d'homme viuant en l'vniuers, ne aussi de plusieurs siecles
passez, n'a escheu à homme viuant d'auoir conduict si
inuumerable armee de mer, sortie des plus·profondes sta-
tions, tant d'Affrique que de l'Asie, voler aux pacifiques
undes de la mer Mediterranee, et aussi plusieurs et semblables prouesses accomplies par vostre magnanimité, et
non moins auez estendu vostre immortelle renommee par
vostre tremebonde trident aux Orientales mers : mais auez
faict trembler les habitans des vagues du grand Ocean : tant
que la renommee en est iusques aux cieulx, que si aux opinions du vieillart Taciturne de l'isle de Samos, prenons signe
de foy, auez suscité l'ame iadis du grand Neptune, de qui
de droict, o tres heroïque Seigneur, les armes vous appartiennent : et tiens par une assurance que ce a esté vostre
excelence, qui a paracheué la prophetie de l'escript de la
Sibille, qui n'a guieres a esté trouué es plus profondz abismes
de l'Occident, proche des colonnes d'Hercules.

> Voluentur saxa litteris et ordine rectis,
> Cum videas Occidens et Orientis opes :
> Ganges indus, tagus, erit mutabile visu,
> Merces commutabit suas vterque sibi.

Doncques, ò heroïque Seigneur, estant certioré de vostre
erudition nauale, foy, probité, et valeureuse magnitude, ay
librement prins ceste temeraire audace, vous offrir ce petit
opuscule de C. Galen, ia longtemps traduict en langue françoise, intitulé le Paraphrase de C. Galen de Pergame, sus l'oraison de Menodote, aussi autheur grec, qu'il a faict et composé
aux estudes des bonnes Artz mesmement Medicine : et combien que soit exigüe, mais presque ayant une officine de Vul-
can, remplie de tout genre d'artifice, œuure presque dissem-

blable aux immesurees labeurs de l'autheur, et entremeslee
de plusieurs histoires anticques, et apophthegmes, auecques
plusieurs vers, tant heroïques que tragiques. Ay voulu choisir cestuy icy, et ne dis les causes par quoy, la est comprins
une certaine description de la fortune occasionaire, autrement et au vray descripte que n'est par les escripuains du
siecle passé, mesmes de ceulx qui premierement ont inuenté
la description d'icelle, que plusieurs se pourront speculer
dedans, comme au parfaict miroër d'experience : auecques la
description de l'histoire du grand Milo crotoniales que onques
ne se trouua homme plus robuste que luy, que ainsi qu'on lict,
il empognoit une pomme grande en sa main, et ne troua
iamais homme en son temps qui la lui sceut arracher des
mains, et nonobstant les violantes faictes pour l'ouuerture,
la pomme estoit encores toute saine et entiere : apres en
Olympe de pyse il porta sur son doz un toreau tout vif,
par le long de l'estade, qui sont la longueur de six cents
piedz d'Hercules d'une seule haleine, puis le deschargeant
luy donna un coup de poing entre les deux cornes qu'il le
tua, et guieres ne tarda qu'il ne l'eust deuoré : mais vrayment apres auoir racompté les vaillances de ce geant durant
son principal soleil leuant, certainement proche de son
midy, sa fin fut bien miserable, que apres avoir fendu par
la violence de ses mains, mesprisant le iouuenceau qui
auecques de coingz venoit à diuiser l'arbre, lui mesmes en
feit de diuises pars, et sa premiere force estant eruptie à la
premiere diuision du tronc, volut de rechef emploier ses
forces, mais elles estoient ia peries, et se trouua si fort en-
serré dedans l'union arboree, qu'il ne les peult rauoir, et la
estant sans les pouuoir arracher, luy mesmes fut faict proye
aux loups, qui celle nuict pendant que soleil s'absconsoit
miserablement fina ses iours : et plusieurs autres graues et
prodigieuses sentences, que vostre digne excelence en pourra
donner ample iugement : et ne y aura deffault nullement,
que seront quelques vns, à qui possible ne pourroit nullement imiter la moindre partie de la translation, qui voul-

dront calomnier quelque mot, que possible leur semblera
aliené à leurs oreilles : mais l'œuure a esté translatee, selon
les exemplaires pour lors que par moy ont esté trouuez,
que m'a esté possible de recourer iouxte ma faculté, et
quant aux nombres qui ont esté tornez des poëtes Grecz,
ce ne a point esté sans les deux exemplaires Grecz et Latins,
et à un d'eulx auons mys nostre surnom, aux lettres supe-
rieures. Vous plaira doncques, ò tres illustre, tres heroïque
et tres vertueux Seigneur, prendre en gré ce petit et exigüe
liuret, par moy traduict, petit et exigüe vrayment : priant
à la magnitude et excelence de vostre cesuree liberalité,
qui vous fera congnoistre la plus que obeissante seruitude
que continuellement vous porte, et portera à vostre tremebonde trident, le plus humble et obeissant de voz seruiteurs, toute sa vie. — De Salon ce 17 de feurier 1557 (58).

Contre les ineptes translateurs.

A monseigneur le commandeur de Beynes.

DIXAIN.

Qui tournés locques, lafnide, et camisynes,
Le François n'ayme les noms tant pontilheux :
Changeant la langue par telles voix mastines,
Non vsitees par chemin patilheux.
Vous rauasses en vous termes poilheux,
Laissés cela venés à la fontaine :
Suiués le droict sentier, et voye plaine,
Que Galen puisse s'entendre en nostre langue,
Nous n'ensuyuons que la commune veyne,
Qu'auons changé par une Attique harangue.

Censura ad lectorem.

Ne putes, amice Lector, hanc Galeni orationem æditam
temere : scito, cum iam composuissem, antequam æderem
me censores huic opusculo adhibuisse, Manardum, et
Ioannem guilielmos, Antonium torquatum, non minus philosophia et eloquio, quam genere gallos : Antonium lau-

rentium, Rolandum berengarimo, Pychmachelum, et Honoratum castelanum viros latinæ linguæ peritissimos, usum præterea acerrimo Francisci valerrollæ doctissimi atque humanissimi viri iudicio : vsum quoque consilio Ioannis Nostradami fratris viri clarissimi.

M. Nostradamus.

Le baron de la Garde fut sans doute ravi d'entendre un si beau langage, de voir baiser la main de son trident, et d'avoir suscité l'âme du grand Neptune. Le commandeur ne le fut pas moins de sa délicieuse épigramme contre ceux qui tournent locques, lafnide et camisynes. Mais tous deux, alléchés par le certificat latin, s'empressèrent, n'en doutons pas, de savourer le principal chef-d'œuvre. Imitons-les : oublions un moment les beaux vers de la sibylle ; laissons là les noms pontilleux, les termes poileux et les voix mastines des traducteurs ineptes : allons à la fontaine ; écoutons cette harangue attique, approuvée par tant de juges éminents.

C. Galen de Pergame, apres Hippocrates des Medicins obtenant le principat exortation, aux bonnes Artz mesmement Medicine.

Assauoir mon les Animaulx que communement sont appellez bestes brutes, il ne nous appert pas assés qu'elles soyent expertes totalement de raison : car par aduenture elles n'ont pas toutes fois aussi celle raison, laquelle s'entend entre nous commune selon la voix, que l'on nomme enonciatiue. Certainement excepté celle que soy prend selon l'ame, laquelle lon nomme raison capable aux affections : elles ont auecques noms tout commun, nonobstant que les unes plus les autres moins. Mais certes il appert estre trop clair : l'homme en ceste partie anteceler beaucoup plus tous les autres animaulx, ou bien de luy, ou pour le regard de la grande et incomprehensible multitude des Artz, que l'homme cestuy animal s'essaye d'apprendre. Car le seul

homme est capable de science, et l'art laquelle que ce soit
parfaictement la vient entendre (1). Car certainement tous
les aultres animaulx, presque la plus grande part sont
ignares aux artz : sinon que tu en vueilles excepter quelques vns. Et si art aucune est en eulx, sont plus tost surue-
nues par nature que par institution. En apres il n'est art
aucune aux animaulx, que l'homme ne vienne à mediter.
Et quoy l'homme n'a il pas immité les yragnes en l'art de
la tissure? et de former en terre (en l'ar que se nomme
Plastique) n'a il pas imité l'homme les mouches à miel? et
encores qu'il soit animal terrestre, il n'est pas pourtant
ignorant à nouër. Et n'est pas destitué des diuines Artz,
venant à imiter l'art de Medicine de Aesculapius et Apollo.
En apres aussi semblablement toutes les autres Artz que a
Apollo, c'est à sçauoir tirer à l'arc, chanter, diminuer, et
quant à ce à une chascune des Muses à peculiere. Ny aussi
n'est point ignare en la geometrie ne en l'astronomie (2) :
mais bien vient à contempler, comme dict Pyndarus, les
choses qui sont soubz la terre : et celles qui sont dessus les
cieulx. En apres l'industrie l'orne du plus grand bien sur
tous, c'est à sçauoir, la philosophie. Doncques pour ces
choses icy (nonobstant que à tous les autres animaulx la
raison n'y est pas deffaillante) toutes fois l'homme seul est
appellé raisonnable, pour ce qu'il vient à preferer en pre-
.excellence tous les autres (*quod omnibus antecellat*). As-

(1) Nous donnerons en note ou entre parenthèses les parties de la version
d'Erasme dont la traduction françoise diffère le plus. Voici le commencement :
— Galeni paraphrastæ Menodoti exhortatio ad artium liberalium studia. — An
animantia quæ dicuntur bruta, prorsus expertia sint rationis, nondum satis liquet.
Fortassis enim tametsi non habent eam rationem, quæ juxta vocem intelligitur
nobiscum communem, quam vocant enunciativam, certe eam quæ secundum
animam accipitur quam rationem appellant affectuum capacem, habent nobiscum
communem omnia, licet alia magis alia minus. Perspicuum sane est hominem
hac parte longe cæteris animantibus antecellere, vel ex illo, quod cernimus
quanta sit artium multitudo, q'as hoc animal tentat discere, vel ex hoc quod
solus homo scientiæ capax, quamcunque velit artem percipit.

(2) Jam nec a divinis artibus destituitur, imitans et Æsculapii, quæ eadem est
Apollinis, medicam artem, ac cæteras item omnes quas habet Apollo, jaculandi,
canendi, divinandi : ad hæc quam una quæque musarum habet peculiarem, nec
geometriæ, nec astronomiæ expers

sauoir mon donques, si ce n'est bien infame (*An non igitur turpissimum est*) cela qui nous est commun auecque les dieux mespriser les autres choses, tenir en soigneuse estude : et les Art mesprisees, nous mesmes commettre à fortune : de laquelle l'improbité, les anciens la nous voulant mettre au deuant de nos ieulx, premierement par painctures, en apres par statues la nous repi esentant, ce ne leur estoit pas assez de luy donner forme de femme, toutesfois que c'estoit un assez grand signe de folie : mais ils lui donnarent entre les mains un matz de nauire (*clauum*), et luy mirent soubz les piedz un fondement ayant la figure de sphere : et en apres la vont priuer de ses ieulx, declairant merueilleuse-ment bien par ceste façon son inconstance (*nimirum his omnibus declarantes illius inconstantiam*). Doncques tout ainsi comme au nauire vehementement agité par maritime tempeste, tant que la nauire soit en grand danger, et à celle fin que par orages et fluctuations brifée au profond, ne soit submergee, meschantement feroit qui viendroit commettre le matz au gouuerneur aueuglé. Ie viens à opiner semblable à la vie humaine, que en plusieurs maisons ilz se font beaucoup de plus grans naufrages, que ne prouiennent des scaphes en la mer, ne iugeroit pas droictement, qui soy mesmes en tant de negoces, et partout et de tous costez estans et fermes, se viendroit à commettre à la deesse aueuglee, ne guaires aussi stabile : car elle est tant stupide et tant folle et dehors de sens, que souuentes fois les gens de bien delaissez, desquels il estoit necessaire en auoir raison, vient à locupleter les indignes : mais elle ne faict pas cela constantement, mais affin qu'elle en apres vienne a oster, ce qu'elle auoit donné de pareille temerité. En apres une grande tourbe d'hommes sans erudition, sui-uant ceste deesse, laquelle ne demeure iamais en un mesme estat, pour la volubilité du fondement ou base ou elle est mise : lequel la conduict puis ça, puis la, et vient à rauir par trebuchement (*rapitque per præcipitia*) : et bien souuent en la mer, en apres la mesmes tous ceulx qui la suyuent meu-

rent, mais quoi? elle seule eschappe non lesee et sans dom-
maige. Cependant que les autres pleurent elle rit, et en vain
imploroit son ayde et faueur, voyant desia que ne ça ne la, n'y a
nulle utilité (*quum hinc jam nulla sit illis utilitas*). Et verita-
blement ainsi sont les faictz de Fortune.— (*Ici est représentée
la Fortune, au milieu de la mer, debout sur un pied posé sur
une boule, et tenant en ses mains une voile de navire.*) —
Considere en apres la diuerse forme de Mercure, Seigneur de
raison et autheur des artz : laquelle vient à repugner au simulacre de fortune : car il nous fut iadis representé par les
anciens. Premierement par painctures, et puis par statues,
lequel on painct en forme d'un beau adolescent, n'ayant
aucune beauté fardee, ou ornee par artifice de perruque :
mais bien tout incontinent vient à reluire en sa face une
vertu de couraige (*animi virtus*) : car il est d'une façon
ioyeuse auecques ieulx penetrans, et le fondement la ou il
est assis sur toutes les figures, est le plus ferme et n'est point
volubile : c'est assauoir par tour quarré des quarres, aux
quatre angles, tenant aucunes fois (*videlicet undique quatuor
angulis nitens tessara*). Et le nous representent de ceste
figure (*Interdum et ipsum deum hac figura repræsentant*).—
(*On voit ici Mercure assis dans un char carré trainé par
deux coqs, qu'il semble exciter du bras gauche étendu et de
son caducée, qui s'incline un peu de sa main droite en avant.*)
— Tu verras aussi ses culteurs semblablement estre ioyeulx,
comment est celui qu'ils suyuent, et ne se complaignent
iamais de luy : comme ont de coustume ceulx qui suyuent
fortune ny le laissent iamais, ne ils s'esloignent pas d'auecques luy, mais perpetuellement ils le suiuent et vsent de sa
prouidence. Au contraire ceux qui suiuent la fortune on les
peut voir inertes et indociles aux disciplines : tousiours de-
sirant conduicts par esperance : et quant la deesse vient à
courir ils courent, et quoi? Les vns pres et les autres loin :
et les vns aussi dependent de sa main (*non nullos autem et ab
illius manu pendentes*). Entre tous ceux ici tu verras Cresus,
celui roi de Lydie, et Polycrates Samien, et par adventure

tu te viendras à esmerueiller. Certes de l'autre, et quoy Patrolus à toute son abondance inuehit l'or, en apres auec ceulx tu verras Cyrus et Priamus et Dionisius, vray est que tu les verras, mais non pas à vn mesme estat, car Policrates est clauelé à la croix, et puis verras Cresus subiugué à Cyrus, en apres tu verras Cyrus deiecté des aultres, et verras Priamus contrict et serré et Dionisius en Corinthe (1), que si tu viens à contempler ceux qui la suiuent de loing, quand elle court, mais toutesfois ils ne la peuuent pas ensuiure, certainement tu viendrois haïr grandement ce renc : car la ils sont en grand nombre de Orateurs, et plusieurs putains et paillardes, et proditeurs des amys, et la sont aussi plusieurs homicides et fossoyeurs de monuments, et plusieurs rapaces, et plus grand nombre de ceux qui n'ont onques pardonné aux dieux, et ceux qui les ont pillé par sacrilege, en apres à l'autre renc tous les modestes et les opifices des Artz, lesquels ne courent ny crient, ne venant à vociferer, ne entre eux ne viennent à decerter : mais Dieu est au milieu d'eux et vn chacun compose à son lieu à l'entour de cestuy, et ne veulent point abandonner le lieu que Dieu à vn chacun a donné, les vns sont proches de Dieu, l'enuironnant d'un art bien composé : c'est assauoir les geometriens, l'arismetique, le philosophe, le medicin, l'astronome et le grammatique (2) · l'autre renc suiuent painctres, plastes ou potiers, escriuains, orfeures, architectes et lapidaires. Apres le troisieme ordre suit contenant toutes les autres Artz ainsi par ordre vne chacune digeste, toutesfois en façon que

---

(1) Inter hos omnes videbis et Crœsum, illum Lydum, et Polycratem Samium, ac fortasse miraberis alteri quidem Pactolum affluxu suo invehentem aurum, alteri vero marinos etiam pisces subservientes. Cum his rursum et Cyrum videbis et Priamum et Dionysium. Verum paulo post hos eosdem haud eodem in statu conspicies, Polycratem in crucem suffixum, tum Cyro subactum Crœsum, rursus Cyrum ab aliis dejectum : videbis et Priamum constrictum, et Dionysium Corinthi.

(2, Cæterum in altero choro omnes modesti, et artium opifices, neque currunt neque vociferantur, neque inter sese decertant, sed in illorum medio Deus est, et circum hunc suo quisque loco compositus, nec ordinem quem cuique dedit Deus deserunt, alii quidem Deo proximi, et hunc ordine composito cingentes, videlicet geometræ, arithmetici, philosophi, medici, astronomi et grammatici.

tous au Dieu commun tornent les ieulx. Pareillement aussi
obeissent à ses commandemens, certes tu verras ici vne nu-
mereuse multitude adherante au Dieu, en apres tu regar-
deras vn certain quart ordre, par renc elu extraordinaire et
tiré à part non pas semblables à ceux qui accompaignoient
Fortune : car le dieu Mercure n'a point accoutumé ici de
iuger les tres excellens, par le moyen de ciuille dignité, ne
par noblesse de sang, ne par opulente richesse ; mais bien
qui auroient transigé leur vie auec vertu, et aussi que en
leurs artz ils auroient exilé les autres, et aussi qu'ils auroient
obei à ses preceptes, et que legitimement viendroient à exer-
citer les artz, selon leur vacation ; et ceux la il les honnore
grandement et les vient à preferer et mettre deuant aux autres, et les a tousiours proches et conioinctz de luy : en cet
ordre est Socrates, Homerus, Hippocrates, Platon, et tels
semblables studieux, lesquels nous les venons à reuerer par
equale dignité auec les dieux, comme certains ministres et
assectateurs du dieu : nonobstant que nul des autres ne fut
iamais mesprisé du dieu (1). Car il n'a pas tant seulement
cure et sollicitude de ceux qui sont à sa presence, mais aussi
il est present de ceux qui nauigent, ne les vient destituer par
nauphraige (*nec in nauphragio destituit*). Aristippus doncques
nauigant vne fois, le nauire rompu, il fut ietté par la tempeste au riuaige de Syracuse, premierement il commença de
auoir bon couraige, quand il vit sus le sable les lignes de
geometrie : car il reputoit à soy-mesmes estre paruenu entre
les Grecs et les saiges, et non point entre les hommes Bar-

(1) Cæterum videbis et quartum quemdam chorum a cæteris selectum atque
extraordinarium, non quales erant illi qui Fortunam comitabantur. Non enim ex
dignitatibus civilibus, neque ex generis claritate, neque ex divitiis consuevit deus
hic præstantissimos judicare, sed qui cum virtute vitam agerent, quique in suis
artibus excellerent, quique præceptis ipsius obsequerentur, ac legitime suas exe-
cerent artes, hos et magnificet, et cæteris anteponit, sibi conjunctissimos habens
semper. Hunc, ni fallor, chorum si nosses qualis sit, non solum admirareris,
verum etiam adorares. In hoc est Socrates, et Homerus, et Hippocrates, et Plato,
et horum studiosi, quos pari cum diis honore dignamur, tanquam assectatores ac
ministros quosdam dei. Quanquam ne cæterorum quidem quisquam fuit unquam
a deo neglectus.

bares, et apres qu'il fut arrivé à l'vniuersité de Syracuse, il vint à prononcer ces vers qui s'ensuiuent :

> Qui receura par dons tout maintenant
> Vaguant Oedipus banni et exilé :
> De son pays ce iour humainement,
> Que par nauphrage tout a esté pillé.

Et eust incontinent qui l'allarent voir, et quant ils eurent cogneu qu'il estoit, tout incontinent lui allarent impartir tout ce qu'il lui estoit necessaire et en apres lui vindrent quelques vns de son pays de Cyrene, lui vindrent à demander s'il vouloit rien escrire aux siens : « Commandés leur, dict-il, qu'ils viennent à acquerir richesses, lesquelles apres que la nauire est rompue en pieces, qu'ils viennent à nouer auec le possesseur (*Jubete, inquit, illos has sibi parare possessiones, quæ navi fracta simul enatant cum possessore*). En apres plusieurs miserables, ne faisant autre amas que de richesses (*omnia divitiis metientes*), si par fortune ils cheent en telz affaires, ils pendent leur or et leur argent au corps, et le mettent à l'entour d'eux, et tout ensemble perdent leur vie auecques leur tresor.

Dans ce que nous venons de lire, Galien, après avoir montré que ce qui élève l'homme au-dessus des animaux et presque au rang des dieux, c'est la parole et la raison, sa fille, source de tous les arts, et de la philosophie, qui est le plus grand de tous les biens, nous engage à ne pas négliger la culture de nos facultés les plus nobles, et à ne point confier notre destinée à l'aveugle hasard. Pour mieux faire sentir la valeur de ce conseil, il met sous nos yeux l'ingénieux tableau de la Fortune, de Mercure et de leurs adorateurs. La conclusion, c'est que les trésors auxquels nous devons aspirer, sont ceux qui nous restent quand le navire est brisé, c'est-à-dire après la mort. — Cette partie de l'ouvrage, qui en forme à peine le quart, contient l'idée principale. Tout le reste n'en est qu'un développement. L'auteur y montre d'abord la vanité des richesses, de la naissance et de la beauté. On ne doit pas s'en contenter et vivre dans l'oisiveté, si on les possède ; mais il faut bien se garder aussi de s'appliquer à des choses inutiles ou mauvaises, comme les exercices athlétiques, dont le vulgaire fait tant de cas. Les athlètes vivent comme des brutes, et leurs continuels excès de fatigue, de nourriture et de sommeil sont directement contraires aux lois de l'hygiène. Les coups qu'ils reçoivent les rendent difformes, et leurs corps tombent en ruine avant l'âge. Enfin leur force n'est bonne ni à la guerre, ni même pour la vie commune, comme le prouve la fin misérable de Milon de Crotone. — On doit préférer les arts libéraux aux mécaniques, parce qu'ils exercent la raison, et qu'ils ne nous abandonnent pas dans la vieillesse. Mais celui qui l'emporte sur tous les autres, c'est l'art médical.

Le développement de ces idées accessoires n'offre pas à Nostradamus autant d'occasions d'indiquer sa pensée que la première partie ; mais il est habile à en faire naître. Les omissions et les additions, les absurdités et les bizarreries de tout genre attirent l'attention de l'observateur, et le confirment dans ses découvertes ; tandis qu'elles dégoûtent le vulgaire ou le font rire du traducteur. Tout est bon à celui-ci pour atteindre ce but. Il fait souvent de ces fautes énormes dont une seule couvre de ridicule un écolier paresseux. Ses phrases regorgent de pléonasmes et de mots parasites, entre lesquels brille surtout *venir*, employé à ses différents temps comme une sorte d'auxiliaire banal. Parmi ses principaux moyens d'obscurité figurent les fausses conjonctions et la ponctuation de travers, que j'ai soigneusement conservée. On n'en finiroit pas, s'il falloit énumérer toutes ses ruses mystifiantes. Il vaut mieux, je pense, citer encore quelques passages, accompagnés du texte latin :

« En apres la vieillesse est grandement molesté, comme par la tempeste que tombe sur nous, ne ayant tant seulement besoing d'estre chaulsee et aussi vestue : mais elle a tres grand besoing de auoir habitation commode et duisible, et plusieurs autres choses lesquelles sont innumerables, contre

celuy exemple de gubernateur beaucoup deuant, comme s'il
se failloit preparer contre la tempeste que nous doit suruenir
quand ceci est miserable — *Le furieux et sot entend l'affaire.* » — Senectus porro molesta, veluti tempestas immi-
nens, egens non calceamentis solum et vestitu, verum et
domicilio commodo aliisque rebus innumeris. Adversus hanc,
probi gubernatoris exemplo, multo ante, velut in venturam
tempestatem oportet præparari, quando miserum est illud.
— *Vecors intelligit acta.*

« Esculapius et Bacchus ou iadis au commencement furent
hommes ou dieux, certainement ils ont merités souuerains
honneurs. L'un pour nous auoir monstré l'art de mediciner.
L'autre pour nous auoir apprins la raison de cultiuer les
vignes. Et si tu ne me veulx croire, certes l'authorité du
dieu Pythius te viendra à esmouuoir. C'est ce Pythius
mesmes qui prononça Socrates, entre tous les hommes estre
le plus saige, disant, et parlant à Lycurgus en ceste mode
le vint à saluer :

> Tu es venu Lycurge, o Roy louable,
> A mon tres riche et honnorable temple :
> A Iupiter aymé et agreable.
> Et comprins hault sus l'Olimpe si ample.
> Si tu es Dieu ou homme ie contemple,
> O Roy Lycurge la tienne deité
> I'espere bien que ton sainct front et temple
> Sera faict Dieu plein de diuinité.

« Ce Pythius mesmes en apres a esté veu ne porter guieres
moins d'honneur, et auoir heu à Archilocus mort. Car quant
celuy qui l'auoit tué voulut entrer dedans son temple, il luy
deffendit d'entrer, disant :

> Qui en mon temple entrer dedans souhaite
> N'y entre poinct murtrier du clair Poëte. »

Profecto Æsculapius et Bacchus, sive quondam homines
fuerunt sive dii ab initio, summos honores promeruerunt,

alter ob monstratam artem medendi, alter quod **nos docuerit** vitium colendarum rationem. Quod si mihi non **vis credere,** certe Pythii dei te moveat autoritas. Hic est ille qui **et So-** cratem virorum omnium sapientissimum pronunciavit, **et Ly-** curgum affatus hunc in modum salutat :

> Huc advenisti, ad mea ditia templa, Lycurge ,
> Grate Jovi, et cunctis quibus altus habetur **Olympus,**
> Addubito, anne deum te dicam hominem ne **Lycurge,**
> Spero tamen magis esse deum, numenque **verendum.**

Hic rursus idem videtur honorem haud **mediocrem ha-** buisse Archilocho mortuo. Quum enim hujus **interemptor** vellet illius templum ingredi, vetuit dicens ,

> Occisor clari vatis, ne templa subito.

Galien cite deux fois des vers d'Euripide sur **les athlètes,** dont voici la version latine, et la double traduction **de Nos-** tradamus :

> Num adversus hostem præliabuntur, manu
> Discos ferentes, sive vibrata aspide
> Pedibus citi hostem submovebunt patria?
> Nullus profecto, vana fiunt omnia hæc,
> Ubi cominus ferrum micare cœperit.

> « Assauoir mon si on viendra prelire,
> Par Mars ouuert contre ses ennemis,
> Par main que plat vient getter et plier,
> Ou par aspic vibree il sera mis ;
> Des pieds legiers la n'y sera commis,
> Nul sur ma foy pour bien le vray deduire
> Toutes ses choses sont bien vaines ormis,
> Lorsque le fer commencera de luire. »

> « Ne viendra lon donner l'aspre bataille,
> Ou faire guerre comme ennemis, par main :
> Sus platz pourtans ne fraperont de taille,

Tout cela n'est pour fraper que cas vain :
Rien pourroit il des pieds l'agil et sain,
A deschasser ennemis des cités :
De tout cela ne sont que vanités,
A mon aduis nulz seroient excités,
Mesmes quant bien tous ces gents ie cognois :
Vain feutz tout quant à la verité,
Si l'on voyoit par lors luyre l'harnois. »

« Donques puisque nous auons traicté le souuerain, lequel est entre les biens du corps, et quoi? de la bonne valetude : maintenant passons oultre au reste, affin que non tant seulement l'exercitation athletique ne vient à rien conferer à la beaulté, parquoy aussi plusieurs de ceulx icy, qui sont composez de corps merueilleusement bien, et les gymnastes qui les auoient en cure, les saginant oultre mesure, et les inferieurs de chair et de sang, ils les viennent à remettre en diuerse espece de corps, aussi d'une face difforme, et toutallement estrange et salle le vient rendre, mesmes ceulx la qu'ils auoient institués à la batterie des poingtz. » — Postea-quam igitur de eo, quod inter bona corporis summum est, tractavimus, nimirum de bona valetudine, transeamus ad reliqua. Jam quod ad formam attinet, sic illis habet res, ut non solum exercitatio athletica nihil conferat ad pulchritudinem, verum etiam multos ex istis optime composito corpore, gymnastæ qui eos curandos susceperant, supra modum saginantes et infercientes carnibus et sanguine, in diversam corporis speciem perduxerint, non nullos vero facie quoque prorsus deformi fœdaque reddiderint, eos potissimum, quos ad pancratium aut pugilum certamen instituissent.

« Au contraire l'habitude de athletes, sortie iusques à son dernier poinct, les biens du corps, en apres elle est subiecte en peril, puis facilement elle est muable au contraire, car elle ne vient à receuoir accession, pour ce qu'elle vient iusques à la summité ou elle est paruenue, et pour cela que elle ne peult concister en vn mesme estat, il ne reste rien sinon

qu'elle se vienne à conuertir en deterieur. » — Contra athle-
tarum ad summum progressa bona corporis habitudo, tum
obnoxia periculo est, tum facile in diversum mutabilis. Neque enim recipit accessionem, eo quod ad summum per-
venit, tum ex eo quod eodem in statu consistere non potest,
nihil restat, nisi ut vergat in deterius.

« Certainement, ô enfans, l'espece des hommes à vne
certaine communion avec les dieux, cependant qu'il use de
raison auec les animaulx, il est mortel. Doncques il est meilleur, affin que les couraiges adiectés à meilleure partie par
communion nous ayons cure de erudition laquelle quand
l'aurons attaincte, nous aurons le souuerain bien qu'il appartient aux bons, et si par l'opposite nous ne l'ayons pas
attaincte, toutesfois nous n'aurons pas honte de ce nom,
que nous sommes faictz inferieurs aux bestes brutes ignauis-
simes. » — Sane genus hominum, o pueri, communionem
habet simul cum diis, et cum brutis animantibus. Cum illis
quidem, quatenus utitur ratione, cum his vero quatenus est
mortale. Satius est igitur, ut animis ad meliorem commu-
nionis partem adjectis, curemus eruditionem, quam assequuti, quod est in bonis summum habebimus. Sin eam non
fuerimus assequuti, non tamen hoc nomine pudescemus,
quod brutis ignavissimis simus facti inferiores.

VARIÉTÉS LITTÉRAIRES.

—

LES SATIRES DE DU LORENS.

1583-1658.

Nous avons de Dulorens deux recueils de satires, parus, l'un en 1624, l'autre vingt-deux ans plus tard, en 1646. Les bibliographes prétendent que ce dernier recueil n'est qu'une seconde édition du premier, revue et corrigée par l'auteur. Il est vrai que ce qu'ils disent de la portée et de l'étendue de ces corrections laisse imaginer quelque chose au delà. Ainsi, selon Goujet, on retrouve dans la deuxième édition une partie des satires de la première, ce qui suppose une partie nouvelle et inédite. Tout en parlant aussi de deux éditions, Brunet les trouve si peu semblables qu'il conclut à la nécessité de les avoir toutes deux. Viollet le Duc va plus loin encore, et imagine une refonte complète des premières satires, refonte heureuse, qui, par la différence du style aux deux époques, marqueroit tout le progrès de la langue françoise dans l'intervalle. Là-dessus, il propose comme étude curieuse la comparaison des deux volumes.

Cette comparaison, nous l'avons faite; l'imaginaire intérêt de savoir comment le même homme pouvoit avoir traité les mêmes sujets à vingt ans de distance (ainsi s'exprimoit Viollet le Duc) a disparu, et il nous a été démontré qu'il ne s'agit point ici de deux éditions, mais bien de deux ouvrages différents. Le poëte qui, en 1646, ne fait aucune allusion à ce premier recueil que l'on veut qu'il reproduise, a bien donné au public de nouvelles satires, et dans la dix-huitième, adressée au roi, il s'en explique clairement:

Je vous offre mes vers, c'est tout ce que ma peine
Depuis plus de vingt ans a tiré de ma veine.

« Depuis plus de vingt ans, » cela nous reporte justement à 1624. Le calcul est juste, et la limite au delà de laquelle il ne veut pas qu'on place la naissance de ses seconds enfants, montre bien qu'il n'entend pas qu'on les confonde avec les premiers.

La cause de la méprise, c'est que ces frères en ont usé sans beaucoup de scrupule avec leurs aînés, dont ils ont regardé les hémistiches comme un bien qui leur étoit propre et qu'ils pouvoient reprendre. Ainsi, dans la satire neuvième du recueil de 1646, nous trouvons un vers, un seul vers, emprunté à la deuxième du livre Ier du volume de 1624. Dans cette dernière, l'auteur, après avoir loué la vie des champs et la société qu'on y a du barbier et du curé, avoit ajouté : .

> Les paysans sans mentir y sont grandement sots,
> Mais on les oit venir avecque leurs sabots.

Il faut que ces sabots, qui font moins de bruit sur le papier que sur le pavé, lui aient plu, puisqu'ils les replace dans sa satire de 1646, où on lit ce passage :

> Un homme de village est toujours mal accort,
> Rustique, impertinent; il n'a point de méthode,
> Il ne sait ni danser ni valser à la mode.
> Oui, voire, c'est mon.... ce sont ses plus beaux mots;
> On l'entend bien venir avecque ses sabots.

Les deux pièces, du reste, ne traitent point des mêmes sujets. Celle de 1624 retrace les vices des différents états de la société, et, malgré la généralité de ce cadre, elle est peu développée. L'autre offre une double peinture de la vie de la campagne et de celle de la ville, et est longue et pleine de détails personnels.

De cet emprunt d'un seul vers passons à un autre qui n'est pas beaucoup plus considérable. Dans la satire seizième du volume de 1646, Duloreus plaint un ami qui est toujours amoureux, et se félicite, quant à lui, d'être délivré de ce joug. C'est à peu près le même sujet que dans la satire dixième du livre Ier du recueil de 1624, mais ce n'est pas du tout la même satire : il y a seulement dans les deux un passage semblable. On lit, page 72 du volume de 1624 :

> Le berger amoureux néglige son troupeau,
> L'avocat pour aimer ne va plus au barreau ;
> Le soldat sa valeur échange en couardise,
> Et le jeune marchand en perd sa chalandise,
> Devient pauvre, endetté, ne hante plus la mer ;
> Ce lui est bien assez d'exercer l'art d'aimer,
> Il est trop suffisant pour employer tout l'homme.

Le poëte reprend en 1646 ce passage, qu'il abrége, et où il corrige l'amphibologie de ce pronom *il*, qui, grammaticalement, se rapporte à l'homme plutòt qu'au métier :

> Le berger amoureux néglige son troupeau,
> L'avocat pour aimer ne va plus au barreau ;
> Son étude est de plaire à sa maîtresse ; en somme
> Ce diable de métier embarasse tout l'homme.

A part ces quelques vers, rien, dans la seconde satire, ne rappelle la première. Puis ne peut-on pas s'inspirer plusieurs fois des mêmes sujets? Il y en a d'ailleurs qui, de leur nature, sont toujours présents, toujours renouvelés. Les plaintes que les poëtes mariés ont à faire de leurs femmes pourroient être mises par nous dans cette catégorie, si nous ne craignions de passer pour un mauvais plaisant.

La Fontaine a dit :

> Dieu ne créa que pour les sots
> Les méchants diseurs de bons mots.

Et nous ne voulons pas être de ces derniers, nos lecteurs n'étant pas des premiers. Quant à Dulorens, peut-être nous pardonneroit-il la plaisanterie, et ne la trouveroit-il pas

mauvaise. Voici comme, en 1624, s'adressant à un **ami dont**
il n'approuvoit pas le dessein de se marier, il **parle de sa**
femme :

> Je sens bien ce que c'est, moi qui suis au collier;
> Mais je suis à l'écrire un petit écolier.
>
> . . . .
> Il y a bien vingt ans que j'y fus bien pipé :
> Jamais pauvre vilain ne fut mieux attrapé.
> Tu cognois les façons de notre ménagère
> Qui fait que je me couche et me lève en colère (1),
> Qui ne veut voir chez moi, pour boire et pour manger,
> Ni Gautier ni Garguille, en dussé-je enrager ;
> Qui contrôle mes jeux, mes yeux, mes promenades,
> Qui fait autant de bruit que toutes les Ménades.

Écoutons ce qu'en 1646 il dit de sa ménagère, qu'il **feroit**
volontiers rimer à mégère :

> La femme que j'ai prise est une des meilleures,
> Mais toutefois elle a de si mauvaises heures
> Que Socrate y fût-il, que Xantippe exerçoit
>
> . . . .
> Il seroit bien contraint de lui quitter la place
>
> . . . .
> Elle est mélancolique et hait tout passe-temps.
>
> . . . .
> Tout ainsi qu'un prêcheur, s'il entend son métier,
> Sur trois mots de saint Luc fait un sermon entier,
> Elle, sur un ruban, sur un linge, une écuelle,
> Un mouchoir égaré, bâtit une querelle.
>
> . . . .
> Son humeur est facheuse et contraire à la mienne,
> Mais néanmoins le mal que je lui veux m'avienne.

---

(1) Le Sage ne veut pas qu'on se couche sur sa colère; Dulorens se cou-
choit avec la sienne, puisqu'il la retrouvoit à son réveil.

Ce dernier vers nous prouve qu'au fond Dulorens avoit l'humeur facile avec sa femme ; il poussoit à son égard la complaisance à un degré qui le rend ridicule dans l'aveu qu'il en fait lorsqu'il nous conte naïvement qu'il regardoit comme un office de sa charge

> De se baisser la nuit pour lui bailler le pot.

Devenu veuf, il l'aura regrettée et pleurée, ce qui n'empêche pas qu'il a bien pu lui faire l'épitaphe si connue :

> Cy gît ma femme. Oh! qu'elle est bien,
> Pour son repos et pour le mien.

Revenons à notre sujet. L'idée accréditée de seconde édition ne peut se comprendre et se justifier jusqu'à un certain point que lorsqu'on lit la dix-neuvième satire du volume de 1646, qui est bien la dixième du livre II° du précédent recueil, quoique le fil des idées y soit par places interrompu et changé. En reprenant cette première satire, l'auteur y a fait des coupures. Sans titre en 1646, elle porte en 1624 celui de : *Les pédants à table.* Dans ce qu'on pourroit appeler cette fois une seconde édition, les deux premières pages donnent les vers de la première refaits et corrigés. On perd, pendant deux autres pages, toute trace de ressemblance, après quoi on arrive à ce portrait des pédants :

> Vous les reconnoîtrez assez facilement
> A l'humeur andouillique, au sot raisonnement,
> A leurs sourcis touffus, à leur brutale verve,
> A leurs discours tissus en dépit de Minerve.

Ces vers, pris de la satire de 1624, sont très-reconnoissables à travers les changements qu'ils ont subis. Mais si nous avons noté une amphibologie heureusement corrigée, voici une correction qui ne mérite pas le même éloge : en 1624, le poëte, à propos du vain étalage de la science pédantesque, disoit :

> Que sert-il d'avoir lu le maître d'Alexandre
> Et se vanter partout de le pouvoir entendre ?

En 1646, ne craignant pas d'introduire en ses vers un mot capable d'effaroucher à bon droit les oreilles délicates, il refait ainsi ce distique :

> Que sert-il qu'en lisant on use de finesses,
> Que d'Aristote même on se batte les fesses.

Résumons ce que nous venons de dire ; une seule satire du nouveau recueil est empruntée à l'ancien, non sans avoir subi de notables changements ; les autres sont inédites et roulent la plupart sur de nouveaux sujets. Ainsi Dulorens qui, en 1624, avoit à peine fait allusion à son goût pour les tableaux et les curiosités, nous parle longuement, en 1646, de son cabinet, où il découvre plus d'objets agréables qu'il n'en voit au Louvre, entre autres un *Paul Véronèse*, qui le ravit :

> (Celui que je possède est cause de mon aise.)

Il a, en outre, un *Titian*, un *Bassan*, et d'autres tableaux de maîtres qu'on lui a apportés d'Italie. Il aime aussi la sculpture, et surtout l'antique, et rend à cette dernière le même honneur que Ducis rendoit au bon sens quand il le rencontroit :

> Je suis, lorsque j'en vois, ne fût-ce qu'un morceau,
> Ému d'un tel respect que j'ôte mon chapeau.

Il seroit fastidieux d'entrer dans un plus long détail de cette nouveauté de sujets, dont nous ont convaincu l'étude et la confrontation de chacune des satires des deux volumes ; mais, pour terminer et compléter le chapitre des emprunts que le poëte s'est faits à lui-même, il nous a paru curieux de le montrer prenant les mêmes libertés avec son devancier et son compatriote Regnier. Nous retrouvons chez lui une quantité des expressions de ce dernier, telles que : *sucrer notre moutarde, fils de la poule blanche, doux comme une épousée, parler soldat, parler livre, au joli temps qui court,* etc. Sans doute beaucoup de ces phrases étoient pro-verbiales et consacrées dans le langage commun ; tel est ce vers-proverbe qu'on trouve dans les deux poëtes : *Riche vilain vaut mieux que pauvre gentilhomme.* Telles peut-être ces façons de parler familières à tous deux : *Monsieur le Destin, Madame Lippée, Madame Chicane,* etc. Voici deux passages où la même explication pourroit encore être admise.

Regnier, sat. II, dit en parlant de certains convives :
Après grâces Dieu beu ils demandent à boire.

Dulorens dit de même d'un repas :
Après grâces Dieu beu on y demande à boire.

Regnier parle de quelqu'un qui
Se va préconisant cousin de l'arc-en-ciel.

Ce même cousin, qui est un peu le cousin de tout le monde, a sa place dans un des hémistiches de Dulorens. Mais, à quelque indulgence que l'on soit disposé, il est dif-ficile d'admettre une excuse pour ce qui va suivre. Regnier ayant terminé son épître au roi par ces vers :

Emporté de ta gloire et de tes faits guerriers
Je plante mon lierre au pied de tes lauriers.

Dulorens est trop osé de cueillir ce même lierre, ou plu-tôt de le planter de la même façon. Dans une de ses satires adressées au roi, quelque autre que moi, lui dit-il,

Chantera vos exploits en termes si guerriers,
Qu'on verra son lierre au pied de vos lauriers.

Ailleurs il lui vole *son doux imaginer*. Regnier avoit dit :

> Celle *en qui j'ai la pensée*
> *D'un doux imaginer si tendrement blessée.*

Dulorens applique cette expression à l'honneur,

> *Qui dans leur pauvreté les pauvres gens console*
> *D'un doux imaginer. . . . .*

Il va plus loin encore dans un autre passage, où sa hardiesse mériteroit presque une autre qualification. S'il est des traits que l'on ne doive pas dérober à un écrivain, ce sont ceux marqués au coin de la personnalité. Que diroit-on, par exemple, d'un poëte qui prendroit à La Fontaine ses vers sur la paresse, sur le sommeil à qui il *voue au désert de nombreux sacrifices*, ou à Virgile son *Ruru amem silvasque inglorius?* Cela s'appelleroit ravir à un écrivain non ses hémistiches seulement, mais l'air de son visage et sa physionomie. C'est ce que va faire Dulorens. Regnier, se défendant d'aller à la cour, avoit dit d'un ton de bonhomie agréable :

> Ce n'est pas mon humeur, je suis mélancolique ;
> Je ne suis point entrant ; ma façon est rustique,
> Et le surnom de bon me va-t-on reprochant
> D'autant que je n'ai pas l'esprit d'être méchant.

Dulorens dit sur le même ton, dans la satire seizième du recueil de 1646 :

> Moi qu'on appelle bon comme en me reprochant
> Que c'est faute d'avoir l'esprit d'être méchant.

Du reste, il ne faudroit pas trop insister sur cette question des plagiats, qui ne sont très-souvent que des rencontres amenées par les mêmes mots. Voici, par exemple, deux vers de Dulorens parlant de la satire,

> Or ce champ ne se peut en sorte moissonner
> Que d'autres après nous n'y trouvent à glaner,

qu'on pourroit bien croire que La Fontaine a pris pour les appliquer à l'apologue :

> Mais ce champ ne se peut tellement moissonner,
> Que d'autres après nous n'y trouvent à glaner.

Mais La Fontaine étoit bien capable de les trouver sans le secours d'autrui.

Quant à Dulorens, ce qui l'encourage à piller Regnier, c'est qu'il lui paroît que ce poëte est vieilli, oublié, et

> Qu'il coule aussi bourbeux que le père Lucile.

Par ce vers, il nous insinue que ce qu'Horace est à Lucile, il prétend l'être à son devancier. C'est là une illusion qui a pu le flatter durant sa vie, mais que la postérité a fait évanouir. Il faut que le pauvre Dulorens en prenne son parti, mais Regnier lui est bien supérieur. Nulle comparaison à établir entre eux, entre le vrai poëte et le poëte médiocre.

Médiocre, voilà un mot terrible quand il s'agit de vers, puisqu'on dit qu'en poésie, « il n'est point de degré du médiocre au pire. » Nous n'eussions peut-être point adressé à Dulorens cette dureté, s'il ne nous avoit impatienté avec son épithète de *bourbeux* si malencontreusement appliquée.

Du reste, quoique inférieur à Regnier, Dulorens n'est pas sans mérite; il y auroit injustice à méconnoître son talent; mais c'est surtout par sa simplicité, sa naïveté qu'il plaît, par cette physionomie gauloise qui est bien à lui et qu'il n'a besoin d'emprunter à personne. On en a déjà pu juger par quelques traits que nous avons cités. Tout en poursuivant notre examen comparatif, nous allons, pour montrer à Dulorens que nous ne lui gardons pas rancune, et aussi dans l'espoir de faire plaisir à nos lecteurs, en recueillir quelques autres, tels qu'ils sont semés çà et là dans les deux volumes.

Bonhomme avec sa femme, notre poëte l'est avec tout le monde, en dépit de son métier de satirique, qu'il traite de

méchant métier, comme le fera plus tard Despréaux. Il évite
de piquer les gens trop au vif, étant de l'humeur de Panurge
et de Sancho, qui, en toute occasion, craignoient pour leurs
épaules; il ne veut pas se rendre sujet à la punition,

> Ou plutôt au payement en certaine monnoye
> Qui se fait du bâton dessus la petite oye.

Autre trait de caractère qui lui fait plus d'honneur que
sa parenté avec Panurge et Sancho; comme Alceste, il
n'aime point les façons et les cérémonies. Ne lui demandez
pas de se tenir trop longtemps debout, cela lui causeroit
des varices; il n'entend rien à tourner un compliment, et
ne sait point faire sa cour à un seigneur. Son inhabileté en
ce point est telle qu'il prétend plaisamment qu'*il blesseroit
un homme en lui jetant des roses*. Pour être courtisan, il
faudroit se contraindre, et la contrainte lui est insupportable :

> Si contre mon humeur je pense me contraindre,
> En âne trop sanglé l'on m'oit aussitôt geindre.

Rencontre-t-il quelque fat, quelque *Oronte*, auteur de
sonnets, il lui faut, l'entretien passé, aller exhaler sa mauvaise humeur dans son jardin,

> Et je m'en suis allé de là dans mon jardin
> Dire en me promenant : maugrebieu du badin.

Du reste, philosophe éclectique, il accueille volontiers en
toute question le pour et le contre. S'agit-il de savoir quelle
vie est préférable de celle de la ville ou de celle de la campagne, il les trouve agréables toutes deux. Dans ses rêves
(car ainsi que Gros-Jean il bâtit des châteaux en Espagne),
tour à tour il est citadin et campagnard. Voici, sur la vie
qu'il mène aux champs, des vers charmants de naïveté :

> Jy suis fort respecté de Jacquet mon voisin;
> Le seigneur du village est un peu mon cousin;

> Le curé me caresse, aussi fait le vicaire ;
> Je fais ce que je veux de monsieur le notaire.
> Nous buvons tous ensemble à tire-larigot,
> Et que j'aille à la cour ! je ne suis pas si sot.

Il aime bien mieux rester en son petit coin, qu'il remplit comme fait *une image sa niche*, lui qui n'a pas d'ambition et ne court pas après la fortune :

> J'ai du bien grâce à Dieu ce qu'il m'en faut pour vivre,
> Je mange fort peu seül ; jamais je ne m'enivre.
> Si je n'ai des États étant homme privé,
> Je m'en couche plus tôt, j'en suis plus tard levé.

Mais s'il aime les champs, il comprend aussi les agré-ments de la ville, et pourroit bien être de l'avis d'un per-sonnage de ses satires, à qui il fait dire :

> Qu'il n'est tel que d'ouir vêpres à Saint-Eustache.

Saint-Eustache, c'étoit en ce temps-là la paroisse riche de la ville, la rivale de Saint-Germain l'Auxerrois, la paroisse de la cour :

> Il ne faut qu'un dimanche entrer à Saint-Eustache,
> Vous verrez les bourgeois, voire les artisans,
> Tant ils sont bien vêtus paroître courtisans.

Il aime à revenir sur cette braverie des bourgeois :

> Quant à ces gros bourgeois ne troublez point leur aise,
> Permettez à leur chef de sortir d'une fraise.
> Ne leur defendez pas l'usage du satin ;
> Il les fait trop bon voir le dimanche au matin
> Partir de leurs maisons tous pleins de braverie,
> Et leurs femmes sur qui luit mainte pierrerie.

N'est-ce pas une pittoresque image que cette tête de bour-geois placée sur sa fraise comme sur un plat ?

En fait de goût littéraire, Dulorens est du vieux temps,

du siècle de Baïf, ainsi qu'il le dit lui-même. Il s'en tient à Ronsard, comme si Malherbe ne fût point venu. En 1624, il avoit dit :

> Un coquin fera plus moyennant trois pistoles,
> Qu'un poëte du temps d'un millier de paroles,
> Voire de tout un livre, et fût-il un Ronsard.

Dans le recueil de 1646, après avoir énuméré les maux qui ne fussent point arrivés

> Si le bon père Adam n'eut point mangé la pomme,

il ajoute :

> Et l'on n'eut point baillé de soufflets à Ronsard.

Le rapprochement, certes, est singulier ; Malherbe l'eût trouvé très-impertinent. Mlle de Gournay elle-même, dans son plaidoyer pour le poëte vendômois, n'a pas songé à tirer cette conséquence toute littéraire du péché du premier homme.

La peinture du personnage de Dulorens seroit incomplète si nous ne le montrions dans le cadre où lui-même s'est plu à se représenter, au milieu de ses bons amis de province, buvant avec eux à tire-larigot :

> Or sus père Boileau, du Charmoy, les Roberts,
> Compagnon et Moreau. . . . .
> Je suis un roi, voyant cette troupe amassée
> . . . .
> Au diable l'un d'entre eux, qui soit sot ou cafard,
> Qui sente son bourgeois ou qui aille au devin
> Pour savoir s'il sera quelque jour échevin.
> Ce n'est pas de ce vent que s'enfle sa vessie ;
> Sa devise est : Buvons et qu'on ne se soucie.

Mais pendant qu'ils font bombance, ces joyeux compagnons, le caquet des voisins s'exerce sur leur compte :

> Maistre Pasquier nous suble, et Jean fait des leçons
> De nos déportements à ses petits garçons.

Les femmes aussi en disent leur mot :

Barbe sur ce sujet fait tourner son fuseau.

Restons-en sur ce trait charmant et sur ce fuseau de Barbe, qui a toujours tourné et tournera toujours. Dulorens apparoît ici comme une sorte de Teniers ou de Van Ostade de la poésie familière. Toutefois il ne faut pas que ces noms célèbres que nous prononçons à son occasion lui inspirent trop d'orgueil, ni qu'il ait la pensée de sortir de son *joli Thimerais* de cet humble théâtre, où vivant il a joué son rôle, ce qui doit aussi suffire à sa renommée.

MARQUIS DE GAILLON.

LETTRES INÉDITES DE CATINAT.

La mode est aux autographes aujourd'hui. Nous sommes devenus singulièrement curieux de ces documents de première main, que l'on ne peut accuser de partialité ou de supercherie, et qui, tout en levant un coin du rideau dont se recouvre le passé, nous montrent, dans le négligé de l'intérieur, les principaux personnages de la scène. Il ne faut pas s'exagérer sans doute la valeur de matériaux semblables et leur accorder une estime privilégiée. Les journaux, les correspondances, les mémoires, les fragments originaux et inédits ne sont pas plus l'histoire définitive que les pierres de l'édifice ne sont l'édifice lui-même ; mais quelquefois il s'en échappe un rayon et ce rayon nous suffit. La curiosité se trouve satisfaite, comme si elle surprenoit au hasard les paroles d'une conservation familière, et, si elle ne se contente, elle est du moins excitée. Quel plaisir aussi de toucher ce papier du dix-septième siècle, qui cependant ne raffinoit point sur la papeterie, d'ouvrir ce pli jauni par les ans et saturé de poussière, de déchiffrer ce reste de cachet rompu qui pend à une déchirure, cette orthographe indocile qui se

moque des règles de l'Académie, cette large signature enfin,
aux lettres grimpantes et pressées, qui sent si bien son grand
seigneur et son grand siècle! Vite, à l'œuvre : voilà un document nouveau ; c'est une révélation soudaine qui renverse
des erreurs séculaires ; cette lettre est le mot d'une énigme
indevinée, c'est une amulette, un talisman, une phrase magique qui nous ouvre un monde jusqu'alors invisible, et l'on
s'y taille, en courant, un chapitre d'histoire qu'un autre
billet viendra déchirer.

Les lettres que nous publions ne prétendent pas au
moindre succès de ce genre. Écrites par Catinat pendant la
glorieuse campagne du Piémont, qui ajouta les lauriers de la
Marsaille aux lauriers de Neerwinden, elles ne peuvent suppléer ni aux relations authentiques déjà connues, ni aux
mémoires du maréchal, ni aux histoires développées des
guerres de Louis XIV. On n'y trouvera ni plans inédits de
batailles, ni combinaisons étudiées, ni projets de marches
savantes. Elles ne forment pas même un récit complet ou
épisodique ; elles sont détachées d'un portefeuille riche, mais
sans lien. Ce sont les instructions brèves, rapides d'un général à un officier de son armée. Elles viennent au jour le
jour, selon les besoins, les circonstances, les situations. Elles
entrent dans des détails qui ne sont pas les opérations elles-
mêmes, mais qui les font souvent pressentir. On y lit clairement l'infatigable activité du chef, sa vigilance, son soin du
soldat, son humanité, son respect des populations foibles et
désarmées, sa vigueur et son sévère amour de la discipline.
On y devine peut-être aussi l'homme bon, tolérant pour
toutes les foiblesses, excepté pour le défaut de courage et la
licence des mœurs. A ces deux points de vue, ces lettres
offrent, ce nous semble, quelque intérêt. Les dépêches du
maréchal pendant la guerre de 1701, que le général Pelet a
publiées dans les mémoires militaires relatifs à la succession
d'Espagne, ne pouvoient avoir ce caractère, parce qu'elles
embrassent des événements plus considérables, et qu'adressées d'ailleurs pour la plupart au roi, elles ont forcément

moins d'abandon et de familiarité. C'est déjà le rapport offi-
ciel, dont les termes sont choisis et dont l'effet est calculé;
ce n'est plus l'ordre dicté à la hâte, sur la table de bois
d'une chaumière, à un aide de camp, le matin d'un
combat, lorsque les trompettes sonnent le boute-selle ou la
charge.

Nous devons dire un mot de la personne à qui ces instructions familières sont adressées. Les archives de famille qui
ont échappé aux torches de l'époque révolutionnaire sont
une source inépuisable de documents de cette nature. Longtemps ensevelis dans les bibliothèques de province, ces fragments ignorés de la gloire domestique sont aujourd'hui ressuscités par la piété des familles. Les lettres de Catinat ont
été ainsi découvertes dans les papiers de la maison d'Aligny,
une des plus antiques races de l'antique Bourgogne. Pierre
Quarré d'Aligny, fils de Gaspard Quarré, avocat général au
parlement de Dijon, né en 1642, entra fort jeune dans la
compagnie de mousquetaires commandée par le comte
d'Harcourt, où il obtint bientôt, par une faveur spéciale, le
grade de capitaine. Après l'avoir fait passer successivement des
mousquetaires dans les chevau-légers et des chevau-légers au
gouvernement de Pierre-Châtel (1), Louis XIV lui donna un
régiment de milice et l'éleva quatre ans plus tard au rang de
brigadier d'infanterie. C'est en cette qualité qu'il fit la campagne de Piémont, sous les ordres de l'illustre Catinat. Il se
retira du service au commencement du dix-huitième siècle,
avec la croix de Saint-Louis, le gouvernement de la ville
d'Autun et le titre de grand bailli du Charollois, et mourut
vers 1730.

Il est nécessaire de rappeler en quelques mots les événements de la campagne à laquelle prit part le brigadier
d'Aligny.

(1) Le gouverneur de Pierre-Châtel touchoit 1200 livres de gages par an.
Chose singulière que nous révèle le brevet de nomination de Pierre Quarré à ce
gouvernement, les religieux qui habitoient la chartreuse enclose dans le fort devoient entretenir vingt soldats de morte-paie et nommoient un lieutenant.

La guerre de la ligue d'Augsbourg venoit d'éclater. Pendant que les armées françoises luttoient avec l'Europe sur le Rhin, dans le Palatinat, en Belgique, en Catalogne, Louvois avoit jugé nécessaire de concentrer sur les Alpes des forces suffisantes pour secourir Casal menacée par les Espagnols, et contenir le duc de Savoie, dont la politique tortueuse, hésitante, embarrassée lui causoit des inquiétudes. Catinat, choisi pour commander cette armée avec le titre de lieutenant général, arriva au mois d'avril 1690 dans le Dauphiné, où se rassembloient ses troupes. Après avoir chassé les *barbets*, ou insurgés vaudois des Alpes, du poste des Quatre-Dents, où ils s'étoient retranchés, il marcha sur Turin et rencontra sur le Pô, près de la petite ville de Saluces, les Piémontois de Victor-Amédée, qui, déchirant le masque, s'étoit uni aux Espagnols. En quelques jours la bataille de Staffarde étoit gagnée par les troupes françoises, Saluces prise, le pas de Suze évacué par les Savoyards, le duché conquis et les principaux défilés du Piémont au pouvoir de la France. Catinat victorieux prit ses quartiers d'hiver à Suze, et c'est à ce moment qu'il écrivit à Quarré d'Aligny les lignes suivantes pour le féliciter de sa conduite pendant la campagne, où il avoit reçu une blessure.

I

A Suze, le 28 décembre 1690.

J'ay reçu, monsieur, avec bien de la joye la lettre que vous m'avés fait l'honneur de m'écrire, qui me fait connoître que vous estes dans une assurée convalescence. Je vous asseure, monsieur, que personne n'a pu avoir plus d'inquiétude que j'en ay ressenti lorsque j'appris le malheureux estat où vous estiés. Je souhaite présentement avec impatience que vous soyés hors des douleurs de votre épaule et en estat d'aller boire avec plaisir et commodité de bon vin de Bourgogne. Je ne saurois mieux faire mon devoir que je l'ay déjà fait à votre égard en rendant compte à la cour de vos services et de votre régiment. Je l'ay fait avec justice, étant aussy véritablement que l'on puisse estre,

Monsieur,

Votre très-affectionné serviteur,

CATINAT.

II

A Suze, le 2 janvier 1691.

J'ay reçu, monsieur, la lettre que vous m'avés fait l'honneur de m'écrire. Je n'ay fait que remplir mon devoir lorsque j'ay mandé ce que vous méritès, affin que la cour soit informée de l'utilité que l'on peut retirer de vos services dans un tems comme celuy où nous sommes. Je me réjouis de bon cœur, monsieur, de votre bonne santé, laquelle sera bien confirmée lorsque vous l'arroserés chés vous d'un bon vin de Bourgogne. Je suis assurément, monsieur, avec autant de vérité que personne du monde, votre, etc. (1).

CATINAT.

Les deux campagnes suivantes n'eurent pas le même succès. La mort de Louvois avoit en quelque sorte désorganisé l'armée, qui se recrutoit et s'approvisionnoit difficilement. Au lieu de cinquante mille hommes, chiffre fixé par les états du secrétariat de la guerre, Catinat n'en avoit au plus que trente-cinq mille, mal payés, mal vêtus, mal nourris. Il fut obligé de se tenir sur la défensive et ne put empêcher le duc de Savoie de s'emparer d'Embrun. Mais les populations dauphinoises se levèrent pour repousser l'invasion ; à la guerre régulière se joignit la guerre de partisans, dans laquelle se distingua une nouvelle Jeanne d'Arc, Mlle de La Tour du Pin. Victor-Amédée fut obligé de repasser les Alpes et rentra dans le Piémont par le col de l'Argentière.

Catinat, récemment promu à la dignité de maréchal de

---

(1) Nous négligerons dorénavant les formules de politesse qui terminent ces lettres. Celles que nous reproduisons entièrement suffisent à attester que la hiérarchie militaire savoit s'allier avec les règles les plus exquises de l'urbanité.

France (1), reprit l'offensive en 1693 ; il massa ses troupes derrière le mont Genèvre et franchit rapidement les défilés étroits qui séparent le Dauphiné du Piémont. Au mois d'avril, son quartier général étoit à Oulx, petite bourgade arrosée par la Doire, au revers des Alpes françoises, à trois lieues de Césanne.

III

A Oulx, le 29 avril 1693 (2).

Vous trouverés cy joint, monsieur, un état des postes que votre régiment (3) devra occuper. Vous trouverés aussy dans le paquet un ordre pour commander les troupes des postes établis depuis Cézane (4) jusqu'à la redoute du Bech Dauphin. Je vous prie de me donner avis de votre arrivée à Fénestrelle et de me croire très-véritablement, monsieur, etc,

Le Māl DE CATINAT.

L'ordre joint à cette lettre est ainsi conçu :

Catinat, maréchal de France, gouverneur particulier de la ville de Luxembourg, lieutenant général de la province et commandant l'armée du roy sur les frontières de l'Italie (5).

Monsieur le comte d'Aligny (6), brigadier et colonel d'un

(1) Le 27 mars 1693, le roi fit une promotion de sept maréchaux, parmi lesquels on trouve Catinat et Tourville.

(2) Nous ne pouvons suivre complétement l'orthographe si variable de ces lettres. Nous prenons la liberté de la rectifier en quelques endroits, tout en lui conservant sa physionomie générale. L'orthographe des noms propres surtout est aussi capricieuse qu'arbitraire. Il seroit fastidieux de s'arrêter à chaque pas pour la corriger.

(3) Le régiment de milice-infanterie commandé par Quarré d'Aligny avoit été levé, au mois de novembre 1688, dans la généralité de Dijon. Il comptoit deux bataillons et vingt compagnies. La commission de colonel, signée du roi, est du 1er février 1689. Ce régiment tint d'abord garnison à la Rochelle, et quitta cette ville pour se rendre en Dauphiné. (*Journal de la campagne de Piémont, sous le commandement de M. de Catinat*, par Moreau de Brasey, *capitaine au régiment de la Sarre.*)

(4) Cézane ou Césanne, petite ville sur la Doire, au pied du mont Genèvre.

(5) Ces lignes sont imprimées dans l'original.

(6) Le titre de comte n'appartenoit pas à la famille d'Aligny. Il avoit été donné sans doute par erreur, à Pierre Quarré dans plusieurs brevets signés du roi, et la courtoisie le lui avoit conservé.

régiment d'infanterie, commandera dans tous les postes établis depuis Cézane jusqu'à la redoute du Bech Dauphin. Il est ordonné à tous les colonels et officiers de le reconnoître et luy obéir dans tout ce qu'il leur commandera pour le service du roy. Fait à Oulx, le 29 avril 1693.

Le Mâl DE CATINAT.
Par Monseigneur :
HEBRAITH.

Quelques jours après, Catinat, poursuivant son dessein d'occuper toutes les vallées qui mettoient son arrière-garde en communication avec le Dauphiné, écrivoit à d'Aligny :

IV

Au camp de Villars (1), le 7 juin 1693.

J'ay reçu, monsieur, la lettre du 2 que vous avés pris la peine de m'écrire, avec celle que vous avoit écrite monsieur de Frandmont d'Astier, capitaine de votre régiment, lequel vous propose d'occuper un poste au-dessus du Sauvage : de la manière qu'il en parle, il seroit à propos de l'occuper comme général de la vallée. Faites là-dessus ce qu'un plus grand sens que le sien vous dictera de faire pour le mieux. Je vous prie, monsieur, d'estre bien persuadé de la vérité avec laquelle je suis, etc.   Le Mâl DE CATINAT.

V

Au camp de Villars, le 17 juillet 1693.

Je vous écris, monsieur, ce mot par ce courrier pour vous prier de venir icy d'abord que vous l'aurés reçu, parce que j'ay à vous entretenir sur des changements de conséquence. Je suis, etc.   Le Mâl DE CATINAT.

Ces « changements de conséquence » consistoient à s'emparer du *col de la Fenestre*, non loin de Fenestrelle. L'armée françoise étoit alors harcelée d'un côté par les barbets qui tenoient la campagne, et menacée de l'autre par le duc,

---

(1) Petit village du département des Hautes-Alpes.

qui cherchoit à tourner Catinat pour pénétrer en Dauphiné ou en Savoie. Le maréchal se reploit en ce moment sur Fenestrelle, et couvroit la frontière, mais en exposant Pignerol. Une dépêche du marquis de Larray, qui faisoit partie de son état-major, explique ces mouvements :

VI

A Fenestrelles, le 23 juillet 1693,
à 11 h. et 1/2 du soir.

Tout présentement, monsieur (1), on vient de me rendre votre billet datté de cinq heures du soir. M. de Novion vous envoye le reste de deux bataillons que je l'avois prié de faire partir ce matin. Je suis bien fasché, mon cher compatriote, que vous ayés tant de froid à ce diable de col de la Fenestre ; mais enfin nous voicy dans une crise où il est trop heureux pour le service du roy que vous y soyés, pour qu'on songe à y en mettre un autre.

Je souhaite, mon cher compatriote, que les ennemis entreprennent de vous attaquer. Je serois bientost à vous. J'auray demain l'honneur de vous voir et de vous assurer de tout l'attachement avec lequel je suis et seray toute ma vie, etc.   LARRAY.

C'étoit un moment pressant. Le marquis de Bachivilliers, qui commandoit une brigade, écrivoit à d'Aligny « qu'ils avoient diablement d'affaires sur les bras l'un et l'autre. » Effectivement le « col de la Fenestre » étoit le point vulnérable, celui qui pouvoit livrer au duc de Savoie un passage sur les derrières de l'armée françoise.

Catinat le prévoyoit bien :

VII

Au camp de Villars, le 20 juillet 1693.

Je vous donne avis, monsieur, que M. le grand prieur (2)

(1) Quarré d'Aligny.
(2) Le grand prieur de Vendôme, qu'une brouille avec le maréchal de Luxembourg avoit amené à l'armée d'Italie.

se rend aujourdhuy avec des troupes pour garder le col de
la Rouse (1). Ne manquez pas d'envoyer un gros détachement pour garder celuy de la Fenestre et tenés vos bataillons toujours prets à marcher au premier besoin. Faites
choix d'un homme sûr pour l'envoyer commander dans la
redoute du Lau, prenant garde que la garnison de cette redoute aye de l'eau, du pain et des munitions tant de bouche
que de guerre, de manière qu'elle n'en puisse manquer.
M. de Larray sera infailliblement à Fenestrelles avec huit
bataillons. Je suis, etc.   Le Mãl DE CATINAT.

VIII

Au camp de Fenestrelles, le 1er aoust 1693.

Puisque vous vous plaignés, monsieur, encore de la marche nocturne de vos convois, j'attens le sieur Cléry à qui je
diray vertement mon sentiment là-dessus. Vous pouvés venir
demain si vous voulez voir votre bon amy, M. de La Ho-
guette, donnant devant que de partir les ordres nécessaires à votre quartier. Je suis, etc.

Le Mãl DE CATINAT.

IX

Au col de Cestrières, le 30 aoust 1693,
à 8 h. du soir.

J'ay envoyé, monsieur, un officier et vingt dragons entre
le village du Duc et l'autre du dessus. Je vous vas envoyer au
mesme endroit un détachement de six cents hommes, commande par M. le marquis de Montmorency. Je vous supplie, monsieur, de vouloir m'informer de tout ce que vous
pourrés aprendre, les dragons n'étant pas pour autre chose
que pour m'aporter des nouvelles. Je ne doute pas que vous
ne soyés exact à en aprendre à M. le maréchal. Je suis, etc.

LARRAY.

(1) Les cartes modernes n'indiquent point ce passage.

X

Au camp de Fenestrelles, le 30 aoust 1693.

J'apprens, monsieur, par la vostre, que vous avés envoié un party de cent cinquante hommes au col de Pis, lequel n'a rien découvert; mais d'ailleurs vous dites que vous avés appris qu'il y avoit beaucoup de monde dans la vallée de Saint-Martin (1). Vous me demandés quel party vous avés à prendre. Si les ennemis entrent dans le Pragelas avec un fort gros corps, je pense que vous n'êtes pas fort embarrassé et que vous voudriés bien que les ennemis prissent cette fantaisie. Adressés vous incessamment à M. de Larray pour avoir des munitions dont vous aurés besoin. L'on m'assure toujours que M. le duc de Savoye veut chercher les moyens de nous déposter : il faut voir comment il s'y prendra. Je suis, mon cher bras droit, entièrement à vous.

Le Mǎl DE CATINAT.

XI

Au camp de Fenestrelles, le 20 septembre 1693.

Il est bon, monsieur, que vous ordonniés aux bataillons que vous commandés de prendre du pain pour quatre jours. Je suis, etc.   Le Mǎl DE CATINAT.

Catinat étoit resté immobile pendant deux mois dans son camp de Fenestrelles. Il s'y étoit renforcé sans bruit, tandis que le duc de Savoie s'épuisoit sous les murs de Pignerol, qu'un bombardement n'avoit pu ébranler. Le 27 septembre cependant, satisfait d'avoir amené l'armée ennemie au point où il vouloit la combattre, il commença à s'ébranler. Franchissant les cols abrupts qui séparent la vallée du Cluson de celle de la petite Doire, il se porta sur Bussolino, au-dessous de Suze. Le 29, il entra sans résistance à Vegliana, et, après avoir été rejoint dans sa marche par la gendarmerie qui venoit d'Allemagne, il descendit dans les plaines du Piémont, qu'il ravagea sans pitié. A la nouvelle de ce mouve-

(1) Saint-Martin, sur la Durance, près de l'Argentière (Hautes-Alpes).

ment offensif, le duc de Savoie s'empressa de lever le siége de Pignerol afin de courir à la défense de sa capitale. Mais Catinat l'avoit devancé et lui coupoit la route de Turin. Le 3 octobre, il présenta la bataille aux troupes piémontoises sur un terrain qu'il avoit eu le temps de choisir et d'étudier. La rencontre eut lieu près de Marsaglia, entre les deux petites rivières de la Cisola et du Sangone. Le 4, dès l'aube, les François attaquèrent sur toute la ligne, avant que les ennemis aient pu fortifier leurs ailes, comme cela leur étoit facile dans un pays entrecoupé de haies, de clôtures sèches, de petits bois et de fossés d'irrigation. Pendant que l'aile droite de Catinat tournoit la gauche de l'armée hispano-piémontoise et la culbutoit à la baïonnette (1), la gendarmerie, qui formoit la seconde ligne, rompit la cavalerie alliée, prit en flanc l'infanterie, attaquée de front par la milice françoise, et tailla en pièces les Vaudois et les réfugiés huguenots que commandoit le duc de Schomberg. Trente canons, près de cent drapeaux, plus de deux mille prisonniers furent les trophées de cette victoire, qui fit lever le blocus de Casal et livra aux François les magasins du duc de Savoie. Le Piémont fut mis à contribution et Sainte-Brigitte, dont les Savoyards s'étoient emparés au commencement de la campagne, tomba au pouvoir des vainqueurs avec un matériel et des munitions considérables. Après cette glorieuse campagne, Catinat rallia ses détachements épars et revint hiverner en Dauphiné et en Provence (2). Le brigadier d'Aligny demeura cependant à la tête de son commandement (3).

(1) Cette arme nouvelle, déjà expérimentée à Nerwinden, eut un succès décisif à la Marsaille.

(2) Mém. de Catinat, t. II, p. 151-282. — Id. de Saint-Hilaire, t. II, 116-119. — Quincy, t. II, p. 662-699.

(3) Le jour même de la bataille de la Marsaille, le prince de Condé écrivoit à Quarré d'Aligny :

« J'ay reçu votre lettre du 27 septembre. Vous croyés bien qu'un événement aussy considérable que la bataille dont on attend des nouvelles doit donner de l'inquiétude. Je ne sçaurois croire que les ennemis nous attendent. Je vous prie de croire qu'en votre particulier je m'intéresserai fort aux choses qui vous y regarderont. Je suis, etc.

« A Fontainebleau, le 4 octobre 1693.   H. de Bourbon. »

XII

Au camp de Savillan, le 1ᵉʳ novembre 1693.

Vous avés très-bien fait, monsieur, lui écrit le maréchal, de mettre aux arrest M. de Ré, capitaine dans le régiment de Launay, car il est tout visible que ce Monsieur n'a pas voulu taster du passage du Bech-Dauphin dont il connoît le défilé. Comme il se pourroit faire que ce lâche se trouvât mieux aux arrests que de faire le service, envoiés-moi-le dans la redoute de Lau sous la garde de la garnison; c'est la forteresse et citadelle de votre gouvernement. Je vous prie de continuer vos soins et votre esprit de charité aux pauvres malades qui passent dans le Pragelas. Je suis avec toute la vérité possible, etc.   Le Mãl DE CATINAT.

XIII

Sans date.

Quoique M. le marquis de Larray soit à Fenestrelles, vous continuerés à joüir des honneurs de votre employ. C'est ce qui me fait vous prier de faire recevoir dans la redoute de Lau le sieur de La Roque, lieutenant de Bigorre, et le sieur Fournier, le premier dans l'étage d'en haut et le second dans l'étage d'en bas. Vous ordonnerés, s'il vous plaist, qu'ils ne manquent ni d'eau ni de paille. Je suis, etc.
                   Le Mãl DE CATINAT.

La campagne de 1694 offrit peu d'intérêt. Le duc de Savoie, touché de la modération de Louis XIV après la bataille de la Marsaille, négocioit secrètement la paix avec lui, et se contenta, pour sauver les apparences, de bloquer Casal sans l'assiéger. Catinat se borna, de son côté, à réprimer les insultes des Vaudois et des barbets qui faisoient une guerre sans relâche à ses avant-postes et interceptoient ses convois. Aucun engagement sérieux n'eut lieu; les deux armées s'observèrent en se fortifiant dans leurs positions et en attendant le résultat des négociations occultes entamées entre la

France et la Savoie. On comprendra facilement le sens des lettres suivantes :

XIV

Au camp de Diblon, le 6 juillet 1694.

Monsieur, je viens de recevoir de M. de Tessé (1) une lettre dans laquelle vous verrés l'avis qu'il me donne. Vous n'avés pas·de tems à perdre pour faire avertir tous vos quartiers, même jusqu'au mont Genèvre où est le régiment du Gatinois. Voyés toutes les mesures que vous pourriés prendre pour tomber sur ces gens-là (2). Il faudra que cette diligence dure au moins trois ou quatre jours. Défiés-vous de Cézanne (3). Je suis, etc.   Le Mãl de Catinat.

XV

Au camp de Diblon, le 7 juillet 1694.

Je vous adresse, monsieur, un pacquet pour M. de Bachivilliers (4), dans lequel est contenue une nouvelle clef du chifre de la cour : il le faut faire passer avec beaucoup de précaution; il faut commander officiers, sergens et vingt fusiliers; il faut qu'on vous apporte un reçu de M. de Bachivilliers, que vous m'envoyerés. Je suis, etc.

Le Mãl de Catinat.

XVI

Au camp de Diblon, le 27 juillet 1694, à onze heures du soir.

Nous avons avis qu'il y a six ou sept cents barbets qui sont en campagne avec quatre jours de pain, dont partie s'est assemblée sur le col de Grenier. Ne vous embarrassés point de la Pérouse à Fenestrelles. L'on prend des mesures pour tout ce qui regarde cette partie. Votre attention doit estre

(1) Le chevalier de Tessé, major général.
(2) Les barbets.
(3) Bourg, sur la Doire, au pied du Mont-Genèvre, occupé en ce moment par un corps de partisans.
(4) Le marquis de Bachivilliers, brigadier.

depuis Fenestrelles jusqu'à Cestrières (1), car, pour Cézanne,
il suffira que vous l'avertissiés incessamment et mesme le
Mont-Genèvre. Vous avertirés Cézanne (2) où est M. d'Argenton, lieutenant-colonel du régiment de Fonbrisar, affin
qu'il prenne des mesures pour assurer le convoy jusqu'à
Cestrières. Ce sera à M. de Montjoy, à Cézanne, à qui vous
devrés adresser votre lettre, qui la communiquera à mondit
sieur d'Argenton. Vous devrés ecrire au quartier des Traverses (3) de détacher quatre cents hommes bien choisis et
bien armés de fusils qui devront aller, ce présent ordre
reçu, au Mont-Cestrières et y demeurer jusqu'à quatre après
midy. Vous devrés en mesme tems faire un détachement
des troupes qui sont à vos ordres et de M. de Graveson
pour aller aux Traverses, et un autre en pareil nombre em-
busqué sur les envers des Souchères basses. Je vous prie
d'exécuter avec diligence les ordres cy-dessus. Prenés garde
à faire diligemment ce que dessus. Je suis, etc.

Le Mâl DE CATINAT.

Je vous prie de voir vous-mesme aux embuscades du côté
des Traverses et Souchères basses, n'y ayant que vous qui
connoissiés bien les endroits.

XVII

Au camp des Traverses, ce 14 aoust 1694.

Je vous rends, monsieur, mille graces très-humbles de
vouloir bien m'informer de la fermeté avec laquelle vingt de
vos bons et braves Bourguignons ont soutenu le premier feu
de 60 barbets et les ont ensuite tués ou fait prisonniers. C'est
un effet qu'on doit à votre valeur et au choix que vous sça-
vés faire des vôtres. Je ne sçaurois trop louer M. de Bierry (4),

---

(1) *Cestrières* ou *Sestrières*, village sur le Chizon, entre Cézanne et Fenestrelles
(Piémont).

(2) Cézanne avoit été repris par les François, depuis la lettre précédente.

(3) Les Traverses, village situé près de Cestrières, où Catinat établit un camp.

(4) Pierre Quarré d'Aligny avoit épousé Colombe d'Austrude, fille du baron
d'Austrude, seigneur de Bierry, gentilhomme écossois, issu des Austruther
d'Ecosse, alliés aux Stuarts.

votre beau-frère; c'est un brave d'Escosse à quatre poils :
aussy en a-t-il autant la miñe que le jeu. Je suis certain que
les ennemis prendront toujours plus de précaution du coté
où vous serés qu'ils n'en prendront pour tomber en nul autre
endroit. Faites-moy la grace, mon cher monsieur, de continuer de me donner avis de tous les échecs que vous don-
nerés vous et les vôtres à MM. les vénérables barbets,
et s'il se peut passer quelque chose de ce coté icy, j'auray
l'honneur de vous en avertir. Faites-moy celuy, je vous conjure, de me venir voir quelquefois et de me croire avec
toute la passion et le dévouement possible, etc.

Labbat (1).

XVIII

A Diblon, le 18 octobre 1694.

Je demanderay tout à l'heure à M. le mareschal s'il trouvera bon que vous assembliés un de vos bataillons comme
vous le demandés. Peut-estre ne le voudra-t-il pas, parce
que les bataillons qu'on a fait descendre aux Sauvages pourroient bien n'y pas rester. Pour ce qui concerne les dragons, faites comme il vous plaira : tout ce que vous ferés
sera bien fait.

Je vous assure, mon cher amy, qu'à la campagne prochaine il ne tiendra ny à mes soins ny à mes prières auprès
du général que votre régiment ne soit point séparé comme
il est, puisque vous le passionnés; mais, à vous dire vray,
vous estes si essentiellement nécessaire pour le bien du service du roy dans la vallée, vos ordres y ont esté toujours si
salutaires et si bien exécutés par votre régiment, qu'il seroit
difficile d'y pouvoir mettre quelqu'un qui pust réussir

---

(1) Il n'est peut-être pas inutile de placer ici, en note, une lettre écrite par
M. de Vendôme au brigadier d'Aligny, quelque temps après ce fait d'armes :

« Au camp de Diblon, le 17 octobre 1554.

« Je n'ay pas manqué, monsieur, de parler à M. le mareschal et de tâcher de
rétablir votre réputation autant qu'il m'a été possible; mais franchement elle est
trop délabrée pour espérer d'y réussir tout d'un coup. Vous sentés bien par cette
façon ironique de parler combien je prétens dire que M. le mareschal vous aime
et vous estime. Je vous prie, etc. Louis de Vendôme. »

aussy bien. Ainsy, M. le mareschal a un grand soulagement d'y sçavoir un homme comme vous et une troupe
comme la vôtre. Je suis, mon bon et cher compatriote, plus
que personne du monde, etc.   LARRAY.

L'année 1695 compta plus de négociations diplomatiques
que d'événements militaires. Victor-Amédée pressoit mollement Casal, que les Impériaux l'avoient forcé d'assiéger, et
faisoit traîner en longueur des opérations stratégiques que
la paix, espéroit-il, devoit bientôt terminer. Catinat avoit
ordre de rester sur la défensive autour de Pignerol et de
Suze. Il faisoit une guerre de partisans aux émigrés françois
et aux huguenots qui tenoient la campagne autour de lui.
Sa mission étoit de lutter vigoureusement avec les Espagnols
et les barbets, mais de ménager autant que possible les
Piémontois. Les lettres suivantes font connoître quelques-
uns de ces combats d'avant-postes.

XIX

A Oulx, le 15 avril 1695.

Monsieur, j'ay prié M. de Bouët de vous remettre en passant le pacquet cy-joint où vous trouverés un mémoire des
bataillons qui doivent être distribués dans les postes de votre
gouvernement, qui sont : votre régiment, huit compagnies du
régiment de Vaulgrenant, le troisième bataillon du Maine,
composé de quinze compagnies, et le bataillon du Coudray,
composé de douze. Je leur ay fait tenir des ordres pour estre
distribués ainsy que vous verrés dans le mémoire cy-joint,
auquel cependant vous changerés tout ce que vous jugerés à
propos convenant au bien du service, affin qu'un brigadier
de votre aage, de votre courage et de votre expérience n'ait
pas une autorité limitée dans ce qui est confié à ses ordres.

Vous ne trouverés plus à Briançon la Comtoise, qui auroit un grand plaisir à vous revoir, après toutes les ten-
dresses que vous avés eues pour elle. Je suis, etc.

Le Mãl DE CATINAT.

XX

A Pignerol, le 26 avril 1695.

Soyés le bien arrivé, monsieur, à Fenestrelles. Je vous ay fait tenir à Briançon le mémoire des bataillons qui sont à vos ordres, distribués dans les postes du Pragelas, et, quoique je vous aye marqué la distribution desdits bataillons, si vous croyés y devoir changer quelque chose, faites-le librement et sans scrupule, ainsi que vous donnés partie de votre lit aux demoiselles passant à Fenestrelles pour tirer leur secret sur ce qui regarde le service du roy, quand elles reviennent de Piedmont. Je suis, etc.

Le Mäl de Catinat.

XXI

A Pignerol, le 6 may 1695.

Je vous envoye, monsieur, une lettre des consuls de la Rua. Les plaintes sur l'argent qu'on leur demande regardent M. l'intendant, et c'est à luy à qui il faut qu'ils s'adressent pour recevoir soulagement. Mais à l'égard de leurs prés, c'est vous qui répondés de tous les désordres qui s'y commettent, puisque vous estes oingt et revestu du caractère qui vous donne l'autorité de faire observer une bonne discipline et de protéger les peuples. Envoyés chercher, je vous prie, un des consuls pour leur faire connoistre la protection que vous voulés leur donner, dont je vous seray obligé. Quand vous aurés de l'attention et un esprit de charité dans l'étendue de votre commandement, vous pourrés espérer pardon des avantures nocturnes que vous avés. Je suis, etc.

Le Mäl de Catinat.

XXII

Au camp de Pinache, le 20 juillet 1695.

Vous m'informés, monsieur, en homme de guerre tout couvert de sang et de laurier, de ce qui s'est passé au col de Pis et à celuy de l'Albergeante. Je trouve que les barbets ne doivent estre contents ni de vous ni de leur expédition. En vérité, l'on ne sçauroit dire trop de bien de la diligence, du courage et de l'action de M. de Vaulgrenant (1). J'ay envoyé tout de suite au roy et à M. de Barbezieux ce que vous m'en avés mandé.

A l'égard des prisonniers ennemis que vous avés faits, il faut les envoyer avec les deux chefs par le col de l'Albergeante. Vous enverrés aussy un tambour qui répétera les nostres. Envoyés-moy un détail des morts et remplissés les employs subalternes. Je suis, etc.

Le Mᵃˡ DE CATINAT.

XXIII

Au camp de Pinache, le 25 juillet 1695.

J'ay reçu, monsieur, votre lettre du 24 par laquelle vous me mandés que très-certainement il y a un camp proche Veillane. C'est sans doute de la cavalerie d'Espagne; je n'ay nul avis qu'il y ait de l'infanterie avec elle. J'envoye un ordre à M. de Novion pour faire venir à Fenestrelles sept compagnies du second bataillon de la Couronne. Je vous envoye les nouvelles de Catalogne (2). Lorsque vous aurés lu le tout, faites-les passer sûrement audit Novion. Je suis, etc.

Le Mᵃˡ DE CATINAT.

XXIV

Au camp de Diblon, le 12 aoust 1695.

Monsieur, je vous donne avis qu'il y a eu un gros détachement fait de l'infanterie de M. le duc de Savoye. Nous ne pouvons encore débrouiller de quel côté il a marché. Songés toujours à vous tenir alerte et faites, s'il vous plaist, avertir M. de Lée (3). Je suis, etc.

Le Mᵃˡ DE CATINAT.

---

(1) Baillet de Vaulgrenant, allié de la famille Quarré.

(2) Le duc de Vendôme venoit de remplacer le maréchal de Noailles en Espagne, a la suite du soulévement des Catalans. Il parvint, non sans peine, à relever un peu dans ce pays le prestige des armes françoises.

(3) Brondault de Lhée, gentilhomme bourguignon.

Là s'arrête cette correspondance. On en comprendra facilement le motif. La capitulation de Casal (9 juillet 1695), secrètement convenue entre Louis XIV et le duc de Savoie, est le dernier événement militaire de cette campagne. L'armée de Catinat, qui s'élevoit à 50 000 hommes, n'avoit plus d'autre mission que de peser sur les résolutions de Victor-Amédée, et de lui fournir un prétexte pour se détacher de la coalition et accepter les propositions de la France. L'hiver s'écoula dans ces négociations tour à tour reprises et interrompues. Enfin, le 30 mai 1696, un traité fut signé entre les agents françois et les envoyés du Piémont. C'est ce traité qui abandonna Pignerol, Suze et la Savoie à Victor-Amédée, et qui unit sa fille au duc de Bourgogne. Le rôle des armes étoit fini : le brigadier d'Aligny ne tarda pas à quitter son commandement et à rentrer dans ses foyers. Catinat demeura en Italie pour veiller à l'exécution du traité et investit Valenza, avec le peu scrupuleux duc de Savoie, qui n'éprouvoit aucun embarras à tourner son épée contre ses alliés de la veille. Valenza prise, la guerre du Piémont étoit achevée. La paix définitive se signa le 7 octobre 1696.

Nous aurions pu joindre à cette correspondance des lettres également inédites des principaux chefs de l'armée de Savoie, des dépêches du comte de Tessé, de Philippe et de Louis de Vendôme, du marquis de Bachivilliers et d'autres ; nous aurions pu y ajouter quelques lettres écrites par Vauban au brigadier d'Aligny, à une époque voisine de la campagne de Piémont ; nous n'avons pas voulu diminuer, par cette publication fragmentaire, l'intérêt qui peut s'attacher au nom de Catinat. Si tous les portefeuilles des vieilles familles de province venoient à se vider, combien de détails curieux viendroient jeter un jour nouveau sur les annales anecdotiques ou biographiques du dix-septième et du dix-huitième siècle ? Ce sont ces détails, disions-nous plus haut, qui composent l'histoire : il ne faut ni les surfaire ni s'y perdre, mais il ne faut pas aussi les mépriser.

HENRY BEAUNE.

NOTICE

SUR L'ÉTABLISSEMENT DE LA TYPOGRAPHIE, SUR LA LITTÉRA-
TURE ET SUR LES BIBLIOTHÈQUES, A LA NOUVELLE-HOL-
LANDE.

Les colonies angloises en Australie ont pris une importance et un accroissement dont on ne trouve pas d'exemple
dans le passé. La ville de Melbourne, composée il y a dix
ans de quelques cabanes, compte aujourd'hui 30 000 habitants, elle possède des établissements commerciaux de
premier ordre, une bibliothèque publique riche de 36 000
volumes, un musée d'histoire naturelle et un jardin botanique. On y publie de nombreux journaux politiques, et
même des revues mensuelles traitant de matières scientifiques.

En Océanie, toute publication a un but religieux ou politique. Des missionnaires, presque tous protestants, qui
vouloient faire imprimer des parties du *Nouveau-Testament*,
établirent des presses dans quelques îles de l'océan Paci-
fique. Mais c'est à Londres, et seulement dans les bibliothèques de la *Church Missionary Society* et de la *Wesleyan
Missionary Society*, que l'on peut se procurer la collection
complète de ces nombreux petits volumes, aussi intéressants
pour l'historien que pour le philologue. Quelquefois cependant on rencontre des exemplaires de ces incunables de
l'Océanie parmi les volumes qui composent les deux ou
trois mille *book stalls* (étalages de livres) de Londres.
C'est là seulement qu'un amateur françois pourroit en rencontrer.

Mais nous ne voulons nous occuper ici que de la typographie de la Nouvelle-Hollande (Nouvelle-Galles du Sud). Ce

fut le révérend M. Thielkels, à Port-Macquarrie, près de Sydney, qui ayant acquis la connoissance de la langue des indigènes, langue fort inculte, traduisit quelques parties des Évangiles, qui furent imprimées à Sydney aux frais du gouvernement colonial anglois.

Sydney étant, dès les premiers temps de la fondation de la colonie, la résidence du gouverneur général de la Nouvelle-Galles du Sud, et le gouvernement anglois dépensant beaucoup d'argent en ce lieu, on reconnut qu'il étoit nécessaire de faire imprimer les actes officiels et de leur donner de la publicité. Ce fut là l'origine de la *Sydney Gazette*, le plus ancien des journaux qui existent en ce moment en Océanie. On avoit envoyé d'Angleterre une petite presse, mais le papier manquoit souvent, et lorsque cela arrivoit la *Sydney Gazette* étoit imprimée sur du papier chinois de couleur jaune, qui n'étoit pas même toujours de format uniforme. Peu à peu, le journal prospérant, il adopta les dimensions des journaux politiques anglois, et parut en quatre pages d'impression. On m'a offert, pendant mon séjour à Sydney, une collection complète de *la Gazette*, depuis l'origine jusqu'à l'année 1834, pour trois livres sterling. Cela formoit une masse considérable de volumes, et les premières feuilles, imprimées sur papier chinois, donnoient à ce recueil un aspect original. Cette collection vaudroit aujourd'hui à Paris dix fois son prix d'achat. Elle contient les annales de l'Australie depuis 1802 et de plus des renseignements importants sur la géographie et l'ethnographie de tout ce pays, car la *Sydney Gazette* ne se borna jamais à la seule publication des actes officiels. On y trouve, par exemple, le récit de la découverte des montagnes Bleues (*Blue mountains*), par Alexandre Évans, découverte importante qui a accéléré la marche de l'Océanie vers l'état de prospérité où nous la voyons parvenue. On y trouve aussi les rapports officiels sur l'établissement de la grande chaussée qui traverse ces montagnes, chaussée que la constitution géologique de l'Australie ne permit pas de faire passer par les vallées et qui dut suivre les sommets des hauteurs. Cet ouvrage, qui n'a pas d'analogue dans le monde, est dû au major Mitchell.

Ce que nous avons dit sur la *Sydney Gazette* prouve suffisamment qu'il seroit utile d'enjoindre aux agents consulaires dans les pays lointains de faire l'acquisition des journaux de ces contrées. En effet, dépourvu de ces documents essentiels, comment le futur historien des États-Unis australiens pourroit-il mener à bien son travail?

La seconde feuille établie dans la Nouvelle-Hollande emprunta le titre d'un journal françois fort répandu, et se nomma le *Sydney Monitor ;* elle fut rédigée par M. Hall, habile publiciste. On trouve dans ce journal des renseignements importants sur les événements politiques et sociaux qui se succédèrent dans ce pays, et qui amenèrent enfin cette constitution octroyée à la colonie par le parlement anglois, et qui a excité l'admiration du gouverneur actuel de l'Algérie.

Mais déjà, à une époque assez éloignée, en 1832, des désirs d'indépendance se faisoient pressentir et se manifestoient dans un journal nommé *The Currency Lad.*, ce qui signifie *Journal des Créoles* ou natifs descendants des Anglois. Il étoit rédigé dans un sens complétement hostile à la domination angloise.

Beaucoup d'autres journaux ont succédé à ces incunables de la presse périodique australienne, tels furent *The Reformer*, *The Australian*, etc. Quoique Sydney n'eût alors, en 1832, que 17 000 habitants, le premier numéro du *Reformer* (à 3 1/2 pence, ou 32 centimes), fut acheté avec un tel empressement que la monnoie de cuivre rapportée par les colporteurs couvroit une grande table, et qu'on eût pu la ramasser à la pelle.

Les années suivantes ouvrirent une nouvelle ère à la typographie et à la littérature dans la Nouvelle-Hollande. Le docteur Lang, ecclésiastique presbytérien, apporta de Londres une grande presse colombienne et des caractères grecs.

On vit donc des œuvres de Platon imprimées dans des lieux
où quarante ans plus tôt des sauvages nus célébroient leurs
rites d'anthropophages.

Le *The Colonies*, feuille d'un certain mérite, commençoit
à paroître, rédigé par M. Lang. Des poëmes originaux étoient
alors publiés par Mison Hallonan et par G. J. Doville; ceux
du dernier ont été reproduits par la presse de Londres (1).

Le *The new south Wales Post office Directory* fut le premier livre proprement dit imprimé à Sydney. Publication
semi-officielle à la vérité, mais qui contenoit autre chose que
des adresses et des matières d'almanach. On y lisoit des articles sur des objets intéressants; la description de la montagne Brûlante (piton volcanique) de Wirfen, par le révérend M. Wilton, des itinéraires des routes coloniales, etc.
M. Russel Smith, libraire à Londres, offrit il y a quelques
années au Musée britannique de Londres une collection
d'imprimés australiens, où se trouvoient plusieurs volumes
du *New Louth Wales directory* (2).

Le *Journey from Sydney rathe Australian asper*, 1834,
in-8, fut à la rigueur le premier ouvrage original publié
dans la Nouvelle-Hollande. Ce livre contient des traités
originaux d'histoire naturelle, par Leonlard, Buidors, Vai-
rin, etc.; mais il ne fut pas continué, et il n'en a paru que
huit feuilles d'impression, 128 pages.

En 1835, arriva à Sydney la première presse lithographique; ses premiers produits parurent dans le journal
*Illustrations of the present and future state of N. S. Wa-
les*. Ils représentoient les armoiries que l'on se proposoit de donner à l'Australie. Elles étoient entourées d'une
bordure composée de branches de l'arbre indigène, le bauk-
sia, dessinées d'après nature. Cet ouvrage fit le premier con-

(1) *Le Reveil du monde :*

D'une longue léthargie les siècles.... le monde.

(2) L'année courante du *Directory de Sidney* se trouve chez M. Galignani,
à Paris.

noître l'existence des dépôts d'or (*gold mines*) (1). A peu près vers la même époque fut imprimée, par le moyen de la lithographie, la musique d'un chant des indigènes.

La ville de Sydney eut l'avantage de posséder dès les premières années qui suivirent celle de sa fondation, une très-bonne bibliothèque. En Angleterre, la science donne quelquefois des droits aux emplois publics; le secrétaire de la Société linnéenne de Londres, M. Leay, fut envoyé à Sydney en qualité de secrétaire colonial. Il avoit apporté avec lui une bibliothèque qui contenoit les meilleurs ouvrages publiés en Angleterre et en France sur les différentes branches de l'histoire naturelle. Cette bibliothèque renfermoit encore des livres sur d'autres sujets, des gravures, etc., etc. Le docteur Lang, fondateur du *The Australian college*, avoit rempli une très-grande salle de livres de piété anglois, de classiques et d'historiens. Ces circonstances parurent si favorables à feu M. Tegg, célèbre libraire de Londres, qu'il envoya à Sydney et à Habarstow deux de ses fils, qui y fondèrent des succursales de sa maison.

Par ce qui précède, le lecteur a pu se convaincre que depuis longtemps la culture des lettres a exercé son influence civilisatrice sur cette colonie angloise, partie principale de toute l'Australie. Les débats parlementaires qui ont eu lieu dans ces derniers temps l'ont démontré.

La confédération des provinces de l'Australie, projet dont l'exécution est assez prochaine, donnera à la culture des sciences et des lettres, en ce pays, un nouvel et vigoureux essor.

(1) Un exemplaire de cet ouvrage très-rare a été acheté pour la bibliothèque royale de Windsor-Castle.

ANALECTA-BIBLION.

—

PUBLICATIONS NOUVELLES.

Les Aventures de maître Renart et d'Isengrin, son compère, mises en nouveau langage par M. Paulin Paris.

Il nous seroit aisé de faire de l'érudition sur ces aventures célèbres. M. Paulin Paris, en effet, a placé à la fin de son récit une très-savante et très-judicieuse dissertation dans laquelle il traite des origines du *Roman de Renart* et des noms attribués aux animaux qui y jouent les principaux rôles. Nous pourrions, sans peine aucune, nous composer des bribes arrachées à ce morceau d'une critique ingénieuse autant que solide, un petit bagage scientifique qui donneroit bon air à notre travail. Nous y trouverions abondamment des faits, des dates, des citations, des remarques pleines de sens, des arguments sans réplique, en un mot, tout ce qui nous seroit nécessaire pour parler d'un tel sujet avec la confiance d'un académicien ; mais ce n'est pas pour les érudits que ce volume si spirituel et si amusant a été publié. Nous n'avons pas besoin de nous mêler à leurs controverses ; et, Dieu merci, nous n'en éprouvons pas la tentation.

Résumons pourtant quelques points qui nous paroissent bien établis et hors de contestation : le *Roman de Renart* est d'origine françoise ; c'est une série de tableaux originaux, composés par des auteurs différents ; il est probable qu'ils ont été d'abord écrits en latin pour la plupart ; on a des versions en langue vulgaire des manuscrits qui peuvent parfaitement remonter au douzième siècle ; les noms des per-

sonnages n'ont pas été empruntés à l'allemand; les uns
étoient déja dans la circulation et avoient reçu du consentement commun un caractère générique quand les trouvères
les ont employés; les autres sont parlants, c'est-à-dire
qu'ils indiquent un rapport parfaitement saisissable entre le
nom et l'objet nommé.

Que le *Roman de Renart* soit françois d'origine, nous n'en
voulons pas douter; pour nous, et notre grande raison,
nous ne la tirons ni de l'histoire, ni de la science des
textes, ni de celle des étymologies; notre raison est que
l'esprit en est essentiellement françois. Il est vif, alerte,
gai, railleur, et des inventions plaisantes, des tours subtils, des saillies piquantes et gracieuses. Quelquefois il rencontre une pensée élevée, un trait profond; mais il n'y appuie pas. Il s'échappe plus volontiers en mots joyeux, en
plaisantes satires. Rarement il offense le goût. Il est tout
ensemble mesuré et plein de verve. Pierre de Saint-Cloud,
qui a rimé la branche du *Partage du Lion*, appelle les
poëmes de ses prédécesseurs des *Risées*, des *Gabets*; c'est
très-juste. Tout le monde, en effet, y gabe, et Renart plus
que tout le monde. Il n'y a pas jusqu'à Chanteclerc, le
coq, qui, à peine échappé à la gueule de Renart, ne se
mette à *gaber*: car le perfide et cruel Goupil est soumis,
comme les autres, à la loi générale qui veut que quiconque
échoue dans son entreprise, soit bafoué impitoyablement.

Les preuves de ce que nous venons de dire, sont à toutes
les pages du livre; mais nous ne pouvons pas tout citer,
et quel choix faire? Voyons, voici un sujet bien connu:
c'est la fable du Renart et du Corbeau. Tiecelin, perché sur
un hêtre, tient sous ses pattes un succulent fromage; il le
perce de son bec, en tire adroitement le plus jaune et le
plus tendre; puis, s'attaquant à la croûte, une parcelle se
détache et va tomber au pied de l'arbre où Damp-Renart
se vautre avec délices dans l'herbe fraîche et parfumée. Celui-ci lève la tête. Il reconnoît le Corbeau. La conversation
commence: « Oui, je ne me trompe pas, c'est Damp-Tiece-

lin. Que le bon Dieu vous protége, vous et l'âme de votre père, le fameux chanteur.... Vous-même, si je m'en souviens, vous faisiez aussi de la musique. Ai-je rêvé que vous **avez** longtemps appris à jouer de l'orgue? Par ma foi, puisque j'ai le plaisir de vous rencontrer, vous consentirez bien, n'est-ce pas, à me dire une petite ritournelle? » Le corbeau ne se fait pas prier. « Il ouvre le bec et fait entendre un *crah* prolongé. » Est-ce bien cela, Damp-Renart? — Oui, cela n'est pas mal; mais si vous vouliez, vous monteriez plus haut. — Écoutez-moi donc. » Et le corbeau de crier plus fort. Renart n'est pas encore content : « Votre voix est belle; mais elle seroit encore plus belle si vous ne mangiez pas tant de noix. Continuez pourtant, je vous prie. » Tiecelin, piqué par la critique autant qu'encouragé par la louange, s'oublie tellement que, pour mieux filer le son, il ouvre peu à peu les ongles et les doigts qui retenoient le fromage et le laisse tomber sous le nez du renart.

C'est là que s'est arrêté le fabuliste. Pour la moralité de sa fable, en effet, il en avoit assez dit. Le trouvère va plus loin : Renart qui a le fromage, convoitise de plus le corbeau. « Ah! Dieu, dit-il, que de maux le Seigneur m'a envoyés en ce monde! Voilà que je ne puis changer de place, tant je souffre du genou! Ce fromage, qui vient de tomber, m'apporte une odeur insupportable. Rien de plus dangereux que cette odeur pour les blessures des jambes. » Et il supplie son « cher Tiecelin » de descendre, pour écarter de lui « cette abomination. » Le corbeau, simple et bonne personne au fond, tout joyeux d'ailleurs de pouvoir ressaisir sa proie, s'abat aussitôt près du renard, qui, le sentant proche, s'élance pour l'attraper et le manque. « Ah! traître Renart, je devois bien savoir que vous me tromperiez. J'en suis pour quatre de mes plus beaux tuyaux; mais c'est tout ce que vous aurez, méchant et puant larron.... Gardé le fromage; je te l'abandonne. Quant à ma peau, tu ne l'auras pas. Pleure et gémis maintenant à ton aise. Je ne viendrai pas à ton secours. — Eh bien! va-t'en, braillard de mauvais au-

gure, dit Renart en reprenant son naturel ; cela me conso-
lera de n'avoir pu te clore le bec. Pardieu, reprit-il ensuite,
voilà vraiment un excellent fromage ; je n'en ai jamais
mangé de meilleur. C'est juste le remède qu'il me falloit
pour le mal de jambe. »

Nous avons été contraints d'abréger ce récit ; et en l'abré-
geant nous l'avons décoloré. Cependant n'est-il pas vrai
qu'il y a là des traits qu'on regrette de ne pas retrouver
dans l'inimitable fabuliste ? Le corbeau du trouvère, qui
presse de ses ongles le fromage et l'entame avec son bec,
est plus naturel, plus vrai que celui de La Fontaine qui
« tient en son bec un fromage ». Il peut bien croire qu'il
lui sera facile de chanter sans lâcher sa proie; aussi, il ne
la laisse échapper que par accident, par surprise. Il est orgueilleux ; mais il n'est pas sot ; et le succès de Renart n'en
montre que mieux les dangers de la flatterie.

Mais écartons toute idée de comparaison. Passons à un
autre fabliau qui est resté tout entier dans la littérature du
douzième siècle. — Tybert, le Chat, a pris les soudées de
Renart pour faire la guerre à Isengrin ; il est devenu son
soudar, son vassal. Cheminant et devisant tous deux, ils
rencontrent une andouille. Renart la saisit : « Eh ! mon
Dieu, compain, lui dit Tybert, comment tenez-vous donc
cette andouille ? Vous en laissez tomber les bouts dans la
poussière ; et vous mouillez le milieu de votre salive. C'est
à soulever le cœur ! Si vous continuez, je vous en cède ma
part. Oh ! que je la porterois autrement ! — Comment la
porteriez-vous ? — Vous allez voir. Aussi bien je dois avoir
tout le mal, puisque vous l'avez vue le premier. » — Renart, tout bien considéré, le laisse faire ; car, pensoit-il, la
charge l'embarrassera ; et j'aurai plus aisément raison de
lui. Tybert prend l'andouille, serre un des bouts entre ses
dents, la balance et la rejette sur son dos. « Voyez-vous,
compain, cela s'appelle porter une andouille. Elle ne prend
pas de poussière ; et ma bouche ne touche que ce qui ne se
mange pas. »

Tybert, ce disant, prend sa course et gagne précipitamment une croix sur laquelle il grimpe avec agilité. Renart n'a pu le suivre que de loin. Il arrive quand le galant est hors d'atteinte. Pour avoir sa part, il se fait humble, suppliant; il demande avec prières que le chat veuille bien lui jeter la juste moitié qui lui revient. Quelques miettes même le contenteroient; mais Tybert le raille : « Vous êtes en vérité trop glouton. Ne pouvez-vous pas attendre qu'il s'en présente une autre, meilleure peut-être? » Renart se tait. Que dire en effet? et surtout que faire? Il lèche ses grenons, gratte des pieds, se lève, se baisse, se dresse sur le bas de la croix, pousse de petits cris de dépit et de convoitise.... Enfin, il s'élance à l'autre bout de la tombe, avance le museau dans l'herbe, cherche, semble fureter de côté et d'autre, l'œil ardent, le corps vivement agité. « As-tu vu, Tybert, lui crie-t-il? — Quoi? fait l'autre, le dos tourné. Réponds : qu'as-tu vu? — Parbleu, une souris! — Une souris. A ce nom de la chose qu'il aime le plus au monde, Tybert oublie tout, même l'andouille; il se tourne vivement du côté de Renart; et dans ce mouvement, il avance un peu la patte, l'andouille tombe! » C'est maintenant à Renart à le gaber. Il lui proteste que l'andouille est excellente; et il lui en offre.... la ficelle !

Bien que nous ayons déjà beaucoup cité, nous ne pouvons pas résister au désir d'emprunter encore au livre de M. Paulin Paris cette délicieuse peinture du chat, se livrant à ses joyeux ébats sur la prairie : « Heureux Tybert! Sa queue lui suffisoit pour exercer son adresse et lui donner carrière. Il la guettoit de l'œil, la poursuivoit, la laissoit aller et venir, la saisissoit, l'arrêtoit entre ses pattes, et la couvroit alors de caresses, comme s'il eût craint de l'avoir un peu trop malmenée. Il venoit de prendre la pose la plus abandonnée, tour à tour allongeant les griffes et les ramenant dans leur fourreau de velours, fermant les yeux et les entr'ouvrant d'un air de béatitude, entonnant ce murmure particulier que notre langue ne sait nommer qu'en l'imitant

tous mal, et qui semble montrer que le repos parfait du
corps, de l'esprit et du cœur peut conduire à l'état le plus
heureux et le plus désirable. »

Nous n'avons eu tort de dire que tout cela est françois,
par la fraîcheur de l'imagination, par la justesse de la pensée, par la finesse du trait, par la vérité des
sentimens, par la délicatesse du goût. Et qu'on veuille bien
ne pas s'y tromper : tout cela est du vieux trouvère. Le
« nouveau langage » seul appartient à M. Paulin Paris. C'est
quelque chose au reste ; c'est beaucoup. Il n'étoit pas si aisé
qu'on pourroit le croire, de traduire les vers de Pierre de
Saint-Cloud et de ses rivaux avec cette fidélité, cette élégance, cette souplesse, sans leur faire rien perdre de leurs
grâces naïves et de leur charmante simplicité.

D'ailleurs M. Paulin Paris a droit encore à une autre
louange ; c'est d'avoir mis de l'ordre dans la confusion des
récits dont se compose le *Roman de Renart*, d'en avoir
ainsi retranché les répétitions, éclairci les obscurités, régularisé le mouvement, en un mot de les avoir ramenés à
cette unité sans laquelle il n'y a point d'œuvre qui ne blesse
le bon goût et ne lasse la patience. Le livre s'ouvre par un
prologue dans lequel sont racontées la naissance de Renart
et celle d'Isengrin ; puis viennent dans une première partie
les nombreux méfaits du traître Goupil, ses attaques perfides contre le coq, le corbeau, la mésange, ses larcins commis envers Tybert, le chat, surtout les méchants tours qu'il
a joués à messire le loup, les injures graves qu'il lui a faites ;
et dans une seconde, la clameur d'Isengrin et de dame Hersent, « sa femme épousée, » à la cour du roi Noble, le procès de Renart, les délibérations de la cour plénière en
l'absence de l'accusé, les ajournements, les semonces, les
plaidoiries, le combat et enfin le jugement. Nous avons
dit que les *Aventures de maître Renart* n'avoient pas été
publiées pour les érudits. Qu'ils les lisent pourtant ; et ils y
trouveront amplement leur compte. Nulle part peut-être ils
ne verront une peinture plus exacte et plus fidèle des mœurs

du temps. Le procès, en tout cas, les instruira mieux de la manière dont on entendoit alors l'exercice des droits et la pratique des devoirs, la liberté de la défense, les garanties contre l'arbitraire et l'injustice, que ne pourroit faire le plus gros traité sur la matière. Le livre de M. Paulin Paris va à toutes sortes de lecteurs : il est bon pour l'instruction et pour l'amusement ; il provoque le rire et appelle la réflexion.

MOREAU.

MÉMOIRES SUR LA RÉVOLUTION FRANÇOISE.

Souvenirs de quarante ans, 1789-1830; *Récits d'une dame de Mme la Dauphine* (1). — *Mémoires de Mme Elliot sur la Révolution françoise*, traduits de l'anglois par M. le comte de Baillon (2).

Tout ce qui touche à la Révolution a le privilége de captiver l'attention. Notre histoire n'a peut-être pas d'époque mieux connue. On a pénétré ses origines les plus diverses ; ses faits les plus obscurs ont été appréciés ; les avocats les plus opposés plaidant les causes les plus contradictoires ont été entendus ; les mémoires, les apologies, les diatribes de tout genre abondent : ce devroit être un sujet rebattu. Il n'en est rien. Sur ces brûlantes matières la curiosité ne meurt jamais : elle sommeille. Un rien, moins que rien, peut la réveiller. Je n'en veux pour témoins que ces deux publications dont la vogue est aujourd'hui devenue un succès.

Cet intérêt est l'honneur de notre temps. Tous, tant que nous sommes, à quelque parti que nous appartenions, quelle que soit notre manière de voir, sciemment ou non, que nous l'attaquions avec violence ou que nous la défendions avec emportement, nous sommes enfants de la Révolution. C'est notre malheur ; que ce soit du moins notre excuse et notre

(1) 4 vol. Paris, Jacques Lecoffre, 1861.
(2) 4 vol. Paris, Michel Lévy, 1861.

assez mal, et qui semble montrer que le repos parfait du corps, de l'esprit et du cœur peut conduire à l'état le plus doux et le plus désirable. »

Avons-nous eu tort de dire que tout cela est françois, très-françois, par la fraîcheur de l'imagination, par la justesse de la pensée, par la finesse du trait, par la vérité des couleurs, par la délicatesse du goût? Et qu'on veuille bien ne pas s'y tromper : tout cela est du vieux trouvère. Le « nouveau langage » seul appartient à M. Paulin Paris. C'est quelque chose au reste ; c'est beaucoup. Il n'étoit pas si aisé qu'on pourroit le croire, de traduire les vers de Pierre de Saint-Cloud et de ses rivaux avec cette fidélité, cette élégance, cette souplesse, sans leur faire rien perdre de leurs grâces naïves et de leur charmante simplicité.

D'ailleurs M. Paulin Paris a droit encore à une autre louange ; c'est d'avoir mis de l'ordre dans la confusion des récits dont se compose le *Roman de Renart*, d'en avoir ainsi retranché les répétitions, éclairci les obscurités, régularisé le mouvement, en un mot de les avoir ramenés à cette unité sans laquelle il n'y a point d'œuvre qui ne blesse le bon goût et ne lasse la patience. Le livre s'ouvre par un prologue dans lequel sont racontées la naissance de Renart et celle d'Isengrin; puis viennent dans une première partie les nombreux méfaits du traître Goupil, ses attaques perfides contre le coq, le corbeau, la mésange, ses larcins commis envers Tybert, le chat, surtout les méchants tours qu'il a joués à messire le loup, les injures graves qu'il lui a faites; et dans une seconde, la clameur d'Isengrin et de dame Hersent, « sa femme épousée, » à la cour du roi Noble, le procès de Renart, les délibérations de la cour plénière en l'absence de l'accusé, les ajournements, les semonces, les plaidoiries, le combat et enfin le jugement. Nous avons dit que les *Aventures de maître Renart* n'avoient pas été publiées pour les érudits. Qu'ils les lisent pourtant; et ils y trouveront amplement leur compte. Nulle part peut-être ils ne verront une peinture plus exacte et plus fidèle des mœurs du temps. Le procès, en tout cas, les instruira mieux de la manière dont on entendoit alors l'exercice des droits et la pratique des devoirs, la liberté de la défense, les garanties contre l'arbitraire et l'injustice, que ne pourroit faire le plus gros traité sur la matière. Le livre de M. Paulin Paris va à toutes sortes de lecteurs : il est bon pour l'instruction et pour l'amusement ; il provoque le rire et appelle la réflexion.

MOREAU.

MÉMOIRES SUR LA RÉVOLUTION FRANÇOISE.

Souvenirs de quarante ans, 1789-1830; *Récits d'une dame de Mme la Dauphine* (1). — *Mémoires de Mme Elliot sur la Révolution françoise*, traduits de l'anglois par M. le comte de Baillon (2).

Tout ce qui touche à la Révolution a le privilége de captiver l'attention. Notre histoire n'a peut-être pas d'époque mieux connue. On a pénétré ses origines les plus diverses ; ses faits les plus obscurs ont été appréciés ; les avocats les plus opposés plaidant les causes les plus contradictoires ont été entendus ; les mémoires, les apologies, les diatribes de tout genre abondent : ce devroit être un sujet rebattu. Il n'en est rien. Sur ces brûlantes matières la curiosité ne meurt jamais : elle sommeille. Un rien, moins que rien, peut la réveiller. Je n'en veux pour témoins que ces deux publications dont la vogue est aujourd'hui devenue un succès.

Cet intérêt est l'honneur de notre temps. Tous, tant que nous sommes, à quelque parti que nous appartenions, quelle que soit notre manière de voir, sciemment ou non, que nous l'attaquions avec violence ou que nous la défendions avec emportement, nous sommes enfants de la Révolution. C'est notre malheur ; que ce soit du moins notre excuse et notre

(1) 1 vol. Paris, Jacques Lecoffre, 1861.
(2) 1 vol. Paris, Michel Lévy. 1861

grandeur. Cette curiosité n'est en somme que l'expression du plus respectable des sentiments : le sentiment filial.

Au nombre des résultats de la Révolution, il faut compter comme un des plus solides, des moins contestables, l'accession de tous aux charges communes, la part d'action incomparablement plus étendue laissée à l'initiative particulière dans le gouvernement du pays. Tous sont appelés à délibérer des affaires de la république : *De quibus libet rebus republicæ*, dit l'expression latine. Mais, précisément au moment où l'on devoit espérer qu'un usage plus général de la vie publique en développeroit les vertus, ces vertus deviennent d'une plus grande rareté. D'où vient donc que cette conquête ait amené un résultat diamétralement opposé à celui que l'on étoit en droit d'attendre? D'où vient que la vie privée se soit améliorée, qu'elle ait gagné en dignité, en moralité, en vertu, tout ce que la vie politique perdoit en force, en considération, en grandeur? D'où vient, en un mot, que les vertus privées soient plus grandes, et les vertus publiques moindres? N'y auroit-il pas là un de ces problèmes dont, pour l'honneur de la nature humaine, il vaut mieux laisser la solution dans l'ombre. Les vertus politiques seroient-elles semblables à ces fruits magnifiques qui ne mûrissent qu'à force d'engrais et de fumier? Ou bien l'usage des vertus privées, en apportant à l'homme une plus grande satisfaction morale, le rendroit-il indifférent au développement de ses facultés intellectuelles ou inhabile à leur application? J'indique ces questions sans prétendre les résoudre. Mais elles seroient dignes, ce me semble, de tenter la sagacité d'un de nos grands publicistes, de ces rares écrivains qui savent mettre en relief les causes des événements et forcer l'histoire à livrer ses leçons de philosophie.

Ces deux volumes ne les résoudront pas non plus. Ils n'y prétendent pas; mais s'ils y font réfléchir, c'est déjà quelque chose. Ce sont des souvenirs personnels sur des faits auxquels leurs auteurs ont été mêlés soit par le hasard des circonstances, soit par les exigences de leur position. Tous deux ont été écrits par des femmes à un point de vue royaliste, et intéressent par eux-mêmes autant que par le caractère de leurs auteurs. C'est la Révolution vue par le petit bout de la lorgnette.

Les premiers sont dus à Mme de Béarn, dame d'honneur de Mme la duchesse d'Angoulême, de 1815 à 1830. Mme de Béarn étoit fille de la marquise de Tourzel, qui succéda à Mme de Polignac comme gouvernante des enfants de France. Un mot fait l'éloge de Mme de Tourzel : son dévouement à la famille royale fut à la hauteur des malheurs de cette famille. Les journées d'octobre, la fuite à Varennes, le 20 juin, le 10 août sont racontés par un témoin oculaire. Malheureusement le témoin étoit tout enfant alors et ne peut nous apprendre rien de nouveau sur l'ensemble de ces événements.

La partie intéressante est celle qui a trait aux journées de septembre et à l'évasion de Mme et de Mlle de Tourzel de la prison de la Force au moment même des massacres. On savoit déjà par les *Mémoires* de M. de Lavalette que l'ordre de mise en liberté de ces deux dames avoit été donné par Tallien, et que M. de Lavalette eut le bonheur de jouer un certain rôle dans cette évasion. Les *Souvenirs* de Mme de Béarn nous révèlent la coopération d'un autre acteur dont la présence dans une pareille circonstance n'est pas un des traits les moins singuliers de cette singulière époque. Je veux parler de Billaud-Varenne, l'organisateur et le directeur avec Danton des journées de septembre. Voici le passage de Mme de Béarn. Elle vient de quitter la prison, et attend dans une rue détournée l'arrivée de son libérateur, un M. Hardy : « Enfin, comme je méditois tristement sur le parti que je devois prendre, je vis venir M. Hardy ; il étoit accompagné d'un autre homme. Ils me firent monter dans un fiacre et y montèrent avec moi ; le nouveau venu se plaça sur le devant de la voiture et me demanda si je le reconnaissois. Parfaitement, lui dis-je : vous êtes M. Billaud-Varenne ; c'est vous qui m'avez interrogée à l'hôtel de ville.

—Il est vrai, dit-il ; je vais vous conduire chez Danton, afin de prendre ses ordres à votre sujet. » Arrivé chez Danton, *on prend ses ordres !* Il ratifie ce qui a été fait et l'on demande à la jeune fille chez qui elle veut être conduite. Elle désigne une Mme de Lède sa parente, dont le grand âge lui sembloit une garantie suffisante contre toute espèce de soupçon. « Billaud-Varenne s'y opposa à cause du nombre de ses domestiques, dont plusieurs peut-être ne garderoient pas le secret de mon arrivée dans la maison. Il me demanda d'indiquer une maison habitée par une personne dont l'obscurité seroit une sauvegarde pour moi. Je me souvins alors de la bonne Babet, notre fille de garde-robe. Billaud-Varenne me demanda le nom de la rue pour l'indiquer au cocher. Je nommai la rue du *Sépulcre* (rue du Dragon). Ce nom, dans un moment comme celui où nous étions, *lui fit une grande impression.* Il dit un mot tout bas à M. Hardy, lui recommanda de me conduire là où je demandois à aller, et disparut. »

Ainsi, voilà un de ces hommes dont le nom est un juste sujet d'horreur pour l'histoire, surpris en flagrant délit de commisération. Billaud-Varenne, qui a organisé les massacres en grand comme on organise une cérémonie publique, Billaud-Varenne qui a pourvu l'échafaud de milliers de victimes, Billaud-Varenne une fois dans sa vie s'est donné le plaisir de sauver une tête innocente. Pourquoi ne le dirois-je pas? Après cette révélation cet homme me paroît plus hideux encore. Cet éclair de pitié prouve que tout sentiment n'étoit pas éteint dans son âme, que sa conscience avoit gardé un vague instinct moral, et que quand il consentoit à faire le métier d'assassin, ce n'étoit nullement le fanatisme de la logique qui parloit en lui, mais quelque chose d'également absurde et de plus honteux encore : la peur et la vanité.

Une lecture attentive de ces *Souvenirs* démontre qu'ils ne nous viennent pas de première main, et n'ont pas été publiés dans leur rédaction première. On y sent la présence d'une main étrangère, celle de l'abbé ***, dit la préface, qui leur a donné un ton prétentieux et déclamatoire diamétralement opposé à l'effet que l'on a voulu produire. Il n'est pas difficile d'indiquer à coup sûr des interpolations qui pourroient faire sourire du narrateur ou des personnes dont il parle. Si la reine, quand Mme de Tourzel succéda à Mme de Polignac, lui eût dit (page 30) : « Madame, j'avois confié mes enfants à l'amitié, aujourd'hui je les confie à la vertu, » elle eût fait du même coup deux fort sots compliments. C'étoit dire à Mme de Tourzel : je ne vous aime pas ; et à Mme de Polignac : vous n'avez pas de vertu.

En outre, l'abbé *** commet des erreurs permises vers 1824, mais qui le sont moins de nos jours. Les paroles prêtées à l'abbé Edgeworth au moment où le malheureux roi montoit à l'échafaud, sont peut-être fort belles (ce n'est pas mon avis) ; malheureusement elles ne sont ni vraisemblables ni vraies. Ce n'est pas dans de pareils moments que l'on peut avoir l'esprit assez présent pour résumer ses impressions en apophthegmes aussi sentencieux ; et il faudroit plaindre le respectable abbé Edgeworth s'il avoit eu la pensée assez libre pour faire de pareils concetti sur la planche d'un échafaud. Le mot fut fait le soir même du 21 janvier, par M. de Butenval, dans une petite réunion de royalistes qui correspondoient avec le comte de Provence, et voulurent condenser en une phrase rapide l'émotion causée par ce meurtre. Il est facile de voir à la différence du ton que tout le paragraphe, depuis *Qu'elles étoient belles ces paroles !* jusqu'à *M. Edgeworth dit à ma mère*, est une des amplifications que je signale.

Au point de vue littéraire, au point de vue de l'intérêt, je préfère les *Mémoires de Mme Elliot.* Je le regrette, car comme estime, comme moralité privée, on peut croire que je fais une très-grande différence entre ces deux dames. La vie de Mme de Béarn est celle d'une sainte ; tandis qu'en fait de sainte Mme Elliot ne pourroit guère réclamer pour patronne que sainte Madeleine ou sainte Thaïs. Mais elle rachetoit ses nombreux et doux péchés précisément par ce

courage civil, par cette moralité et cette dignité politiques
dont il semble que l'Angleterre ait mieux gardé le secret
que nous. Aristocrate par naissance et par instinct, royaliste
ardente, jacobite comme on l'étoit cent cinquante ans plus
tôt sous le protectorat de Cromwell, toute prête à se dévouer
pour ses opinions et ses coreligionnaires politiques, elle n'a
pas seulement confessé sa croyance en face des bourreaux
avec une incroyable témérité; elle a encore compromis à
plusieurs reprises sa fortune, son repos, sa vie pour leur arracher toutes les victimes qu'elle a pu. Sa foi a été sincère et
a agi. Cette frêle Angloise qui n'avoit pas trente ans, si foible
contre les séductions de l'amour, habituée aux douceurs du
confortable le plus raffiné, a, aux journées de septembre,
traversé deux fois Paris, la nuit, les pieds en sang, traînant
derrière elle le marquis de Champcenetz qui défailloit tous
les cinquante pas. Elle l'a caché chez elle, sous ses matelas;
et lorsque, — après des fatigues où les forces d'un homme
eussent succombé, elle alloit prendre un peu de repos, — sa
maison est envahie par les sectionnaires, elle joue contre
eux, sentant de la main les convulsions du malheureux qui
étouffe, une partie de finesse à dérouter le diplomate le plus
madré. La scène est racontée tout au long dans les *Mémoires*,
et si elle n'étoit pas si terrible, s'il ne s'agissoit pas de la vie
de deux êtres humains, ce seroit un chef-d'œuvre d'imbro-
glio dans le genre de Beaumarchais. Le marquis fut sauvé.

Les détails caractéristiques abondent dans ce livre. Veut-
on savoir à quelles plaisanteries se livroient les geôliers envers les prisonniers confiés a leur garde? Écoutons Mme Elliot,
son récit en vaut la peine. « On avoit renvoyé le geôlier que
j'avois trouvé en arrivant et il avoit été remplacé par un
septembriseur. Depuis cette époque, notre vie ne fut plus
qu'une longue agonie; une ou deux fois je demandai à ce
geôlier un peu d'eau chaude pour me laver. « Cela n'a pas le
« sens commun, m'avoit-il répondu; rien ne peut vous sauver
« des mains du bourreau, et, comme elles sont fort sales,
« vous n'avez pas besoin de vous laver. »

« Un jour je fus affreusement impressionnée en entrant
chez le geôlier, où nous allions souvent quand nous avions
besoin de quelque chose. Il étoit assis à boire avec un élégant et beau jeune homme ; il me dit de m'asseoir et de boire
un verre avec eux ; je n'osai pas refuser. « Maintenant, dit le
« jeune homme en regardant à sa montre, il faut que je m'en
« aille. — Non, répondit le geôlier, votre besogne ne com-
« mence qu'à midi. » Je regardai le jeune homme, et le geôlier me dit : « Vous devez vous faire un ami de ce citoyen ;
« c'est le jeune Sanson, l'exécuteur, et peut-être sera-t-il
« chargé de vous décapiter. » Je me sentis défaillir, surtout
quand le bourreau me prit le cou en me disant : « Ce sera
« bientôt fait, il est si long et si mince ! Si c'est moi qui dois
« vous expédier, vous ne vous en apercevrez même pas. » Il
alloit en ce moment exécuter un pauvre prisonnier vendéen
sur la place du marché de Versailles. » Cet ancien septembriseur devenu geôlier avoit peut-être une femme et des
enfants qu'il aimoit, et quand il alloit le soir au club il devoit
y faire des phrases sur la sensibilité.

Je conseille encore la lecture du passage suivant à ceux
qui croient, — j'en connois, — que la Terreur n'a frappé que
les hautes têtes, les puissants de la veille, et qu'elle a épargné
ceux au nom desquels elle massacroit : les petits, les humbles, les souffrants, le peuple en un mot : « Un pauvre homme
et sa femme, qui avoient un petit théâtre de marionnettes
aux Champs-Élysées, furent amenés dans notre prison (aux
Carmes) pour avoir exposé une figure de cire de Charlotte
Corday, image qui étoit assez bien faite. Ces pauvres gens
étoient bons et honnêtes, et quoique nous ne puissions leur
être utiles en rien, ils nous rendoient tous les services qui
étoient en leur pouvoir. Nous espérions que, pauvres comme
ils l'étoient, ils seroient épargnés ; mais, hélas ! ils furent aussi
traînés à cet horrible échafaud, et nous donnâmes à leur
mort des larmes sincères. »

J'ai parlé du courage, de la témérité de Mme Elliot.
Écoutons ce qu'elle raconte ; ce sera ma dernière citation :

« Quand on brisa les scellés posés sur les papiers du duc d'Orléans, peu de temps après sa mort, je fus étroitement confinée dans un cachot, sans qu'il me fût permis d'avoir aucun rapport avec les autres prisonniers. A cette époque un député nommé Crasseau vint me trouver à la tête du Comité de Versailles; il étoit l'intime ami de Robespierre et possédoit de grands pouvoirs. Il visita notre prison, trouva que j'étalois un luxe insolent, que j'étois trop parfumée et que, d'après cela, je devois être royaliste. « Je l'étois certainement, « lui dis-je, sans cela je ne serois pas en prison. — Si vous « l'êtes, me répondit-il, vous irez rejoindre vos amis au cime- « tière de la Madeleine; c'est le seul séjour qui convienne aux « royalistes. — Je lui dis que j'avois bien souvent désiré d'y « être ou partout ailleurs, pour être delivrée de nos misères.— « J'aurai soin que vos souhaits soient bientôt remplis, dit-il, « c'est une *négligence* impardonnable à l'autre député, ajouta- « t-il, de ne vous avoir pas envoyée au tribunal révolution- « naire, mais je vous ferai rendre justice, puisque vous vous « avouez royaliste. — Vous n'avez jamais pu en douter, lui « dis-je, sans cela je n'aurois pas été traitée avec tant de « cruauté; je ne pense pas que vous emprisonniez les répu- « blicains; mais je vous assure que, si je l'avois été, j'aurois « fini par détester la république et fait mille fois des vœux « pour sa chute, vu tout le mal qu'elle m'a causé. » Il devint furieux, il me dit que j'irois à Paris, que je méritois qu'il m'y envoyât à l'instant, que mon nom étoit noté au Comité de salut public, que je serois bientôt menée à la guillotine, parce que j'avois été un des agents de d'Orléans pour l'Angleterre, que j'avois voulu faire roi de France un prince anglois ou d'Orléans lui-même. Il ajouta qu'il n'ignoroit pas que j'avois correspondu avec le prince de Galles, et que je n'étois bonne qu'à être mise à la gueule d'un canon. »

Si cet épais Crasseau eût été capable de la comprendre, n'étoit-ce pas lui dire : « Vous et moi n'appartenons pas à la même caste; c'est une guerre d'extermination que vous me déclarez, je l'accepte. Vous pouvez me tuer; vous ne me jugerez pas. Je suis du parti que l'on assassine, vous êtes du parti que l'on pend. »

En vérité, en lisant ces pages dégouttant le sang, en voyant partir ces charettes qui conduisent les prisonniers à la guillotine par fournées de cinquante, absolument comme l'on mène des moutons à la boucherie; on se demande si ces prisonniers n'étoient pas saisis du même vertige que leurs assassins, et si ce n'est pas un crime réel aussi grand que les crimes imaginaires pour lesquels ils étoient poursuivis, de ne pas avoir résisté par la force; et, puisqu'ils devoient périr, de n'avoir pas essayé du moins de ne pas périr seuls, de n'avoir pas tenté de sacrifier quelques-uns de leurs bourreaux à la vengeance d'un homme de cœur. Il y avoit de courageux soldats parmi ces captifs, des capitaines d'une brillante valeur, des généraux capables de former un plan et de l'exécuter. Custine, Biron, Beauharnais, Hoche n'étoient ni des poltrons ni des sots. Les escortes étoient presque toujours inférieures en nombre aux victimes; la population, lassée de carnage, eût applaudi des deux mains. Aucune tentative n'eut lieu; parce que personne, aucun homme du moins, n'eut ce courage, cette vertu publique, cette foi aveugle à une croyance politique dont Mme Elliot étoit douée. Sur un autre théâtre, derrière un autre homme que le duc d'Orléans, cette femme légère eût certainement joué un rôle très-important et très-sérieux. On ne trouve pas chez elle trace d'une défaillance, d'une hésitation, d'une foiblesse de caractère.

Ce livre offre, en outre, un autre genre de curiosité. Il fait très-bien ressortir le caractère du duc d'Orléans Philippe-Égalité. Qui ne sait à quelles haines ce malheureux prince a été en butte; quelles calomnies grotesques ou atroces on s'est plu à répandre sur son compte? Poursuivie par l'animosité des royalistes, sa mémoire a été vilipendée par le mépris des révolutionnaires, qui ont fini par lui trancher la tête comme au plus obscur des prolétaires. Pour ceux qui ont étudié de près sa conduite pendant la Révolution, il est

... ... qu'elle a été le résultat de la foiblesse de son
... ... plus que de la perversité de ses intentions.
... ... des lecteurs qui à l'étude des faits joignent
... ... et un jugement droit, est fort restreint; et il
... ... que des preuves écrites, palpables viennent confir-
... leur opinion. Ces preuves, on les trouvera dans les *Mémoires de Mme Elliot*. Grace Dalrymple avoit été la maîtresse du duc d'Orléans après avoir été celle du prince de
Galles. Elle le juge avec impartialité, avec indulgence, mais
sans aveuglement. Elle l'avoit cependant beaucoup aimé; et
j'ai rarement vu les appréciations de l'esprit moins se ressentir des égarements du cœur. Chose triste à dire! Le duc
d'Orléans lui-même n'ignoroit pas la foiblesse de son caractère. Il se savoit à la merci de misérables se servant de son
nom pour faire réussir leurs honteuses menées; il le savoit,
il l'avouoit, il se trouvoit à plaindre, il rougissoit de sa conduite, et cependant jamais il ne tenta un seul effort pour
sortir du bourbier où il avoit roulé! C'est la plus triste, c'est
la plus illustre preuve qu'en temps de révolution la foiblesse
devient aussi coupable que le crime, sans posséder son effroyable grandeur.

Ces Mémoires ont été écrits en anglois. Je ne connois pas
cette langue et ne puis juger si le traducteur, M. le comte de
Baillon, a fidèlement respecté l'original, et si sa traduction
est bonne. Je sais seulement que je l'ai lue avec un intérêt
presque fébrile et tout d'une haleine. Pour un livre qui
n'emprunte rien à l'imagination, pour un récit de faits réels,
je ne connois pas de plus bel éloge; et j'espère qu'il sera
ratifié par le public, le juge souverain.

Cte L. CLÉMENT DE RIS.

Missel de Jacques Jouvenel des Ursins cédé à la ville
de Paris, le 13 mai 1861, par Ambroise-Firmin
Didot, membre du conseil municipal de Paris, etc.
Paris, 1861 ; in-8.

On ne sauroit trop être étonné du discrédit dans lequel
sont tombés les manuscrits du moyen âge, surtout depuis la
fin du dix-huitième siècle, jusqu'à une époque qui n'est
pas encore bien éloignée de nous. En dehors des documents
historiques de toute nature que ces manuscrits renferment,
la valeur intrinsèque qu'ils peuvent avoir comme objets d'art,
quand ils sont ornés de miniatures, ou couverts d'anciennes reliures, souvent faites de matières précieuses, auroient
dû les préserver de l'abandon et du dédain qui ont été toujours des causes de destruction. Ces miniatures, ces arabesques, ces ornements en or et en couleur dont presque
toutes les pages sont ornées, ces reliures où l'ivoire, l'argent, l'or, les pierres précieuses sont employés avec une
industrie inimitable et un art souvent très-avancé, bien loin
de préserver les manuscrits du moyen âge contre des mains
sacrilèges, sont devenus, au contraire, des motifs d'un complet anéantissement. La cupidité ignorante n'a vu dans l'or
et les bijoux que des objets de lucre et s'est empressée d'en
tirer parti. Les miniatures et les vignettes ont été découpées
et grattées pour recueillir l'or qui en couvroit les fonds ; les
feuilles de vélin ou de parchemin dépecées impitoyablement, pour être converties à toutes sortes d'usages. Voilà
comment ont été détruits ces monuments du moyen âge ou
de la Renaissance, dignes à tous égards du respect et de
l'admiration.

Heureusement une nouvelle époque est commencée ; malgré le ridicule ou le dédain que certaines gens essayent de
jeter sur les amateurs fervents de ces précieuses reliques,
qu'ils accusent de bibliomanie, la valeur des manuscrits du
moyen âge, principalement des manuscrits ornés de mi-

niatures, s'accroît chaque jour, et cette valeur, il faut bien qu'on se le dise, ne fera que s'augmenter de plus en plus.

M. Ambroise-Firmin Didot, cet excellent typographe, bien connu de chacun par sa science et ses travaux, compte au nombre des amateurs de nos anciens manuscrits à miniatures. C'est un bibliophile aussi ardent qu'éclairé, qui se fait gloire, et avec raison, de la passion très-louable qui l'anime. Il a formé en quelques années une bibliothèque hors ligne, qu'on est heureux de savoir en de pareilles mains.

Au mois d'avril de cette année, quand la belle collection d'objets d'art du prince Soltikof fut mise en vente, entre tous ces reliquaires, ces meubles, ces bijoux qui composoient ce cabinet, un des plus riches que jamais particulier ait possédé, M. A.-F. Didot n'a vu qu'un seul article, c'est le missel in-folio composé au milieu du quinzième siècle pour Jacques Jouvenel des Ursins. Ce beau volume avoit été retenu par le prince Soltikof, au prix de 10 000 francs, en 1849, lors de la vente qu'il fit faire du cabinet de Debruges-Dumesnil ; M. Didot estimoit avec raison qu'il seroit payé beaucoup plus cher et que des concurrents redoutables en Angleterre ou en France étoient prêts à lui en disputer chaudement l'acquisition. On disoit même que des spéculateurs avoient réuni leurs moyens pour l'acheter en commun, le dépecer, et s'en partager les feuillets.

M. A.-F. Didot craignoit d'être vaincu par la spéculation, ou bien par l'étranger. Membre du conseil municipal de la ville de Paris, il vint trouver M. le préfet de la Seine, et lui demanda confidentiellement, si, dans le cas où le prix qu'il s'étoit fixé seroit dépassé, et tout en agissant à ses risques et périls, il croiroit pouvoir soumettre au conseil, en son nom, la proposition de l'offrir à la ville :

« La position de M. le préfet étoit délicate, ajoute M. Didot, la mienne ne l'étoit pas moins. Je ne doutois pas de sa bienveillance, mais il devoit rester sur la réserve : il fut donc convenu que j'agirois à mes *risques et périls*, puisqu'en définitive mon but étoit d'assurer à la ville de Paris la posses-

i

sion d'un manuscrit, sauf plus tard à s'entendre *quant à la jouissance de l'usufruit.*

« Après plusieurs enchères, le manuscrit me fut adjugé à 34 250 francs, plus les frais, à l'acclamation générale du public joyeux de voir qu'il ne sortiroit pas de France. »

Avant de faire connoître Jacques Jouvenel des Ursins, pour qui ce livre a été composé, ainsi que les autres personnages qui, après lui, l'ont possédé, je vais en donner une description succincte, mais aussi complète que possible, d'après les détails que je trouve épars dans l'opuscule de M. Firmin Didot.

Ce magnifique pontifical, qu'on a souvent désigné sous le nom de *missel*, mais à tort, forme un volume grand in-folio, composé de 227 feuillets de parchemin, couvert d'une reliure toute moderne, assez bien établie, en maroquin rouge. Ce volume est orné de deux grandes miniatures à pleine page, de cent trente-huit autres miniatures, toutes encadrées dans de grandes lettres initiales richement peintes, de dimensions différentes : vingt-six ont de 16 à 18 centimètres ; soixante et onze de 10 à 11, et quarante et une de 6 à 8. Les lettres *tourneures*, toutes en couleur, sur un fond d'or, enrichi de rinceaux, de fleurs, de fruits, d'armoiries, sont au nombre de TROIS MILLE DEUX CENT VINGT-DEUX. Des deux cent trente-huit pages enrichies de bordures, vingt-huit sont complétement entourées ; quatre-vingt-six ne le sont qu'aux trois quarts, cent vingt-quatre ne sont décorées que sur la marge extérieure. Bien que quatre siècles se soient écoulés depuis l'exécution de ce beau livre, les peintures ont conservé un éclat et une fraîcheur tels qu'on les croiroit sorties depuis peu de jours des mains de l'artiste. L'écriture en gros caractère jusqu'au feuillet 184, et en caractère moyen jusqu'à la fin du volume, est toujours belle et nette. Le grand nombre d'antiennes, de préfaces, les différentes parties notées sont très-distinctes. La prose écrite en rouge, page 176, indique que le rite est celui de Poitiers.

Les armoiries de la famille des Ursins, un ours, debout, soutenant un écusson, étoient répandues à profusion dans les bordures qui décorent chaque feuille de ce volume. Elles ont été presque partout recouvertes par les armoiries du second propriétaire, Raoul du Faou; cependant elles sont encore très-visibles dans la grande miniature, page 135, où Jacques Jouvenel est représenté à genoux, élevant les yeux vers le Rédempteur. Parmi les ornements qui décorent les marges de ce volume, on voit souvent un aigle brun qui tient l'écusson des Jouvenel des Ursins. Cet écusson est bandé d'argent et de gueules de six pièces, au chef d'argent chargé d'une rose de gueule soutenu d'or. A la page 96, cet aigle est d'argent avec une couronne sur le corps; dans le haut de cette même page cet aigle est peint en blanc, tenant au bec une devise écrite sur un fond tricolore, et ainsi conçue :

A VOUS ENTIER. — J'EN SUIS CONTENTE.

Cette devise est répétée sur plusieurs autres pages. On trouve encore dans ces bordures les deux lettres Y. P. toujours entrelacées. Il est difficile d'expliquer d'une manière satifaisante cette devise et ces lettres, qui s'appliquent évidemment au premier propriétaire du manuscrit.

Les peintures qui décorent ce volume ne se recommandent pas seulement par le nombre et la variété, elles sont pour la plupart des œuvres d'art d'une grande perfection, d'une valeur inappréciable et d'une originalité qui les distingue de toutes les productions du même genre. Les recherches auxquelles se livrent des amateurs zélés de nos antiquités nationales, et dont chaque jour ils publient les féconds résultats, prouvent qu'il s'est établi pendant le moyen âge, et jusqu'à la fin du quinzième siècle, dans plusieurs grands centres de la France, tels que Paris, Tours, Rouen, etc., des écoles de peintres-miniaturistes qui ont produit des œuvres aussi belles que multipliées. La majeure partie de ces œuvres a péri, quelques-unes seulement sont

arrivées jusqu'à nous, et sont très-recherchées aujourd'hui.
Je renvoie à l'opuscule de M. A.-F. Didot, le lecteur curieux de détails sur ce point encore bien peu connu de
l'histoire de l'art françois, et je me contente de signaler trois
miniatures d'une exécution très-remarquable, qui représentent trois monuments de Paris, d'une grande célébrité,
dont un seul est resté debout de nos jours. La première
de ces miniatures se trouve à la page 55, et nous montre la place de Grève et l'Hôtel-de-ville, qu'on nommoit
alors la Maison aux piliers, tels qu'ils étoient au milieu du
quinzième siècle. Une procession de la sainte Hostie sort de
l'église de saint Jean-en-Grève, dans laquelle étoit conservée
l'hostie miraculeuse, sauvée de la main sacrilége d'un juif.

Au milieu de la foule, hommes et femmes, tous en habits
de fête, on distingue, vers la gauche, Jouvenel des Ursins à
genoux devant la châsse portée sur un brancard par deux
chanoines. Cette châsse est entourée des clercs de la con-
frérie, qui soutiennent au-dessus de la châsse un dais fleur-
delisé, couvert de fleurs jetées des fenêtres. Je passe d'autres
détails donnés par M. Didot, dans son opuscule (p. 40) sur
cette curieuse miniature, qui déjà a été gravée, mais qui mériteroit d'être reproduite en or et en couleur.

La seconde miniature offre la représentation du chœur
de la Sainte-Chapelle de Paris, avec les dispositions particulières de son enceinte, ses escaliers tournants enfermés dans
deux tours et ses vitraux. La châsse de saint Louis, resplen-
dissante d'or, est surmontée de la statue de ce roi. Le
trésor, le reliquaire contenant la couronne d'épines sont
reproduits avec une admirable perfection. Jouvenel des
Ursins figure encore parmi les personnages agenouillés devant
l'autel. Les détails de cette belle miniature sont traités avec
une admirable perfection. Si on la regarde attentivement
pendant plusieurs minutes, on voit briller la flamme de
chacun des sept flambeaux placés sur l'autel.

Enfin, la troisième miniature, qui se trouve à la page 96,
non moins curieuse que les deux autres, représente un

cimetière qui n'est autre que celui des Innocents, avec ses
charniers, ses croix, sa tour octogone, et la chapelle où
l'office des morts étoit chanté chaque jour.

Bien que ce beau livre ait été écrit à l'usage du diocèse de
Poitiers, on ne doit pas être surpris d'y trouver la reproduction de plusieurs monuments de Paris, quand on connoît la
vie du personnage qui l'a fait exécuter. Jacques Jouvenel des
Ursins étoit le septième fils du célèbre prévôt des marchands
Jean Jouvenel, qui mourut en 1431. Premier pair de France,
archidiacre de Paris, président des comptes, trésorier de la
Sainte-Chapelle, Jacques Jouvenel des Ursins devint en 1444
archevêque de Reims, dignité dont il se démit en faveur de
son frère aîné, après avoir été institué patriarche d'Antioche
par le pape Nicolas V, qu'il avoit contribué à faire élire.
Le 5 novembre 1449, l'administration du diocèse de Poitiers
fut confiée à Jacques Jouvenel, qui obtint, le 30 du même
mois, l'évêché de Fréjus, dignité qu'il échangea contre celle
de prieur de Saint-Martin-des-Champs, à Paris. Il mourut à
Poitiers le 12 mars 1457. Ainsi, le pontifical qu'il a fait
exécuter date des années 1449 à 1457.

Après la mort de Jacques Jouvenel, ce livre devint la propriété de Raoul du Faou, gouverneur et sénéchal du Poitou,
le 8 juin 1468, commandeur de l'abbaye de Saint-Julien-de-
Nouaillé, au diocèse de Poitiers, évêque d'Évreux en 1478.

Raoul du Faou paroît avoir tenu beaucoup à la propriété
de ce manuscrit; il a fait, dans plusieurs endroits, effacer
les armes de Jouvenel des Ursins pour y placer les siennes,
qui sont d'azur à la fleur de lis d'argent, accostée de deux
colombes de même. A sa mort, il en fit don, soit à son chapitre, soit à quelque communauté d'Évreux.

Trois siècles plus tard, ce livre étoit devenu la propriété
de M. Masson de Saint-Amand, conseiller du roi en 1790,
préfet du département de l'Eure en l'an VIII (1800).

J'ai entendu dire qu'il avoit été donné à cette époque à
M. de Saint-Amand.

Après 1830, ce livre fut mis en vente par la famille du

dernier propriétaire, montré à quelques libraires et offert à
M. Dusommerard au prix de quatre mille cinq cents francs.
Cette somme, qui nous paroît aujourd'hui bien modique,
étoit alors très-élevée pour un manuscrit. Dusommerard in-
diqua le volume à un autre amateur mieux traité que lui des
dons de la fortune, et M. Debruges-Dumesnil s'empressa de
conclure un marché qui, à tous les points de vue, étoit des
plus avantageux. J'ai dit plus haut que le prince Soltikof,
devenu propriétaire de la collection Debruges, sous la condition de la mettre en vente, retint ce manuscrit dont les
enchères furent poussés jusqu'à dix mille francs. Il y a quelques mois, M. Didot, pour en assurer la possession à la
France, fut obligé de soutenir son enchère au delà de
trente-quatre mille francs. Voilà un livre qui, depuis trente
ans, n'a rien perdu de sa valeur.

Par une transaction des plus honorables pour les deux
parties, et dont on pourra lire les détails à la fin de l'opuscule de M. Didot, la ville de Paris est devenue propriétaire
du missel de Jacques Jouvenel des Ursins ; le sort de ce
beau livre, est ainsi à jamais fixé. Que l'on dise maintenant que la bibliomanie bien entendue ne peut pas rendre
quelque service !

Le Roux de Lincy.

NOUVELLES ET VARIÉTÉS.

Pendant que la Belgique continue la collection des *Acta
Sanctorum* interrompue depuis plus d'un demi-siècle, la
France prépare une troisième édition de ce recueil important. M. J. Carnandet, bibliothécaire de Chaumont, secondé par des savants spéciaux et appuyé du patronage
des membres les plus illustres du clergé françois, sera mis
à la tête de l'entreprise. La collection des *Acta Sanctorum*,
dite des *Bollandistes*, sera en quelque sorte le nobiliaire de
la chrétienté ; remercions donc l'éditeur courageux qui va

mettre à la portée du plus grand nombre, ces chefs-d'œuvre
de la foi et de l'art de nos pères, nous n'avons tous qu'à
gagner à une publication si opportune.

Voici le prospectus qui nous est adressé et auquel nous
accordons avec empressement l'hospitalité :

Acta Sanctorum, par les RR. PP. jésuites Bollandistes,
(du 1er janvier au 15 octobre), réimpression textuelle, publiée
par les soins de M. J. Carnandet et d'une réunion d'historiens, sous la direction des RR. PP. Bollandistes, de
Bruxelles, cinquante-quatre volumes in-folio, de douze
cents pages, à deux colonnes, avec les gravures de la première édition, beau papier, beaux caractères et belles
marges. Prix : 25 francs le volume pour les 500 premiers
souscripteurs ; le prix sera porté à 35 francs pour les souscriptions ultérieures. Il n'existe pas de collection hagiogra-
phique plus complète que celle des *Acta Sanctorum*, publiée
par les RR. PP. Jésuites Bollandistes, et c'est à cet immense
recueil surtout que l'on peut appliquer ce qui a été dit d'un
ouvrage remarquable de Dom Prosper Guéranger, l'*Année
liturgique : «* C'est la manifestation de Jésus-Christ et de
ses mystères dans l'Eglise et dans l'âme des fidèles, c'est le
cycle divin où rayonnent à leur place toutes les œuvres de
Dieu. *»* Aussi Dom Pitra, si compétent en pareille matière,
s'écrie-t-il en parlant des *Actes des Saints : «* Qu'on veuille
avec un cœur droit en toucher seulement le seuil, il en sortira une vertu : ce sont, de page en page, les saints qui
passent pour guérir nos langueurs, nous raffermir et nous
consoler. *»* — « Une prison cellulaire avec les Bollandistes,
dit M. E. Renan, dans ses *Études d'histoire religieuse*,
seroit un VRAI PARADIS. *»* M. de Reiffenberg avoit, avant
M. E. Renan et Dom Pitra, manifesté son admiration pour
ce gigantesque travail dans les termes suivants : « Quelle
que soit l'opinion, l'Église que l'on a choisie, la philosophie
dont on a suivi les principes, croyants ou sceptiques, zélés
ou indifférents, catholiques ou disciples de Luther et de
Calvin, pourvu qu'ils aiment les lettres et qu'ils ne renient

pas le passé, tous vénèreront les *Acta Sanctorum* COMME UN
DES MONUMENTS LES PLUS ÉTONNANTS DE LA SCIENCE. »

Forts de ces précieux témoignages et de ceux d'Alexandre VII et de Benoît XIV, des Bellarmin, des Bona, des
Fontanini, des Mabillon, des du Cange et des Muratori,
nous nous proposons de donner une nouvelle édition des
Acta Sanctorum, ce monument devant lequel Napoléon et
Turenne se sont inclinés, et auquel ont rendu· un respectueux hommage de Hammer et Gœrres, en Allemagne; et,
en France, Monge, au nom de la science; Guizot, au nom
de l'histoire; et Saint-Marc Girardin, au nom des lettres;
comme l'avoient fait jadis les plus illustres protestants :
Leibnitz, Meibom, Bayle, Ludowig et Fabricius.

Nous l'écrivions à NN. SS. les évêques de France, en leur
annonçant notre projet : « Rééditer cet ouvrage, devenu
très-rare et excessivement cher, c'est non-seulement rendre
service à la science historique, faciliter la recherche et l'intelligence des documents anciens, rappeler aux différents
diocèses du monde catholique leurs titres de gloire, c'est
encore élever en l'honneur de la religion un monument
digne d'elle. »

Certes, nous ne nous dissimulons pas la difficulté ni le
péril de notre tâche. Nous savons ce qui manque aujour-
d'hui, malgré les progrès de la typographie et les ressources
de la publicité, pour soutenir une œuvre semblable. Autrefois des congrégations puissantes et nombreuses, des noms
illustres, la faveur royale, d'opulents Mécènes couvroient
une généreuse pensée d'un splendide patronage. Un public
grave et studieux accueilloit avidement l'œuvre naissante,
et les bibliothèques du clergé, des monastères, des grandes
villes, des magistrats, des hommes de lettres tenoient à
honneur de s'ouvrir devant le nouvel ouvrage. La célébrité
s'attache aujourd'hui à d'autres œuvres moins austères. Il
ne reste donc pour nous encourager que le dévouement des
personnes dont la sympathie est acquise aux grandes et
fortes études.

Grâce à Dieu, les hommes de goût et de science qui consacrent chaque année une somme de 80 à 100 fr. à l'achat de livres plus ou moins remarquables sont nombreux encore, et nous estimons qu'il sera facile de trouver les 500 souscripteurs dont nous avons besoin pour conduire notre entreprise à bonne fin. Notre voix d'ailleurs a déjà été entendue, et, à l'heure où nous écrivons (25 juin), sans que nous ayons lancé un seul prospectus, nous avons déjà reçu l'adhésion de 158 évêques, supérieurs de séminaires et de communautés religieuses, bibliothécaires et savants, qui auront, avec nous et comme nous, la satisfaction d'avoir rendu un immense service à l'histoire et au monde catholique, en nous mettant à même de populariser cet « ouvrage, l'un des plus utiles à l'Église et des plus glorieux, » selon la parole d'Alexandre VII.

Nos souscripteurs ont compris qu'il y a ici autre chose qu'une spéculation commerciale, ils y ont vu une œuvre opportune et toute sociale. Au moment où tout demande au passé le présent et l'avenir, où l'histoire, la législation, les institutions, les monuments, les mœurs, la vie intime des générations antérieures revivent et dissipent tant de préjugés, c'est répondre à la pensée de tous les esprits, c'est faire acte d'un zèle que tous les cœurs comprendront, que d'ébiter à ses risques et périls les purs enseignements du passé.

Convenoit-il, en réimprimant les Bollandistes, d'y introduire des annotations et des additions en assez grand nombre pour compléter le travail des savants historiens? Quelques lecteurs l'auroient peut-être désiré. Mais des notes et des additions de cette nature, malgré leur mérite littéraire ou historique, n'auroient pas la moindre autorité sans la reproduction des pièces justificatives à l'appui. Or, seroit-il possible d'entreprendre un travail de ce genre sans donner à l'œuvre des Bollandistes, déjà si volumineuse, des développements considérables qui en augmenteroient de beaucoup l'étendue? Mieux vaudroit la refondre. Nous n'avons

pas ce dessein, louable peut-être, mais à coup sûr téméraire et périlleux. Notre but est de reproduire les *Acta
Sanctorum* tels qu'ils sont sortis des mains savantes et
pieuses de leurs auteurs, avec leurs qualités et leurs défauts.
La nouvelle édition ne retranchera rien au texte primitif;
mais, et cette amélioration est d'une haute importance, elle
y ajoutera l'indication de toutes les corrections et additions disséminées dans les cinquante-quatre volumes des
Acta.

Les anciennes éditions des *Acta Sanctorum* ne se vendent pas moins de 3600 à 4000 fr., et encore, à ce prix,
est-il difficile de rencontrer des exemplaires complets.

La nouvelle édition (du 1ᵉʳ janvier au 15 octobre) se
compose de 54 volumes in-folio, de 1200 pages environ, à
deux colonnes, avec gravures, au prix de 25 fr. le volume
pour les 500 premiers souscripteurs. Pour les souscriptions
ultérieures, le prix sera porté à 35 fr. — Un seul volume de
l'ancienne édition se vend de 60 à 90 fr.

Six volumes au moins seront publiés chaque année de
manière que cette nouvelle édition soit complétement terminée pour le 1ᵉʳ janvier 1870. On peut être certain que
l'exécution typographique ne laissera rien à désirer. L'ouvrage sera imprimé sur beau papier fort et collé, et avec
des caractères entièrement neufs et fondus exprès. Il sera
tiré quelques exemplaires sur papier vergé, au prix de 45 fr.
le volume, et quelques autres sur papier de Hollande, au
prix de 70 fr. Nous donnerons, en tête de chaque volume,
les noms des souscripteurs.

———————

Paris, le 10 août 1861.

Mon cher Techener,

J'ai vu avec peine dans votre *Bulletin* de mai dernier un
compte rendu de la séance du 24 de ce mois, dans laquelle
la Société des Bibliophiles a procédé à l'élection d'un nou-

veau membre. Nos votes sont secrets et il est tout à fait contraire à nos usages de faire connoître au public le nombre de voix qu'obtiennent les candidats. Les personnes qui vous ont donné ces renseignements ont eu, en outre, le tort de vous fournir *des chiffres inexacts*. Il est donc à regretter doublement que vous ayez cru devoir les publier.

Je vous prie d'insérer cette lettre dans le premier numéro de votre *Bulletin*, et je vous renouvelle l'assurance de mes sentiments affectueux.

Baron Jérôme PICHON,
Président de la Société des Bibliophiles françois.

A M. TECHENER, éditeur des *Historiettes de Tallemant des Réaux*.

Monsieur,

Dans l'édition nouvelle des *Historiettes de Tallemant des Réaux*, annotée par MM. de Montmerqué et Paulin Paris, j'ai vainement cherché la mention d'un fait qui ajouteroit, s'il étoit besoin, à la certitude de l'existence de l'auteur des *Historiettes*, et qui, dans tous les cas, confirmeroit ce qui a pu être dit sur le rôle que Tallemant des Réaux a joué dans le monde littéraire vers le milieu du dix-septième siècle.

Dans une édition des œuvres de M. de Voiture, imprimée à *Paris, chez la Vᵉ Mauger, au quatrième pilier de la grand-salle du Palais — au Grand Cyrus —* 1707; A. P. d. R., on lit, après la table du tome Iᵉʳ :

PRIVILÉGE DU ROY.

« Louis, par la grace de Dieu, Roy de France et de Navarre : à nos amez et féaux, etc.... salut. Notre chère et bien amée Marie Hardouin, veuve de François Mauger, vivant marchand libraire de nôtre ville de Paris, nous a fait remonstrer qu'elle a achepté a grands deniers tous les exemplaires des œuvres de Voiture, tant en grand qu'en petit volume, qui se sont trouvez en grand nombre, avec fort peu de temps de privilége pour les débiter, mesme qu'elle a soutenu un procès en nôtre conseil contre *Gedéon Tallement, sieur de Réaux*, qui avoit surpris un privilége dudit livre, duquel il est decheu avec despens envers l'exposante, par arrêt du 12 aoust 1681, la poursuite duquel procez a empesché ladite exposante de pouvoir débiter les exemplaires dudit livre, dont le privilége est prêt à expirer, etc.. etc.....

« Donné à Saint-Germain en Laye, le 9ᵉ avril de l'an de grace 1682, et de nôtre règne le trente-neuf. Signé par le Roy en son conseil, Juncquières, et scellé.

« Registré sur le livre des libraires imprimeurs de Paris, le 11 avril 1682. Signé : C. Angot. »

Suit l'approbation de M. de Fontenelle, de l'Académie françoise, 17 février 1702.

Peut-être, en recherchant le texte de cet arrêt du conseil, du 12 août 1681, trouveroit-on quelques détails intéressants sur l'auteur des *Historiettes* et sur cette édition de Voiture, pour laquelle il avoit *surpris* un privilége.

M. DE BARBEREY.

Château de Matignon, à Essay (Orne).

A M. TECHENER, *directeur du* Bulletin du Bibliophile.

Monsieur,

Je viens seulement de lire les *Lettres inédites tirées des Archives communales de Tours*, excellente et curieuse publication de mon honorable ami, M. Victor Luzarche, et cette lecture m'a permis de remarquer, dans l'article que le *Bulletin du Bibliophile* (mois de mai dernier) a consacré à l'examen de l'ouvrage, deux méprises que l'auteur de cet article ne manquera pas de regretter. Les voici :

1. M. V. Luzarche avoit annoncé, dans sa Préface, qu'il

ne prétendoit pas continuer jusqu'au règne de Louis XIII
la série des lettres qu'il publioit. Or, de ce que la dernière
des lettres du règne de Henry IV trouvées dans le recueil manuscrit de Tours étoit de l'année 1594, il ne falloit
pas en conclure, comme on l'a fait dans le *Bulletin*, que
M. V. Luzarche commettoit « une grosse bévue chronologique, » et prenoit cette année 1594 pour la dernière du
règne de Henry IV. Assurément, le reproche est des plus
singuliers et des plus inattendus.

2. Le *Bulletin* dit encore, que M. V. Luzarche « a surveillé le classement et pas assez l'impression de ces lettres. » L'observation est bien sévère et, à mon humble
avis, très-injuste ; mais au moins le critique eût-il bien fait
de lire avec plus d'attention le livre dont il rendoit compte.
Par exemple, quand M. V. Luzarche dit judicieusement de
la grande collection des Archives de Tours (1), « que ces archives pourroient fournir de documents inédits, pendant
plusieurs années, les Mémoires de la Société archéologique de Tours, » il n'eût pas fallu supposer que M. V. Luzarche le disoit du recueil particulier qu'il mettoit à contribution. Et si la *méprise* est ici *fort grave*, ce n'est pas à
l'éditeur des *Lettres inédites* qu'on peut la reprocher.

Tout à vous, mon cher monsieur Techener.

PAULIN PARIS.

Avenay, 1er septembre 1861.

---

(1) L'honorable critique transporte dans la bibliothèque publique de Tours les
Archives municipales de la ville; c'est une autre méprise.

CATALOGUE RAISONNÉ

DE

LIVRES ANCIENS, RARES, CURIEUX QUI SE TROUVENT EN VENTE

A LA LIBRAIRIE DE J. TECHENER.

(Juillet-Août 1861.)

194. COURVAL (*Sonnet* de). Satyre contre les charlatans et pseudomédecins empyriques. *Paris, J. Millot*, 1610; in-8, portr., v. f. fil. tr. dor. (*Piqûres.*) •——•

Livre rare. — Sonnet de Courval naquit à Vire (Normandie), vers 1577. Il fut reçu docteur en médecine à Montpellier, et vint habiter Paris. Cependant, il est plus connu comme poète que comme médecin. Dans la préface de sa *Satyre ménippée* contre les femmes, il avoit promis de publier d'autres satires en vers; « mais depuis ayant eu advis que la façon et forme de telles marchandises estoit pour le présent trop commune et triviale en France, n'y ayant pour la jourd'huy si failly pédant d'escolle, mortepaie ou soldat des gardes, qui ne s'efforce de donner à ses pédantesques ou soldatesques conceptions le coin et le caractère poétique, cela m'a donné subject de changer et effacer leur première façon et figure, pour leur donner le caractère de la prose. » Il résulte de ce passage que de Courval avoit écrit en vers la satyre contre les charlatans, et que, par les motifs qu'il explique, il la publia en prose. Toutefois, l'auteur ne put se décider à détruire entièrement son œuvre poétique, et l'on trouve encore, dans le texte de cette satire, près de deux cents vers qui appartiennent évidemment à la composition primitive.

Les pièces liminaires sont : une *dédicace* à Nicolas de Pelvé, comte de Flers, dont le portrait en médaillon est gravé en regard de l'épître ; un *avis* au lecteur ; des *stances*, par de Courval; une *ode*, par Angot de l'Esperonière; une *épigramme* latine, de Jac. de Crioult, médecin, et deux *sonnets*. Le volume est orné d'un portrait de l'auteur, gravé par Léonard Gaultier. On lit dans la bordure: « Thomas Sonnet, sieur de Courval, docteur en médecine, âgé de 33 ans; 1610. » Et au-dessous du portrait, le quatrain suivant :

> Vire fut mon berceau, ma nourrisse et mon laict;
> Caen, l'unique séjour de mon adolescence ;
> Paris, de ma jeunesse ; et maintenant la France
> A mon nom, mes escrits, mon corps en ce pourtraict.

Cette satire, en prose, est dirigée contre les charlatans, les médecins spagyriques et les médecins magiciens, ou *iatromages*. L'auteur débute par une analyse anatomique des diverses parties du corps humain; après quoi il attaque vivement les charlatans, à qui, par leur cajol, séduisent le peuple et seront enfin cause de la ruine universelle de la médecine et de la république. Car ce ne sont qu'asnes qui ne sçavent rien du tout, esprits subtils à tromper, cerveaux mal timbrez, gens, en un mot, qui n'ont pour fondement que l'ignorance, pour préceptes que l'effronterie, pour régles que la vantance, pour théorèmes que la tromperie, et pour but final qu'un désir singulier de tirer subtilement l'élixir de noz bourses, si qu'avec l'électuaire et recepte composée de trois livres d'impudence et d'effronterie de la plus fine qui croisse en un rocher qui s'appelle front d'airain, deux livres de vaine ostentation, une livre de belles promesses assaisonnées de mensonge, trois livres et demie de tromperie, quatre onces de bonne mine cuite au jus de douces paroles : et la decoction passée et coulée à l'estamine de large conscience, ils vous promettront et assureront avec cette recepte et composition charlatanesque, de guarir effrontément toutes sortes de maladies. » Enfin, de Courval démasque les ruses et les tromperies des charlatans, et déclare qu'il faut les exiler et bannir à perpétuité. Cette première partie est suivie d'une longue dissertation sur l'antimoine, remède dont l'usage « est extrèmement dangereux et préjudiciable au corps humain. »

La seconde partie est consacrée aux médecins spagyriques, extracteurs de quintessences, fondeurs d'or potable, alchimistes, etc. L'auteur démontre l'impuissance des adeptes du grand œuvre, les dangers de leurs remèdes chimiques, et il conclut en disant « qu'ils devroient estre bruslés et enfumés, ainsi que renards dans leurs tanières, ou bouillis avec leurs huiles distillées, comme on fait les choux en Daulphiné. »

La troisième partie traite des iatromages, ou « médecins qui usent de charmes, caractères, sorts, images, conjurations et invocations de démons, à la cure des maladies. » L'auteur combat les pratiques des iatromages, mais il croit à leur efficacité. Il cite plusieurs cures merveilleuses opérées par ce moyen, et il ajoute : « Je laisse maintenant à juger d'où peuvent procéder telles guarisons, et si elles sont pas puisées et tirées du plus profond du lac sygieux de Pluton, et des croupissantes fondrières de l'enfer. » Aussi, dévoue-t-il, sans miséricorde, ces détestables et diaboliques iatromages aux supplices, aux cachots, aux fers, aux roues, aux gibets, aux flammes.

De Courval, qui fait une si rude guerre aux charlatans et aux pseudomédecins, a cependant terminé son livre par une liste fort étendue de remèdes étranges. Il vante les propriétés de la pierre sélenite, du jaspe, du cœur de l'hirondelle. « Un canard appliqué tout vif sur le ventre, apaise les coliques; une araignée vive, enclose dans une coquille de noix et portée au col, guérit la fièvre quarte; les yeux d'une grenouille vive, suspendus au col, guérissent la fièvre tierce; la dent d'une taupe, par le seul toucher, guérit le mal de dents, etc., etc. » Voilà des recettes que n'auroient répudiées ni Mondor, ni *il signor* Hieronymo.

Cette satire, hérissée de citations grecques et latines, renferme une foule de détails singuliers.

Nous remarquons qu'au sujet de ce livre, une erreur s'est glissée dans le *Bulletin* du mois de septembre dernier, page 4578, art. 639. Nous avons dit, par inadvertance, que les *Tromperies des Charlatans descouvertes* étoient la *traduction en prose* d'un fragment de la satire de Courval. Or, l'erreur est flagrante, puisque cette satire est elle-même écrite en prose.

C'est le hasard, M. Techener aidant, qui a réuni sous nos yeux ces deux rares ouvrages. Comme ce hasard pourroit ne se reproduire jamais, nous avons profité de l'occasion pour comparer entre elles ces publications.

L'éditeur de 1619 n'a extrait que 46 pages des 335 pages de la satire de 1610. On trouve ces fragments aux pages suivantes de la satire : 4, 2, 21-26, 81-83, 97-98, 400-108, 109, 111-113. Le nouvel éditeur a retranché les citations grecques et latines, et n'a conservé que six vers françois; puis, il a ajouté quelques phrases pour compléter le sens ou pour servir de transitions; enfin, il a changé

certaines tournures. Ainsi, aux témoignages précis de Courval : « J'ai veu plusieurs de tels charlatans en Avignon. » — « Je veis, il y a sept ou huict ans, à
Paris ; » l'éditeur de 1619 a substitué ces vagues indications : « Se sont veuz plusieurs charlatans en Avignon. » — « Il y a quelque temps qu'à Paris. » Les fragments imprimés en 1619 étoient uniquement dirigés contre les charlatans de
l'époque. C'est donc avec raison que Tabarin écrivoit dans sa reponse : « Je scay
que malicieusement et à dessein le susdit livre, intitulé *La Tromperie des Charlatans*, a esté publié, non à autre intention, que pour me faire perdre l'amitié que
vous me portez.... » La satire de 1610, ayant paru huit ans au moins avant l'entrée de Tabarin à Paris, ce farceur n'eut point à s'en préoccuper ; mais il se défendit avec habileté contre le *libelle* composé en 1619 avec des lambeaux de la
satire de Courval. — Il faut bien se garder, sous peine de commettre un anachronisme, de confondre *il signor Hieronymo*, qui, escorte de quatre violons et de
Galinetta, vendoit ses drogues dans la cour du palais, vers 1602, avec Tabarin, le
bouffon de Mondor, établi sur le Pont-Neuf, vers 1619.   Ap. B.

195. LESCAIGNE (*Tristan de*). Disputation entre l'Homme
et la Raison. Composé nouuellement a lonneur de la
glorieuse Vierge Marie, Mère de Dieu. *On les vend à
Paris, en la rue neufue Nostre Dame, à l'enseigne Sainct
Nicolas (Denys Janot)*, s. d.; pet. in-8, fig., mar. v. fil.
tr. dor. (*Trautz-Bauzonnet*.). . . . .   120—»

CHARMANT EXEMPLAIRE, à grandes marges, d'un livre très-rare et singulier. Ce
volume, imprimé en lettres rondes fort élégantes, est orné de huit figures sur
bois et d'initiales fleuries. La gravure du quatrième feuillet, *verso*, est signée de
la croix de Geoffroy Tory; quelques-unes des lettres fleuries sont évidemment du
même artiste. Ce livre, sans date, porte sur le dernier feuillet la marque de Denys
Janot, qui exerçoit à Paris de 1536 à 1550 : c'est l'époque de la composition de
cet ouvrage, en forme de dialogue entre l'homme et la raison, que Tristan de
Lescaigne, prêtre, licencié en droit romain et bachelier en droit canon, dédia à
Louis, cardinal de Bourbon, archevêque de Sens, évêque-duc de Laon et pair de
France ; ce prince mourut en 1556.

Le titre seul est en françois ; les sommaires et le texte sont écrits en latin.
Mais l'auteur n'étoit pas fort en thème, et ses phrases ressemblent quelquefois à
de la prose macaronique. Ainsi, on lit (fol. 15, v°) : *Cum regnaret ultionum Deus
et faceret magnalia in Ægypto, mirabilia in terra Cham, terribilia in mari Rubro.
Cum etiam aquas diluvii immisit super terram Sodomam et Gomorram aliasque
civitates deglutivit et abimari fecit.* On disoit depuis trop longtemps que Sodome
et Gomorre avoient été détruites par le feu. Lescaigne a changé tout cela. D'après
ses renseignements particuliers, ces deux villes ont été abîmées par les eaux d'un
déluge.

Cet ouvrage est divisé en dix chapitres. Le premier a pour titre : *Querulosa hominis cum ratione disputatio*. On trouve, dans ce chapitre, le récit de désastres
extraordinaires advenus en France à diverses époques, tels que la peste et la famine sous Charles VII : le septier de froment valut alors jusqu'à huit livres tournois. Sous Charles VI, des tremblements de terre, des tempêtes et des ouragans
terribles jetoient les poissons sur le rivage, deracinoient les plus gros arbres et
les emportoient à travers les airs. Des villes entières glissoient sur les pentes des
montagnes, parcouroient ainsi plusieurs *kilomètres*, et s'arrêtoient dans les vallées
sans avoir éprouvé le moindre dommage. Des pluies de pierres assommoient les
passants : *Lapides enim in quantitate ovorum quadranguli mixti cum pluvia de cœlo*

cadentes multos homines occidere. Bien plus; des corbeaux et d'autres oiseaux portoient dans leur bec des charbons ardents, avec lesquels ils incendioient les maisons. Lescaigne raconte que la peste, les tempêtes, les inondations et les tremblements de terre sont envoyés de Dieu pour punir les François de la *difformité* de leurs habits. « En effet, dit-il, les François aiment tant la nouveauté, qu'une mode d'habits dure à peine dix ans. Ils les portent ou trop étroits, ou trop larges, ou trop courts, ou trop longs. » Dix ans! mais c'est l'éternité. Dix jours suffisent bien à l'existence d'une mode. Oh! quelles tempêtes, quels ouragans devroient aujourd'hui dévaster Paris et faire voltiger les arbres des boulevards pardessus les toits!

Le troisième chapitre, *De conceptione singulari Virginis Mariæ*, renferme des passages très-singuliers. L'auteur démontre que la Vierge est née exempte du péché originel. « Vous répétez, d'après saint Paul, que tous les hommes, sans exception, sont entachés du péché originel; mais, lorsqu'un prince fait grâce à un condamné, il le rétablit dans son état primitif. Ainsi, Dieu a fait grâce à la Vierge et l'a rétablie dans l'état de pureté qui existoit *avant qu'Adam n'eût péché*; et Satan n'avoit pas le droit d'invoquer en sa faveur la *prescription.* » Nous ne suivrons point Lescaigne dans ses raisonnements, plus curieux que concluants. Nous craignons même que des théologiens n'y rencontrent des hérésies. Au surplus, Lescaigne renvoie le lecteur à un opuscule qu'il avoit déjà publié sous ce titre françois : *Elle n'a point sa pareille, car toutes les vertus sont en elle.*

Dans le quatrième chapitre, l'auteur critique les peintres qui représentent toujours Joseph avec les traits d'un vieillard, et il conclut que Joseph étoit jeune quand il épousa la Vierge.

Le cinquième chapitre tend à prouver, malgré les paroles de saint Matthieu, que Joseph ne fut point jaloux et ne soupçonna jamais la vertu de la Vierge.

Dans le sixième chapitre, intitulé : *Cur Maria viro de tribu sua nupserit*, l'auteur raconte l'histoire malheureuse de certains mariages contractés en pays étrangers. « Quelle fut la cause de la destruction de Troie? Homère l'attribue à l'enlèvement d'Hélène. C'est une erreur. Hélène avoit épousé Pâris avec le consentement de sa famille. Seulement les Grecs, indignés de voir une si belle femme livrée à un prince étranger, déclarèrent la guerre aux Troyens, etc. » Puis il cite les alliances des filles de France avec des Anglois, qui occasionnèrent de si rudes guerres, jusqu'au règne de Charles VII.

Le dernier chapitre est une longue apostrophe contre les hérétiques; *contra damnatam Lutheranorum sectam.* Au milieu de ses imprécations contre les luthériens, Lescaigne s'écrie : « Les Indiens, les Géorgiens, les Arabes, les mahométans, les païens, les Gentils et les Juifs, enfin toutes les nations répandues sur la terre révèrent la Vierge Marie, l'adorent pieusement et l'aiment. »

Nous nous arrêtons, car notre analyse deviendroit trop longue. Mais nous recommandons la *Disputation de l'Homme avec Raison* aux amateurs de singularités bibliographiques.   AP. B.

196. LE TEMPLE DU GOUST; *à l'enseigne de la vérité. Chez Hierosme Print-All*, 1733, in-8 de 64 p., y compris le titre, demi-rel. . . . .   10—5

Première édition fort rare, parce qu'elle a été détruite par tous ceux qui avoient intérêt à la faire disparoître, et par l'auteur lui-même, qui s'empressa de publier une seconde édition avec des changements notables, suppressions et additions. M. Quérard, dans sa *France littéraire*, ne donne aucun détail sur les différentes éditions de cet opuscule, qui présente dans chacune des modifications nouvelles. L'exemplaire que nous avons sous les yeux appartenoit à un lecteur de mauvaise humeur, sans doute intéressé dans la question (Bachaumont, ce nous semble), qui a écrit en tête, au-dessus de l'épigraphe : *Nec lædere, nec adulari*. « L'autheur a-t-il pu mettre cette maxime à la tête d'un livre où il blesse jusqu'à la calomnie, où il flatte jusqu'au dégoût. » D'autres notes marginales, écrites par ce critique, témoignent d'une irritation qui doit avoir une cause toute personnelle. Cette première édition offre des passages d'autant plus curieux qu'ils ont été supprimés depuis. Nous trouvons dans un livre peu connu (*Histoire d'un voyage littéraire fait en 1733 en France, en Angleterre et en Hollande*, par C.-E. Jordan. La Haye, Adr. Moetjens, 1736, in-12) des détails précieux sur la publication de cet ouvrage, un de ceux de Voltaire qui aient fait le plus de bruit dans sa nouveauté : « Son *Temple du goût*, dit Jordan, lui a fait du tort. L'on crie, l'on peste contre cet ouvrage, sur ce qu'il parle de quelques auteurs avec liberté et qu'il réduit le *Dictionnaire de Bayle* à un tome et qu'il ne fait pas grand cas de Voiture. Les Italiens sont venus même jusqu'à le jouer publiquement sur le théâtre. Un génie de cet ordre méritoit assurément qu'on eût pour lui quelques égards. Voici ce que m'écrit un ami sur ce sujet : « Depuis votre départ, l'illustre Voltaire « a été brutalement taxé, par nos comédiens italiens, dans une pièce qui attire la « foule sous ce titre : *Le Temple du goût*. Il y est représenté en personne, comme « un vrai fat et un sot parfait, plein de lui-même, qui se mêle de juger de tout à « tort et à travers, sans nul goût ni jugement, et qui ne trouve rien de bon que « ce qu'il fait. Deux ou trois seigneurs avoient employé leur crédit pour empê- « cher que cette pièce ne fût jouée. Elle avoit été rejetée, mais les comédiens « étant venus à la charge, le ministère a demandé à la voir. Après l'examen qui « en a été fait, il a été décidé qu'elle seroit représentée. Il n'y a pas de doute « qu'on n'ait voulu mortifier cet esprit trop hardi et le punir par là de certaines « vérités répandues dans ses ouvrages et qui ne sont pas au gré de certaines « gens. Il a été, à ce qu'on dit, vivement touché de cet affront, et je crains que « sa santé, déjà très-foible, n'en ait été fort altérée. Vous ne sauriez croire com- « bien de gens ont applaudi à cette satire. Pour moi, j'en ai eu le cœur percé, ne « pouvant digérer qu'un des plus beaux esprits de la France fut ainsi traité. A la « bonne heure qu'on ait critiqué son *Temple*, il y a de quoi, mais on va ici prés- « qu'au personnel et sans nul ménagement. » Il est surprenant que le ministère de France ait permis qu'on jouât cette pièce. Cela paroît autoriser les libelles et les satires.... On est, ajoute quelqu'un, si peu accoutumé à penser librement « en France, qu'on n'ose pas même dire ce qu'on pense sur la littérature et « qu'on a fait un crime à M. de Voltaire du *Temple du goût*, comme si c'étoit un « livre d'un socinien. » Cet ingénieux poëte a cru apaiser le public en donnant une nouvelle édition du *Temple du goût*. D'où vient qu'il a retranché le morceau qui regardoit le président Des Maisons, qui certainement est beau et plein de feu ? » Ce n'est pas le seul morceau capital qui ait été retranché dans cette seconde édition, qu'on a souvent confondue avec la première.   P. L.

197. LE TRÉSOR DES PLUS BELLES CHANSONS et airs de Court, tant pastorales que musicales.... par le sieur de St-Amour et autres beaux esprits de ce temps. *Paris, V° J. Promé, s. d.;* pet. in-12, mar. jaune, tr. dor. rel. jans. (*Hardy*.) . . . . 80—»

Que ces chansons soient pastorales, nous n'en voulons pour preuve que celle où nous voyons Silvie qui, *auprès des Tuilleries, dessous un aubepin*, garde son troupeau, tandis qu'un gentilhomme lui vient faire la cour. Les abords des Tuileries ne se prêteroient plus aujourd'hui à de semblables idylles, et il sembleroit

que cette scène dût nous transporter au Paris du temps des rois chevelus ; nous
sommes cependant dans le Paris do Richelieu et de Louis XIII. Notre volume
nous retrace les événements de cette époque. Voici des couplets sur le mariage
du roy, et ils sont assurément d'un des beaux esprits de ce temps : ils sont de
Malherbe.

> Cette Anne si belle
>
> . . . .
>
> Son Louis soupire
> Après ses appas,
> Que veut-elle dire
> De ne venir pas ?

Une autre chanson célèbre le mariage du duc de Longueville avec Mlle de
Bourbon. Puis viennent des sujets plus tristes, la mort d'un brave gentilhomme,
le marquis de Rambures ; celle du duc de Montmorency qui, plein de repentir,
fait à tout le monde de pitoyables adieux. Notons, pour retourner aux sujets
joyeux, une chanson d'allégresse sur la réception des chevaliers du Saint-Esprit,
où sont nommés bien des seigneurs. Cette réception eut lieu le jour de Pentecôte
de l'an 1633. Tout s'y passa fort bien ; la messe fut dite avec beaucoup de dévotion par l'éminentissime cardinal de Lyon, et le roy à l'offrande

> Donnoit autant d'écus
> Comme il portoit d'années.

Voici un renseignement historique qu'on ne trouveroit point ailleurs. En 1633,
Louis XIII avoit trente-deux ans, il donna donc trente-deux écus. Ce chiffre de
l'offrande royale étoit-il ainsi réglé par le cérémonial en usage dans la réception
des chevaliers ? Nous laissons ce point à décider aux savants, et n'en savons pas
plus là-dessus que notre chanson. — Ce recueil provient de la vente de M. Aug.
Veinant.   Marq. de G.

198. MEIGRET (*Loys*). L'histoire de C. Crispe Saluste touchant la conjuration de L. Serge Catelin, auec la premiere
harangue de M. Tulle Ciceron contre luy : ensemble la
guerre Iugurthine, et la harangue de Portius Latro contre
Cathelin : traduites de latin en françois. *Paris, Chr.
Wechel*, 1547 ; in-8, v. f. fil. tr. dor. (*Bauzonnet*.). 40—»

Première édition rare. Très-bel exemplaire. — Louis Meigret naquit à Lyon et
vint se fixer à Paris, où il publia, depuis 1540 jusqu'en 1558, divers ouvrages
sur la langue françoise et plusieurs traductions d'auteurs grecs et latins. Il se
rendit célèbre pour la reforme qu'il essaya d'introduire dans l'orthographe ; tentative qui lui suscita de nombreux contradicteurs. Mais il abandonna son système
orthographique dans les livres qu'il fit imprimer.

Meigret avoit traduit, vers 1543, la *Conjuration de Catilina* et la *Guerre de Ju-
gurtha*, pour le connétable Anne de Montmorency. « Or, comme depuis quelque
temps en ça, dit l'auteur, je fusse adverty de son bon contentement en ma translacion, j'ay bien osé la vous présenter, espérant que son imperfection ne la
pourroit point tant desfavoriser, que la faveur d'un si grand personnage ne luy
donnast autorité. » Il nous apprend encore dans son *Avis au lecteur*, qu'il existoit
« une ancienne translacion de Saluste, jà de longtemps mise en lumière. » Mais,
« pour ne sembler estre venu trop tard sans rien apporter de nouveau, » Meigret
ajouta à l'histoire de Saluste, la première *Catilinaire* de Cicéron et l'*Inuestive de*

Portius Latro contre Catilina, « harangues qui, jusque à ce jour, comme j'ay entendu, ne sont point traduites. » Ainsi ce volume contient la plus ancienne traduction de la première *Catilinaire* et de la *Harangue de Portius Latro*. De plus, la traduction de Salluste, citée par Meigret, étant à peu près inconnue, on peut regarder celle-ci comme la première. **Ap. B.**

199. MEIGRET (*Louis*). Discours touchant la création du monde, et d'un seul créateur, par raisons naturelles. *Paris, André Wechel*, 1554; in-4, mar. r. compart. à fil., tr. dor., dos long, (*Muller*.) . . . . 40—»

Opuscule très-rare. — Dans son *Avis au lecteur*, Meigret explique par quelle raison il n'a point fait usage, pour ses ouvrages imprimés, de la nouvelle orthographe qu'il avoit adoptée. — « Au demeurant, si le batiment de l'escripture vous semble autre et différent de la doctrine qu'autrefoy je mis en avant, blamez en l'imprimeur, qui a préféré son gain à la raison : esperant le faire beaucoup plus grand et avoir plus prompte depêche de sa cacographie que de mon orthographie. A cette cause je laisse le chois à l'imprimeur de telle escripture que bon luy semblera, me deliberant pour l'advenir de le souffrir toujours de mesme : et de presque dire en bon courtisan, avec Perse: *Per me equidem sint omnia protinus alba.* »

Le Discours sur la creation du monde, est dirigé contre le *Cymbalum mundi* publié pour la première fois en 1537, et contre les athées ou *nyedieux* qui prétendent que « de néant rien ne se fait. Mais combien que leur advis ait grande apparence et que la création soit de difficile démonstration, elle est toutefois prouvable. » L'auteur emploie seize feuillets à prouver que le monde n'est pas éternel et qu'il a été créé par un seul créateur; mais il s'embrouille tellement dans ses dissertations sur la corruption, la génération, le repos, le mouvement, la forme, la matière, l'éternité et la non-éternité, qu'il est impossible d'y rien comprendre. Voici le raisonnement le plus clair que nous ayons trouvé dans ce livre: « Et pour premièrement donner à l'opinion qui tient et asseure le monde estre doué d'éternité, et toutesfois composé de cinq principales substances corporelles, nous dresserons cette première escarmouche. Tous corps sensibles sont composez de matière et forme, qui sont deux substances diverses, par conséquent ce seront deux éternels en un corps composé : or, est-il que toute composition est, par raison, subséquente aux choses qui la composent, si ce n'est par création de deux ensemble, ou par la génération de l'un ou de l'autre : la forme donc et la matière ont précédé leur assemblement, pourquoy les corps sont subsequents aux parties qui les composent et par conséquent non éternels. » — Il faut savoir gre a l'auteur, de ses bonnes intentions ; mais il est à regretter que Meigret, qui avoit traduit en bon françois tant d'ouvrages grecs et latins, n'ait pas jugé convenable de traduire également son *Discours sur la creation*.

Ap. B.

200. NOUVEAU RECUEIL DES PLUS BEAUX AIRS DES OPERA, et autres chansons nouvelles. Quatrième édition. *Paris, Ant. Raflé*, 1696, 2 tomes en 1 vol. pet. in-12, réglé, mar. bleu, fil. tr. dor. (*Trautz-Bauzonnet*.) . . . 260—»

Rare, surtout quand l'exemplaire se compose des douze parties qui ont été successivement publiées (exempl. de M. Aug. Veinant). La première édition, moins complète que celle-ci, parut en 1690.

La plupart de ces chansons sont en françois, quelques-unes en patois gascon. On en trouve en latin, en espagnol, en flamand, en hollandois, en anglois et en écossois.

L'éditeur de ce volume, qui a dû être imprimé en Hollande, a-t-il voulu, par le pseudonyme qu'il a pris, indiquer qu'en France on n'eût pas manqué de faire rafle sur ses chansons? Ce n'eût été que justice assurément : leur titre inoffensif est une ruse de guerre pour faire passer grand nombre de couplets très-hostiles au grand roi. Mais que parlons-nous du grand roi? Il y a ici un roi à qui l'on prodigue ce titre, mais ce n'est pas Louis XIV.

> Louis n'est plus ce conquérant
> Qui faisoit les lois à la terre,
> Il a cédé le nom de Grand
> A Guillaume, roi d'Angleterre.

Donc notre volume nous transporte dans le camp des ennemis ligués contre la France; nous y entendons chanter les succès de Guillaume, *ce foudre de guerre*, à qui Namur vient de se rendre, ce qui fait que l'on invite Boileau à refaire son ode :

> Que Boileau le bel esprit
> Fasse une autre ode pindarique.

On y raille à plaisir Villeroy, Boufflers, le maréchal de Noailles, Mme de Maintenon. On s'y égaye sur les malheurs de Jacques II, sur ses projets de descente en Angleterre, sur de prétendues conspirations et machinations d'assassinat contre le roi Guillaume.

Les affaires du royaume fournirent aussi matière à des couplets : la capitation, l'assemblée du clergé, etc.

Enfin, ce sont bien là ces chansons auxquelles Coulanges faisoit allusion, quand il disoit qu'on chantoit pouille à l'univers *sur l'air de Joconde*.

201. OLIVIER. L'Epigramme des enseignes des Veniciens envoyés à Sainct-Denis par le roy nostre sire, composé par F. J. Olivier, croniqueur dudit seigneur, translaté de latin en françoys par vng familier seruiteur de ladicte abbaye, *s. l. ni d.*; pet. in-4 de 2 feuillets, semi-goth., fig. sur bois. — L'Epitaphe de feu tres hault, tres puissant et redoubté prince Phelippes d'Austrice, roy des Castilles, de Leon et de Grenade, Archeduc d'Austrice et conte de Flandre, d'Artois, etc., *s. l. ni d.*; pet. in-4 de 4 feuillets. 2 part. en 1 vol., mar. bleu, fil. tr. dor. (*Chiffres de A. Audenet.*)   **120—»**

Plaquettes rarissimes. — Le premier opuscule, imprimé en beaux caractères semi-gothiques, est orné de deux figures sur bois : l'une, placée sur le titre, représente l'auteur méditant dans son cabinet d'étude ; on y voit plusieurs volumes, tous à fermoirs et garnis de clous, un pupitre massif et une écritoire du quinzième siècle. La seconde figure, qu'on trouve au bas de la dernière page, représente un camp fortifié, des gens d'armes et des cavaliers.

Jean Olivier naquit à Paris. Frère de Jacques Olivier, premier président du parlement en 1517, et oncle de François Olivier, chancelier de France, il embrassa la règle de Saint-Benoît dans un monastère du Poitou; il fut ensuite transféré à l'abbaye de Saint-Denis, où il remplit les fonctions d'aumônier. Et enfin, il devint abbé de Saint-Médard de Soissons en 1510, et évêque d'Angers en 1532. Il mourut le 12 avril 1540. Olivier composa des odes latines et un poëme intitulé *Pandora*. On lui a attribué une chronique de François Ier; mais Félibien dit qu'il n'avoit pu la découvrir dans aucune bibliothèque de Paris. Il est cependant certain qu'Olivier fut chroniqueur du roi, puisqu'il est ainsi qualifié sur le titre de son *Épigramme*. Toutefois, nous pensons qu'il n'ajouta que quelques pages aux chroniques dites de Saint-Denis, sous le règne de Louis XII, et qu'il cessa d'écrire lorsqu'il fut nommé abbé de Saint-Médard en 1510. Ce seroit donc un nouvel historien à inscrire sur la liste des chroniqueurs anonymes de Saint-Denis. — Il composa son *Épigramme des enseignes....*, après la bataille d'Aignadel, gagnée sur les Vénitiens par Louis XII en personne, le 14 mai 1509, et cette plaquette a dû être publiée vers la fin de la même année. Elle consiste en quatorze distiques latins, imprimés sur les marges de la traduction, en soixante-quatre vers françois. Olivier décrit brièvement l'occupation du Milanois et la translation en France de Ludovic Sforze, dit le More, en 1500, la prise de Gênes en 1507, et la bataille d'Aignadel :

Mars furit : Adriacoque undantur sanguine campi,
Plusque decem et septem millia cæsa cadunt.

Et il finit en disant que le roi envoya à l'abbaye de Saint-Denis les drapeaux pris sur les Vénitiens, pour servir de trophées à sa victoire.

Jure plus princeps Venetum hæc insignia templo
Sacravit : quæ tu clara trophæa vides.

Voici le quatrain qui sert d'épilogue à la traduction françoise :

Le croniqueur a composé
Le latin icy apposé ;
Et de l'abbaye ung serviteur
En a esté le translateur.

— L'*Épitaphe de Philippe d'Autriche* contient deux cent quatre-vingt-quinze vers françois, qui paroissent avoir été composés en Espagne, peu de temps après le décès de Philippe Ier, roi de Castille, mort le 25 septembre 1506, à l'âge de vingt-huit ans. Cette pièce de circonstance a dû être écrite et imprimée à la hâte, car un grand nombre de vers ont des rimes fort défectueuses, et même plusieurs n'ont point de rimes correspondantes. Quant à l'impression, on y trouve tant de fautes étranges, qu'il est à croire que le typographe ignoroit la langue françoise.

L'auteur raconte qu'après la mort du roi de Castille, tous pleuroient et se lamentoient : « les chevaliers qui portoient son ordre, les chambellans, les cent archiers et les cent arbalétriers. »

Voyant tel cas par la mort survenu
Vouloir me print de moy tirer arrière ;
Mais tout soubit je trouvay pour barrière
Ung chevalier lequel point je ne nomme.
Ce chevalier lui ordonne
De fabricquer chose digne de nom
Pour mémorer la louenge et la vie
Dudit deffunct.

Le poëte refuse et dit :

Si je peusse au siècle recouvrir
Lentement de maistre Jehan de Mun,

. . . .
Semblablement maistre Jacques Myllet,
Après le bon croniqueur Chastellet,
Le sens ausy de maistre Allain Chartier,
Le bon Gantois George Ladventurier,
Puis l'invencion du composeur Lamarche,
Le grant poëte evesques dangoulesmes.
En oultre ausy je nay point le scavoir
De Moulinet prudent incidiacre
Ne les bons mots que trouve Jehan Le Maistre
Au parquet ma dame de Savoye.

. . . .
Je suis icy bourgois en Espaignes,
Simple de sens, sans que nul me compaignes.

Le chevalier n'écoute point ses raisons et

Luy respondit : pense de recoller
Ce que scez et que penser pourras.

Ou sinon :

Cesse à jamais et plus ne prens soucy
De cronicquer au present monde icy.

Il résulteroit de ce passage que l'auteur de l'*Épitaphe* étoit un chroniqueur françois attaché à la cour du roi de Castille ; il nous donne une liste assez curieuse
des principaux écrivains du quinzième siècle. Jacques Myllet est l'auteur de la
Destruction de Troye ; le *chroniqueur Chastellet* doit être Jehan de Castel ; *George*
l'Adventurier est, sans doute, George Chastellain, historiographe du duc de Bourgogne ; on reconnoît facilement Olivier de La Marche dans le *composeur Lamarche*,
et Octavien de Saint-Gelais dans le *grant poete evesque dangoulesmes*. Quant à
Jehan Le Maistre, nous pensons que l'auteur a voulu désigner Jehan Le Maire
de Belges, qui est nommé Jehan Le Maistre sur le titre du *Temple d'honneur et de
vertu*.

Après les menaces du chevalier, notre poëte se retire et « tellement en dueil se
martiroyt, » qu'il lui sembla voir devant lui une belle dame : c'étoit *Noblesse*, qui
raconte en soupirant la vie entière du roi de Castille. Vient ensuite une autre
dame : « Je suis qui suis nommé humilité ; » celle-ci continue l'épitaphe, et l'auteur la termine par ces quatre vers :

Ainsy se teult humilité la belle
Contre la mort merveilleuse et rebelle
Qui prise avoit toute sa soutenance
Oultre passay pour avoir retenance.   Ap. B.

202. Pavillon (*Antoine* Couillard du). Les Contredicts
aux faulses et abusifues propheties de Nostradamus et
autres Astrologues. (Adiousté quelques œuvres de Michel
Marot, fils de Clement Marot.) *Paris, Charles l'Angelier,*
1560; in-8, mar. r. compart. à froid, coins fleuronnés,
tr. dor. (*Capé*.)   80—»

Très-rare. — Charmant exemplaire, avec témoins et d'une conservation parfaite,
d'un livre imprimé en beaux caractères. La petite marque des Angelier est sur le
titre, et la grande marque en regard de la table des matières.

Nous n'avons découvert aucun renseignement biographique sur Antoine Couillard, seigneur du Pavillon, près Lorriz en Gastinois. Son livre nous apprend seulement qu'il étoit poète et ami de Clément Marot; que, de plus, il avoit composé un ouvrage intitulé : *Des Antiquités du monde*, dont il cite le trente-deuxième chapitre du livre II, au vingt et unième feuillet des *Contredicts*. Il paroît que le seigneur du Pavillon ne connoissoit ni le grec ni le latin. Aussi, dans sa *Dédicace* à François Le Cirier, conseiller au parlement, datée du 1er janvier 1560, fait-il un éloge pompeux des savants qui traduisirent en françois, sous le règne de François Ier, les écrivains grecs et romains. — Les pièces liminaires du volume consistent en vingt-cinq petites pièces de vers, presque toutes adressées pour étrennes aux présidents et conseillers du parlement, à des avocats et procureurs, au bailli d'Orléans, au prieur de Sermaise, etc.

Les *Contredicts* sont divisés en quatre livres. Dans le premier, l'auteur expose que la science des hommes n'est que folie devant Dieu; il traite ensuite de l'origine de l'astrologie et des erreurs des anciens philosophes. Dans le second, il explique ce que le peuple doit croire en astrologie. Le troisième livre est consacré aux abus de l'astrologie, et le quatrième renferme des corrections sur différents points de chronologie. Cet ouvrage est une longue réfutation des prophéties basées sur le mouvement et l'influence des planètes. On y trouve des chapitres assez singuliers, tels que la *Généalogie de Moïse depuis Adam;* — *De la grandissime philosophie du Mercure Trismegeste;* — *Preuve que, dès avant le déluge, l'an étoit de douze mois, comme au temps présent;* — *De la grandeur du soleil, distance des sphères et circumference de la terre*, etc. Dans le chapitre *Du Jour et de la Nuict*, l'auteur dit : « Si Dieu l'eust voulu, le soleil eust non-seulement esté stable et arresté; mais eust aussi faict que le jour eust tousjours esté perpétuel, sans y avoir nuict ne obscurité. » Notre astrologue oublioit que si nous avions perpétuellement le jour, nos antipodes auroient perpétuellement la nuit. Nous préférons, aux dissertations astronomiques et chronologiques du seigneur du Pavillon, les plaisanteries qu'il décoche contre les astrologues : « Voici ce que nos astrologues mettent dans leurs prognostications. Ils commencent par le nombre d'or, qui est un très-beau commencement. Que pleust à Dieu qu'il me feust bien advenu! Je ne semblerois pas le philosophe Bias qui contemnoit tant les richesses. C'estoit *in diebus illis*, car maintenant qui n'en a, si en cherche. *Meum et tuum* sont bien espluchez d'aultre façon qu'ils n'estoyent...... Nouvelle lune tel jour en tel signe, premier quartier en tel, ... pour prendre médecine laxative au matin, pour la prendre au soir, ... les temps convenables pour la saignée. Le premier quartier est plus convenable ès jeunes gens depuis l'âge de quatorze ans jusques à vingt-quatre; c'est un bel âge! Le second quartier pour ceux qui sont depuis vingt-quatre ans jusques à trente-six; ô! encore plus bel âge!... Et le quart pour ceux qui sont depuis quarante-huict ans jusques au temps que l'on se doibt préparer de prendre ses bottes pour faire le dernier voyage. O mon Dieu! qu'ils sont heureux de sçavoir tout cela! »

« Jour malheureux, voire aux pendars. Jour désiré de ceux qui reçoivent leurs rentes. Gens morts; il en meurt chasque jour. Temps fascheux, à ceux qui n'ont pas d'argent, etc., etc. »

Le seigneur du Pavillon nous a conservé une épître que Clément Marot lui adressa de Ferrare, et cinq pièces de vers composées par Michel Marot. Ce sont les seules poésies que nous ait laissées le fils de Clément Marot. Elles furent imprimées pour la première fois à la suite des *Contredicts*, et réimprimées avec les œuvres de son père, dans l'édition de *Niort*, 1596. Ap. B.

203. PIERRE DES VALLÉES SERNAY. Histoire des Albigeois, et gestes de noble Simon de Montfort; rendue de latin en

françois, par Arnaud Sorbin. *Paris, Guill. Chaudiere*, 1569; in-8, réglé, mar. vert, fil. tr. dor. (*Trautz-Bauzonnet.*) »—»

Bel exemplaire d'un livre rare. On y a ajouté la pièce suivante, d'Arnaud Sorbin : *Allegresse de la France pour l'heureuse victoire obtenue entre Cognac et Chasteauneuf, le 13 de mars 1569, contre les rebelles calvinistes* (en vers). *Paris, G. Chaudiere*, 1569. D'après le *Manuel du libraire*, l'*Allegresse de la France* doit toujours être réunie à l'*Histoire des Albigeois*. Or, comme cette pièce manque à beaucoup d'exemplaires, notre volume, ainsi complet, acquiert une plus grande valeur.

Arnaud Sorbin traduisit l'*Histoire des Albigeois* en 1568, à Lyon, où elle fut imprimée; mais ayant découvert un manuscrit plus correct que celui dont il s'étoit servi, il augmenta et revisa sa traduction, et la fit réimprimer à Paris en 1569. L'*Allegresse* fut également composée à Lyon et envoyee à Guillaume Chaudière, qui publia cette pièce en même temps que la traduction de l'*Histoire des Albigeois*, et la joignit au volume.

Les pièces liminaires se composent d'une *Dédicace* à Henri, duc d'Anjou, frère du roi ; d'un *Sonnet acrostiche* de P. Amadis auscitain; d'une *Épître* de J. A. de La Fargue ; d'un *Sonnet* de J. de Cardonne, et d'une *Reponse* d'Arnaud Sorbin à ces trois poètes.

L'ouvrage de Pierre, moine des Vallées-Sernay, est fort curieux et très-important pour l'histoire du midi de la France. C'est un récit circonstancié des événements qui eurent lieu dans le Languedoc, l'Albigeois et la Provence, de 1206 à 1218, c'est-à-dire depuis la mission à Narbonne de Pierre de Chasteauneuf et de Rodolphe, moines de Citeaux, jusqu'à la mort de Simon de Montfort, tué d'un coup de pierre au siége de Toulouse, le 25 juin 1218. L'auteur expose d'abord les opinions hétérodoxes des Albigeois et des Vaudois, ainsi que les tentatives infructueuses que firent plusieurs saints personnages pour les ramener à la foi catholique. Il décrit ensuite les mœurs corrompues du comte de Toulouse, le soutien et fauteur des hérétiques. Puis on lit la venue des Croisés de France au pays Albigeois, le siége et la prise de Béziers et de Carcassonne. A Béziers, « les Croisés tuèrent tout, du plus petit au plus grand, et meirent le feu à la cité. » Au château de Brom, Simon de Montfort « trouva plus de cent hommes, auxquels il fit couper le nez et crever les yeux, excepté un à qui il laissa un œil, afin qu'il vit à conduire les autres au chasteau Cabaret. Cela fit faire le comte, non qu'il fut cruel, attendu qu'il estoit le plus paisible qu'autre sçauroit estre!! » Après la prise de Lavaur, Simon de Montfort, *qui n'estoit pas cruel*, fit pendre Aimery de Montréal, jeter sa sœur dans un puits, massacrer quatre-vingts soldats, et « brusler innumérables hérétiques avec fort grande allégresse. »

Mais, en traduisant le livre du moine des Vallées-Sernay, Arnaud Sorbin ne cherchoit pas seulement à faire connoître à ses contemporains l'histoire des Albigeois, il avoit pour but de démontrer que les calvinistes étoient des hérétiques ayant la même origine, les mêmes croyances que les Albigeois, et qu'on devoit les détruire comme on avoit détruit les Albigeois. Ceci résulte évidemment des nombreuses notes marginales ajoutées par le traducteur, ainsi que de la comparaison des règnes de saint Louis et de Charles IX, et d'un avertissement en vers, qui se trouvent à la fin de cette histoire.

Nous ferons remarquer que le texte latin de l'ouvrage du moine de Citeaux fut publié pour la première fois, par N. Camusat, à Troyes, en 1615, et qu'ainsi la traduction françoise parut quarante-six ans avant l'histoire originale.

Le moine Pierre étoit neveu de Gui, abbé des Vallées-Sernay et élu évêque de

Carcassonne en 1209; mais nous ne connaissons le nom de famille ni de l'un ni de l'autre. Les rédacteurs du *Gallia christiana* l'ont également ignoré.

Quant à l'*Allégresse de la France*, nous renvoyons le lecteur à la notice spéciale que nous avons déjà publiée dans le *Bulletin*. **Ap. R.**

204. REITTER (*Conrad*). Mortilogus. *Augustæ, Erkard Oglin et George Nadler*, 1508; pet. in-4, fig. sur bois. 160—»

Rare; exemplaire à toutes marges. Les figures sur bois sont d'un bon maître. Le titre (*Mortilogus*) est suivi de six vers latins en l'honneur de Henri, comte de Lechszmundt, fondateur d'une abbaye de l'ordre de Cîteaux, dont Conrad Reitter étoit prieur; et, au-dessous, sont gravées les armoiries de ce seigneur allemand. — Les pièces liminaires se composent d'une longue *Épigramme* de *Philomusus* (Jacq. Locher), d'une *Dédicace* et de deux pièces en vers latins, adressées par l'auteur à son frère Henri, qui étoit moine dans une autre abbaye. Il paroît que les deux frères cultivoient également la poésie; et, dans sa dédicace, Conrad cite plusieurs poëtes latins, allemands, amis de son frère, tels que Conrad Leontorius, secrétaire de l'abbé de Cîteaux; Jacq. Locher, Conrad Celtes, Séb. Brandt, Jacq. Wimpfling, Henri Bebelius. Au surplus, on lit, au verso du vingt-troisième feuillet, huit vers de Henri Reitter, qui dénotent un talent poétique fort remarquable:

> Vivimus exiguo: ceu vernus flosculus ævo
> Atque fugit rapidis ocior hora notis.
> Heu! cur non tetricæ protelant tela puellæ
> His qui sunt patriæ gloria magna suæ?
> Tot cornix annos, tot vivit secula phœnix;
> Prolongantque suos plurima bruta dies.
> At nobis brevis est, et momentanea vita,
> Vita hominum parens est vapor ad modicum.

L'œuvre de C. Reitter est loin d'être gaie: c'est une paraphrase en vers latins, de ce passage d'Horace: *Pallida mors æquo pulsat pede pauperum tabernas regumque turres.* Les neuf figures qui accompagnent le texte sont aussi lugubres que les méditations de Conrad; quelques-unes de ces figures rappellent certaines scènes de la *Danse macabre*. Toutefois, notre prieur mélancolique a commencé son livre par une prière fort singulière. Il adresse à la sainte Vierge une humble supplique pour l'engager à le préserver du mal françois (*morbus gallicus*); et cette pièce est ornée d'une gravure sur bois qui représente la Vierge debout, enveloppant dans son manteau un empereur, un roi, un pape et un cardinal, tous agenouillés et suppliants. L'auteur explique cette figure par les vers suivants:

> Pande maternum gremium relictis
> Sub tuis tuti latitemus alis,
> Dira ne nobis noceant venena
> Pestis acerbæ.

Ainsi cette maladie, encore nouvelle en 1508, avoit déjà exercé tant de ravages, qu'un prieur allemand imploroit l'intercession de la Vierge pour en préserver les rois, les papes, les cardinaux et *lui-même*. Cette prière est, sans doute, une fantaisie de poëte, plutôt qu'un spécimen des mœurs de l'époque.

Après une lamentation sur la passion de Jésus-Christ et un panégyrique de la vie monastique, on lit une élégie en forme de dialogue sur la mort de la mère de l'auteur, les épitaphes de plusieurs abbés, et des épitres adressées à des savants, enfin, un éloge de l'abbé de Cîteaux. — L'une des plus curieuses pièces de ce recueil de poésie est, à notre avis, la description des incommodités de la vieillesse. **Ap. B.**

205. Rousset. Recueil historique d'actes, négociations, mémoires et traités de paix (dans l'Europe) depuis la paix d'Utrecht. *La Haye*, 1728 à 1755; 21 tomes en 23 vol. in-12, veau fauve, fil. (*Anc. rel.*) . . . . 65—»

Bel exemplaire, relié uniformément, d'une collection estimée. L'éditeur est Jean Rousset de Missy, plus connu sous le nom de Rousset, né à Laon, en 1686, de parents protestants, mort à Bruxelles en 1762. Sur le titre du dernier volume il s'intitule *conseiller de la chancellerie impériale de toutes les Russies*. En tête de ce même volume, il donne les détails suivants sous le titre de : Avis au public.

« Enfin! voici le vingt-unième et dernier volume de mon recueil historique d'actes, négociations, mémoires et traitez, depuis la paix d'Utrecht jusqu'à celle d'Aix-la-Chapelle, entrepris par le conseil et sous les auspices de deux des plus grands ministres de notre république, et dont j'ai donné le premier volume en 1728. Il renferme plus de cinq cent cinquante pièces authentiques qui pourront servir de preuves incontestables à différentes époques de notre temps, pendant environ trente-six années ; et j'ai eu soin d'en dresser une table chronologique, qui se trouve dans ce volume avant celle des matières des vingt précédents et qui les termine.

« L'abondance des pièces m'a obligé d'ajouter en 1740 un supplément au tome XIII, et un autre au tome XVIII en 1745. Le premier contient toutes les circonstances du démêlé entre l'Espagne et la Grande-Bretagne, qui a donné lieu à la guerre qui commença en 1739 et qui entraîna ces deux puissances dans celle pour la succession de l'empereur Charles VI de glorieuse mémoire, et dont les motifs ne différoient pas beaucoup de ceux qui pourroient bien les brouiller encore dans peu. Le supplément du tome XVIII contient d'importantes recherches sur les alliances et les intérêts entre la France et la Suède, relativement aux circonstances des années 1743 et 1744. On y trouve les pièces les plus curieuses sur ce sujet.

« On pourroit ajouter à ce recueil un autre ouvrage de ma façon intitulé : *Histoire de la succession aux duchés de Clèves et de Juliers*, etc., en deux volumes, publiée en 1738 ; ce qui feroit en tout vingt-cinq de preuves historiques pour la moitié du dix-huitième siècle ; sans compter cinquante-un volumes du *Mercure historique et politique*, que j'ai composés depuis le mois d'août 1724 jusqu'à juillet 1749, avec autant de verité que d'impartialité, deux vertus qui m'ont attiré des chagrains qui sont aussi connus qu'il est vrai que je les ai peu mérités.

« Retiré du tourbillon des affaires, dans la solitude, que j'ai choisie pour y passer le reste de ma vie qui tend à sa fin, je compte qu'il est temps de me reposer, non que je manque de matériaux pour donner à ce recueil un supplément d'une douzaine de volumes de ces sortes de pièces, qui sont condamnées à ne voir le jour que dans des ouvrages posthumes ; ainsi elle seront réservées pour servir d'appendice à l'histoire de mon temps, que je confierai à quelque fidèle et véritable ami, et dans laquelle on trouvera des anecdotes plus dignes de ce nom que les oui-dire, les balivernes et les contes de vieilles dont est rempli et le *Siècle de Louis XIV* et l'*Abrégé de l'histoire universelle depuis Charlemagne jusqu'à Charles-Quint*, du fameux Voltaire, ce bel esprit né pour tenir son rang parmi les plus célèbres poètes, mais nullement pour être historien, puisque l'histoire veut un écrivain véridique, et que la poésie ne brille qu'à la faveur de l'invention, mère du mensonge. »

206. Seria et joci, ou Recueil de plusieurs pièces sur divers sujets (par de Basly Le Myère). *Caen, Jean Cavelier*, 1662; — Epigrammes et Madrigaux pour ajouster au Recueil de monsieur de Basly Le Myère, intitulé *Seria et*

joci. Caen, Ch. Leblanc, s. d.; 2 vol. pet. in-8, brochés. . . . . 35—»

Le second volume est rare.

Caen était au dix-septième siècle une ville toute littéraire; elle avoit des savants
de premier ordre, comme Huet et Bochard, des poëtes tels que Segrais, Sarasin,
des hommes d'esprit dans tous les genres. Une académie de belles-lettres s'y
étoit établie, capable de rivaliser avec celle de Paris. L'auteur de *Seria et joci* étoit
un des membres les plus assidus de cette académie aux assemblées de laquelle il
avoit lu les petites pièces qui composent son volume. Petites pièces, disons-nous
avec raison, puisque la plupart ne sont que de quatre vers, et quelques-unes seulement de deux; pièces sans prétention et qui ont tout l'air d'être des impromptu.
Du double agrément que promet leur titre, il n'en peut guère être question aujourd'hui; nous ne voyons pas quelle a pu jamais être la part du sérieux; quant
à l'enjouement, même dans la fraîcheur de la nouveauté, il n'étoit pas bien vif,
et le temps l'a fait évanouir. Les bibliophiles seuls peuvent feuilleter ces pages et
ressusciter le coq de M. de Brieux, à qui le poëte Halley donna une place parmi
les astres, et un certain chien nommé Rufflet. C'étoit peut-être le chien d'un de ces
messieurs de l'Académie, dont lui-même eût pu être, puisqu'un plus grand honneur l'attendoit, celui d'être mis aussi dans le ciel, où s'étant joint à la canicule,
il causa les excessives chaleurs du mois de mai 1655.

En fait d'enjouement, voici qui n'étoit pas plaisant en 1662, mais qui l'est
devenu depuis, et qui prête aujourd'hui à la raillerie. J'en suis fâché pour toi,
petit volume, mais tu débutes par un quatrain à la louange de la pucelle de Chapelain. Et quelle louange ! Il te semble que cette pucelle, à qui les Anglois ont si
cruellement ôté la vie, en reprend une tout éclatante

> Par l'héroïque chant du Virgile françois.

Chut' n'éveillons pas Despréaux qui dort encore.

Les Normands trouveront ici bien des souvenirs de leur pays, bien des noms
qu'ils sont habitués de rencontrer ailleurs.

Huet se trompe (un si savant homme!) lorsqu'il dit que ce fut en l'année 1664
que le sieur de Basly Le Myère se fit auteur par l'édition d'un recueil d'épigrammes qu'il intitula : *Seria et joci.* Mais Huet ne peut se tromper qu'à demi; il est
donc probable qu'en effet le second recueil, destiné à être ajouté au premier, est
de 1664.   Marq. de G.

207. Sorbin (*Arnault*). Trace du ministere visible de l'Eglise
catholique romaine, prouvé par l'ordre des pasteurs et
Peres, qui ont escrit et presché en icelle : Auecque la remarque des algarades, que l'heresie calvinesque luy a
données en diuers temps. *Paris, G. Chaudiere,* 1568 ;
pet. in-8, mar. vert, tr. dor. jansén. (*Duru.*)   40—»

Joli exemplaire d'un volume rare. — Arnault Sorbin, prédicateur des rois
Charles IX, Henri III et Henri IV, évêque de Nevers en 1578, étoit un implacable ennemi des calvinistes; presque tous ses ouvrages sont dirigés contre la
réforme. Il fut l'un des écrivains les plus féconds de la fin du seizième siècle :
il publia plus de trente ouvrages en prose ou en vers. Ardent ennemi de la réforme, il composa des livres de controverse, dans lesquels on trouve moins de
raisonnements que d'injures et de menaces. Les protestants lui reprochèrent
d'avoir concouru, par ses conseils et par ses écrits, au massacre de la Saint-Bar-

thélemy. Plus tard, il devint ligueur forcené. A. Sorbin mourut en 1606, à l'âge de soixante-quatorze ans, et cependant il fut employé par Henri IV dans plusieurs négociations importantes. *La trace du ministère de l'Église catholique* est dédiée à Charles IX ; et, après la dédicace, on lit un sonnet au roi par François d'Amboise, écolier de Sa Majesté. On peut recueillir dans cet ouvrage de théologie polémique des renseignements utiles pour l'histoire de la religion et des hérésies. En effet, Sorbin a composé des tableaux séculaires où figurent les papes, les écrivains ecclésiastiques, les empereurs d'Occident et d'Orient, et, en dernier lieu, les empereurs ottomans. Chacun de ces tableaux est suivi de l'histoire des hérésies contemporaines. A l'histoire des hérésies du seizième siècle il a ajouté la liste des cinquante-trois sectes dissidentes qui sont sorties du luthéranisme et du calvinisme, avec une notice sur les opinions qu'elles professent. — On trouve encore dans ce livre la requête des calvinistes présentée au roi à Poissy, en 1561. Sorbin réfute longuement cette requête, et répond aux dix principales raisons à l'aide desquelles les réformés cherchoient à se justifier d'avoir pris les armes. — Cette œuvre seroit bien plus estimable, si l'auteur s'étoit abstenu des injures qu'il prodigue habituellement à ses adversaires. Mais tel étoit l'usage au seizième siècle ; les raisonnements ne suffisoient pas : on insultoit, on calomnioit, et il en restoit toujours quelque chose. C'est ainsi que, pour cette époque de troubles religieux nous avons deux histoires qu'il est souvent impossible de concilier. De nos jours, heureusement, l'injure et le mensonge n'obtiennent qu'un succès éphémère : le mépris en fait bientôt justice.   Ap. B.

208. SORBIN (*Arnault*). Le vray resueille-matin des Caluinistes et Publicains françois : où est amplement discouru de l'auctorité des Princes, et du deuoir des suiets enuers iceux. Ier, IIe et IIIe livres. *Paris, G. Chaudiere*, 1576. — IVe livre, *ibid., id.*, 1574 ; 1 vol. in-8, mar. bleu, fil. dos orné, tr. dor. (*Trautz-Bauzonnet.*)   » — »

Bel exemplaire d'un volume rare et curieux. — C'est l'ouvrage le plus important qui ait été écrit pour l'apologie des massacres de la Saint-Barthélemy et pour la justification de Charles IX. Les trois premiers livres sont dédiés à *l'eternelle mémoire et immortalité de l'ame du feu roy Charles IX*, *propugnateur de la foy catholique*, *orné de toute piete et amateur de bons esprits* ; le quatrième livre est dédié au roi Henri III. Ces deux dédicaces sont datées de Lyon, le jour de la Toussaint 1574 ; et, quoique le titre des premiers livres porte la date de 1576, nous ne croyons point qu'il y ait eu deux éditions de cette première partie imprimée en 1574 ; c'est sans doute un titre refait afin de rajeunir l'ouvrage.

Arnault Sorbin publia ce volume pour répondre au *Resveille-matin des catholiques*, attribué à Nic. Barnaud ou à Théod. de Bèze. Les pièces liminaires se composent de la *Dedicace*, de trois *hymnes* et d'un *sonnet* à la louange de la Saint-Barthélemy, et enfin d'un *Avant-propos*. Le premier livre est une *briefve responce à un certain, toutefois incognu, rebelle, blasphemant contre son roy et prince naturel*. Le second livre traite cette question : *S'il est permis de faire la guerre sans auctorite du souverain*. Afin de prouver que Charles IX n'étoit pas un tyran, et que les reformés seuls opprimoient le peuple, il raconte les meurtres qu'ils commirent en 1562 à Orléans, à Pithiviers et dans d'autres villes. Cependant il avoue qu'avant d'entrer à Pithiviers, l'armée protestante avoit trouvé pendu près de la ville un gentilhomme calviniste ; « ce qui, dit Sorbin, ne servit pas beaucoup à allumer en eux la charité chrétienne. » L'exécution d'un chef du même parti, que l'auteur se plaît à décrire, devoit encore moins *allumer en eux la charite chrétienne* : « Car, l'an 1569, je le vey brusler tout vif en la place de Tours. » Le mal-

heureux avoit été condamné à être pendu et étranglé, et son corps brûlé; mais
la corde se rompit subitement, et « il tomba chargé de pouldre dans le feu, de
manière que la pouldre print feu et le jetta bien haut, noir comme un More, et
retombant fut abbatu par les bourreaux à coups de bastons, et la teste et les pieds
hors du feu, les entrailles luy brusloient : *Contemplez icy, lecteurs, les effects de
la justice de Dieu.* » Telle est la logique des partis. Après avoir anathématisé les
excès des protestants, l'auteur raconte un fait horrible qu'il a vu, et il engage le
lecteur à reconnoître dans ce supplice *la justice de Dieu.* De quel côté s'étoit
donc réfugiée la charité chrétienne? Nous atteignons enfin le troisième, *où est
traicté, à sçavoir, s'il est permis à celuy qui a la légitime auctorité, d'user d'astuces, de finesses, cautèles, embusches et autres tels moyens, contre les perturbateurs de l'Estat.* Si l'on démontre que le prince peut agir ainsi, il est évident que
la Saint-Barthélemy est complètement justifiée. Afin de prouver cette thèse, Sorbin
met à contribution l'Écriture sainte, l'histoire ancienne, les jurisconsultes, puis
il ajoute : « Est-ce peu de prudence à un prince, d'avoir sceu prudemment attraper ceux qui méprisoient et son aage, et sa bonté naturelle et *la bonté de la royne
sa mère?* » — « Oui, les princes légitimes peuvent finement tromper les rebelles;
et la fête de saint Barthélemy, que vous nommez le jour de la trahison, on la
nommera par tout l'univers *le jour de la grande justice :* nous fêterons toujours
l'heureuse journée de la Saint-Barthélemy. » — « Le roy n'eut point esgard au
jour, lorsqu'il chastia vos chefs, quelque feste d'Apostre qu'il fust : *aussi aux
bons jours se font les bonnes œuvres.* » Ce troisième livre contient, en outre, la
traduction en vers françois de l'*Élégie de Solon aux Athéniens,* et les règlements
publiés par les calvinistes, après la Saint-Barthélemy, pour éviter d'être victimes
d'une nouvelle trahison. Il n'est pas besoin de dire que Sorbin discute et critique
avec violence chaque article de ces règlements. Le quatrième livre, qui porte un
titre séparé avec la date de 1575, a pour objet *les devoirs des roys et princes envers
leurs sujets.* Ce traité politique est extrait d'Isocrate, de Xénophon, d'Aristée et
d'autres écrivains. C'est une conclusion bien froide pour l'apologie des massacres
de la Saint-Barthélemy.   Ap. B.

209. SORBIN (*Arnault*). Allegresse de la France, pour l'heu-
     reuse victoire, obtenue entre Coignac et Chasteauneuf, le
     13 mars 1569, contre les rebelles caluinistes. *Paris, Guill.
     Chaudiere,* 1569. — Conciles de Tholose, Besiers et Nar-
     bonne, ensemble les Ordonnances du comte Raimond
     contre les Albigeois : Et l'instrument d'accord entre ledit
     Raimond et sainct Loys..... où est peinct au naturel le
     moyen propre pour l'extirpation de l'heresie. *Paris,
     G. Chaudiere,* 1569; 2 part. en 1 vol. pet. in-8. »—»

Les deux opuscules réunis dans ce volume, quoiqu'ils soient de genre différent, tendent néanmoins au même but, c'est-à-dire à la destruction des calvinistes. L'un est un poème d'allégresse à l'occasion de la victoire remportée à
Jarnac, le 13 mars 1569, par le duc d'Anjou, frère de Charles IX. L'auteur n'a
point oublié d'attaquer vigoureusement les chefs de l'armée calviniste, et surtout
l'amiral Coligny.

J'honore
Ce grand Dieu providant qui. . . .
. . . .
En brief le rendra mort ou subjet à la messe,

Et Dandelot avec, cruel exécuteur
De tous mauvais desseins. . . .

L'autre est un recueil de pièces importantes pour l'histoire du Languedoc, puis-que, par suite du traité imposé au comte Raimond par saint Louis, le comté de Toulouse fut réuni à la couronne. Ce recueil contient les *Actes des conciles de Toulouse et de Besiers*; les *Statuts du comte Raimond* contre les Albigeois; le *Traité de paix conclu à Paris*, au mois d'avril 1228, entre saint Louis et Raimond; les *Actes du concile tenu à Narbonne*; *De l'emprisonnement du comte Raimond*; *De sa fille donnée en ôtage*; *Hommage du comte Raimond à Saint-Louis*; *Priviléges accordés par saint Louis aux églises de la province narbonnoise*; *Du recouvrement des fiefs et possessions catholiques*. Sorbin n'avoit point recueilli ces pièces pour enrichir l'histoire de son pays, mais pour démontrer que les Albigeois et les calvi-nistes étoient des hérétiques de même espèce. Il dédia ce livre au roi Charles IX, afin de lui rappeler les moyens coercitifs employés par saint Louis pour anéantir les Albigeois, et il ne cesse de répéter, dans la Dédicace, dans la Préface et dans les notes marginales, que l'on ne peut réduire les hérétiques que par la force. Il recommande les mesures les plus violentes qu'avoient adoptées les conciles du Languedoc, et qu'on avoit imposées au comte Raimond. L'inquisition, les dénon-ciations, la chasse aux hérétiques, la peine de mort pour leurs fauteurs et recé-leurs, la démolition des châteaux et des maisons, la confiscation des biens, l'em-prisonnement des nouveaux convertis, la destitution des magistrats suspects, etc., voilà ce que désiroit A. Sorbin. Toutefois, il faut avouer qu'au mois de juin 1569, la haine du prédicateur de Charles IX étoit devenue légitime; car, le 25 avril précédent, son vieux père, âgé de quatre-vingt-quinze ans, avoit été tué d'un coup de pistolet par les calvinistes. Ce triste événement inspira à Fr. d'Amboise une *Élegie* qui est imprimée à la suite de la Dédicace, datée du 6 juin 1569.   Ap. B.

910. Sorbin (*Arnault*). Oraison funebre prononcée.... **aux honneurs funebres de Cosme de Medicis, grand-duc de Toscane.** *Paris, Guill. Chaudiere*, 1574, pet. in-8. 35—»

Rare. — Cette oraison funèbre fut prononcée dans l'église de Notre-Dame, à Paris, le 27 mai 1574, c'est-à-dire trois jours avant la mort du roi; la dédicace à Catherine de Médicis est également datée du 27 mai. Dans l'épître dédicatoire, l'auteur raconte que les Médicis sont d'origine françoise, et il en donne pour preuve les fleurs de lis *empreintes* sur leurs armoiries. A. Sorbin a faussé l'histoire pour flatter la reine mère. En effet, personne n'ignore que les Médicis n'ont dû leur élévation qu'à leurs richesses, et que Pierre II est le premier qui ait chargé ses armoiries de trois fleurs de lis, par concession du roi de France.

L'oraison funèbre de Cosme contient une généalogie de sa famille beaucoup trop romanesque. On y voit figurer Éverard de Médicis, preux et vaillant chevalier françois, qui florissoit sous le règne de Charlemagne, et qui *fut tenu cher et estime beaucoup entre le peuple florentin*.

Sur le dernier feuillet, on lit le huitain suivant, intitulé *Tombeau* :

Le grand Dieu, qui, de vertu grande
T'a rendu grand de toutes parts,
En sang, en corps, engin, és arts,
En paix et repos : Luy seul fende,
(Au bruit de ton nom qui s'espande)
Le plus espais du temps *obscur;*
Et face que chacun entende
Aux braves traces de ton *cueur.*

Quelle poésie !   Ap. B.

CORRESPONDANCE POLITIQUE

DE QUELQUES MEMBRES

DE LA FAMILLE DE CHOISEUL

(1596-1701),

PUBLIÉE POUR LA PREMIÈRE FOIS

PAR M. ÉDOUARD DE BARTHÉLEMY.

Les papiers qui font l'objet de ce travail forment une liasse assez volumineuse conservée aux Archives départementales de la Marne sous la rubrique : « Pons-Praslin, émigré, 1793 (1), » et ont fait partie du chartrier du château de Praslin détruit pendant la révolution. Ils concernent particulièrement deux des plus illustres membres de la famille de Choiseul, les maréchaux Charles et César de Praslin, et embrassent les règnes de Henri IV, Louis XIII et Louis XIV (1596 à 1701) : quelques lettres s'adressent également à Roger, à François, marquis de Choiseul-Praslin et à Gaston, marquis de Praslin (2).

(1) Praslin est un village du département de l'Aube : l'ordonnance de 1644 transféra le siége du duché à Villers, près Melun, mais en lui conservant son ancien nom.

(2) Ferry Ier de Choiseul, seigneur de Praslin, capitaine de 50 lances des ordonnances, chevalier de l'ordre du roi et un des gentilshommes de sa chambre, tué à Jarnac, eut de Anne de Béthune-Hostel, vicomtesse de Chavignon : 1° Charles de Choiseul, marquis de Praslin, premier maréchal ; 2° Ferry II de Choiseul, comte de Praslin, auteur de la branche des ducs de Choiseul, chevalier de l'ordre, colonel général de la cavalerie légère (1593), et marié à *Madeleine de Barthélemy*, fille d'un conseiller au parlement de Paris. De ce mariage naquirent, entre autres, César, comte de Choiseul-Praslin, second maréchal, et Ferry, comte d'Hostel, capitaine des gardes du duc d'Orléans. Charles épousa, le 2 août 1625, *Colombe Le Charron*, fille d'un trésorier de l'extraordinaire des guerres, et en eut, entre autres enfants, François, marquis de Choiseul-Praslin, lieutenant général pour le roi en Champagne après son père (1648), maréchal des camps et armées du roi, mort en 1690, ne laissant de *Charlotte de Hautefort* qu'une fille, Marie, mariée, en 1683, à son cousin Gaston, comte de Choiseul-d'Hostel, et par son ma-

On compte en tout cent trente lettres; deux de Henri IV,
quatre-vingt-douze de Louis XIII, dont quatorze de 1638,
onze de 1639 et dix-huit de 1640; une de la reine Anne
comme régente; cinq de Louis XIV, deux du président
Jeannin (1); deux du chancelier Brûlart (2); deux de Richelieu; une d'Arnaud de Pomponne (3); huit de de
Noyers (4); trois de Charles de Lorraine, évêque de Verdun (5); sept de François de Vaudémont (6); une de Henri
de Lorraine (7); une du cardinal de La Valette (8); deux

riage marquis de Praslin et lieutenant général en Champagne. Celui-ci n'eut lui-
même qu'une fille, alliée, en 1711, à *Pierre de Pons*, comte de Rennepont, maréchal des camps et armées du roi, qui dès lors prit le titre de marquis de Pons-
Praslin.

(1) Le président Jeannin, né d'une famille obscure d'Autun, en 1540, mort
en 1622. Il s'éleva par son seul mérite, et fut, sous Charles IX, conseiller, puis
président du parlement de Bourgogne; il empêcha l'exécution des protestants
dans cette province lors de la Saint-Barthélemy. Député à Blois, il s'attacha au
duc de Mayenne, puis, après le triomphe de Henri IV, il se rallia franchement à
lui : ce prince le fit premier président du parlement de Paris; Marie de Médicis,
pendant sa régence, le créa surintendant des finances, charge qu'il conserva jusqu'à sa mort.

(2) Nicolas Brûlart, seigneur de Puisieulx et de Sillery, d'une des plus anciennes familles de Champagne, étoit fils d'un président aux enquêtes; il fut reçu
conseiller au parlement de Paris en 1573, se rendit plusieurs fois comme ambassadeur en Suisse, et à son retour, en 1595, reçut le bonnet de président au parlement. Le roi l'envoya à Bruxelles en 1598 pour signer la paix de Vervins, à
Rome pour conclure son mariage avec Marie de Médicis, une troisième fois en
Suisse en 1602 : puis il devint successivement garde des sceaux, chancelier de
Navarre, et enfin chancelier de France en 1607. Il mourut le 1er octobre 1624, à
Sillery, en Champagne.

(3) Simon Arnauld, marquis de Pomponne, neveu du grand Arnauld, né
en 1618, mort en 1699, fut intendant des armées françoises à Naples et en Catalogne, ambassadeur en Suède et en Hollande, secrétaire d'État des affaires étrangères de 1671 à 1679 : éloigné des affaires par les intrigues de Colbert et de Louvois, il rentra au ministère en 1691 et y resta jusqu'à sa mort.

(4) François Sublet de Noyers, né en 1578, mort en 1645; d'abord un des
quatre intendants des finances, puis directeur des fortifications en Champagne,
enfin secrétaire d'État de la guerre.

(5) Charles de Lorraine, fils de Henri de Lorraine-Mercœur, marquis de Moy,
et de Claude de Lorraine-Aumale, naquit en 1592, devint évêque de Verdun
en 1617, et laissa son siège à son frère François en 1623, pour se faire jésuite. Il
mourut en 1631.

(6) François de Lorraine, troisième fils de Charles II, duc de Lorraine, et de
Claude de France. Né en 1572, mort en 1632. Il fut comte de Vaudémont, et devint duc de Lorraine en 1624, à la mort de son frère Henri.

(7) Henri, duc de Lorraine et de Bar, né en 1563, mort en 1624: frère aîné
du précédent.

(8) Louis de Nogaret de La Valette, frère du duc de La Valette, fils du duc

du duc de Mantoue (1); une de Jean de Médicis (2) : en outre enfin quelques dépêches adressées au premier maréchal de Praslin par les conseils de plusieurs villes de la Champagne.

On sait que la maison de Choiseul, une des plus illustres de Champagne, remonte à Renier, sire de Choiseul, au diocèse de Langres en 1060. Elle a formé quatorze branches, outre la souche éteinte en 1420 dans la maison d'Anglure : barons de Clémont, marquis de Lanques, barons d'Aigremont, seigneur d'Ische, barons de Beaupré et ducs de Choiseul-Stainville, seigneurs de Sommerville, comtes de Daillecourt et marquis de Beaupré, marquis de Meuze, marquis de Francières, marquis de Chevigny, marquis d'Esguilly, marquis de Praslin, ducs de Choiseul, seigneurs de Traves. Il ne subsiste plus aujourd'hui que la branche de Beaupré, subdivisée en trois rameaux, de Gouffier actuellement en France et en Russie, de Daillecourt et de Beaupré, et la branche ducale de Praslin. Le rameau de Choiseul-le-Baume, issu des Beaupré, avoit hérité, le 8 mai 1785, du duché de Stainville et s'éteignit en 1838; le titre ducal est passé seul à la famille de Marmier.

Peu de familles ont servi avec plus d'éclat l'ancienne monarchie; les Choiseul comptent quatre maréchaux de France au dix-septième siècle, trente officiers généraux et soixante et dix simples officiers depuis le dix-huitième siècle; vingt chevaliers de l'ordre ou des ordres du roi; des ambassadeurs, quatre prélats; vingt-huit de leurs membres sont morts au champ d'honneur sous le règne de Louis XIV; le maréchal César de Praslin vit tomber à ses côtés, le même jour, son frère et deux de ses fils; un troisième fut tué au siége d'Arnheim. Nous dirons encore que tous les Choiseul des-

d'Epernon, archevêque de Toulouse; il commanda les armées en Allemagne (1635-1636) et en Savoie (1638-1639), et mourut à Rivoli pendant cette dernière campagne.

(1) Charles Ier de Gonzague, duc de 1627 à 1637.
(2) Jean-Cosme de Médicis, grand-duc, 1590-1621.

cendent directement de Louis le Gros, Raynaud de Choiseul
ayant épousé, en 1221, Alix de Dreux, fille de Robert de
Dreux, petit-fils de ce roi.

Nous n'ajouterons rien à ces quelques notes, et nous allons
faire simplement passer maintenant sous les yeux de nos
lecteurs les documents que le hasard nous a fait retrouver,
en les rattachant ensemble le plus brièvement possible.

I

CHARLES DE CHOISEUL, MARQUIS DE PRASLIN, PREMIER MARÉCHAL: 1563 A 1626.

Charles de Choiseul, chevalier, seigneur de Barberey,
Plessis-Saint-Jean, baron de Chaource, comte de Chavignon,
marquis de Praslin, naquit en 1563 et débuta dans la carrière des armes au siége de la Fère en 1580; quatre ans
plus tard, il faisoit la campagne de Guyenne comme capitaine d'une compagnie de gens de pied et de cinquante
chevau-légers, et assista au combat de Montségur et au siége
de Castillon (1). Il suivit Henri III devant Paris à la

(1) Je rappellerai brièvement les principaux actes de la vie du maréchal d'Es-
pès, insérés par M. Turpin dans les *Vies des hommes illustres de la France*,
tome XXVI. Amsterdam, 1778.

Il débute avec le maréchal de Matignon. — Se distingue au siége de Montségur (1576). — Au siége de Castillon. — Se retire en Bassigny dans ses terres et
y rassemble des troupes. — Résiste aux propositions des Guises. — Vient au secours de Paris. — Rejoint l'armée du duc d'Aumont en Bourgogne. — Puis l'armée royale au blocus de Paris. — Est nommé capitaine des gardes et gouverneur
de Troyes. — Reçoit l'ordre du Saint-Esprit. — Accompagne le duc de Savoie. —
Arrête le duc de Biron et le comte d'Auvergne. — Envoyé à Bruxelles pour
négocier l'extradition de Henri de Bourbon. — Se fait remarquer au grand tournoi
de 1612. — Soutient la régence et tient fermement les affaires en Champagne. —
Va enlever Sainte-Menehould. — Sauve Sézanne. — Prend Sens. — Force le duc
de Luxembourg à Chaulay. — Se plaint de n'être pas admis au conseil. — Défend
le comte d'Auvergne. — Est nommé pour commander en Champagne sous le duc
de Guise. — Est blessé au siége de Réthel. — Créé maréchal de France. — Propose d'assiéger Angers où étoit la reine mère. — Accompagne le roi à l'armée de
Normandie. — Prend Caen. — Réduit plusieurs places de l'Anjou. — Ramène la
reine mère. — Réduit le Béarn et fait célébrer la messe à Navarrenis. — Assiége
Saint-Jean d'Angély et y est blessé grièvement trois fois. — Commande au siége
de Négrepelisse. — Assiste au siége de Saint-Antonin. — Prend le Mas-Sainte-Pu-
celle et Bédariou. — Assiége Lunel et Marsillargues. — Prend le Havre-Saint-Denis
à Montpellier. — Gouverneur de Saintonge, d'Angoumois et d'Aunis. — Se retire
dans son gouvernement de Troyes.

tête de ses gendarmes d'ordonnance; Henri IV lui donna le commandement de la Champagne et du pays entre Seine et Yonne (1), puis le créa successivement capitaine de la première compagnie de ses gardes, gouverneur de Troyes, capitaine de cinquante lances d'ordonnance et chevalier des ordres, le 7 janvier 1595. Une lettre du roi, du 26 mai 1608, nous apprend que M. de Praslin étoit alors à son gouvernement de Troyes; il le charge de donner le collier de Saint-Michel au baron de Chapelaine (2) et lui écrit : « Mons. de Praslin, pour plusieurs bonnes et grandes considérations, le baron de Chapelaine en Champaigne a esté esleu et choisy en l'assemblée des chevalliers de mon ordre Saint-Michel estant près de moi pour entrer et estre associé en ladite compagnie : et d'aultant quil a semblé à tous estre plus à proppoz de luy faire donner le collier dudit ordre plus tost par vous que par nul aultre, je vous ay fait dresser ung mémoire et instruction de la forme que vous aurez à garder. Vous priant à ceste cause luy faire tenir la lettre que je luy escrits pour c'est effet. Et sil a affection de recevoir ledit ordre comme je m'en asseure quil aura, vous luy ferez sçavoir le jour où il aura à ce pouvoir faire. Et suivant ledit mémoire luy baillerez le collier dudit ordre que je vous envoie, gardant par vous lire accoustument et à plans coutumes audit mémoire. Retirant de luy l'acte de son acceptation pour après l'envoyer au chancelier dudit ordre. Et en ce faisant, me ferez chose très agréable, et prieray Dieu qui vous ayt, mons. de Praslin, en sa sainte garde. Escrit à Fontainebleau le xxvi° jour de may 1601.— Henry. »

Comme on peut en juger par cette lettre, Charles de Choiseul étoit aimé par le roi : la cour se plaisoit à lui témoigner sa considération dans toutes les occasions, ainsi

(1) Lettre de félicitation écrite à M. de Praslin par M. de Thomassin, commandant à Châlons, du 1er juillet 1589

(2) M. Bourdin, marquis de Villaines, gouverneur de Vitry-le-François, ville près de laquelle étoit située cette baronie qu'il ne faut pas confondre avec une autre baronie du même nom, sise entre Châlons-sur-Marne et Vertus.

qu'on le voit dans sa correspondance ; la même estime
s'étendoit pour lui en Italie et, en 1609, Jean-Cosme de
Médicis lui adressoit une lettre des plus flatteuses dans le
but seul de se rappeler à son souvenir et « de lui baiser
les mains (1). »

Les troubles qui agitèrent la Champagne après la mort de
Henri IV forcèrent M. de Choiseul à rester à son poste :
bientôt le prince de Condé donna une nouvelle impulsion
à la guerre pendant que la cour célébroit à Bordeaux le
mariage de Louis XIII avec Anne d'Autriche (1615). Cette
province étoit gardée par le maréchal de Boisdauphin avec
dix-huit mille hommes entre l'Oise et la Seine, et par M. de
Choiseul dans la partie occidentale. Mais M. le Prince tourna
la position, se rendit en quelques jours maître du Soisson-
nois, enleva Château-Thierry et Épernay. Le roi en ressen-
tit une vive contrariété et fit adresser à M. de Choiseul,
« maréchal de ses camps et armées, » la dépêche suivante :
« Mons. de Praslin, j'ay reçue vostre lettre escrite du
camp de Dampmartin le 29 du passé, mais depuis Leurs
Majestés ont trouvé en la prise de Château-Thierry que
vous aviez peu pénétré dans les desseins de leurs ennemis ou
trop eu de confiance aux paroles du gouverneur et des habitants. Et en vérité, je puis dire à vous qu'elles ont grande
occasion d'en estre desplaisantes de quelque costé que la
faute ou le malheur en vienne. Car il n'y avoit pas d'apparence que ceste place se peust perdre en si peu de temps,
même à la face de leurs armées dont elle pouvoit estre secourue en cinq ou six heures et c'est ce qui les en fasche le
plus qu'il semble que ce soit une espèce d'affront à la di-

(1) Molto illustrissimo signore, per che desidero che V. S. resti certificata
ch'ancor vive in me con gratissima ricordanza la memoria di lei, et anche l'istessa
solita affettuosa mia volonta verso V. S. fa ch'io non lassa passare quest'occa-
sione che misi porge con la venuta a cotesti corte del signore Amb. Evicciardini
per baiar a V. S. le mani si com' fo con questa littera, per inanimirla ancora à
valersi di me in tutto quello che da queste bande possa restar compiaciuta et ser-
vita da me securo di riconoscer quanto io sia vostro.

« GIOVANNI DI MEDICI.

« In Fiorenza, li 30 de aprile 1609. »

gnité et réputation de leurs armes, lequel il fault que tous leurs serviteurs essayent de réparer, et leur en faire avoir raison et au double. Elles dépeschent un courrier exprès sur ce subiect à mons. le maréchal de Boisdauphin, en luy mandant leurs instructions. C'est à vous aussy, messieurs qui estes par delà, d'y contribuer en ce qui dépand de vostre vigilance, courage et affection comme nous ne doubtons pas que vous n'en scachiez bien prendre l'occasion. Et ce pendant nous finirons les affaires de delà le plus tost quil nous sera possible pour advancer le retour de LL. MM. qui peut-être par leur présence finiront tous nos mouvements. J'ay parlé à la royne de la commission de cinquante hommes d'armes dont vous m'avez escript pour mons. vostre frère. S. M. la luy a volontiers accordée, et en peult faire estat asseuré, car je vous l'enverray comme vous le désirez par celluy qui m'a rendu vostre lettre. Je vous baise les mains, Monsieur, et suis vostre bien humble et plus affectionné serviteur. — Puysieulx.

« De Bordeaux, le 9ᵉ jour d'obtobre 1615. »

Mais les affaires n'étoient pas prêtes à se rétablir et M. le chancelier de Puysieulx se trompoit singulièrement en pensant que le retour du roi alloit tout calmer : l'arrestation de M. le Prince et son incarcération à Vincennes excitèrent au plus haut degré le mécontentement parmi les rebelles et bientôt la Champagne fut de nouveau en pleine insurrection. Le duc de Mayenne à Soissons, le duc de Bouillon à Sédan, le prince de Gonzague à Mezières, le marquis de Cœuvres à Laon dirigeoient le mouvement et résistoient vigoureusement aux troupes royales. Le duc de Guise fut envoyé dans cette province avec des forces imposantes et enleva en peu de jours plusieurs petites places des Ardennes. Ayant été arrêté plus longtemps sous les murs de Rosoy, le duc de Vendôme fit mine de vouloir l'inquiéter; mais M. de Guise envoya en avant la division du marquis de Praslin et cette seule démonstration fit rentrer les ennemis dans Laon (mars 1617). Le siége de Château-Porcien fut plus difficile : on dut envoyer chercher du canon à Châlons et battre la place pendant quinze jours avant de pouvoir y entrer; de là le duc de Guise vint enlever Rethel ; les hostilités cessèrent ensuite tout d'un coup par la mort du maréchal d'Ancre, auteur de l'arrestation de M. le Prince. Certaines velléités de résistance continuèrent néanmoins à planer, car M. de Choiseul, retenu depuis longtemps loin de la cour qu'il aimoit et où étoit d'ailleurs madame de Praslin, reçut encore l'année suivante l'ordre de rester à son poste et le président Jeannin lui écrit : « Votre présence en Champagne est nécessaire encore quelques jours à cause de divers advis que S. M. a d'armements secrets de gens de guerre que l'on faisoit en ladite province : est vray que de tels bruits commencent à s'affoiblir, ce qui me fait croire que vous serez tost mandé à la cour où vous trouverez toutes choses en mesme estat que les avez laissées, ou avec si peu de changement qu'il n'est pas considérable (1). »

La fuite de la reine mère vint remettre un moment les esprits à la guerre, mais Marie de Médicis ne persévéra pas dans sa résolution et rentra à Paris : le président Jeannin écrivit à ce sujet à M. de Praslin, retourné à Troyes, la lettre suivante : « Monsieur, vous recevrez ce mot par M. Desportes, envoyé par le roi pour assister au licenciement des gens de guerre, puisqu'il a plu à Dieu faire finir un mouvement qui sembloit bien foible ; mais on ne laissoit pas de craindre qu'il ne peult estre fortiffié par un grand nombre de mal contents, tant ce royaume est fertille en plusieurs personnes qui ne pensent qu'à troubler le repos et la tranquillité publique! On espère que la reconciliation de la royne mère avec S. M. sera sincère et entière. Je vous suplie très humblement d'ayder de votre autorité et pouvoir à ce licenciement, en sorte que l'argent du roy puisse estre ménagé et ceux qui ont bien servy demeurent

_____

(1) De Paris, 27 mars 1618.

contens. — D'Amboise, 26 may 1619. » La position, en
effet, devenoit plus grave que l'on avoit pu le penser et que
le président Jeannin ne le prévoyoit : Metz étoit très-
ébranlé, et, malgré leurs protestations, les bourgeois tenoient
pour le parti des princes. En ce moment M. de Praslin, qui
avoit le commandement de l'armée des frontières de Champagne, se trouvoit très-embarassé : la cour le pressoit d'en
venir aux mains et les habitants de la province le supplioient
d'éviter une guerre peu utile à la cause du roi et désastreuse
pour leur pays : l'évêque de Verdun, Charles de Lorraine,
le prioit « du meilleur de son cœur d'entrer le plus tard
qu'il lui seroit possible dans son évesché, parce qu'il avoit
reçu l'avis que le jour où les troupes royales y pénétreroient,
les gens du pays Messin commenceroient à y faire des
courses et à le ravager (1). » Les habitants de Metz, ou une
partie d'entre eux, firent cependant un violent effort pour
se rattacher au roi : « Monsieur, écrivoit le prince de Vaudemont à M. de Praslin, il s'est fait depuis hier au soir une
grande émotion dans Metz. M. de La Valette y ayant fait
entrer 2000 hommes de pied levés par les sieurs de Cham-
blay et de Gastinois, demanda les armes aux bourgeois;
mais ils refusèrent tout à plat de s'en dessaisir : le sieur de
Mommas, s'étant joint à eux, fut emprisonné du commandement dudit sieur de La Valette, mais la prison fut aussitôt
assiégée par les bourgeois qui le vindrent répéter à main
armée. Il y a eu de la tuerie : toutes fois on ne sçait qui
aura eu de pis, à cause que les portes sont demeurées fermées jusques icy. On asseure qu'on y a entendu une grande
escoppéterie et que les cloches y ont sonné toute la nuit :
j'en donne avis au roy par ce courrier que je lui envois en
diligence, ayant vu que le service de S. M. vouloit que vous
en fussiez adverty pareillement, affin de voir si vous jugerez
pas estre expédient de vous approcher avec les forces que
vous conduisez pour fortifier la volonté que ce peuple té-

(1) De Verdun, 23 avril 1619.

moigne avoir pour se conserver en l'obeissance et soubs l'autorité du roy (1). » M. de Praslin apprit biéntôt que lès
gens du parti de M. le Prince avoient eu le dessus et avoient
fait mettre en prison vingt-cinq des principaux bourgéois;
il fit donc un mouvement et remonta avec sa division vers
la Méuse. Le marquis de La Valette, justement inquiet, dé-
pêcha un courrier pour hâter l'arrivée de 500 chevaux que
M. de Cratz lui amenoit de Cologne (2). M. de Praslin
averti jour par jour de ces événements par les soins de M. de
Vaudemont, laissa cependant passer l'occasion et ne sut pas
couper ce corps de cavalerie. Le prince de Vaudémont singulièrement contrarié de voir la révolte victorieuse sur les
frontières de la Lorraine, écrivit à M. de Choiseul, le 7 mai :
« Mons. si au temps que vous reçeustes mes premiers advis,
le roy vous eust mit en estat de vous trouver près de Metz,
ce que vous avez fait depuis, je croy que les habitans
eussent fait paroistre qu'ils avoient de la puissance et de la
bonne volonté pour le service de S. M.; mais les longueurs
qu'on a apportées à vous envoyer les forces nécessaires pour
vous approcher ont donné loisir à la garnison de les désarmer,
et, leur ostant la puissance qu'ils avoient en main jusques
alors de bien servir le roy, ont rendu leurs bonnes volontés
inutiles. Je veux espérer toutesfois que vostre prudence et
vostre courage vous ouvriront des moyens de recouvrer
l'occasion perdue. L'entrée du sieur de Cratz à Metz a justifié la vérité de l'advis qui me fut donné de Cologne de
son partement, et que je vous communiquay dès que je l'eus
receu, car, suivant ce qu'on m'en écrivit, je vous adverty qu'ils
y pourroient arriver mercredy ou jeudy derniers, et il est
vray qu'il y entra jeudy soir. De quoy j'estime que vous en
aurez eu le premier advis par les lettres que j'en adressay
au sieur de Marcossay : s'il m'en vient d'autres qui soient

----

(1) De Nancy, 18 avril 1619.
(2) Ces détails sont contenus dans sept lettres du prince de Vaudemont, écrites
dans l'espace de quinze jours; entre autres, lettres des 25 et 29 avril et
3 mai 1619.

de quelqu'importance au service de S. M., je ne manque-
ray de vous en faire part, demeurant toujours, monsieur,
votre affectionné à vous faire service. — François de Lorraine.

« De Nancy le 7ᵐᵉ de may 1619. »

Ce fut le dernier épisode de cette guerre : les hostilités
cessèrent peu après, et, le marquis de La Valette ayant fait
sa soumission, Metz rentra dans le devoir. Le marquis de
Praslin reçut, le 24 octobre 1619, le bâton de maréchal de
France ; il devint ensuite gouverneur d'Aunis et de Saintonge et mourut à Troyes, où il est enterré, le 1ᵉʳ février
1626, « ayant, dit un historien du temps, commandé neuf
années, pris cinquante-neuf villes rebelles, assisté à qua-
rante-sept batailles et reçu vingt-deux blessures (1). »

II

CÉSAR DE CHOISEUL, COMTE DU PLESSIS-PRASLIN, DUC, PAIR
ET MARÉCHAL DE FRANCE. 12 FÉVRIER 1598-1671.

César de Choiseul, comte du Plessis-Praslin, neveu du
précédent, débuta à la cour comme enfant d'honneur du
dauphin, depuis Louis XIII, et parvint jeune au grade de
mestre-de-camp par la valeur dont il fit preuve à la bataille
de Saint-Jean d'Angély ; il figura avec son régiment au combat de Clérac et à la prise de l'île de Ré (1627). Peu après il
reçut l'ordre de rejoindre l'armée qui agissoit en Savoie et
dut y retourner ensuite en qualité de colonel des gardes wal-
lonnes. Chargé de conduire au duc de Mantoue des troupes levées pour son compte en France, ce prince lui écrivoit,
le 10 juin 1621 (2) : « Mon cher amy, j'ay trop de cognois-

(1) Le maréchal avoit reçu le collier des ordres le 7 janvier 1645 : il épousa, le
7 décembre 1591, Claude, fille du baron de Cazillac, conseiller d'État, maréchal
de camp et chevalier des ordres et de Claude de Dinteville. Il en eut : 1° Roger,
dont je vais m'occuper ; 2° François ; 3° La maréchale d'Estampes, marquise de
la Ferté-Imbert ; 4° Claude, abbesse de Notre-Dame de Troyes ; 5° Anne, qui lui
succéda ; 6° la marquise de Canonville-Raffetot ; 7° la marquise de Guénégaud-
Plancy.

(2) Déjà, du camp de Canetto, le 19 mai, le duc de Mantoue écrivoit à M. de

sance de vostre affection en mon endroit pour entrer en doubte qu'il y ayt eu aucun manquement de ce costé là touchant les retardemens de vos levées de gens de guerre en France, aussy ne l'attribue-je pas à ce deffaut, mais bien au peu de soing et de diligence dont y ont usé les miens dont j'ay reçu temoignage de plusieurs aultres endroits. Je ne laisse pas de vous en avoir beaucoup d'obligations puisqu'il vaut mieux tard que jamais et que j'espère que Dieu bénissant vos travaux et succès donnera le tems et le courage nécessère à ceux de Casal d'attendre ce secours. Pendant lequel ils continuent de se battre courageusement, comme aussy ceux de Nisse qui sont assiégés des Espagnols et où le comte de Gramont, Vontereau, le baron de Jessé et quel-

Choiseul : « Marquis, le soing que vous prenez pour ce qui me touche m'oblige sy parfaitement, qu'il faut que je vous en tesmoigne en fransois (sic) mon ressentiment, puisque c'est ma première langue. Asseurez-vous donc que je n'en perdray jamais le souvenir, et ce qui redoublera mon obligasion, ce sera la diligence que vous aporterez en la conduitte des troupes que vous prenez la peyne de lever pour moy; pour le passage desquelles tenant celuy de la Walteline très douteux maintenant, il sera plus à propos que vous vous joigniez aux troupes que M. de Longueville ou mon fils doivent commander : vous conjurant pour cela d'aporter toutes les facilités possibles, et de ne point prendre garde aux petites difficultez que vous avez pu rencontrer parmy mes gens à Paris, qui se trouvoient un peu empeschés a recouvrer tant d'argent qu'il étoit necessère pour toutes ses levées. Je vous envoye une commission en italien, selon que vous l'avez escrit à Baillot, vous asseurant que ceux de Cazal attendent secours avec impasiense, et qu'il n'y eut jamais une occasion comme celle qui s'y présente. Mais maintenant que Erni est pris après avoir esté assiégé cinq semaines, les troupes du duc de Savoie se joindront a celles de Denys Gonzalès; les milices de tout le Milanois sont aussy mandées et quelques troupes de l'Alemagne, que l'empereur leur envoye, déjà en chemin, de sorte que tant plus on retardera de venir, les difficultez s'y rencontreront plus grandes : je haste tout le monde autant qu'il m'est possible, et principalement l'asistance du roy par le secours que M. de Créquy doit amener, dont vous pouvez savoir à ceste heure plus de nouvelles que moy, et l'estat auquel il peut estre. Et quand aux affaires de deçà, nous nous sommes veus dix fois avec les ennemys depuis vostre partement : ils y ont laissé quelques cornettes et sont alez camper devant moi à une portée de canon, en intension, comme je pense, d'assièger le fort que je fais à l'entour de Ravelin, que vous avez veu en venant icy ; j'espere, dans deux jours, qu'il sera en parfaite défense : nous nous sommes déjà visités de coups de canon et de mousquetades, et semblent qu'ils se préparent à vouloir rompre un pont de batteaux que j'ay fait faire, que j'essaye de couvrir le mieux qu'il m'est possible pour m'en laisser le passage libre et asseuré : je fortifie mes troupes tant de pied que de cheval, et j'espère estre en estat, lorsque vous entrerez en Piedmont, de faire une bonne diversion de mon costé. Et en cette attente, je vous conjure de me vouloir tousiours aymer, et de croire que personne du monde ne vous est plus fidellement acquis que moy. »

ques autres se sont jetés, y ayant déjà fait plusieurs sorties avec grande mortalyté des ennemys. Et quand à la roulte que vous devez prendre, sy elle dépendoit de mon souhait simplement, ce seroit celle des Grisons pour vous avoir plutost en ces quartiers où, ayant des trouppes comme les vostres, nous pourrions entreprendre quelque chose de plus que nous ne faisons. Mais l'incommodité du passage qui se pourroit rendre douteux entre cy et là, et les trouppes qu'il faudroit pour les faire venir à la file et désarmés me fait désirer que vous puissiez joindre avec le reste de l'armée qui vat (*sic*) au secours de Montferrat, qui aura besoingt d'être forte puisque celle de Savoie étant libre de Montcalve qui est pris, elle joindra toutes ses forces pour empescher le passage en Piedmont. Vous aurez deub resevoir maintenant l'expédition de colones de Wallons que vous avez désirée. Je n'ay rien à ajouter sinon de vous prier de vous haster, pour ne point donner le temps aux Espagnols de se fortifier des secours d'Allemagne qu'ils attendent dans la fin de ce moys; vous pouvant asseurer qu'ils n'ont point maintenant devant Casal plus de 5,000 hommes de pieds et mille chevaux. Il est vray qu'il y en a 3,000 devant Nisse, le reste étant venu joindre l'armée que j'ay contre moy en ces quartiers, où les Vénitiens arment en résolution de résister ouvertement, comme j'espère dès ce que la France parlera comme il faut; et cela estant nous leur donnerons de l'exersise de tous cotéz, et ce attendant je vous deviens très fidellement acquis.

« CHARLES DUC DE MANTOUE. »

Comme on le sait (1), Vincent II, duc de Mantoue et marquis de Montferrat, étant mort sans postérité en 1627, il laissa ses États à Charles de Gonzague, déjà duc de Nevers; mais les ducs de Savoie et de Guastalla réclamèrent l'un le Montferrat, l'autre le Mantouan; l'empereur se déclara pour eux et le roi d'Espagne envoya à leur secours une armée

(1) Voyez la correspondance de Mgr de Sourdis, dans les *Documents inédits de l'Histoire de France*, tome Ier, années 1627, 1628 et 1629.

qui vint mettre le siége devant Casal (1628). Richelieu, occupé du siége de la Rochelle, commença par négocier, malgré le pape qui lui écrivoit « que le siége du boulevard des
huguenots n'est pas plus agréable à Dieu que son intervention dans les affaires du Mantouan. » Le parti italien, en effet, trembloit de voir la puissance autrichienne s'accroître et
faisoit tous ses efforts pour la combattre et l'éloigner.
Dès que la Rochelle se fut rendue, le roi avec son armée se
dirigea vers les Alpes, pendant que M. du Plessis-Praslin se
rendoit à son poste : il se distingua au Pas-de-Suze, à Pignerol, à Carignan, à la bataille livrée sur les bords du Pô
et enfin à Casal dont les Espagnols durent lever le siége
(1630).

Je ne veux pas suivre ici la brillante carrière du second
maréchal de Choiseul : les deux lettres que je viens de citer
sont les seuls documents à lui adressés, contenus dans la
liasse qui fait l'objet de cette notice. César de Choiseul continua la guerre en Italie comme lieutenant général, puis
passa en Catalogne au commencement de 1645 et fut créé
maréchal de France le 11 juin. Il repassa alors en Italie,
revint encore y commander en 1664 après avoir terminé la
campagne des Ardennes, et mourut à Paris, le 23 décembre 1675.

III

Roger, marquis de Choiseul-Praslin : 1600 : 1641.

Roger de Choiseul, marquis de Praslin, étoit le fils aîné
du maréchal Charles de Choiseul. Il débuta très-jeune dans
la carrière des armes et succéda à son père, en 1626, comme
lieutenant général en Champagne et gouverneur de Troyes.
S'étant battu en duel presque aussitôt contre le marquis de
Vardes, il fut dépouillé de ses charges et demeura quelque
temps en disgrâce; en 1632 pourtant (1), on le voit capitaine

---

(1) Lettre du roi, de Bar-le-Duc, 25 août 1633, qui ordonne au marquis de
Praslin de porter l'effectif de sa compagnie de quarante à cinquante hommes; au
mois de juin suivant, elle fut portée à quatre-vingts chevaux.

d'une compagnie de chevau-légers et attaché à l'armée du maréchal de Châtillon qui commandoit alors en Champagne, et peu après à celle que le maréchal de Brézé rassembloit à Mézières pour secourir les Hollandois. A ce moment le marquis de Praslin mérita par sa conduite cette lettre du roi : « Mons. le marquis de Praslin, mon cousin le maréchal de Brézé m'ayant fait récit de vos bons comportements en mon armée et représenté avec vos autres amis qui sont près de moy le désir que vous avez de retourner par deçà, je vous escris cette lettre pour vous dire que je trouve bon que vous vous en reveniez, et que non-seulement je seray bien aise de vous veoir, mais encore de vous tesmoigner ma bienveillance en toutes les occasions qui se présenteront. Sur ce, je prie Dieu qu'il vous ayt, mons. le marquis de Praslin, en sainte garde : escrit à Saint-Germain en Laye, le 1er jour d'avril 1636.

« LOUIS.

« Et plus bas : BOUTHILLIER. »

Ce congé ne fut pas long, et la reprise des hostilités forcèrent à renforcer l'armée de Picardie où M. de Choiseul fut envoyé vers le mois de juillet : au mois d'octobre le roi lui donna le commandement de 500 chevaux, composés de sa compagnie et de celles de MM. de Saint-Simon, du Four, de Creuzy, de Tourville, Avaucourt, Bossu, Audresy, Enonville, Vergnieules, La Rante et Vitannal, et l'envoya tenir garnison à Guise. Ce séjour plaisoit peu au marquis de Praslin, car on le voit obtenir un congé d'un mois en janvier et en solliciter un second en novembre ; mais cette fois il lui fut refusé et même M. de Noyers dut lui écrire pour l'engager à s'occuper davantage de sa compagnie : « Monsieur, je suis bien marry qu'au lieu de vous envoïer le congé que vous avez désiré, je vous face voir une lettre du roy, qui se plaignant du peu d'ordre qu'il y a eu cette année dans sa cavallerie de laquelle vostre charge vous obligeoit de prendre plus de soing, elle vous commande de demeurer chez vous jusques à ce que vous estimiez vostre présence nécessaire pour commencer a doner les fondements d'une meilleure police dans les quartiers de la cavalerie et faire conoistre à S. M. que vous scavez bien la faire servir à son gré dans la charge dont elle vous a honoré, comme vous verrez par la despesche de S. M., que vous suivrez dès lors sa teneur, et ne me croirez pas moins pour cela vostre très humble et très affectionné serviteur.   DE NOYERS.

« De Ruelle, 2 novembre 1637. »

En effet, depuis le mois de juin, M. de Choiseul avoit été nommé mestre-de-camp de la cavalerie légère à l'armée du cardinal de La Valette en Flandre et en Picardie, tout en demeurant à la tête de sa compagnie de chevau-légers : l'année suivante il acheta au marquis de Sourdis la commission de mestre-de-camp général de la cavalerie légère en France (1). Cette charge lui donnoit le commandement et l'inspection de tous les corps de cavalerie légère, tels que dragons, hussards, carabiniers, mousquetaires, qui à cette époque étoient dans une désorganisation à peu près complète. Au mois de février 1638, le roi voulant faire cesser une partie des abus qui résultoient de la trop grande division de la cavalerie, supprima les compagnies séparées de 50, 100, 200 et 500 chevaux et en forma des régiments : il écrivit à M. de Praslin pour lui dire qu'il lui en donnoit un dont il seroit le mestre-de-camp particulier tout en conservant sa charge de mestre-de-camp général. Au mois de mai, M. de Praslin fut élevé au grade de maréchal de camp et renvoyé en cette qualité en Picardie à l'armée du maréchal de Châtillon (10 mai).

La guerre laissoit peu de temps au marquis de Praslin pour s'occuper des affaires administratives de la Champagne qu'il devoit diriger cependant comme gouverneur de Troyes : il avoit en outre le titre de conseiller d'État et c'est en ces

(1) Certificat délivré par M. de La Valette, le 3 février 1638, comme quoi M. de Praslin a servi en qualité de mestre-de-camp de la cavalerie légère, de juin à décembre 1637.

qualités qu'il est initié aux événements qui s'accomplissoient dans le royaume et que notamment nous le voyons recevoir de ces intéressantes dépêches de la cour, l'une au sujet de la conjuration du duc d'Orléans, l'autre de la brillante victoire de Leucate. Nous croyons utile de les reproduire :

« Mons. le marquis de Praslin, dès lors que mon frère le duc d'Orléans se retira à Blois, au mois de novembre dernier, sans prendre congé de moi, en sorte qu'au jugement de tout le monde j'avois sujet de douter de ses intentions, je crus bien que s'il avoit le soin qu'il devoit d'examiner les motifs de cette action, arrivée immédiatement après lui avoir donné les plus confidentes marques qu'il pouvoit désirer de ma bienveillance dans un employ où il avoit le commandement et la conduite des principales forces du royaume, il cognoistroit bientost que les advis et les mouvemens qui estoient cause de son esloignement, estoient non-seulement contraires à la vérité, mais à son propre bien. Cette avance ne m'empescha pas de donner tous les ordres nécessaires pour prévenir les mauvaises suittes que pouvoit apporter cette séparation. Mais, grâces à Dieu, ils n'ont servy qu'à me faire cognoistre de plus en plus la fidélité de tous mes subiects, dont j'ay trouvé la constance inesbranlable. Et comme mon frère a bien jugé que l'union des cœurs est aussy nécessaire en ces temps comme celle des forces du royaume, pour agir plus puissamment contre les ennemis de la grandeur de cette couronne et de son repos, il s'est porté de luy-mesme à tout ce que j'eusse pu désirer, et il n'a pas plutost recogneu sa faulte que je ne l'aye oubliée de bon cœur, adioustant telle foy aux asseurances qu'il m'a données de son affection et de son zèle au bien de cest Estat que je m'en rends caution envers moy-mesme. Je me suis aussy résolu, sur les supplications de mondict frère, de pardonner à mon cousin le comte de Soissons la faulte qu'il a commise, non-seulement se retirant à Sédan sans congé, mais se conduisant depuis ce temps-là tout autrement que

je n'eusse pu me le promettre. Ce que je fais très-volontiers, pourveu que mondict cousin se remette dans son debvoir quinze jours après que la déclaration que j'ay faicte de
mes volontés sur ces grâces sera publiée. Ce que j'ay bien
voulu vous faire sçavoir par ceste lettre, afin que vous en
donniez part à tous mes serviteurs et subiects de l'estendue
de vostre charge. Et encore que j'estime que mondict cousin
suivra le bon exemple de mon frère, néantmoins, en attendant que cela soit, j'entens que l'on continue à faire très
exactement les gardes extraordinaires establies sur l'occasion de la retraite de mondict cousin. Et, sur ce, je prie Dieu
qu'il vous ait, mons. le marquis de Praslin, en sa saincte
garde. Escrit à Orléans, le IXe jour de febvrier 1637.

« LOUIS.

« BOUTHILLIER. »

« Mons. le marquis de Praslin, les bénédictions qu'il
plaist à Dieu de respandre continuellement sur mes desseins, et la confusion qu'il envoye par sa justice et bonté
sur ceux des ennemys de mon Estat m'obligeans à en avoir
des recognoissances continuelles et en louer incessamment
sa divine bonté, je m'y sens d'autant plus obligé en l'occasion des succès qu'il luy a plu me donner en mes armées, le
XXIXe jour du mois passé, contre l'entreprise des Espagnols
qui assiégeoient ma ville de Leucate, que la victoire en est
grande et signalée. Les ennemys ayant esté forcés dans leurs
retranchements, leur armée entierrement deffaicte, trois
mil cinq cens hommes tués sur la place, plus de cinq cens
noyés, cinq cens faicts prisonniers, quarante-cinq pièces de
canon de fonte verte prises, vingt-cinq qu'ils ont jettées eux-
mesmes dans le lac de Salces, toutes leurs autres munitions
de guerre, et leurs équipages et bagages y ayant aussy esté
prises et leurs drapeaux nous estant demeurés pour marque
entière de la victoire : laquelle ayant esté si sanglante pour
nos ennemys, je n'y ay pas perdu par la grâce de Dieu plus
de quatre cens hommes. En quoy j'ay grandement à me

louer de la bonne conduite, de la générosité et du courage
de mon cousin le duc d'Halluyn, pair de France, gouverneur et mon lieutenant général en ma province de Languedoc, lequel s'est acquitté du commandement que je luy avois
faict d'assembler et recueillir en diligence les forces de la
province pour l'exécution de ce qui s'est faict. Ce que je ne
puis dire sans tesmoigner la satisfaction entière que j'ay de
mes subiects, particulièrement de ma noblesse de ladicte
province qui m'y a si bien servy, et du sieur de Bavry, gouverneur de ladicte ville de Leucate, lequel a tesmoigné une
grande générosité en la défense de cette place, y ayant
souffert, pendant trente jours de siége, dix-sept mille coups
de canon et grand nombre de bombes, et s'estant résolu
d'y mourir s'il n'estoit secouru; de sorte que par cet heureux succès, non-seulement la ville de Leucate est demeurée
libre, mais encore madicte province de Languedoc garantie
des entreprises que les Espagnols y préparoient, et pour
lesquelles ils avoient mis sur pied la plus grande armée qu'il
leur avoit esté possible, laquelle est maintenant entièrement
dissipée et deffaicte. Qui est l'advis que j'ay bien voulu vous
donner par celle-cy, pour en donner part à tous mes bons
subjects de l'estendue de vostre charge, afin, qu'eux et vous
en rendiez grâces à Dieu publiquement, assistans à un *Te
Deum* que j'ay ordonné estre chanté; et en mesme temps
vous ferez faire des feux de joye en la manière accoustu-
mée. A quoy m'asseurant que vous satisferez de bon cœur,
je n'adjousteray, sinon que je prie Dieu qu'il vous ayt,
mons. le marquis de Praslin, en sa saincte garde. Escrit à
Saint-Maur-des-Fossés, le vııe jour d'octobre 1637.

« LOUIS.

« Bouthillier. »

L'organisation de la cavalerie légère préoccupoit vivement
M. de Praslin, et, malgré ses efforts, il ne pouvoit contenter
le roi, dont il recevoit quelquefois des reproches. Le cardinal de Richelieu lui écrivit un jour plus rudement encore :

« Monsieur, je vous fais cette lettre pour vous dire que les diverses plaintes que le roy a eues des grands désordres qui ont esté jusques icy dans ses armées l'ayant fait résoudre à tascher, par tous moyens, d'y apporter la reigle qui est nécessaire, j'ay estimé vous devoir prier, comme je fais, de faire tout ce qui est en vous à ce que la cavalerie vive à l'avenir avec plus de police et d'obéissance qu'elle ne l'a fait par le passé. Vous recevrez ceste prière et cet avis comme d'une personne qui vous ayme, et qui en use de la sorte avec vous sur la cognoissance qu'elle a que vous n'êtes pas si dévot et si sainct que vous ne le puissiez estre davantage pour donner si bon exemple à ceux qui sont sous vostre charge, que vostre conduite soit une exhortation perpétuelle à faire leur devoir. Quand vous suivrez le conseil de vos amis en ce point, j'ose vous asseurer que vous vous en trouverez bien ; et, sans cela, je craindrois en vérité que n'ayant pas la bénédiction du ciel, vous n'eussiez pas celle de la terre. Le roy a tant de desplaisir de sçavoir que toute sa cavalerie n'est pas armée comme elle le doit estre, qu'il a résolu de ne recevoir l'année qui vient aucune personne à estre enrollée qui n'aye des armes, et, pour ceste année, de faire chastier ceux qui en auront receu dans ceste campagne et qui ne les auront pas à la montre, n'ayant fait aucun voyage auquel ils ayent pu les perdre par autre voye que par pure négligence. Je vous prie de tenir la main à l'exécution de la volonté du roy : et afin que je luy puisse rendre un compte fidelle de vostre diligence, vous m'envoyerez, s'il vous plaît, un controolle de toute la cavalerie qui est sous vostre charge, la force de chaque compagnie, l'estat auquel elle est, c'est-à-dire si elle est armée ou non, et comme les cavaliers sont montez. Ce qu'attendant, je vous asseureray que je suis véritablement, monsieur, vostre très affectionné à vous rendre service. De Saint-Quentin, 5ᵉ septembre 1638. « Cardinal DE RICHELIEU. »

Le mois suivant, des mesures plus énergiques furent prises ;

plusieurs officiers furent cassés et vingt-trois compagnies de chevau-légers licenciées, entre autres celles de Ballizy, La Motte, Ventadour, Vaux, Roquelaure, Arquien et du Hamel : M. de Praslin dut les réorganiser tout de suite sur de nouvelles bases.

L'année 1639 vit successivement M. de Praslin à l'armée du maréchal de Feuquières; à Vitry et à celle du maréchal de Châtillon; il assista au mois de juin à la bataille de Thionville, où une division françoise prit la fuite devant l'ennemi. Le roi en fut vivement blessé, et comme il estimoit particulièrement M. de Praslin, il lui recommanda de lui faire un rapport circonstancié sur ce malheureux événement :

« Mons. le marquis de Praslin, estant d'une très grande importance à mon service que je cognoisse au vray ceux dont la lascheté a esté cause de la perte des gens d'honneur qui sont demeurez devant Thionville, et sçachant que personne ne peut mieux m'en informer que vous, je vous escris cette lettre pour vous dire que mon intention est que vous me mandiez qui sont ceux qui ont le plus mal faict en ceste journée de Thionville, pour en ordonner ainsy que je verray estre à propos. Ce que je me promets que vous ferez avec autant de vérité et de netteté que je vous tesmoigne de confiance en ce sujet, sur lequel je vous deffends bien expressément de rien communiquer à qui que ce soit de ce que je vous ay mandé, ny de ce que vous m'escrirez; et, sur ce, je prie Dieu, etc. Escrit d'Abbeville, le 4e juin 1639.

. LOUIS.

. *Et plus bas : Sublet. .*

Presque en même temps, M. de Praslin recevoit ces billets de Richelieu et de M. de Noyers :

« Monsieur, le roy désirant estre esclairez, particulièrement de tout ce qui s'est passé au combat de Thionville, m'a commandé de vous escrire à ce que vous me mandiez

ceux de la cavalerie qui n'ont pas fait leur devoir, distin-
guant nommément les officiers qui auront refusé de combattre et ceux qui s'en seront enfuis laschement. Je m'asseure que vous n'y manquerez pas, puisqu'il y va du service
de Sa Majesté et de vostre honneur dont je désire la conservation, comme estant, Monsieur, vostre très affectionné
à vous rendre service. D'Abbeville, ce 23ᵉ juin 1639.

> « Le cardinal DE RICHELIEU. »

« Monsieur, le roy désire estre instruict par vous-mesme
de ce que la cavallerie a faict à la malheureuse journée de
Thionville, et je vous dirai en amy qu'il importe beaucoup
aux gens de bien que les lasches soient cognus, parce que,
dans une générale condamnation, les bons se trouvent en-
veloppés avec les mauvais. Mandés-m'en donc, s'il vous
plaist, au plus tost vos sentiments, et vous asseurez que le
secret sera observé comme je le doibz, et qu'en cette rencontre comme en toutes vous me trouverez, Monsieur,
votre très humble et très affectionné serviteur. D'Abbeville,
ce 24ᵉ juin 1639.

> « DE NOYERS. »

Au mois de décembre, M. de Praslin dut inspecter l'armée du maréchal de Chastillon et tenter de faire cesser les
abus commis par les gens de guerre dans leurs cantonne-
ments (1). L'année suivante, cette mission lui fut de nouveau
confiée; le secrétaire d'État de Noyers lui donne à ce sujet
des instructions particulières qui offrent d'assez curieux renseignements sur l'armée à cette époque, et la manière dont
étoit comprise la discipline.

« Monsieur, un des plus importants services que vous
puissiez rendre au roy dans le voïage que S. M. vous a

---

(1) Cette mission et les lettres précédentes démentent assez positivement
l'assertion de La Chesnaye des Bois qui fait mettre M. de Praslin à la Bastille jusqu'au 28 janvier 1640, avec MM. de Grancey et de Saint-Aignan pour sa mauvaise conduite à Thionville. On voit qu'il en étoit au contraire tout autrement.

commandé de faire en sa province de Champagne, est de
commencer dès à présent à disposer les trouppes à se mettre
en bon estat pour la campagne prochaine, en advertissant
pour cet effet de bonne heure les chefs de se préparer à
rendre leurs compagnies du nombre avec lequel S. M. veut
qu'ils entrent dans ses armées. Et il faut, pour leur en donner moïen de ce faire, que vous entriez en compte avec
ceux des hommes que S. M. leur entretient pendant l'hyver,
afin de convenir de quel nombre doivent estre leurs recreues, du moins pour parvenir à celuy porté par le règlement : car je ne doubte pas qu'il n'y ait quantité de braves
gens qui l'excéderont en sortant des garnisons, à ce qu'ils
se trouvent au moins en entrant dans les armées. Cela fait,
vous viendrez de recouvrer l'estat de ce que vous aurez arresté avec les officiers, et vous n'oublierez pas qu'il les faut
faire obliger à représenter à la campagne le mesme nombre
que le roy leur entretient durant l'hyver, outre leurs recreues, par le moïen desquelles ils seront tenus de rendre
leurs compagnies complettes. Et je vous prie de les asseurer
que je donneray sy bon ordre à leur faire toucher le fonds
desdites recreues, qu'ils auront tout loisir de les faire bonnes,
afin qu'ils le puissent faire voir à S. M. au commencement
de la campagne, en l'estat que leur propre intérêt et leur
honneur les y oblige. Souvenez-vous, Monsieur, que de ce
soin dépend, après Dieu, le succès de notre campagne et de
toutes les entreprises que le roy prétend faire pour obliger
les ennemys à demander la paix, ce que je vous prie d'avoir
toujours devant les yeux, et de n'en quitter la pensée
qu'après qu'elle en aura produit son effect et donné de
bonnes trouppes au roy. Le second fruict de vostre voïage
est l'establissement de l'ordre dans les garnisons, en sorte
que le pauvre peuple puisse respirer en donnant sa subsistance. Le payement que le roy envoie à ses trouppes vous
donne beaucoup plus de moyen que par le passé de les tenir
dans le debvoir, et de soulager la misère de ses subiects en
leur faisant rendre d'une main ce que la levée des subsis-

tances leur oste de l'autre. Embrassez, je vous prie, ces in-
térests du misérable, et employez vostre générosité et auctorité au soulagement de l'indigent. C'est en vérité un moïen
d'attirer sur vous mille bénédictions, et de faire prospérer
de plus en plus les affaires de nostre maistre. Mettez, je
vous prie, vostre satisfaction à estre instrument d'un tel
bien, et ne doubtez point que Dieu ne vous comble de tout
bonheur et ne verse sur vous en abondance la gloire que
vous souhaitte, Monsieur, vostre très humble et très affectionné serviteur. A Paris, ce 27ᵉ décembre 1640.

                                    « DE NOYERS. »

Au mois d'avril 1640, le marquis de Praslin avait dû rejoindre l'armée de Picardie comme maréchal de camp, et
son régiment l'y avoit suivi; au mois de juin, il se distingua
d'une manière toute particulière au siége d'Arras, ce qui lui
mérita de la part du roi une lettre très-flatteuse (1). C'est
à la fin de cette campagne que M. de Praslin fut renvoyé
en inspection en Champagne, avec ordre « à tous mares-
chaux de camp, colonels, cappitaines, chefs et officiers des
troupes tant de cheval que de pied, François et estrangers,
maires et eschevins des villes où il y aura des trouppes lo-
gées, commissaires des guerres, prévosts des maréchaux et à
tous autres officiers et subiects de luy obéir sans difficulté
en choses concernant ledict employ, sous peine de désobéis-
sance (2). » Muni de ces pleins pouvoirs, le marquis de

(1) Lettre datée de Magny, 26 juin 1640.
(2) Lettres patentes du 26 novembre 1640. A cette pièce est joint un état signé
du roi, qui mentionne les troupes alors occupées en Champagne, et qui se dé-
composent ainsi :
   Trois régiments d'infanterie à Troyes, autant à Reims, deux à Châlons, un dans
chacune des villes suivantes : Mézières, Bar-sur-Aube, Mouzon, Joinville, la
Ferté-sur-Aube, Saint-Dizier, Beaumont-en-Argonne, Ay, Châtillon-sur-Seine;
deux à Bar-sur-Seine; un demi réparti entre Éclaron et Montiérender.
   Deux compagnies de gendarmes à Attigny et Châtillon-sur-Marne; un régiment
de cavalerie à Saint-Dizier; un pour Réthel, Fismes, Château-Porcien et Montmi-
rail; un pour Châlons, Vitry et la Ferté-Imbaut; un pour Bar, Vaucouleurs et
Commercy; un pour Stenay, Dun et Verdun; un pour Épernay et Reims; un pour
Mézières, Donchery et Mouzon; un pour Verdun encore, Sainte-Menehould et
Damvilliers; un pour Troyes, Montiérender, Villeneuve-le-Guyot, Villeneuve-

Praslin put réussir dans sa mission, malgré la vive résistance des paysans, pour qui alors le logement des troupes étoit une vraie calamité, et qui, comme ceux de Dannemoine et de Potièvres, voulurent employer la force pour s'y soustraire. Le roi lui écrivit pour le charger de réprimer cette émeute, et M. de Praslin ayant mis quelque lenteur dans cette affaire, une nouvelle dépêche lui donna l'ordre de se transporter à Dannemoine avec des troupes, d'installer les trois compagnies du régiment Fittingoff qui devoient y être cantonnées, et d'arrêter les mutins (19 décembre).

Après l'hiver, la guerre recommença et le régiment du marquis de Praslin dut quitter Troyes pour se rendre à Réthel, sous le maréchal de Châtillon. M. de Praslin lui-même reçut l'ordre de quitter son gouvernement et de rejoindre l'armée (22 avril 1641) (1).

l'Archevêque et Saint-Julien ; un à Dannemoine et Potièvres ; enfin neuf compagnies de carabins à Linchamps et Château-Regnault.

(1) On n'en adressoit pas moins des dépêches à M. de Praslin comme gouverneur de Troyes, et je ne crois pas inutile de reproduire celle qui a rapport aux menées dont furent accusés MM. de Soubise et de La Valette :

« Mons. le marquis de Praslin. La crainte que j'ay que certains bruits qui s'espendent depuis quelque tems des nouvelles factions que quelques uns de mes subiects taschent de faire pour troubler le repos de mon Estat, vous donnent de l'appréhension pour n'en scavoir pas les particularités, je me suis résolu de vous en donner advis et vous faire cognoistre en mesme tems que la descouverte estant un des principaux remèdes de tels maux, vous n'avez grace à Dieu rien à craindre des mauvais desseins qui se descouvrent maintenant.

« Dieu, qui a fait paroistre en diverses occasions la singulière protection qu'il prend de ce royaume, a permis que depuis un an quelques uns de mes subiects qui ont esté envoyés par les soins de Soubize et de La Valette pour corrompre la fidélité de diverses personnes de mes subiets soient tombés entre mes mains et que par leur moyen j'aye appris que lesdicts sieurs de Soubize et de La Valette faisant croire au roy d'Espagne qu'ils pourroient faire souslever quelques unes de mes provinces, quoyque leur fidélité soit entièrement asseurée, traittoyent avec luy pour faire une descente avec ses armes en Bretagne et Aunis et en la rivière de Bordeaux Qu'en mesme tems que ce projet ourdy dès le tems que la dame de Chevreuse estoit en Espagne auroit son effect, on luy faisoit espérer que, du costé de Sedan, une armée conduite par d'autres de mes subiects entreroit dans la Champagne, ensuite ses négociations faictes à cette fin par l'abbé de Mercy qui sous divers prétextes a faict diverses allées et venues en Allemagne, à Sédan et à Bruxelles.

« J'avois mesprisé et vu ces desseins comme impuissants, ainsi que j'ay faict depuis deux ans des sollicitations faictes à des mestres de camp, tant de pied que de cheval de mes armées: les efforts pour brusler mes vaisseaux ; l'envoy faict à Brest pour en recognoistre les moyens et une entreprise sur Metz que le duc de

Une lettre du roi datée du 1er juillet et relative à des affaires de service, clôt cette longue correspondance. Pendant

La Valette vouloit faire tomber entre les mains des Espagnols au préjudice de son propre sang, mon cousin le cardinal son frère dont la fidélité estoit telle que beaucoup attribuent au déplaisir qu'il conceut d'une telle trahison, si leur continuation ne me faisoit cognoistre que ce que j'attribuois au commencement à une légèreté est une suitte d'une malice noire et enracinée à laquelle je suis d'autant plus obligé de remédier que ceux qui en sont autheurs ont tousiours abusé de mon indulgence.

« Je n'eusse jamais cru qu'après avoir pardonné au comte de Soissons, mon cousin, la mauvaise trame qu'il fit contre mon service en 1636, lorsque je confiois mes armes entre ses mains, il se fust embarqué de nouveau dans des desseins pareils à ceux qui sont venus depuis quelque tems à ma cognoissance. Mais la capture de plusieurs esprits factieux envoyés dans mes provinces pour lever des gens de guerre contre mon service, desbaucher ceux qui sont enroollés dans mes trouppes et esbranler la fidélité de mes subiects.

« Les levées publiques qui se font au Liège sous le nom et la commission de mondict Cousin. Les hostilités commises entre les corps de grade establis par mes gouverneurs dans mes frontières jusques à tuer des soldats qui n'avoient d'autres ordres que d'empêcher la sortie des bleds de mon royaume.

« L'entreprise ouverte sur le mont Olympe dont le complot a esté non-seulement faict dans Sédan mais qu'on a tasché par deux fois d'exécuter avec les trouppes qui sont en ceste place jointes à celle du roy d'Espagne. Ce que la notoriété a faict cognoistre à toute ma frontière de Champagne et qui est authentiquement vérifiée par lettres originales par la capture de quelques prisonniers employés en ceste affaire, et par la déposition de ceux que l'on a voulu corrompre à ceste fin.

« L'envoy d'un nommé Vauselle à mon frère le duc d'Orléans qui semble n'avoir esté permis que pour me donner lieu de recevoir de nouveaux tesmoignages de la fidélité de mondict frère et des preuves d'autant plus notoires de la malice de ceux qui le vouloient perdre que ledict Vauselle estant tombé entre mes mains lors que, s'en allant à Sédan, il pensoit avoir évité tout péril, recognoist avoir esté envoyé pour faire scavoir à mondict frère que le Gr de Soissons, le duc de Guise et le duc de Bouillon ont traité avec le Cardinal infant pour le roy d'Espagne. Que ledict Cardinal leur promet de notables sommes de deniers dont ils ont desja touché partie pour faire des levées de gens de guerre qui jointes à d'autres trouppes doivent agir contre la France, et qu'au cas que mondict frère refuse le commandement de ceste armée, ledict sieur comte de Soissons en doibt estre le chef.

« Ce voyage public des ducs de Guise à Bruxelles pour plus grande seureté de ce traitté, m'ont donnés (sic) une si claire cognoissance de ce dont j'estois bien aise de douter, que je n'ay pu sans manquer à ce je dois à mon Estat et à moy mesme différer de vous faire scavoir que ledict comte de Soissons, les ducs de Guise et de Bouillon s'estant déclarés mes ennemys par les actions cy-dessus spécifiées, actions d'autant plus infâmes qu'elles les unissent à ceux qui n'ont d'autre fin que la ruine de cest Estat, je veux qu'ils soient recognuss de tous mes subiects pour en estre ennemys declarés, si dans un mois ils ne recognoissent leurs fautes et n'ont recours à ma clemence.

« Comme le soin que je doibs avoir de ce royaume m'oblige à n'oublier aucune precaution necessaire à la conservation de son repos, l'assurance que j'ay de votre fidelité faict que je ne doubte pas que vous ne faciés ce que je puis désirer de vostre vigilance a ce que, s'il se descouvre quelques suittes de ces malheu-

toute la campagne des Ardennes, le marquis de Praslin se distingua par son intrépidité et son ardeur. Le 6 juillet, à la bataille de la Marfée, il commandoit une des divisions qui fut en partie détruite par la charge de cavalerie du duc de Bouillon. M. de Praslin se battit jusqu'au dernier moment et demeura pour mort, tandis que le maréchal de Châtillon et le marquis de Sourdis, son lieutenant général, se retiroient en hâte à Réthel. M. de Praslin, recueilli après le combat par des paysans et généreusement soigné par eux, se guérit, dit-on, de sa blessure, mais il ne voulut plus reparoître dans le monde. Il se retira près de Coiffy, petite ville située aux environs de Langres, y vécut en ermite, et y mourut dans un âge très-avancé (1).

IV

FRANÇOIS DE CHOISEUL, MARQUIS DE PRASLIN : 1612 : 1690.

François de Choiseul étoit frère de Roger, dont nous venons de parcourir la vie, mais il n'eut une carrière ni aussi brillante, ni aussi agitée. Il demeura constamment à Troyes et à la cour, où il étoit aimé et estimé. Ayant succédé à Roger en qualité de gouverneur de Troyes et lieutenant général en Champagne, il reçut plusieurs lettres intéressantes

reuses trames aux provinces où vous estes, ceux qui y tremperoient soyent si promptement saisys que leurs mauvais desseins ne soient pas plus tost esclos que chatiez : moyennant ceste conduite de vostre part et la bénédiction de Dieu à qui je recognois debvoir tous les bons succès qui m'arrivent, je ne crains pas de vous asseurer que la malice de ces mauvais esprits ne fera tort qu'à eulx mesmes et que vous en retirerez un grand avantage en ce que les ennemys de cet Estat, se detrompans à leurs despens des espérances qu'ils ont pu concevoir, des vaines propositions qui leur ont esté faictes jusques à présent par les susnommés, se rendront aussy disposées à une bonne paix qu'ils s'en sont esloignés jusques a cette heure; demandant à bonheur à Dieu de tout mon cœur, je le prie qu'il vous ayt, mons. le marquis de Praslin, en sa saincte garde.

« Escrit à Abbeville, le 12ᵉ jour de juin 1641.

« LOUIS.
« BOUTHILLIER. »

(1) Voyez La Chesnaye des Bois, 2ᵉ édit,, p. 502. — Vie de frère Jean-Baptiste, solitaire, qu'on dit avoir été le comte de Moret. — Moréri.

sur les affaires du moment, notamment sur la **conspiration**
de Cinq-Mars, la prise de Perpignan, la mort de Richelieu
et celle de Louis XIII :

« Mons. le marquis de Praslin, le notable et visible changement qui a paru depuis un an en la conduite du sieur de
Cinq-Mars, mon grand-escuier, me fit résoudre aussy tost
que je m'en apperçeus de prendre soigneusement garde à
ses actions et à ses paroles pour pénétrer et découvrir qu'elle
en pouvoit estre la cause. Pour cet effect m'estant résolu de
le laisser agir et parler avec moy avec plus de liberté qu'auparavant, je descouvris par ce moïen qu'agissant selon son
génie, il prenoit un extrême plaisir à ravaler tous les bons
succès qui m'arrivoient, relever les mauvais et publier les
nouvelles qui m'estoient désavantageuses. Je conneus qu'une
de ses principales fins estoit de blasmer les actions de mon
cousin le cardinal duc de Richelieu, quoique ses conseils et
ses services aient tousiours esté accompagnez de bénédiction et de succès, et de louer hardiment celles du comte duc
Olivarez. Qu'il estoit favorable à tous ceux qui estoient en
ma disgrace, et contraires à ceux qui me servoient le mieux.
Il improuvoit continuellement ce que je faisois de plus utile
pour mon Estat, dont il rendit un notable tesmoignage quand
nous fismes [les] sieurs de Guebrian et de La Motte, maréchaux de France, ce qu'il fit paroistre luy estre insuportable.
Il entretenoit intelligence très particulière avec quelques uns
de mes subiects mal intentionnés de la religion prétendue
reformée par le moïen de Chavagnac, maùvais esprit nourry
dans les factions et de quelques autres. Il parloit d'ordinaire des choses les plus saintes avec une si grande impiété,
qu'il estoit aisé à voir que Dieu n'estoit pas dans son cœur.
Enfin son imprudence, la légèreté de sa langue, les divers
courriers qu'il envoyoit de toutes parts et les prattiques ou-
vertes qu'il faisoit en mon armée, m'aïant donné juste subiect
d'entrer en soubçon de luy, l'intérest de mon Estat qui m'a
tousiours esté plus cher que ma vie m'obligea à m'assurer

de sa personne et de celles de quelques uns de ses complices.
Ma résolution ne fut pas plus tost exécutée que par la bouche
des uns ou des autres je n'aye eu cognoissance que le déré-
glement de mauvais esprit l'avoit porté à former un party
en mon Estat; que le duc de Bouillon avoit donné entrée
aux estrangers en ce royaume par Sédan : que mon frère le
duc d'Orléans devoit marcher à leur teste, et que ce misérable esprit devoit se retirer avec eux s'il voyoit ne pouvoir
mieux servir ce party et ruiner mondict cousin le cardinal
duc de Richelieu en demeurant auprès de moy.

J'appris que le roi d'Espagne devoit fournir au party
12,000 hommes de pied et 5,000 chevaux ; qu'il lui devoit
donner 400,000 escus pour faire des levées en France : qu'il
donnoit à mon frère six vingt mil escus de pension, et au
duc de Bouillon et au marquis de Cinq-Mars, mon grand
escuïer, quatre vingt mil escus, et qu'en outre il devoit munir
la place de Sédan et en payer la garnison. Cette cognoissance me fit résoudre de faire arrester le duc de Bouillon et
avoir tellement l'œil aux déportemens de mondict frère le
duc d'Orléans, qu'il ne peust me faire le mal qu'il avoit pro-
jecté. Dieu bénit tellement mes résolutions et confond au
contraire les mauvais desseins des mal affectionnés au bien
de cet Estat, que ledict duc de Bouillon, aïant pressenty que
j'avois avis de ses mauvaises intentions, n'a pu s'eschapper
quoy qu'il se fust caché dans la ville de Cazal où il estoit
pour se retirer ensuite dans le Milanois. Au mesme temps
mondict frère le duc d'Orléans, pressé par sa conscience et
par le mauvais succès qu'avoient eu ses desseins, m'envoya
l'abbé de La Rivière pour me dire en général qu'il avoit
failly et avoit besoing de ma grâce sans spécifier particulièrement en quoy. Je respondis que bien qu'il deust estre las de
m'offenser et d'agir contre luy mesme, agissant contre moy
et contre l'Estat, je ne voulois pas me lasser d'user de ma
clémence envers luy. Qu'en cette considération je désirois
qu'il me donnast une entière et sincère confession de sa
faute, une déclaration particulière de tous ses complices et

de tous les desseins et proiects qui avoient esté faicts, auquel cas il recevroit des effects de ma bonté; j'auray l'œil à sa conduite et agiray avec luy selon que le bien de mon Estat le requerra, sans toutes fois me séparer du bon naturel dont il a tousiours receu des preuves. L'importance de cette affaire m'a convié à vous en informer par cette lettre pour vous faire cognoistre que Dieu par sa bonté m'assiste continuellement pour garantir ce royaume des mauvais desseins qui se font, tant au dehors qu'au dedans, pour en troubler la prospérité. L'affection et la fidélité que vous avez pour mon service, dont vous avez donné des tesmoignages en diverses occasions, me rend très assuré que vous veillerez incessamment dans l'estendue de vostre charge à ce qu'il ne s'y passe rien qui se puisse préiudicier, et que vous redoublerez vos soings, s'il est besoing pour cet effect, ce qui me convie de plus en plus à vous faire paroistre ma bonne volonté en vostre endroict. Priant sur ce Dieu qu'il vous ait, mons. le marquis de Praslin, e sa saincte garde. Escrit à Versailles ce viiie aoust 1642.

« LOUIS.

« BOUTHILLIER. »

« Monsieur le marquis de Praslin, l'importance de la conqueste des ville et citadelle de Perpinian m'ayant fait acheminer sur les lieux et commancer mon voyage dans les rigueurs de l'hiver dernier sans m'arrester à la distance et à l'incommodité des chemins ny de la saison, je me résolus d'en former, ainsy que je l'ay fait, le siége moy mesme, de prendre soin de pourveoir à tout ce qui estoit nécessaire et d'y demeurer dans la chaleur de l'esté et de ces pays là autant de tems qu'il en a fallu pour en assurer la prise, et que le péril d'une grande maladie que j'y ai eue me sait peu permettre, et d'autant que rien ne m'est plus cher que d'espargner le sang de mes bons subiects et que je recognus que je pouvois m'en rendre maistre sans les attaquer par la force ayant fait faire une bonne circonvallation autour de

la place, je l'investis de mon armée et en opposay aux ennemys deux autres par mer et par terre pour empescher le
secours qu'ils préparoient par l'une et par l'autre voye avec
un effort tout extraordinaire dans lequel ils n'ont rien oublié de ce qu'ils pouvoient et dont le succès a si peu réussy
que, sans qu'ils ayent peu approcher, ceux qui défendoient
ladicte place ont esté contrains après avoir souffert un siége
de cinq mois et les dernières extrémités ausquelles ils
estoient réduits, de la remettre ce neufième de ce mois entre
les mains de mes cousins les maréchaux de Schombert et de
La Meilleraye suivant la capitulation qu'ils leur avoient accordé en mon nom ; j'y ay esté fort bien servy et néantmoins
je recognois, ainsi que la vérité m'y oblige, que c'est une
suite et un effet des bénédictions et des faveurs signalées
qu'il plaist à Dieu de respandre tous les jours sur ma personne et sur mon Estat dont mes subiects et moy luy devons
des actions de graces continuelles : pour commencer celles
que je luy dois en cette occasion, je m'en vais ce jourd'huy
en personne faire solennellement chanter le *Te Deum* dans
l'église de Notre Dame de ma bonne ville de Paris ; je désire
que le mesme soit fait en toutes les églises de mon royaume
et qu'ayant donné part à mes subiects de l'estendue de vostre
charge d'une si grande nouvelle, vous et eux y assistiez,
remerciant la bonté divine et luy demandant avec ferveur
qu'elle ait agréable de vous en accorder et à moy le fruit
et les advantages que nous nous en pouvons promettre, qui
sont une bonne et durable paix. Je l'en supplie de tout
mon cœur et qu'Elle vous ait, monsieur le marquis de Praslin,
en sa saincte garde. Escrit à Paris le xvii° jour de septembre 1642.

« LOUIS.

« BOUTHILLIER. »

« Monsieur le marquis de Praslin. Chacun scachant les
grands et signalés services que m'a rendus mon cousin le
cardinal de Richelieu et de combien d'avantageux succès

il a plu à Dieu de bénir les conseils qu'il m'a donnés, personne ne peut douter que je ne ressente tout autant que je
dois la perte d'un si bon et fidelle ministre : aussy veus-je
que tout le monde cognoisse quel est mon desplaisir et combien sa mémoire m'est chère, par les tesmoignages que j'en
veux rendre en toutes occasions. Mais la cognoissance que
j'ay que les sentimens que je dois avoir pour le gouvernement de mon Estat et le bien de mes affaires doivent marcher devant tous les airs, m'oblige à en prendre plus de
soin que jamais, et à m'y appliquer de telle sorte que je
puisse maintenir les grands avantages que j'ay appris jusqu'à ce qu'il ait plu à Dieu me donner la paix qui a tousiours
esté le seul et unique but de toutes mes entreprises et pour
l'accomplissement de laquelle je n'espargneray pas mesme
ma propre vie. Pour cet effet, j'ay pris résolution de continuer les mesmes personnes dans mes conseils qui m'y ont
servy pendant l'administration de mondict cousin le cardinal de Richelieu, et d'y appeller mon cousin le cardinal
Mazarin qui m'a donné tant de preuves de son affection, de
sa fidélité et de sa capacité dans les diverses occasions où je
l'ay employé, dans lesquelles il m'a rendu des services très
considérables que je n'en suis pas moins asseuré qu'il étoit
né mon subiect; ma principale pensée sera tousiours de maintenir la bonne union et correspondance qui a estée entre
moy et mes alliés, d'user de la mesme vigueur et fermeté
dans mes affaires que j'y ai gardée, autant que la justice et
la raison me le pourront permettre, et de continuer la
guerre avec la mesme aplication et les mesmes efforts que
j'ay fait depuis que mes ennemys m'ont contraint de m'y
porter, jusqu'à ce que Dieu leur aiant touché le cœur, je
puisse contribuer avec tous mes alliés à l'établissement du
repos général de la chrestienté, mais en sorte qu'il soit fait
si solidement que rien ne le puisse plus troubler à l'advenir;
vous ne manquerez pas de donner part de ce que je vous
escris à tous mes subiects de l'estendue de votre charge.
Sur ce je prie Dieu qu'il vous ait, monsieur le marquis de

Praslin, en sa saincte garde. Escrit à Paris, le cinquième jour de décembre 1642.

« LOUIS.

« BOUTHILLIER. »

« A M. le marquis de Praslin, gouverneur de ma ville de Troyes et l'un de mes lieutenens, gouverneur de ma province de Champagne. »

« Monsieur le marquis de Praslin, ayant plu à Dieu de retirer à soy le feu roy monseigneur et père, je vous escris ceste lettre pour vous donner advis de ceste perte que la France a fait avec moy. Elle eust eü besoin que sa vie, toute pleine d'actions de piété et de gloire, eust esté assez longue pour me laisser parvenir à un âge plus propre pour lui succéder ; mais sa divine bonté en a autrement disposé et a voulu luy donner un repos perpétuel après tant de travaux et de fatigues dans lesquels il a passé son règne pour mettre cet Estat au plus haut point qu'il ait esté depuis l'establissement de la monarchie et pour essayer de lui acquérir une paix ferme et stable et à toute la chrestienté. J'espère de la mesme bonté divine qu'elle achevera cet œuvre et que nous recueillerons tous le fruit de tant de peines, de victoires et autres grandes et royales actions qui signaleront à jamais la mémoire du feu roy mon seigneur et père. C'est ce que mes subiects avec tout le monde doivent attendre dans la suitte de la bonne administration des affaires de ce royaume sous la régence de la reyne, madame ma mère, que Dieu bénira sans doute, puisque sa principale confiance est en luy et que chacun sçait que ses bonnes et saintes intentions sont accompagnées de toutes les qualités qui sont nécessaires pour soutenir le faix de toutes les affaires. On le doit aussy espérer de la fidélité des conseils qui luy seront donnés par mon oncle le duc d'Orléans et par mon cousin le prince de Condé. Je me promets que tous mes bons subiets qui se sont signalés par une infinité de preuves de fidélité, d'affection et de tous autres devoirs envers le feu roy mon seigneur et

père, se surmonteront pour les augmenter envers moy pour
la considération de l'usage auquel je sçais, que je prie Dieu
de tout mon cœur de prendre en sa protection particulière
et de me faire cependant la grace que je puisse croistre en
piété et en vertu afin que je sois bientost capable d'employer
la puissance que sa bonté me met entre les mains à son honneur et à sa gloire, et à rendre bien heureux les peuples
qu'il m'a soumis. C'est toute mon intention dont je vous
asseure et veux que vous asseuriez ceux de l'estendue de
vostre charge lorsque vous leur donnerez part de la présente. De quoy me reposant sur vous, je prie Dieu qu'il
vous ait, Monsieur le marquis de Praslin, en sa saincte garde.
Escrit à Paris le xvᵉ jour de may 1643.

> « LOUIS.
>
> « BOUTHILLIER. »

Il avoit également repris le commandement du régiment
de son frère, et en 1643 le roi lui donna l'ordre de le diriger
à l'armée du Piémont, en ajoutant : « Et que vous ayez à
l'y conduire en personne si vostre santé vous le permet,
sinon que vous envoyiez avec vostre régiment le plus ancien
cappitaine. » (Lettre du 19 février.)

M. de Praslin obtint après cette campagne le brevet de
maréchal de camp : tous les généalogistes, Moreri, La Chesnaye des Bois, etc., s'accordent pour ne lui donner que ce
grade, et cependant, dans sa correspondance, j'ai trouvé une
lettre du roi, datée du 13 juin 1651 et adressée « à monsieur
le marquis de Praslin, lieutenant général de mes armées et
lieutenant général au gouvernement de Champagne (1). » Il
demeura ensuite assez souvent à Troyes où son régiment tint
encore garnison et où il eut à recevoir Louis XIV en 1649
et en 1668. En 1652, le parti des princes ayant voulu se relever, le roi écrivit au marquis de Praslin :

« Monsieur, sur l'avis que j'ay eu que les princes ont des-

_____

(1) La Chesnaye des Bois se trompe également en disant que François de Choiseul ne fut nommé lieutenant général en Champagne qu'en 1649.

sein sur ma ville de Sens dans l'espérance que ceux de leur
faction leur en faciliteront l'entrée, je vous escris celle cy
par un exprés que je vous envoye pour vous dire qu'incontinent icelle receu, vous vous acheminiez et rendiez en toutte
diligence en madicte ville de Sens pour empescher qu'il ne
s'y passe rien contre mon service et que vous ayez aussy
l'œil sur Montreau faut Yonne. J'escris au sieur de La Ver-
rière qu'il se rende audict Sens avec tous ses amis auprés
de vous à mesme fin : vous sçaurez que mon armée commandée par mon cousin le mareschal de La Ferté Senne-
terre marche droist en Brie, c'est pourquoy vous vous
adresserez à luy en cas que vous ayez besoing de forces, et
l'informerez de ce qui viendra à vostre cognoissance affin
de pourvoir à ce qui sera du bien de mon service, de la
conservation et de la seureté desdictes places de Sens et
Montreau. Ce que me promettant de vostre affection ac-
coustumée, je prie Dieu qu'il vous ayt, Monsieur le marquis
de Praslin, en sa saincte garde. Escrit à Pontoise, le 24ᵉ jour
de juillet 1652.

« LOUIS. »

On ne trouve plus ensuite de traces de cette correspondance, à l'exception de deux dépêches : l'une d'Arnauld de
Pomponne pour faire part à M. de Praslin de la prise de
Dôle (8 juin 1674), l'autre du roi pour lui ordonner de faire
célébrer un *Te Deum* à l'occasion de la prise de Gand,
ainsi que cela se pratiquoit à chaque grande victoire de nos
armées (12 mars 1678).

Le marquis François de Choiseul-Praslin mourut le 12 décembre 1690, ne laissant de son mariage avec Charlotte de
Hautefort qu'une fille, Marie-Françoise, qui épousa d'abord
son cousin Gaston de Choiseul, comte d'Hostel, puis marquis
de Praslin, un des plus brillants officiers généraux de son
temps (1), puis se remaria avec son autre cousin, Martial de

(1) Arrière-petit fils de Ferry de Choiseul, premier comte d'Hostel, et petit-
neveu du maréchal César de Praslin.

Choiseul-Beaupré. Depuis la prise de Valenciennes où il fit ses premières armes, Gaston de Choiseul assista à presque toutes les batailles livrées dans le Nord, à Cassel, Saint-Omer, Dixmude, Ypres, Fleurus, Steinkerque, Nerwinde ; puis, en 1702, il passa en Italie, et ayant reçu deux balles au combat de Cassano, il en mourut six semaines après à Milan (23 octobre 1705). Il avoit été créé brigadier de cavalerie en 1694, maréchal de camp le 29 janvier 1702 et lieutenant général *onze jours après* pour avoir fait lever le siége de Crémone aux Impériaux. Depuis la mort de son beau-père, en 1690, il étoit devenu lieutenant général en Champagne et gouverneur de Troyes, mais il y résida peu ; cependant il passa, 1698, 1699, 1700 et 1701 loin des camps et put, par conséquent, paroître dans son gouvernement : il n'existe qu'une lettre du roi, du 1er avril 1701, qui lui soit adressée, et elle n'a pour objet qu'une levée de troupes. Cette dépêche clôt la collection que je m'étois proposé d'étudier et qui, j'espère, ne paroîtra pas dénuée de l'intérêt que j'ai cru pouvoir lui attribuer.   ÉDOUARD DE BARTHÉLEMY.

ÉTAT DES GENS DE LETTRES

DEMANDANT DES PENSIONS (VERS 1786).

Nous signalons à la curiosité des amateurs la publication des *Mélanges curieux et anecdotiques* tirés d'une collection de lettres autographes et de documents historiques qui ont appartenu à M. Fossé d'Arcosse, conseiller honoraire à la cour des comptes, et publiées avec les notes du collecteur. Nous ne saurions mieux faire comprendre l'importance de cette collection et de ces notes, qu'en publiant la pièce suivante, d'un intérêt des plus piquants pour l'histoire des lettres au siècle dernier. C'est un état nominatif annoté des demandes de pensions et de gratifications adressées à la cour par divers gens de lettres. La pièce ne porte pas de date précise. Nous n'avons pour nous raccorder là-dessus qu'un seul renseignement : c'est la mention faite au sujet d'un des solliciteurs, d'une promesse que lui fit le ministre, *au mois de février* 1785. C'est donc à partir de cette année, et peut-être à cette année même, qu'il faut placer la date du présent état.

Le manuscrit est, comme tous les états ministériels, divisé en deux colonnes : dans la première, les noms des impétrants, écrits en lettres majuscules; dans la seconde, les titres, transcrits uniformément par la plume d'un expéditionnaire. Au-dessous de chaque nom, dans la première colonne, une main inconnue a tracé, d'une écriture fine et couchée, l'appréciation des titres de chacun. Ces notes, d'un style tantôt sérieux, tantôt plaisant, font le principal intérêt de cette pièce.

On y trouve le jugement de la cour, et, comme nous dirions maintenant, l'opinion du gouvernement sur la littérature du temps.

Le possesseur de la pièce, dont nous respectons d'ailleurs les lumières, croit reconnoître dans ces apostilles l'écriture de L'Averdy, contrôleur général des finances; mais L'Averdy, entré en charge en 1763, en ressortit, comme on le sait, la même année. Il n'est mentionné dans l'Almanach royal de 1785 que comme ministre d'État, c'est-à-dire ministre sans portefeuille. Et puis les demandes de cette nature étoient-elles bien du ressort du ministre des finances? N'incomboient-elles pas plus directement au ministre de la maison du roi, qui, en ce temps-là, étoit Breteuil? Il ne me semble pas d'ailleurs que ces notes, au ton dont elles sont écrites, pussent émaner du ministre dont, au surplus, la décision se trouve inscrite en regard de chaque article. J'inclinerois plutôt à en charger la conscience de quelque transfuge de la littérature attaché à la maison du roi à titre de censeur ou de secrétaire particulier. Pour émettre péremptoirement sur un certain nombre d'écrivains, plus ou moins en réputation, des jugements aussi incisifs, il falloit, ce me semble, un

homme du métier. Je trouve, à la perfidie de quelques-
uns de ces commmentaires, quelque chose qui sent le censeur ou même l'envieux. Nous en resterons donc aux conjectures pour le nom du rapporteur comme pour la date.
La liste se compose de cent vingt-six articles; nous borne-
rons nos extraits à ceux qui ont conservé quelque intérêt.

Le premier nom inscrit est celui du grammairien BEAUZÉE;
l'apostille dit : « De l'Académie françoise; s'est occupé de
plusieurs ouvrages utiles sur la grammaire et sur d'autres
objets d'instruction publique. Il est âgé de soixante-huit
ans, très-pauvre, et demande une pension de 3000 fr. »
Note : L'homme le plus modeste, qui n'a jamais rien demandé, et à qui l'on avoit donné 3000 fr. sur la demande
de l'Académie. Son travail l'a fait vivre. Son âge avancé le
prive de cette ressource, et l'Académie demande qu'on lui
rende les 3000 fr. qu'il avoit eus et qu'il n'a plus. *Décision :*
Ce qu'il avoit, 3000 fr.

M. DE SAINT-LAMBERT (1), « de l'Académie françoise, demande une pension de 1053 fr. 12 sous, comme homme de
lettres, pour, avec 2546 fr. 8 sous dont il jouit comme militaire, lui compléter un traitement de 3600 fr., que son grand
âge lui rend nécessaire. » — Son poëme des *Saisons* est un
des poëmes didactiques les plus estimés. Son enthousiasme
pour Voltaire lui a fait prendre son parti trop vivement. Il
vouloit terminer militairement avec M. Clément (2), qui n'a
pas ménagé le poëte, la querelle que le zèle de sa défense
avoit engagée. *Attendre.*

M. le comte DE RIVAROL, « auteur du *Discours sur l'uni-
versalité de la langue françoise.* Il prépare d'autres ouvrages. Est sans fortune. » — Le ton de philosophie qui
règne dans son Discours a été fortement relevé par *l'Année*

(1) Pour ménager l'espace et éviter les redites, je placerai entre guillemets
l'apostille du commis, je séparerai par un tiret la note du censeur, j'écrirai en
italique la décision.

(2) J. M. Clément, rédacteur du *Journal littéraire,* que Voltaire avoit surnommé
l'Inclément. Saint-Lambert, qu'il avoit rudement attaqué, finit, dit-on, par le faire
mettre en prison.

littéraire. Il a beaucoup d'esprit, et un encouragement qu'on lui continueroit chaque année, *s'il se dévouoit aux bons principes,* seroit une considération pour l'empêcher de suivre son inclination vers ceux qui sont dangereux. *Rien.*

M. DE SAINT-PIERRE, « auteur des *Études de la nature.* Absolument sans fortune et chargé de famille. » — Son ouvrage est excellent. C'est un des meilleurs qui *ait* paru dans ce siècle, et les contrefaçons multipliées ont fait perdre à l'auteur une partie de son produit. 1000 *fr. et lettre honorable.*

M. DE FONTANES, « auteur d'une traduction en vers de l'*Essai sur l'homme* de Pope (1); travaille à d'autres ouvrages; n'a d'autres ressources que les lettres et l'espoir de la bonté du roi. » — *Il a satisfait son goût pour la poésie. Rien.*

Gratification de 600 fr. avec lettre à LEBLANC, auteur de *Manco-Capac.*

M. NAIGEON, « coopérateur de l'*Encyclopédie,* etc. » — Beaucoup de personnes ont recommandé ce littérateur payé par Panckoucke et par les auteurs de la *Collection des Moralistes. Attendre.*

POINSINET DE SIVRY, « auteur de la tragédie de *Briséis,* etc., etc. » — Lui faut-il absolument un dédommagement des critiques amères que Voltaire et d'autres à sa suite lui ont faites? *Gratification de 600 fr. sans lettre.*

600 fr. avec lettre à ANQUETIL, génovéfain.

Même somme, mais sans lettre, à M. FEUTRY, qui, outre le mérite d'avoir composé plusieurs ouvrages en prose et en vers, a « celui, dit le Mémoire, d'avoir inventé un canon qui se démonte, » qu'il lui a coûté fort cher de transporter pour les expériences.

Le marquis CARACCIOLI, « auteur de plusieurs ouvrages de morale très-connus, est dans la plus grande détresse.... » — C'est l'écrivain le plus intrépide contre les nouveaux

(1) Fontanes avoit alors vingt-huit ans.

philosophes et le plus abondant. Il a fait preuve de courage et ses lecteurs de patience. *Rien.*

M. Buchoz, « médecin de Monsieur, a entrepris des ouvrages nombreux et dispendieux sur l'histoire naturelle, sur la botanique et sur l'économie. Les dépenses qu'il a faites l'ont ruiné et les ressources de ses livres sont pour ses libraires. Il a un arrêt de surséance. » — Il n'a peut-être pas existé un homme plus laborieux. Mais il fait un livre comme un maçon fait un bâtiment. Il n'épargne rien pour les gravures des planches, et il est très-vrai que ses ouvrages l'ont ruiné. Je doute qu'ils aient enrichi ses libraires; mais ils ont donné lieu à en faire de meilleurs, et c'est toujours un service qui mérite récompense, surtout chez un vieillard. 1000 *fr., sauf à renouveler, avec une lettre.*

Il est curieux de voir de L'Isle de Salles solliciter un secours du roi, après avoir été décrété d'accusation sur la requête du Châtelet. On sait que son exil fut un véritable triomphe et quel appui éclatant il lui valut de la part de Voltaire. Toutefois il ne se vante pas ici de son fameux livre de la *Philosophie de la nature;* il se donne simplement comme l'auteur de l'*Histoire des hommes* et de l'*Histoire de la Grèce.* Le rapporteur le prend très-haut à son endroit : « Son nom, dit-il, n'est pas de Salles, mais de L'Isle. Il est auteur du *Système* ou de la *Philosophie de la nature,* qui a été condamné au feu. Il a été, pour raison de cet ouvrage, décrété et emprisonné, raison pour laquelle il se déguise. » *Rien.*

M. Fournier, bénédictin, « travaille à une histoire de Paris. Il a besoin de secours pour payer des copistes, faire faire des gravures, etc. Le corps de ville appuie sa demande. » — Il semble que ce soit à la ville, qui l'emploie, à payer son travail. *Il appartient à un corps qui ne le laissera pas manquer. Renvoyé à la ville.*

Souscription de 12 000 fr. à l'atlas de Mentelle, « le meilleur géographe de son temps. » — Il en demandoit 20 000, avec l'approbation du rapporteur.

On a déjà pu remarquer, à l'article de Caraccioli, que les décisions du ministre ne sont pas toujours d'accord avec les conclusions du rapport. En voici un nouvel exemple au sujet de M. DE MEUNIER, traducteur du *Voyage de Cook* et collaborateur de l'*Encyclopédie*. L'annotateur est d'avis que l'*Encyclopédie* paye ses rédacteurs. D'ailleurs, « les *Voyages de Cook* ont eu un succès qui a dû donner au traducteur un profit assuré. » Meunier n'en obtient pas moins 2000 fr. de pension. Il est vrai qu'il a le titre de secrétaire ordinaire de Monsieur.

Voici maintenant une des victimes de la banqueroute du prince de Guéménée, l'abbé VIELLOT DE LA CHAPELLE. « C'est un bon géomètre, dit le rapport, qui a fait des ouvrages utiles, et dont les infirmités, plus encore que l'âge avancé, peuvent mériter un traitement. » Il perd 24 000 fr., tout son bien, à la faillite. La recommandation du rapporteur n'est pas plus écoutée que ses restrictions au sujet du secrétaire de Monsieur : le ministère n'accorde *rien*.

M. DUMONT, « auteur, 1° du *Style criminel*; 2° d'un *Plan de législation criminelle*, du *Style universel* civil (sous presse). » — Il a écrit pour lui. Et tous les nouveaux systèmes en ce genre mériteroient des encouragements, s'ils *étoient faits pour être connus du gouvernement et non du public, qu'on veut plutôt révolter contre les lois faites, qu'éclairer sur les moyens de mieux faire. — Rien.*

Les commentaires du rapporteur ont parfois une concision épigrammatique : il dit de DE SACY l'encyclopédiste, auteur de l'*Honneur françois*, ouvrage en 12 volumes (1), *qu'il est donné aux auteurs qui portent ce nom d'être abondants!*

D'un M. CARRÈRE, médecin, auteur d'un *Traité sur l'usage de la douce-amère dans les maladies dartreuses, que la pratique lui sera plus utile que la théorie.*

_____

(1) Claude-Michel de Sacy, né à Fécamp en 1746. Il n'a rien de commun ni avec les Le Maistre ni avec les Silvestre.

A propos de la demande du baron DE GONNEVILLE, voyageur, qui sollicite le cordon de Saint-Michel, il s'écrie que
voilà au moins une récompense qui ne coûtera rien au
trésor!

Au sujet de Mme DE BEAUNOIR, l'auteur de *Fanfan et*
Colas, qui demande une pension, il se contente de cette
apostille : « Elle est beaucoup plus jolie que *Fanfan!* »

Un certain comte DE BACON a écrit un *Traité d'équita-*
tion et un *Manuel du jeune officier* : « Il fait valoir, dit le
rapport, le nom du célèbre chancelier d'Angleterre; mais
les ouvrages de cet auteur avoient une tout autre importance. »

Voici encore un bon jugement sur l'abbé DE SOULAVIE :
« Il a vu partout des volcans éteints et beaucoup de physi-
ciens ne sont pas d'accord avec lui. Il est un de ceux qui
commencent par écrire et qui *s'instruisent ensuite.* » — Ces
derniers mots sont soulignés dans le manuscrit.

Mais le juge est-il juste quand il dit de dom DE VIENNE,
bénédictin, auteur de l'*Histoire de l'Artois* et de l'*Histoire*
de Bordeaux, « que c'est *un mauvais sujet* et un *auteur*
médiocre? » — Mauvais sujet, soit! Mais ses ouvrages, qui
ont vieilli, méritoient à cette époque plus d'estime, puisque
c'est sur le succès de l'*Histoire de l'Artois* que la ville de
Bordeaux voulut avoir de Vienne pour historien. L'enthousiasme bordelois se refroidit, à ce qu'il paroît, lorsqu'il
s'agit de récompenser l'historiographe. La demande du bénédictin a pour but de faire contraindre le corps de ville à
le payer. C'est sans doute pour cette raison que le second
volume de l'*Histoire de Bordeaux* n'a jamais paru.

M. MORÉNAS a découvert la quadrature du cercle; M. DE
LORTHE a dépensé 50 000 écus pour le même objet. *Ils en*
seront pour la gloire.

Arrivons à des sujets plus importants.

M. DE LA HARPE, « de l'Académie françoise, a peu de
fortune, n'a qu'un traitement de 600 fr. sur *le Mercure de*
France. M. le maréchal de Beauvau demande pour lui une

pension de 1500 fr. » — On a oublié que le Lycée lui donne mille écus par an pour professer les belles-lettres, et il faut convenir qu'il y a plus de succès qu'au Théâtre-François. *Augmentation de* 1500 *fr. de pension.*

Les membres de l'Académie françoise se montrent en général les plus empressés à solliciter soit des pensions, soit des augmentations de traitement. Le rapporteur s'en émeut au sujet d'une requête semblable de Ducis. « Il faut craindre, dit-il, que le titre d'académicien ne devienne synonyme de pensionnaire du roi. — Cependant M. Ducis est un homme estimable, qui n'a travaillé que dans le bon genre. » 1200 *fr. de pension.*

Quant à Lemierre, de l'Académie françoise, qui se plaint de n'avoir que 1000 fr. de pension, « à peine est-il assis sur le docte fauteuil (1). » *Attendre, avec une lettre.*

M. de Piis, « auteur de plusieurs pièces et d'un poëme sur l'harmonie imitative de la langue françoise, demande une pension sur la Comédie-Italienne *et* une place à la Bibliothèque du roi. » — Il ne met point de bornes à ses demandes. Il voudroit un sort de 12 000 fr. de rentes. Je doute que le gouvernement ni la Comédie-Italienne y contribuent. Il pourroit employer ses talents à la Bibliothèque du roi. *Pas de réponse.*

Les éditeurs de la *Collection universelle des Mémoires relatifs à l'histoire de France* exposent que le débit de cet ouvrage ne sera point proportionné à son utilité. Ils supplient le ministre de proposer au roi de souscrire pour 200 exemplaires. — Cette collection est très-bien faite et sera très-utile pour l'histoire. *Proposer de souscrire.*

Nyon l'aîné, libraire, « demande que le roi souscrive pour les *Établissements de Saint-Louis,* mis en langue moderne par M. l'abbé de Saint-Martin. » — C'est un ouvrage très-utile et bien fait. *On a souscrit.*

M. Cailhava « est auteur de plusieurs comédies estimées;

(1) Il fut reçu en 1780.

a éprouvé des pertes dans un petit domaine, le seul bien qu'il possède; demande une pension. » — Un encouragement seroit suffisant. Son dernier ouvrage sur les règles de la tragédie, comédie et drame, est d'un bon littérateur. *1000 fr. et une lettre.*

M. PALISSOT « demande une marque de bonté. » — M. de Calonne lui a procuré une pension de 2*** (*sic*). Il seroit intéressant de changer le mot en gratification, car la *foule des littérateurs* se prévaudra de cet exemple. Néanmoins, on accorde *2000 fr. de pension.*

M. DES ESSARTS, « auteur des *Histoires des tribunaux*, du *Journal des causes célèbres*, etc., prépare un *Dictionnaire de la police*, demande une pension. » — *Le Dictionnaire de la police* peut mériter un encouragement. *Le roi a souscrit.*

La note relative à l'astronome de Lalande est d'une équivoque pleine de perfidie. Il réclame une indemnité pour les dépenses que lui a causées l'entreprise d'un traité in-folio sur les canaux de navigation ; on prétend que le *plus grand astronome du globe* a voulu embrasser beaucoup d'autres genres, dans lesquels il n'a pas si bien réussi; mais, *quelque traitement qu'on lui fasse, il sera sans conséquence.* *1200 fr. de pension.*

M. LE TOURNEUR (le traducteur) « demande des secours. » — Il est vieux et si mal à son aise, qu'il est à Montrouge retiré dans une petite maison avec sa famille. *Gratification de* 1000 *fr. avec lettre.*

L'abbé ROUBAUD « travaille depuis vingt ans pour l'administration à faire quatre volumes des *Synonymes françois;* demande des secours. » — Une infinité de personnes recommandables s'intéressent à l'abbé Roubaud, que le gouvernement a souvent employé, et qui vient de faire un ouvrage plus estimable peut-être que celui de l'abbé Girard. *Attendre et savoir ce qu'il a.*

M. DUSSAULX, « de l'Académie des belles-lettres, auteur d'une traduction de *Juvénal* et d'un *Traité sur la passion du jeu;* demande une pension. » — C'est sa première demande. Sa traduction est estimée, son traité est d'un bon citoyen. *Gratification de* 600 *fr. avec lettre.*

M. D'ARNAUD (Baculard), « auteur de plusieurs ouvrages de sentiment, est dans la plus grande détresse, sollicite instamment des secours. » — C'est l'auteur le plus fécond en ouvrages de sentiment, dans lesquels il a toujours respecté les mœurs. 600 *fr. avec lettre.*

M. le marquis DE XIMENÈS, « auteur de plusieurs pièces de théâtre, jouit d'une pension de 4000 fr., demande une augmentation et la reversion sur la tête de Mme de Ximenès. » — A titre d'homme de lettres, il est récompensé; comme gentilhomme qui a son état à soutenir, on dit qu'il est fort mal à son aise. *Pas de réponse.*

M. BRUNCK (1), « l'un des savants du siècle qui méritent peut-être le plus d'encouragements. » 1000 *fr. de pension avec une lettre.*

UNE PETITE-FILLE DE LA FONTAINE; « M. le duc de Nivernois annonce que l'Académie veut solliciter les grâces du roi pour une petite-fille de La Fontaine. Il demande à cet égard l'agrément du ministre. » — Tout le monde s'intéressera à tout ce qui tient au *bon La Fontaine.* — *C'est fait.*

A la suite de cette première liste se trouvent : *les auteurs qui déclarent leurs traitements sans faire de nouvelles demandes.* Ils sont au nombre de dix : ce sont MM. dé Brecquigny (17 400 fr. de traitement), de Marmontel (5000 fr.); Lemonnier, astronome (2), (4500 fr.); Dacier, Désormeaux, historiographe de la maison de Bourbon (3600 fr.); l'abbé. Morellet, Le Brun, archéologue (2000 fr.); d'Aspecht, historiographe de l'ordre de Saint-Louis (1800 fr.); Godin Désordonnais, géographe attaché à une expédition scientifique (700 fr., 630 fr. avec les retenues), et de Beau-

---

(1) C'est l'helléniste. La *Biographie universelle* dit qu'il reçut du roi 1000 fr. de pension pour la dédicace de son édition de *Sophocle* qui parut en 84 ; notre manuscrit seroit donc postérieur.

(2) C'est le maître de de Lalande, qui depuis eut des démêlés avec lui.

mesnil (1500 fr.), sur les fonds libres de la généralité de Limoges.

Il est dit de Marmontel, qui jouit d'un traitement de 3000 fr. comme historiographe de France, qu'il est « plus connu par ses opéras et ses contes que par ses travaux historiques. »

M. DACIER, « qu'il n'a encore rien publié des éditions de Froissart, de Monstrelet et d'autres chroniqueurs, pour lesquelles il a été pensionné, mais qu'*on assure* qu'une partie du manuscrit est entre les mains du directeur de l'imprimerie royale. »

Quant à l'abbé MORELLET, « qui a été chargé de la confection d'un nouveau Dictionnaire du commerce, » et qui touche pour cet objet un traitement annuel de 6000 fr. sur les fonds particuliers du ministère. — « La préface de ce Dictionnaire est faite, et l'on prétend que c'est *tout ce que l'abbé Morellet en a fait.* »

Vient enfin une dernière liste de quatre « gens de lettres » *à qui le ministre a promis des pensions :*

M. LEBRUN, « auteur de plusieurs odes, d'autres pièces de poésie et d'un poëme sur la nature. M. le comte de Vaudreuil rappelle au ministre qu'il a promis de proposer au roi une pension de 2000 fr. pour M. Lebrun. » — En marge : 2000 *fr. de pension.*

M. DE CHAMPFORT, « auteur de *Mustapha et Zéangir* et de plusieurs autres ouvrages de mérite, espère que le ministre voudra bien proposer pour lui au roi une pension de 3000 fr. « — 2000 *fr. de pension.*

M. DE SAINT-PATERNE, « savant dans les langues orientales, auteur de plusieurs traductions utiles, secrétaire de M. le comte de Vaudreuil ; le ministre a bien voulu lui faire espérer une pension de 1200 fr. » — 600 *fr. de gratification avec une lettre.*

M. ANGELUCCI, « a fait des recherches utiles sur l'histoire et sur le droit public de la Corse. Au mois de février 1785, le ministre lui a réglé pour récompense une pension de

600 fr., et a promis de la faire confirmer par Sa Majesté. »
— *Réponse en blanc.*

C'est ce dernier article qui nous donne une base pour la
date hypothétique de cet état. On a vu d'autre part, à l'article de Brunck, qu'il ne pouvoit être antérieur à 1786.

CHARLES ASSELINEAU.

LA BIBLIOTHÈQUE IMPÉRIALE

DE SAINT-PÉTERSBOURG.

Sous le modeste titre de *Catalogue des publications de la
bibliothèque de Saint-Pétersbourg depuis sa fondation jusqu'en* 1861, M. Minzloff, dont le nom n'a plus besoin d'être
recommandé dans ce recueil, vient de tracer avec l'histoire
de la bibliothèque de Saint-Pétersbourg celle des progrès
que les sciences y ont fait depuis un siècle.

Le fonds principal de cette bibliothèque, qui ne rivalise
pas avec celle de Paris, mais qui va bientôt dominer celles des
autres capitales, provient de la collection qu'avoit rassemblée
à Varsovie, en 1747, le comte Joseph Zaluski. Évêque de
Kief, cet illustre Polonois avoit sacrifié tout son patrimoine
à l'acquisition de 200 000 volumes à peu près. Redoutant
que le fruit de quarante-six années de recherches soit
divisé, vendu ou dispersé, il le légua à sa patrie, « voulant en
même temps, ajoutoit-il, laisser ainsi un souvenir durable
de mon dévouement envers le Saint-Siége à l'égard duquel
je désire, par ce legs, décharger ma conscience, si, durant
ma vie, j'ai peut-être fait quelque mauvais usage de mes
revenus ecclésiastiques. » Payer aux lettres un tribut paroissoit synonyme au docte prélat de rendre honneur à
l'Église.

Empruntant à Lotich ses meilleurs accents, Zaluski dit à
ses compatriotes : « Je n'ai pas de collines verdoyantes,

couvertes de vignes et d'oliviers, ni des terres, comme on en voit du haut de la voie Émilienne ; je vous offre les délicieux petits livres des vieux auteurs que j'ai eu tant de plaisir à compulser. Vous y trouverez également les essais plaisants de nos beaux jours, quand l'âge se prêtoit à ce doux genre d'études. »

Il exigea que les bibliothécaires auxquels ses trésors seroient confiés jurassent par le nom de Dieu qu'ils en auroient dignement et fidèlement soin. Il ne se contenta pas d'imposer un règlement aux conservateurs futurs de sa bibliothèque, il établit qu'aucun visiteur n'en profiteroit sans réciter préalablement et dévotement un *De profundis* pour le repos de son âme, et lui fixa ainsi ses devoirs :

« Quelque grand et savant que tu sois, en entrant ici, ne jette pas d'une main bruyante les portes, et que ton pied turbulent ne commette point de solécisme ; tu incommoderois les Muses ; puis, si tu trouves quelqu'un assis dans la salle, salue-le du regard, ou d'un geste muet, mais ne t'avise pas de bavarder : ici, ce sont les morts qui ont la parole : *Hic occupatos alloquuntur mortui.*

« Empresse-toi de t'appliquer tranquillement à un livre qui te rendra meilleur plutôt que savant si tu es assez sage ; sinon, soit, deviens au moins plus savant.

« Le savoir est chose digne de grands éloges.

« Celui-là ne sait pas le latin qui casse ici des noix.

« Celui-là ne sait pas le latin qui vient ici pour ne rien faire.

« Le bon ordre ne doit donc être troublé en aucune façon.

« Surtout soyons sur nos gardes qu'un voleur n'emporte des livres traîtreusement à la maison ou à la vente.

« Bien des gens ont l'air honnête qui ne le sont pas.

« Fais attention, lecteur, de ne pas détériorer le livre que tu consultes, et n'entreprends pas de barbouiller de ta plume barbare les doctes pages.

Que le mauvais homme qui méprise ces lois, soit mis à la porte. »

L'excellent Zaluski sembloit avoir tout prévu ; il n'avoit cependant pas compté avec l'esprit de discorde, l'inconcevable mobilité et la trahison qui furent la cause réelle de l'entrée des Russes à Varsovie, et, par conséquent, celle aussi du transfert de sa bibliothèque sur les bords de la Néva. Elle y resta longtemps en caisses ; ce ne fut qu'en 1814 que le public fut admis à en profiter. « C'étoit le temps de la restauration en Europe, observe M. Minzloff, c'est-à-dire quelques années d'un élan généreux suivies d'un calme plat qui dura fort longtemps. Il en fut de même dans notre bibliothèque : elle déploya une grande activité jusqu'en 1818 et tomba ensuite dans une espèce d'assoupissement dont ne purent la tirer ni les nouveaux trophées littéraires qui lui arrivoient de l'Orient comme de l'Occident, ni le vaste agrandissement de son enceinte, jusqu'à l'époque où les revirements de l'esprit du siècle qui se manifestèrent sur toute l'étendue du monde civilisé depuis 1830, et plus encore depuis 1848, vinrent aussi produire sur elle leurs effets. »

Entre les mains de M. le baron de Korff depuis douze ans, la bibliothèque de Saint-Pétersbourg a fait plus de progrès en cet espace de temps qu'aucun autre établissement de ce genre n'en a fait en un siècle. Cet éminent bibliographe ne s'est pas borné à décupler ses richesses, à orner ses salles, à l'enrichir de collections spéciales, il a, en outre, fait paroître, aux frais, mais aussi au profit de la bibliothèque, une centaine de publications. Ce ne sont pas seulement de ces catalogues minutieux dans lesquels les vrais amateurs savent toujours trouver des indications nouvelles et dans lesquels les orientalistes surtout en recueilleroient de précieuses, ou bien des comptes rendus d'un intérêt local ou administratif ; ce sont encore des ouvrages dont la reproduction, habilement annotée, a un mérite réel et général.

Nous pouvons hardiment signaler parmi ceux-ci :

Des Fragments bibliographiques, S.-Pg, 1854, gr. in-8.

La première *Gazette russe*, imprimée à Moscou en 1703.

Reproduite d'après les deux exemplaires uniques conservés à la bibliothèque, cette réimpression est déjà devenue elle-même une grande rareté.

Hussoriani (Nicolai) carmen de statura, feritate ac venatione bisontis. Petripoli, 1855, gr. in-4.

Il n'existe qu'un seul exemplaire de ce curieux poëme imprimé en 1523 à Krakovie. La bibliothèque n'en a tiré que cent exemplaires sur grand papier vélin.

L'*Avénement au trône de l'empereur Nicolas;* 3ᵉ édition. S.-Pg, 1857, in-8.

Les deux premières éditions de cet ouvrage, tirées chacune à vingt-cinq exemplaires seulement, avoient été faites, du vivant de l'empereur Nicolas, exclusivement pour l'usage de la famille impériale. La troisième édition entra comme première dans le domaine public; elle fut suivie immédiatement de deux autres éditions russes et de treize traductions dont la plupart parurent sans l'autorisation de la bibliothèque, qui n'en bénéficia pas moins de 30 000 roubles environ, c'est-à-dire 120 000 francs.

Lettres inédites de Lavater à l'impératrice de Russie, épouse de Paul Iᵉʳ. S.-Pg, 1858, gr. in-8.

Description de Saint-Pétersbourg et de Cronslott en 1810 et 1811. S.-Pg, 1860.

Traduit sur un ancien livret allemand, commenté et publié par M. le baron de Korff, ce charmant volume est orné de fleurons analogues à ceux employés par les Elzévir.

Coup-d'œil sur l'état des grandes bibliothèques de l'Europe au commencement de l'année 1859, par Sobolchtchikof. S.-Pg, 1860, in-8. — Etc., etc.

Il faudroit, m'objectera-t-on, jouir, comme la bibliothèque de Saint-Pétersbourg, d'allocations impériales pour entreprendre à son instar de rééditer ce qu'on possède d'unique ou de remarquable. A cela, je n'aurois pas de réponse, mais on en trouvera peut-être difficilement à la proposition suivante que m'inspire une des innovations dont M. de Korff a doté sa bibliothèque.

Parmi ses collections particulières se distingue celle des *Russica*, c'est-à-dire des ouvrages de tout genre qui ont trait à la Russie. Sont exclus de cette catégorie les livres russes-slavons, tous ceux qui se rapportent aux branches collatérales de la nation russe (les Slaves en dehors de l'empire); toutefois, l'ébauche du catalogue de cette collection ne contient pas moins déjà de 20 828 articles, et on comprend combien cette compilation, fort sèche en apparence, peut coopérer à la diffusion de la science en Russie, partant à sa splendeur elle-même.

Pourquoi chaque bibliothèque dans l'Allemagne, non encore asservie par le *National-Verein*, pourquoi chaque bibliothèque provinciale en France ne tenteroit-elle pas un travail semblable?

Puis, anciennement chaque monastère avoit sa chronique, son arbre généalogique. Aujourd'hui, il n'y a plus de monastère et le vent n'est précisément pas en faveur de leur renaissance; leurs bibliothèques constituent le fonds principal de tous les établissements modernes : en héritant de leurs richesses, ces établissements ne devroient-ils pas, retenant quelques bons usages de leurs prédécesseurs, nous en révéler la provenance et les détails? Grâce à M. Franklin, nous connoissons le passé et le présent de la bibliothèque Mazarine; mais, en général, ce n'est que par tradition qu'on sait que telle bibliothèque a été fondée telle année, et il ne seroit pas inutile d'appuyer les titres de toutes à la conservation par leurs titres de gloire.

Ces vœux seront probablement regardés comme très-puérils par quelques-uns; mais, pour nous autres bibliophiles obstinés, plus retentit à nos oreilles le marteau des démolisseurs, plus nous devons nous appliquer à défendre contre lui nos vieux livres. Leur amour est une dernière barrière à opposer à cette malfaisante passion pour le neuf à tout prix qui irritoit déjà Milton au point qu'il prétendoit qu'il vaut presque autant tuer un homme qu'un bon livre (1). Celui

(1) Voy. son *Areopagetica*.

qui tue un homme, remarquoit le poëte, tue une créature raisonnable, image de Dieu; mais celui qui détruit un bon livre détruit, pour ainsi dire, la raison elle-même, tue l'image de Dieu dans l'œil où elle habite. Beaucoup d'hommes vivent, fardeaux inutiles de la terre; mais un bon livre est le précieux sang vital d'un esprit supérieur, embaumé et religieusement conservé comme un trésor pour une vie au delà de sa vie. Prenons donc garde à la persécution que nous élevons entre les vivants travaux des hommes publics; ne répandons pas cette vie incorruptible gardée et amassée dans les livres, puisque nous voyons que cette destruction peut être une sorte d'homicide, quelquefois un martyre, et, si elle s'étend à toute la presse, une espèce de massacre dont les ravages ne s'arrêtent pas au meurtre d'une seule vie, mais frappent la quintessence éthérée qui est le souffle de la raison même, en sorte que ce n'est point une vie qu'ils égorgent, mais une immortalité.

Prince Augustin GALITZIN.

THÉATRE.

ODÉON. — *Le Décaméron*, comédie en un acte et en vers, par M. Henry BLAZE DE BURY (1).

Le *Bulletin du Bibliophile* ne va guère au théâtre; mais cette fois c'est le théâtre qui vient à nous : il y auroit mauvaise grâce à ne pas lui faire accueil.

Nous avons souvent dit quels éléments la passion des livres, comme toute autre passion, pouvoit fournir à la comédie et au drame. On n'a pas oublié le Cardillac espagnol, ce bibliophile aux nerfs exaspérés, qui tuoit les gens pour

_____

(1) Jouée le 2 septembre 1861. Acteurs : MM. Saint-Léon, Marc; Mmes Delahaye et Dambricourt.

r'avoir les livres qu'il leur avoit vendus par besoin d'argent. Et que de scènes de bon et franc comique pourroient révéler les présidents à marteau des ventes publiques et les libraires, ces courtiers de l'amour bibliographique; sans compter celles qui se jouent tous les jours dans les coulisses, entre les *portants* des cabinets, sous l'auvent des boutiques et jusque sur les parapets des quais!

N'est-ce pas un des meilleurs contes faits par Gérard de Nerval, que celui de ces deux vieux amis, aussi tendres amis qu'ardents bibliophiles, dont l'un possédoit un exemplaire d'Anacréon, édition de Paris, 1554, sur VÉLIN! tacitement convoité par son confrère. Toutes les formes, toutes les ruses de la diplomatie la plus raffinée avoient été mises en œuvre pour faciliter l'acquisition de ce précieux exemplaire, depuis cette simple question faite d'un ton dégagé : *Est-ce que tu tiens beaucoup à cet Anacréon?* jusqu'aux propositions les plus avantageuses d'échange, et même d'argent comptant. A la fin, exaspéré par la résistance, l'amoureux dit un jour au mari :

« Tu ne veux pas me le céder? Eh bien, cela m'est égal, je l'aurai à ta vente!

— A ma vente?... allons donc! je suis plus jeune que toi.

— Oui, mais tu as une mauvaise toux.

— Et toi, ta sciatique.

— On vit quatre-vingts ans avec cela! »

Le bibliophile mourut quelques mois après, et son ami eut le livre pour six cents francs! « Et il m'a refusé de me le céder pour quinze cents francs, » disoit-il plus tard, toutes les fois qu'il le faisoit voir (1).

Je l'aurai à ta vente! Quelle férocité naïve dans ce mot! Et quand on pense que ces deux hommes, dont l'un hypothéquoit la mort de l'autre, et dont l'autre le savoit, vivoient journellement dans la plus douce et dans la plus sincère amitié; et que, au moindre soupçon de maladie

(1) Voy. *les Filles du feu*, 1854, p. 116.

chez sa victime, l'assassin imaginaire (pour employer le solécisme classique) eût vendu tout ce qu'il possédoit pour le
soigner! Il eût vendu peut-être sa bibliothèque, mais il eût
pris l'Anacréon.

Je n'insiste pas sur les charmantes anecdotes tant de fois
contées par Charles Nodier : véritable odyssée bibliographique, dont l'Ulysse est tantôt *ce bon Théiodore*, l'elzévirio-
phile, qui mourut de douleur en découvrant qu'il manquoit
un tiers de ligne à son exemplaire du fameux Virgile de
1676; tantôt cet ingénieux abbé Lowrick, qui escroqua au
libraire Apostolo Capoduro, de Trévise, un superbe exemplaire de l'*Hypnérotomachie*, édition de Venise, 1494, par
un tour de Sbrigani lettré dont lui seul étoit capable.

L'an dernier, un écrivain, plus zélé qu'expert en ces matières, a tenté de faire danser à la lumière fantastique les
génies malfaisants qui poursuivent le fantassin de la bibliographie, le picoreur des étalages; et l'on a ri de *l'Enfer du
bibliophile*. Mais, pour *dramatiser* les effets d'une passion,
il faut en être pénétré, ou, si l'on veut, possédé. Aussi n'ai-
je jamais trouvé le plus petit effet comique dans le fameux
couplet du vaudeville de *la Bibliomanie*, dont les bourgeois
ignorants ont nourri leurs vengeances contre les érudits et
les délicats :

> Je tiens la bonne édition....
> Voilà (mon Dieu! que j'en suis aise!)
> Les trois fautes d'impression
> Qui ne sont pas dans la mauvaise.

Non, spirituels bourgeois; non, Philistins très-précieux,
perroquets à queue de paon, non! ce n'est pas pour ses
défauts que l'on recherche un livre. Une faute de pagination, une faute d'impression même, servent quelquefois à
faire reconnoître une édition précieuse par sa rareté, par
l'ancienneté des procédés de fabrication, par son exécution
d'ailleurs excellente, par des leçons uniques, par des commentaires inappréciables; mais les gens assez intelligents

pour constater la valeur de ces chefs-d'œuvre d'un a
mortel, assez généreux pour vous les conserver aux i
de leur fortune, au prix de sacrifices dont vous êtes
pables, ces gens-là ne sont ni des sots, ni des fo
même des maniaques comme on affecte de le dire et c
vous êtes heureux de le répéter ; à moins que le sav
goût, le désintéressement ne vous paroissent si éloig
naturel, qu'il faille absolument les reléguer dans la n
gie. Mais, pour un esprit sain, ami du beau, sensé et
voyant, il n'y aura jamais plus de ridicule à aimer le
livres qu'à aimer les tableaux et les statues. Quant à
tionner des papillons, c'est autre chose ; et j'avoue qu
veux au prince de Metternich, cité par M. Blaze de
dans la préface de sa pièce imprimée, d'avoir ass
même un instant, l'amateur de livres et l'entomolo
« Aimez l'étude, les tableaux, la musique, faites-vou
LE FAUT ! bibliomane et collectionneur de papillons
ayez un goût quelconque, une *manie* pour vos vieux
sans quoi vous périrez. » Le conseil est bon, sans
mais, quoi ! c'est ici affaire de science et d'art, là
de science seulement. Aimez les papillons si vous v
et les scarabées, et les cétoines, et les cloportes ; faite
le frère des vers luisants et des bousiers, causez avec
mace et le capricorne musqué, je le veux bien ; et vou
un savant, un poëte peut-être, si vous voulez réduire le
au rôle d'être purement sensitif. Mais aimez les livr
vous serez un savant, un philosophe, un poëte et un a
Un *Argus* ou un *Vulcain*, voltigeant à travers la cam
par un beau jour d'été, est charmant à voir, j'en con
mais un cadre de papillons collés les ailes éployées so
vitre me fait tout juste l'effet d'une collection de p
cacheter. Un livre, bien imprimé, avec son habit de
quin doré, me représente à la fois la pensée du poëte
philosophe qui l'a écrit, l'art, le goût, le dévouement
dustrie des divers artisans qui l'ont *composé*, qui en o
siné et fondu les caractères, réglé les proportions et

nomie; de celui-là encore qui, pour le protéger et le recommander au respect des bons esprits, l'a revêtu, sans l'endommager, sans rien retrancher à son élégance et à sa grâce, d'une double enveloppe de carton solide et de splendide maroquin, et promené sur ses pleins et sur son dos, avec la délicatesse d'un orfévre, un stylet à pointe d'or. Est-il ancien? remonte-t-il à deux ou trois siècles? le livre alors est un historien : il nous rapporte, non-seulement le langage et les idées de nos pères, mais leurs mœurs, leurs habitudes, leur civilisation, leur foi. Dans le caractère d'impression, dans la fermeté du papier, dans l'ornement du titre et de la couverture, je retrouve leur grand goût simple et leur loyale industrie. Ce volume, petit ou grand, devient pour moi comme une boîte où s'est conservé l'air qu'ils ont respiré. Les édifices peuvent s'écrouler, les monuments des arts tomber en ruine, les musées et les arsenaux être livrés à l'incendie et au pillage, tant qu'un siècle, une nation auront pu sauver des débris de leur civilisation ce seul témoin, le livre, leur histoire pourra être écrite. Mais si le livre est par fortune un *primitif*, s'il a été trouvé dans le berceau et parmi les langes (*cunabula*) de l'art typographique, alors comment ne pas admirer à genoux la patience et la piété de ces grands artistes qui, avec des caractères de bois, sans autre mécanisme que l'adresse de leurs mains et la pression de leurs bras, parvenaient à édifier des chefs-d'œuvre avec lesquels l'industrie moderne, aidée de toutes ses machines et fécondée par le divin progrès, désespère de rivaliser? Ah! fondez-vous tant qu'il vous plaira dans la nature et dans la création, fussiez-vous devenus bêtement panthéistes, selon le sens barbare que d'ignorants et vaniteux poëtes de ce temps-ci ont prêté à ce mot, vous êtes forcés d'en convenir : l'œuvre de l'homme, le produit de ses mains et de son cerveau, le quoi que ce soit arraché à sa misère, à sa foiblesse, à ses fatigues, à ses veilles, à ses sueurs, sera toujours, pour l'esprit de l'homme, le plus digne et le plus noble sujet de méditation et d'enthousiasme. Un livre est une âme, l'esprit d'un siècle et d'un peuple; un papillon n'est qu'une bête, et un insecte qu'un vil vermisseau, quand il n'est pas une vermine malfaisante. Non, encore une fois, les ridicules, les fous, les maniaques ne sont pas les hommes instruits et délicats capables de donner les raisons de leurs préférences pour la justification de Daniel Elzevier, ou pour l'italique de Robert Estienne, ou pour une reliure de Dusseuil ou de Derôme; ce sont les ignorants enrichis qui se donnent une bibliothèque pour ajouter à leur luxe, comme les Monsieur Jourdain de Rome attachoient à leur maison un littérateur grec qu'ils faisoient venir au dessert les jours où ils avoient du monde à dîner; qui achètent en bloc et à grand renfort d'enchères des livres qu'ils ne liront jamais, parce qu'il est des livres qui ne se laissent pas lire par tout le monde, et dont la beauté et la rareté ne seront appréciées que de leur secrétaire. C'est pour ceux-là que La Bruyère a écrit son chapitre de la *Tannerie* au livre de *la Mode*, qu'il auroit pu faire plus long et plus plaisant s'il avoit été aussi connoisseur en livres qu'il étoit connoisseur en hommes.

Le *Décaméron* de Christofal Valdarfer (Venise, 1471), qui joue le principal rôle dans le petit drame de M. Blaze de Bury, est un de ces phénix de la bibliographie qui défient par leur rareté la poursuite des souverains mêmes: Brunet n'en cite que trois exemplaires, et encore n'y en a-t-il qu'un seul de complet, car il manque un feuillet à celui de la bibliothèque Ambroisienne de Milan, et trois à celui de la Bibliothèque impériale de Paris. L'exemplaire complet est à Londres : il a été payé, en 1812, deux mille deux cent soixante livres sterling (52 000 fr.) par le marquis de Blandfort, à la vente du duc de Roxburgh. Le marquis de Blandfort avoit eu pour concurrent lord Spencer. On trouvera, sur cette adjudication mémorable, les détails les plus pathétiques dans les *Anecdots of litterature* de Bedloë (tome II; p. 234) et dans l'ouvrage du Rév. Frognall Dibdin, intitulé lui aussi *Décaméron*, mais Décaméron *bibliographique*,

Londres, 1817. C'étoit donc bien tomber, ou plutôt bien trouver, pour un drame ou l'on vouloit mettre aux prises l'amour des livres avec.... ma foi! l'amour tout court.

Sachons gré a M. Blaze de Bury de n'avoir pas abusé de la caricature a l'endroit du malheureux choisi pour champ de bataille de ce combat. Il y a d'autant plus de mérite, que l'original de ce portrait historique y prêtoit, il faut le dire, abondamment. Antonio Magliabecchi, bibliothécaire de Côme III, duc de Florence, est le type absolu, et même exagéré de l'érudit et du commentateur tel qu'on pouvoit encore l'imaginer du temps de Huet et de Dufresne du Cange. C'étoit, non pas un bibliophile, mais un biblianthrope, si l'on veut bien me passer ce barbarisme, un homme-livre, s'habillant de basane, ou le dossier 'de sa docte chaise imprimoit par derrière des stries qui ressembloient aux nerfs que les relieurs font saillir au dos des livres. Cette chaise ou il passoit ses journées, la plume à la main et les genoux chargés de volumes, lui servoit aussi de lit pendant la nuit, son lit véritable étant, comme tous les meubles de son appartement, encombré de livres qu'il n'eût pas voulu déranger pour se coucher. Sa cheminée aussi en étoit probablement bourrée; c'est pour cela sans doute qu'il se servoit, pour se chauffer, disent ses biographes, d'un de ces petits vases de terre appelés *gueux*, que les marchandes des halles mettent sous leurs pieds, et qu'il portoit à la main quand, par grand hasard, il s'aventuroit dans les rues. On assure que, pendant les quatre-vingts ans qu'il vécut, il ne sortit jamais de sa bibliothèque que pour aller prendre les ordres de son maître, ou pour assister aux ventes à l'enchère. Il avoit accommodé son régime à cette vie sédentaire; se purgeoit fréquemment, et ne mangeoit que des fruits et des viandes communes. Quelque plaisant a prétendu que sa gouvernante ayant un jour ajouté à cet ordinaire des anchois, Magliabecchi, par distraction, s'en servit comme de signets et les intercala dans ses livres. Mais ici, évidemment, la charge est trop forte. Un poisson dans un livre est une invention à faire

frémir même le plus innocent des bibliophiles. Il est presque inutile, après cela, de dire que Magliabecchi était laid,
malpropre et toujours barbouillé de tabac. Le satirique Man-
zini ajoute qu'il étoit petit et chafouin, avec un *viso di farizeo*.

M. Blaze de Bury n'a pas suivi à la lettre ces indications. Le vieux Magliabecchi n'est, dans sa comédie, qu'un
bibliographe enthousiaste, parlant pindariquement d'Alde
Manuce, de Junte, de Wechel et d'Elzevier, et partageant
sa sollicitude entre ses livres et sa pupille Donata. Donata
ou les livres, qui l'emportera? Car Donata est aimée et
courtisée par un jeune peintre, protégé du grand-duc.
Cosme III ne demanderoit pas mieux que de faire le bonheur des deux jeunes gens; mais il ne veut pas chagriner
son vieux bibliothécaire, et ce n'est que du consentement
de son tuteur que Donata sera la femme d'Angelo. Qui sera
l'arbitre de ces destinées, le *Deus ex machina* de cette intrigue? Un livre, un exemplaire du *Décaméron* de Valdarfer, que le bonhomme cherche depuis vingt ans, et qui,
pour sa conscience de curieux et de dilettante, est la feuille
retournée du lit du Sybarite. Ce précieux volume, Magliabecchi le connoît; il l'a vu quelque part, il l'a touché.... et
il ne sait plus où! Oubli assez inconcevable, pour le dire en
passant, de la part d'un bibliophile émérite, qui connoît
par numéro d'ordre et par rayon la place de tous les livres
de toutes les bibliothèques de l'Europe. Pendant un court
sommeil de l'après-midi, Magliabecchi, subitement illuminé,
revoit, retrouve en rêve son *Décaméron*. Au réveil il a de
nouveau tout oublié. Mais le jeune peintre a entendu le rê-
veur désigner à haute voix le titre du livre, la boutique du
libraire, l'endroit, la pile. Il court, vole, revient; la générosité du prince a fait le reste : et puis.... donnant, donnant! Le bonhomme hésite quelque temps; sa pupille lui
tient au cœur. Enfin, électrisé, magnétisé, ébloui par le
rayonnement du bijou désiré, il s'écrie : « Prends! » Et les
deux jeunes gens, les mains entrelacées, sont aux pieds du
grand-duc.

M. Henry Blaze n'attend pas que nous jugions ici son
talent de poëte. D'ailleurs, il n'en a pas besoin. L'homme
qui nous a donné la première et unique traduction du second Faust, qui a rimé tant de charmants contes et tant de
poésies délicates où a passé le souffle de la Muse romano-
gothique d'au delà du Rhin, n'en est plus à se faire juger
dans les humbles pages d'un *Bulletin bibliographique.* Ce
n'est donc pas en critiques que nous le jugerons, mais, dans
la mesure de notre juridiction et compétence, en bibliographes, en philosophes de la bibliographie. Nous ne met-
trons pas M. Blaze en demeure de nous dire quel est l'exemplaire du *Décaméron* de Valdarfer qu'il suppose égaré dans
une échoppe (*sic*) de bouquiniste (à Florence!), dans le
siècle même où Mazarin paya si cher celui dont il fit don à
la Bibliothèque royale. Seroit-ce le même que lord Roxburgh paya cent livres un siècle plus tard, et que le marquis de Blandfort acquit de ses héritiers au prix que nous
avons dit? Il n'importe : et les poëtes ne sont pas astreints
à tant d'exactitude. Étoit-ce cependant une raison pour rajeunir de trois ans l'œuvre de Christofal Valdarfer, en la
faisant dater de 1474, au lieu de 1471, et surtout pour la
changer en nourrice? Le *Décaméron* de Florence est un *in-
folio,* il n'y a pas à dire ; et le petit bouquin rouge qu'Angelo et Donata se repassent de la main à la main pendant
la dernière scène, a à peine la taille d'un elzevir. Il me
semble que les dimensions majestueuses du livre réel eussent
été d'un effet plus heureux et plus analogue à la situation.
Magliabecchi eût pu serrer dans ses bras l'in-folio de l'histoire, le couvrir de baisers ou l'inonder de larmes. Une
larme noyeroit, un baiser avaleroit le liliputien que l'administration de l'Odéon lui a substitué. Et le public, étranger
aux délicatesses de l'honneur *amatorial,* s'attend de minute
en minute à voir Magliabecchi l'escamoter à la barbe, nou,
au nez de son jeune compétiteur. Ceci est pour le bibliographe ; comme philosophe, je trouve que si peu que Magliabecchi hésite au dénoûment, il hésite encore trop long-

temps. L'amour des vieillards est obstiné, je le sais (pou
l'avoir entendu dire); mais c'est à condition qu'ils seroi
envahis par une passion unique. Sganarelle, dans l'*Éco.
des maris*, n'aime qu'Isabelle; Arnolphe, dans l'*École d*
femmes, n'aime qu'Agnès. Donnez à Arnolphe un goût
côté de sa passion galante, il troquera avec Horace, et Sg:
narelle, dans le même cas, avec Valère. Qu'est-ce que M:
gliabecchi peut prétendre de sa pupille? Il est vraiment tre
vieux pour en faire sa femme; mais il lui plaît de voir cet
enfant gaie, fraîche, gentille, vivre et papillonner autour (
lui. Elle le câline, elle le lutine, elle le gronde; elle est er
trée dans les habitudes de son esprit : et sa maison lui pa
roîtroit, non pas vide, mais noire, sans cet oiseau brillai
et gazouilleur qu'il s'est accoutumé à sentir voleter sur s
épaules et sur son dos. Eh bien! mariée à Angelo, Dona
en sera plus joyeuse, et la maison plus gaie. Au lieu (
l'oiseau chantant et volant dans la solitude, il aura
couple volant et chantant à qui mieux mieux. Caresses, cé
lineries, gronderies lui seront données en double; et pa
dessus le marché on lui donne un livre UNIQUE, introuvable
rarissime; il n'y a vraiment pas à balancer. Pour que l'hés
tation de Magliabecchi se comprît, pour que le combat,
drame eût lieu, il falloit nous le montrer dans les premiè
scènes plus occupé de son amour pour sa pupille. Il fall
en faire le type du vieillard amoureux, et ne révéler
bibliophile qu'au dernier moment, à la vue du *Décaméro*
Du moment où Magliabecchi proclame qu'une bibliothèq
est plus précieuse qu'une femme, où il laisse Donata seu
à la maison pour aller bouquiner, sa préférence est marqu
et la catastrophe prévue. Je crois que pour que l'incertitu
nécessaire à l'intérêt se soutînt jusqu'au dénoûment, il e
fallu que les deux rivaux, comme les deux personnages (
conte de Gérard de Nerval, fussent animés de passio
semblables, et que le spectateur pût se dire jusqu'à la fi
non plus *qui l'emportera de l'amour ou des livres* (la vie
lesse de Magliabecchi, ses goûts, la jeunesse de Donata

d'Angelo le lui font trop prévoir), mais *chez qui* l'emportera l'amour ? *chez qui* l'emportera la passion des
livres?

Et là-dessus, je raconterai une anecdote par laquelle je
terminerai cette analyse.

Un bibliophile aussi passionné que célèbre, et d'âge encore vert, étoit marié à une jeune et jolie femme. Il avoit
un ami non moins bibliophile que lui, et que la communauté de goûts attiroit journellement à sa maison. L'ami
n'étoit pas un amateur moins passionné que le mari ; mais
il étoit plus éclairé, plus expérimenté, plus instruit : c'étoit
lui qui professoit, qui tenoit l'elzéviriomètre, et qui com-
mentoit Chauffepié et le Père Desmolet. A force de hanter
cette heureuse maison, honorée par la science et embellie
par l'amour, il en vint peu à peu à partager les goûts de
son ami plus qu'il ne convenoit. Un jour le mari, rentré à
l'improviste, vit, comme le curieux impertinent de Cer-
vantès, ce qu'il n'auroit pas voulu voir. Il se retira avec dignité; et ce silence du mépris accabla les coupables plus
que n'eût fait le plus violent courroux. L'*ami* cessa ses visites. L'épouse repentante passa ses jours dans les larmes, à
côté de ce mari silencieux et toujours plus sombre, en se
demandant quelle vengeance couvoient ce silence et cette
stupeur sinistres. Un soir enfin, après mille transes plus
douloureuses que la blessure du fer ou du feu, elle devina
qu'il alloit parler. Tout son sang reflua vers son cœur et ses
nerfs se mirent à trembler comme les fils d'un télégraphe
affolé par l'orage. Le mari, l'oreille basse et les yeux fixes,
dit avec quelque embarras : *Pourquoi un tel ne vient-il
plus ici?*

L'histoire est vraie : je ne la donne pas pour morale;
mais la passion et la vertu ne raisonnent pas de même, et
Regnard ni Molière n'étoient point des Catons ni des Ré-
gulus.

En somme, M. Henry Blaze a composé une très-spirituelle et très-poétique comédie. Il a écrit, à l'honneur de la

passion des livres, des vers charmants tels que ceux-ci, que
Magliabecchi adresse à sa bibliothèque :

Forêt mystérieuse où le sage demeure,

. . . .

Bois sacré tout chargé de sublimes ramures,
Dont le souffle de Pan anime les murmures,
Le vulgaire ignorant raille ta majesté.
Mais dans tes profondeurs trône la Vérité;
Et dans l'épais fouillis, où le passant s'égare,
L'initié surprend l'éternelle fanfare
Que chantent au soleil tous ces milliers de mots,
Qu'un rayon de l'esprit évoque du chaos!

Nos récriminations taquines de bibliographes ne sont pas
un grain de sable sous la roue de son char applaudi.

Et puis enfin, la comédie de M. Henry Blaze est le premier ouvrage dramatique contemporain dont le *Bulletin du
Bibliophile* aura donné l'analyse : c'est bien quelque chose
que cela !　　　　　　　　　　　　CHARLES ASSELINEAU.

ANALECTA-BIBLION.

PUBLICATIONS NOUVELLES.

Histoire de la bibliophilie : Recherches sur la reliure, sur les bibliothèques des plus célèbres amateurs; armorial des bibliophiles; accompagnée de planches gravées à l'eau-forte, par Jules Jacquenart, et publiée avec le concours d'une société de bibliophiles. In-fol. (en souscription). Mise en vente de la première livraison.

L'histoire de la reliure moderne, c'est, à vrai dire, l'histoire des bibliothèques célèbres depuis le commencement du seizième siècle jusqu'à nos jours. Charles Nodier, dans notre *Bulletin du bibliophile* (1834), a parfaitement indiqué l'origine de la reliure et des bibliothèques d'amateurs : « Quand la reliure s'empara des merveilles typographiques de l'âge d'invention, quiconque étoit lettré voulut avoir une bibliothèque. Il y eut donc autant de bibliothèques que de gens lettrés. Par un singulier bonheur qui a presque toujours manqué aux générations suivantes, les rois et les grands protégèrent l'art naissant qui embellissoit les chefs-d'œuvre. »

Sans doute la reliure proprement dite a existé, dès qu'il y a eu des livres, dès que les manuscrits roulés ont été remplacés par des feuillets carrés, cousus ou collés ensemble; mais cette reliure primitive, destinée d'abord à conserver le volume, en le couvrant d'une espèce de cuirasse solide d'ivoire, de bois ou de métal, et bientôt employée avec art à l'orner et à le rendre plus précieux, n'offroit encore, malgré la richesse de la matière et la valeur du travail, que les rudiments grossiers de la reliure moderne, car si une couverture de livre à cette époque pouvoit être un chef-d'œuvre, elle appartenoit moins à l'art de la reliure, qu'aux arts de l'orfévrerie, de la glyptique, de la damasquinerie ou de la broderie.

Dans l'essai historique qui ouvrira notre recueil, nous résumerons, comme dans une introduction, tout ce qu'il faut savoir de la reliure chez les anciens et au moyen âge, mais l'ouvrage que nous voulons faire, et dont les matériaux ont été rassemblés avec une patience et des soins infinis pendant toute notre vie de libraire et de bibliophile, commence, au seizième siècle, avec Jean Grollier et Thomas Maioli, qui ont été, l'un en Italie et l'autre en France, sous Louis XII et François I", les véritables inventeurs de la reliure moderne.

Ce sont eux, en effet, qui, en formant d'admirables bibliothèques pour leur usage et pour celui de leurs amis (*Jo. Grollieri et amicorum. — Tho. Maioli et amicorum*), ont délivré le livre des ais de bois, des chaînes de fer, des coins et des fermoirs de cuivre, qui le tenoient, pour ainsi dire, emprisonné; ce sont eux qui ont compris que le livre, n'étant plus enchaîné sur un pupitre, alloit prendre un format plus portatif et devoit demander à la reliure un vêtement plus léger et plus commode, grâce auquel il passeroit de main en main et viendroit se ranger côte à côte sur les rayons d'une bibliothèque où il occuperoit moins d'espace en ne présentant que son dos et son titre aux regards du bibliothécaire et du bibliophile.

La reliure artistique fut certainement inventée en Italie, cette mère patrie de tous les arts; mais, en passant les monts, loin de perdre rien de son caractère artistique, elle conserva sa pureté et son élégance originelles, sans se laisser gagner par le mauvais goût qui l'avoit trop promptement défigurée dans son pays natal par une surcharge inutile d'incrustations en couleurs, de gaufrages à froid et d'arabesques dorées. La reliure en France resta, pendant trois siècles, ce qu'elle avoit été à son point de départ, simple, noble, gracieuse, délicate, aussi remarquable par la finesse de son exécution matérielle que par la beauté du style et la perfection du dessin. Nous n'hésitons pas à dire que les grands maîtres de la reliure moderne ont été presque tous François.

On comprend qu'il est impossible de s'occuper des anciennes reliures, sans s'occuper des bibliothèques où elles ont brillé d'abord pour se répandre ensuite dans le monde des amateurs, sans s'occuper aussi des bibliophiles qui les ont fait faire avec amour et dont elles portent les armes, ou la devise, ou le nom, ou l'empreinte, ou le cachet caractéristique. Il y a eu des amateurs passionnés qui ne faisoient pas relier de livres et qui préféroient les avoir tout reliés, au sortir des bibliothèques fameuses, comme des souvenirs immortels de leurs prédécesseurs : ces amateurs-là ne se rappelleront à nous que par l'histoire de leur collection et par la marque de leur bibliothèque; mais les grands amateurs, Louis de Sainte-Maure, le président de Thou, le comte d'Hoym, Longepierre, le duc de La Vallière, etc., jaloux d'attacher à leurs livres le sceau de leur personnalité, se sont plu à leur attribuer une reliure de leur choix et à les revêtir, en quelque sorte, de leur livrée, comme si ces volumes devoient être les hôtes inséparables de la maison, les compagnons chers et intimes de la vie domestique.

Ce sont ces illustres amateurs, bibliophiles inventifs et créateurs, que nous ne nous lasserons pas de faire reparoître dans un ouvrage consacré à l'histoire de la reliure moderne; ce sont leurs œuvres, si l'on peut qualifier ainsi les livres reliés par leurs soins, ce sont leurs œuvres que nous nous proposons d'étudier et de décrire comme les pièces rares et précieuses d'un musée, qui est éparpillé dans tous les pays où l'on recherche les beaux livres, et qui doit changer continuellement de mains jusqu'à la consommation des livres mêmes, pour la jouissance des bibliophiles présents et futurs.

Ces beaux livres, ces merveilleuses reliures n'accusent-ils

pas le génie de l'artiste, ainsi que l'habileté et l
l'ouvrier ? A l'époque de Grollier et de Maioli; d
Poitiers et de Catherine de Médicis, les plus fameu
les meilleurs architectes ne dédaignoient pas d'in
disposer le dessin d'une reliure : Léonard de Vin
Julio Clovio, Geoffroi Tory, Le Primatice, An
cerceau ont certainement fourni des compositio
lieurs du seizième siècle en France et en Italie.
après, on trouve encore des artistes de mérite
bien prêter leur crayon à des modèles de reliure
des canevas de broderie et à des travaux de de
petits fers du Gascon et de Desseuillo (ou Dus
appliqués d'après d'excellents croquis géométriqu
trouve le faire de Woieriot, de Lepautre, de Cl
Berain, dans les ornements d'une reliure, comme
d'un cul-de-lampe ou d'une tête de page imp
tard, l'école du rococo domine sans rivale d:
relieur, et Boucher, premier peintre du roi, e
reliures d'apparat pour l'atelier de Padeloup.

Ce n'est pas tout que d'avoir choisi les plus
spécimens de la reliure moderne pendant trois
spécimens nous amèneront naturellement à raco
nales des bibliothèques d'amateurs; à retracer l
de ces amateurs qui étoient tous des esprits d'éli
pas à pas, depuis Grollier et Maioli jusqu'à Ch.
Armand Bertin, l'histoire variée et piquante d
philie, cette noble et délicate passion qui tient
sciences comme à tous les arts, et qui s'enivre do
parfum des lettres.

Il est si naturel de parler des bibliothèques à
reliures, de parler des bibliophiles à propos de
ques ! Nous parlerons donc de tout ce qui intére
ce qui enchante les amis des livres, en parlant
éminents et distingués qui ont aimé les livres et
possédés, en parlant des artistes ingénieux, pëi
tectes et relieurs qui ont consacré leur talent à la

extérieure des livres, en parlant des livres eux-mêmes qui
nous rappelleront quels ont été leurs *illustrateurs* et leurs
premiers propriétaires. Puisqu'on est d'accord aujourd'hui
pour reconnoître que la reliure est un art et un grand art,
nous n'aurons pas de peine à lui faire la place qu'elle doit
occuper définitivement dans la glorieuse famille des arts
du dessin.   J. et L. Techener.

On vient de fonder à Londres une *librairie photographi-
que*, dirigée par M. C. Silvy, sous le patronage du marquis
d'Azeglio, ambassadeur de Sardaigne à Londres. On se propose l'application de la photographie à la reproduction des
anciens manuscrits, qui donne un fac simile exact des écritures, et *peut même, habilement dirigée, servir d'instrument
de restauration*. On a ainsi reproduit en fac simile le *manuscrit Sforza*, dont l'original appartient à M. le marquis
d'Azeglio, qui a lui-même enrichi la publication de notes
historiques et explicatives.

CATALOGUE RAISONNÉ

DE

LIVRES ANCIENS, RARES, CURIEUX QUI SE TROUVENT EN VENTE

A LA LIBRAIRIE DE J. TECHENER.

(Septembre 1861.)

211. AMOURS DE LOUIS LE GRAND et de Mademoiselle du Tron. *Rotterdam*, s. d.; petit in-12 de 192 p., y compris le titre, mar. r. dent., non rogné. *Simier.* (Portrait ajouté.). . . . . 48—»

Joli exemplaire d'un livret rare et curieux. Nous n'avons rien à ajouter bibliographiquement à l'excellente note que lui consacre le *Manuel du libraire*. On n'a pas encore découvert le nom de l'auteur de ce pamphlet en 26 entretiens, dans lesquels figurent, à côté du grand roi, la princesse de Conti, Mme de Maintenon, le médecin Fagon, le P. Lachaise, l'archevêque de Paris Chanvalon, M. de Pontchartrain, ministre d'État, Mgr le grand Dauphin, Bontemps, gouverneur de Versailles, et sa nièce Mlle du Tron. Cette fille, héroïne de la comédie, avoit pris le cœur du roi « avec son air précieux et languissant, » et Louis XIV alloit la chercher au château de Meudon, où son oncle l'avoit établie comme pour l'éloigner des yeux de Sa Majesté. La demoiselle quoique *prévenue* d'un amant qui étoit alors à l'armée, n'opposa pas grande résistance à l'amour de Louis XIV, et devint un moment la rivale de Mme de Maintenon. Celle-ci, aidée du P. Lachaise, travailloit de son mieux au salut du roi, qui s'étoit lassé de toutes ses dévotions et qui revenoit à ses anciennes habitudes de galanterie; mais il avoit compté sans son âge, et il eut le chagrin de s'apercevoir que sa puissance tomboit en échec devant les conséquences naturelles d'un rendez-vous galant : « ENTRETIEN XIII. *Le roi se pâmant.* Ah! mon bel ange ... ma divinité.... je n'en puis plus.... je me pâme. *Le roi tombe évanoui.* ENTRETIEN XVII. *Le roi voulant profiter de ce moment favorable à sa passion reste court.* Hélas! faut-il, pour mon malheur, que je me trouve incapable de vous servir! — *Mlle du Tron rougissant :* Sire, la cour est trop pénible pour Votre Majesté. » Il n'y a pas de dénoûment, si ce n'est que le roi et sa maîtresse filent le parfait amour sur la quenouille platonique. Cette chronique scandaleuse dialoguée renferme quelques particularités piquantes sur la vie privée de Mme de Maintenon, qui se fait faire une saignée au pied par le chirurgien Bernier, pour combattre ses vapeurs; qui supporte les grossièretés de son *Maure*, qu'elle aime beaucoup; qui s'efforce de mettre dans ses intérêts la médecine comme la religion; en invitant Fagon à prescrire au roi la continence; qui se sert adroitement du grand Dauphin pour donner de la jalousie à son père, et qui emploie les plus étranges théories pour décider Bontemps à marier sa nièce. Il faut avouer pourtant que cette *vieille médaille*, comme l'appelle son Maure, seroit un peu bien étonnée

du langage qu'on lui fait tenir : « Je la laisse, dit-elle, en parlant de la princesse
de Conti, je la laisse aller avec son Dauphin à la chasse entre deux toiles! » P. L.

212. Frénicle. Palémon, fable bocagère et pastorale de
N. Frénicle. *Paris, Jacques Dugast*, 1632; in-8 de 142 p.,
non compris les 4 feuillets préliminaires et le dernier
feuillet non chiffré. — La Niobé, de N. Frénicle. *Ibid.*,
id., 1632 ; in-8 de 80 p., outre les feuillets préliminaires.
Les deux pièces en 1 vol., mar. r. fil. tr. d. . .   75—»

J'ai eu déjà occasion de parler de Nicolas Frenicle, à propos de ses *Entretiens
des illustres bergers* (voy. *Bulletin du Bibliophile*, avril 1861, p. 225) : ces deux
pièces dramatiques complètent son théâtre, qu'il fit imprimer, sans doute à ses
frais, après avoir obtenu un privilége pour l'impression de ses OEuvres, *qui sont
diverses poesies*, à la date du 29 janvier 1629. Il étoit alors conseiller du roi et
général en sa Cour des Monnoies. Il céda le privilége qu'il avoit demandé, sous
le nom de Jean de Bordeaux, imprimeur et libraire, à Jacques Dugast, aussi imprimeur et libraire, « pour en faire à sa volonté. » La volonté de Jacques Dugast
ne s'exécuta que trois ans plus tard, peut-être pour donner à l'auteur le temps de
faire graver son portrait, ainsi que celui de sa femme. On comprend que la fable
bocagère de *Palemon* n'a pas été faite pour la scène, et qu'elle ne fut pas plus
représentée que la *Niobe*, qui porte en tête de l'argument ce titre développé :
La fin tragique de Niobe et des amours de son fils Tantale et d'Ériphile. Dans la
préface de cette seconde pastorale, Frénicle, qui étoit devenu moral, chaste et
vertueux depuis son mariage, s'attache à prouver que la poésie n'est pas seulement délectable, mais surtout qu'elle est utile : « Sa fin, dit-il, est autant d'enseigner que de plaire, et celui-là s'y peut dire parfait qui sçait joindre ces deux
choses ensemble. » Dans la préface de la première pastorale, préface qu'il adresse
au berger Palémon, c'est à-dire à son propre ouvrage, il n'a garde d'oublier son
thème ordinaire de morale et de vertu, comme pour désavouer indirectement son
Parnasse satyrique : « Puisque le feu dont votre âme est embrasée, dit-il au berger imité du *Pastor fido*, est aussi pur que la vertu et n'excite en votre cœur que
des désirs légitimes et de chastes pensées; aimez votre belle nymphe à la veue de
tout le monde : laissez aux âmes lascives le soin de se cacher et de s'entretenir
en secret. » Par malheur, à la fin de cette pastorale, Guillaume Colletet se présente avec un sonnet laudatif, qu'il a signé en l'honneur de son ancien collaborateur du *Parnasse satyrique*.   P. L.

213. Les Confessions d'un fat, par le chevalier de la B***.
Francfort, aux dépens des lecteurs, 1750; 2 part. en
1 vol. in-12, demi-rel.. . . . .   10—»

Contrefaçon de l'édition originale imprimée à Paris, mais sans aucune indication de lieu ni de libraire, en 1749. Il faut remarquer que l'auteur n'est pas,
comme on seroit en droit de le croire d'après le titre, un des écrivains portant le
nom de *La Bastide*, mais bien J.-F. de Bastide, à qui l'on doit une foule d'ouvrages aussi médiocres les uns que les autres, quoique plusieurs aient eu un instant de vogue, grâce aux éloges qu'on leur décernoit dans le *Mercure de France*.
Quant aux *Confessions d'un fat*, ce petit roman galant est assez amusant, en dépit
du jugement brutal et laconique qu'un des bibliothécaires du marquis de Paulmy a
mis en tête de l'exemplaire de la bibliothèque de l'Arsenal : « Ny intérêt, ny stille,
ny ton; les plus mauvaises mœurs; une plate métaphysique qui peut passer pour

du galimathias : voilà l'analyse de ce roman. » M. de Paulmy a pris la peine de corriger un peu cet arrêt dans une longue note bibliographique qui mérite d'être conservée :

« C'est ici le premier ouvrage de M. le chevalier de Bastide, ou, comme il s'intituloit alors : de La Bastide, en supposant que certaines *OEuvres mêlées*, sous le nom du chevalier de La B....., imprimées sans date, mais qui probablement sont plus anciennes, ne soient pas de lui. Voy. tome IV des Belles-Lettres de mon Catalogue, page 257.

« Après ce roman-cy, le chevalier de La Bastide nous donna, la même année 1749, *le Tribunal de l'amour*, que j'ay. Voy. page 327 du tome III des Belles-Lettres de mon Catalogue.

« En 1753, il publia *les Têtes folles*, petit conte, placé page 371 du tome III, idem.

« En 1751, *le Tombeau philosophique*, page 327 idem.

« En 1753, il publia *la Trentaine de Cythère*, même page.

« La même année, il publia encore les *Mémoires de la baronne de Saint-Clair*. Voy. page 257 du tome III des Belles-Lettres.

« En 1755, il publia *l'Être pensant*. Voy. sur ce roman le même volume, page 291.

« Il a aussy publié, à peu près dans ce temps-là, *l'Homme vrai*, roman en quatre parties. Je ne le trouve pas dans mon Catalogue.

« En 1757, un petit vol. in-8, intitulé *Ce que l'on a dit et ce que l'on dira*, je ne l'ay pas.

« La même année, *les Choses comme on doit les voir*, espèce de roman que j'ay, page 53 du tome IV de mon Catalogue, Belles-Lettres.

« En 1752, il avoit donné un autre roman intitulé *le Faux oracle*, que l'on trouvera page 309 du tome III de mon Catalogue, Belles-Lettres.

« La même année, il avoit aussi donné *Lettres d'amour du chevalier de ....* Je ne les trouve point dans mon Catalogue.

« *Les ressources de l'amour*. Je les ay. Voy. page 321 du tome III de mon Catalogue, Belles-Lettres.

« En 1758, il publia *les Aventures de Victoire Ponty*, que j'ay également : page 253 du même volume.

« Il est aussy auteur du *Nouveau Spectateur*, que je n'ay pas, dans lequel il y a pourtant d'assez bonnes choses, mais qui est un ouvrage fait pour vivre, l'auteur avouant qu'il étoit alors dans la plus grande misère. Il a donc fallu qu'il se fasse à la hâte, et par conséquent que la marchandise y soit bien mêlée. Il y en a huit volumes, et une suite de quatre qui est intitulée *le Monde comme il doit être*. Je pourrois avoir ces quatre volumes indépendamment des huit premiers, mais je ne crois pas les avoir avec le reste.

« En 1763, il publia quatre volumes de *Contes*; je ne les trouve pas dans mon Catalogue.

« M. de Bastide a d'ailleurs commencé le premier le *Choix des anciens Mercures*, continué par les auteurs du *Mercure de France*. Les quinze premiers volumes sont de luy.

« M. de Bastide avoit encore donné un journal qui a commencé à s'imprimer à Bruxelles, sous le titre du *Penseur*. Il n'en a paru qu'un seul volume en 1768. Je ne crois pas l'avoir.

« Quant à ses pièces de théâtre, la première, *le Désenchantement inespéré*, n'a jamais été jouée et a été imprimée en 1759. Je ne sais pas si je ne l'ay pas dans quelque recueil.

« La deuxième, *l'Épreuve de la probité*, aussy non jouée, a été imprimée en 1762 : je ne l'ay pas.

« *Les Caractères*, autre pièce non jouée: je ne l'ay pas non plus.

« En 1763, il donna au Théâtre-Italien *les deux Talens*, pièce en deux actes avec des ariettes. Elle n'eut pas de succès. Je ne crois pas l'avoir.

« En 1764, on joua de lui, au Théâtre-François, *le Jeune homme*, comédie en cinq actes et en vers; je ne l'ay pas non plus.

« Enfin, en 1767, il a fait imprimer *Gesoncourt et Clementine*, en cinq actes, en prose, non jouée. Je ne l'ay pas non plus. »

Cette note curieuse, malgré sa prolixité, nous apprend qu'au dix-septième siècle un ministre d'État se mêloit sérieusement de bibliographie. Aimer les livres, c'est bon; les connoître, c'est meilleur.   P. L.

---

214. LORDELOT. Plaidoyer contre un enfant supposé déclaré
     imposteur, prononcé en la Chambre de la grande Tour-
     nelle du Parlement de Paris, par Bénigne Lordelot, avo-
     cat, avec l'arrêt et les conclusions de M. l'avocat général
     Talon. Dédié au Roy. *Paris, Jerôme Bobin*, 1686; in-12
     de 5 feuillets non chiff. et de 168 pp, mar. r. fil. tr. d.
     (*Ancienne reliure.*) . . . .   24—»

Exemplaire provenant de la bibliothèque de J.-J. M. Filleul de Maisy. C'est un des deux seuls plaidoyers que Bénigne Lordelot, fameux avocat au grand Conseil, ait fait paroître, quoiqu'il eût annoncé la publication de ses œuvres de jurisconsulte, vers la fin de sa vie, qui fut longue et remplie de travaux honorables. Le procès dont il est question ici fit assez de bruit dans son temps, pour que l'avocat de la cause gagnée se crût autorisé à imprimer son plaidoyer et à le dédier au roi. Le titre, sous lequel le privilége avoit été accordé, et qu'on retrouve seulement en tête dudit plaidoyer, nous apprend quelles étoient les parties : *Plaidoyé pour Claude Marsault, controlleur ordinaire des guerres, et damoiselle Eléonore Sauvage son épouse, appellans; contre Jacques Joublot, garçon menuisier, soy disant Jacques Marsault, intime.* Ce Jacques Joublot, né de père et mère inconnus, avoit vécu jusqu'à l'âge de trente ans dans le village de Juzencourt sans connoître le secret de sa naissance, lorsque son parrain et sa marraine lui révélèrent qu'il étoit ou qu'il devoit être le fils légitime de Claude Marsault. De là le procès. Il eut le malheur d'insulter son père putatif, en lui adressant une injure qui revient souvent dans les comédies de Molière, et cette injure eut un fâcheux écho dans l'action qu'il intenta depuis contre les prétendus auteurs de ses jours. Les juges en conclurent que ce ne pouvoit être un fils qui avoit outragé son père et sa mère à la fois, en faisant rejaillir sur l'un et l'autre la honte de sa naissance. D'ailleurs, un certificat en bonne forme avoit été délivré à la dame Marsault par des médecins, qui déclaroient qu'elle n'avoit jamais eu d'enfants. Jacques Joublot se vit donc débouté de sa demande, et il dut rester Joublot et menuisier comme devant.

Bénigne Lordelot, qui occupe une assez large place dans la bibliographie, à cause de ses nombreux ouvrages de morale et de piété, n'a pas d'article dans la *Biographie universelle* de Michaud; la *Biographie générale* de Didot ne lui accorde que quelques lignes vagues et insignifiantes; mais, en revanche, le Moreri de 1759 lui a consacré une fort bonne notice. Il sembleroit que Lordelot se repentit plus tard d'avoir gagné son procès contre Jacques Joublot, car ce garçon menuisier étoit bien certainement le fils de la dame Marsault, sinon de son mari : il composa un *Traité de la charité qu'on doit exercer envers les enfants trouvés*, et ce traité fut imprimé en gros caractères, avec une gravure analogue au sujet, *Paris,* 1706, in-12.   P. L.

215. MANIFESTE, ou la Préconisation en vers burlesques d'un nouveau livre intitulé *Réflexions sur les véritez évangéliques*, contre la traduction et les traducteurs de Mons; avec une briève critique d'une Thèse de théologie soutenue chez les PP. Jésuites à Lyon, en juillet 1681. *A Riorti*, 1681; in-12 de 8 feuillets et 86 p., v. br. 24—»

Le duc de La Vallière possédoit les deux éditions de cet ouvrage, qui a été réimprimé en 1683 (n°° 14155 et 14156 du catal. de La Vallière-Nyon); mais le livre n'en est pas moins rare, et nous ne l'avons trouvé dans aucun autre catalogue, pas même dans celui de la Théologie de la Bibliothèque du Roi, lequel consacre pourtant une section assez étendue aux poésies diverses et écrits burlesques sur le jansénisme. Ledit ouvrage mérite pourtant qu'on lui accorde quelque attention : il se rapporte à la grande polémique qui eut lieu en France à l'occasion du *Nouveau Testament*, traduit par Le Maistre de Sacy, Arnauld, Nicole, etc., et publié à Mons en 1667. L'archevêque de Paris, Hardouin de Péréfixe, défendit de lire, vendre et débiter cette traduction comme remplie d'hérésies, et le mandement de l'archevêque fut bientôt corroboré par un bref du pape Clément IX. Alors commença entre les jésuites et les jansénistes une furieuse guerre de brochures, qui ne dura pas moins de quinze ou vingt ans. Le Nouveau Testament de Mons étoit toujours l'objet ou le prétexte de l'attaque et de la défense. Le *Manifeste* en vers burlesques que nous avons sous les yeux ne fut pas une des armes les moins tranchantes que les partisans de Port-Royal opposèrent à la formidable coalition des auxiliaires de la Compagnie de Jésus. Il est presque certain que ce poëme satirique fut composé par le malin auteur de l'*Onguent pour la brûlure*, Jean Barbier d'Aucour, qui prit fait et cause pour les traducteurs du Nouveau Testament de Mons dans une pièce intitulée: *Lettre en vers libres à un ami, sur le mandement de M. l'archevêque de Paris contre la traduction du Nouveau Testament imprimée à Mons, avec un madrigal adressé à ce prélat et un autre sur le P. Maimbourg*, sans lieu ni date, in-4.

Mais combien de questions bibliographiques, que nous renonçons à résoudre et qui se rattachent à ce petit livre, inconnu ou dédaigné aujourd'hui ! Quel est le lieu de l'impression, déguisé sous le nom de *Riorti ?* Quel est surtout le nouveau livre que l'auteur préconise en vers burlesques et qui étoit intitulé: *Reflexions catholiques sur les verites évangeliques?* Ce titre est indiqué textuellement à la page 11. Bien plus, le *Manifeste* nous apprend que l'ouvrage, qu'il refute et qu'il critique en le flagellant avec le fouet de la satire, étoit un gros in-4 qui avoit pour auteur le P. Maximin, d'Aix, et qui portoit en tête une approbation signée par Grandin, docteur de Sorbonne, syndic de l'Université et censeur des livres. Eh bien ! nous l'avouerons à notre honte, il nous a été impossible de découvrir ce gros in-4 dans les catalogues les plus abondants en livres de cette espèce, et nous n'avons pas même trouvé trace du P. Maximin, d'Aix, à moins que ce ne soit le P. Maximien de Bernezay, récollet, qui avoit fait paroître en 1679 un *Traité de la vie intérieure*. On aura peut-être supprimé l'édition entière des *Reflexions* avant qu'elles eussent vu le jour, après avoir été imprimées à huit cents exemplaires, sous la rubrique de *Trevoux*, comme le dit expressément le malin rimeur du *Manifeste* Il y a donc dans ce bouquin janséniste trois ou quatre énigmes de bibliographie à deviner. P. L.

216. MESSIE. Les diverses leçons de Pierre Messie, gentilhomme de Sevile, mises de castillan en françois par Cl.

Gruget, Parisien. Avec sept dialogues de l'autheur, dont
les quatre derniers ont esté de nouveau traduicts en ceste
quatriesme édition. Plus la suite de celles d'Antoine du
Verdier, S. de Vauprivaz, augmentée d'un septiesme livre. *Tournon*, *Claude Michel*, 1610; in-8, v. f. fil.
tr. d. (*Hardy*.) . . . .   40—»

Très-bel exemplaire à toutes marges de la meilleure édition de ce livre. Le volume, qui n'a pas encore été décrit, se compose de huit pages chiffrées, pour
le titre et la dédicace de Cl. Gruget à François de Raconis, conseiller du Roi et
trésorier extraordinaire de son artillerie; de sept feuillets non chiffrés pour la
table des chapitres et le dizain d'une damoiselle parisienne aux lecteurs; de sept
cent trente-huit pages, pour le texte, commençant à la page 8; de deux feuillets
blancs et de la table des matières contenant huit feuillets. Le titre de cette édition
présente une amphibologie qui a mis en faute presque tous les bibliographes, et
qui s'étoit glissée jusque dans le *Manuel du libraire*; nous sommes bien certain
que le savant M. Brunet a déjà corrigé cette légère erreur dans la nouvelle édition de son ouvrage, qui restera comme le chef-d'œuvre le plus parfait de la
science bibliographique. On a dit que les *Diverses leçons* de Messie, traduites par
Claude Gruget, avoient été augmentées par Antoine du Verdier dans les éditions
de 1581 et de 1593, et que les éditions de 1604, 1610 et 1616, contenoient un
septième livre qui ne se trouve pas dans les précédentes. Il est vrai que ces dernières éditions renferment de plus que les autres *sept* dialogues qu'on peut considérer comme un septième livre, et qui ont été traduits, si l'on veut, par du
Verdier, sieur de Vauprivas. Mais, dans toutes les éditions, il n'y a que six livres,
dont les deux derniers sont peut-être aussi de la traduction du même du Verdier;
car l'ouvrage espagnol de Pedro de Mexia, *Silva de Varia leccion*, publié en 1542,
ne contenait que quatre livres, et les deux suivants, composés par un anonyme,
n'ont figuré que dans l'édition de *Saragosse*, 1554, in-8; or, Claude Gruget a
traduit librement les trois premiers livres, qui furent imprimés pour la première
fois en 1552, *Paris*, *Étienne Groulleau*; puis il a traduit ensuite le quatrième,
pour son édition de 1554, *Paris*, *V. Sertenas*, in-8. Ensuite, du Verdier, sieur
de Vauprivas, ayant aussi compilé un recueil de *Diverses leçons*, à l'exemple de
Pierre Messie, fit paroître ce recueil comme le complément nécessaire du livre
espagnol qui fut augmenté successivement du cinquième et du sixième livre, ainsi
que des dialogues. On a donc mal compris ce passage du titre de l'édition de
1604 ou 1610 : *Plus la suite de celles d'Antoine du Verdier, augmentée d'un septiesme livre.* Cela signifie que les *Diverses leçons* d'Antoine du Verdier, réimprimées
aussi en 1604 et en 1610 pour servir de suite aux *Diverses leçons* de Pierre Messie,
avoient été augmentées d'un septième livre dans ces nouvelles éditions. Tout le
monde connoît la compilation de Messie, quoique peu de lecteurs aient eu le
courage de la lire. Claude Gruget, qui étoit un des meilleurs écrivains du règne
de Henri II, fit une traduction ou plutôt une imitation à la françoise de cet ouvrage que lui avoit recommandé un de ses Mécènes, François de Raconis, trésorier
extraordinaire de l'artillerie du Roi, en lui prêtant l'original espagnol et la traduction italienne : « On trouvera, dit-il, que j'ay esclairé des choses obscures et
corrigé plusieurs textes alléguez faux, et, s'il est permis de le confesser, j'y ay
donné quelque peu du mien en des passages qui, selon mon jugement, le reque-
roient. Peu du mien, dy-je, parce que deux de mes amis m'y ont favorisé, l'un
desquels est le seul de mes cousins portant mon nom, et l'autre le seigneur Jean-
Pierre de Mesmes, qui pour les mathématiques et poincts concernant l'astrologie
(esquelles sciences il fait profession) m'a grandement secouru. »   P. L.

217. RELATION DU GRAND BALLET DU ROY, dancé en la salle
du Louvre le 12 février 1619. Sur l'adventure de Tan-
crede en la Forest enchantée. Faict par le commandement exprés de Sa Majesté. Avec figure. *Lyon, Jean Lau-
tret*, 1619; in-8 de 32 pp., demi-mar. r. . . .   45—»

M. de Soleinne avoit ce curieux ballet dans sa bibliothèque dramatique, mais
il ne possédoit pas cette édition. Celle de *Paris, Jean Sara*, 1619, in-8 de 46 pp.,
quoique le titre annonçât une figure, en étoit également privée, ce qui nous permet de croire que cette figure n'existe dans aucun exemplaire. L'auteur du Grand
ballet du roi est le sieur de Grammont, qui a signé la dédicace au duc de Luynes
et qui avoit écrit cette Relation d'après le programme de M. de Porchères, dans
lequel quelques vers du *Ballet du Hasard*, de Bordier, avoient été intercalés, sans
doute à la demande des acteurs du ballet de Tancrède, qui les trouvoient à leur
goût. Ainsi, dans l'entrée des Bûcherons, M. d'Humières disoit :

> Ce n'est pas grand trophée
> Que la lyre d'Orphée
> Des plus fiers animaux ayt charmé le courroux :
> La douceur tesmoignée
> Du son de ma congnée
> Ravit tous les oiseaux, exceptez les coucous.

Dans l'entrée des Scieurs de bois, on faisoit dire au comte de La Roche-Guyon :

> Ne mesprisez point mon outil :
> L'advantage qu'il vous présente,
> C'est qu'il n'est rien de si subtil
> A se loger dans une fente.

Dans l'entrée des Sagittaires, M. de Bassompierre adressoit aux dames ce beau
compliment :

> Puisque l'amour m'appelle au mestier de Bellonne,
> Que n'ay-je comme vous le courage inhumain,
> Et que n'ay-je, ô beautés, le pouvoir qu'il vous donne :
> C'est de bander un arc sans y mettre la main.

Mais ces incroyables *galanteries* ne sont pas, à notre avis, ce qu'il y a de plus
interessant dans cette Relation où l'on trouve une description exacte du théâtre
dressé dans la grand'salle du Louvre, et des renseignements précis sur la mise en
scène et les costumes de l'*Adventure de Tancrède*, dans laquelle le duc de Luynes
représentoit le principal personnage en s'attribuant tous les honneurs de l'allégorie.   P. L.

218. SEGRAIS. OEuvres diverses de M. de Segrais. *Amsterdam, Fr. Changuion*, 1723; 2 part. in-12, v. j.   24—»

Bonne édition qui, selon le *Manuel du libraire*, reproduit page pour page la
première édition de Paris, qu'on avoit saisie et détruite. Nous avons déjà parlé de
cette première édition dans le Catalogue de Pixérécourt, où figuroit un exemplaire
unique contenant de plus que les autres huit cartons restés en épreuve et une
notice manuscrite sur les circonstances qui ont amené la destruction du *Segraisiana ou mélange d'histoire et de littérature, recueilli des entretiens de Segrais, par
Antoine Galland*, et publié par Fremont avec une préface et des notes de La Mon-

noye, de Bordelon et de Moreau de Mautour. On sait combien le Segraisiana est
précieux pour l'histoire littéraire du dix-septième siècle. M. Paulin Paris en a extrait une foule de renseignements pour les commentaires de son admirable édition des *Historiettes* de Tallemant des Réaux. Nous regrettons sincèrement qu'il
n'ait pas réimprimé le volume entier comme un appendice naturel de son auteur. Au reste, il sera peut-être possible d'augmenter considérablement ce volume
et de le publier à part, en y ajoutant beaucoup de pièces nouvelles tirées des manuscrits de différents amis de Segrais. Nous rappellerons, par exemple, que le
Catalogue analytique des autographes relatifs à l'histoire de France (Paris, Techener, 1840, in-8) décrivoit, sous le nom de GUY PATIN, un manuscrit de
quatre-vingt-treize pages, renfermant une partie du *Borboniana*, tiré des con-
versations de Nicolas Bourbon, par son ami le célèbre médecin Guy-Patin.
Eh bien! le *Borboniana*, partie imprimée, partie inédite, mériteroit d'être placé à
côté du *Segraisiana* : c'est le même esprit, c'est la même abondance de détails
piquants sur les savants et les écrivains du temps. Mais hélas! où retrouver maintenant les quatre-vingt-treize pages vendues 6 ou 7 fr. en 1840! Puisqu'il s'agit
ici de Segrais, transcrivons quelques lignes écrites par le marquis de Paulmy dans
son Catalogue, à propos de l'édition de 1723 : « Une anecdote sur Segrais, c'est
qu'il conserva toute sa vie un accent normand très-fort, quoiqu'il écrivît parfaitement le françois. »
                                                                          P. L.

219. SYMEONI (*Gabriel*). Interprétation grecque, latine,
toscane et françoise du Monstre, ou Enigme d'Italie.
Lyon, Ant. Voulant (impr. de Jan Brotot), 1555; in-8,
fig., mar. r. fil. tr. dor. (*Trautz-Bauzonnet.*)   120—»

Bel exemplaire d'un livre rare, relié sur brochure. — Gabriel Symeoni, né à
Florence en 1509, mourut à Turin, vers 1570. Quoiqu'il fût d'un caractère hau-
tain et exigeant, il chercha toujours à parvenir, en flattant les rois et leurs maî-
tresses. Ses premiers vers, adressés à la duchesse d'Etampes, lui valurent une
pension de mille écus, qu'il conserva peu de temps. Symeoni, mécontent, alla
tenter fortune en Angleterre; mais il retourna bientôt dans sa patrie, où ses
flatteries pour le grand-duc ne lui procurèrent qu'un emploi subalterne. Son
amour-propre fut blessé d'une si mince récompense, et il partit pour Rome. Il
s'adressa alors à tous les souverains de l'Italie. Mal accueilli partout, Symeoni
revint en France, où Henri II étoit monté sur le trône; il accabla d'éloges et le
roi et la duchesse de Valentinois. Enfin, le duc de Savoie, à qui il dédia ses
Devises, l'appela à Turin, et ce fut dans cette ville que Symeoni passa les dernières années de sa vie.

Nous ignorons pourquoi Symeoni a indiqué sur le titre du *Monstre d'Italie* une
Interprétation grecque, latine et toscane, car l'ouvrage est entièrement écrit en
françois. Les autres langues ne sont employées que dans les pièces liminaires,
dont voici le catalogue : une *Dédicace* latine au pape Paul IV, deux *Épigrammes*
latines à la louange du Monstre d'Italie, par Damien Marraphius et Herman
Rayanus; une *Épigramme* grecque, de ce dernier poëte, avec une explication en
vers italiens, par Gab. Symeoni; deux *Sonnets* italiens, deux *Sonnets* françois, de
Maurice Scève et de Hubert-Philippe de Villiers; une *Table des matières*, en
françois; une *Prédiction* de Nostradamus, un *Distique* grec, traduit en vers italiens, par Symeoni. Le texte de l'ouvrage commence à la dix-septième page.

Le *Monstre d'Italie* est la figure allégorique des divers États italiens; et cette
conception bizarre a pour but d'engager Henri II à les conquérir. « Les droits du
roi sur l'Italie sont incontestables, puisque, dit-il, les François, du côté de Francus
fils d'Hector, ont pris leur origine des Troyens, et les Troyens de Dardan, auparavant seigneur d'une partie des Italies, et que plusieurs villes de la Lombardie fu-

rent fondées par des François qu'on appeloit *Insubres* et *Senones*. C'est pourquoi le roi de France, avec un pied en Corsègue, et armé par terre et par mer, se ruant sur ce monstre d'Italie, dit : « Fuyez, fuyez, vieux et nouveaux habitans, ravisseurs de cette province, car elle est mienne de longtemps. Cette Italie est mon royaume et mon héritage, délaissé par Dardan et Iasie, mes progéniteurs. » — Symeoni explique ensuite les signes astrologiques de la nativité du roi, qui lui promettent félicité et grandeur. Ce volume est orné de six figures sur bois, finement gravées. La première, entourée d'inscriptions latines et italiennes, est placée au-dessous du titre · c'est une allégorie peu facile à déchiffrer. Il en est de même pour la figure imprimée sur le verso du dernier feuillet. A la page 21, on trouve une petite carte géographique de l'Italie, en médaillon. La figure astrologique de la nativité du roi occupe entièrement la page 41 ; le Monstre d'Italie, la page 57 ; et le Monstre de Marc-Aurèle, la page 67 : ces deux dernières gravures sont fort singulières.

Ce livre, qui poussoit Henri II à la conquête de l'Italie, étoit le bien-venu en 1555 ; mais Symeoni ne dut en tirer que peu de profit, par suite de la trève conclue entre le roi et Charles-Quint, le 5 février 1556. Ap. B.

220. Symeoni (*Gabriel*). Le présage du triumphe des Gaulois, déclaré et envoyé à très-chrestien et invincible prince Henri II, roy de France. *Lyon, Gab. Cotier*, 1555 ; pet. in-8, fig., mar. r., fil., tr. dor. (*Trautz-Bauzonnet.*) 120—

Raririssime plaquette, et dans cette charmante condition d'exemplaire et de reliure, surtout avec la figure de l'anneau bien conservée. — Cet opuscule, de quatorze feuillets, imprimé en italien, avec la traduction françoise en regard, contient l'explication bizarre d'un anneau antique, trouvé à Lyon, dans un tombeau. Cette anneau d'or étoit orné d'une pierre gravée qui représentoit un coq tenant dans son bec une couleuvre, et dans sa patte droite une palme, accosté d'une étoile et perché sur un char trainé par deux lions. Le triumphe du coq devint pour Symeoni le triomphe des Gaulois, ou plutôt de Henri II. Le char trainé par des lions étoit l'emblême de la noblesse des Gaulois, « descendus de Samotes, filz de Japetus et nepveu de Noë, dit Gallus et Janus après le déluge. » Mais le triomphe ne devoit avoir lieu que si le roi « prend la peine d'ouïr, voir et entendre ses affaires, s'il donne audience aux gens doctes, et s'il se sert de tous bons esprits. » Enfin, après avoir fait son métier de courtisan, à l'aide de l'anneau et de la nativité *solaire et martiale* du roi, il termine ainsi : « On verra le triumphe de l'anneau ; la vertu et la vérité seront prisées, et mes labeurs et desirs prendront fin, ayant trouvé et servant l'Alexandre, ou l'Auguste que je cherche. » Ce qui veut dire en bon françois · Sire, vous êtes Alexandre, Auguste, le dieu Mars ; je vous prédis que vous serez invincible et que vous ferez la conquête de l'Italie. Mais ne m'oubliez pas, récompensez mes talents et donnez-moi une grosse pension. — Cet ouvrage avoit suivi de près le *Monstre d'Italie*, imprimé la même année et également adressé à Henri II. Il paroît que ces adulations exagérées dépassèrent le but, et Symeoni, las d'attendre une récompense qui n'arrivoit jamais, se retira à Turin, où il mourut, vers 1570 Ap. B.

221. Symeoni (*Gabriel*). Epitome de l'origine et succession de la duché de Ferrare, composé en langue toscane et traduict en françois par l'auteur. Auec certaines Epistres à diuers personnages, et aucuns Epigrammes sur la propriété

de la Lune par les douze signes du Ciel; pour Madame la
duchesse de Valentinois. *Paris, Gilles Corrozet, 1553*;
pet. in-8, portr., v. f. fil. tr. dor. (*Simier*.). . .   40—»

Charmant exemplaire d'un volume rare et curieux. — Portrait de Gabriel Symeoni sur le titre. — A la suite de l'*Histoire de Ferrare* et des *Épistres*, on trouve
les *Extraicts du demeurant de quatre livres italiens du seigneur Gabriel Symeoni*,
contenant *l'origine et les faicts de Venise, de Millan et de Mantoue, rédigez en
françoys par Gilles Corrozet*. C'est la traduction de l'ouvrage que Symeoni avoit
publié en 1546, sous le titre de *Commentari sopra alla tetrarchia di Vinegia, di
Milano, di Mantova e di Ferrara*. L'auteur avoit répandu ces commentaires en
Italie pour y gagner des protecteurs : car ils se composent uniquement d'une
courte notice sur l'origine de ces quatre villes, et d'une liste des princes qui les
gouvernèrent jusqu'en 1546. L'*Epitome de l'Histoire de Ferrare* est dédié au magnanime prince Alphonsus d'Est.

Les pièces les plus curieuses du volume sont les vingt-trois lettres françoises,
mêlées de vers italiens, que Symeoni adressa à divers personnages, tels que le
prince de Melphe, le duc d'Atri, le maréchal de la Marck, le duc de Guise, la
duchesse de Valentinois, Ange Lascaris, Saint-Gelais, d'Urfé, etc., de 1547 à 1553.
Ces lettres jettent un nouveau jour sur la vie aventureuse de Symeoni, et contiennent des détails fort intéressants.

Dans la première lettre, datée de Venise, le 10 mars 1547, Symeoni écrit au
prince de Melphe, lieutenant général du roi de France en Piémont, qu'il ne
pourra se rendre de suite à Turin, parce qu'il a promis au cardinal de Clermont
de l'accompagner au concile de Trente. Cependant il rejoignit le prince de Melphe
vers le mois de février 1548, et séjourna à Turin jusqu'au mois de juillet 1550.
La deuxième lettre, à Lascaris, datée de Gênes, renferme le récit d'une tempête
sur mer, où l'auteur faillit perdre la vie. Après la mort de son protecteur, il revint en France. Il étoit à Lyon le 20 août 1550, à Paris le 4 septembre suivant,
à Anet le 18 septembre. Le maréchal de La Mark lui avoit fait obtenir des lettres
du roi portant provisions du premier emploi vacant à Turin, et, de plus, une
somme d'argent pour ses frais de voyage. C'est en vain que Symeoni partit en
toute hâte, « de peur que les places fussent jà données. » Il écrit de Turin à la
duchesse de Valentinois, le 10 novembre 1550, « qu'il est arrivé trop tard, que
toutes les places sont prises, et qu'il est contrainct de revenir par delà à pour-
chasser et attendre en quelque autre endroict récompense du roy. » Il étoit de
retour à Lyon le 12 décembre suivant. Il paroît qu'en 1551 il suivit le cardinal
de Clermont au concile de Trente. On le retrouve à Paris depuis le 20 avril 1552
jusqu'au 1er février 1553, et enfin à Vanves le jour de la mi-carême 1553. C'est
pendant son séjour à Paris qu'il publia la traduction de ses Commentaires et ses
Epistres familières. — On remarquera une lettre adressée à Dominique Guidi,
dans laquelle Symeoni reproche aux Florentins leur jalousie haineuse qui oblige
les savants à abandonner une ville dont l'Académie possédoit, au temps de Laurent de Médicis, un si grand nombre de philosophes, de poètes, de peintres et
d'architectes, renommés dans l'Europe entière. L'auteur parle ensuite de Rome et
prévient Guidi « qu'il aura à Rome un grand désavantage, c'est qu'elle demande
les hommes fort jeunes, et vostre aige est jà grande. Car, devant qu'il meure
quelque cardinal, quelque evesque, quelque abbé, ou qu'on fasse une guerre,
une rebellion, dont plusieurs qui s'en sont meslez au temps passé sont devenus
evesques, cardinaux et légats, ou qu'il survienne quelque révolution pour la mort
du pape, vous vous trouverez jà du tout vieil et frustré de vostre attente. » —
Nous regrettons de ne pouvoir signaler dans cette notice tous les détails curieux
que renferment les lettres de Symeoni.   Ap. B.

222. Symeoni (*Gabriel*). Description de la Limagne d'Auvergne, en forme de dialogue, auec plusieurs médailles, statues, oracles, épitaphes....; traduit d'italien en langue françoyse, par Antoine Chappuys du Dauphiné. *Lyon, Guill. Roville*, 1561; in-4, carte, fig., mar. vert, jansén., tr. dor. (*Hardy*.). . . . . 70—»

Livre rare et recherché, surtout avec la grande carte de la Limagne, qui manque souvent. — Très-bel exemplaire. — Les figures sur bois sont nombreuses, bien gravées et en excellentes épreuves. L'œuvre originale est intitulée *Dialogo pio e speculatiuo con diuerse sententie latine e volgari*, et fut publiée à Lyon en 1560. Le titre italien convient mieux à l'ouvrage que le titre françois. En effet, c'est un recueil, en forme de dialogue, de dissertations physiques sur l'âme et les démons, de devises, de sentences, d'explications et d'interprétations des armes des Médicis, des écus au soleil de Florence, d'un grand nombre d'antiquités, d'inscriptions et de médailles romaines gravées dans le texte. Enfin, Symeoni nous apprend (p. 84) qu'*il a recognu là très-antique assiette de Gergoye* (Gergovia) *en Auvergne*. Afin de prouver l'exactitude de sa découverte, il reproduit et interprète tous les passages des *Commentaires de César*, relatifs au siége de Gergovia, raconte l'histoire de Vercingentorix, et ajoute à son récit une carte de la Limagne, une vue du château de Polignac, et une grande gravure représentant des soldats romains formant la tortue et s'approchant ainsi des murs de Gergovia. « Mais escoutez pour le dernier la propriété et grandeur de la Limaigne d'Auvergne. » Cette description, si pompeusement annoncée, occupe la moitié d'une page.

Lorsqu'on a lu quelques ouvrages de Symeoni, on est habitué à ses vanteries, aux reproches d'ingratitude qu'il adresse aux princes qui ne savoient ni apprécier ni récompenser ses talents. Mais c'est dans *la Description de la Limagne* qu'on trouve le monument le plus extraordinaire de la vanité de l'auteur. Nous pourrions faire remarquer les éloges qu'il se prodigue par l'intermédiaire de son interlocuteur, ce bon *Dipistio*, qui ne sert qu'à donner la réplique : « Je ne crois point que le monde ait un plus subtil observateur que vous; » ou : « Vous êtes bien obligé à nature. » A ce compliment, *Uranio*, c'est-à-dire Symeoni, répond : « Ony bien, autant que homme du monde. » Puis il saisit cette occasion pour parler à Dipistio d'une certaine chanson prophétique qu'il avoit composée à l'occasion du mariage de Philippe II avec la fille de Henri II, et du duc de Savoie avec la sœur du même roi de France. « Il seroit bon, reprend Dipistio, de réciter la chanson toute entière. » Et la chanson italienne, de cent quatorze vers, est intercalée au milieu de fragments moraux et métaphysiques.

La pièce la plus curieuse, et peut-être unique en son genre, c'est l'épitaphe de Symeoni, composée par lui-même et précédée d'un cénotaphe gravé, orné de son buste, et surchargé de figures allégoriques ou astrologiques. Voici l'introduction : « Dipistio : Certainement on vous feroit un très-grand tort, ayant illustré tant de peuples, citez, provinces, statues, médailles et jusques aux images, oracles et temples des anciens dieux, si après vostre mort ne se trouvoit quelque galant homme qui honorast vostre vie et mémoire de quelque singulier sepulchre et épitaffe. — Uranio : Le monde est si fort corrompu, et les esprits des hommes sont tant envieux et malins, que ne me voulant pas fier autrement à eux, j'ay déjà pourveu à cela, rendant moy-mesme tout d'un coup, bon compte et vray tesmoignage de ma vie, comme le pouvez voir cy-dessous. » — Voici l'épitaphe ; nous la reproduisons textuellement :

Nomine Gabriel, cognomine Symeon (illud angelicum, hoc vaticinatorum), Florentino eodemque ingenuo patre Octavio, matre natus Maria, regiumque sortitus cœlum, regios omnes mores præ se tulit. Arma, equos, venatum, aucupium, lautam redolentemque supellectilem, musicen, numismata, statuas, signa, tabulas, nemora, prata, rivulos, locaque recondita eo usque dilexit, ut nedum cæteras artes, et plebiculæ cœtum, sed omnino urbes fastidiret. In consilio perspicax, in judicio acer, inventionis acumine clarus, risus et sermonis parcus, invidit unquam nemini, amavit pertinaciter, breviter odit, neque odium neque amorem simulavit. Amicorum paucos novit, horarios multos invenit, non omnes recepit. In utroque dicendi genere libros conscripsit, leges ab se inventas militibus dedit, murorum propugnacula direxit, locorum metitus intervalla, regiones pinxit, sententias pronunciavit, diligentiam coluit, liberalitatem exercuit, fidem servavit. Uxoris maritus duntaxat semester fuit, quam parentibus exulabundus (dote non comminuta) commendavit, amplius non revisit. Nam plurimas terrarum orbis circumiens regiones, Oceanum, Mediterraneum, Adriaticumque mare pertransivit, collapsa ubique temporis vitio, hominumve incuria, insignium virorum monumenta (Lugdunensium præsertim) deorumque delubra membranis restituens, philosophiæque ac suæ tantus libertatis amator, ut illam cæteris cupidinibus, hanc cunctis regum divitiis ant*feret. In patria magistratum bis adeptus, in militia triennium apud Augustam Taurinorum, eorum unum adolescens (mutato reipublicæ statu), alterum ex invidia juvenis, tertium Jani Caraccioli Melphitani principis, sub Alphinorumque proregis orbatione vir factus amisit. Quibus omnibus eodem semper animo peractis, sibi, amicis præsentibus et posteris cum hoc, tum novissimum vivus, id aliud monumentum dereliquit,

Dipistio trouve l'épitaphe admirable, et, par ses réflexions, en fait ressortir les beautés; après quoi il demande à Uranio de vouloir bien interpréter les figures allégoriques du cénotaphe Celui-ci s'empresse de satisfaire son complaisant auditeur, et lui explique le tout en neuf pages.

La postérité n'a point accepté cet emphatique panégyrique. Les œuvres de Symeoni sont recherchées, parce qu'elles sont rares et qu'elles contiennent de nombreuses singularités et de jolies gravures sur bois.   Ap. B.

LETTRES ET DOCUMENTS INÉDITS

RELATIFS A Mme DE MAINTENON ET A SA FAMILLE [1].

Écrite par le comte de Caylus, la correspondance qui suit
rentre essentiellement dans notre cadre. Le comte de Caylus étoit fils de Marthe-Marguerite de Villette de Mursay,
comtesse de Caylus, — qu'on pourroit appeler la *Marguerite
des Marguerites* de son temps, — la cousine et l'enfant gâ-
tée de Mme de Maintenon, enfin le charmant auteur des
Souvenirs, réédités, en 1860, par M. Charles Asselineau,
avec autant d'érudition que de goût.

Nous restons donc fidèle à notre *titre* et à cette famille
privilégiée entre toutes, qui a réuni les genres de mérite et
d'illustration les plus éclatants comme les plus opposés, vertus
guerrières, génie politique, talent littéraire, grâce, esprit,
beauté; famille que nous aurons ainsi montrée à nos lecteurs pendant une période de cent cinquante ans, sous des
aspects divers, souvent nouveaux, et qui commence à Agrippa
d'Aubigné, l'homme de guerre, le poëte inspiré, pour finir
au comte de Caylus, l'intrépide mousquetaire de Malpla-
quet, et le plus dévoué des représentants de l'art au dix-
huitième siècle.

M. de Caylus est trop connu pour que nous insistions sur
les qualités brillantes de son esprit et de son cœur, non plus
que sur les découvertes dont il dota tour à tour l'archéologie, la peinture, la gravure, la sculpture, etc.

De même, il seroit superflu de rappeler ses voyages ex-
plorateurs à Constantinople, aux ruines d'Éphèse, à celles
de Colophon et du temple de Diane, à Andrinople, en An-

(1) Voir, pages 1673 à 1699, année 1860, 158 à 192, et 312 à 334, année
1861, du *Bulletin du Bibliophile*, les trois premières séries de ces documents,
dont la reproduction est expressément réservée par M. Honoré Bonhomme.

gleterre, etc., etc., excursions lointaines, semées d'incidents et d'épisodes dramatiques, où il fit de véritables con-
quêtes au triple point de vue de la science, de l'art et des
lettres. On lui devroit probablement plus encore si, comme
il en avoit conçu le projet, il eût poussé ses investigations
jusqu'en Égypte et en Chine; mais l'amour filial parloit haut
dans son cœur, et cet amour l'emporta sur celui des découvertes. Sa mère gémissoit de son absence, des dangers qu'il
pouvoit courir, et il revint à Paris pour dissiper ses alarmes.

C'est alors qu'il mit en œuvre les riches et nombreux matériaux qu'il avoit recueillis. Il s'occupa principalement d'un
grand ouvrage sur les *antiquités égyptiennes*, *grecques*,
étrusques, romaines et gauloises (7 vol. in-4). Il s'occupa
des embaumements des momies égyptiennes; il éclaircit plusieurs passages de Pline qui ont rapport aux arts; il fit revivre les tableaux de Polygnote; reconstruisit, pour ainsi
dire, le théâtre de *Curion* et le magnifique tombeau de *Mau-
sole*. Enfin, il inventa le moyen d'incorporer les couleurs
dans le marbre, sur le papyrus, sur la lave des volcans, et
déroba aux anciens leur secret de peindre à l'encaustique,
et de rendre ainsi la peinture inaltérable. Ces différents sujets d'étude et une infinité d'autres furent l'objet d'une qua-
rantaine de *traités* et de *dissertations* qu'il lut à l'Académie
de peinture et à celle des inscriptions et belles-lettres, dont il
fut reçu *amateur honoraire* en 1731 et 1742. Sa bienfaisance
étoit aussi infatigable que son activité. Protecteur généreux
des jeunes talents, il soulageoit leur infortune et fondoit à
ses frais des prix pour les encourager. Il forma ainsi de
nombreux élèves. Finalement, il avoit projeté de faire graver les dessins des antiquités romaines existant dans le midi
de la France et qui avoient été exécutés par Mignard, d'a-
près les ordres de Colbert; mais la mort vint le surprendre.
Il mourut en 1765, âgé de soixante-treize ans.

Mais, nous le répétons, nous ne voulons point retracer
ici avec détail cette vie si laborieuse, si honorablement remplie, et dont l'historique se trouve dans toutes les biogra-

phies. Cependant nous croyons devoir rappeler ce fait, généralement omis par les biographes et sur lequel nous avons déjà insisté lors de la publication des *OEuvres inédites de Piron*, savoir, que le comte de Caylus s'étoit fait le protecteur, l'ami tendre et dévoué de Mlle Quinault, la charmante soubrette de la Comédie françoise. Cette *divine Thalie*, comme l'appeloit Voltaire, convioit à sa table, sous le nom de *Société du bout du banc*, une réunion aimable et choisie, et M. de Caylus étoit l'âme de ces soupers célèbres, où l'on déposoit sur la nappe, comme plat du milieu, une écritoire dont les invités se servoient tour à tour pour écrire un impromptu. D'après Lemazurier (1), c'est à ces réunions brillantes qu'on doit les *Étrennes de la Saint-Jean*, le *Recueil de ces messieurs*, et autres ouvrages pleins de sel et de gaieté, qui parurent depuis dans les œuvres du comte de Caylus.

Un autre côté de la physionomie du comte n'a pas, non plus, fixé suffisamment l'attention des biographes. Nous voulons parler de l'inégalité de son humeur, de la bizarrerie de son costume, et de son amour de la retraite, voisin parfois de la misanthropie. A ce sujet, on n'a rien de mieux à faire que de citer Grimm textuellement. En effet, ce spirituel et judicieux écrivain, qui n'avoit d'allemand que l'origine et dont la critique toute françoise sera constamment citée comme un type d'élégance, de profondeur et de bon goût, fournit sur le comte de Caylus des renseignements curieux, et qui répondent assez bien à l'idée qu'on s'est faite de ce dernier, quand on l'a étudié avec soin. « Des bas de laine, dit-il, de bons gros souliers, un habit de drap brun avec des boutons de cuivre, un grand chapeau sur la tête : voilà son accoutrement. Un carrosse de remise faisoit le plus fort article de sa dépense. Tout le reste étoit employé à faire du bien et à encourager les talents. Il avoit l'air d'un rustre et les manières dures, quoiqu'il eût beaucoup de bonhomie

(1) *Galerie historique du Théâtre-Français*, 3 vol. in-8, 1840.

dans le fond. On disoit de lui qu'il étoit le **protecteur des
arts** et le fléau des artistes, parce qu'en les encourageant, en
les aidant de sa bourse, il exigeoit d'eux une déférence
aveugle pour ses conseils; et après avoir commencé par le
rôle de bienfaiteur, il finissoit souvent par celui de tyran.
Il avoit une bonne et franche aversion pour les médecins et
pour les prêtres, et il est mort sans tomber entre les mains
ni des uns ni des autres (1). »

Du reste, Grimm rend justice à l'influence heureuse que
le comte de Caylus exerça sur les arts; mais Marmontel et
Diderot ne se montrèrent pas à cet égard aussi équitables.
Le premier lui décocha des traits méchants dans ses *Mémoires* (2); le second salua sa mort par deux épigrammes,
l'une en prose, l'autre en vers. *La mort nous a délivrés du
plus cruel des amateurs,* écrivit-il dans son *Salon* de 1765.
Puis il fit ainsi son épitaphe :

Ci-gît un antiquaire acariâtre et brusque.
Ah! qu'il est bien logé dans cette cruche étrusque (3)!

L'abbé Conti, à qui sont adressées les dix lettres que nous
publions, étoit un noble Vénitien qui, dans les sciences et les
arts, eut aussi ses lettres de noblesse. Né en 1677, il mourut
en 1749. C'étoit un savant, un poëte, un philosophe. Il
voyagea en France, en Angleterre, en Allemagne, et partout
il se fit estimer par ses lumières, la vivacité de son esprit et

---

(1) *Correspondance litteraire de Grimm*, t. V, p. 9 et suiv., année 1755. Paris,
Lonchamps, 1813.

(2) Tome I, p. 313-314. Paris, Costes, 1819, 2 vol. in-8.

(3) Pour l'intelligence de cette dernière apostrophe, il faut savoir que, d'après
Le Beau (*Recueil d'antiquites*, t. VII, p. 230), le comte avoit été inhumé, sui_
vant son désir, dans l'église Saint-Germain l'Auxerrois, sous un magnifique sar_
cophage en granit rouge, qui avoit été acheté à Rome dans la famille Verospi,
vers 1750, par Bouret, et dont le comte de Caylus fit subsidiairement l'acquisition.
Ce monument a été décrit par Clarac, et se trouve déposé aujourd'hui au *Musée
des antiques* du Louvre. Voy. Clarac, *Description des antiquites du Louvre*, Paris,
1847, t. I, p. 39. Voyez aussi l'intéressante étude que M. le comte Clément
de Ris a publiée sur le comte de Caylus dans le *Moniteur* (octobre 1859) sous le
titre de : *Les Amateurs d'autrefois,* étude à laquelle nous avons emprunté la note
précédente.

l'élévation de son caractère. A Londres, il se lia étroitement
avec Newton, qui, bien que le plus mystérieux des hommes,
lui communiqua ses manuscrits, ses plus belles expériences,
et le fit recevoir de la *Société royale*. A Paris, il fut présenté
aux savants qui florissoient alors, et admis dans les meilleures
sociétés; mais il fréquenta particulièrement les maisons de
La Rochefoucauld et de la comtesse de Caylus. On s'explique
dès-lors l'intimité qui s'établit entre le fils de cette dernière
et l'abbé Conti, de même que le ton affectueux du commerce de lettres qui en fut la suite. L'abbé Conti prit une
part très-active dans la querelle qui s'éleva entre Newton et
Leibnitz, au sujet du calcul *différentiel;* et il conserva entre
ces illustres rivaux une impartialité qui ne satisfit ni l'un ni
l'autre. Ses ouvrages (prose et vers) ont été publiés à Venise,
en 1739, 2 vol. in-4, et ses *OEuvres posthumes* en 1756,
in-4. D'après Ginguené (*Biographie Michaud*), l'abbé Conti
a eu la gloire d'être un des auteurs italiens qui ont le
plus contribué à donner à la littérature de leur pays le caractère philosophique qu'elle a revêtu pendant le dix-huitième siècle; mais il lui reproche d'avoir été, à l'égard du
style, un des corrupteurs qui ont altéré la pureté de cette
belle langue en y mêlant des éléments étrangers (1).

Maintenant, nous noterons, en passant, que MM. de Goncourt ont eu en leur possession la correspondance qui nous
occupe (2); mais ils n'ont pas jugé à propos de la publier.

(1) Le comte de Caylus entretint aussi une correspondance scientifique avec
un autre Italien, le P. Paciaudi, théatin, bibliothécaire et antiquaire du duc de
Parme. Les lettres de Paciaudi au comte de Caylus ont été publiées en 1802 par
Serieys (Paris, Tardieu, 1 vol. in-8). Nous avons feuilleté cette correspondance,
qui, composée de soixante-quinze lettres, embrasse une période de sept ans
(1758-1765); et il est curieux de mettre en opposition le cas que Paciaudi faisoit
du mérite du comte, avec le portrait sévère qu'il a crayonné de quelques hommes
célèbres françois. Selon lui, Condorcet, qui venoit de lui faire une visite, étoit
une pièce assez curieuse; le marquis *Brandebourg* d'Alembert, *l'orgueil personnifié,*
et Voltaire un *être ridicule, qui vouloit se mêler de tout sans rien savoir,* etc. Du
reste, cette correspondance fait le plus grand éloge de l'érudition de son auteur,
comme de celle du comte, à qui elle est exclusivement adressée.

(2) Effectivement, ces messieurs ont annoncé dans une note de leurs *Portraits
intimes du dix-huitième siècle*, page 13, qu'ils étoient possesseurs de ces lettres,
qui nous sont dévolues à notre tour pour les avoir achetées dans une vente pu-

Ils se sont bornés a reproduire, dans le cours d'un travail
qu'ils ont fait sur le comte de Caylus, la lettre II, moins le
dernier paragraphe, et a emprunter quelques citations de
détail a six autres lettres.

La s'arrête l'usage que ces messieurs ont fait de ces documents, et, en vérité, nous ne saurions trop les remercier de
leur discrétion : mais nous sommes obligé de mêler une légère critique à nos remerciments, attendu que, dans un des
commentaires qui accompagnent les citations dont il s'agit,
ces messieurs ont commis un anachronisme qui a dû faire
tressaillir de fureur le vieux maréchal de Villeroy sous la
pierre de son tombeau.

Voici le fait Dans sa lettre du 27 novembre 1745, le
comte de Caylus s'exprime ainsi '1 :

« Je ne suis point surpris du souvenir que vous conserve
M. de Liancour, ni de l'oubli du duc de Villeroy: ces choses
sont conséquentes à leur caractère : moi-même je ne vois
plus du tout ce dernier. A quoi pourrois-je lui être utile? un
ami tout court est rarement recherché; cependant M. de
Maurepas ne pense pas comme lui : il joint le cœur à l'esprit,
et, malgré mon inutilité, il m'aime comme je l'aime (2). »
Et MM. de Goncourt d'imputer au maréchal de Villeroy,
au vieil ami de la maison '3, cette *fuyarderie*, comme
diroit Mlle Quinault, et de déclarer net qu'il *s'éloigna tout
à fait* du comte de Caylus.

Ces messieurs ont fait confusion. Ils ont perdu de vue

blique. Elles sont autographes, et revêtues, au dernier verso, de quelques lignes
en italien, écrites très-probablement par l'abbé Conti lui-même, en forme de
résumé.

(1) Voyez cette lettre plus loin, page 600.

(2) MM. de Goncourt ont donné une légère *variante* au texte. Ils ont fait dire au
comte de Caylus : « Je ne suis pas surpris du souvenir *que vous conservez* à M. de
Liancour, ni de l'oubli du duc de Villeroy. » Au lieu de : « Je ne suis point surpris du souvenir *que vous conserve* M. de Liancour, ni de l'oubli, etc. » La version
de ces messieurs détruit l'antithèse que présente ce passage, c'est-à-dire l'opposition qui ressort entre la conduite de M. de Liancour et celle du duc de Villeroy.

(3) On sait que le maréchal de Villeroy avoit été longtemps l'*ami* de la comtesse de Caylus, dans la plus *tendre* acception du mot.

qu'il ne s'agit pas ici du maréchal, qui étoit *mort depuis quinze ans*, mais de son fils, *le duc de Villeroy*, lieutenant général et capitaine des gardes, dont Saint-Simon parle dans vingt endroits de ses *Mémoires*.

Du reste, une chose singulière, c'est qu'ils ont reproduit la date de la lettre en question sans en reproduire le *millésime*, alors qu'ils ont très-exactement établi cette indication aux autres lettres citées par eux.

Nous ne sommes pas heureux avec MM. de Goncourt. Depuis que l'amour des autographes *utiles* nous a mis une plume à la main, c'est la troisième fois que les nécessités du sujet nous conduisent à parler d'eux, et, de bon compte, c'est la troisième fois aussi qu'ils nous obligent à apporter à leurs allégations une rectification essentielle : — *Piron, l'abbé Le Blanc, le maréchal de Villeroy*.

Au surplus, l'attention que ces messieurs donnent à l'arrangement de leur style, au choix des mots, peut bien leur causer des préoccupations et leur faire négliger parfois le fond pour la forme : car il est juste de reconnoître qu'ils sont parvenus à se créer un langage à eux.

Voici quelques-uns des traits sous lesquels ils ont peint le comte de Caylus, afin de donner une idée de l'activité de son esprit (1) :

« Il (*le comte*) se jette à de laborieux caprices. Il se précipite à mille études, variant furieusement ses goûts et l'occupation de ses heures, de sa tête, de ses doigts, se poussant à des talents divers, impétueux et s'éparpillant en tous sens au gré d'aptitudes naturelles et vives, etc. »

On le voit tout de suite, le style de ces messieurs est empreint d'une incontestable originalité, et certes ce n'est pas à eux qu'on reprochera de s'exprimer comme tout le monde.

HONORÉ BONHOMME.

(1) *Portraits intimes du dix-huitième siècle*, 1858, Denin, deuxième série, page 13.

LETTRE DU COMTE DE CAYLUS A L'ABBÉ CONTI

A Lille, ce 13 novembre 1722.

J'aurois du, par cent et cent mille raisons, mon cher abbé, vous écrire beaucoup plus tôt; cependant, je n'en ai rien fait, mais la paresse n'est pas un crime auprès de vous; vous savez qu'elle ne décide de rien sur les sentiments du cœur. J'ai des compliments a vous faire de MM. Basnage et Leclerc [1] : l'un et l'autre ont été sensibles a votre souvenir. Ce sont d'aimables gens, et leur conversation m'a fait d'autant plus de plaisir que je n'ai presque pu causer avec personne depuis mon départ. Tout ce que j'ai trouvé en Hollande est si brut et si lourd, que je soupire après l'Angleterre, dans l'espérance d'y trouver les plaisirs de l'imagination dont je suis privé depuis si longtemps. Je crains cependant que la vivacité angloise ne me fasse, en arrivant, l'effet de la lumière après les ténèbres, c'est-à-dire qu'elle ne m'éblouisse. Quoi qu'il en soit, je vous écrirai de Londres, mais ma lettre sera très-courte. On se sent toujours du climat que l'on habite : ainsi je crains la pesanteur. J'ai eu encore le plaisir de causer avec Rousseau [2]. Dans peu, vous aurez celui de lire un second tome qu'il va donner au public. J'aurai a vous entretenir du singulier voyage de Voltaire en Hollande [3]; son poëme va paroître; je n'ai pu vous faire parvenir le *Jeu de la constitution* qu'ils ont fait en Hollande, mais envoyé de Paris, dessiné et accommodé comme le *Jeu de l'oie*. Il m'a assez amusé: je ne doute pas même que vous ne l'ayez vu à présent.

(1) Basnage de Beauval (Jacques), célèbre ministre protestant. Né à Rouen en 1651, mort en 1723 en Hollande, où il s'étoit réfugié, ainsi que son frère, lors de la révocation de l'édit de Nantes. Le comte de Caylus venoit de faire un voyage en Hollande quand il a écrit cette lettre, et l'abbé Conti étoit encore à Paris, où elle lui est adressée. — Quant a Leclerc (Isaac), c'étoit un habile graveur sur acier et sur pierres fines. Il mourut en 1746.

(2) Il s'agit ici de J. B. Rousseau, qui étoit alors réfugié à Bruxelles.

(3) Allusion au voyage que Voltaire fit à Bruxelles, en 1722, avec Mme de Rupelmonde. On connoît les adieux de Voltaire à la Hollande : *Adieu canaux, canards, canailles.*

M. Leuwenhoeck (1), qui a poussé les recherches du microscope si loin, a perdu la vue et ne travaille plus. La seule chose que j'aie vue qui mérite votre attention, c'est un homme, à Amsterdam, qui a poussé l'anatomie si loin qu'il a, non-seulement disséqué, mais encore injecté des fruits et surtout des poires dont la queue est, comme vous le pouvez imaginer, le principe de toutes les veines. Je ne crois pas que l'art puisse aller plus loin. Voilà tout ce que j'ai vu de curieux, car je vous fais grâce du mécanique de mon voyage. On a enterré ces jours-ci, à Malines, une fille qui pesoit plus près de neuf que de huit cents livres. J'ai balancé si ce phénomène étoit assez singulier pour vous être mandé; à tout hasard, je vous en fais part.

Comment vont vos ouvrages? si vous m'en faites part et de vos nouvelles, de grâce ménagez-moi pour l'écriture; autrement ce seroit lettre nulle.

Je serai fort aise de voir milady Meri à Londres; mais comme je voudrois faire ma visite avec agrément, demandez une lettre pour elle à Rémond (2). J'ai oublié, en partant, de le prier de me faire ce plaisir. Adieu, monsieur l'abbé. Vous savez ce que je vous suis. Je souhaite que la fertilité de vos idées soit toujours proportionnée à votre insomnie. Ce sera avec grand plaisir que je recommencerai nos dîners et notre occupation ordinaire.   CAYLUS.

LETTRE DU COMTE DE CAYLUS A L'ABBÉ CONTI.

A Paris, ce 17 juin 1729.

Connoissant vos sentiments comme je les connois, mon

---

(1) Leuwenhoeck (Antoine), célèbre physicien, né à Delft en 1623; mort en 1723. Ses découvertes lui ont fait un nom distingué; plusieurs sont utiles et réelles; mais d'autres sont parfaitement chimériques. Son système des *vers spermatiques*, dont il faisoit le principe de la génération, n'a eu d'autre vogue que celle de la nouveauté. En voulant détruire l'*ovisme*, il lui substitua une hypothèse beaucoup plus défectueuse.

(2) Nous ne savons si le comte de Caylus désigne ici Rémond de Saint-Marc ou Rémond de Saint-Albine, littérateurs tous les deux. Le dernier fut censeur royal et membre de l'Académie des sciences et belles-lettres de Berlin. Ils moururent, l'un en 1757, l'autre en 1778.

cher abbé, je n'ai point été étonné de la lettre touchée et touchante que vous m'avez écrite sur le plus grand malheur de ma vie (1). J'ai éprouvé, en la lisant, une douleur aussi déraisonnable (en un sens) que celle du premier moment : et je vous assure que dans celui où je vous écris, je suis pénétré et accablé de mon malheur. Plus je vais, et plus je sens la perte que j'ai faite. Le détail journalier de cette privation est un état affreux, et je me livre au triste plaisir de m'affliger avec vous. Je ne sais plus vivre. Cependant vous me connoissez assez de ressources dans l'esprit. Je me trouve isolé ; mon pays me dégoûte ; les affaires qui sont toujours la suite de ces malheurs me feront, je crois, abandonner ma patrie ; la philosophie ne m'est d'aucun secours, et je n'éprouve que le mécanique de l'homme le moins éclairé. A tout ce que le commerce le plus aimable peut avoir de séduisant, à toute la volupté et la paresse qu'il entraînoit à la suite succède une solitude affreuse. Paris est un désert pour moi et je ne sais quel genre de vie mener ; je commence, à présent, à m'apercevoir du personnel ; il est affreux, mon cher abbé. Donnez-moi de vos nouvelles, je vous conjure ; affligez-vous avec moi ; mes lettres, par la suite, seront peut-être moins tristes ; pardonnez-moi encore celle-ci, et conservez-moi une amitié que je mérite par le cas que j'en fais.

Le pauvre chevalier (2) est encore à la mer ; il ne sera ici que dans un mois ou environ. Il ignoroit son malheur la dernière fois qu'il m'a écrit.　　　　　CAYLUS.

LETTRE DU COMTE DE CAYLUS A L'ABBÉ CONTI.

Paris, ce 5 janvier 1730.

Il y a déjà quelque temps, mon cher abbé, que je suis revenu du triste voyage que j'ai été obligé de faire dans mes

(1) Cette lettre est relative à la mort de la comtesse de Caylus, arrivée le 15 avril 1729. Les sentiments qui s'y trouvent exprimés honorent à la fois la mère et le fils.

(2) Il s'agit ici de son frère, le chevalier de Caylus, nommé capitaine de vaisseau en 1727, et qui mourut à la Martinique le 12 mai 1750.

terres. Une multiplicité d'affaires qui me sont successivement arrivées m'ont empêché de renouer un commerce avec vous, que je désire par vous-même et par le respect que je conserve et que je conserverai toute ma vie pour quelqu'un dont rien dans le monde ne me pourra consoler (1). C'est un soulagement que de s'affliger avec ses amis; c'est ce qui m'a fait écrire une aussi triste phrase dont nous n'avions besoin ni vous ni moi.

Je vous écrirai avec attention, mais à bâtons rompus, suivant la liberté de notre commerce.

L'abbé de Théruz est mort il y a huit jours. S'il vous en souvient, il étoit infiniment triste, et j'ai prouvé qu'une apoplexie qu'il avoit eue il y a quatre mois avoit égayé son commerce.

Mme de Bolingbrocke (2) est ici depuis deux mois; je trouve que, malgré l'état déplorable dans lequel elle est arrivée, son séjour l'a rétablie un peu.

J'ai obtenu du cardinal (3) deux mille francs de pension pour le chevalier (4). Il faut regarder cet événement comme une grâce dans une cour économe. Le chevalier fait à merveille dans son métier; il a une ouverture d'esprit naturelle pour y devenir habile; l'on convient, sans vouloir me flatter, qu'il y a en lui de quoi faire un grand homme de mer. Un homme d'esprit de la marine a dit de lui qu'il étoit né marin comme un autre naissoit poëte. Nous avons arrangé toutes nos affaires comme deux bons amis; il est reparti depuis deux jours pour Toulon. Il sera de l'armement que l'on y prépare pour don Carlos ou pour un autre motif. Les rhumes ont été universels: maîtres et valets en ont été également incommodés; et ce qui m'a paru singulier, c'est que, malgré les différences des tempéraments, ils ont été tous en général du même caractère: ce qui prouve clairement qu'un vent ou qu'une exhalaison en a été le principe.

(1) Allusion à la mort de sa mère.
(2) La marquise de Villette.
(3) Le cardinal de Fleury, alors ministre.
(4) Le chevalier de Caylus, son frère.

Je n'ai eu nulle part au feu qui s'est fait à Versailles (1), et ce n'est point à cause de cela que je vais vous en dire les défauts. Premièrement, l'artifice n'étoit nullement lié avec la décoration, qui n'étoit autre chose qu'un tableau illuminé et éclairé, sans aucun transparent, mais laissant la dégradation des plans. Je doute que le *Mercure* ou la description que l'on en écrira puisse satisfaire les lecteurs d'un certain goût.

La fête du cardinal de Polignac, à Rome, m'a fait grand plaisir; l'idée en étoit belle, grande et agréable, et mon imagination s'est représenté avec plaisir la place Navonne décorée et éclairée comme elle l'a été ce jour-là. Les ambassadeurs d'Espagne ont retardé jusqu'à présent la magnifique fête qu'ils ont résolu de donner au sujet du bonheur de la France; elle se donnera le 21 de ce mois, sans faute, et j'aurai le soin de vous envoyer les dessins et tout ce qui la concernera. J'ai été consulté par celui qui est chargé du feu sur l'eau, et contraint, comme on l'a été par l'idée de ces messieurs, qui ont absolument voulu un arc-en-ciel pour faire allusion au congrès, et deux montagnes qui rappelassent le souvenir des Pyrénées : il a fallu partir de ce principe, et vous verrez quel parti l'on en a tiré, si tant est que, dans cette saison, le feu puisse s'exécuter : car il y a un mois qu'il vint un si furieux coup de vent, que toutes les charpentes qui étoient élevées furent abattues comme un château de cartes eût pu l'être.

M. Zanetti (2) se moque, en vérité, de vous avoir parlé avec autant d'éloges de mes pauvres amusements. J'avoue que cette occupation me remplit agréablement et que je goûte après avoir dessiné et plus de volupté avec ma maîtresse ou mes amis, et plus de calme dans l'esprit. Je suis

(1) Allusion aux fêtes brillantes qui, le 7 septembre 1729, avoient signalé la naissance du dauphin, tant à Paris qu'à Versailles. Le comte de Caylus étoit fort entendu en ce qui concerne l'ordonnance de ces réjouissances publiques; il y étoit surtout habile au point de vue de la pyrotechnie et de l'optique.

(2) Zanetti (le comte Ant. M.), célèbre antiquaire, graveur, qui a perfectionné la gravure sur bois, a publié plusieurs ouvrages, Venise, 1689-1766.

toujours surpris (et je vous parle dans la plus grande sincérité) comment il se peut faire que les amusements d'un
homme frivole puissent être regardés par des gens attachés
aux arts. Je ne puis vous envoyer les petites estampes des
pierres gravées du Cabinet du roi. Je conviens qu'elles sont
toutes faites, mais j'ai trouvé en les examinant (même sans
aucune sévérité) qu'il y en avoit environ deux cents, ou qui
ne rendoient pas le caractère de la pierre, ou qui n'avoient
pas assez de ressemblance avec l'original; bref, je suis résolu
à les recommencer ainsi jusque à ce qu'elles soient refaites.
Vous ne pourrez avoir la suite complète; mais, pour répondre à votre politesse, j'ai prié M. Mariette (1) d'en envoyer quelques-unes de celles qui demeureront à M. Zanetti,
et de les envoyer doubles, parce qu'il y en aura la moitié
pour vous. Je joindrai aussi à ce petit envoi une planche que
j'ai faite hier des deux portraits de Virgile et d'Homère, que
le hasard m'a fait rassembler à Paris et trouver. En regard
d'Homère, est une bague bien authentique et que j'ai fait
avoir l'année passée à notre bon ami M. le marquis Rangoni,
et l'autre est un cachet qui m'appartient. Je me flatte que
vous approuverez la façon dont les deux têtes sont disposées,
et que vous ne serez pas fâché d'avoir ensemble les deux
princes des poëtes attachés avec une épingle à la tapisserie
de votre cabinet.

Vous connoissez mon aversion pour le génie et le talent
de notre vilain *La Motte* (2) (ce n'est pas à propos de poëte
au moins que je vous en parle); mais l'éloignement que ces
vilaines idées m'ont inspiré pour lui redouble encore, si faire

---

(1) Mariette (P.-J.), graveur, archéologue, membre de l'Académie de peinture,
1694-1774, a publié plusieurs ouvrages, entre autres un *Traité des pierres antiques gravées du Cabinet du roi*.

(2) Allusion à l'opinion exprimée et mise en pratique par Lamotte-Houdard :
*Que tous les genres d'écrire traités jusqu'alors en vers, même la tragédie, pouvaient
l'être heureusement en prose.* Il comparoît les plus grands versificateurs à des
charlatans qui font passer des grains de millet par le trou d'une aiguille, sans
avoir d'autre mérite que celui de la difficulté vaincue. Une violente querelle
s'éleva entre lui et Mme Dacier, au sujet de l'Iliade traduite par Lamotte. La
docte helléniste n'eut pas les rieurs de son côté.

se peut, par l'insolence des discours qui accompagnent le
recueil de ses pièces de théâtre qui paroît depuis deux jours.
Pour vous en rendre compte. je vous promets de lire toutes
les erreurs de son esprit et tout ce que sa sotte vanité a pu
lui inspirer : je ne puis vous faire un plus grand sacrifice.
A la simple ouverture du livre. j'ai vu une ode adressée au
cardinal de Fleury, et je suis tombé sur un endroit où il dit
que M. Racine n'avoit que du sentiment et qu'il ne pensoit
point. Pour le prouver. il a mis en prose le tout ou partie
de son *Mithridate*. Vous me voyez encore très-peu au fait,
mais beaucoup plus indigné que je ne vous le puis dire.
Vous en saurez davantage un autre jour.

Nous avons perdu le pauvre M. Marald. l'évêque de Soissons. Le frère du digne ambassadeur que nous avons auprès
de votre république a fait un livre misérable sur une sainte
nommée Marie Alacoque, plus misérable que je ne vous
le puis dire (1). Son ridicule est si grand que tout le monde
le veut avoir; je ne comprends pas comment, dans un siècle
éclairé comme le nôtre, l'on écrit des choses aussi misérables
sur le cœur de Jésus auquel cette béate étoit dévote. Vous
aurez, au premier jour, des nouvelles de notre bibliothèque.
Le vaisseau s'achève; bientôt on pourra y réunir les
curieux.

L'abbé Sallier (2) fait merveille et l'abbé Sevin (3) m'a
mandé des détails de son voyage, qui me font grand plaisir.
Adieu, mon cher abbé; en voilà assez pour aujourd'hui. Je

---

(1) Languet (J. Joseph), membre de l'Académie françoise, archevêque de Sens,
est l'auteur de cet ouvrage ridicule, où l'on trouve d'indécentes puérilités. Jésus-
Christ y fait des vers pour Marie Alacoque. Ce pieux roman fut publié après la
mort de l'abbé Tournely : et comme ce dernier passoit pour avoir été le *teinturier*
des écrits de Languet lors de la fameuse querelle suscitée par la constitution *Uni-
genitus*. les mauvais plaisants dirent que Tournely avoit emporté, en mourant, l'esprit de l'évêque Languet, et ne lui avoit laissé que *la coque*.

(2) Sallier (C.l.), philologue, hébraïsant, érudit, de l'Académie françoise, 1685-
1761; auteur d'une *Histoire de saint Louis*, etc.

(3) Sevin (F.), né à Sens, mort en 1741. De l'Académie des belles-lettres. En
1728, il entreprit, avec l'abbé Fourmont. par ordre de Louis XV, un voyage à
Constantinople pour y rechercher des manuscrits. Il en rapporta un grand nombre, et publia un *volume de lettres* sur ce voyage.

finis, en vous embrassant de tout mon cœur, par vous demander de vos nouvelles et par vous promettre des miennes, si elles vous amusent.

M. le duc de Villeroy a été incommodé; il se porte mieux, mais le pauvre homme est bien triste; il en a bien raison. Mon bon ami, le duc de Retz (1) vous fait, ainsi que M. son père et le chanoine de Papus, mille compliments. Je vous prie de faire les miens à M. Zanetti et à Mlle Rosalba (2).

CAYLUS.

LETTRE DU COMTE DE CAYLUS A L'ABBÉ CONTI.

A Paris, le 19 janvier 1730.

Voilà, mon cher abbé, deux lettres que l'on a apportées chez moi, pour vous être remises; je les crois, ou du moins une, du P. Desmolets (3). Il n'est pas le seul qui se plaigne de votre silence; le P. Souciet (4) en fait de longs gémissements.

Je viens de chez le pauvre maréchal de Villeroy (5); il a reçu les sacrements ce matin; il est cependant un peu mieux ce soir; ce n'est pas son grand âge seul qui le tue : croiriez-vous bien que le chagrin de ne se mêler de rien lui a nourri dans le cœur un ver qui le fait périr! C'est un beau sujet de morale et qui nous doit bien engager à nous occuper de

(1) Retz (le duc de), petit-fils du maréchal de Villeroy.

(2) Rosalba-Carriera (Mme), peintre au pastel. Venise, 1675-1730. On voit 157 portraits peints par elle dans la *Galerie de Dresde*.

(3) Desmolets (P. N.), bibliothécaire de la maison de l'Oratoire, s'attacha particulièrement à l'histoire littéraire et s'y fit un nom. Mort en 1760, âgé de quatre-vingt-trois ans. A publié quelques ouvrages.

(4) Souciet (Étienne), jésuite, bibliothécaire du collège Louis-le-Grand. Mort en 1744, âgé de soixante-treize ans. On a de lui plusieurs ouvrages.

(5) Villeroy (F. de Neuville, duc de), maréchal de France, gouverneur du roi, chef du comité des finances, 1645-1730. Élevé avec Louis XIV, il dut à l'amitié de ce prince un avancement rapide; mais sa carrière militaire ne fut qu'une suite de fautes et de revers, de même que sa fatuité, son insolence et ses hauteurs, sous la régence, ne lui attirèrent que des haines. Saint-Simon raconte avec détail sa disgrâce préparée de longue main par le cardinal Dubois, et consommée en 1722 par les ordres du régent. Voy. *Mémoires de Saint-Simon*, t. XII, p. 285 et suiv., édition Hachette. Le maréchal de Villeroy avait vécu dans la plus étroite amitié avec la comtesse de Caylus. Il mourut le 18 juillet 1730.

tout ce qui peut nourrir et amuser l'esprit. La vieillesse de
ceux qui vivent ainsi est une belle ruine dont la solidité
plaît aux passants, et ne leur inspire que du grand.

Je ne vous enverrai point encore, cet ordinaire, le détail
que je vous ai promis de la fête des ambassadeurs d'Espagne,
parce qu'elle est encore remise jusqu'au 27 ou 28. Je ne
doute point même, qu'avant ce temps, le feu et les illumi-
nations ne soient emportés ou par les glaces, ou détruits par
les pluies. Tout ce que je puis vous en dire, c'est que les
apprêts n'inspirent que le grand et que l'agréable ; l'on prétend qu'elle coûtera cinq cent mille francs au moins. J'ai
peine à le croire. Quoi qu'il en soit, il y a de belles choses,
et dignes de la vanité espagnole, seul sentiment qui reste
presque à cette nation de tant d'autres qui l'ont autrefois
rendue supérieure en Europe.

Je compte, la première fois que je vous écrirai, pouvoir
dater ma lettre d'un logement que je suis assez heureux pour
avoir trouvé à louer. Il est situé à l'Orangerie des Tuileries.
Indépendamment d'un petit jardin particulier, j'ai pour
avenue, d'un côté, le magnifique jardin de ce palais, et, de
l'autre, je me trouve dans la ville ; j'ai un petit logement
boisé qui ne peut être qu'agréable. Avec cette superbe vue,
le petit corps de logis n'a qu'une porte carrée, et de quoi
loger trois valets ; encore me reste-t-il une cellule à pouvoir
donner à mon frère ; ou à un ami. Je voudrois, mon cher
abbé, qu'elle pût vous tenter. J'aurois non-seulement besoin des ressources de votre esprit, soit pour le solide, soit
pour l'agréable, mais je mettrois encore à profit les sentiments de votre cœur pour me plaindre avec vous du malheur
dont je suis accablé.

Pour aujourd'hui, ma lettre ne sera pas plus longue ; j'attends des vôtres avec impatience, et j'espère que mon exactitude vous satisfera. Je vous embrasse, mon cher abbé,
comme je vous aime.

Voltaire a retiré la pièce de *Brutus* (1) qu'il avoit donnée .

(1) Cette tragédie tomba à la première représentation, par suite de la médiocrité

aux comédiens. On dit qu'il la veut retoucher ; je ne puis
vous en mander de détails. Vous savez que je fuis tout commerce avec les poëtes. Tout ce que je sais, c'est que le Brutus
qu'il a traité est l'ancien. On va nous donner une autre
tragédie ; elle a pour titre *Callisthène* (1). Je n'en augure
pas beaucoup, parce que je ne crois pas qu'avec l'impression
de grandeur qu'Alexandre a produite dans toutes les têtes
de ce présent monde, je ne croirai jamais, dis-je, que l'on
puisse opérer autre chose que de la révolte, quand on représente ses défauts ou que l'on met quelque chose au-
dessus de ce héros, fût-ce la vertu elle-même. Nous en
jugerons, et vous aussi, ainsi que de tout ce que je croirai
qui pourra vous amuser.

Le pauvre M. de Rangoni est plus sérieusement incommodé qu'il ne croit l'être. Je serois fâché qu'il lui arrivât
malheur. C'est un bon et galant gentilhomme, comme disoient
nos pères.   CAYLUS.

LETTRE DU COMTE DE CAYLUS A L'ABBÉ CONTI (2).

La révolution de Turquie va sûrement changer les mouvements politiques de l'Europe, et surtout ceux de l'Empereur (3). Vous vous en consolerez aisément, pourvu que cela
ne vous regarde point.

J'ai passé plusieurs fois chez votre ambassadeur pour lui
offrir, à votre considération, ce qui pouvoit dépendre de
moi ; mais toujours inutilement. Vous connoissez Paris : ainsi

de l'actrice chargée du rôle de *Tullie*. C'étoit pourtant une grande artiste, Mlle Dan-
geville ; mais si elle excelloit dans la comédie, elle ne réussissoit pas dans le genre
tragique. Un abbé, qui s'étoit placé sur le devant d'une loge quoiqu'il y eût des
dames derrière lui, fut apostrophé par le parterre, qui cria à plusieurs reprises :
Place aux dames, à bas la calotte! L'abbé, impatienté par ces clameurs, prit
sa calotte et dit, en la jetant : *Tiens, la voilà, parterre; tu la méritas bien!* Le mot
fut applaudi.

(1) *Callisthène*, tragédie de Piron, représentée le 18 février 1730, avec un
succès contesté. Maupertuis disoit de cette pièce, que ce n'étoit pas la représentation d'un événement en 24 heures, mais de vingt-quatre événements en une heure.

(2) 1730.

(3) Le grand seigneur Achmet III venoit d'être déposé à la suite d'une révolte,
et Sultan Mahmoud, son neveu, élevé sur le trône à sa place, 2 octobre 1730.

vous concevrez sans peine que nous n'ayons pu nous joindre. J'en suis fâché, car, indépendamment des préventions favorables que vous m'avez données de lui, il est fort estimé dans le pays.

Vous me manderez, je vous prie, des nouvelles de votre carnaval et surtout des décorations de vos opéras; s'il y a quelques jolis airs qui puissent être chantés par Mlle Dargenon, je vous les demande.

M. le duc de Villeroy et Remond ont dû vous écrire; j'ai remis votre lettre à ce dernier. Nous avons ici beaucoup de *calottes* nouvelles; il y en a même de fort jolies, mais comment pouvoir vous les envoyer (1)?

Il y a un bénédictin, nommé Martin (2), qui a fait un livre qui a pour titre : *Explication de plusieurs passages de l'Ancien Testament qui n'ont jamais été bien entendus par les commentateurs.* Ce livre est savant, mais Plaute, Euripide et les auteurs profanes servent tous d'autorité au livre saint. Il y a même plusieurs passages dont les libertins et les paillards peuvent faire leur profit. Le livre a donc été défendu; je voudrois pouvoir vous l'envoyer.

Adieu, mon cher abbé, je vous souhaite une bonne santé et du plaisir, tout le reste est fadaise. Écrivez-moi, et soyez assuré des réponses.   CAYLUS.

LETTRE DU COMTE DE CAYLUS A L'ABBÉ CONTI.

A Paris, ce 1er décembre 1730.

J'ai reçu votre lettre, mon cher abbé, avec grand plaisir. Je vais y répondre, et me laisser aller à tout ce qui se pré-

---

(1) Il est question ici du régiment imaginaire de la *Calotte*, c'est-à-dire de la *Folie*, dont Aimon, porte-manteau de Louis XIV, et Torsac, exempt des gardes du corps, furent les fondateurs, et qui dura depuis les dernières années de ce prince jusque sous le ministère du cardinal de Fleury. *Donner la calotte* ou un *brevet de calotte*, c'est-à-dire déclarer un homme extravagant, l'enrôler dans le régiment de la *Folie*.

(2) Martin (dom Jacques), bénédictin de Saint-Maur, 1694-1751. C'étoit un des plus savants et des meilleurs écrivains de sa congrégation; mais bouillant, singulier, quelquefois indécent et présomptueux. A publié plusieurs ouvrages.

sentera à mon esprit, soit de frivole, soit de littéraire, soit enfin de personnel.

Ne craignez point de renouveler mes douleurs, en me parlant de ma pauvre mère. La perte que j'ai faite est plus présente à mon esprit qu'elle ne le fut jamais. J'éprouve chaque jour cette cruelle séparation, non-seulement par les sentiments, mais encore par le mécanique de la vie; et je conçois les regrets de Cicéron pour sa Tullie, sans le soupçonner de l'inceste dont quelques antiquaires l'ont accusé. J'ai eu, pendant près d'un an, la triste consolation de Mme de Bolingbrocke (1); mais enfin, c'en étoit une pour moi; sa société pleine d'amitié, mille traits de conversation et de faits arrivés dans le même temps que ceux que nous avons entendus avec tant de plaisir; ajoutez-y qu'elle étoit la seule personne du monde avec laquelle et chez laquelle je pouvois vivre avec une pleine liberté; tout cela, dis-je, qui m'avoit un peu consolé, ou plutôt médiocrement distrait, est parti avec cette pauvre femme, qui, depuis un mois, est retournée en Angleterre. Je suis donc tout seul dans ma solitude, et je me livre à des études bien peu réglées, parce que je sais très-peu et que je suis paresseux. Je travaille, sur le haut du jour, à tout ce qui a rapport au dessin. Je perfectionne cette suite de pierres gravées que vous connoissez; j'en ai beaucoup effacé pour les refaire avec plus de soin, et, comme je voudrois que mes occupations pussent être utiles à la société, j'ai commencé la suite des médailles impériales d'or du roi. C'est une des plus belles collections qui soient au monde; j'en ai déjà fait près d'un cent; les monuments qui sont à leurs revers m'amusent et m'instruisent. J'engagerai, peut-être, par cette suite, le roi à donner au public le catalogue de ses médailles; le nombre en est prodigieux et la beauté inconcevable : les moins rares même sont fleur de coin et leur nombre passe de beaucoup celui de quarante mille. Le voyage de l'abbé Sevin nous a rapporté quatre

_____

(1) La marquise de Villette.

mille manuscrits; on va travailler à leur traduction; vous en aurez incessamment le catalogue. Il nous a rapporté peu d'histoires profanes; cependant il y a quelques fragments, mais nous avons un manuscrit d'ancien persan, traduction de la religion de Zoroastre. Une autre fois je vous en manderai davantage sur cet article. L'abbé Fourmont (1) a rapporté quatre mille médailles trouvées dans les fouilles qu'il a fait faire. On travaille à les nettoyer. Je ne pourrois vous en parler encore qu'imparfaitement; mais le plus beau de ses recherches ce sont, sans contredit, les trois mille inscriptions qui n'ont été rapportées dans aucun livre et qu'il a toutes déterrées, sur lesquelles nous aurons bientôt de longues et belles dissertations. Il a toute la suite des prêtresses d'Amicla; plusieurs tombeaux et inscriptions qui éclaircissent des passages, enfin, ce qu'il peut y avoir de curieux dans le genre.

M. de Maurepas a ordonné plusieurs voyages à nos consuls de la côte d'Afrique et d'Asie; ils ont ordre de ne rien épargner pour nous éclaircir de plusieurs monuments antiques, dont nous connoissons à peine les noms. On fait actuellement ces voyages; bientôt nous en aurons nouvelles, et je vous en rendrai compte. Les correspondances dans le Levant sont bien établies pour nous faire avoir le reste des livres échappés à l'ignorance des chrétiens et à la barbarie des Turcs.

Depuis deux jours j'ai commencé l'anglois; je compte, (quoique j'étudie tout seul), être en état, dans deux mois, d'en savoir assez pour lire la prose; c'est tout ce que j'en veux faire. Il y a toujours dans cette langue des articles dans les livres que l'on n'ose traduire ou que l'on ne permettroit

(1) Fourmont (Michel), 1690-1746, membre de l'Académie des inscriptions, et qui, en 1728, fit avec l'abbé Sevin, par ordre de Louis XV, un voyage à Constantinople, pour y rechercher des manuscrits. C'est lui qui a trouvé sous les ruines de Sklabochoir, autrefois Amyclée, l'inscription connue sous le nom de cette ville remontant à mille ans avant J. C., et consistant en deux fragments qui représentent une liste des noms des prêtresses grecques.

pas à l'impression ; et les Anglois n'ont de bon que ces sortes d'idées détachées. Je ne veux donc pas en être privé.

(*La fin de cette lettre manque.*)

LETTRE DU COMTE DE CAYLUS A L'ABBÉ CONTI.

A Paris, ce 15 juillet 1742.

Voilà, mon cher abbé, les réponses que j'ai pu tirer de M. de Mairan (1) sur les questions que vous m'avez prié de faire à l'Académie des sciences.

Mandez-moi à qui je puis remettre les *mémoires astronomiques* de M. Cassini que vous m'avez demandés ; je les ai depuis longtemps, avec les nouveaux volumes du catalogue de la bibliothèque qui vous reviennent. Vous devriez prier votre ambassadeur de s'en charger ; je ne vois que lui qui puisse vous les reporter, ou trouver des occasions pour vous les faire tenir. Vous devez avoir reçu des remercîments de Mme Duchâtelet ; je me suis acquitté de votre commission.

On est honteux de ne vous envoyer que si peu de chose en réponse à vos observations ; mais il me paroît que personne sur nos côtes ne s'est attaché à cette partie. Il faut espérer que les observations se multiplieront dans tous les genres, et que nous en aurons assez pour réparer ce que l'éloignement de la mer nous fait encore ignorer.

Nous attendons avec impatience des nouvelles de nos académiciens du Pérou (2) ; d'abord que nous en aurons,

(1) Mairan (J. J. Dortous de), célèbre physicien, mathématicien et littérateur; membre de l'Académie des sciences, 1678-1771. *Dissertation sur la glace*; traité de l'aurore boréale, etc.

(2) Il s'agit ici de la mission dont La Condamine, Godin et Bouguer furent chargés, en 1736, et dont le but étoit d'aller mesurer, au Pérou, un axe du méridien, pour déterminer la figure de la terre. Le résultat de cette expérience ne répondit pas à l'attente du monde savant. Piron disoit plaisamment que La Condamine avoit été *donner un coup de poing à notre globe*; mais qu'il y avoit *laissé ses oreilles*, faisant allusion en cela à la surdité que La Condamine rapporta de son voyage. Poursuivant sa plaisanterie, lorsque ce savant fut reçu à l'Académie françoise, Piron lui décocha l'épigramme suivante :

La Condamine est aujourd'hui

j'aurai grand soin de vous en instruire, comme une des choses qui peuvent le plus vous amuser et qui le méritent davantage. Les dernières lettres que nous en avons ne sont pas fraîches ; mais leurs angles étoient mesurés pour la seconde fois : ainsi, l'exactitude ne peut être douteuse, d'autant qu'ils étoient brouillés ensemble comme des prêtres de différent parti.

Adieu, mon cher abbé, aimez-moi, et mandez-le moi; pour moi, je suis toujours à vos ordres. Je vous aime et je vous embrasse.   CAYLUS.

LETTRE DU COMTE DE CAYLUS A L'ABBÉ CONTI.

'A Paris, ce 20 (1).

J'ai fait remettre à M. Cassini les observations astronomiques de M. Zendrini (2), mon cher abbé, et d'abord que j'aurai sa réponse, je vous l'enverrai ; mais je ne veux pas attendre ce temps pour vous mander la part que je prends à vos malheurs : vous n'étiez pas fait pour en éprouver de cette espèce. Si vous avez de bons télescopes à Venise, nous en avons aussi d'admirables; nous avons un ouvrier que le goût pour l'astronomie a rendu tel, dont les télescopes de sept pouces font autant d'effet que ceux de treize d'Angleterre, et cela de l'aveu de tous ceux qui s'y connoissent. Il en fait un actuellement de cinq pieds et demi; il sera fini ces jours-ci, et je vous en parlerai. Ce grand ouvrier, que, par parenthèse, les arts me doivent, se nomme Passemant (3). Il sera célèbre dans l'Europe, et, quoique marchand de peaux, vous en entendrez incessamment parler.

Reçu dans la troupe immortelle.
* Il est bien sourd; tant mieux pour lui !
Mais non muet; tant pis pour elle!

Voyez les *OEuvres inédites de Piron*, page 251 de l'édition in-8, et 279 de l'édition in-12.

(1) 1744.

(2) Zendrini (Bernard), célèbre hydraulicien, surintendant des eaux, fleuves et lagunes de Venise, 1679-1747. A publié plusieurs ouvrages.

(3) Passemant (Cl. Siméon), astronome et opticien. Paris, 1702-1769.

Je ferai dire au président Montesquieu et à M. de Liancour ce dont vous me chargez. Quant au duc de Villeroy (1),
jugez de son changement, puisqu'il ne me voit plus ; mais
comme je m'attendois à tout et que je suis comme le frère
du *Misanthrope* de notre bon Molière, rien ne m'afflige et
je suis toujours le plus heureux des hommes de Paris. Vous
pouvez remettre à notre ambassadeur tout ce que vous voudrez
pour moi. Je ne le connois point, on le dit galant homme ;
mais M. Amelot lui a mandé, à ce qu'il me disoit encore
l'autre jour, que j'étois des *siens* et qu'il le prioit de recevoir
ce qu'on lui remettroit pour moi. En effet, j'ai reçu, il n'y
a pas longtemps, des miniatures de votre illustre Rosalba,
dont je fais le cas qu'elles méritent. Notre autre ambassadeur que vous regrettez est imbécile ; on ne le voit point,
nous n'avons su que très-imparfaitement ici son aventure
avec cette religieuse ; je vous prie, quelque jour, de me la
conter. Vous devez avoir reçu à présent l'estampe de cette
pauvre femme que nous regretterons toujours. Il y a longtemps qu'elle est partie. Je ferai vos compliments à la bonne
Mme de Bolingbrocke (2); elle est à Sens et son mari à Londres pour des affaires domestiques ; il en doit revenir incessamment. A propos des Anglois, je suis dans l'inquiétude ;
mon frère monte un des vaisseaux qui doivent attaquer
l'amiral Matthew (3), et vous imaginez aisément combien je
serai sensible au malheur qui peut à présent lui être arrivé.

Adieu, mon cher abbé. Pouvez-vous croire un moment
que je n'aurai pas toute ma vie les sentiments que vous
méritez? Croyez qu'un des plus grands plaisirs que je pourrois avoir, ce seroit de vous embrasser et de causer encore
avec vous. J'en serois peut-être plus digne à présent. Adieu.

CAYLUS.

(1) Le fils du maréchal; ce dernier étoit mort.
(2) La marquise de Villette.
(3) Matthew (Th.), amiral anglais, 1681-1751. Il commandoit, en février 1744,
vingt-neuf vaisseaux de ligne dans le combat qui eut lieu devant Toulon entre la
flotte combinée de France et d'Espagne, commandée par M. de Court, et l'escadre
angloise ; combat qui n'eut aucun résultat décisif.

LETTRE DU COMTE DU CAYLUS A L'ABBÉ CONTI.

A Paris, ce 27 novembre 1745.

Je reçois dans le moment, mon cher abbé, votre lettre du 12 de septembre par la poste; M. Boudart, que vous m'annoncez, me l'aura sans doute envoyée de Lyon.

Je vous remercie de votre souvenir, et de la façon dont vous vous entretenez avec moi. Je voudrois pouvoir y répondre et vous amuser par mes nouvelles; mais je vis plus retiré que jamais et plus dégoûté qu'on ne peut le dire de toute espèce d'auteur. Il semble que ces messieurs n'aient de l'esprit qu'aux dépens des sentiments de leur cœur; le plus court, selon moi, est de s'en éloigner; c'est aussi le plus sûr, et ce que je fais avec un soin extrême. Une pièce paroît, je vais la voir; si elle me plaît, j'y retourne; on donne un livre, je l'achète; si la lecture m'en plaît, je l'achève et le conseille à mes amis. Je traite Voltaire, quant à ses ouvrages, comme les autres. Quant à l'article du cœur et des sentiments, je ne le connois point assez pour le confondre ou pour l'excepter; de plus, la vie privée que je mène m'éloignant d'avoir bon air, vous croyez bien qu'il ne me cherche pas. Vous êtes bien bons, en Italie, d'avoir traduit sa *Mérope*, qui n'est point un ouvrage à lui, et qu'il devoit faire meilleur avec les puissants secours anciens et modernes qu'il a eus pour sa composition; et quant à sa *Gazette de Fontenoi*, je vous avoue que le titre de *Poëme* qu'il lui a donné m'a étonné, et que je ne vous aurois point imaginé assez indulgent pour le passer. Au reste, je suis depuis longtemps dans l'habitude de vous confier toutes mes façons de penser; je puis donc convenir avec vous que je n'aime en tous genres que les ouvrages originaux, et que les morceaux qui me font sentir un auteur capable d'inventer son art. Ainsi, vous devez sentir que le *Newtonianisme pour les dames* (1) ne m'a pas

(1) Cet ouvrage est d'Algarotti qui, dans cet écrit, a cherché à imiter la *Pluralité des mondes*, de Fontenelle. Algarotti (F.), célèbre littérateur (Venise, 1712.

affecté; l'original de Fontenelle n'est pas sans mérite; on
rend justice à ses *Mondes*; mais que devient une copie? Vous
dites que M. Algarotti, que je n'ai jamais vu, ne nous aime
pas; pourquoi donc nous copie-t-il? Son dessein seroit-il de
pratiquer cette grosse ironie que l'on trouve si communément en Angleterre?

Vous voyez que je ne vous apprends rien et que je ne fais
que vous entretenir.

Les nouvelles de nos académiciens du Pérou seroient
vieilles; vous savez depuis longtemps leur retour et le résultat de leurs opérations: ainsi je ne vous en dirai mot;
mais que diroit M. Algarotti et les Anglois eux-mêmes, s'ils
avoient mis à fin de telles aventures? Ils seroient insupportables, et je crois qu'il faudroit sortir de l'Europe.

Jamais je n'avois vu le vieux cardinal que vous appelez
mien; j'ai employé des amis pour le faire écrire en votre
faveur à Rome, mais il ne l'a pas voulu.

Je ne suis point surpris du souvenir que vous conserve
M. de Liancour, ni de l'oubli du duc de Villeroy (1); ces
choses sont conséquentes à leur caractère; moi-même, je ne
vois plus du tout ce dernier. A quoi pourrois-je lui être
utile? un ami tout court est rarement recherché; cependant,
M. de Maurepas ne pense pas comme lui : il joint le cœur à
l'esprit, et, malgré mon inutilité, il m'aime comme je
l'aime.

J'ai vu plusieurs morceaux du *Tasse* de Piazzetta (2), dont
vous me parlez, et dans le temps j'en ai été si satisfait, que
j'ai souscrit; nous attendons avec impatience l'ouvrage entier. Il pourra s'y trouver des défauts : quel est celui qui
n'en a point? mais ce peintre est et sera toujours un habile,

1764), cultiva avec un égal succès les sciences, les lettres et les arts; il séjourna
longtemps auprès de Frédéric le Grand, qui, pendant vingt-cinq ans, entretint
avec lui une correspondance suivie.

(1) Il est toujours question du fils du maréchal de Villeroy, le duc du même nom,
lieutenant général, capitaine des gardes. Le maréchal étoit mort en 1730, comme
il a été dit plus haut.

(2) Piazzetta (J. B.), peintre, élève de Molineri, des Carrache et des Guerchin.
Venise, 1682-1754.

plein de feu, de génie et de talent. A propos d'estampes, je
n'ai pu vous en envoyer encore une, que j'ai fait graver, de
ma pauvre mère. C'est un beau morceau, indépendamment
de l'amitié qui vous le fera recevoir et regarder avec plus de
plaisir ; je n'imagine d'autre moyen que le retour de votre
ambassadeur ; faites-lui dire de l'envoyer chercher chez
moi, en cas qu'il ait quelque occasion.

Je suis très-fâché que vos affaires vous empêchent de travailler, et nous privent, par conséquent, des belles choses que
vous êtes plus capable de produire que tout autre. Il faut
espérer que votre goût l'emportera sur les difficultés. Je vous
envoie cette lettre par notre ambassadeur. Je prie M. d'Argenson de l'engager à se charger de vos réponses ; s'il y
consent, je ferai remettre toutes les lettres que vous m'adresserez. Je n'ai point reçu celle dont vous me parlez et qui
étoit adressée à Voltaire. Je vous embrasse, mon cher abbé,
de tout mon cœur ; les compliments ne sont pas faits pour
nous.   CAYLUS.

Je viens de rencontrer M. Cassini, qui vous fait mille
compliments, et qui vous offre sa correspondance pour tout
ce qui pourra mériter votre curiosité de sa part.

DERNIÈRE LETTRE DU COMTE DE CAYLUS A L'ABBÉ CONTI.

Vous m'avez paru curieux, mon cher abbé, de ce que je
ferois d'après les pierres gravées du Cabinet du roi. Je vous
en envoie quelques-unes à la hâte pour vous amuser, et si
fort à la hâte que les épreuves sont malpropres, et qu'il y en
a dans le nombre que je compte effacer pour les refaire ;
mon dessein est d'en donner 23 à l'Académie des inscriptions et de les engager à commencer l'explication de celles-
ci, pour voir, par cet essai, si cet ouvrage leur piquera le
goût et se trouvera de quelque utilité. Après cet essai, je
continuerai ou je suspendrai.

La décoration que j'ai conduite à l'Opéra a réussi ; elle a
même eu un succès prodigieux ; elle est simple, vraie ; je

suis charmé du succès, mais plus content encore de voir que mes patriotes sont sensibles au goût. Je ne regarde ce que je leur ai donné que comme l'échantillon d'une pièce que je mènerai beaucoup plus loin, et je vais vous expliquer mon projet. La façon de décorer en Italie seroit sûrement mon' modèle, sans les inconvénients dont elle est accompagnée; premièrement, l'on met en Italie une ferme qui resserre les acteurs sur la scène, et, derrière cette ferme, on bâtit, pour ainsi dire, la décoration : c'est un inconvénient dans lequel je ne veux pas tomber. Vous y êtes accoutumés en Italie, et cette habitude vous vient du défaut des charpentiers et des menuisiers qui ne peuvent obéir aux peintres; ici, les ouvriers ne trouvent rien d'impossible, et l'on est accoutumé à voir tout arriver par en haut, par en bas et par les côtés, au seul coup de sifflet. C'est un avantage que je ne veux pas perdre; mais, comme mon théâtre est très-étroit, et que je n'ai nulle commodité pour le servir, mon dessein est de faire *du grand*, quand j'en aurai l'occasion, et, dans le courant de l'année, de faire un tableau mouvant des plus agréables dans lequel j'observerai la nature et ses accidents avec toute l'exactitude et l'imagination d'un poëte et d'un peintre. Mandez-moi ce que vous pensez de ce projet, et croyez-moi plus de vos amis que personne, et regrettant le plus votre société et votre commerce.

Le duc de Retz vient de boire à votre santé; il vous embrasse. Je vous demande des nouvelles de vos arts, et vous embrasse de tout mon cœur.   CAYLUS.

(La fin des documents prochainement.)

UNE LETTRE D'HENRI IV.

Mon cher monsieur Techener,

Ce n'est pas un volume de lettres d'Henri IV que je vous offre : je n'ai pas la science et je n'ai pas eu le bonheur de M. le prince Augustin de Galitzin ; c'est une lettre, une simple lettre, une seule lettre. Encore n'ajoutera-t-elle rien à la gloire épistolaire du bon roi. Mais, d'abord, elle est inédite, absolument inédite ; je vous l'affirme avec la plus entière certitude. Puis elle peut donner lieu à quelques réflexions philosophiques sur la vanité des grandeurs humaines. Ne sont-ce pas là des titres sérieux à la publicité ?

Je suis de ceux qui pensent qu'on ne doit rien négliger de ce qui est sorti de la plume du Béarnois, de ce qui porte sa signature authentique. L'honneur de notre langue y est intéressé comme l'honneur de notre monarchie. Henri IV a été grand écrivain autant que grand guerrier et grand roi. Il a honoré notre nation par les plus beaux dons que l'homme puisse recevoir de la munificence de Dieu. Honorons-le à notre tour jusque dans les moindres monuments qui nous restent de lui. Ne laissons s'effacer et disparoître aucun des reflets, même les moins éclatants, de son immortalité.

La vanité des grandeurs humaines est un sujet de méditation presque aussi vieux que le monde, et pourtant toujours nouveau. Je ne sais pourquoi je me persuade qu'il y a de nos jours à la rappeler un particulier à-propos. Nous sommes si enclins à nous laisser éblouir par le clinquant et enivrer par le bruit ! Que d'hommes se flattent d'imposer leur nom à la postérité qui mourront oubliés de leurs contemporains ! Notre vie si courte sera trop longue pour bien des renommées.

Ma lettre (je puis l'appeler mienne, puisque je l'ai découverte et que je la possède), ma lettre, donc, a été écrite sur une feuille de parchemin qui a dû être originairement à peu près carrée, mais dont la dent du temps a largement échancré les bords. Je l'ai trouvée dans un état de conservation tout à fait fâcheux. L'écriture est fine, mais nette. Les traits en sont bien formés, si ce n'est qu'en plusieurs endroits ils ont été un peu effacés par le frottement; ce qui la rend assez difficile à lire. Ce n'est pas sans une patiente étude que j'ai pu parvenir à établir une copie exacte du texte; encore ai-je dû suppléer quatre petits mots qui m'ont été indiqués par le sens de la phrase et dont l'importance, heureusement, n'est que fort secondaire.

Voici la lettre :

De par le roy.

A nostre très cher et bien amé Estienne Thubin, escuyer, sieur de La Vanière, salut : Sur ce que nous avons délibéré de faire présentement levée et mettre sus gens tant de cheval que de pié pour nous en aider, servir et prévaloir aux occasions qui s'en présenteront, et qu'il est besoing en bailler la charge à quelque personnage à nous, seur et capable; à cette cause, sçachant les qualités susdites estre en vous et le crédit qu'avez entre les soldats, nous vous avons de nostre mouvement commis et député, commettons et députons pour lever et mettre sus incontinent et le plus diligemment que faire se pourra, cent vingt François des meilleurs et plus aguerris soldats que vous pourrez eslire et choisir; et iceux mener et conduire avec vous sans désemparer, sous l'autorité de notre très cher et très amé cousin le duc d'Espernon, l'ung des pairs de France et colonel général de nostre infanterie françoise, [ou l'autre de nos] lieutenants généraux ordonné et commandé pour nostre service; lesquels soldats vous ferez vivre avec telle police qu'il appartient à une armée : car tel est nostre plaisir. Donné au camp

LETTRE D'HENRI IV.

Mon cher monsieur Techener,

Ce n'est pas un volume de lettres d'Henri IV que je vous envoie pour la science et je n'ai pas eu le bonheur de feu M. Augustin de Galitzin; c'est une lettre, une seule lettre, une seule lettre. Encore n'ajoutera-t-elle rien à l'œuvre épistolaire du bon roi. Mais, d'abord, elle est absolument inédite; je vous l'affirme avec la plus entière certitude. Puis elle peut donner lieu à quelques réflexions philosophiques sur la vanité des grandeurs humaines. Ne sont-ce pas là des titres sérieux à la publicité?

Je suis de ceux qui pensent qu'on ne doit rien négliger de ce qui est sorti de la plume du Béarnois, de ce qui porte sa signature authentique. L'honneur de notre langue y est intéressé comme l'honneur de notre monarchie. Henri IV a été grand écrivain autant que grand guerrier et grand roi. Il a honoré notre nation par les plus beaux dons que l'homme puisse recevoir de la munificence de Dieu. Honorons-le à notre tour jusque dans les moindres monuments qui nous restent de lui. Ne laissons s'effacer et disparoître aucun des reflets, même les moins éclatants, de son immortalité.

La vanité des grandeurs humaines est un sujet de méditation presque aussi vieux que le monde, et pourtant toujours nouveau. Je ne sais pourquoi je me persuade qu'il y a de nos jours à la rappeler un particulier à-propos. Nous sommes si enclins à nous laisser éblouir par le clinquant et enivrer par le bruit! Que d'hommes se flattent d'imposer leur nom à la postérité qui mourront oubliés de leurs contemporains! Notre vie si courte sera trop longue pour bien des renommées.

Ma lettre (je puis l'appeler mienne, puisque je l'ai découverte et que je la possède), ma lettre, donc, a été écrite sur une feuille de parchemin qui a dû être originairement à peu près carrée, mais dont la dent du temps a largement échancré les bords. Je l'ai trouvée dans un état de conservation tout à fait fâcheux. L'écriture est fine, mais nette. Les traits en sont bien formés, si ce n'est qu'en plusieurs endroits ils ont été un peu effacés par le frottement; ce qui la rend assez difficile à lire. Ce n'est pas sans une patiente étude que j'ai pu parvenir à établir une copie exacte du texte; encore ai-je dû suppléer quatre petits mots qui m'ont été indiqués par le sens de la phrase et dont l'importance, heureusement, n'est que fort secondaire.

Voici la lettre :

De par le roy.

A nostre très cher et bien amé Estienne Thubin, escuyer, sieur de La Vanière, salut : Sur ce que nous avons délibéré de faire présentement levée et mettre sus gens tant de cheval que de pié pour nous en aider, servir et prévaloir aux occasions qui s'en présenteront, et qu'il est besoing en bailler la charge à quelque personnage à nous, seur et capable; à cette cause, sçachant les qualités susdites estre en vous et le crédit qu'avez entre les soldats, nous vous avons de nostre mouvement commis et député, commettons et députons pour lever et mettre sus incontinent et le plus diligemment que faire se pourra, cent vingt François des meilleurs et plus aguerris soldats que vous pourrez eslire et choisir, et iceux mener et conduire avec vous sans désemparer, sous l'autorité de notre très cher et très amé cousin le duc d'Espernon, l'ung des pairs de France et colonel général de nostre infanterie françoise, [ou l'autre de nos] lieutenants généraux ordonné et commandé pour nostre service; lesquels soldats vous ferez vivre avec telle police qu'il appartient à une armée : car tel est nostre plaisir. Donné au camp

Je n'en sais rien. Il est possible qu'il ait été fils d'Estienne
Thubin de La Vanière, le soldat d'Henri IV; mais de l'un
et de l'autre le nom seul a survécu.

A quoi a-t-il tenu que leurs noms n'aient péri comme le
souvenir de leurs actions? A la conservation tout à fait
fortuite de deux feuilles de parchemin. Quelques années de
plus, et peut-être les dernières traces de leur existence auroient disparu tout entières. L'œuvre de destruction étoit
déjà si avancée quand il m'a été donné de recueillir les
lettres qui les gardent!

Comment ces lettres sont-elles parvenues dans le vieux
manoir du bas Poitou où je les ai trouvées? Est-ce par
héritage? Les Thubin étoient-ils parents ou alliés des familles qui ont été successivement propriétaires des Châtel-
liers? Je dois encore une fois avouer mon ignorance. Des
Thubin je ne connois que les deux Estienne dont je viens
de parler; et ces deux Estienne je ne les connois eux-mêmes
que par les lettres d'Henri IV et de Louis XIV.

N'est-il pas étrange qu'une famille qui a compté parmi
ses membres un capitaine célèbre au seizième siècle, et,
au dix-septième, un chevalier de l'ordre de Saint-Michel,
qui a dû jouir, par conséquent, d'une position élevée et d'une
grande fortune, ait disparu sans laisser après elle d'autres
témoignages de son passage sur la terre que deux noms
seulement? C'est à désespérer vraiment toutes les ambitions.
Fatiguez-vous donc à courir les hasards des batailles, à
poursuivre les dignités et les honneurs; versez votre sang
dans la guerre; usez votre santé dans la politique ; cher-
chez, au prix de votre repos, de votre vie, la renommée et la
gloire, pour être peu de temps après ignoré si complètement que personne ne puisse dire d'où vous êtes venu, ce
que vous avez fait et comment tout souvenir de vous s'est
effacé!

Je ne voudrois pourtant pas décourager l'ambition, surtout celle qui pense aux jugements de la postérité: c'est la
meilleure. Quant à l'autre, qui n'est, à le bien prendre,

qu'un appétit désordonné des jouissances du présent, il n'y a pas à craindre qu'elle renonce à ses calculs. L'exemple d'ailleurs n'est pas fait pour elle.

Et puis le devoir, en tout cas, restera. Le devoir, plus fort que l'orgueil, plus fort que la convoitise, n'abdiquera pas. Ma conclusion donc est que le meilleur, le plus sûr, le plus sage est de s'en tenir à ses inflexibles règles. Pour l'homme comme pour la société, il n'y a de paix et de sécurité que dans le devoir. MOREAU.

UN GAZETIER AU DIX-SEPTIÈME SIÈCLE.

FRANÇOIS COLLETET.

François Colletet, tout le monde le sait, fut un des plastrons de Boileau. Sa mémoire en a-t-elle beaucoup souffert? Je ne le pense pas. Si aigus qu'ils fussent, en effet, les traits du satirique n'étoient pas toujours mortels; au contraire. Lui-même, il a dit — ironiquement — de ses victimes :

Loin de les décrier, je les ai fait paroître;
Et souvent, sans ces vers qui les ont fait connoître,
Leur talent dans l'oubli demeureroit caché.

Et cela a été vrai pour plus d'un, même un peu pour Colletet. Assurément les œuvres nombreuses qu'il a laissées, si peu éclatantes qu'elles soient, auroient suffi pour sauver son nom de l'oubli; mais les épigrammes de Boileau ne lui ont certainement pas nui. Si elles ont fait du tort à quelqu'un, c'est plutôt à son père, à Guillaume Colletet, que les lecteurs superficiels, et même des critiques, confondent assez communément avec son fils dans le même dédain : évidente injustice qui ne pouvoit pas être dans la pensée de Boileau.

Colletet le père, un des premiers membres, et non des

moins dignes, de l'Académie françoise, auteur de nombreux
ouvrages qu'un brillant succès avoit couronnés, honoré des
plus illustres amitiés, mais tombé, sur la fin de sa vie, dans
une détresse telle, que ses amis durent se cotiser pour le
le faire enterrer, se recommandoit à tous ces titres aux
égards de Boileau, qui ne faisoit que d'entrer dans la carrière quand l'auteur du *Banquet des poëtes* la quitta. Ce
n'est donc pas à lui bien évidemment que s'adressoient ses
coups.

Cependant, puisque l'occasion s'en présente, qu'il me soit
permis de plaider, à la décharge de ceux qui s'y sont trompés, une circonstance atténuante dont les lecteurs du *Bulletin*
apprécieront la valeur.

C'est dans la première satire que se trouvent les deux vers
que depuis plus de deux cents ans on accole, comme une
note infamante, au nom de François Colletet :

> Tandis que Colletet, crotté jusqu'à l'échine,
> S'en va chercher son pain de cuisine en cuisine.

Cette satire fut composée, selon les éditeurs de 1713,
en 1658. Or, Guillaume Colletet vivoit encore : il ne mourut
qu'en 1659, dans le dénûment que je viens de dire ; son
fils, né en 1628, et qui avoit commencé par être soldat, ne
faisoit tout au plus que de paroître sur la scène littéraire. Les
plus anciennes de ses œuvres dont on ait conservé le souvenir portent la date de 1660. Ne pourroit-on donc pas supposer, sans trop de déraison, que ce premier trait s'adresse
à Colletet le père?

Autre argument. Que vouloit prouver Boileau dans le
passage en question ? Que le mérite n'est pas toujours à sa
place. Tel, dit-il, que l'on verroit, s'il n'avoit ravagé la
France, conduire le carrosse où il se fait pompeusement
traîner, triomphe aujourd'hui au plus haut de la roue de la
fortune, tandis que Colletet est réduit à mendier son pain.
Assurément il peut y avoir là une épigramme à deux tranchants ; mais aussi on peut n'y voir qu'un contraste, peu

flatteur sans doute pour celui dont on étale ainsi cruellement
la misère, mais en somme plus blessant dans la forme que
dans le fond ; et alors encore l'application iroit mieux à
Colletet père qu'à son fils.

Ce doute que j'émets s'appuie d'ailleurs sur un témoignage qui ne manque pas d'avoir une certaine consistance.
Les auteurs de l'édition de 1713, faite deux ans après la
mort de Boileau, ont ainsi annoté les deux vers de la première satire : « *Colletet*, poëte fameux, fort gueux, dont on
a plusieurs ouvrages. » Mais quand le nom de Colletet se
représente, dans la satire VII, en compagnie de ceux de Perrin,
Pelletier, Bonnecorse, Pradon et Titreville, une note dit :
« Poëtes décriés. » Évidemment pour Valicourt et l'abbé Renaudot, le Colletet de la septième satire n'étoit plus celui de
la première.

Je laisse aux lecteurs à décider la question. Je concéderai
même volontiers qu'elle ne valoit peut-être pas la peine
d'être soulevée, quoique j'en aie vu souvent agiter de plus
oiseuses. Mais il est un point sur lequel tout le monde devra
être d'accord : c'est que l'épigramme outrageante de Boileau
fait plus de tort à son cœur qu'au mérite de l'écrivain à qui
il la décochoit. Aussi n'essayerai-je pas de venger François
Colletet ; cela d'ailleurs a été fait depuis longtemps et très-
dignement par Charles Nodier (1) et par mon ami Asselineau (2).

Mon intention n'est pas, non plus, de dresser les titres de
ce laborieux écrivain : on ne sait pas, on ne saura peut-être
jamais tout ce qui est sorti de sa plume infatigable. Je veux
seulement parler ici du journaliste, du gazetier, si l'on
trouve l'expression trop relevée : c'est un point de vue sous
lequel on le connoît généralement très-peu.

Colletet n'avoit rien trouvé absolument dans la succession
de son père, pas même sa bibliothèque, « ces livres doctes et

---

(1) *Mélanges tirés d'une petite bibliothèque*, page 340 : *Documents sur un auteur
estimable que la satire a flétri.*

2) *Les poetes français*, t. II, p. 493 ; le *Monde littéraire*, 3 et 10 avril 1858.

précieux qui de ses esprits curieux avoient été l'entretien ordinaire. » Après avoir essayé malheureusement du métier des
armes, il se vit de bonne heure réduit à vivre de sa plume.
Il la mit donc au service des libraires, et la plia courageusement à tous les genres, non sans quelque succès. Mais il se
montra tout particulièrement propre au métier d'annaliste ;
il y avoit en lui l'étoffe d'un gazetier. En 1661, notamment, à l'époque du mariage de Louis XIV, il écrivit de
nombreuses relations particulières, qui étoient comme des
pages détachées d'une gazette. En 1676, il entreprit la publication d'un *Journal de la ville de Paris, contenant ce qui
se passe de plus mémorable pour la curiosité et avantage du
public.*

J'ai parlé de cette entreprise dans mon *Histoire de la
presse* (t. II, p. 7 et suiv.). Colletet s'y proposoit « d'écrire
l'histoire de chaque jour sous le titre de journal, afin
d'apprendre aux siècles à venir tous les glorieux succès du
règne de Louis XIV, de ce règne dont non-seulement les
années, mais même les semaines, les jours et les moments
sont précieux et remarquables, si digne enfin de vivre dans
la mémoire des hommes. »

Le journal de Colletet devoit paroître toutes les semaines.
Les nouvelles y sont classées par jour, et, pour chaque jour,
en un paquet d'un seul tenant. Ainsi :

Dimanche, 28 *juin.* Dans l'église de Saint-Martin des Champs,
l'abbé Thevenin fit le panégyrique de ce saint à cause de la fête
de la translation de ses reliques, qui se fait tous les ans le 4 de
juillet. On publia au prône des paroisses un monitoire, à la requête d'Antoinette Nicolas, femme de Gabriel Moussimet, avocat
et notaire apostolique, à l'encontre de certain Arlier, boucher du
Marché-Neuf, dont elle a été battue et excédée. Le chevalier de
Lorraine arriva de l'armée du roi, indisposé. La chaleur fut
grande ; une infinité de carrosses s'assemblèrent vers la porte de
Saint-Bernard, et l'on voyoit, depuis Charenton jusques à Auteuil,
la Seine remplie de bateaux et de monde qui se baignoit. Ce jour-
là, l'on trouva plus de vingt personnes noyées.

Cette chaleur extraordinaire fait une grande partie des frais de ce premier numéro. Le 30, elle « fut plus grande qu'elle n'avoit jamais été, et l'on s'en aperçut bien à la représentation d'*Atys*, qui tarit tellement les bourses qu'il ne s'y trouva pas pour dix louis de spectateurs. » Le 1er juillet, « l'on vit passer plusieurs cadavres noyés, que l'on portoit, et l'on dit que depuis quinze jours que la chaleur dure, plus de 400 personnes sont péries dans l'eau ; et une partie de ce fâcheux accident arriva par la malice ou par l'imprudence de quelques-uns qui lâchèrent ou coupèrent le câble où l'on se tient d'ordinaire. »

Le 2 juillet, sur le soir, « il y eut une ondée de pluie, qui néanmoins ne troubla pas le bain ; après laquelle on vit paroître sur la Seine, au delà de la porte Saint-Bernard, trois différents bateaux chargés de violons, deux desquels étoient inconnus, et dans l'autre étoient ceux de l'Opéra, que M. Herval, intendant des finances, donna à mesdames la présidente de Mesmes, de Gouvernay, mademoiselle La Bazinière, et autres de la famille, qui furent ensuite régalées par M. de Rambouillet, à Rambouillet même. »

Le mercredi 3, « l'on fit afficher l'*Histoire chronologique de la grande chancellerie de France, et son origine*, qui se débite chez Pierre Le Petit, rue Saint-Jacques, à la *Croix d'or*.

A la suite des nouvelles viennent, sous une rubrique spéciale et dans un caractère différent, les AVIS ET AFFAIRES DE LA SEMAINE *apportés au bureau pour en instruire le public*. Voici quelques-uns de ces avis :.

Si quelqu'un désire mettre des enfants en pension, on sait un honnête homme pour cet emploi.

On donnera connoissance d'un autre homme pour écrire et déchiffrer toutes sortes d'affaires, tant du Palais que du Châtelet, de quelque nature qu'elles puissent être.

Une personne a perdu un sac de toile cousu, dans lequel il y avoit 800 livres en louis et écus d'or : si quelqu'un en donne avis, on lui fera donner la recompense promise.

· Un honnête homme, consommé dans la langue grecque, en fait des répétitions et des leçons particulières chez lui, en l'île du Palais, sur le quai de l'Horloge, à la *Croix d'or*, en faveur de ceux qui aspirent à la médecine et qui en veulent parfaitement apprendre les termes.

On vend chez Hélie Josset, rue Saint-Jacques, à la *Fleur de lys d'or*, l'*Histoire de Tertullien et d'Origènes*, qui contient d'excellentes apologies de la foi contre les pompes et les hérétiques, par M. de La Motte. La bibliothèque de M. Le Roy se vend aussi dans la grande salle des Augustins du grand couvent.

Le numéro se termine par un avis ainsi conçu :

Le public sera averti que le sieur Colletet, seul commis pour la direction des journaux de Paris (1) et de ses dépendances, a établi son bureau en sa maison, rue du Mûrier, proche Saint-Nicolas du Chardonnet, vis-à-vis la petite porte du séminaire, et qu'il s'y trouvera exactement tous les lundis, mercredis et vendredis, depuis une heure après midi jusqu'à six heures precises du soir pendant les grands jours, et jusqu'à quatre heures et demie en hiver, pour recevoir tous les avis, mémoires, placards, affiches, monitoires, billets de pertes, de maisons, d'offices à vendre, etc., afin qu'il en soit fait mention dans le journal de chacune semaine.

On voit par ces courtes citations quelle mine c'eût été pour notre histoire qu'un pareil recueil, s'il eût vécu. Il n'eut malheureusement qu'une très-courte durée. Je n'en avois rencontré qu'un numéro, le premier, à la Bibliothèque impériale, et certaines considérations m'avoient fait émettre la supposition qu'il n'y en avoit pas eu d'autres. J'étois dans le vrai, pas absolument pourtant. Le *Journal de la ville de Paris* n'eut bien en réalité qu'un numéro, mais il fut continué presque immédiatement, dans la même forme, mais modifié dans son titre et dans son contenu. Cette suite m'a été révélée par une lettre de M. Paul Lacroix, insérée au

---

(1) On rencontre souvent, à cette époque, le nom d'un journal ainsi mis au pluriel : les *Journaux des Savants* pour le *Journal des Savants*, l'ensemble de cette publication. On a dit depuis, dans un sens analogue, les *Journalistes de Paris*, pour les rédacteurs du *Journal de Paris*.

Bulletin du Bouquiniste du 15 juin dernier. Disons d'abord quel étoit l'objet de cette lettre.

Il s'agissoit de déterminer l'emplacement de la demeure de Colletet, non pas pour Colletet lui-même : à ce pauvre diable, on n'eût pas fait tant d'honneur ; mais à cause de Ronsard. On savoit, en effet, que la maison successivement occupée par Colletet père et fils avoit appartenu avant eux à Ronsard : c'est là, par conséquent, que la pléiade avoit tenu ses séances poétiques, c'est là encore que plus tard avoient eu lieu les premières réunions de l'Académie françoise. Il y avoit donc un certain intérêt historique à retrouver cette maison justement célèbre. Le dernier éditeur des œuvres de Ronsard, M. Prosper Blanchemain, s'en étoit préoccupé, et diverses inductions l'avoient conduit à la placer rue des Morfondus, aujourd'hui rue Saint-Étienne du Mont.

M. Blanchemain avoit fait fausse route, et c'est pour le redresser que M. Lacroix a écrit au rédacteur du *Bulletin du Bouquiniste* la lettre en question. S'appuyant sur le témoignage de Colletet lui-même, le savant bibliophile a montré facilement que Colletet *demeuroit rue du Mûrier, proche Saint-Nicolas du Chardonnet.*

On me permettra de faire observer que cela étoit imprimé en toutes lettres depuis bientôt trois ans, dans l'*Histoire de la presse.* Je suis loin, certes, de m'en faire un mérite, mais je ne puis m'empêcher d'exprimer à cette occasion un regret, c'est que la *république des lettres* n'ait pas un organe conçu de telle façon que de pareilles aventures deviennent, je ne dirai pas impossibles, mais moins fréquentes ; que de bons esprits ne perdent pas un temps précieux en recherches inutiles ; qu'on ne soit plus exposé à recommencer à grands frais des travaux déjà faits et parfaits ; que l'erreur, enfin, ne puisse se répéter, comme nous le voyons trop souvent, de volume en volume et de journal en journal, au point de fermer, en quelque sorte, le retour à la vérité.

Pour en finir avec la maison de Colletet, c'est-à-dire de Ronsard, je crois pouvoir rassurer sur son sort les archéo-

logues littéraires. Le « mauvais génie des démolitions » n'a
point passé par la rue du Mûrier. Si la population a singulièrement changé depuis Ronsard et Colletet, les maisons
paroissent être restées en grande partie les mêmes; et quand
on pénètre dans ce quartier de la misère, on est frappé de
l'étrange contraste que présentent les habitants avec leurs
habitations, dont plusieurs ont un aspect bourgeois, presque
monumental, qui ne laisse pas que d'étonner le passant. Mais
laquelle est la maison de Ronsard, parmi ces deux ou trois
maisons où l'imagination replaceroit sans peine les assemblées de la pléïade et de nos premiers académiciens? Là est
le dernier nœud du problème. Je laisse à d'autres plus compétents à le trancher, et je reviens aux journaux de Colletet.

La suite du *Journal de la ville de Paris* se trouve à
l'Arsenal, où elle avoit échappé à mes recherches, pour
n'être point suffisamment cataloguée. Elle est intitulée :
« *Journal des avis et affaires de Paris, contenant ce qui s'y
passe tous les jours de plus considérable pour le bien public.*
Paris, du bureau des journaux, des avis et affaires publiques,
rue du Mûrier, proche Saint-Nicolas du Chardonnet. ». C'est
à peu près le même titre. Les deux journaux, en effet, n'en
font réellement qu'un seul et même. Les dates s'y suivent
sans interruption. Les nouvelles contenues dans le *Journal
de Paris* sont du dimanche 28 juin au samedi 4 juillet,
celles du *Journal des avis* commencent au dimanche
5 juillet, mais elles vont jusqu'aux derniers jours du mois:
de sorte que, s'il n'y eut pas solution de continuité dans les
dates, il y en eut une dans la publication. Du reste, ni dans
la pagination de la nouvelle feuille, qui se suit, ni dans la
numération des cahiers, il n'est tenu compte du numéro du
Journal de Paris, et il n'en est fait aucune mention dans le
texte. Si l'on ouvre les deux feuilles, on remarque dans leur
contexte une différence que la modification du titre, si habilement qu'elle eût été dissimulée, laissoit déjà entrevoir.
Ce n'est plus le journal de Paris, des *faits* parisiens; c'est un
journal *d'avis et d'affaires*. Le mot *curiosité* est disparu, et

les mots avoient une grande signification dans ce temps de privilége et de monopole.

Pourquoi ce changement de front, opéré ainsi sans mot dire? Que s'étoit-il donc passé dans l'intervalle de la publication des deux feuilles? Pour le faire comprendre, nous devons dire quel étoit alors l'état de la presse périodique.

Trois journaux existoient déjà ; trois priviléges qui constituoient alors de véritables monopoles, défendoient les approches de la presse périodique : la *Gazette*, créée en 1631, avoit le monopole de la presse politique et même de la presse commerciale; le *Journal des Savants*, fondé en 1665, celui de la presse littéraire ; le *Mercure*, qui datoit de 1678, celui de la petite presse, de la presse légère, semi-littéraire, semi-politique. La *Gazette*, et peut-être aussi le *Mercure*, auront trouvé que Colletet empiétoit sur leurs priviléges, et, sur leurs plaintes, le *Journal de Paris* aura été supprimé. Réclamations et supplications de Colletet, qui ne manquoit pas de protecteurs et qui finit par obtenir la permission de continuer sa publication, mais en en modifiant le titre et le fond. Voilà, selon toutes les probabilités, comment les choses se sont passées.

On trouve encore, dans le *Journal des avis* quelques faits divers. Ainsi, on voit dans le premier numéro, que l'arrêt contre la marquise de Brinvilliers fut exécuté le vendredi 17 juillet. « Elle sortit de la Conciergerie sur les 7 heures du « soir, par la rue Saint-Anne, traversa celle Saint-Louis, et « passa du Marché-Neuf à Notre-Dame pour y faire amende « honorable. Elle étoit coiffée de nuit, en cornette blanche, « et revêtue d'une chemise plissée et fermée sur la gorge et « aux poignets. Jamais Paris n'avoit vu plus de monde « assemblé, de toutes classes, de toutes conditions et de « tout sexe. » On y rencontre quelques nouvelles des théâtres : « Le dimanche 12 juillet, la *Princesse Élide*, de « Molière, fut représentée à l'hôtel de Bourgogne, et *Atys*, « a l'Académie de musique du roi, et la troupe du roi de la « rue Guénégaud joua le *Dépit amoureux*, de Molière. »

Mais c'est plus spécialement et presque exclusivement une
feuille d'annonces. « Il ne s'agit ici du délectable que par
« rencontre. Les lettres burlesques (1) sont tolérées pour ce
« genre de divertissement ;. et si l'on veut nager dans les
« nouvelles, la *Gazette* en prose, qui ne manque jamais tous
« les samedis, et qui en est si remplie , est comme un vaste
« océan où les hommes peuvent laisser embarquer leur
« noble curiosité. Ceci est proprement le solide. »

Parmi les arguments que Colletet fait valoir en faveur de
la *solidité* de sa publication, il en est un qui mérite d'être
remarqué : « Les âmes pieuses, qui sont en plus grand
« nombre à Paris qu'en pas un lieu du monde, apprendront
« par son moyen les fêtes et les indulgences, les prières pu-
« bliques et les prédications d'importance dont elles pour-
« ront ensuite satisfaire leur dévote curiosité, et j'ose dire
« que Dieu, qui doit être le principe et la fin de nos inten-
« tions, en sera beaucoup plus glorifié, parce que le public,
« ayant découvert par nos avis quantité de saintes cérémo-
« nies dont il n'avoit point de connoissance, et qui péri-
« roient dans les ténèbres de l'oubli sans le secours de
« notre histoire journalière, aimera mieux faire de petits
« voyages en ces lieux de dévotion que de passer les jours
« dans l'oisiveté ou de les employer à des actions pro-
« fanes. »

M. Paul Lacroix s'est mal souvenu quand il a dit que
la feuille de Colletet étoit « le premier journal d'affiches et
d'annonces qu'on eût vu paroître en France. » Il ne pouvoit
ignorer que le journal d'annonces avoit été, comme le journal politique, créé par Renaudot, dont Colletet, du reste,
paroît s'être, en toute cette affaire, efforcé de suivre les
traces ; je l'ai prouvé surabondamment ailleurs.

Il me semble , d'un autre côté, bien difficile d'admettre
que le *Journal des avis* « dût être affiché dans Paris tous les

---

(1) Sur ces gazettes rimées, mises à la mode par Loret, voy. *Histoire politique
et littéraire de la presse en France*, t. 1er.

huit jours. » On lit bien, dans le n° 3 : « Ce jour on affiche
« nos journaux aux principaux endroits de la ville, afin
« d'instruire le public du lieu où l'on les distribue, et de
« l'utilité qu'ils lui doivent apporter ; » comme on lit un
peu plus haut : « On affiche, ce même jour, l'*Histoire des
croisades;* » mais cela évidemment ne veut pas dire qu'on
ait placardé le journal lui-même, ce qui eût été, de la part
de Colletet, en supposant la chose possible, fort mal comprendre ses intérêts.

Une supposition qui me paroîtroit beaucoup plus admis-
sible, ce seroit que la feuille de Colletet qui nous occupe ne
fut pas son premier essai dans ce genre. Et, en effet, le titre
de départ du *Journal de la ville de Paris* porte : *Nouveau
journal,....* cela sembleroit indiquer un précédent. On lit
en outre, en tête du *Journal des avis :* « Il n'y a point d'ap-
« parence de priver plus longtemps le public d'un bien qu'il
« souhaite et qu'il demande avec empressement. La ville de
« Paris sait le fruit qu'elle en a tiré il y a quelques années.
« Et quoique ce travail nécessaire ait été interrompu par la
« multitude des affaires, on n'en avoit pas perdu, toutefois,
« l'idée... » Et en tête du deuxième numéro : « Le peu de
« feuilles que nous avons communiquées au public ont été
« déjà si profitables à quelques personnes, que nous avons
« tout lieu d'espérer avec le temps que ce *rétablissement*
« sera de très-grande utilité. »

Si Colletet, comme ces passages autoriseroient à le croire,
veut parler d'entreprises précédemment faites par lui, il seroit bien à désirer que ces premiers essais fussent retrouvés,
car je sache peu de publications aussi intéressantes pour l'histoire morale du temps, et aussi — et surtout désiré-je en raison
du lieu où j'écris — pour la bibliographie.

Les annonces de livres occupent, en effet, une grande
place dans le *Journal des avis.* Ceux qui étoient affichés
dans les rues s'y trouvent au milieu des autres annonces, des
annonces que j'appellerois publiques ; ceux dont on apportoit
« les titres ou les mémoires » au bureau d'adresses sont rangés

sous une rubrique spéciale. La dernière annonce du n° 18 et dernier a trait à un des ouvrages de Colletet : « Le sieur « Antoine de Raflé, marchand libraire à Paris, rue du Petit- « Pont, à l'enseigne du *Chaudron*, vend quatre volumes de « Noëls anciens et nouveaux, de la composition du sieur « Colletet, tous reliés ensemble ou séparément. Le premier « est dédié à madame la Première *résidente*, le deuxième à « madame la duchesse de Saint-Aignan, le troisième à Mon- « seigneur le duc de Mazarin. »

Pour les contemporains, à une époque où les moyens de publication étoient si rares, une pareille entreprise devoit être d'une incontestable utilité. « On donne avis aux gens « d'intrigues et d'affaires que ces journaux sont remplis « d'avis très-utiles et qui peuvent leur procurer un gain « honnête et très-légitime. »

L'industrie de Colletet ne se bornoit pas, d'ailleurs, à la publication de son journal. Il paroît, d'après un des préambules dont il faisoit précéder chaque numéro, et dans lesquels il se mettoit en communication avec le public, qu'il avoit obtenu de Louis XIII le privilége d'un *bureau d'adresse* (1) (sorte d'office de renseignements et de com- mission), à l'instar de celui qu'avoit créé Renaudot, et que son privilége lui avoit été confirmé par Louis XIV. On avoit re- marqué la formule employée par Colletet dans ses annonces : « On sait une affaire.—On connoît un homme.—Il ne donne pas le renseignement direct; il faut aller le chercher à son bureau, et il est permis de supposer qu'il ne le donnoit pas gratuitement. Je vois même que quelques personnes, qui sans doute ne vouloient pas être connues, déposoient chez lui les objets pour lesquels elles désiroient trouver acqué- reurs.

Je voudrois croire avec M. Lacroix que « l'entreprise de

(1) Je lis partout : Bureau d'adresses, au pluriel; le bibliophile Jacob écrit même : Bureau des adresses. C'est à tort. Le nom de l'établissement de Renaudot étoit : *Bureau d'adresse et de rencontre*, c'est à-dire Bureau où l'on peut s'a- dresser et se rencontrer, rencontrer les objets dont on peut avoir besoin.

Colletet devint si prospère qu'elle nécessita la fondation de plusieurs bureaux auxiliaires. » Elle le méritoit par son utilité; malheureusement il ne faut qu'écouter les confidences du pauvre industriel pour être convaincu du contraire :

« Quoique notre bureau, lit-on dans le n° 14 (21-27 octobre, un mois avant la fermeture de son établissement) ; quoique notre bureau n'ait pas encore été bien connu, on n'a pas laissé de faire quelques affaires dont les particuliers sont contents. De là l'on peut tirer une conséquence, qu'il s'en fera bien d'autres avec le temps, Dieu aidant, pour la satisfaction des particuliers, quand les affiches auront fait connoître plus amplement notre demeure, et que nos cahiers auront appris à tout le monde ce qui résulte de notre innocent commerce. »

Il résulteroit déjà suffisamment de cet avis qu'on lit à la fin du n° 11 :

« Je suis obligé d'avertir le public, pour lequel je me consacre dans ce travail pénible des affaires de Paris, que, pour lui épargner beaucoup de peine et de pas, conformément à son intention, je me suis approché du Palais, où sera établi le bureau d'adresse pour lesdits avis et affaires, savoir sur le quai de l'Horloge du même palais, autrement dit *des Morfondus*, qui regarde celui de la Mégisserie, et qui aboutit d'un bout au cheval de bronze et de l'autre à la rue du Harlay, contre un notaire qui fait le coin de ladite rue, à l'enseigne du *Roi d'Angleterre*. Les affiches marqueront la porte. »

Si innocent que fût le commerce de Colletet, il ne trouva pas grâce devant les prétentions rivales. De nouvelles plaintes furent portées contre l'infortuné gazetier, et cette fois il fut impuissant à parer les coups de ses adversaires. Le 27 novembre, le marquis de Seignelay écrivoit à La Reynie la lettre suivante, conservée dans la *Correspondance administrative sous le règne de Louis XIV* :

J'ai rendu compte au roi du mémoire que vous avez donné à mon père au sujet du *Journal des affaires de Paris* que le nommé

Colletet s'est ingéré de faire imprimer. Sa Majesté m'a ordonné de vous dire qu'elle veut que vous en défendiez le débit et l'impression.

Le *Journal des avis* avoit vécu dix-huit numéros.

Colletet ne se découragea point : aussi bien il falloit vivre. Dès les premiers jours de l'année suivante, il entreprit une nouvelle publication périodique qui, n'ayant point alors d'analogue, ne devoit point exciter de jalousies. C'étoit une sorte de recueil philosophique imité, au moins dans son intitulé, du *Recueil général des questions traitées ès conférences du Bureau d'adresse, sur toute sorte de matières, par les plus beaux esprits de ce temps*, publié par Eusèbe Renaudot en 1669 (5 vol. in-8). En voici le titre assez développé pour nous dispenser de longs commentaires :

Bureau académique des honnêtes divertissements de l'esprit, où, dans quelques feuilles que l'on distribuera toutes les semaines, on trouvera les entretiens familiers de diverses personnes scientifiques sur la philosophie en général, la morale, le droit, la médecine, la poésie françoise, les poètes qui l'ont cultivée, les fables, et diverses autres matières aussi utiles qu'agréables. — Ouvrage pour former les jeunes esprits sur toute sorte de sujets, afin de les rendre capables de paroître au barreau, dans les chaires publiques et dans la conversation des doctes. — Avec la bibliographie de Paris, pour l'utilité de ceux qui dressent des bibliothèques, tant François qu'étrangers. — Dédié à Monseigneur le Dauphin, par le sieur Colletet, de la maison de mondit seigneur. — Chez l'auteur, sur le quai royal de l'Horloge du Palais, 1677.

C'étoit beaucoup promettre, beaucoup plus assurément que ne pouvoit tenir Colletet, si variée, si solide que l'on suppose l'éducation qu'il avoit reçue de son père. Aussi en fut-il de ce programme pompeux comme de tant d'autres : c'est l'éternelle histoire de la montagne accouchant d'une souris.

La seule chose qui puisse recommander aujourd'hui ce recueil, c'est une *Bibliographie parisienne* et une *Biblio-*

graphie françoise, qui peuvent faire suite aux Bibliogra-
phies du P. Jacob de Saint-Charles. Le reste est occupé par
des questions dans le genre de celles-ci : « Si les femmes
sont plus chastes quand elles sont épiées que quand elles ne
le sont pas? ».— « Si l'amour est plus puissant que l'ambition? » Dans l'une des conférences (6 mai 1677), « l'on
prend sujet de s'entretenir des victoires de Sa Majesté et de
ses campagnes glorieuses, » que Colletet célèbre en prose et
en vers de la même force.

Une chose remarquable, c'est que le privilége placé en
tête du *Bureau académique* est de 1660, et ne s'applique
point à ce recueil. Il est donné, notamment pour les *Relations historiques des voyages et des campagnes du roi*, de
la composition dudit sieur Colletet fils, et pour les *Vies des
poëtes françois*, de Colletet père.

Colletet avoit en effet l'intention de publier ce dernier
ouvrage, « que son père avoit commencé sous le règne de
Louis le Juste, de glorieuse mémoire, et qu'il tâchoit de
continuer sous celui de Louis le Grand; » il la manifeste à
chaque page dans son *Bureau académique*, et jusqu'aux
dernières lignes, qui sont encore une promesse de mettre
bientôt au jour les *Vies des poëtes*, « auxquelles on travaille
depuis longtemps avec la dernière application. » En attendant, il promettoit d'en donner des échantillons dans sa
feuille.

Il n'a tenu ni l'une ni l'autre promesse, et les *Vies des
poëtes*, dans lesquelles on a, du reste, abondamment puisé
depuis quelques années, sont encore inédites. Le manuscrit
est à la bibliothèque du Louvre.

On a vu que le *Bureau académique* étoit dédié au Dauphin. Colletet père, dans son élégie sur la naissance de ce
prince, lui avoit offert son fils, « qu'il avoit toujours pris,
dit Tallemant des Réaux, pour quelque chose de merveilleux, » et le Dauphin, paroît-il, avoit accepté ce présent
onéreux. On lit en effet dans la dédicace de François, que
ce prince l'avoit plusieurs fois honoré de ses libéralités, et

qu'il venoit de lui faire une pension dans le but d'aider à sa nouvelle entreprise : c'est là, sans doute, ce qui autorisoit notre auteur à se dire de sa maison. Malgré ce haut protectorat, le *Bureau académique* eut une existence très-difficile, et n'alla pas, à ce que je crois, au delà de qnze numéros, qui parurent dans l'espace de sept à huit mois. Ce fut, selon toutes les probabilités, le dernier essai de Colletet dans ce genre. Il mourut deux ou trois ans après (et non en 1672).

En résumé, le bagage de François Colletet comme journaliste est assez mince, j'en conviens, et peu capable de le beaucoup grandir ; cependant, si l'on veut bien se reporter au temps où il luttoit, on m'accordera que ses efforts dans cette voie ne sont pas sans quelque mérite ; et si le nouveau jour sous lequel je l'ai montré ne peut ajouter beaucoup d'éclat à son nom, il lui sera une recommandation de plus, j'ose l'espérer, auprès de ceux qui ne jugent pas du mérite d'un homme par son habit. C'est tout ce que j'ai voulu.

EUGÈNE HATIN.

ÉTUDES

SUR DIVERSES IMPRESSIONS ELZÉVIRIENNES.

Lettre a l'éditeur du *Bulletin du Bibliophile.*

Monsieur,

Vous avez connu M. Millot, mort il y a peu de temps ; ce bibliophile s'étoit livré, vous le savez, avec l'ardeur la plus soutenue à la recherche des éditions elzéviriennes, et en 1846 il se décida à livrer aux enchères une grande partie de la collection qu'il avoit formée en ce genre. Le catalogue de la vente, rédigé par M. Paul Lacroix, qui dirigeoit alors l'*Alliance des Arts*, mérite d'être recherché et conservé ; il contient une foule de notes fort instructives : bien des volumes peu connus y sont décrits avec un soin minutieux. C'est un travail d'une grande importance pour la bibliographie elzévirienne ; c'est un annexe indispensable aux ouvrages spéciaux de MM. Bérard, de Reume, Motteley et Pieters.

M. Millot ne s'étoit pas contenté de réunir des volumes elzéviriens ; il s'étoit livré, sur cette portion de la science des livres, à des études patientes et approfondies dont il avoit consigné les résultats dans de nombreux manuscrits. Les papiers qu'il a laissés ont récemment paru dans une vente publique ; je m'en suis rendu acquéreur, et je puis dire que c'est une mine immense de renseignements sur la typographie hollandaise au dix-septième siècle. M. Millot ne parloit que des volumes qu'il avoit vus, mais tout ce qui existe en ce genre avoit été en son pouvoir ou avoit passé sous ses yeux, et il en avoit fait l'objet de l'examen le plus minutieux.

Je vais vous fournir quelques exemples des développements nouveaux que M. Millot ajoute aux indications fournies par les bibliographes qui l'ont précédé.

Je prends d'abord un livre des moins recommandables sans doute, mais d'une rareté extrême et que les amateurs payent des prix énormes, les *OEuvres satyriques* de Corneille Blessebois, Leyde, 1676. Je n'ai pas besoin de vous rappeler que récemment, à la vente Solar, un exemplaire a été adjugé à 526 fr. (n° 2214).

M. Millot signale le premier, je crois, une seconde édition du *Rut ou la Pudeur éteinte*, circonstance que n'indiquent ni M. Bérard (*Essai*, p. 208), ni M. Pieters (*Annales des Elseviers*, 2° édition, Gand, 1858, p. 444), ni M. Brunet dans la dernière édition du *Manuel du libraire*. Cette réimpression, faite par l'imprimeur Goude, porte la même date que l'édition originale, mais elle est plus belle, et la dernière page de la seconde partie est avec raison cotée 73, au lieu de 71, chiffre indiqué par erreur dans l'original.

Je transcris quelques-unes des notes de M. Millot :

« L'origine elzévirienne du *Fillon* est incontestable. On y voit au titre le grand fleuron à traits ombrés qui s'aperçoit au Balzac et au Lucain, puis la sirène blanche à figure de femme ; la lettre F, seule lettre grise, supporte parfaitement la comparaison.

« Preuves elzéviriennes du *Lion d'Angélie* : ce sont bien les caractères de l'imprimerie de Leyde ; on voit au titre les traits entrelacés si souvent employés par les Elzeviers, puis leur quatrième sirène, enfin deux lettres grises, T et L ; ces divers ornements qui ont eu des imitations, n'ont jamais été parfaitement contrefaits, ni à Leyde, ni à Bruxelles, ni même à Amsterdam.

« Les trois premières pièces qui composent d'ordinaire les *OEuvres satyriques* sont d'une impression fort commune ; le papier est bon, mais les caractères de l'impression ne sont ni beaux ni d'un bon choix.

« Quant à *Marthe le Hayer*, l'édition de 1676, comme la réimpression de 1698, sont sur fort mauvais papier, et les caractères s'éloignent encore plus de ceux si bien choisis qu'on employoit d'ordinaire chez les Elzeviers.

« Nous donnons une origine toute elzévir[i]
premiers articles des *OEuvres satyriques*, (l'[.]
belles, l'*Eugénie*, et le *Rut*), non pas parce qu[e]
Daniel qui en auroient fait l'impression, mai[s]
la mort de Jean, les opérations de son industr[ie]
tinuées par sa veuve et ses héritiers. »

Je vous demande la permission de transcri[re]
la note de M. Millot, relative à un livre dan[s]
écrits de Blessebois, et que les amateurs re[c]
empressement; je veux parler des *Capricci[o]
raggionamenti di Pietro Aretino*, Cosmopoli[.]

Le *Manuel du libraire* (5ᵉ édition, I, 412),
exigences de son cadre, entre dans bien m[o]
que M. Pieters (*Annales*, p. 208), lequel dé[.]
qu'il n'ose pas toucher les questions d'origin[e]
cette impression, n'ayant sous les yeux que l'[é]
la première. Voyons ce que dit l'elzéviriogra[phe]
mine les papiers:

« Il existe sous la même date deux éditions[.]
541 pages. La première, celle qui, suivant [.]
presses de Jean Elzevier, se compose ainsi [.]
compris le titre général, les préliminaires et [.]
pant la page 175; le dernier cahier L L se t[.]
feuillet blanc; la signature est un 5.

« L'autre édition, qui paroît être de Danie[l]
croyons donnée seulement en 1668, copie la [.]
par page; elle a aussi le feuillet blanc, mai[s]
signature ni les mêmes ornements.

« La *Puttana* de la première édition a 54 [.]
deux faux titres; elle termine son dernier ca[hier]
feuillet blanc; elle est en caractères moyen[s]
ceux des pièces préliminaires, avec la signatur[e]

« La seconde édition, en caractères plus m[.]
à ceux des *Raggionamenti*, n'a que 38 page[s]
faux titre et la signature d'Amsterdam.

« Nous le savons, nous attaquons de vieille[.]

nous ne sommes pas d'accord avec trois bibliographes qui se sont beaucoup occupé des Elzeviers : MM. Brunet, Bérard et Renouard, mais c'est du choc de la discussion que jaillit la lumière. Si nous nous trompons, on nous combattra.

« Nous avons donné à Jean la première édition ; c'est celle à laquelle les anciennes traditions signalent les *zz* allongés aux notes marginales imprimées en lettres italiques, mais ce signe de distinction est insuffisant pour faire connoître la main du typographe. Sans doute, à la beauté de l'impression, on pourroit la donner à Jean, mais il se révèle d'une manière plus certaine par ses lettres grises du meilleur choix et par ses autres ornements. Les lettres grises, au nombre de treize, toutes vérifiées sur le Balzac (*OEuvres diverses et Lettres choisies*), sur les *Femmes fortes* et sur le *Pastor fido.* Quant aux ornements, la Méduse qui existe aux pages 414, 418, 451 se rencontre sur une foule d'Elzeviers signés ; nous citerons seulement le *Salluste* et l'*Aminta*.

« Nous négligeons les traits travaillés placés au commencement et à la fin de chaque journée, ornements qu'on ne rencontre guère que dans les in-8 ; mais ce que nous ne négligerons pas, ce sont les lettres allongées, sans que nous en ayons besoin pour reconnoître Jean, mais bien pour lier les *Raggionamenti* qu'il a imprimés à la *Puttana* aux cinquante-quatre pages.

« Les *zz* qu'on nous montre aux marges latérales, à notre tour nous les montrerons fréquemment employés dans les parties en lettres italiques. A la page 3, nous les voyons dans *bellezza* et *gentilezza ;* passant à la *Puttana*, nous les retrouvons dans les mots *amezzo* et *bellezza* des pages 6 et 7, lettres italiques.

« Comparant l'impression de la *Puttana* à celle des préliminaires des *Raggionamenti*, nous remarquons son identité parfaite dans les caractères connus dans le cadré typographique ; les pages 11 des liminaires et de la *Puttana* présentent chacune trente et une lignes.

« Revenant aux lettres doubles, nous en verrons une courte et une longue dans le même mot au *Pastor fido* de 1659, comme à la *Puttana* au mot *prezzo*, mais au Dictionnaire italien de 1660, imprimé par Jean, les lettres simples ou doubles sont toutes allongées dans tous les mots qui comportent des *zz*.

« Il est donc suffisamment constaté qu'à Leyde, et particulièrement chez Jean Elzevier, on employoit dans les caractères à lettres italiques les *s* allongés, comme Abraham et Bonaventure les avoient employés avant lui.

« De là sort cette conclusion toute naturelle, que la *Puttana* aux cinquante-quatre pages fait partie de la première édition, qui ne seroit pas complète sans cette addition : car le faux titre de la *Puttana*, qui n'est pas daté, se marie avec les *Raggionamenti*, dont la dernière page ne dit pas *fin*, quoiqu'elle ne contienne pas de réclame.

« Nous dirons de même pour la seconde édition : la *Puttana* aux trente-huit pages se lie aux *Raggionamenti* de Daniel, comme celle de cinquante-quatre pages se lie à ceux de Jean. On remarque à l'une comme à l'autre identité parfaite dans les caractères et dans les cadres de l'impression, un choix de papier de même grain et de même teinte; tout annonce, pour l'une comme pour l'autre, un tirage de même époque.

« Maintenant les *Raggionamenti* de la seconde édition sont-ils bien de Daniel?

« Nous avons certifié l'action de Jean sur la première édition, tant par ses lettres grises, qui n'ont été contrefaites par personne, que par la Méduse, fleuron de son établissement, qui n'a même été imité qu'imparfaitement par Daniel.

« Sans être aussi affirmatif sur la coopération de ce dernier imprimeur, nous n'en présumons pas moins qu'on ne peut lui enlever cette édition, dans laquelle on rencontre neuf lettres grises dont six sont vérifiées sur le *Corvini Enchiridion*, de 1664, et sur le *Corvini Pactanus*, de 1659, ainsi que sur les *Provinciales*, de 1666.

« Mais ces lettres, qui sont anciennes, ont peut-être été abandonnées. Quant aux culs-de-lampe, nous avouons que nous ne les avons jamais vus dans les Elzeviers d'Amsterdam. Il est vrai que nous n'avons pas fait de recherches dans les in-8. »

Vous voyez, j'espère, que les travaux de M. Millot sont de nature à intéresser les elzéviriomanes; je vous demanderai l'autorisation d'y puiser encore ; aujourd'hui je termine en lui empruntant quelques mots sur une production elzévirienne non signée : *Il Cardinalismo di Santa Chiesa*. Le catalogue Motteley (1844, n° 157) signaloit ce livre comme un des plus beaux produits des presses elzéviriennes; et Millot, après avoir fait observer que l'exécution est parfaite et le papier de choix, croit pouvoir attribuer les deux premiers tomes aux presses de Daniel, et le troisième à celles de la veuve de Jean. Les deux culs-de-lampe du premier volume se voient dans l'*Histoire d'Henri IV;* les lettres grises se vérifient très-exactement sur des Elzeviers signés. Le troisième volume offre les sirènes blanches qu'on remarque dans l'*Aristippe* de Balzac imprimé à Leyde; des culs-de-lampe, des rosaces à gros traits sont dans les *Femmes fortes*, ainsi que la lettre grise *N;* les lettres *L D E* se retrouvent dans les *Lettres choisies* de Balzac.

Agréez, etc. G. BRUNET.

ANALECTA-BIBLION.

—

PUBLICATIONS NOUVELLES.

Poésies de Saint-Pavin, la plupart inédites, publiées
par M. Paulin Paris. 1 vol. in-8.

Saint-Pavin ! que d'hommes et de choses ce nom rappelle ! et pourtant ce n'étoit pas un grand poëte, il s'en faut
de beaucoup. Mais c'étoit un charmant esprit, un talent
aimable, une de ces fines natures gauloises comme il s'en
trouve encore, Dieu merci, et comme il s'en trouvera toujours, il faut l'espérer, la France y perdroit trop. Saint-
Pavin appartient donc à notre race littéraire la plus franche, la plus nationale. Il est de cette famille hardie et
vigoureuse qui a pour maîtres, pour chefs, les Molière,
les La Fontaine. Aussi, comme le remarque si bien le savant
éditeur, son vers dit toujours quelque chose. Et encore
dans quel genre ? Dans le plus difficile de tous ! dans cette
forme poétique si ardue, si rétive, qu'on appelle le sonnet ! car on ne sait pas assez en France ce que c'est que le
sonnet. Tout le monde a lu et retenu le précepte de
l'*Art poétique;* mais a-t-on bien réfléchi à tout ce qu'il veut
dire ? Boileau met le sonnet au même rang que l'épopée.
Rien que cela. Un sonnet vaut l'*Iliade*. Et comme si cet
aphorisme ne lui paroissoit pas assez imposant, lui, Boileau,
le confirme par des tentatives malencontreuses. Le fameux
poëte qui a réussi dans ses essais épiques (*Passage du Rhin*)
échoue dans le sonnet. L'importance du genre est-elle assez
constatée ? Racine, éclairé par un tel mécompte, se garde

bien de s'y risquer. Le sonnet l'invite ; il s'effraye et passe.
Voltaire lui-même, cet Hercule littéraire qui a parcouru
toutes les gammes de la poésie, Voltaire recule devant
l'exemple du grand Nicolas : c'est ainsi qu'il se plaît à
nommer Boileau. L'auteur de *Candide*, l'adversaire audacieux des parlements et des rois, cet homme qui se permet tout, n'ose se permettre le moindre sonnet ! quel hommage ! L'avouerai-je enfin à la gloire du sonnet ? et pourquoi
pas ?... Saint-Pavin en dit tant dans ses vers, qu'il me
semble qu'on peut tout dire à propos de lui. Il n'a fallu rien
moins que la révolution françoise pour le faire revivre.
Oui, à la lettre, il a fallu que Napoléon remuât l'Europe de
fond en comble pour que du choc des littératures britannique, germanique et françoise le sonnet jaillît de nouveau ;
mais cette fois pour ne plus mourir. Étonnez-vous après
cela qu'on imprime et réimprime les œuvres de Saint-
Pavin.

C'est que Saint-Pavin n'a pas seulement brillé dans le
sonnet ; il a dans son histoire une page ineffaçable et glorieuse. C'est lui qui l'a assisté à ses derniers instants. Le
sonnet s'en alloit de langueur. Gombaud l'avoit affoibli ;
Malleville affadi ; Maynard (le barbare !) l'avoit mutilé
sans pitié : Saint-Pavin accourt à son aide, et si le sonnet
avoit pu être sauvé à force d'esprit, soyez sûrs qu'il l'eût été
par lui ; mais il falloit mieux que cela. L'ingénieux poëte le
remet sur pied, panse sa blessure ; enfin, grâce à ses efforts,
le sonnet jette un dernier éclair avant de s'éteindre. C'est
à Saint-Pavin qu'il doit son épitaphe en attendant une loin-
taine résurrection.

Si nous vivions dans un temps moins grave, si nous étions
encore au régime des jeux de mots et de la plaisanterie ca-
valière, on pourroit dire (et Voiture n'y eût pas manqué) que
le sonnet n'est pas de ceux qui ne savent à quel saint se
vouer. Il a eu pour père Saint-Gelais, est mort entre les
bras de Saint-Pavin, et ressuscité entre ceux de Sainte-Beuve.
Mais quelle différence ! Le sonnet que l'esprit n'avoit pu

faire vivre renaît par la passion, la vraie passion. Qui ne se rappelle les admirables sonnets de Joseph Delorme ?

> O laissez-vous aimer !... ce n'est pas un retour,
> Ce n'est pas un aveu que mon ardeur réclame....

et tant d'autres du même ouvrage et des recueils qui l'ont suivi ? Qui de nous ne les garde au fond de son cœur, parmi les témoins les plus chers, les souvenirs les plus vivants de la belle jeunesse ? Le sonnet sous la plume de Sainte-Beuve est remonté de lui-même aux jours de sa brillante floraison ; il se rattache par la puissance et la grâce aux maîtres du seizième siècle, aux du Bellay, aux Magny, aux Ronsard. Mais je touche là à la pure et grande poésie. Redescendons à Saint-Pavin.

Je n'ai pas tout dit sur lui, et il a encore d'autres avantages ; il y a dans la vie de Saint-Pavin deux choses que les premiers poëtes de notre époque lui envieroient, je le pense du moins : il a été l'ami de Mme de Sévigné, et il n'a pas succombé dans sa joute contre Boileau. L'ami de Mme de Sévigné ! ô l'heureux temps, où la beauté, la grâce, l'intelligence la plus délicate, la plus exquise couroient après l'esprit comme après le maître suprême ; où les plus disgraciés d'entre les poëtes avoient de pareils triomphes ; où le grotesque Saint-Pavin, et je ne le calomnie pas, car c'est lui qui me fournit son portrait, où Saint-Pavin, dis-je, si difforme qu'il fût, étoit recherché par la plus ravissante des femmes, le plus enchanteur des talents ; où le cul-de-jatte Scarron avoit pour compagne la future épouse du plus grand roi dont s'enorgueillisse notre histoire !... En vérité je le demande à M. de Lamartine lui-même, n'y a-t-il pas de quoi être un peu jaloux même de Scarron, même de Saint-Pavin ?

Je ne serai pas aussi hardi pour sa lutte avec Boileau ; je crains même de m'être un peu trop avancé. Je ne répondrois pas qu'à l'heure qu'il est, on fût aussi fier d'avoir résisté aux agressions du redoutable poëte ; et cependant....

Mais laissons là les parallèles et ne menons pas le dix-neuvième siècle au combat contre le dix-septième. S'il y a un
fait de certain, c'est que Boileau n'a jamais attaqué sans
vaincre. A tort ou à raison ceux qu'on a nommés si justement
ses victimes sont restés fatalement sur place. Témoin Chapelain, Colletet, Coras, etc., etc. Eh bien! Boileau s'est
heurté à Saint-Pavin sans le renverser. Je dirai plus : il n'a
pas eu l'avantage. Non pas que j'aille jusqu'à prétendre que
le terrible Despréaux ait été la victime de Saint-Pavin; mais
Saint-Pavin n'a pas été la sienne, et, je le répète, c'est unique dans notre histoire littéraire. Boileau avoit ouvert les
hostilités par un simple hémistiche. Saint-Pavin riposta par
un sonnet bien complet, et l'épigramme que Boileau commit
après, et qui fut la clôture de ce duel, est par son infériorité
même une sorte d'aveu de sa défaite. Ce qui le prouve encore mieux, c'est que Saint-Pavin garda sa réputation intacte, plus heureux en cela que tant d'autres qui avoient
comme lui une véritable valeur.

Colletet, par exemple! J'ai nommé Colletet, et en le
nommant ma plume bibliophilique a frémi; et peu s'en faut
que je n'imite Saint-Pavin et que je n'intente au grand
satirique un procès en forme. C'est que ce nom rappelle, à
mon avis, une des plus grandes iniquités qui se soient jamais
commises. Je sais qu'elle n'est pas toute à la charge du poëte,
et que le public en a sa bonne part; c'est égal; il lui en reste
assez et même beaucoup trop pour son honneur. Que le sévère Boileau se soit rué sur François Colletet, qu'il ait reproché à un pauvre diable de rimeur sa détresse et son manque
de pain; c'est fort vilain assurément, et Charles Nodier a eu
toutes sortes de raisons d'en faire bonne et rude justice. Mais
que le ridicule de cette affaire ait rejailli sur notre Colletet à
nous, sur le débonnaire Colletet, époux de la belle Claudine
et dernier prêtre du culte de Ronsard! Que le flot d'igno-
minie qui en résulte ait submergé cette espèce de Robin-
Mouton qui fut aimé de Jean La Fontaine! voilà ce que je
ne peux ni concevoir ni excuser. O nation trois fois légère!

s'écrioit Mirabeau à propos de choses un peu plus sérieuses. Boileau attaque l'un et le public s'en prend à l'autre! L'innocent pâtit pour le coupable, si coupable il y a! François tue Guillaume! L'Anglois Beresford, auteur d'un gros livre sur les misères de l'homme, a écrit, si je ne me trompe, un chapitre sur le malheur d'avoir un père. Colletet, lui, perd réputation et tout, parce qu'il a le malheur d'avoir un fils. Et ce fils qui lui ôte cette renommée à laquelle il tenoit tant ; c'est le fruit de ses amours avec cette chère Brunelle qu'il a tant célébrée! Voilà la pierre d'achoppement où se brise sa gloire! Est-on plus malheureux ? Et voyez la puissance d'un mot de Boileau sur la plus spirituelle des nations du globe ! Une fois noyé dans l'opprobre, Colletet ne peut plus s'en tirer ; du moins il n'y réussit que d'une façon très-incomplète. Depuis 1828, première année, je crois, où on ait poussé en sa faveur le cri de sauvetage, combien d'efforts n'a-t-il pas fallu pour l'extraire, et encore à moitié, du gouffre où l'avoit plongé cette méprise malencontreuse! que de peines, que de labeurs pour contre-balancer une simple phrase ! Non, je ne puis m'empêcher de penser qu'une si cruelle mésaventure eût touché Boileau lui-même, s'il eût pu la prévoir : car Boileau savoit plaindre en prose ; ce n'est qu'en rhythme et en rime qu'il étoit impitoyable.

Mais revenons à nos moutons, ou plutôt quittons-les, puisque Colletet en est un, et retournons à Saint-Pavin, qui appartient à une tout autre espèce. Saint-Pavin étoit-il aussi esprit fort qu'on l'a dit? Question délicate et qui m'embarrasse. Je confesse même, en écrivain consciencieux, que je ne trouve pour le défendre sur ce point que l'amitié de Mme de Sévigné. L'illustre marquise si religieuse, presque janséniste, se seroit-elle ainsi attachée à un brutal sectateur de la philosophie de Desbarreaux? J'ai peine à le croire. D'une autre part, il y a de terribles témoignages. Mais qui nous force à le prendre du mauvais côté? Laissons l'homme et n'envisageons que le poëte, si tant est que le poëte et l'homme puissent jamais se disjoindre.

Il en prenoit, du reste, son parti, s'il faut en juger par ce qu'il dit de lui-même en ces vers inédits jusqu'ici :

> Mon teinct est jaune et safrané
> De la couleur d'un vieux damné,
> *Pour le moins qui le doit bien estre,*
> Ou je ne scay pas me connoistre.

Mais doit-on le croire sur parole ? Il se vante peut-être, il étoit bien assez fat pour cela.

J'ai lâché le mot de grotesque à propos de Saint-Pavin, et je m'empresse de citer mes textes, car le mot est vif, et on ne se hasarde pas ainsi sans preuves quand il s'agit d'un homme qui a eu tant d'admirateurs. Dans une peinture qu'il nous fait de sa personne, et qui ressemble infiniment peu à celles qu'on trace de soi-même, en l'an 1861, Saint-Pavin commence par dire qu'il a le nez long, extraordinairement long. Cela se conçoit et n'a pas besoin d'excuse. Ce pourroit même être le sujet d'une comparaison obligeante : voyez le portrait d'Érasme. Il dit ensuite qu'il est court, entassé (je copie ses propres expressions), qu'il a l'épaule grosse. Passe encore. Tout le monde n'est pas taillé en Apollon, et à côté de la race des Don Quichotte il y a celle des Pança. Mais quand il s'en vient nous apprendre qu'il a sur le dos

> Certain amas d'os et de chair
> Faict en poinctes comme un clocher ;

quand il ajoute que la longueur de ses bras et de ses jambes

> Le faict prendre le plus souvent
> Pour un petit moulin à vent,

oh ! cette fois, on aura beau dire, l'ami de Mme de Sévigné se classe décidément dans une singulière catégorie. Il faut, bon gré mal gré, l'adjoindre à un autre poëte de date plus récente, à ce malheureux Desorgues que la police du Consulat emprisonna, dit-on, pour avoir hasardé une rime

trop riche (ce que c'est que les poëtes!). Il avoit accolé
Napoléon à caméléon. C'est même à cet écrivain dithyram-
bique et assez remarqué dans le temps, que le lyrique Lebrun décocha la très-plaisante épigramme que voici. Elle
rentre dans notre sujet, et c'est une des meilleures de ce roi
des épigrammatistes :

> Quand polichinelle Desorgue,
> Ce petit bossu rodomont,
> Sur la montagne au double front
> A voulu grimper avec morgue,
> On diroit que le double mont,
> Pour se venger de cet affront,
> Lui-même a grimpé sur Desorgue.

Saint-Pavin, après tout, a peut-être exagéré en cela
comme dans le reste. Et, sans que la montagne devienne
absolument vallée (les vers sont trop positifs pour cela),
peut-être, pour être juste, faudroit-il en rabattre quelque
chose. Ces natures railleuses sont parfois portées à se déprécier autant que d'autres le sont à se prôner. Aussi je n'ai
jamais compris qu'on ait fait peser sur Horace la plus humi-
liante des accusations, celle de lâche. Et pourquoi? Parce
qu'un beau jour il a laissé tomber de sa plume élégante le
relicta non bene parmula. On s'est hâté de s'en prévaloir
contre lui : on a voulu à toute force qu'il ait jeté là son
bouclier pour prendre la fuite ; comme si le vers ne disoit
pas tout simplement qu'il ne se piquoit pas d'être né très-
belliqueux, et qu'il avoit renoncé aux armes d'une façon
qui n'avoit rien de bien héroïque. Mais le gros du public est
ainsi fait : il prend tout à l'extrême, et une fois entré dans
une opinion il n'en sort plus. Laissons donc le pauvre Saint-
Pavin plier sous le fardeau de son Parnasse, et jugeons-le
avec plus d'indulgence que le vulgaire. Nous autres lecteurs
du *Bulletin* ne sommes-nous pas public d'élite?

L'ancienne édition de Saint-Pavin est bien connue; c'est
un des quatre poëtes que Saint-Marc publia dans les deux

jolis volumes que vous savez, et qui renferment en même
temps Lalane, Montplaisir et Charleval. Saint-Marc ne se
mit pas beaucoup en frais de recherches pour ce travail. Il
se contenta de glaner les pièces éparses dans les recueils
de Barbin et de Sercy, et de les décorer du nom d'œuvres.
M. Paulin Paris a été plus habile et plus heureux. Il a découvert en bloc de quoi ajouter tout un volume au demi-
volume de Saint-Marc. De cette manière Saint-Pavin est,
sinon entièrement renouvelé, du moins complété. On peut
mieux le juger avec connoissance de cause. Ses qualités fines
et fortes s'y déploient plus à l'aise et dans un plus large
cadre.

C'est un mélange de sonnets, de madrigaux, stances,
chansons, etc., toute une menue artillerie poétique. Et qu'on
ne se choque pas du mot : Saint-Pavin est l'épigramme faite
chair ; on ne pouvoit l'effleurer du bout du doigt qu'il n'en
sortît quelque étincelle. Il l'a dit lui-même : *Son esprit est
piquant comme orties*, et ses pointes se retrouvent jusque
dans le sentiment, jusque dans la tendresse. Il a beau aimer
et parler d'amour, il faut à chaque instant qu'il décoche sa
flèche, il ne peut s'en tenir. Sa manière est une sorte de
galanterie ingénieuse, mais libre et hardie, un retour au
genre du vieux Saint-Gelais, l'introducteur du sonnet en
France. Le cercle étoit ainsi achevé. Le sonnet en finissant
reprenoit les malices de son berceau. Il rejoignoit sa source
comme ces vieillards qui redeviennent enfants. Je pourrois
en fournir bien des preuves, citer des pièces charmantes,
légères, tendres même. Mais à quoi bon? il est si aisé de les
lire! L'ouvrage est là qui vous tend ses feuilles. Ce n'est
point un de ces poëtes haut montés qu'on n'aborde que l'or
en main; on peut l'avoir facilement. Comme le bon d'Aceilly,
il ne se vend pas, il se donne.

J'ai assez rendu justice à M. Paulin Paris pour qu'il me
permette de lui adresser quelques petits reproches. Comment! pas une note dans tout le volume! M. Paulin Paris
ressuscite l'ancien et le nouveau Saint-Pavin, et il donne

l'un et l'autre dans l'état où l'Évangile nous offre son indigent, *pauper et nudus!* Je sais ce qu'il va répondre. Saint-Pavin est assez riche de son fonds. D'accord; mais nous, ne serions-nous pas charmés d'y trouver mêlées quelques-unes des propres richesses de l'éditeur? Les ouvrages de cette époque ont tant besoin d'éclaircissements, de commentaires! et qui pouvoit mieux nous les fournir que M. Paulin Paris? Autre grief. Il n'a pas écrit de notice sur son auteur; il met en tête un simple avertissement et renvoie à l'édition de Saint-Marc. Je ne voudrois certes pas jeter la pierre à Saint-Marc, je sais ce qu'on lui doit. J'apprécie surtout cette édition de Boileau qui est bien, indépendamment de sa beauté matérielle, la compilation la plus extraordinaire qu'on puisse imaginer. Rien de ce qui s'étoit écrit jusque-là pour ou contre Boileau n'y manque. C'est du La Mirandole. On y trouve tout et encore autre chose. Quoi qu'on puisse dire de cette *copiosité* au point de vue critique, je l'absous pour ma part, et, qui plus est, je l'aime. C'est une mer si l'on veut; mais, pour peu qu'on ait les goûts littéraires, on s'y plonge avec délices, au risque de s'y noyer. Je respecte donc Saint-Marc, mais il faut être franc, même avec ses amis. Saint-Marc est un critique d'une portée bien douteuse, et encore j'emploie une épithète trop modeste. Dans ses remarques littéraires et autres, il invoque à tout propos Desmarets et Pradon. C'est se perdre à plaisir. Quand on s'appuie sur de pareilles autorités on n'en devient jamais une soi-même.

Mais c'est trop chercher querelle à M. Paulin Paris pour des omissions très-réparables. Rendons-lui plutôt grâce de ce qu'il nous donne. Félicitons-le de ces travaux incessants, de cette indomptable persévérance qu'il met à découvrir de nouveaux filons dans les mines du passé. Remercions aussi M. Techener de s'être associé à lui pour une publication si intéressante. Le nom de M. Techener sur un livre signifie : élégance, pureté, distinction. Lisons donc Saint-Pavin. Abreuvons-nous aux claires sources de cet esprit françois, si vif, si merveilleux au grand siècle. Retrempons-

nous dans cette belle langue qui s'en va, ou plutôt qui s'en
est allée, car elle ne se retrouve guère à présent que dans
quelques œuvres exceptionnelles, nobles épaves d'un vaste
naufrage. Un illustre écrivain de notre temps a dit de la littérature de cette époque immortelle que tout en étoit bon,
même la lie. Saint-Pavin est loin d'en être. Ce seroit plutôt
un vin généreux, trop généreux même, comme ces vins fré-
missants dont parle Ronsard, et qui se ressentent d'avoir
mûri aux rayons d'un chaud soleil :

> Comme on voit en septembre aux tonneaux angevins
> Bouillir en écumant la jeunesse des vins.

Vers admirables et qui suffiroient seuls à prouver la virile
puissance du vieux poëte. Mais je m'aperçois que je me
suis laissé trop vite aller au plaisir de la citation, et que ces
beaux vers exagèrent un peu la portée du talent de Saint-
Pavin. N'importe ; je n'ai pas le courage de les effacer.
Qu'on me les pardonne donc ; cet aveu sera l'errata de ma
critique.   ÉDOUARD TURQUETY.

LES

LIVRES A L'EXPOSITION DE FLORENCE.

Florence, le 25 octobre 1861.

Mon cher monsieur Techener,

J'ai eu le malheur et l'imprudence, en quittant Paris, de
vous promettre une lettre sur la typographie à l'exposition
de Florence, et sur tout ce qui, dans cette exposition, a rapport aux livres. J'étois loin, je vous l'assure, de prévoir ce à
quoi je m'engageois ; et quand il a fallu m'exécuter, j'ai
donné de bon cœur au diable le *Bulletin du Bibliophile* et
son directeur par-dessus le marché. Non pas que cette exposition soit nombreuse et brillante, tant s'en faut ! mais
c'est que Florence.... Comment dirai-je ?.... C'est Florence,
c'est-à-dire la ville où sans sortir de la rue on trouve une
exposition permanente de si nombreuses et de si merveil-

leuses merveilles d'art, que le temps vous manque pour visiter l'intérieur des églises, des palais et des musées. Jugez, à plus forte raison, quand il faut courir aux Cascine
et jeter un coup d'œil sur la petite exposition ouverte depuis
le 15 septembre. Les minutes alors acquièrent la valeur des
heures et passent comme des secondes. Heureusement il y a
des grâces d'État. Dieu sait comment cela se fait, mais quand
l'on veut tout voir l'on voit tout, et l'on se souvient de tout.
J'ai donc vu et étudié soigneusement la typographie et tout
ce qui s'y rattache ; et je viens m'acquitter de la dette si légèrement contractée. Vous ne m'y prendrez plus. Au reste,
que vos lecteurs se rassurent ; ce ne sera pas long.

Cette exposition est destinée à rendre un important service
à la typographie italienne, en lui montrant d'une irrécusable
façon à quelle décadence elle étoit arrivée. Que ce soit par
une raison ou par une autre, l'Italie a complétement désap-
pris les préceptes des Alde et des Bodoni. Tout est à faire
pour y revenir. Un prote de ces grands hommes, s'il se pro-
menoit parmi les produits classés sous le nom de typographie, n'en croiroit pas ses yeux. Le mal est grand. Est-il sans
remède ? Je ne le crois pas. L'important étoit d'abord d'en
sonder la profondeur; et cette exposition, ne présentât-elle pas
d'autres avantages, auroit déjà produit un excellent résultat.

Les deux seules presses exposées sortent des ateliers de
MM. Huguet et Cⁱᵉ, de Turin, et Dell'Orta, de Milan. Faites
toutes deux sur le modèle de nos petites presses mécaniques
courantes (c'est-à-dire composées d'un cylindre sur lequel
s'enroule la feuille à imprimer, et d'une table où sont fixées
les formes et qu'un mouvement de va-et-vient présente à la
feuille blanche au moment où la révolution du cylindre la
fait passer sur cette table), elles sont destinées : la première
à l'imprimerie royale de Florence ; la seconde à M. Carlo
Rebagli, également de Florence. Elles impriment toutes
deux du carré sur ses deux côtés et d'un seul coup. Dans
des presses relativement aussi petites — il en existe en France
et en Angleterre qui impriment des feuilles de papier d'une

superficie huit fois plus grande d'un seul tour de roue — ce
que l'on doit avant tout rechercher, c'est la légèreté et une
grande réduction dans l'emploi de la matière première. La
presse de M. Dell'Orta m'a paru mieux répondre à ces conditions que celle de M. Huguet.

Si des machines à imprimer nous passons à l'impression
même, notre visite ne sera guère plus longue; et nous nous
trouvons en présence d'une pauvreté vraiment pénible.
M. Giuseppe Favale, de Turin, est le typographe qui m'a paru
apporter le moins de négligence aux livres qui portent son
nom. Son *Musée de Turin* (4629) n'est pas un mauvais livre
illustré, si tant est qu'il puisse y en avoir de bons. Il est de
format grand in-4, tiré avec une encre passable et des caractères parfaitement lisibles et bien proportionnés, imités évidemment de ceux de Pierre Didot, mais tiré sur papier de
coton. Sans être bien difficile, on pourroit demander plus
d'égalité dans l'impression, comme tirage, et plus d'harmonie dans l'emploi des caractères. Il y a des feuilles où ceux-ci
ont presque creusé le papier, et d'autres où ils l'ont à peine
effleuré; puis les caractères des notes n'offrent pas des proportions convenables avec ceux du corps de la page. Il est
même probable qu'ils n'ont pas été gravés par le même artiste et que le hasard semble seul avoir opéré leur rapprochement, tant l'*œil* diffère! Toutes ces observations, vous le
voyez, ne s'adressent pas à ce qu'en France on pourroit appeler un beau livre. Le *Musée de Turin* est pourtant le
meilleur de l'exposition.

Toutefois le *Dôme de Montreale* (4638), exposé par
M. Francesco Lao, de Palerme, et quelques autres productions chromo-lithographiques dont je n'ai pu noter les titres,
si par hasard elles ne proviennent ni d'Angleterre ni de
France, prouvent un remarquable état d'avancement de cette
industrie en Sicile, et indiquent une très-grande supériorité
des typographes du midi de l'Italie sur ceux du nord. Dans
son genre, le *Dôme de Montreale* est supérieur au *Musée de
Turin*.

En dehors de ces deux ouvrages, je ne puis que vous indiquer une foule de ces tristes impressions compactes et courantes inventées pour le malheur des bibliophiles nerveux, et, à ce que l'on dit, pour l'instruction des masses. M. Gaspero Barbera de Florence (1622) a envoyé plusieurs collections d'in-48 et d'in-16, obtenus par le procédé du cliché stéréotypique; et M. Félix Lemonnier, le *Charpentier* de Florence, montre une vitrine abondamment fournie de classiques italiens. Parmi un grand nombre de réimpressions, M. Lemonnier, vous le savez, a entrepris, il y a déjà une dizaine d'années, celle d'un Vasari enrichi de notes, d'indications, de renseignements excellents qui en font un livre indispensable pour qui veut étudier l'histoire de l'art moderne en Italie. Cette édition, qui comprend déjà quatorze volumes, est presque terminée. Il ne manque plus, pour qu'elle le soit complétement, qu'un dernier volume de tables. Il est fâcheux que M. Lemonnier n'ait pas songé à en faire un tirage à part soigné, sur bon papier et avec de bonne encre. Au point de vue de l'histoire de l'art pittoresque, M. Lemonnier a élevé un monument destiné à rendre les plus importants services : au point de vue de l'art typographique, c'est une autre affaire ; et je souhaite que dans trente ans d'ici il reste autre chose que de la poussière à ceux qui, comme moi, ont commis l'imprudence d'acheter cette édition. Tout en est mauvais : la justification des pages, la forme des caractères, la qualité du papier, celle de l'encre et le tirage. Ce sont de ces livres qu'il faut avoir et cacher avec soin dans sa bibliothèque.

J'ai retrouvé là avec un vif plaisir des impressions en vingt-quatre langues sortant des presses du couvent arménien des Mechhitaristes, dans l'île de Saint-Lazare, à Venise. Ces laborieux et intelligents religieux ont envoyé à l'exposition de Florence un exemplaire polyglotte du *Pater*, et une traduction en langue arménienne du *Paradis perdu* de Milton. Le soin qu'ils apportent au tirage de leurs éditions est suffisamment connu et apprécié de tous les bibliophiles, et le *Paradis perdu* est la preuve de tous les efforts qu'ils font pour rester à la hauteur de cette réputation.

L'art de la reliure en est exactement au même point que celui de la typographie. En parcourant les vitrines des re- lieurs, l'œil est attristé par des cartonnages mal joints, mal cousus, recouverts de morceaux de papier chagriné ou de velours, où s'étalent dans tout leur mauvais goût ces arabesques d'ivoire ou de bois ciselé incrusté de pierres fausses, qui font au jour de l'an les délices des enfants sages et des lorettes littéraires. Je ne citerai aucun nom; mais on pourroit adresser aux relieurs italiens le même reproche que l'on faisoit à un sculpteur grec à propos d'une statue de Vénus : « Ne pouvant la faire belle, tu l'as faite riche. » Les reliures italiennes sont très-riches, mais elles donneroient des défaillances à Capé, à Duru, à Trautz-Bauzonnet, à Lortic, s'ils les voyoient.

Un seul relieur fait exception à cette règle : il se nomme Binda et habite Milan. Son exposition porte le n° 4560, et comprend : Un *Pétrarque*, d'Alde, 1533, maroquin rouge du Levant, marqué sur les plats de l'ancre aldine d'un dessin dont M. Binda eût évité la lourdeur en reproduisant exac- tement la marque du grand typographe vénitien.

Un *Diario de bello Carolo*, Venise, 1496, maroquin rouge incrusté d'arabesques noires dans le goût de celles de Maïoli et de Grollier.

Une *Histoire de Florence*, par Varchi, Cologne, 1721, petit in-4, orné sur les plats d'initiales dont les enroule- ments pourroient être plus heureux.

Enfin, j'ai remarqué, dans un coin, un exemplaire des *Fables de La Fontaine*, édition diamant de Duberny, maro- quin vert à petits fers poussés avec une délicatesse, une grande sûreté de main et un goût parfait. Ce petit bijou porte le nom de M. Vezzosi, de Turin. J'ignore si M. Vez- zosi est le libraire, le relieur ou le doreur.

J'avois eu occasion de voir à Paris des reproductions et des imitations d'anciennes gravures et d'incunables faites par M. Rafaelo Salari, de Florence. Ce qu'il a exposé sous le n° 4648 est vraiment surprenant, et, à moins d'un examen des plus méticuleux et des plus attentifs, peut tromper un œil parfaitement exercé. Sont-ce des faux que fait M. Rafaelo Salari? Nullement : ce sont des restaurations. La plupart m'ont paru exécutées à la main, et quelques-unes reportées sur pierre lithographique. Ici commenceroit la supercherie; mais quel est le bibliophile qui ne consentiroit pas à compléter, même au prix d'une supercherie extrêmement habile, un Vérard, un Pigouchet ou un Simon Vostre privé de quelques feuillets. Jamais, dans ce cas, on ne pourroit s'adresser à un imitateur plus habile que M. Salari.

Telles sont les impressions qu'ont fait naître mes visites aux produits de la typographie qui figurent à l'exposition de Florence. Le temps me presse. Pitti et les Offices m'attirent. Je n'ai que le temps de vous adresser ces lignes écrites à la hâte et dans un style de voyage. Voici ma dette acquittée ; il ne me reste plus qu'à y joindre l'assurance de mes sentiments les plus dévoués.

Comte L. Clément de Ris.

MÉLANGES.

EXTRAIT D'UNE LETTRE A M. TECHENER
DU 1ᵉʳ OCTOBRE 1861.

Puisque mon savant ami, M. Gustave Brunet, a bien voulu placer son *Essai sur les bibliothèques imaginaires* à la suite du *Catalogue de la bibliothèque de l'abbaye de Saint-Victor*, que vous avez publié pour la plus grande joie des pantagruélistes, *et non aultres*, comme dit Rabelais, il est juste que je cherche à compléter l'excellent travail de

mon collaborateur, en lui fournissant de nouveaux renseignements pour une nouvelle édition de cette curieuse notice.
Les bons procédés entretiennent la bibliographie.

Je trouve, dans les *Curiosités littéraires* de M. Ludovic
Lalanne, un des meilleurs recueils que nous ayons en ce
genre (l'édition de 1857 a été soigneusement corrigée et
l'auteur y a mis son nom), ce passage relatif à l'ordre de la
Boisson, institué à Avignon, en 1700, par de Pesquières :
« Il publioit une gazette rédigée en partie par Morgier et
l'abbé de Charnes, et qui avoit pour titre : *Les nouvelles de
l'ordre de la Boisson, chez Museau Cramoisi, au Papier
raisin.* Les membres avoient pris des noms analogues à celui
de leur imprimeur. C'étoient *frère des Vignes; frère Morta-
delle, natif de Saint-Jean-Pied-de-Porc; dom Barriquez
Caraffa y Fuentes Vinosas; M. de Flaconville, le sieur de
Villebrequin,* etc.

« Les livres annoncés par la gazette étoient en rapport
avec le contenu de la feuille. On y trouvoit l'*Introduction
à la cuisine, par le frère Le Porc;* des *Remarques sur les
langues mortes, comme langues de bœuf, de cochon et autres;* un *Recueil de plusieurs pièces de four, par le frère
Godiveau;* la *Manière de rendre l'or potable et l'argent
aussi, par le frère La Buvette;* l'*Art de bien boucher les
bouteilles, impression de Liége;* l'*Itinéraire des cabarets,*
œuvre posthume *de Tavernier; De arte bibendi, auctore
frère Templier,* etc. »

Je n'ai jamais rencontré la spirituelle gazette que de Pesquières, qui avoit pris le pseudonyme du *François réjouis-
sant,* a fait paroître pendant plus de quatre ans (de 1703 à
1707, suivant la *Biographie générale* de Didot, article
MORGIER).

Je trouve encore des livres imaginaires concernant la politique du temps, dans le 69ᵉ numéro des *Rapsodies du
jour, ou séances des deux Conseils en vaudevilles,* que Pierre
Villiers, ancien capitaine de dragons, rédigeoit en 1797,
avec quelques royalistes de ses amis, tels que Merard de

Saint-Just, J. B. Nougaret; J..B. Pein; ces livres se rapportent à différents faits politiques que M. Gustave Brunet se chargera de signaler, s'il réimprime ce catalogue des livres imaginaires, que je transcris textuellement :

« *Les Causes secrètes de la révolution du 9 thermidor*, dédiées à Mme Tallien par son mari.

« *Les Liaisons dangereuses*, dédiées à M. Tallien par sa femme.

« *Les Inconvénients des Loteries*, par Boissy d'Anglas, dédiés aux députés sortants.

« *La Politesse françoise*, par les solliciteurs du Luxembourg, dédiée au directeur Rewbell.

« *La Nécessité de se faire la barbe*, dédiée à Lodoïska Louvet, par le perruquier de son mari.

« *Point d'argent, point de Suisse*, conte, dédié aux Treize Cantons, par une foule de François ruinés, proscrits et fugitifs.

« *L'Ami des hommes*, dédié à Mlle La..., par MM. Hoppe, Simon, Leuthrand de Beauregard, etc.

« *La Résurrection du Vieux de la Montagne*, dédiée au montagnard Raffron.

« *J'ai peur de la roue ou de la barre de fer*, historiette dédiée au député Lamarque, par son collègue Thibaudeau.

« *On nous payera*, conte, dédié aux rentiers. par un myriagrammiste. Il y a quatre ans que cet ouvrage est imprimé; les circonstances n'ont pas permis d'en changer le titre.

« *Les Ruines de Lyon, ou l'utilité de la mitraille*, par Dubois-Crancé, dédié aux héros du cul-de-sac, ouvrage publié à Paris le 13 vendémiaire; mais ses associés se trouvant la plupart à Vendôme, il ne peut, malgré sa bonne volonté, en faire les frais.

« *Traité sur l'esprit opaque*, dédié à un malade qui va de mieux en mieux.

« *L'Argent est au-dessus de tout, et leurs rochers sont au-dessus d'elles*, histoire très-véritable, dédiée aux dames de la Nouvelle-France par un bourgeois de l'Ancienne.

« *Les Preuves de l'excellence du gouvernement démocra-*
tique, dédiées par le peuple françois aux nouvelles républi-
ques italiennes. — Cet ouvrage curieux est imprimé en caractères rouges.

« *Vous avez donné dans la bosse*, conte, dédié par
Rewbell au corps électoral de la France.

« *Vous en jugerez, ou traité sur les pendus*, dédié à
Merlin par Samson.

« *Mémoire sur l'éducation des animaux à griffes, les*
hières (sic), *vautours, les reptiles venimeux, les chats,*
tigres, etc., ainsi que sur les moyens d'en propager et uti-
liser l'espèce, œuvre posthume du doux Robespierre, dédiée
aux citoyens de Tarbes; 2 vol. in-fol., avec gravures enlu-
minées, ornés du portrait de l'éditeur, le frère Barère, maison de l'exécuteur des hautes œuvres, à Tarbes. »

La *Bibliographie des journaux* de la Révolution, par Deschiens, n'a pas omis, bien entendu, les *Rapsodies du jour*,
que Villiers reprit en 1814, et qui n'eurent pas alors une
aussi longue existence que sous le Directoire; mais Deschiens
ne dit pas que notre ancien capitaine de dragons vaudevil-
liste rassembla la collection entière de ce journal en vaudevilles, sous un titre factice ainsi conçu : *Le Rodeur et autres*
bagatelles critiques, dramatiques, lyriques et pas du tout
politiques, recueillies pendant les années 1795, 1796, 1797,
1800, 1814, 1815. Paris, 1817. Les exemplaires de cette
collection doivent être fort rares; nous supposons qu'elle
forme trois volumes, et que l'auteur y a joint quelques-
uns de ses anciens opuscules, dont il possédoit encore un
certain nombre d'exemplaires.   P. L.

223. DISCOURS EN LA FAVEUR DES DAMES CONTRE LES MESDI-
SANS, disputé entre deux dames, Cléophile et Clorinde, et
un gentilhomme nommé le sieur Cloridan. *Paris*, *Abel
Langelier*, 1600; pet. in-12 de 6 ff. prélim. dont le dernier est blanc, et de 75 ff. chiffrés, v. rac. fil.   24—»

Ce petit livre provient de la singulière bibliothèque du célèbre médecin accoucheur Deneux, qui avoit rassemblé une nombreuse collection de livres sur les
femmes, l'amour et le mariage, ainsi que sur leurs conséquences agréables ou
désagreables, et qui qualifioit ainsi cette collection, aujourd'hui dispersée par le
fait d'une vente aux enchères : *Recherches générales sur l'homme et particulièrement sur la femme*. Il est question de l'un et de l'autre dans le Discours anonyme,
que l'auteur avoit tracé, « se trouvant lors avec quelque loisir et animé d'une
très-belle idée, non en volonté de le faire voir au public, mais seulement à celle
qui estoit la cause de son estre. » Cependant, cet auteur, qui n'a pas voulu se
faire connoitre, laissoit depuis longtemps son ouvrage croupir dans un cabinet (secrétaire) qu'il lui avoit donné pour sépulture, lorsqu'une dame de ses amies lui
conseilla de publier « ce Discours aux dames, dans lequel il y a plusieurs préceptes sur l'amour, et qu'on pourroit imaginer à cette occasion que c'est pour
leur vouloir faire des leçons sur ce sujet. Je vous diray, ajoute-t-il, que mon intention n'est pas qu'il doive servir à toutes d'instruction et mesmes à celles qui
jouissent de la liberté des grandes villes ou d'une court, et ne sont abstraintes
aux austeres et iniques loix de la campagne, auxquelles il seroit inutile, à cause
que beaucoup de privilèges leur sont octroyez, qu'on ne sçauroit reprendre n'y
trouver mauvais, qui ne sont pas pourtant permis au village. » Le but du livre
est de démontrer par mille bonnes raisons que les femmes ont tort de faire languir leurs amants et de leur *vendre* leurs faveurs au prix du temps plus ou moins
long des poursuites amoureuses. L'auteur de ce Discours est resté inconnu; on
peut neanmoins supposer, à des indices presque certains, que l'ouvrage ayant été
traduit de l'italien, le traducteur doit être Jean Pallet, qui avoit déjà traduit et
publié chez le même Abel Langelier un livre analogue, que nous trouvons dans
le catalogue du duc de La Vallière, en trois volumes : « Discours de la beauté des
dames, prins de l'italien du seigneur Ange Firenzuole, par J. Pallet. *Paris*, *Abel

227. Mémoires pour servir a l'histoire du célèbre Rousseau, où l'on prouve que les fameux couplets qui lui ont
été faussement attribuez, sont réellement de La Motte,
Saurin et Malafer. Nouv. édit. augm. du Vrai caractère
de Rousseau, en deux lettres de M. Racine et une de
M. l'abbé d'Olivet. *Bruxelles, Foppens, Fricx*, 1753; pet.
in-12 de 2 feuillets prélim., 80 et LIV pp., et 1 feuillet pour
la table des pièces, avec 8 feuillets pliés pour les Couplets;
demi mar. r., lavé, réglé et non rogné. . . . .   12—»

Ces curieux Mémoires sont certainement de Boindin, quoiqu'ils n'aient pas été
recueillis dans ses OEuvres. « On m'écrit de Paris, dit l'Avis de l'imprimeur, que
l'original de ce Mémoire (la 1ʳᵉ édition est intitulée *Mémoire* et non *Mémoires*) a
été remis à la Bibliothèque du roi, où chacun pourra se convaincre par ses yeux
qu'il est tout entier de la main de M. Boindin, excepté les Couplets, qui font un
petit cahier à part, sur le dos duquel M. Boindin avoit écrit ces mots : « Le véritable paquet adressé à M. Boindin et par conséquent le vrai corps du délit. » Ce
volume, quoique réimprimé deux ou trois fois, est rare et ne se trouve que dans
peu de catalogues. Il fit pourtant beaucoup de bruit à son apparition, comme
nous l'apprend une note de l'article sur J. B. Rousseau, article très-important et
très-considérable, quoique anonyme, inséré dans le *Nouveau Dictionnaire historique et critique* de Chauffepié, à qui cet article avoit été communiqué. « Sans
insister, dit la note, sur les préjugés que le caractère connu de Boindin pourroit
fournir contre sa bonne foi, les contradictions et les faux exposés qui règnent
dans son Mémoire prouvent suffisamment sa mauvaise foi, et que c'est quelque
passion de vengeance qui lui a mis la plume à la main. » En effet, Boindin cherche à modifier l'opinion qu'on avoit acquise généralement à l'égard de la grande
affaire des Couplets du café Procope : « Voyons quel sera le résultat des prétendues découvertes qu'il fait sur les Couplets, dit l'auteur de la note et de l'article
en question ; c'est Malafaire qui en donna l'idée ; Saurin en fournit les moyens
et La Motte se chargea de l'exécution. » Nous ne rentrerons pas dans l'examen
et la discussion de cette mystérieuse affaire ; bornons-nous à dire, comme bibliographe, que les amateurs qui veulent réunir tout ce qui a été imprimé là-
dessus doivent avoir d'abord le Mémoire de Boindin, puis l'*Anti-Rousseau* de Ga-
con (1712) et les œuvres de Rousseau lui-même. Quant aux autres pièces les plus
piquantes, il faudroit les chercher non-seulement dans le Dictionnaire de Chauffepié, mais encore dans la *Bibliothèque raisonnée* (tome XXVI), la *Bibliothèque germanique* (tome XXXV) et le *Mercure suisse* du mois d'avril 1736.   P. L.

228. Svsannaevs (*Hubertus*). Ludorum libri nunc recens con-
diti atque æditi. *Parisiis, ap. Simon. Colinæum*, 1538;
in-8, mar. vert, fil. tr. dor. (*Capé*.). . . . . .   48—»

Charmant exemplaire d'un livre rare, imprimé avec les jolis caractères italiques de Simon de Colines. — Hubert Susanneau, né près de Péronne, docteur
en droit et en médecine, étudia les belles-lettres à Turin, le droit dans les univer-
sités d'Italie, et la médecine à Montpellier. Ce volume prouve les talents de Susanneau en poésie et en grammaire latine. Les *Ludi*, divisés en quatre livres, forment un recueil de petites pièces poétiques sur différents sujets. Nous signalerons
seulement une élégie adressée à son frère, Guillaume Susanneau, sur la mort de

leur père, une épître à Simon de Colines, et un sixain en l'honneur de Rabelais. Il paraît que Susanneau, pendant son séjour à Montpellier, s'étoit lié d'amitié avec l'auteur de Pantagruel.

AD RABLÆSIUM CUM ESSET IN MONTE PESSULANO.

Hubertus celsa medicorum languet in urbe,
Pharmaca languentem nulla juvare queunt.
Tu potes. Haud ullo, ne fallat opinio, morbo,
Est desiderio languidus ille tui.
Fronte serenabis dulci, penitusque recedet,
Qui toto mixtus corpore languor erat.

Ce recueil de vers est suivi d'une Explication de plusieurs mots latins qui ne se trouvent pas dans les dictionnaires. Cette curieuse nomenclature de mots barbares finit par cette souscription : « Dictionarii eruditis ad similia invenienda aut meliora viam præmunientis, finis. »

Le volume contient encore un poëme latin de trois cent cinquante-sept vers sur le siége de Péronne en 1521. Voici les trois premiers vers :

Finitimam cupio memorare Penatibus urbem,
In quibus ediderim primos ego parvulus infans
Vagitus : hoc jure sibi vicinia poscit.

Une note marginale nous apprend que Susanneau composa ce poëme à l'âge de vingt-quatre ans.   Ap. B.

229. Taegio (*Barthélemi*). Les doctes et subtiles responces, où sont contenus maints beaux et agreables discours sur diverses et notables matieres. Mises d'italien en françbis, par Antoine du Verdier, seigneur de Vauprivas. *Lyon, Barthelemy Honorat,* 1577; in-16, portr., mar. bleu, fil. à compart. tr. d. (*Muller.*) . . . .   38—»

Bel exemplaire d'un livre rare. — Antoine du Verdier, seigneur de Vauprivas, élu pour le roi au pays de Forez, contrôleur général des finances à Lyon, gentilhomme ordinaire de la chambre du roi, naquit à Montbrison, le 11 novembre 1544, et mourut le 25 septembre 1600. Il cultiva les lettres pendant toute sa vie, et composa plusieurs ouvrages en prose et en vers. On consulte encore avec fruit sa *Bibliothèque françoise*, qui parut la même année que celle de La Croix du Maine.

Du Verdier dédia sa traduction des *Doctes et subtiles responces* à de Belleforest, *ornement de la langue françoise.* Cette dédicace est suivie d'un *sonnet* de d'Urfé, dans lequel on lit :

Depuis que nous avons grimpé dessus Parnasse,
Encores que nos corps soient devorez des vers,
Nostre fameux renom par cent poësmes divers
Vivra pour tout jamais, quelque siècle qui passe.

La postérité en a jugé autrement, et le P. Niceron a écrit : « Du Verdier étoit un pauvre poëte, et tout ce qu'il a fait en ce genre-là ne mérite aucune attention. » Notre petit volume est orné du portrait de du Verdier, à l'âge de vingt-neuf ans.

L'œuvre de B. Tægio se compose de quarante-quatre dissertations philosophiques ou critiques, en forme de réponses à des lettres que lui adressoient plusieurs personnages distingués de l'Italie. Parmi les sujets qu'il a traités, on peut

remarquer les suivants : des météores, des pronostics, de la commodité des amants, des grâces, de la peinture, des danses, de l'alchimie, de l'amitié d'entre le vin et la poésie, etc. Tægio se raille des astrologues et des alchimistes, et proscrit la danse ; il est tantôt grave, tantôt gai, et souvent paradoxal. En somme, cet auteur possédoit des connoissances variées et ne manquoit pas d'esprit.

Ap. B.

230. Traduction des Philippiques de Demosthène, d'une des Verrines de Cicéron, avec l'Eutiphron, l'Hyppias du Beau et l'Enthidemus de Platon, des Srs de Maucroy (*sic*) et de La Fontaine. *Suivant la copie de Paris. Amsterdam, Pierre Mortier,* 1682 ; 2 tom. en 1 vol. (le premier de 8 ff. non chiffrés et de 288 p. ; le second, de 4 ff. non chiffrés et de 208 p.), v. f. fil. tr. d. (*Petit.*). . 24—»

Charmant exemplaire de l'édition hollandoise fait d'après l'édition originale de ce recueil : *Ouvrage de prose et de poesie des sieurs de Maucroix et de La Fontaine* (Paris, Cl. Barbin, 1685, 2 vol. in-12). Dans l'édition originale, le premier volume contient les poésies de La Fontaine, précédées d'un avertissement général en prose ; le second volume est consacré aux traductions de Maucroix, précédées d'une préface spéciale. Dans l'édition que nous annonçons, au contraire, ces traductions ont été placées dans le premier volume, et l'avertissement de La Fontaine est venu, on ne sait pourquoi, se mettre à la suite de la préface de Maucroix. Du reste, ces deux éditions sont conformes pour le texte comme pour le contenu. On n'a conservé ici le titre de l'édition de Paris que pour le second volume, en changeant l'orthographe du nom de Maucroix et en adoptant *ouvrages* au lieu d'*ouvrage*, ce qui est peut-être plus logique, mais ce qui présente un sens que l'éditeur, La Fontaine, avoit certainement voulu éviter. Cette édition de Pierre Mortier est fort jolie, et l'on pourroit croire qu'elle a été exécutée avec des caractères elzeviriens, quoique les vrais fleurons de l'imprimerie des Elzevier n'y soient pas employés. On remarque pourtant à la fin du premier volume un cul-de-lampe bien connu, de forme triangulaire, au milieu duquel est la tête de Méduse. Sur le titre de chaque volume est une vue de Paris, gravée en bois, vue prise du Pont-Royal et offrant le panorama de la Seine en amont, avec la Cité, le Pont-Neuf et le Pont-au-Change.

P. L.

231. Vinet (*Élie*). L'antiquité de Bourdeaus et de Bourg, presentee au roy Charles IX, le 13 avril 1565, à Bourdeaus, et lhors premierement publiee, mais depuis renueue et augmentee et enrichie de plusieurs figures. *Bourdeaus, Simon Millanges,* 1574 ; in-4, v. f. fil. 70 —»

Bel exemplaire d'un livre rare. — Elie Vinet naquit vers 1519, près de Barbezieux en Saintonge. Après avoir étudié à Poitiers et à Paris, il fut appelé à Bordeaux par André Govea, et professa les humanités au collège de cette ville pendant six ans. En 1547, il suivit Govea en Portugal ; mais celui-ci étant mort l'année suivante, Vinet revint à Bordeaux et fut nommé principal du collège en 1558 ; il mourut le 14 mai 1587. De Thou cite avec éloge ce savant, aussi modeste que laborieux.

L'*Antiquité de Bourdeaus* a été publiée pour la première fois en 1565; mais en doit préférer l'édition de 1574, revue et corrigée par l'auteur. Les figures annoncées sur le titre se réduisent à deux inscriptions romaines et à une figure géométrique, ayant pour but de fixer la position de Bordeaux, de Saintes et de *Noviomagos*. Cet ouvrage abonde en recherches curieuses. Le style d'Élie Vinet est d'une simplicité charmante. Voici comment il détermine l'âge de la ville de Bordeaux :

« Ces murs quarrés sont vieilles murailles de ville; mais ni ces murs ici, ni les ausdits, assez improprement appellés Palais de Galliene et Tutele, ne parlent point, pour savoir d'eux en quel temps ils ont été droissés. Il n'i a rien escrit, non pas une seule petite lettre en tout cela : de sorte que qui voudra savoir de l'antiquité de Bourdeaus, il est besoin qu'il s'adroisse aux vieux aucteurs gregeois et latins, si d'aventure quelqu'un en a fait mention. Or je ne sai si quelqu'un en sait davantage; mais, quant à moi, voici en deux mots tout ce que je puis déposer de l'aage de cette ville. C'est que Bourdeaus est pour le moins dès le temps que Jesus-Christ nasquit au monde. Car Strabon parle de lui (Bourdesus) : lequel aucteur estoit et composoit ses livres de géographie du temps que régnèrent à Rome Auguste et Tibère : et sous Auguste nasquit Jesus-Christ, et souffrit mort sous Tibère. Je ne doute point qu'il n'ait esté quelque temps devant Strabon; mais combien d'ans? Qui peut savoir cela? Quant à moi, je n'ai autre asseurance, et ne me plai en conjectures et divinations. C'est donques ce Strabon, qui est le plus ancien aucteur que nous aions aujourd'hui, qui aïe parlé de Bourdeaus, et qui en a plus dit que nul de tous les anciens, encore qu'il n'en aïe guères parlé. »

Ap. B.

PUBLICATIONS NOUVELLES.

232. DAMAS ET LE LIBAN, extrait d'un voyage en Syrie au printemps de 1860. *Londres, W. Jeffs, Burlington arcade, printed by J. E. Taylor, Little Queen Street, 1861,* in-8 de 150 pages cartonné.

Ce livre, déjà rare, sera précieux dans l'avenir, non-seulement à cause de la qualité de l'auteur, de ce nom qui n'est point signé et que chacun sait; mais aussi à cause des vues qui y sont exposées avec l'impatience de la jeunesse et l'autorité d'une raison déjà mûre, et qui s'accordent si bien avec les intérêts du moment. A cette ardeur de prosélytisme européen, à ce besoin d'organisation, d'amélioration, on devine un esprit généreux, né pour l'action, pour l'exercice du pouvoir, impatient du loisir et du silence. Heureux de retrouver en Orient cette France dont l'accès lui est fermé, et qu'il aime en poète et en chevalier, avec la passion aventureuse des fils de roi pour les Belles-au-bois-dormant, c'est avant tout l'influence française qui le préoccupe, le désir de la développer, de l'affermir, de tirer tout ce et de la faire preponderer. L'Orient, cet Éden rêvé par toutes les jeunes imaginations de ce siecle, a beau faire resplendir à ses yeux à la lumière d'or de son soleil féerique, la beauté de ses paysages, les merveilles de son architecture, l'éclat de ses costumes; il l'attire en vain par la poésie de sa vie mystérieuse. Il ferme les yeux aux splendeurs, à la poésie, et son esprit aux mystères, et ne veut admirer d'autres prestiges que ceux de la baguette magique de la France, restaurant et ravivant la grandeur de ce pays endormi ou opprimé. C'est la France catholique qu'il appelle à régénérer ces vieux peuples chrétiens du Liban ; c'est la France militaire qu'il veut pour les protéger ; c'est la France industrielle, artiste et commerçante qu'il désigne comme tutrice de leur civilisation. On est touché de voir un jeune homme, à l'âge de la curiosité et de la rêverie, résister à tant de séductions et de la nature et des arts, à l'attrait de mœurs nouvelles, à la contemplation d'un ciel et d'un pays admirables, pour s'absorber dans son rôle d'homme politique, de militaire et de tuteur de peuples. Dans cette lutte d'intérêts si divers, religieux, politiques, mercantiles, de foi, de race et d'industrie, il a tout vu, tout étudié ; et dans le remède qu'il propose on retrouve les aspirations de la politique la plus généreuse et la plus charitable. Si la France doit en effet devenir un jour l'arbitre des destinées des peuples du Liban, elle n'a pas de meilleur ni de plus noble programme à suivre. Ch. A.

233. Melchior Wyrsch et les peintres bisontins, par Francis Wey, broch. de 28 p., un portrait, in-8. »—»

Il y a quelques mois (1), nous réclamions contre la sévérité de M. Clément de Ris à l'endroit de Melchior Wyrsch, peintre bisontin. M. Cl. de Ris n'avait pu juger Wyrsch que sur deux ou trois portraits du musée de Besançon, qui peut-être ne sont pas de ses meilleurs ; là est l'explication d'un dédain sur lequel l'historien des *Musées de Province* reviendra certainement après la lecture de la présente *Notice*. J'avais été prévenu en faveur du peintre par l'examen de deux portraits de famille appartenant à M. Wey et une lecture trop rapide de sa notice publiée fragmentairement dans le journal le *Pays*. Aujourd'hui que les articles du *Pays* sont réunis, renseigné par une lecture plus attentive, je suis plus que jamais convaincu que M. Francis Wey a fait cadeau à l'art français d'un des chapitres les plus intéressants de son histoire. Cette vie d'artiste laborieux, dévoué à son art, naturalisé Français en retour des services qu'il avait rendus à sa patrie adoptive en y fondant une école de peinture qui prospère encore, ajoute singulièrement à l'histoire du mouvement des arts à la fin du dix-huitième siècle. Et, indépendamment de l'intérêt artistique, cette vie active, expansive, voyageuse, et terminée par une catastrophe épique, méritait d'être écrite. M. Francis Wey l'a agrandie en faisant rayonner alentour les rejetons lumineux dont elle est le foyer. Cette histoire de l'école bisontine, poussée jusqu'à nos jours, recueille plus d'une figure originale, celle, entre autres, de Hagoulot, un vrai personnage des contes de Hoffmann, artiste inspiré jusqu'au délire, qui toute sa vie eut trop de respect pour l'art pour jamais oser pratiquer. Tous ces personnages divers de talent et de caractère, M. Wey les relie par un caractère commun, l'originalité ; l'originalité quand même, l'originalité têtue : nos contemporains, MM. Gigons et Courbet, n'infirmeront point la théorie. Ch. A.

(1) Article sur le t. II des *Musées de Province*. Février-mars 1861.

ÉTUDES

SUR

NOSTRADAMUS[1].

II

OEuvres et Adversaires (*Suite*).

Encore ALMANACHS et PRONOSTICATIONS. — Le tome VIII
de la Correspondance de Peiresc, qui se trouve à la bibliothèque d'Aix en Provence, contient la copie d'une lettre
latine adressée à Nostradamus, le 15 décembre 1561, par
Jean de Rosenberg (*Rosembergerus*), propriétaire de mines
dans le Tyrol, fort considéré de l'empereur et des rois de
Pologne et de Bohême. Dans cette lettre, il parle ainsi des Almanachs : « Quod Ephemeridem anni 1562, in qua multa
« prodigia, multæ calamitates, quæ Europæ nostræ miserrime
« imminent, latius explicantur, gallice more tuo confecisti,
« Pioque IV pontifici maximo dedicasti; harum cuperem
« duo vel tria exemplaria quam primum a te habere, puto
« enim impressas esse; deinde quantum pro illis debuero,
« tibi solvam. Scripsissem Lugdunum ut ibi emerentur, sed
« cum sciam tibi plurimos infensos esse, qui tuas Ephemeri-
« des, quæ tamen ex diuturna experientia verissimæ sunt, cor-
« rumpunt, et aliter sub tuo nomine imprimi curant, ut vix
« verum exemplar inveniatur, intermisi. Sæpe miratus sum
« tuas Ephemerides sive Calendaria, cum vidissem te quid
« uno quoque die futurum esset prædixisse, et ita evenisse.
« Quare crede mihi tui similem non esse in tota Europa.
« Deus opt. max. velit te in diuturna sanitate ad sui nomi-
« nis gloriam conservare !... Multæ, variæ et periculosæ res

(1 Voir l'année 1860, page 1699, et l'année 1861, pages 68, 261 et 383.

« religionis causa in Gallia contingunt, quas tu omnes præ-
« dixisti, nec abs te est magnam hoc sequenti anno sanguinis
« effusionem in Gallia futuram, quemadmodum et in Ger-
« mania præcedentibus annis factum est. »

Ce passage est curieux à différents égards. La dédicace
de l'almanach de 1562 à Pie IV prouve que Nostradamus
avoit dans le haut clergé de puissants protecteurs. Mais, pour
comprendre toute la portée de ce fait, il faut connoître l'article 26 de l'ordonnance d'Orléans du 31 janvier 1560 (61),
dont voici les termes : « Et parce que ceux qui se meslent de
prognostiquer les choses à l'advenir, publiant leurs Almanachs et Prognostications, passent les termes d'astrologie,
contre l'expres commandement de Dieu, chose qui ne doibt
estre tolerée par aucuns princes chrestiens : nous defendons
à tous imprimeurs et libraires d'imprimer ou exposer en
vente aucuns almanachs et prognostications, que premierement ils n'aient esté visités par l'archevesque ou evesque, ou
ceux qu'il commettra : et contre celui qui aura fait ou composé ledit almanach sera procedé par nos juges extraordinairement et par punition corporelle. » Cette innovation
législative n'étoit pas dirigée contre Nostradamus, que la
reine estimoit fort (1); mais contre des misérables, qui an-
nonçoient des choses alarmantes, pour se faire une réputation, si quelques-unes venoient à s'accomplir. Il n'avoit pas
à redouter des poursuites personnelles; mais l'obligation de
soumettre ses prédictions annuelles à l'approbation des théologiens, et de s'en tenir aux généralités permises à l'astrologie, valoit presque une interdiction pour un voyant comme
lui; et l'article 26 l'eût probablement réduit au silence, si
l'approbation du souverain pontife n'eût paralysé la ten-

_____

(1) Il paroît que lorsqu'il fut mandé à Paris par Henri II en 1556, il obtint
l'autorisation de lui dédier ses almanachs, car le passage suivant du *Monstre d'a-
bus* prouve qu'il le fit la même année : « Tes œuvres ne sont que petits traictez
lesquels encores que soient dediez (eux indignes toutesfois) à la magesté du Roy,
sont neantmoins presentés et offertz à toutes gentz, et mesmement au plus vulgaire
et commun peuple, ne tendans à autre fin qu'à monstrer et enseigner selon la
disposition du temps quels jours sont heureux ou mal fortunez. »

dance méticuleuse ou la malveillance possible des censeurs. La permission de dédier au pape son almanach de 1562 fut donc une victoire décisive.

Rosenberg lui en demande deux ou trois exemplaires, ne voulant pas le faire venir de Lyon, parce que ses ennemis en publient des éditions falsifiées, tellement qu'il est presque impossible de se procurer le véritable. Il avoit pourtant là un homme sûr, qui lui servoit d'intermédiaire pour sa correspondance, et il étoit bien plus simple de faire prendre la bonne édition chez le libraire de l'auteur, que l'on ne pouvoit soupçonner d'infidélité. A quoi donc attribuer un tel excès de précaution? C'est, je présume, que Rosenberg se figuroit n'avoir jamais eu entre les mains un bon exemplaire, parce qu'il ne pouvoit croire que les défauts qui le choquoient dans tous ceux qu'il avoit rencontrés vinssent de l'homme qu'il regardoit comme un prodige de science. Les almanachs de Nostradamus ne répondant point à sa réputation, le public devoit les croire falsifiés; et c'est, je pense, ce qui a fait dire à La Croix du Maine que plusieurs avoient publié sous son nom des imitations de ses almanachs et pronostications, pleines de menteries. Antoine Du Verdier, qui faisoit imprimer ses ouvrages à Lyon, ne dit rien de semblable. D'ailleurs, le *Monstre d'abus* ne voit pas un seul des autres almanachs qui approche tant soit peu de ceux de Nostradamus, ni même qui en ait envie; et Videl ne voit que lui qui fasse le prophète. Je crois donc que si, comme il est probable, ses almanachs furent contrefaits, ils ne furent du moins jamais falsifiés, et que personne ne les imita de son vivant. Mais, peu de temps après sa mort, il parut quelques opuscules sous son nom. La Croix du Maine cite, parmi ses œuvres, des *Prédictions pour vingt ans, continuant d'an en an jusques en l'année* 1583 (88?), imprimées à Paris, en 1567, par Guillaume Nyverd. C'est une brochure pseudonyme, sans doute, Nostradamus n'ayant jamais écrit des pronostications que pour l'année suivante. En voici encore une, que possède la bibliothèque du collège, à Lyon :

*Prophetie ou revolution merveilleuse des quatre saisons de
l'an, et apparition des grands et horribles signes, comettes,
estoiles et tremblement de terre qui pourront advenir depuis
l'an present, jusques en l'an de grande mortalité 1568, an
de bissexte. Par Mi. Nostradamus.* A Lyon, par Michel
Jove, 1567, in-8, avec permission. C'est une homélie de
vingt-six pages, dont le style ne ressemble aucunement à
celui du prophète (1).

Rosenberg dit encore à Nostradamus que l'expérience
journalière prouve la parfaite justesse de ses Pronostications, et qu'il a souvent admiré comme ses prédictions pour
chaque jour étoient confirmées par les événements. Cette
bonne opinion, qu'il en a, tient, je pense, à ce qu'il n'est pas
difficile en fait d'applications, et à ce qu'il regarde comme
altéré tout ce qu'il ne peut concilier avec l'histoire. Ce qui me
le fait croire, ce n'est pas le *Monstre d'abus*, affirmant qu'on
voit arriver chaque jour le contraire de ce qu'annonce l'Almanach; c'est Chavigny, qui ne cite pas une seule des six
mille prédictions quotidiennes imprimées de 1550 à 1567,
qui n'explique peut-être pas un seul quatrain des Almanachs d'une manière satisfaisante, et qui n'a pas été plus
heureux dans les passages des Pronostications qu'il a voulu
appliquer à l'histoire.

Telles étoient mes idées sur cette partie des œuvres nos-

(1) Quant aux prédictions pour quelques années, qu'on donne aux bonnes gens
comme venant de Nostradamus, c'est une imposture qui date de loin, car on en
trouve à la bibliothèque Sainte-Geneviève l'exemple suivant : *Générales prédictions pour douze ans, commençant en l'annee 1683 et finissant en l'année 1694.
Contenant les fertilitez ou infertilitez des années, et affaires du monde : tirez des
conjonctions, oppositions, aspects et rencontres des planettes. Tiré des anciens manuscrits de Maistre MICHEL NOSTRADAMUS; et nouvellement supputé suivant le calcul de Ticho-Brahé, par maistre Jean Petit, Lyonnois.* A Troyes,
chez Nicolas Oudot, rue Nostre-Dame. Deux feuilles in-8, contenant des prédictions astrologiques pour chaque année, précédées de quelques vers, dont voici un
échantillon :

> Le Dorfol passera les noirs flots du Colite
> Pour aller voyager és antres de Pluton.
> L'orgueilleux Salmonée enfin se précipite,
> Désirant offenser le pieux Ariston.

Dorfol et *Colite*, aux yeux de l'auteur, sont des nostradamismes.

tradaniques, lorsque j'ai acquis l'Almanach de 1563 annoncé dans le *Bulletin du Bibliophile* de novembre-décembre 1860. Je profite de cette bonne fortune, due au zèle obligeant de M. Techener, pour faire connoître la forme et le fond de ces brochures, devenues extrêmement rares depuis longtemps, et que les biographes de Nostradamus ne décrivent point, ou représentent de la manière la plus fausse.

Voici le titre de ce petit in-16, de quatre-vingts feuillets non chiffrés :

ALMANACH POUR L'AN M.D.LXIII. auec les presages, calculé et expliqué par M. Michel Nostradamus, Docteur en medicine, Astrophile de Salon de Craux en Prouuence. — *Dedié au tresill. Seign. et tresexcellent capitaine, le S. Francoys Fabrice de Serbellon, General pour N. S. Pere aux choses de la guerre, en la côté de Venaiscin.*

Quatrain de l'an vniuersel.

Le ver sain, sang, mais esmeu, riё d'accord,
Infinis meurdres, captifz, mortz, preuenus,
Tãt d'eau et peste, peu de tout sonnes cors,
Prins, mortz, fuys, grand deuenir, venus.

Imprimé en Auignon, — par Pierre Roux.

Ce titre est surmonté de la date en chiffres arabes, 1563, entre une croix de Malte et une étoile. Les deux premières lignes et l'avant-dernière sont en rouge. Au verso se trouvent les éclipses de l'année; au recto du second feuillet, les fêtes mobiles et autres indications annuelles, avec *Les Caractères des Signes* ou désignation des organes qu'ils influencent. Vient ensuite le calendrier, dont chaque mois occupe une page et demie, parce qu'ils ont tous un quatrain, et que la page est de vingt-cinq lignes. En voici un que je choisis, parce qu'on n'y trouve pas, comme dans quelques autres, des abréviations forcées, qui empêchent de comprendre certaines prédictions.

NOVEMBRE.

Par mort mort mordre, conseil, vol pestifere.
L'on n'osera Marius assaillir.
Deucalion vn dernier troublé faire.
Peu de gens ieunes demy mortz tressaillir.

1	d	*Toussaincts.*	Gem.	3	Par force pacifique.
2	e	*Les morts*	Gem.	15	Remercier le temps.
3	f	s. Hubert	Gem.	28	Lendemein changé
4	g	s. Amand	Canc.	11	Tretous accord. L'en-
5	a	s. Zacharie	Canc.	23	demain changé. Ce
6	b	s. Leonard	Leo	3	qu'on vouldra. Accord
7	C	s. Florence	Leo	18	*Dq.* a 11. h. 44. m. (bon
8	d	Quatre cor.	Virgo	1	Malefacta inuenta. Ne
9	e	s. Theodore	Virgo	13	puisse souuenir. Doux
10	f	s. Martin pa.	Virgo	25	Royaux. A dignis in-
11	g	*s. Martin*	Libra	7	dignis. Remis troubles.
12	a	*Sol en Sagit.*	Libra	16	Bŏne iournée. Par ieu
13	b	s. Brice	Scorp.	1	querelle de mort. Res-
14	C	Amŏ mart.	Scorp.	14	suscitation de guerre.
15	d	s. Eugene	Scorp.	27	*Pl.* a 10. b. 51. m. Par
16	e	s. Euchere	Sagit.	11	grand cas. Diuision de
17	f	s. Hugues	Sagit.	23	prouinces. Accord que
18	g	Dedi. s. Pier.	Capr.	6	releux. Temps facheux
19	a	s. Elisabeth	Capr.	20	Qui d'un costé, qui
20	b	s. Emond	Aquar.	5	d'aultre. Mal. mortelles
21	C	Presen. n. d.	Aquar.	20	Enfans miserables.
22	d	Cecile vier.	Pisc.	4	Pq. 10. h. 42. m. (capti.
23	e	s. Clemĕt p.	Pisc.	17	Par les chemĩs assailly.
24	f	s. Grisogon	Aries	2	Grandz assemblées.
25	g	s. Catherine	Aries	16	Pluye, froid, glas. Iterŭ
26	a	Pierre Alex.	Taur.	1	Sacrileges bĩ pugnis
27	b	s. Agricole	Taur.	14	Vrbis seditio pacata.
28	C	*l'Aduent*	Taur.	28	malheureuse grimasse
29	d	Laduent	Gem.	11	*Pl.* a 10. h. 48. mi.
30	e	*s. André*	Gem.	24	Desobehissant de re.

Le nom du mois est en rouge, de même que ceux des principales fêtes et de quelques saints, la lettre dominicale, l'entrée du soleil dans chaque signe, et les images de la pleine lune et du dernier quartier, que nous avons imprimés en italique. Nous avons conservé les fautes d'impression, dont l'une est un disque rouge au lieu d'un noir, le 15; et substitué le nom des signes du zodiaque à leur figure, qui suit le nom des saints. Ces caractères astronomiques et les chiffres qui les accompagnent désignent le point de l'écliptique où la lune se trouve à midi chaque jour. Les prédictions qui viennent ensuite ne ressemblent à celles des almanachs connus que par quelques indications météorologiques, qui, dans ce mois et en mai, se réduisent à deux, et qui vont jusqu'à cinq en janvier et février. L'almanach de Nostradamus n'est donc pas le type de ceux qui lui ont succédé, comme bien des gens se le figurent.

Dieu sur tout. Amen. Ainsi finit le mois de décembre, et la première page du onzième feuillet. Voici la seconde :

A magnanime et puissant seigneur le S. François Fabrice de Serbellons, protecteur d'Auignon, par Perrinet Des Aubers.

EPIGRAMME.

Dieu fabricant la fabrique du monde,
Ha fabriqué vn bon fabricateur
Qui iour et nuict fabrique bien, et sonde
Tous les dessaings du maling fabriqueur.
Fabrice ha nom, d'Auignon protecteur,
Sage, et prudent a fabriqier pour nous.
O Auignon, fabriqués a l'auteur
De toute paix, qui fabrique pour vous (1).

---

(1) J'ai corrigé une faute d'impression : *fabriqué as l'auteur*. C'est vide de sens et as iure avec *vous* Le poète exhorte les *Auignonrois* à préparer des munitions de guerre pour leur défenseur. *L'auteur de toute paix* est la traduction de *Serre-bellon*, Enferme-guerre. *Bellum* se prononçoit *bellon*. C'étoit de même chez les anciens L'elision des finales en *m* dans les vers latins prouve qu'elles équivaloient à des voyelles nasales

Vient ensuite un quatrain du même à M. Michel Nostradamus, docte mathématicien. Une épître italienne à Fabrice de Serbellon occupe les trois feuillets suivants. En voici le le début, qui est un éloge de l'astrologie.

ALLO ILLUSTRISSIMO Signore, il S. Fran. Fabritio de Serbelloni, per sua Santità nelle cose della guerra in Francia Generale.

Di nessuna cosa è piu vaga et desiderosa la mente humana, Illustrissimo Signore, che di potere con sua cognitione, e libertà penetrare per tutte le parti di questa universale Macchina, la quale per lo suo mirabile ornamento da Greci Κόσμος, da Latini Mundus è domandata : Percioche essendo naturalmente gli animi nostri tanto inclinati al volere intendere i secreti della Natura ed i futuri accidenti delle cose, quanto ne mia, ne altrui lingua esprimere sapprebe : ne havendo altro cibo che in tale suo desiderio piu soavemente li pasca e nutrisca, che la conoscenza della delettabile Astrologia : chi non vede che nessuna cosa piu grata non potrebbe loro avvenire, che d'havere scienza delle cose superne, e d'intendere onde naschino i venti, onde si generi la pioggia e la grandine, onde procedino i lampi ed i tuoni, onde si derivino i folgori? Chi non sa che cosa piu dolce e gioconda non potrebbe loro essere, che di mirare ne benigni o crudeli aspetti delle fisse ed erranti stelle, i futuri buoni ò maligni successi delle cose? Chi non cognosce quanto altrui soglia aggradare (sendo massimamente l'huomo nato per contemplare il Cielo) d'intendere la natura e proprietà della Luna, la velocità di Mercurio, la benignità di Venere, la virtu ed effeti del Sole, l'impeto e ferocità di Marte, la temperanza et bontà di Giove, la frigidezza e malignità di Saturno, e brevemente la qualità de gli altri corpi sferici, ed influssi celesti? Concluderemo donque che à ciascuno è grato d'intendere i futuri avvenimenti del Mondo : de quali quantunque non si possa dare alcuna certezza, havendoli riposti Dio nel cuore della sua mente : nondimeno in virtù della sua bontà ineffabile, l'huomo saggio puo, contemplando la natura et lo stato delle seconde cause, prevedere molte cose, le quali à chi non è fondato in questa eccellente arte d'Astrologia, sono ascose ed incognite. Ma s'alcuno e sotto 'l Sole che si diletti d'intendere e sapere cose magnanime ed alte, non solamente nell'arte e disciplina militare, nella quale voi sete prestantissimo, ma in ogni sorte di virtù speculativa, voi (Generossimo Signore) à giudicio degl' huomini savi, vene dilettate sopra ogn'altro. — De là l'incroyable affection que l'auteur lui porte, et son désir ardent de le servir, dont il lui donne une bien faible preuve en lui dédiant son almanach. Il le fait aussi pour que l'autorité de son nom le garantisse des morsures de l'envie, et afin de complaire à l'illustre cité d'Avignon, que sa valeur et sa prudence ont préservée de la fureur et des embûches de ses mortels ennemis. Le pape a été visiblement inspiré en confiant la défense de ses sujets à son cousin selon la chair, dont l'habileté, la vigilance et le courage ont sauvé non-seulement Avignon et le Comtat, mais la Provence, le Languedoc et le Dauphiné : service eminent rendu au souverain pontife, au roi de France et à l'Église universelle. Les hauts faits et la gloire du nouveau Fabricius surpassent ceux de l'ancien, car, avec des forces inférieures, il a chassé du pays qui lui est confié les tyrans enragés de la nouvelle secte; et sa cause est infiniment plus grande et plus sainte que celle de l'incorruptible Romain. — Voici la fin : Havete in somma visto, Magnanimo Signore, l'inclinatione e devotione mia verso le divine qualità vostre. Picciavi donque in guidardone e ricompensa dell'amor mio, di leggere con lieto et tranquillo animo queste nostre vigilie : e d'essere tal'hora ricordevole della servitu ch'io tengo con voi. In questo mentre io prego il datore di tutti i beni, che vi doni felice e longa vita, non solamente per la conservatione e salute della nobile ed

aventurosa città d'Avignone, ed altri vostri popoli : ma ancora per terrore e flagello de desperati ed ostinatissimi
nostri avversarii, contra i quali Dio parimente vi faccia otte-
nere l'intera e sperata vittoria. Di Salone di Craos in Pro-
venza, agli xx. di Iuglio, 1562 (1). — D. V. S. Illustris-
sima deditissimo — M. Nostradamus.

Cette pièce est immédiatement suivie, sans titre général,
de la *Prédiction de janvier*, qui, avec celles des autres
mois, occupe les 66 derniers feuillets. Celles des premiers
mois sont très-longues, parce qu'elles sont en partie appli-
cables à toute l'année; celles des derniers, très-courtes,
parce que l'auteur abrége pour en finir.

Ces prédictions se composent, à chaque phase de la lune,
de son influence sur le temps et sur les choses humaines,
suivant le point qu'elle occupe dans le zodiaque, et celui
qui se lève en même temps à l'horizon. Puis viennent les
conséquences physiques et morales de la situation des planètes dans les maisons, et de leurs différents aspects entre
elles, et avec le soleil, la lune et certaines étoiles puissantes :
le tout-appuyé de citations latines de Ptolémée, d'Haly et
d'Albumazar. Les conjonctions, oppositions, trines, quadrats
ou sextils qui ont lieu sans cesse, produisent un si grand
nombre d'événements extraordinaires, inondations, séche-
resses, grêles, tempêtes, prodiges, tremblements de terre,
pestes, famines, massacres, empoisonnements, crimes et calamités de tout genre, que l'histoire de chaque siècle en
offre à peine davantage, et qu'évidemment presque rien de
tout cela ne peut s'accomplir. L'almanach de Nostradamus
est donc à mes yeux une sanglante satire de l'astrologie.
Mais parmi tant de prédictions réellement astrologiques,
dont le style est assez clair, malgré ses latinismes, on diroit
que l'auteur en a glissé d'autres, vraiment prophétiques, qui

(1) La ville d'Orange avoit été prise d'assaut et ses habitants exterminés, six
semaines auparavant, par le comte de Sommerive et Fabricio Serbelloni, à la tête
des catholiques provençaux et d'un corps de troupes italiennes.

se distinguent des premières par leur obscurité et par
l'étrangeté du langage (1). Nous allons donner quelques
exemples de ces deux manières, et quelques passages curieux, qui ne pourront faire sentir l'extravagance du tout,
mais dont le style fera distinguer aisément les pseudonymes
des véritables œuvres de Nostradamus (2).

Janvier. — Dans ce moys de janvier 1563, sera le premier quart de la lune precedente le premier jour à 19 deg.
d'Aries, qui participe de la mauvaise qualité des jours pre-
cedens, avec un peu de temperature de peu de durée e et
sera froid, sec, pluvieux, puis temps variable, donnant admiration, *cum formidine et pavore* de ce peu qui sera demeuré des humains, que par le fleau de Dieu nous est menacé d'une la plus grande frayeur que peut jamais estre
advenue au remanant des povres et miserables hommes. —
Et à l'occasion de l'année precedente, ou Sylla et Marius
semblent avoir esté ressuscités, adviendront telles frayeurs
et troubles, qu'en calculant cecy la plume se vient à retirer,
pour ne mettre par escrit ce que les astres presagent advenir
par guerres plus ferines que humaines, par famine, pestilence, subites et repentines invasions. — Et pour ce qu'en
ce petit revolu par les dits des plus sages qui ont escrit du
jugement astronomique, j'ay colligé ce que j'ay peu, et calculé les futures avantures de la presente année 1563 et 1564
(combien qu'il me soit comme à demy defendu de ne manifester ce que les astres demonstrent), j'ay rejetté toutesfois

(1) Je n'ai rien trouvé d'analogue aux principaux événements de 1563, tels que
le siége d'Orléans, la mort du duc de Guise, l'édit d'Amboise et la prise du Havre.
En outre, la p'upart des choses prédites sont d'un caractère entièrement opposé
à l'histoire de cette année et des suivantes, jusqu'à la seconde guerre civile. Je ne
vois, non plus, aucun rapport entre les prédictions mensuelles et les quotidiennes.
Celles-ci semblent mises au hasard, pour ruiner, par leur évidente fausseté, la
réputation du prophète et la croyance à l'astrologie. On trouve pourtant, le 27 février *Quel execrable forfait!* Or c'est le lendemain que le duc de Guise fut assassiné, puisque, selon les historiens, ce fut le 18, et que le calendrier d'alors
etoit en retard de dix jours

(2) Dans ce volume l'orthographe ne fourmille pas de lettres inutiles, comme
dans la plupart des livres imprimés à cette epoque. L'introduction du *v* médial et
du *j* est le seul changement que j'aie fait

. plusieurs choses superflues, n'ayant retenu tant seulement que ce qui m'ha semblé plus proche de la verité, et mesmes ce que par tant de temps j'ay appreuvé, et par plusieurs fois ay congneu estre veridique aux celestes significations. Parquoy je viendray à supplier mon souverain Dieu mon Seigneur omnipotent, *qui cum patre et filio simul adoratur et conglorificatur*, qu'il plaise à sa majesté me vouloir inspirer l'esprit de verité, me conduisant au droit sentier d'icelle. Parquoy ceux qui par cy devant ne m'ont entendu que Jupiter seroit inferieur à Saturne, en cette presente année ce sera Saturne qui sera dechassé par Jupiter remis à sus, et à son plus grand throsne : et ce que n'aura esté fait sera fait. *Sed revocare gradum superasque evadere ad auras*, cela ne se fera jamais, pour ce que la toutale mortalité s'approche, et grandissime : nul refuge n'apparoistra. *Restat adhuc cœlum*. — Et entre ces horribles et plus que stupendes avantures, *Quis enim talia fando temperet a lacrymis?* à cette heure qui est une heure droitement apres mynuit le xx de mars 1562 que le present calcul se fait, certainement je suis en deliberation de laisser tout. — Or apres avoir beaucoup calculé et de nuit et de jour, je ne me puis persuader autrement que les siecles de fer ne soyent totalement de retour, et que ne soyons du grand chaos, et de la fin du monde, si fin aucune aux choses commencées doit avoir, *quia Finis ab origine pendet*. O mon souverain Dieu eternel! apres que j'ay longuement accordé les saintes escriptures à l'Astrologie judiciaire, je n'ose mettre le centieme de ce que seroit grandement necessaire. Aussi à fin qu'il ne me soit donné à vice de surpasser les bornes de l'Astrologie, comme faulsement tous m'objectec (*sic*), je m'en passeray le plus legierement qu'il me sera possible. Seulement cecy : Des plus grans qui s'aimera se gardera, et le tout fera bien besoin. — Ce quadrat sera de tres mauvais effets pour le respect des meslées precedentes par mauvais conseil, et plus meschant advis, qui seront cause de grandes morts et depredations incredibles. Et seroit bien besoin (si à Dieu estoit agreable) que de tels

quadrats n'en fut qu'en cent ans un demy ; encores seroit ce trop. — Ez plus profondes parties orientales quelque grand de la loi Mahumetique, du tout martial, prince magnanime, la terreur de tout l'Orient, mourra non sans grandissime strage et conflict, et perte d'iceux. Aussi des monarques Chrestiens aux orientaux mourir. — O Saturne, que tu nous presages de maux si la puissance du grand Dieu n'y met la main ! Lon m'objette que je ne fais que presager mal, aussy certainement que mal ne nous est presagé ; je ne dis rien de moy, tout vient du mouvement des astres, et celestes calculations justement supputées, mais encores plus des Dieux immortels par punition. — Aux Occidentaux les pluies seront tellement abondantes, que l'on cuidera le regne de Deucalion estre de retour. — Par toutes les quatre figures celestes exactement erigées sur les quatre parties de l'année, accordant cette cy du printemps avec celle de l'hiver precedent, je treuve quelque famine, mais non universelle ; petite abondance de bestail terrestre, et grande de volatiles. — Et devers les parties orientales apparoistra quelque Roy d'estrange nation, mesmes d'estrange loy, lequel presques obtiendra le principal empire de tout l'univers. — Par le circuit de ce quadrat se tournera éveiller quelque brigue demy assoupie de quelque *residu*, tellement qu'à la parfin l'olivier deviendra le pin, *sed non sine papaverum decussione*, *et cruore multo*, tellement que les champs et rues publiques en seront stercorées. Puis sortira l'hydre terrestre et non celeste d'un aultre lieu pullulant comme du profond de tartare, et non des montaignes Hyperborées, ou le Soleil ne luit que bien peu : et feront comme le papillon alentour de la chandelle. Et pourceque dans ce quadrat de la Lune y a un quadrat de Mars à Venus different du superieur, signifie preparation à une infinité de ravissemens et mauvaises fornications. — O la piteuse tragedie qui se prepare, telle que jamais ne fut veue, ne jamais racontée par aucune des histoires memorables du passé ! Si Dieu ne nous envoye quelque bon ange pour nous sauver, je ne pense point que ne

soyons proches de noz derniers jours. — Presques toute
l'année ne sera que guerre, estant toujours Mars avec Saturne opposite.

Février. — Saturne retrograde et infortuné presage pertes,
dommages et detrimens à toutes substances tant ayant ame,
comme n'ayant ame de la nature de Saturne, et ce aux regions subjettes à luy. Icy je voy de choses grandes oultre
celles cy, lesquelles n'est besoin de referer. Je voy par celestes figures erigées les contrées, les cités et les personnes,
qui seront contraires et ennemies au Roy, que je ne veux
manifester. — Et pour le seur en l'année 1562, 1563, 1564,
et inclusivement jusques à 1567, depuis que le monde est
monde, que le grand Char a esté par la puissance divine
accompagné d'une premiere cause et meilleure nature, ne
furent jamais, ne aussi est possible avoir jamais esté, n'aussi
ne peut advenir de tant grans maux et enormes miseres, que
sera en celles la. O Dieu puissant quelles miseres, quelles
calamités, et stupendes avantures s'approchent. Je n'ignore
point qu'il n'ait des personnes doctes en nostre Europe qui
escrivent, mais ils ne sauroyent decrire la centiéme partie
de telles énormités, dignes d'une plus qu'émerveillable
admiration d'un si grand nombre *de Nerons, de Sylla, de
Marius,* qui pour vengeance tous ne tendent à aultre fin,
qu'à subvertir le monde, et le remplir et souiller de sang
humain. — En ceci j'ay suivi toutes les opinions des plus
anciens Astrologues, entre les Grecs Ptoleméc, entre les Barbares le grand Albumazar, qui entre tous ceux qui ont escript, avecques Haly ont obtenu le principat : et les ay con-
joins avec ma longue calculation de long temps observée.

Mars. — Apres la revolution de cette Lune n'est demonstré qu'une universelle pacification aux faits ecclesias-
tiques : et plus l'ancienne eglise Romaine ne sentira detri-
ment, que ne soyent passées quatre revolutions de Saturne
chacune de plus de trente ans : et ne se parlera que pour
aller alencontre de ce nouveau ennemy, qui jusques icy, et
ha plus de trois ans par diverses voyes indirectes essaye d'en-

vahir la plus grand part de la Chrestienté : mais en l'esté classe contre classe martialement et virilement luy sera obvié : ce nonobstant apportera une grandissime frayeur à toute la nation chrestienne, *non sine magno malo.* — Se feront de courses d'un païs en aultre, d'une gent à une aultre, tellement que peu au paravant l'on ourra battre et frapper armures au ciel : et verra on aussi en plain jour de grandiss. prodiges et portenteux. Et feront les hommes des songes grandement horribles dont de sept jours apres ne s'en pourront asseurer. Plusieurs de diverse nation et parenté d'un efrené vouloir et contrainte, voyans la mort et le coutteau à la gorge, et que leurs principaux amis les chasseront, s'alieneront et étrangeront de leurs maisons et domicilles, de leurs femmes et enfans, dont la plus part mourront de tristesse, angoisse et melancolie.

Avril. — Si Dieu eternel par sa grace ne nous vient visiter de son immesurée misericorde je ne sçay comme tout en ira. Et si aucun cuide que ce que je dis soit procedé d'ailleurs, que du jugement Astronomique, vienne luy mesme a bien ruminer les quatre figures celestes erigées sur l'universelle constitution de l'année : et certainement il verra que ce qu'est dans ce mien escrit ne sont bayes ou choses inventées a plaisir, mais le tout venant du parfait et infaillible jugement des astres. Ce qu'ayant cogneu plusieurs qui au paravant damnoyent ces miens escris, jugulés par la verité palinodiam cecinerunt. Aussi n'entre pas ceci dans testes ignorantes et sourdes. *Sed cum larvis non luctandum.* — Le temeraire Phaeton et le miserable Deucalion tous deux seront cause (qui dans cette année icy et la suivante seront de retour) l'un d'une grandissime effusion de sang et pareille conflagration : l'autre qu'une infinité de peuples seront noyés, esteins, et submergés dans l'eau, et la terre leur defaillira.— Pour les grandes et enormes tueries que seront esté faites, la terre viendra à luxurier, l'air et le ciel sera corrompu : la mer commencera estre demy pleine par diverses naufs et classes tant des Chrestiens que des Barbares : de deux classes une.

Mai. — La povre Provence se taira, ne s'osera plaindre, ne faire apparoir ses doleances : son mal procedé sera *partim a Mediomatricibus*. Les lieux circonvoisins à icelle fondront en chaudes larmes demandans secours à celuy que lon fera assavoir estre cause des effusions sanguinaires : et qui n'aura entendu, sera defendu le faire entendre à celuy, auquel pour la tenerité de son age, la centieme partie du mal ne sera rapporté; mais ne sera plus memoire du sexe feminin des extremes parties Britanniques : et par l'advenement du nouveau ennemy seront les promoteurs des pestilens affaires. La pioche ou le fer du ciel continuel tombé par les jours solsticials estives trembleront tellement que sera un piteux larmoyable advenement. — Mercure et Venus demonstrent qu'entre les Roys l'un permettra et fera que les ongles et dents soient extirpés du Lyon, puis le voyant ainsi depouillé de ses naturelles forces l'assaillira et le vaincra : et ce sera de nuit plus que de jour, et principalement à l'entrée de l'aube, trestous en leurs soleils orientaux.

Juin. — Dans ce mois apparoistra celuy illustre qui s'essayera de reparer les maulx : et tellement sera remonstré que la plus part du monde devoyé se reduira à l'obeïssance de la sainte eglise catholique et apostolique : en apres *sacrosancta Romana ecclesia* ordonnera qu'un chacun catholique vivra. Car Saturne et Jupiter s'approchent les uns des aultres pour reparer ce que trop inhumainement aura esté perpetré. Et pourceque l'eclypse qui est dans ce mois ne demonstre ses malins effets jusqu'à 1564 et 1565, nous les remettrons à un aultre lieu. — Dieu et les astres sont tellement courroucés contre nous, que si lon ne desiste des mechantes et iniques entreprises, j'ay bien peur que nous soyons proches de ce grand chaos et fin de ce miserable monde. — O le triste conseil, Roys et princes, d'avoir donné les mains deliées à bestes brutes! Vous en repentirés, et bien tard, vous en ploureres sur voz genoux. *Malum consilium consultori pessimum :* alors que vous y voudrés remedier, vous ne pourrés, *sero sapiunt Phryges*. Terrible ennemy viendra et seront grandz trahisons. — La plus part des tristes evenemens qui nous menassent adviendront plus devers la fin de cette année 1563, et au commencement de l'an 1564, qu'en autre temps. Icy l'on aura traité quelque paix, trefve, et accord non accordé qu'à demy, qui se rompra devers la fin de cette année, et commencement de l'autre 1564.

Juillet. — Comme la puissance temporelle est signifiée sous le masculin sexe, *nempe sub Sole*, et le fait de la spiritualité *sub Venere : fœmineam, inferioremve, et secundariam potentiam sacræ et religiosæ vindicem æternam esse in brachio seculari necesse est.* Dont il est manifeste et nécessaire que toutes les choses de ce monde soyent reduites sous le Roy tout ainsi comme à celuy qui est ordonné de Dieu. — La sempiternelle et à jamais durable monarchie spirituelle n'a esté preservée, confirmée ne defendue que pour le moyen de nos invictiss. monarques gaulois. Parquoy non sans cause et à juste tiltre le Roy de France est appellé TRES CHRESTIEN. Il est bien vray aussi que par les revolutions du monde de fort profondes années la monarchie temporelle ne peut estre aux Roys Gaulois, mais bien leur regne de grande amplification à perpetuité. Noachus, le plus sçavant en toutes sciences du monde, voyant l'universelle tyranie occupée injustement par Nembroth, sçavoit par les influxions des astres que le grand Abraham seroit appellé du païs de Phenice, lequel en icelle region instituoit (*sic*) Melchisedech *summum æterni ordinis spiritualis Pontificem, filium suum secundum primogenitum. Ipse autem in media Italia fixit æternæ sedis temporariæ basim pro omnibus Petri successoribus*, qui à jamais sera durable donec, donec, donec. Ne passons plus outre en ces revolutions du monde : mais ce que j'ay treuvé par icelles plaise à un chascun le prendre en bonne part. — Quant à ce qu'*ils* disent que le saint siege apostolique ne sera à perpetuité, *par cette conjonction et quadrat, et par les anciennes tables astronomiques de revolution,* combien que de tout temps se soyent treuvés des oppugnateurs, et pour le present aussi, s'ils accordent bien *leurs* escrittures *avecques le parfait jugement de l'Astro-logie*, il sera à jamais pardurable. *Quia* CHRISTUS *qui est Abrahami Babylonici semen, reprobata ejus in Syria sancta sede, venit Romam : et eandem sedem summi ponti-ficatus, quam illi dederat qui erat unus ex duodecim, ut esset fratres suos pasturus, Petri successoribus relictam voluit. Et* ceci, pour demonstrer à plusieurs dévoyés qu'ils se treuveront non moins trompés et abusés, *comme* les Juifs en attendant leur Messie deja passé, *errantes utrique oto cœlo, totaque via* (1).

Septembre. — Plusieurs autres grands choses sont à ad-venir dans ce mois, que je ne veux mettre par escrit, et pour cause : car plusieurs seront treuvés pour exploitter le forfait contre Parmenon. Dieu y sera.

Octobre. — Un monarque grand oriental pour soupçon de quelque petit Roy *volet tyrannum agere*, qui par conjura-teurs sera enchaîné, mené, lié et attaché, puis n'en sera plus de memoire, tellement que pour cause de loy et de secte lon verra deux beaux chevaux s'entrebattre, et plusieurs autres. Et puis trois et deux entre autres, à qui lon aura levé les renes et la bride, ne les pourront plus reprendre, car celuy qui estoit maistre des chevaux sera dessaisy. — Pour la pro-chaine opposition de Mars à Venus est demonstré que quel-que grandiss. occasion de dommages, detrimens et incom-modités adviendra aux Romains par crainte et fraïeur, toutefois ne sera qu'ils ne s'en ressentent. Et qu'à Rome entera presques un damnable Carrafe, ce nonobstant la bonne police et souveraine moderation de la S. de notre S.

(1) En parlant des *Adversaires*, j'ai déjà donné ce passage, avec trois autres de la même année cités dans le Janus. Je le répète ici, parce que Chavigny a sup-primé la première phrase latine, et omis ou changé les mots françois qui sont ici imprimés en caractère italique. Les changemens qu'il a faits dans le premier passage sont insignifiants. Ceux du second se bornent à ceci : « .... sçachant fort bien *qu'en icelle religion y ha* des plus sçavans du monde en toutes sciences : *mais par le jugement de l'Astrologie judiciaire* avecques la consonnance des sa-crées escrittures, combien *qu'ils ayent* quelque lumiere de raison, etc. » La com-paraison de quelques phrases, citées deux fois dans le Janus et les Pléiades, prouve que Chavigny est coutumier du fait. Mais ses altérations du texte sont or-dinairement sans importance.

pere le pape Pie 4 du nom, et d'effet non dissemblable au
pius Aeneas, si prudemment gouvernera la nacelle de sainct
Pierre, que le tout ira bien ; mesmes à Rome, ou *Italy in
revolutionibus mundi* les vient à menacer. *Quando enim*
(inquit) *Venus opponitur Marti in aliqua anni revolutione,
vel de sextili aspicit, accidet Romanis grandis occasio
multarum incommoditatum.* — Mars appliqué avec Jupiter
d'un quadrat menace les Roys, princes et satrapes : qu'ils
se donnent garde depuis le 8 du present mois jusqu'à ce que
soyent passés 75 jours.

Novembre. — Par un trine aspect de Mars à la Lune, et
par un autre de Saturne à Mercure, et un quadrat de Jupiter
à Venus est signifié que les rages éfrenées se viendront un
peu à mollifier : et seront reparés les divins simulacres aux
temples des Dieux immortels. Et seront proferés aux plus
puissans quelques mots en l'oreille concernans *rem Regis
Sardanapali* : qui sera causé de prompte et repentine intelligence. — Les guerres de religion dureront encores fort
longuement, et ne s'appaiseront que ne soit passée l'année
1566, lorsque les Princes, Roys et monarques, ensemble
nostre S. pere le Pape avec tout son sainct college s'assem-
bleront pour bons effets : et par ordonnance de concile, là
ou sera la lumiere du monde, sera celebrée quelque souveraine solemnité de feste en recordation d'un grand fait, et
victoire conquise divinement. Mais icy la mort d'aucuns
troublera.

Décembre. — Par les orientaux se levera une grande armée, que nous menassé que ce ne soit le nouvel ennemy,
vel novus hostis, qui nous doibt assaillir, et ne sera pour
rien comprins le nouvel ennemy pestilential. Puis par ces
deux quadratz de Saturne à Mars, et de Mars à Jupiter est
signifiée quelque estrange secrette entreprise par *Nobiscum
Deus* de quelque genereux faict qui s'executera avec division
de regnes. Et toutes les haultes menées et entreprinses durant cette pleneur Lunaire, et par les deux sequantes s'exé-
cuteront. Venus et Mars en l'ascendant de l'an 1564 du

monstrent quelque empeschement. Mais les conjonctions de
Saturne avec Jupiter monstrent que l'on ne cessera moins
virilement poursuivre. Ambassades envoyées pour compo-
siter. Ne pour cela de *In integrum restitutione, et Sol ma-
trimo.* des pollus. Mais le tout sera combatu absoluement,
et non ordinairement. *Faciebat M. Nostradamus, Salonæ
Petreæ Provinciæ, die 7 Maii* 1562, *pro anno* 1563. — Impressum Avenioni, cum licentia magnificorum dominorum
superiorum.

Une épigramme sur les misères de la France occupe la
dernière page. En voici la fin :

> *Mortales estote pii ; ætas ultima venit :*
> *Credite divinis, credite Nostradamo.*
> Io. *Chevignæi Belnensis.*

Plusieurs questions se présentent au sujet de ce volume.
Antoine Du Verdier dit que Nostradamus « a écrit des almanachs et pronostications chaque année, depuis 1550 jusques
à 1567, lesquels almanachs ont été imprimés à Lyon avec
les présages (1) par Jean Brotot et Antoine Volant, et par
Benoit Odo, comme aussi à Paris; » et La Croix du Maine,
que Jacques Kerver et autres ont imprimé à Paris ses almanachs et pronostications. Pas un mot d'Avignon. Il paroît
donc que l'Almanach de Nostradamus ne s'y imprimoit pas
habituellement. Mais Lyon fut au pouvoir des protestants
depuis la fin d'avril 1562 jusqu'à l'année suivante; et les
communications entre la Provence et Paris furent sans doute
rares et difficiles dans le même temps. L'auteur fut consé-
quemment obligé de faire imprimer dans son pays.

Vient ensuite la question du format. Je crois que le nôtre
fait aussi exception, parce que dans l'in-8 le mois ne de-

---

(1) Ces mots : *avec les présages*, qui sont pareillement dans le titre de notre
almanach, ne signifient pas *avec les quatrains*, puisqu'ils faisoient partie du calendrier; mais avec les prédictions en prose qui, publiées à part, s'intituloient *Pronostications*. C'est faute de le savoir que, dans le siècle suivant, le collecteur des
quatrains mensuels disséminés dans le Janus les a intitulés *Présages*. Avant de l'a-
voir compris, je ne pouvois m'expliquer ces mots de Du Verdier, ni certaines expressions du Monstre d'abus et de Chavigny.

voit tenir qu'une page, ce qui produit un meilleur effet; et
parce que les abréviations, souvent forcées, des prédictions
quotidiennes annoncent que ces prédictions devoient occuper des lignes plus longues. *La grand pronostication nouvelle
pour* 1557, citée dans la quatrième édition du *Manuel du
libraire*, est même in-4; et les deux titres suivants, tirés
du catalogue des livres de M. de Selle, Paris, 1761, confirment cette opinion : *La grand pronostication nouvelle avecques la declaration ample de MDLIX*, composée par *Michel Nostradamus, avec les figures de quatre temps sur les
climats* 47, 48, 49 *et* 50. Lyon, Brotot, 1558, in-8. —
Pronostication nouvelle pour MDLXII, par le même,
Lyon, 1561, in-8. — Il résulte encore de ces mots : *avec
les figures de quatre temps*, que *les quatre figures célestes érigées sur l'universelle constitution de l'année*,
c'est-à-dire le thème céleste des quatre saisons, que Nostradamus, dans la prédiction d'avril 1563, engage ses
critiques *à bien ruminer*, faisoient partie des prédictions
mensuelles. Or notre volume n'en offre aucune trace : ce
qui doit tenir à ce que ces gravures, destinées à un plus
grand format, n'ont pu trouver place dans cette édition mi-
gnonne, qui eut sans doute une sœur jumelle d'une taille
ordinaire.

Les mêmes titres fournissent encore la preuve que les prédictions qui suivent le calendrier dans mon exemplaire, se
publioient aussi chaque année à part sous le titre de *Pronostication*.

Je souhaite que ces observations et les citations de l'an
1563 puissent désormais faire reconnoître aisément les véritables Almanachs et Pronostications, et que les bibliophiles
ne soient plus exposés à payer chèrement des productions
de ce genre, attribuées faussement à Nostradamus. Mais
comme l'extrême rareté des siennes, la solution qu'on y
rencontre de certaines difficultés des Centuries, et l'espoir
d'y faire d'autres découvertes, en comparant plusieurs années, peut donner quelque valeur à des exemplaires privés de

leur titre, nous allons rapporter, sous leur date, beaucoup
de phrases citées dans le Janus, les Pléiades et le manuscrit
de la première, afin que si on en trouve quelqu'une dans ce
qu'on possède, on sache que c'est vraiment de Nostradamus, et de telle année. Je désignerai simplement par le numéro de la page les phrases tirées du Janus.

1550. — Les corps superieurs menacent grande effusion de
sang és deux extremitez de l'Europe, à l'occident et à l'orient,
et le milieu sera en tres douteuse crainte. Pléiades, p. 75.

1552. — Certes le grain sera cause de grande mutinerie
et trouble. 222.

1553. — Le Neptune second que la Gaule tenoit sera de
partie opposite. Les effusions de sang seront en double sorte.
96. — Il faut qu'un nouveau siecle soit renouvellé. 132. —
Les maladies seront bien autant à craindre que les guerres,
foulemens et oppression du peuple par gens sans raison.
134. — Le pays devers l'inferieure Germanie demi occidentale et septentrionale se mutinera : qui voudra estre à un,
qui à un autre. Il sera fort depeuplé et spolié par ceux de
leur nation et autre : et s'en fera une effusion de sang telle,
qu'on marchera au sang humain jusqu'à demi jambe. 164.
— Rome, jadis chef du monde, aura ceste année Jupiter et
Mars contraires; et seront plusieurs alentour de la Romanie
qui machineront contre la temporalité. Ms.

1554. — Ceste année doibt regner une femme, qui plusieurs
regnes mettra en trouble. 146. — Quelque secte nouvelle
pulluler et occuper quelque nation de gens bestiaux. Pl. 82.
— Le penultieme du mois (septembre) donnera empeche-
ment à l'Aigle à Nice, qui se verra oppressée par l'ombre
du Lion.... Tous les adversaires sortiront : de la le Piedmont doibt passer, le fer faucher, mutiler, assieger, saccager
ses voisins. Verone, Parme, Vicence, Bologne seront op-
pressées par nations à eux estranges. Un nouveau Hieron à
Pise entrera.... La nation Aquitanique doit par trop offenser
d'une lesion irreparable, outre les monts Apennins.... La
Celtique region fera nouvelle assemblée et grand exercite se

doit lever dans ce mois (septembre) pour assieger le grand
Pontife. Ms.

1555. — La perte de quelques personnages sera irreparable : mesme de celui qui valoit non moins en conseil qu'en
tous faits belliques. Themistocles oncques ne fut tant plaint,
124. — Les cieux et ses images font demonstrance qu'un
siecle nouveau de fer et de Saturne est de present. 132 et
238. — Y arriver le second Maximinus pour eux, pour son
pays Sylla le heureux. 162. — Ce qu'on a deliberé de faire
dans une nuit contre les bien endormis, sera d'une grande
cruauté. Ils feront par force veiller la plus part deux nuits,
et à la tierce le jour synodal fera l'embusche. O la malheureuse entreprise pour plusieurs! 204. — En peu d'ans on
viendra à preferer le sang martial Troyen, son successeur
issu, et chantera lon par l'univers *esse sub Francigenis un-
dique Germaniam*. 214. — Bonté changée, le tout procedant de celui qui veut perdre un œil, afin que son ennemy
soit privé des deux. 236. — Le nouveau prince sur grande
assemblée de peuple regnera de parfaite équité et droiture.
Pl. 8. — La France vuidée, l'Italie troublée, la Germanie
mutinée, l'Espagne à l'escoute, la Turquie en esperance : *es
damno alterius utilitas*. Pl. 60. — La cité superbe sera surprise. Le siege du souverain Pontife ne sera sans frayeur. L'entendement de la grand Potestat sera en trouble. Les deux
citez, celle de Jupiter et de Mars, trembleront une autre fois....
La pluspart de l'Italie occupée : les monarchies troublées de
guerre et de famine : plusieurs potestats en facherie. L'Italie
indignée : prince estranger revolté : Sylla et Marius arrivez.
Sectes en sedition.... Brennus ne fit jamais si grand frayeur
aux Meridionaux, que fera son successeur à la nation Germanique et Italique.... Les faits gothiques et barbares commenceront à se reiterer, non eslongnez de Rome, comprenant l'Italie.... Le siege du grand Pontife ne sera sans frayeur.
Quelques droits papaux seront ostez à nostre S. Pere eslongné de son regne.... On verra infailliblement la triple couronne estre bien proche. Ms.

1556. — Le crime de celui qui sera surpris par divine decouverte, qui de long temps portoit sur soi dehors caché, occult au cœur, sera à sa grande confusion : on n'eust pas cuidé qu'il eust voulu perpetrer tel crime. 122. — Les Alpes par Gaulois superées, le regne mis en Empire, l'Italie surmontée, l'Insubre assiegée, les habitans de la mer Ligustique et Corsique assubjetis et vaincus : et autres louanges seront au monarque Gaulois conferées : plus amples en Avril et May. Je laisse à mettre plusieurs cas et evenemens sinistres advenir aux regions Italiques, une autre fois subjettes au vrai sang Troyen.... Je trouve qu'un prompt assault sera donné par le grand superstite de Brennus non à Veronne, mais à Rome : lequel ne sera sans grand frayeur du siege Papal et des Principaux, estant leur ancienne felicité convertie à l'opposite. Et de ce qu'elle estoit jadis la frayeur et terreur des Gaulois, elle sera estonnée et craintive.... Les astres monstrent un grand conflict se faire au païs d'où jadis sortoient les divinateurs Etrusques. La cité qui jadis interpretoit les monstres, augures et auspices, aura grand besoin qu'on lui vienne interpreter le monstre qui naistra dedans. Pour la vraie source, cela presage leur totale ruine.... Ce qu'adviendra en la Toscane sera de merveilleuse adventure, et y aura certain augure de leur future transmigration : et devers la mer Ligustique et Corsique.... Les deux similitudes egales qui seront adviendra en brief. O infelice ! la sienne Hetrusque felicité sera convertie en infelicité. Il adviendra pour le seur sans plus s'eslongner, à la revolution solaire et martiale, et non moins à Rome, Gennes et plus horrible à Gand. Mais la plus part seront suffoquez et esteints pour ne donner occasion à leurs ennemis d'interpretation augurale.... La retention des sacrez et des principaux troublera beaucoup. On n'aura voulu croire celui qui avoit predit. Ms. — Le pin ne se pourra arracher ; par mauvaise tempeste de temps branler pourra, choir non. Ms. de la 2ᵉ Pléiade.

1557. — Typhon en plusieurs façons obscur. 100. — Août : Quelques sinistres accidens arriveront dans ce mois et le prochain si estranges, que les larmes me viennent aux yeux tenant la plume à la main. Ce sera au circuit de la France, depuis le Lyonnois à Paris. 206. — (J'ai donné précédemment quelques-unes des phrases de cette année, citées par le *Monstre d'abus*. Voici les autres :) A la cour royale seront aportées nouvelles du pays du cinquiesme climat. — Celui grand qui de peur et de gravelle cuidoit mourir, faisoit besoin. — Le grand grand sera quelque peu marry du grand grand. — L'esclave fuitif barbare à qui le conseil de Pompée tel ne fust. — La delivrance pour delivrance ne sera à ceux qui sont sunt. — Celui qui d'Italie ira en foaue sera plus agreable, placable au Roy des Mesopotamiens. — Je treuve que le duruvirat ou triumvirat a faire expédition à barbares. — Dieu veille permettre que la tuition melite ne soit abandonnée par les derniers jeunes qui fort pericliteront. — Les citadins essayeront par intestine conjuration de chasser les Ostracismes voluntaires. — Le pere Dionise qui par icy sera ne sera sans grand avancement. — Le nouveau Neptune sera en une dubieuse deliberation.

1558. — Ici se preparent trois principaux fleaux, peste, guerre et famine. Celui qui ne verra telles calamitez, sera non moins heureux, que celuy qui sera occupé du sommeil : tant sera horrible le temps par telles trois verges et fascheries celestes. 134. — Le commun populaire se trouvera tant en arriere, que plusieurs abandonneront femmes, enfans et terroirs, pour sauver leur vie. On plumera le chapon d'une partie et d'autre. 156. — Seront faites plusieurs pilleries et profanes depredations, plusieurs temples derobez. Qui usera de prudence fera bon guet, car la compagnie est grande. 174. — Si jamais en fut une autre qui tant longuement ait tenu par superbe et pertinace opinion, par famine sera rendue. 216. — Nouvelles seront apportées aux monarques pour recevoir les cités assiegées de longue traite : mais plus tost experimenter la famine Segontine : et la condition de paix non durable sera parlementée. 216. — O quelle estrange mutation de temps les astres font apparoir ! et

telle qu'oncques depuis le regne des Chrestiens n'a esté :
presque une subite renovation de regne et de siecle. 240.—
Le glaive de Dieu eternel est luisant par plusieurs famines
reiterées, mortalitez, effusions sanguinolentes et seditions
populaires. 246. — Par la mer seront de grandes mutations
subitement faites, qui seront telles, qu'on affermera *fatum
sortem ac fortunam* consister entre les humains. O quelle
variation! attendre jusques à l'extremité, nullement exempte.
246.— Il viendra ce neantmoins au bout de son principal
dessein et *totius orbis monarcha.* Je ne veux declairer quoi
ne qui sera. 297 et Pl. 20. — Innumerables factions se pre-
sentent non seulement pour la presente année, mais presques jusques à l'an 1585, lorsque je trouve encores plus
grand tumulte que fut jamais. Se dresseront nouveaux tumultes, esmotions et brigues : et seront commis plusieurs et
divers meurtres, et effusions de sang pestiferes et martiales.
Pl. 58.—La peur (qui ne sera vaine) sera si grande, que
des Gaulois aux regnes latins sera composée une nouvelle
langue, qui sera dite Gallolatina. Ms. — Celui qui desire
avoir ce qu'antiquement lui est deu, prendra luy mesme
l'expedition pour faire le plus grand voïage : et à son retour sera chanté par triomphe de victoire Gauloise,

> Voicy, voicy le grand dominateur
> De l'Italie et l'unique Domteur
> De la cité de Rome, qu'on admire
> De sur son chef le sceptre de l'empire. Ms.

Chaviguy cite dans le Janus, p. 289, la même phrase,
suivie, au lieu du quatrain, de celle-ci, qui venoit sans doute
après lui dans l'original :) *Hic erit E. L. R. D. E. V. Re-
giaque imperii nomine sceptra geret.*

1559. — Ceux qui seront employés à donner faveur, secours et aide pour leur Roy, à la departie feront tout le
contraire : tellement que sera par eux le monde en grand
trouble. 110. — Seront de si subites mutations, que ceux
qui seront haut seront bas : et ceux qui seront bas et

moyens seront hautement eleves. 126. — Le lion icy (juillet) causera plusieurs et diverses fievres d'inflammation. *Sequetur Victoria*. Qui pour se monstrer fort affectionné envers son Grand mettra en abandon sa vie. Et dira on, *Confossus quatuor vulneribus rediit*. 172. — En mesme temps la fortune se jouera bien de trois presques dans un moment, et tous subjets à un defaillement divers. O que tu es perfide et fragile! 184. — Seront des plus Grands, qui par plusieurs et diverses factions civiles non tant seulement perdront leurs biens, mais leur vie et honneur ignominieusement et de severe pertinacité. 198. — Venus et Mars proches l'un de l'autre presagent quelque mariage grand, qui se parachevera, lequel tant de temps s'estoit manié. Et à leur conjonction seront joints ensemble plusieurs autres evenemens, qu'il n'est besoin particulariser, pour n'irriter les tavans et guespes qui sont autour du tombeau du virulent Archilochus. 202. — La viduité du second Grand encores ne s'approche : le mal d'iceluy sera au poulmon. 218. — On passera les mers pour quelque grand maniement et affaire. La mort de quelque grande princesse. 248. — La conspiration qui sera faite alencontre de quelque Roy, ou homme, fera de grands maux au vulgaire et commun populace : moyennant aucunes secretes conspirations des citez et villes, pour la diversité des lignes, partialitez, sectes et autres civiles factions. 250. — Oncques à vie d'homme vivant du plus long aage ne pourroit avoir entendu ni oui ce que dans ce mois sera fait et entendu. La resjouissance d'un costé en sera grande ; per opposite, le genoul sur l'eschine sera bien renversé. L'infortune ne s'attaquera plus au fortuné. 254. — Encores se travaillera la belle Venus, parachevée aux calendes de Janvier, 260. — Et sera conjointe Flora d'une perpetuelle amour, concorde, foy, union et fidelle affinité avec les trois fleurs de lis à une. 262. — La serenité durera longuement. *Florebit et aurea fornax et regnabit tempore incerto*. 264. — Et ceux qui sont et seront enchainez pieds et mains en chaines d'or.

Vous qui lisez ceci et vivrez. verrez de grands cas. 297. — Pour les monarchiques factions seront de cas exhorbitans, non pour le fait martial, mais mercurialiste, jovialiste et monarchique. Pl. 58. — Apres les doubles tenebres passées, le tout viendra en sa pristine lumiere par confederation pacifiee. Pl. 91. — Devers les mers orientales, par la mer Tyrrhene, parviendra quelque grand prince d'estrange nation. Pl. 76. — N'estoit la calomnie des meschans, je mettrois icy des cas, qui par ce presage adviendront : et la voix *migrate. migrate et Veios, migrate Quirites.* — Les yeux qui en fureur se tourneront et vireront comme roue de molinet seront surpris.... Les plus grands Jovialistes seront contraincts par terre et par mer travailler. — La mort surprendra la plus grande espérance. Ms.

1560. — Merveilleux faits de Typhon. 100. — Toutes fois la plupart des inimitiez et querelles se macheront, on fera du sourd, du muet et de l'aveugle. 124. — Temps bien muable et tel possible que fut de long temps : car les siecles seront tout autres que n'ont esté par le passé. La mutation du temps sera telle et si muable qu'on y perdra son theme. 130 et Pl. 36. — Pleut à Dieu qu'il m'eust fallu passer outre sans rien dire sur ce mois (octobre)! A la parfin, il le faudra faire : mais ce ne sera sans pleurs, plaintes et grands gemissemens de la prodition qui est icy proche. Que Dieu y veulle remedier! 168. — Du grand tronc plusieurs branches seront coupées, *sed non nisi morte naturali,* de tout sexe. 220. — Se feront de grandes et secrettes conspirations ou Libra ha son quadrangle. 248. — Quelcun sera apprehendé *in cubiculo alieno,* que ne sera sans tumulte grand. 254. — Le siecle d'or commencera à soy renouveller : mais le nombre de cinq n'y sera jusques à la parfin compris. Se repentant que n'aura fait ce, dont l'occasion ne se presentera plus : et se treuvera destitué des Latins. 264. — Quelques uns ou plusieurs *sæ-vient in statuas.* Et premierement ce commencera en la Germanie, puis es Gaules : qui causera presques en toute la chrestienté une grande mutinerie et populaire sedition conspirée par aucuns chefs solitaires, qui cuidans esbranler l'arbre, n'en tombera que des feuilles : puis serpera en Espagne et toute l'Italie.... L'hydre de Hercules pullulera à toutes ses testes. Pl. 82. — Les Pannons avec la plus grand part de la Germanie se rallieront ensemble pour resister à l'impetuosité des Barbares, *Apud Viennam Austriæ* : et seront repoussées les virulences barbariques. Aura le resentiment combien le cœur Germanique peut, et à l'advenir pourra. Pl. 193. — Plusieurs frapez du ciel. *Et Roma non erit Romæ*. Et delaissera on la pluspart des couleurs inaccoustumées. Ms.

1561. — Seront profanés de temples par personnes de diverses sectes et autres de toute perdition. 102. — Quelque Grande bien grande, qui aura le surnom de pie et debonnaire, et l'Androgyn aussi feront quelque grand cas de bien, dont en sera d'eux perpetuelle memoire. 126. — Long temps a que le monde n'a esté purgé ni par famine, conflict, ni mortalité. 132. — Sera la pestilence si grande aux plus grandes citez, qu'elle fera oublier totalement les seditions esmeues pour la foy et la religion. 134. — Sera l'erreur plus grand qu'auparavant de quelcun bien grand au magistrat. Ses affaires iront au rebours. 166. — Sinistres et tres mauvais evenemens adviendront par freres, sœurs, parens, amis, petis voyages, foy, non foy, religion feinte et non feinte. Les mains, le coude et les membres proches seront les uns preservez, les autres lesez. 204. — Aucuns malins seront submergés et suffoquez totalement. 206. — Danger est que quelque grand Dame ne meure, et avec elle un sien enfant.... Apparoistra estre conservé et gardé ce que par tant de temps a esté establi. 260. — Pour le seur quelque sinistre inconvenient adviendra à un monarque des regions de Cancer, qui sera delaissé des siens.... *Hic finis Priami, hic aderit miserabile fatum*. 274. — Tant plus je me viens à profonder és celestes calculations, plus je trouve que ceci sera quelque prodigieuse et calamiteuse renovation de peuple, de secte et dogmatique persuasion. Pl. 36. — Saturne retrograde menace de mort

quelque grand monarque des regions de Cancer. Pl. 64. —·
Quelque grand union se fera entre les plus grands tant de
la spiritualité que temporalité : et sera ce qu'estoit, et n'en
sera rien diminué, plus tost augmenté : le tout esteint comme
feu d'espines, qui repullulera mais en vain. Pl. 74.

1562. — Pour le fait de la politique quelque grand sera
deposé de la charge du magistrat : estre accusé sans offense.
Ceux qui l'auront autorisé desautorisez sans deshonneur.
166. — Les rois auront des ennemis et adversaires du peuple,
Religieux et freres qui preschent la loi. 274. — Presques du
tout sortiront nouveaux regnes, ressuscitations de sectes :
les personnes ne se congnoistront. Advisez, pauvres chrestiens, le temps est court, la grande conjonction s'approche,
les astres ainsi le demonstrent. Pl. 36. — En lieux infinis de
l'Europe seront peurs, craintes, frayeurs repentines et subites
esmotions, tellement que les uns se viendront à esmouvoir
contre les autres sans cause, raison, ny occasion. Ce seront
frayeurs esmues de subites esmotions irraisonnables. Pl. 42.
— Le jeune Gordian par tout l'univers sera exalté et receu :
et celle supreme esperance ne sera frustrée envers les espe-
rans, faisant renouveller les siecles dorez : la plus part de la
truculence de Mars sera evanouie. Pl. 44. — Surviendront
quelques nouveaux sectistes qui viendront spargir et semer
certaines folles erreurs au peuple, tellement qu'entre plusieurs d'eux, pour la diversité des sectateurs, naistront
grandes guerres, querelles, noises, debats : et en plusieurs
assemblées le fer commencera tellement à luire, que sera
faite grande effusion de sang. Pl. 82. — Des cette année le
fait ecclesiastique temporisera.... Pour les tumultes eccle-
siastiques j'ay crainte que ne leur soit osté ce que par la conjonction de Saturne et de Jupiter leur est menacé. Ils feront
comme le pellican, qui cuidant esteindre le feu prochain du
nid de ses petits, avec ses aisles le vient plus fort à rallumer.
Pl. 104. — On aura tant combattu des effets de Saturne et
de Jupiter, qu'à la parfin Jupiter se trouvera inferieur, qui
de long temps n'aura ses preeminences et puissances abso-

lues. Ains seront conferées au Soleil et à Saturne qui seront les souverains dominateurs du monde, aux quels le sceptre ne sera jamais osté. Ms.

1564. — Les factions et discordances entre les plus grands seront telles, que l'ordre plebée en sera grandement offensé et plus que grievement lesé : de sorte que plusieurs provinces ne pourront jamais lever la teste : à tout le moins se ressentiront fort long temps des truculentes invasions. Pl. 59. — Grands tremblemens de terre seront faits, de façon que grandes montagnes seront transferées de lieu en autre. Pl. 75. — Pour les trop frequentes pluies, ce que sera en terre semé sera gasté : dont sortira une tant grande famine, que jamais ne s'ouyst dire la pareille, dont mourra une infinité de pauvres gens. Pl. 87. — La multitude rustique sera au plus bas de tout son pouvoir, frustrée de ses esperances, en angoisse, destresse, indigence, defaillance et pauvreté grande de tous biens et de tous vivres. Pl. 88. — Par accord des princes Lorrains est demonstrée pacification, pour laquelle les passages des regions seront totalement ouverts et plus ne se fermeront. On aura tant crié Noël, qu'à la parfin il viendra. Des nouvelles, qui auparavant à chariots et batelées couroyent, ne s'en parlera plus, ni de semblables inventions et menteries, et ne se rapportera rien que de parfaite verité. Pl. 91. — Les deux années subsequentes seront beaucoup plus douces et favorables par la grace de Dieu, pour ce que toutes telles incommoditez et afflictions cesseront, avec repos et tranquillité, l'air se presentant bien propice et salubre. Pl. 92.

1565. — Plusieurs ayant mené toute leur vie sainte, louable, monastique et de bonne religion, lairront leur premier estat, et apostateront, vagans et courans par le monde et suivans de fort mauvais conseils : et seront les premiers qui s'en repentiront. Pl. 97.

1566. — Occasion sera offerte aux plus grands princes de s'accroistre sur les Africains et Asiatiques. Pl. 123.

Dans son épître à Dorat, Chavigny dit qu'il avoit tous les

présages en prose, *paucis admodum exceptis*. Il lui manquoit probablement ceux de 1551, dont il ne rapporte aucune phrase. Comme il n'en cite point non plus de 1567,
tandis qu'il en donne presque tous les quatrains, l'auteur,
accablé d'infirmités, ne composa peut-être qu'un almanach,
sans pronostication, la dernière année. Mais puisque Chavigny n'emprunte qu'une phrase aux deux années précédentes, son silence n'est qu'un léger indice.

Bien que Nostradamus se plaigne, dans la prédiction de
janvier 1563, de ne pouvoir exposer librement sa pensée, il
me semble que la comparaison des quatrains et des fragments en prose écrits avant 1561 avec ceux des années
suivantes, ne prouve pas que l'ordonnance d'Orléans ait
produit un changement sensible dans ses almanachs et pronostications.

Horoscopes. — Dans la lettre de Rosenberg, il est surtout question d'horoscopes. On y voit qu'il a reçu sa nativité
et ses révolutions (1) des années 1561, 62, 63, 64 et 65;
mais que Nostradamus les refait à la manière des Indiens,
avec la plus grande exactitude, et que Rosenberg les at-

---

(1) On ne se contentoit pas d'observer la position des astres au moment de la
naissance, et de juger quelle influence elle auroit sur toute la vie. On faisoit de
même pour chaque révolution céleste, supposant que, chaque année, la disposition
du ciel au jour et à l'heure de la naissance modifioit l'horoscope général. Ainsi,
Chavigny mit à la suite du manuscrit des deux premières Pléiades, qu'il offrit à
Henri IV, né le 23 décembre 1553, la figure du ciel, à Pau, le 23 décembre 1594,
à 16 heures 47 minutes après midi; et il y joignit cet *Avertissement à Sa Majesté* :
« Sire, ayant considéré à part moy les furieuses entreprises, qui dernierement ont
esté faites sur Vostre Majesté, j'en ay voulu rechercher la cause celeste. Pour ce
ay erigé la figure qui est cy apres, de vostre revolution XLII° courant, qui est la
presente : et l'ayant conferée avec celle de vostre heureuse nativité, j'ay trouvé la
Lune retournée au mesme lieu (peu s'en fault) qu'elle tenoit en icelle nativité,
sçavoir la VII° maison du ciel, avec une opposition de Mars, qui est à l'ascendant,
lieu de la vie, et un quadrat de Saturno jetté d'en haut. Dont n'ay esté esbahi de
tels attentats, telle constellation y consentant pour ceste année : pour ce sera besoin encores vous garder. Combien qu'à mon jugement toutes telles entreprises
seront vaines, si aucunes eschoyent, pource que ledit Mars estant au signe du Scor-
pion, sien domicile, vous fortifie, garde et favorise, mesme estant regardé de bon
œil du meilleur des planetes, Jupiter : et rien ne fait le quadrat de Saturne jetté
d'en haut, pour ce qu'il se fait en signes de longues ascensions, et a force de trine
aspect : joint que ledit Saturne estant retrograde n'a point de vigueur.... » Dieu,
d'ailleurs, qui tient en sa main la vie des rois, et qui le destine à de grandes choses,
saura bien le préserver de tout mal.

tend avec la plus grande impatience. Il a pourtant lieu d'être
content des premières, puisque l'événement a déjà confirmé
plusieurs des prédictions qu'elles renferment. Il n'a pas encore reçu la nativité de son fils Charles, et il lui tarde bien
de la connoître, parce que Nostradamus l'a composée, avec
le plus grand soin, de trois manières, d'après la méthode
des Indiens, celle des Babyloniens, et la sienne propre. Mais
il a enfin celle de Jean, qui est un vrai chef-d'œuvre : « Ge-
« nituram filii mei Johannis accepi, et invenio te nullis la-
« boribus aut diligentia in ea perficienda pepercisse, eamque
« tam miro artificio confectam esse, ut similem nunquam
« viderim. » Rosenberg devoit en être bon juge, car il
dit qu'il avoit eu la passion de l'astrologie dès son enfance ;
et, d'après une lettre de son ami Pomeranus, jointe à la
sienne, il avoit choyé longtemps chez lui d'excellents astrologues. — Rosenberg parle aussi de l'horoscope de Charles IX, fait par Nostradamus, sans doute à la demande de
la reine.

Tout cela prouve qu'il savoit composer un horoscope, et
ne le traçoit pas toujours en dépit de l'art, comme Videl
le lui impute. Mais puisqu'il se jouoit de la grammaire
dans ses écrits, il pouvoit bien affecter une grossière ignorance en astrologie. L'astrologie, d'ailleurs, étant la seule
forme autorisée sous laquelle la faculté divinatrice pût se
manifester, et l'observation de ses lois ne pouvant donner
que des prédictions fausses, un voyant devoit recourir à la
ruse pour faire dire aux astres ce qu'il vouloit. De là, sans
doute, les différents systèmes employés par Nostradamus
en composant ses horoscopes. L'affectation d'ignorance pouvoit être des plus utiles à cet égard ; et il devoit employer
volontiers ce moyen pour se moquer de l'astrologie et se
venger de ses entraves. Une preuve qu'il ne croyoit pas à
ses dogmes, fondés sur les mouvements apparents des
astres et sur les plus frivoles analogies, c'est qu'il croyoit au
mouvement de la terre. Il savoit même qu'il dépend de la
force centrifuge et de la gravitation, et que ce seroit un jour

l'opinion commune : témoin ce passage de son épître au roi :
« Et precedera devant un eclypse solaire le plus obscur et le
plus tenebreux, que soit esté depuis la creation du monde
jusques à la mort et passion de Jesus Christ, et de là jusques
icy; et sera au mois d'octobre que quelque grande translation
sera faicte, et telle que l'*on cuidera la pesanteur de la terre
avoir perdu son naturel mouvement et estre abysmée en per-
vetuelles tenebres*(1). » C'est comme s'il y avoit : *la terre estre*
abysmée; car il sous-entend d'habitude le dernier mot qui
s'accorde avec la suite.

L'horoscope de Charles IX me rappelle que le roi et la
reine envoyèrent Nostradamus à Blois, en 1556, pour savoir
ce qu'il penseroit de l'avenir de leurs enfants, lorsqu'il les
auroit vus. Il n'est pas question de nativités. On le consulta non
comme astrologue, mais comme prophète. Cette idée qu'on
avoit de lui confirme le témoignage de Videl et du docteur
Fontaine, et s'accorde avec les récits des biographes. Chavigny, expliquant le quatrain de l'épître liminaire de 1555,
s'exprime ainsi : « De ce vieil comte de Tende nous avons
une plaisante histoire dans les presages prosaïques de nostre
auteur par moy colligez, livre premier. Retournant de Lyon
ceste mesme année pour aller en Provence, se mist sur le
Rhosne, advint que le bateau s'enfonçant, ledit comte tomba
dans l'eau jusqu'au menton et en beust son soul. Ce que
nostre dit Prognostiqueur lui avoit predit auparavant par ces
paroles un peu ambiguës : *Nostre gouverneur en buvant sera
surpris.* » *Surpris*, signifiant *pris* sur l'eau, tiré de l'eau,
est tout à fait nostradamique. — De même, César Nostradamus, parlant d'une ville de Provence prise par les comtes
de Tende et de Crussol, ajoute : « Cette victoire ayant
été predite par celui qui m'a mis au monde, à ces deux
seigneurs, lorsqu'il leur dit qu'ils lairroient les arbres pleins

---

(1) Si la terre pouvoit cesser de graviter vers le soleil, elle seroit lancée par
la force centrifuge dans les abîmes de l'espace, et plongée dans une nuit sans fin;
et si elle recevoit une impulsion qui agrandît son orbite, on pourroit se figurer
d'abord que sa déviation vient de l'absence de la pesanteur.

de fruits inaccoutumés et nouveaux, entendant de force
pendus. »

Après les contemporains, vient l'auteur de l'*Éclaircis-
sement*, qui tenoit, dit-il, du P. Joubert, ancien missionnaire
en Orient, que M. Cotton, père du confesseur de Henri IV
et de Louis XIII, « demandant à Nostradamus ce qui arriveroit à son fils, il lui répondit qu'il seroit un jour religieux
et une des lumières de l'ordre qu'il embrasseroit. » Étienne
Jaubert dit encore que, se trouvant à Bar-le-Duc, il apprit
du maître du château de Faim, nommé Florinville, que
Nostradamus y avoit séjourné, et que le grand-père de ce
seigneur lui ayant demandé ce que deviendroient deux co-
chons de lait qu'ils aperçurent dans la basse-cour, il repartit : *Nous mangerons le noir et le loup mangera le blanc.*
Sur quoi, il fut recommandé secrètement au cuisinier de
tuer le blanc et de le servir à souper. Mais, lorsqu'il l'eut
mis à la broche, un jeune loup, qu'on vouloit apprivoiser, en
mangea une partie ; ce qui le força de tuer le noir, et de le
servir au lieu de l'autre. Cela fait, le maître dit à Nostradamus :
*Eh bien ! monsieur, nous allons manger le cochon blanc, et
le loup n'y touchera pas. — Je ne le crois pas*, répondit-il ;
c'est le noir qui est sur la table. On fit venir le cuisinier,
qui avoua ce qui s'étoit passé. — Au même lieu, Nostradamus dit à quelques personnes qu'il y avoit dans la montagne
un trésor caché, qu'on ne trouveroit pas en le cherchant,
mais en creusant pour autre chose.

DU GOUT

ET

DE LA RECHERCHE DES AUTOGRAPHES

DEPUIS L'ANTIQUITÉ JUSQU'AU DIX-HUITIÈME SIÈCLE (1).

Déjà, dans l'antiquité, on peut apercevoir quelques traces de la valeur attachée dès lors aux manuscrits autographes : Lucien, dans son traité *contre un bibliomane ignorant*, fait allusion à ceux des harangues de Démosthène, aux copies de l'*Histoire de Thucydide*, exécutées par le célèbre orateur, avec sa belle écriture, ainsi qu'à celles d'Ictinus et d'Atticus.

Martial est encore plus explicite. Au livre VII de ses *Épigrammes*, il y en a deux, la 11e et la 17e, qui attestent que ses parents et ses amis sollicitoient de lui des autographes de ses poésies avec corrections de sa main, et il ajoute que ces corrections en augmentoient la valeur :

> Cogis me calamo manuque nostra
> Emendare meos, Pudens, libellos
> O quam me nimium probas amasque
> Qui vis archetypas habere nugas !
> . . . .
> Septem quos tibi mittimus libellos,
> Auctoris calamo sui notatos :
> Hæc illis pretium facit litura.

Strabon parle d'un certain Apellicon de Théos qui poussoit jusqu'au vol la passion des autographes. Mucianus, trois

---

i   i nouvelle édition, corrigée et augmentée, des *Recherches historiques et l'autographie*, de Peignot, qui doit paroître à la li-

de fruits inaccoutumés et nouveaux, entendant de force
pendus. »

Après les contemporains, vient l'auteur de l'*Éclaircis-
sement*, qui tenoit, dit-il, du P. Joubert, ancien missionnaire
en Orient, que M. Cotton, père du confesseur de Henri IV
et de Louis XIII, « demandant à Nostradamus ce qui arriveroit à son fils, il lui répondit qu'il seroit un jour religieux
et une des lumières de l'ordre qu'il embrasseroit. » Étienne
Jaubert dit encore que, se trouvant à Bar-le-Duc, il apprit
du maître du château de Faim, nommé Florinville, que
Nostradamus y avoit séjourné, et que le grand-père de ce
seigneur lui ayant demandé ce que deviendroient deux co-
chons de lait qu'ils aperçurent dans la basse-cour, il repartit : *Nous mangerons le noir et le loup mangera le blanc.*
Sur quoi, il fut recommandé secrètement au cuisinier de
tuer le blanc et de le servir à souper. Mais, lorsqu'il l'eut
mis à la broche, un jeune loup, qu'on vouloit apprivoiser, en
mangea une partie ; ce qui le força de tuer le noir, et de le
servir au lieu de l'autre. Cela fait, le maître dit à Nostradamus :
*Eh bien ! monsieur, nous allons manger le cochon blanc, et
le loup n'y touchera pas. — Je ne le crois pas*, répondit-il ;
c'est le noir qui est sur la table. On fit venir le cuisinier,
qui avoua ce qui s'étoit passé. — Au même lieu, Nostradamus dit à quelques personnes qu'il y avoit dans la montagne
un trésor caché, qu'on ne trouveroit pas en le cherchant,
mais en creusant pour autre chose.

Plus tard, quand l'ère administrative moderne succéda au moyen âge et à l'époque féodale, on vit, dès le seizième siècle, l'attention se porter sur les pièces de ce genre.

« L'importance des documents politiques originaux, dit M. Lud. Lalanne (1), les fit rassembler de bonne heure. L'un des plus magnifiques recueils de ce genre est celui qui fut commencé par Philippe, comte de Béthune, frère de Sully. Telles sont encore la collection des frères Godefroy (bibliothèque de l'Institut) et surtout celle des frères du Puy (Bibliothèque impériale), où l'on trouve réunis à la fois des documents littéraires, historiques et scientifiques. A partir du dix-septième siècle, des littérateurs et des savants conservèrent avec grand soin les lettres qu'ils recevoient et la minute de celles qu'ils envoyoient. C'est ainsi qu'ont été formées les correspondances d'Hevelius et de Lisle (bibliothèque de l'Observatoire), celles de Boulliau et de Baluze (Bibliothèque impériale) et bien d'autres. » Cependant il faut dire que, dans cette voie des collections privées, les Allemands nous avoient précédés, en adoptant de très-bonne heure l'usage des albums, auxquels ils donnoient quelque fois les noms de *Stammbuch* (2), *Hortus* ou *Thesaurus*, *Liber amicorum*, et sur lesquels des princes, des voyageurs, des savants ou de simples amateurs faisoient inscrire, comme nos belles dames d'aujourd'hui, des signatures de personnages célèbres, avec une pensée, une phrase en vers ou en prose, enfin un mémorandum quelconque de celui dont on vouloit conserver le souvenir. L'usage des albums, qui avoit commencé par les princes, les seigneurs, ou du moins par les savants et les personnages lettrés, s'étendit bientôt à tous les rangs et aux simples ouvriers. On en a un exemple remarquable dans la publication faite tout récemment en Allemagne de l'*Album curieux d'un compagnon à l'époque*

(1) *Dictionnaire des pièces autographes volées aux bibliothèques publiques de la France.* p. 6.

(2) Il y a même en allemand un mot, *Stammbuchreiter*, colporteur d'album, pour désigner l'importun qui s'en va, son album à la main, recrutant des autographes.

de la guerre de trente ans (1). C'étoit un simple ouvrier relieur, Christophe Felber, de Hall en Tyrol. Ce recueil remonte à l'année 1642, époque où Felber, travaillant comme
compagnon à Vienne, lui fit une jolie reliure de format
oblong, enrichie d'ornements délicats et dorée sur tranche.
La plus ancienne mention est datée de Vienne, du 1er décembre de cette même année, et la dernière d'Olmutz, du
26 avril 1662. Pendant cet intervalle, Felber se rendit à
Salzbourg, puis revit Hall, sa ville natale, et visita successivement Wasserbourg, Munich, Augsbourg, Passau, Lintz,
Presbourg, Thorn, Dantzick, Posen, Lissa, Vienne, Lay-
bach, Salzbourg, Neustadt-Viennois, Graetz et Olmutz.
L'album contient des notes et des souvenirs sur chacune de
ces villes, non pas dans l'ordre régulier où le voyageur les
a parcourues, mais au hasard, sur le premier feuillet venu;
quelques pièces sont en latin, mais la plupart en langue
vulgaire, contrairement aux usages de l'époque, ce qui, du
reste, s'explique parfaitement par la condition du possesseur.

Cet usage ne tarda pas à être adopté dans les autres pays.
On peut voir, dans le *Bibliophile belge*, 2e série, t. IV,
p. 115, la description d'un de ces albums ayant appartenu
à Jacques de Wilde, amateur hollandois du dix-septième
siècle. La collection Van Voorst, vendue à Amsterdam,
en 1859, contenoit jusqu'à dix-huit de ces albums, ce qui
prouve combien l'usage en étoit répandu.

On conserve dans la collection Motteley, à la bibliothèque
du Louvre, l'*Album autographique et héraldique* des deux
frères George Christophe et Othon de Rietheim, étudiants à
l'université de Louvain, qui voyageoient en France de 1560
à 1586. Ce livret, curieux surtout au point de vue des dessins, représentant des costumes et des scènes de mœurs, a
été décrit par M. Darcel dans la *Gazette des Beaux-Arts*,
t. III, p. 89.

La France, où l'usage des albums auroit pris naissance

(1) *Ein Denkwuerdiges Gesellen-Stammbuch*, etc., publié d'après l'original, par
Robert Keil 1864, in-12.

si l'on en croit un passage de Guibert de Nogent, cité par
M. Lud. Lalanne (1), n'offre pas un grand nombre de documents de ce genre. Cependant la Bibliothèque impériale en
possède quelques-uns, celui de Valère Colin d'Orléans, 1583-
1586; celui de Beaullart, échevin de Caen en 1606, portant
en tête un quatrain dont le titre est : A MES AMIS ENROOLLÉS
EN CE LIVRE.

Le *Magasin pittoresque*, t. III, p. 50, parle d'un album
qui contenoit trois mille cinq cent trente-deux témoignages
d'estime et d'amitié des hommes remarquables du dix-
huitième siècle, entre lesquels il faut compter Montesquieu
et Voltaire. L'auteur des *Curiosités littéraires* a reproduit
cet article en y ajoutant la mention de trois autres albums.
L'un appartenoit à Daniel de Behr en 1586; l'autre à
Barclay; le troisième à Mme Desloges.

Dans un album conservé en Angleterre et ayant appartenu
à Camille Cardogni, gentilhomme napolitain qui résidoit à
Genève de 1608 à 1640, on lit entre autres autographes,
le suivant :

> *If vertue feible were*
> *Heaven itself would stoop to her.*
> *Cœlum non animum mutant qui trans mare currunt.*

Junii X, 1639, Joannes Miltonius, Anglus.

Le *British Museum* conserve un certain nombre de livrets
du même genre, dont quelques-uns splendidement illustrés.
Le plus ancien est de 1579. Nous en dirons quelques mots,
parce qu'on y voit figurer surtout des autographes françois,
parmi lesquels se trouvent plusieurs chansons du temps. La
première signature que l'on y rencontre est celle du duc
d'Alençon, l'un des prétendants à la main d'Élisabeth.

(1) Guibert raconte qu'un de ses parents, dès le commencement du onzième siècle,
« avoit une habitude très-élégante. Toutes les fois qu'il rencontroit quelqu'un
qu'il savoit avoir quelque distinction dans les lettres, il exigeoit de lui qu'il écrivît,
à son choix, un morceau de prose ou de vers dans un petit livre qu'il portoit toujours sur lui pour cet usage. »

Est-ce pour la vierge reine qu'il a tracé cet emblème ressemblant à une flamme avec la devise : *Fovet et discutit?*

Parmi les articles exposés aux regards des curieux dans le même établissement figure l'*Album amicorum* de Christophe de Nuremberg, contenant une collection d'autographes allemands et anglois. Il y en a un assez grand nombre dans les manuscrits Sloane. Le fonds provenant de la bibliothèque particulière de Georges III en contient un évidemment fait pour Charles Ier. Il s'ouvre par les signatures et les devises du roi et de la reine

1626 *Si vis omnia subjicere, subjice te rationi.*

Carolus R.

En Dieu est mon espérance.

Henriette-Marie R.

Suivent d'autres noms anglois ou étrangers, accompagnés le plus souvent de courtes sentences, et parmi lesquels nous remarquons la signature et les armes de Charlotte de La Trémouille, comtesse de Derby. Le tout est sur papier interfolié de vélin où sont tracés, avec de riches enluminures, les blasons des personnages dont il est question.

C'est également en Angleterre qu'avoit été formée une collection offrant quelque analogie avec les albums, celle de sir Robert Cotton, qui renfermoit plus d'un millier de signatures, dont un assez grand nombre a passé en France dans diverses ventes. Certains amateurs affectionnent ce genre de souvenirs qui a l'inconvénient d'entraîner ceux qui s'y livrent à des mutilations toujours regrettables. Le catalogue des manuscrits de Dawson Turner, Londres, 1859, in-8, contient, numéros 649 à 660, la description de douze *Alba amicorum* formés par des collecteurs anglois, allemands, hollandois, françois, etc.

C'est vers le seizième siècle que l'on voit en France des particuliers commencer à rassembler les lettres autographes de personnages célèbres. Il est vrai que ce goût paroissoit

une singularité. On lit dans le *Scaligerana secunda :* « La
Croix du Maine est fou : il avoit une chambre toute pleine de
lettres de divers personnages, mises dans des armoires, *in
nidis.* J'y allai et, en sortant, d'Aurat me dit : *Oscura diligentia,* car il ne prononçoit point le *b.* Telles gens sont les
crocheteurs des hommes doctes qui nous amassent tout :
cela nous sert beaucoup ; il faut qu'il y ait de telles gens. »

Il est difficile de croire qu'à l'époque où l'on se passoit
curieusement, de main en main, les copies des lettres de
Balzac, de Voiture, de Mme de Sévigné, la possession des
originaux ne fût pas convoitée par des amateurs plus friands
encore ; mais ils ne sortoient guère de la main des desti-
nataires ou de leurs familles. Néanmoins nous voyons
Mme de Longueville demander dans une de ses lettres qu'on
lui envoie « des écritures, » c'est-à-dire des autographes.
L'abbé Boisot, de Besançon, envoyoit en cadeau à Mlle de
Scudéry, avec des lettres italiennes et espagnoles, un sonnet
autographe du Tasse, le tout provenant de la collection
Granvelle (1). Enfin, si l'on a vu de nos jours mainte grande
dame exploiter le double prestige du crédit et de la beauté,
pour grossir, à tout prix, des collections de ce genre, il n'est
plus permis de douter que celles du siècle de Louis XIV ne
les aient devancées dans ce goût, et qu'elles ne s'y livrassent
dès lors, quoiqu'avec plus de discrétion peut-être. L'une
d'elles écrivoit à Huet : « Ce qui donne à mon sens l'avantage tout entier aux lettres sur la conversation, c'est qu'elles
ne vous donnent pas seulement des paroles que le vent emporte et que l'air dissipe. Elles rendent les pensées visibles
et aussi durables que le papier même auquel on les confie.
On a la joie d'y reconnoître la main de la personne qui nous
écrit, de la suivre dans toutes les lignes où elle a passé. On
recherche, jusque dans la manière dont les caractères sont
tracés, ce que les termes les plus vifs ne sauroient jamais
bien faire sentir. » Certes, il est difficile de mieux rendre

(1) Tallemant des Réaux, *Historiettes,* nouvelle édition de M. P. Paris, t. VIII,
p. 132.

le genre de plaisir que peuvent procurer les autographes.
Eh bien ! celle qui exprimoit si heureusement ce genre d'é-
motion qu'on seroit tenté de croire tout moderne, dans une
lettre inédite à Huet, dont nous n'avons vu que la copie, et
dont nous voudrions posséder l'original, ne fût-ce que pour
vérifier sur cet original même l'exactitude de la description,
cette grande dame, di .ons-nous, n'est autre que Mme de
Montespan, la spirituelle et aristocratique maîtresse du
grand roi. Mme de Maintenon, qui partagea avec elle ce
goût et quelques autres, n'y mettoit pas tant de sentiment,
et semble avouer, dans un passage caractéristique, qu'elle
collectionnoit par calcul plutôt que par plaisir. Envoyant à
l'un de ses correspondants une lettre de la princesse des
Ursins, elle ajoutoit : « Renvoyez-la-moi, s'il vous plaît ;
je vous rends aussi celle de la favorite. *Les originaux des
personnes considérables peuvent être utiles à garder.* »

Mais un des monuments les plus curieux et les plus complets du goût des autographes au dix-septième siècle est le
morceau inédit suivant, que M. Chambry a bien voulu nous
communiquer, et qu'il croit provenir des archives du château
de Gassion. On retrouve dans l'original, l'écriture et la signature des personnages les plus considérables du temps,
tels que les duchesses de Longueville et de Nemours, Julie
d'Angennes, Mlle du Vigean, le marquis de La Moussaye,
le grand Condé, M. de Montausier. Nous reproduisons
soigneusement toutes les singularités que présentent l'orthographe et quelquefois les idées.

RECUEIL D'ÉCRITURES, COMPLIMENTS EN VERS ET EN PROSE
ADRESSÉS AU COMTE DE TOULONGEON, SOUS FORME DE LETTRE,
AVEC CACHETS ET SOIES.

Incipiam primus ludere carminibus.

Anne de Bourbon.

*Je suis bien ayse de trouver une occasion de vous écrire
se que ne vous ay james osé dire devines le si vous pouves.*

X. de Montmorency.

Les jours de ton apsance
      Me sont des nuis
  Et les nuis la présance
      De mille ennuis.

Marie d'Orléans.

Thoulongeon je vous ayme autant comme il se peut
Car vous le mérités et mon père le veut.

Julie d'Angennes.

Eh bien vous le voulés il faut vous satisfaire
Il faut afranchir Rome il faut vanger mon père.

Marthe du Vigeau.

  Je ne prétens pas Toulongeon
  Que tu m'aye obligation
  De transcrire dans cette letre
  C'est asses sy tu veux permettre
  De te dire que La Moussais
  Est ton serviteur à jamais.

Nogent Lamoussaye

Enfin vous l'emportés et la faveur du roy
Vous eslève en un rang qui n'estoit dû qu'a moy.

Louis de Bourbon.

Sunt mihi bis septem præstanti corpore nymphæ
Dont je vous garde la plus belle pour votre retour
  Hastes vous donc de la venir choisir.

Montausier.

On s'occupoit aussi d'autographes dans l'*Assemblée du Luxembourg*, espèce d'académie qui se réunissoit en 1692 chez l'abbé de Choisy, et dont le journal manuscrit existe à la bibliothèque de l'Arsenal (1).

Nous voici arrivés au dix-huitième siècle et nous pouvons

---

(1) Voy. les *Mémoires du marquis d'Argenson*, que l'auteur de ces notes publie pour la *Société de l'Histoire de France*, t. 1.

désormais laisser la parole à Peignot, dont les recherches sur *l'époque où l'on a commencé à rechercher les autographes* laissoient trop de côté les temps antérieurs.

Citons seulement ce qu'il dit à propos d'un fragment de lettre du régent, conservé par Jamet, précieux autographe que celui-ci, dit-il, conservoit comme la prunelle de son œil, parce que l'authenticité en avoit été reconnue par Melon, Fourmont, Fontenelle et Lancelot. C'est en quelque sorte le premier témoignage, sinon du goût, au moins de la passion des autographes, ayant un objet certain et une date précise. « Je me rappelle, dit Jamet à propos de cette pièce dont le fac-simile a été donné dans l'*Iconographie* de Mme Delpech, que ce dernier surtout (Lancelot), cet *helluo librorum*, vouloit me donner en troc de cette curiosité, un gros vilain Sanchez, élucidé de ses notes (car le bon compagnon aimoit ce friand ragoût autant que le bon vin). Je dis plus : il avoit une idée bien calotine sur ce papier ; c'étoit de l'encadrer entre deux verres, comme on fait de certaines estampes. Il avoit de cette façon un poulet de Ninon de Lenclos à M. de La Châtre (1), et une cédule jaculatoire de Vincent de Paul à une sœur du pot. Telle étoit la manie de cet amateur pour certains autographes. La mienne a été de garder celui de M. le régent, préférablement aux tours de manége ou, comme dit Montaigne, aux *escarquillements* du P. Sanchez.... » E. J. B. RATHERY.

(1) Seroit-ce le *bon billet* si connu ?

NOTE

SUR

LE LIVRE DE MORMON.

Nous ne nous occupons ici, bien entendu, de la Bible de cette secte singulière, que sous le rapport bibliographique.

D'après la légende de Joseph Smith, le fondateur du mormonisme, il auroit connu par une vision l'endroit où étoient déposés les documents concernant l'histoire des anciens habitants de l'Amérique. Il trouva en effet ces documents, gravés sur des plaques de métal, en caractères appartenant à une langue inconnue, mais présentant quelque analogie avec l'ancien alphabet égyptien. A ces plaques étoit joint l'*Orim-Thummim*, sorte de lunettes merveilleuses, avec lesquelles Joseph déchiffra couramment l'écriture des plaques. Il recevoit de temps en temps la visite d'un ange qui venoit voir si la traduction avançoit, et qui emporta les plaques dès que le travail fut terminé. D'après cette prétendue révélation, l'Amérique auroit été peuplée deux fois, par des émigrations de l'ancien continent : la première avant le déluge par des enfants du patriarche Jared ; la seconde par des Juifs échappés de la Palestine à l'époque de la prise de Jérusalem par Nabuchodonosor. Les peaux-rouges actuels seroient les descendants quelque peu abâtardis de cette colonie juive. Sur cette base s'échafaude un tohu-bohu prodigieux d'événements visiblement empruntés aux réminiscences bibliques de l'ancien monde ; peuples passant et repassant alternativement de la connoissance du vrai Dieu à l'idolâtrie, *et vice versâ*, prophètes et apôtres méconnus, martyrisés de mille façons diverses, villes immenses saccagées et détruites pour jamais, nations exterminées jusqu'au dernier homme, etc. Tout cela est écrit d'un style dur, obscur et entortillé, qui fait peu d'honneur aux esprits célestes sous l'inspiration desquels Joseph écrivoit.

Le livre de Mormon a été plusieurs fois imprimé en Amérique et en Angleterre, mais il en existe une traduction françoise qui a paru, ou plutôt a failli paroître en 1851. C'est un volume in-12 de 600 pages, imprimé en caractères stéréotypes. L'intention des Saints (ainsi s'appellent entre eux les adeptes du mormonisme) étoit de distribuer cette bible aux prosélytes qu'ils comptoient faire en France. Mais au moment où ce volume venoit d'être imprimé, la prédication du mormonisme fut interdite par la police, et presque tous les exemplaires de la traduction françoise du livre de Mormon furent transportés à Liverpool, siége de l'agence centrale du mormonisme en Europe. Ils y sont encore, en attendant que la semence de « l'Évangile des derniers jours » fructifie sur le sol françois. Cette moisson se fait beaucoup attendre, car la « branche de France » ne compte encore que treize Élus (*Elders*), tandis que le mormonisme a fait de nombreux prosélytes en Angleterre, en Suède et dans certaines parties de l'Allemagne, partout où se recrutent les émigrations vers le nouveau monde. Le nombre total des mormons est aujourd'hui pour le moins de deux cent mille, dont la majeure partie habite la région du lac Salé, dans les montagnes Rocheuses. Cette région est celle où les premiers disciples de Joseph Smith allèrent s'établir en 1845, après leur expulsion de l'État du Missouri et l'assassinat de leur maître, meurtre barbare et impolitique, qui lui donna le prestige du martyre, et a fait assurément plus de prosélytes à la nouvelle religion que la lecture du livre de Mormon.

Les Saints des derniers jours ont une vénération profonde pour leur Bible. Ils se soucient peu de l'exposer aux railleries malséantes des gentils, et ne la communiquent qu'à ceux dont ils espèrent la conversion. Malgré notre indignité, un mormon françois a bien voulu nous confier pendant quelques jours un de ces précieux volumes, mais sans vouloir nous le laisser une minute au delà du laps de temps convenu. Pour le conserver plus longtemps, ou obtenir un exemplaire en toute propriété, il auroit fallu devenir mormon tout à fait, et franchement c'étoit un peu cher. Mais, du moins, nous avons pu surprendre une particularité intéressante pour les bibliophiles : c'est qu'il a été tiré *cinquante exemplaires format* in-8, sur papier vélin fort, de l'édition stéréotype en françois. Il est encore plus difficile, comme on pense, de mettre la main sur ces exemplaires de luxe, que sur ceux en papier ordinaire. Ils sont dans les mains des hauts dignitaires du mormonisme qui les conservent religieusement. Pour conquérir un de ces précieux volumes, il faudroit arriver à prendre place parmi les plus fervents adeptes de la religion « des derniers jours; » faire le voyage d'Amérique, franchir les quatre cents lieues de déserts qui séparent la colonie du grand lac Salé des territoires des États-Unis, et épouser là pour le moins cinq ou six femmes, car on ne peut prétendre à passer pour un véritable mormon, si l'on ne pratique avec un zèle ardent le dogme fondamental de la polygamie. Certes, la passion des livres a donné lieu de nos jours à bien des luttes brillantes; on pourroit même dire partout ailleurs que dans ce Bulletin, à bien des folies! Pourtant nous doutons fort qu'il se trouve jamais un bibliophile capable d'accomplir de tels sacrifices pour un exemplaire en grand papier de la Bible des mormons.

Baron ERNOUF.

ANALECTA-BIBLION.

Correspondance inédite de Buffon, publiée par Henri Nadault de Buffon. *Paris, L. Hachette et C*, 1860 ; 2 vol. in-8.

Un arrière-petit-neveu du célèbre naturaliste vient de publier la *Correspondance de Buffon*. En acquittant la dette du sang, M. Nadault s'est proposé un but plus général, non moins élevé : il a voulu prouver qu'un grand génie n'excluoit pas un grand cœur, que notre admiration pouvoit se concilier avec notre estime, et, pour réfuter les menus propos d'une chronique indiscrète ou maligne, il n'a trouvé rien de mieux que de nous montrer l'homme derrière l'écrivain.

Nous n'éprouvons aucune honte à avouer que si, jusqu'à ce jour, nous connoissions l'un, nous ignorions complétement l'autre. Tant qu'il s'agissoit du naturaliste, de ses hautes conceptions, de ses inductions lumineuses, de son travail opiniâtre et soutenu pendant soixante années, de son génie vigoureux et sobre qui popularisa chez nous la nature en lui prêtant le plus majestueux des langages, notre admiration étoit sans réserve. Nous n'avions pas, il est vrai, le sentiment *buffonien* à la manière de Mme Necker, de Gibbon et de la petite *église* de Montbard; nous ne faisions de leur héros ni un dieu ni un prophète; nous éprouvions quelque peine à voir, comme M. Henri Martin, dans sa tête calme et reposée *un chaos sublime, sillonné de mille éclairs et*

plein des germes des mondes futurs ; mais son style demeuroit pour nous le premier des styles, et nous n'hésitions
pas à lui donner une place à côté de Bossuet, en laissant aux
critiques du métier le plaisir un peu jaloux d'éplucher les
détails. Quand nous arrivions à l'homme, c'étoit autre chose.
Quoique nous n'ayons pas une foi bien absolue dans les jugements de Hérault de Séchelles et des autres dévots de
l'Encyclopédie, le souvenir des quolibets dont ils avoient
accablé Buffon nous revenoit involontairement à la pensée.
La démarche superbe, la gravité compassée, les airs de gen-
tilhommerie, l'abord froid et altier, la roideur académique,
le luxe d'apparat, la religiosité hypocrite, l'égoïsme sensuel
que l'on prêtoit au *comte de Tuffières* éloignoient la sympathie et nous gâtoient l'admirable écrivain. Nous ne pou-
vions nous le représenter sans son habit pailleté, sa perruque
étagée, ses riches fourrures, ses manchettes et son jabot de
dentelles, mesurant d'un pas solennel et réglé les terrasses
de son château, au milieu des humbles saluts de ses vassaux
et du fumeux encens de ses flatteurs. Son entourage ne nous
plaisoit guère mieux : l'intimité d'un capucin philosophe et
bavard n'ajoutoit rien à son lustre, et la faveur accordée aux
saillies indécentes d'un barbier de village trahissoit un goût
peu relevé. Sans doute, la perruque ne fait pas l'homme, la
dignité du maître n'est pas compromise par la grossièreté du
serviteur, et tout le monde, sans en excepter le savant lui-
même, a le droit de payer son cuisinier plus grassement que
son bibliothécaire. Vetilles, minuties, soit; mais ces minuties laissoient au fond une impression défavorable. On
sentoit un cœur sec, un caractère orgueilleux, personnel,
grand dans l'ensemble, petit dans les détails; on cherchoit
en vain l'élan d'une âme chaude et généreuse, et, dans tout
le faste du haut et puissant seigneur de Montbard, nous
trouvions moins de vraie grandeur que dans ce seul cri
jeté par son fils sur l'échafaud de 93 : « Citoyens, je
m'appelle Buffon ! »

Les rares échantillons de sa prose familière n'étoient pas

plus encourageants. Au contraire de ses discours, de ses
Époques, de cette peinture de l'homme qui vivra autant que
son modèle, et dont le pinceau a tant d'ampleur, de délicatesse, de pompe et d'harmonie, son style courant nous paroissoit dépourvu de vivacité et d'abandon, trivial et mono-
tone. Quand nous le comparions à la plume si légère, si
acérée, si françoise de Voltaire, nous restions stupéfaits du
parallèle, et bientôt, oublieux des larges vues, des profondes
pensées, ne nous souvenant plus que de celles que le progrès scientifique a laissées en route, nous arrivions, non sans
une certaine émotion, à répéter tout bas : Buffon n'est qu'un
phraseur de génie !

C'étoit une erreur, nous nous faisons un plaisir de le reconnoître. A la place du philosophe pédant et gourmé que
l'on nous disoit, nous avons trouvé dans sa correspondance
un homme simple, bon, charitable, sensible, tel que nous
le souhaitions, tel que nous l'avions souvent rêvé. Oui, vraiment bon, modeste et sensible, non pas de cette sensiblerie
affectée qui fut tant de mode au dix-huitième siècle, mais
de la sensibilité d'un cœur honnête, humain, vertueux. Sa
bonté n'est pas de la foiblesse, sa modestie n'est pas du re-
noncement à soi-même ; il ne faut lui demander ni la retenue
d'une jeune fille, ni l'humilité d'un ascète : ces qualités sié-
roient mal à l'éloquent historien de la nature ; mais il sait
aimer, et son affection, toute contenue qu'elle soit dans les
termes, est aussi dévouée que sincère ; il sait donner, et sa
libéralité n'est pas ostentatrice ; il ne dédaigne pas les louanges, et leur préfère ses amis ; il recherche la gloire, et ne jalouse pas celle d'autrui ; il prise les honneurs, et ne leur sa-
crifie pas son indépendance ; il honore les rois sans bassesse ;
il est si peu courtisan, qu'il n'est entré à Versailles que deux
fois dans sa vie ; il a conscience de son génie sans orgueil ;
sa sévérité pour lui-même devient indulgente pour les autres ;
chose rare, il conserve ses amis et s'attache ses serviteurs :
soigneux de son épargne, administrateur exact de sa fortune,
il sait être magnifique à l'occasion dans son hospitalité de

Montbard et dans ses dons volontaires au Jardin du roi ; il a
un sentiment profond de la famille, et sa tendresse prend un
accent maternel quand il parle de son fils ; en un mot, ce
n'est plus le Buffon altier et théâtral que nous attendions,
c'est un homme supérieur et excellent qui joint à un naturel
heureux un fond d'humeur toujours égale, qui se plaît dans
son intérieur, qui ne hait pas la simplicité et à qui l'on donneroit volontiers le nom de *Bonhomme*, si ce titre n'étoit
déjà consacré à un autre peintre d'animaux, à La Fontaine.

Il ne faudroit pourtant pas forcer les nuances et exagérer
ce dernier parallèle. Avec ses hautes qualités morales, si mé-
connues jusqu'à ce jour, Buffon ne possédoit rien de ce qui
faisoit, à proprement parler, l'*homme de lettres* au dix-huitième siècle. Élevé en dehors de la vie littéraire de ce temps,
au milieu des mœurs graves, un peu solennelles de l'aristo-
cratie parlementaire de province, il avoit conservé de son
berceau une certaine froideur de formes qu'accrut son séjour
en Angleterre et qui passa dans sa correspondance la plus
intime. N'attendez donc de lui ni la vivacité ironique de
Voltaire, ni la fougue de Diderot, ni la railleuse finesse de
Grimm, ni les dramatiques apostrophes de Rousseau, ni la
verve de Beaumarchais, ni l'élégance spirituelle du duc de
Nivernois, ni l'âpre causticité de Chamfort. Son style, si familier aux grandes images dans la description de l'univers, n'a
rien de brillant dans l'épître domestique ; il ne cherche ni
l'esprit, ni l'émotion, parce que son humeur n'est pas tournée de ce côté et qu'il en fait d'ailleurs peu de cas. Sa dignité naturelle répudie le désordre dans la pensée comme
dans le vêtement ; il a en aversion « le style asthmatique, »
c'est-à-dire les phrases brèves, heurtées ; la déclamation et
la fantaisie qui se glissoient déjà dans les mœurs littéraires
lui répugnent ; il rougiroit de la souquenille de Duclos et du
bonnet arménien du citoyen de Genève ; il aime par-dessus
tout la noblesse et la règle, et c'est ce qui fit dire à Hume,
lorsqu'il le vit pour la première fois, *qu'il répondoit plutôt*

à l'idée d'un maréchal de France qu'à celle d'un homme de lettres. Son beau-frère, Benjamin Nadault, conseiller au parlement de Bourgogne, qui cultivait avec succès la peinture, lui semble *un peu trop artiste pour un conseiller.* Son génie tient plus encore du poëte que du philosophe : Mme Necker remarque judicieusement qu'il faisoit plus de cas de Milton que de Newton, c'est-à-dire de la langue sublime qui parle au cœur de tous les hommes, que de la science qui se fait à peine comprendre de quelques-uns; il apprécie avec un merveilleux sens la poésie bâtarde de son siècle : « Saint Lambert, dit-il, en s'égayant, n'est qu'une froide grenouille au Parnasse, Delille un hanneton et Roucher un oiseau de nuit; » il a l'oreille juste et délicate, et cependant il ne put jamais écrire un vers passable, à moins qu'on ne veuille lui imputer ce pauvre marivaudage, improvisé dans un jeu de salon et rapporté par son secrétaire, M. Humbert Bazile :

> Sur vos genoux, ô ma belle Eugénie !
> A des couplets je songerois en vain;
> Le sentiment étouffe le génie
> Et le pupitre égare l'écrivain.

On a dit qu'il étoit ennemi de la méthode, et lui-même semble dédaigner l'expérience des détails pour donner libre carrière aux généralisations hardies. « J'avoue, s'écrie-t-il dans le tome XII° de l'*Histoire naturelle,* qu'il faut du courage pour s'occuper continuellement de petits objets dont l'examen exige la plus froide patience et ne permet rien au génie. » Je ne sais ce qu'en pensent les savants et je ne voudrois pas jurer qu'ils ne lui aient quelquefois reproché de sacrifier l'humble analyse aux brillants systèmes; mais j'ai grand'peur qu'il n'ait été dupe ici de lui-même et que le plus impérieux besoin de sa nature n'ait été précisément l'ordre, la méthode dans la conduite, la clarté et l'enchaînement dans les idées. Tout le prouve dans sa correspondance, tout

y est contenu, limpide, sobre, calculé, ponctuel : son père
auroit pu inscrire sur chacune de ses lettres les mots qu'il
plaça sur la dernière page de la Théorie de la terre : *Sancte
clarissime, ora pro nobis.* Sa vie est aussi réglée que ses
mœurs : « Je suis charmé, écrit-il à l'abbé Le Blanc, son
ami, quand je pense que vous vous levez tous les jours avant
l'aurore; je voudrois bien vous imiter; mais la malheureuse
vie de Paris est bien contraire à *ces plaisirs.* J'ai soupé hier
fort tard et on m'a retenu jusqu'à deux heures après minuit.
Le moyen de se lever avant huit heures du matin, et encore
n'a-t-on pas la tête bien nette après ces six heures de repos !
Je soupire après la tranquillité de la campagne. Paris est un
enfer, et je ne l'ai jamais vu si plein et si fourré. Je suis fâché
de n'avoir pas de goût pour les beaux embarras; à tout moment il s'en trouve qui ne finissent point. » Il n'est heureux
que lorsqu'il est à Montbard ; il a hâte de réparer les brèches
faites à ses études par l'agitation parisienne, grâce à son valet
de chambre, Joseph, qui le réveille tous les matins et auquel
il donne un petit écu chaque fois qu'il parvient à le faire lever
avant six heures. A travers ses gigantesques travaux, qui tenoient l'Europe attentive, il a cure des moindres détails : il
vend ses bois, ses fers et fait réparer sa maison; il n'oublie ni
sa vaisselle ni ses voitures, aux portières desquelles il défend
de peindre des armoiries : il règle ses comptes avec son
libraire et ses débiteurs. Il écrit à son fils, alors près de l'impératrice Catherine II, à Saint-Pétersbourg : « Je consens
très-volontiers que vous repreniez vos 21 louis sur les
1500 livres que vous venez de tirer à Pétersbourg, et de plus
je vous permets d'en prendre encore 21 autres sur l'argent de
la première lettre de change que vous tirerez.... » Et plus
loin : « Vous me parlez du gros jeu qu'on joue à Pétersbourg ;
je suis persuadé que vous ne faites aucune de ces parties ;....
les lettres de crédit n'auroient pas beau jeu et la bourse seroit bientôt épuisée. » Ou bien il inscrit sur son livre d'affaires : « Il m'est dû, pour la location de la halle de Buffon,
4 livres du sieur Tribolet.... Il m'est dû, pour la permission

du jeu de quilles, 3 livres par an. » Est-ce égoïsme ou ladre-
rie? Non : il a seulement le luxe solide et l'esprit d'ordre des
vieilles maisons, et au moment où il descend à des soins qui
révolteroient le plus piètre de nos *bohèmes*, il s'émeut sans
affectation, des souffrances de la classe indigente : « Vous
qui êtes si honnête et si bon, dit-il au président de Ruffey,
ne gémissez-vous pas sur les malheurs des pauvres? » Il fait
mieux : en agrandissant ses jardins « afin de semer l'au-
mône sans encourager la paresse, » il recommande de porter
la terre à dos d'homme pour prolonger le travail et de veiller
à ce que les hottes soient petites; il donne à son fils deux
mendiants pour parrain et pour marraine, et, lorsqu'un voisin, l'abbé Sallier, le désigne comme son légataire universel,
il n'a de repos qu'il n'ait découvert un pauvre neveu inconnu
du testateur et qu'il ne lui ait remis, les dettes payées, le reste
de la fortune.

S'il ignore l'avarice, il ne s'enivre pas davantage des fumées de l'orgueil. Lorsqu'en 1777 on lui dressa une statue
au Jardin du roi, à Paris, il s'empressa d'écrire à M. de Ruffey : « Je vous remercie bien sincèrement de la part que vous
avez la bonté de prendre à cette statue (*sic*), que je n'ai, en
effet, ni mendiée, ni sollicitée et qu'on m'auroit fait plus de
plaisir de ne placer qu'après mon décès. *J'ai toujours pensé
qu'un homme sage doit plus craindre l'envie que faire cas
de la gloire*, et tout cela s'est fait sans qu'on m'ait consulté. »
Ces paroles sont belles, quoiqu'elles ne signifient pas, encore
une fois, que leur auteur soit impénétrable à la louange; il
est homme après tout, et un dédain absolu n'eût été qu'une
habile hypocrisie; mais cette louange, il l'accueille naïvement, comme il se la donne lui-même, sans en tirer vanité ou
conséquence; il la rend, d'ailleurs, avec usure : un petit
grain d'encens, recommande-t-il à son fils, ne fait jamais
de mal avec les souverains, et il rembourse au centuple
l'idolâtrie de la bonne Mme Necker en appelant son mari
*notre grand homme, notre héros, le père tendre de la pa-
trie*. Il y avoit là, sinon quelque vérité, au moins quelque

courage : *ce père tendre* étoit alors en disgrâce, ses mala-
dresses venoient de lui faire perdre le ministère, et il étoit,
comme dit un peu candidement Buffon, « affligé du regret
de ne pouvoir continuer à faire notre bonheur. » Chose remarquable! seul peut-être entre tous ses contemporains, le
naturaliste ne se méprit point sur Voltaire. « Je ne lis, dit-
il, aucune de ses sottises, » et ailleurs, « je trouve bien du
rabâchage dans ses missives sur le roman de Rousseau; mes
mauvais yeux m'empêchent de lire et ceci m'en dégoûte. »
Malgré ses mauvais yeux, Buffon n'étoit-il pas plus clair-
voyant que son siècle?

Nous l'aimons mieux encore, s'il est possible, dans son
commerce intime avec ses amis et sa famille. « Le vrai bonheur est la tranquillité, écrit-il à Guyton de Morveau; le
premier moyen de se le procurer est de la donner aux autres
et de laisser, comme disent les moines, *mundum ire quo-
modo vadit.* » Ce n'est pas tout à fait la sagesse du chrétien;
c'est une philosophie un peu païenne qui pose en principe
que pour être heureux il faut se retrancher en soi, se borner
à ses amis, couper court aux accidents du dehors, offrir le
moins de prise possible aux impressions douloureuses et
éviter le contact du monde; mais, cette réserve faite, le fond
de la pensée n'est-il pas un goût vif et délicat de la vie de
famille? Celle de Buffon s'écoule paisiblement dans l'intimité, entre M. de Ruffey, le président de Brosses, Varenne
de Fenille, Gueneau de Montbeillard, l'abbé Le Blanc, « qui
fume comme un grenadier, » et l'abbé de Piolenc, la marquise de Scorailles, Mme Necker, le vicomte de Saint-Belin
et le chevalier de Buffon, son frère; n'oublions pas surtout
la gracieuse M. Daubenton dont l'amitié lui fut si chère et
si fidèle. Son affection n'est ni verbeuse ni expansive; elle
n'étale ni grands mots ni grands sentiments; un voile pu-
dique la dérobe aux regards; mais comme elle est douce,
simple, comme elle vient droit du cœur, comme il comprend
l'amitié! « C'est de tous les attachements le plus digne de
l'homme et le seul qui ne dégrade point. L'amitié n'émane

que de la raison : l'impression des sens n'y fait rien; c'est l'âme de son ami qu'on aime, et *pour aimer une âme, il faut en avoir une.* »

Transportez-vous un instant à Montbard, avec le pieux éditeur de cette correspondance ; visitez avec lui l'avenue des tilleuls, les grands marronniers, les allées quadrillées, les murs tapissés d'espaliers, les terrasses couronnées de lierre, les sycomores centenaires, l'humble pavillon dont J. J. Rousseau embrassa le seuil, et la tour féodale qui domine l'horizon, et dites-nous si ces lieux respectés, confidents de ses études immortelles, n'ont rien gardé de la placidité du génie qui les habita. Il est deux heures, Buffon, qui travaille depuis le grand matin, quitte son réduit solitaire et rentre au logis paternel. La cloche sonne; les hôtes et les serviteurs se réunissent : voici la comtesse de Buffon(1), qu'il aima toujours d'un amour sans mélange et dont la mort devoit être pour lui « la plaie la plus cruelle; » Gueneau de Montbeillard, le collaborateur patient et enthousiaste de l'histoire naturelle, l'*auteur du paon* et *le paon des auteurs*, selon le prince de Gonzague, au demeurant le plus simple et le moins vaniteux des hommes; le *Mouton* (2) et *Fin-fin*(3), si bien doué, si spirituel et si aimable dès l'âge de treize ans, que Diderot regrettoit d'avoir marié sa fille; l'abbé Bexon, bossu et contrefait, mais dont les yeux petillent de malice et d'intelligence; M. le *Théologat*(4), d'une humilité si candide qu'il se reprochoit, comme une orgueilleuse pensée, d'aspirer au paradis; Mme Nadault, qui gazouille comme un rossignol, et le *charmant Moucheron* (5), suivi de sa fille Betzy, qu'épousa

(1) Mme de Buffon étoit la fille du marquis de Saint-Belin.

(2) Buffon appeloit ainsi Mme de Montbeillard. C'étoit une personne fort distinguée, à la plume de qui on attribue l'article du *Rossignol*. Elle avoit appris, pour aider son mari dans ses recherches, plusieurs langues anciennes et modernes. Un jour que des officiers étrangers débitoient des impertinences devant elle, croyant qu'elle ne comprenoit pas : « Prenez garde, messieurs, leur dit-elle, les femmes entendent les sottises en toute langue. » Nous empruntons cette anecdote à M. Sainte-Beuve.

(3) Le fils de Gueneau de Montbeillard.

(4) L'abbé Berthier, théologat de l'église de Semur, hôte habituel de Montbard.

(5) Mme de Daubenton.

Buffonet après son divorce avec la fille indigne du marquis de Cepoy (1), le *charmant Moucheron* dont le doux bourdonnement attendrissoit Buffon, celle à qui il écrivoit : « Vous voir me tient plus au cœur que de tout posséder; » ou bien : « Je donnerois toute ma science pour savoir seulement où vous êtes, » et dont M. Nadault cite des fragments d'une grâce exquise qui feroient à eux seuls la fortune de son livre. Derrière ces figures tour à tour graves et souriantes, n'apercevez-vous pas enfin Limer, le premier valet de chambre, qui a passé du service de Voltaire à celui de Buffon, et qui ne se plaint pas de l'échange; Joseph, le préféré du maître, le serviteur de confiance; Mlle Blesseau, la digne surintendante du château; le sommelier, vénérable personnage, qui mène un peu la maison; le P. Ignace, qui, tout saltimbanque qu'il a été, cache sous les lazzis gaulois un cœur généreux et avec qui je me réconcilie lorsque je le vois, en 1793, offrir au fils de son bienfaiteur, dépouillé et sous les verrous, la modeste aisance qu'il tenoit du père! Les voilà tous à leur place rassemblés : on sert « la soupe; » oui, vraiment, le grand homme ne parle pas un autre langage; il n'a pas plus de dignité, je le confesse, et j'ajoute, à sa honte, qu'il n'a pas un foible appétit. On demeure longtemps à table; la causerie est sans façon, piquante et légère; elle s'émaille de rires, de plaisanteries aimables; l'illustre savant daigne lui-même conter l'anecdote comme un simple mortel, et si le silence devient trop respectueux, il s'arrête brusquement en s'écriant : « Parbleu! nous ne sommes pas ici à l'Académie! » Puis, on passe au salon, on écoute une ariette, Buffon lit son courrier ou traite ses affaires, il reçoit les visites qui accourent de tous les points de l'Europe à Montbard, les envoyés des souverains et les pèlerins inconnus, il s'entretient avec bonhomie des choses du jour ou des merveilles de la nature; il montre à ses convives les médailles d'or qu'il a reçues de l'impératrice de Russie et les

(1) La première femme du fils de Buffon devint la maîtresse du duc d'Orléans

lettres que lui écrit son fils, et le couvre-feu a déjà retenti depuis longtemps au beffroi de l'église, que le château et ses hôtes veillent encore.

C'est ainsi qu'il abandonne doucement son existence, ensevelie dans la province, à un courant uniforme d'études et de délassements mêlés. Ce sont ces détails intimes que l'on surprend à chaque page dans sa correspondance et qui faisoient dire à Gibbon « qu'il unissoit à un sublime génie la plus aimable simplicité d'esprit et de manières. » Je n'aime pas à voir, en général, l'étoffe de la vie privée passer de main en main, et de relique qu'elle auroit dû rester, devenir un chiffon à force d'être touchée. La mémoire a sa pudeur comme la vertu; elles exigent le respect l'une et l'autre. Mais je ne reprocherai pas à M. Nadault de Buffon d'avoir dépassé le but en multipliant ses recherches intelligentes. Il y avoit pour l'éditeur de cette correspondance un devoir impérieux à nous montrer, non le Buffon travesti, mais le Buffon réel. Il n'a pas failli à cette tâche. Ses notes, toutes nombreuses qu'elles soient, sont loin d'être un hors-d'œuvre. Grâce à elles, nous marchons de découvertes en découvertes, nous faisons un véritable voyage d'exploration autour du peintre de la nature. Si la corde de l'éloge est parfois trop vibrante, si M. Nadault aime à mettre en lumière les parties favorables, il ne laisse du moins dans l'obscurité aucun des petits travers, des foiblesses (elles étoient rares en Buffon) inséparables de l'humanité. En amateur sagace et curieux, qui ne se contente pas à demi, il a lu tous les mémoires du dix-huitième siècle, les lettres, les épigrammes, les recueils de chansons et d'anecdotes, les pamphlets, la bibliographie, les collections anciennes et modernes, les nouvelles à la main, les manuscrits et les généalogies de famille, les documents originaux et les études postérieures, il a fait un ample butin de renseignements piquants, d'observations érudites, d'*excerpta* littéraires. Ses portefeuilles étoient pleins, il n'a eu que la peine de les ouvrir. Sous le titre de *Notes*, il nous a donné une biographie presque com-

plète de la France et particulièrement de la Bourgogne,
cette province si riche alors en grands hommes sous le règne
de Louis XV. Partout la glose suit le texte : le long commerce qu'il a entretenu avec le siècle ne lui laisse aucune
hésitation ; les hommes dont il nous parle sont pour lui des
personnages vivants, des amis, des connoissances, des parents, des familiers d'un autre âge. Il est un lien entre le
présent et le passé, entre la société d'aujourd'hui et la société d'autrefois, il les rapproche ; il nous fait toucher des
ombres et nous les montre aimables et enjouées ; il nous introduit dans un monde disparu qui se survit à l'état de brillant souvenir.

Il faudroit presque une table pour guider le lecteur dans
cette forêt luxuriante d'intéressants détails, *silva rerum*,
comme disoit Cicéron ; nous aurions, au surplus, mauvaise
grâce de nous en plaindre, car ces détails nous ont restitué
le vrai Buffon, le Buffon de tous les jours, un Buffon sans
geste olympien et sans éblouissante auréole, il est vrai, mais
un Buffon qui vaut mieux encore, un homme simple, naturel, bon, cordial et digne d'être aimé.

                                            HENRY BEAUNE.

———

Lettres de Mme Swetchine, publiées par M. le comte
    de Falloux, de l'Académie françoise. 2 vol. in-8.

Quand nous avons rendu compte, il y a deux ans, des
deux volumes ayant pour titre : MADAME SWETCHINE, et pour
sujet : *La vie et les œuvres* de cette sainte et illustre femme,
nous annoncions d'avance, mais à coup sûr, la publication
de sa *Correspondance :* car M. le comte de Falloux, l'éloquent et noble courtisan d'une telle mémoire, avoit annoncé
lui-même que cette seconde publication seroit subordonnée
au succès de la première. — Le doute n'étoit donc pas
permis. — Et, en effet, voilà que deux nouveaux volumes :

Lettres de Mme Swetchine, viennent de paroître avec une préface de M. le comte de Falloux, qui n'a pas écrit son nom au bas, mais qui a signé chaque ligne, tant y abondent les supériorités du style et des idées.

« Ces deux volumes, dit M. de Falloux, vont vous rendre Mme Swetchine sous un aspect encore plus intime que les deux premiers. C'étoient d'abord des *Pensées* recueillies pour elle seule, mais enfin, dans une certaine mesure, méditées et formulées; aujourd'hui, ce sont ses sentiments mêmes, dans leur abandon le plus sincère, dans leur forme absolument spontanée, et répondant à l'effusion également confiante des cœurs qui s'ouvroient à elle. »

M. de Falloux s'est demandé d'abord s'il classeroit les lettres par date ou par personne, et il s'est arrêté au second système. Nous l'en félicitons : si le classement par date évite quelques répétitions, il morcelle la pensée et en fait disparoître l'unité. Puis, Mme Swetchine ne parlant jamais une langue banale, ne répétoit jamais pour l'un ce qui avoit été dit pour l'autre. Elle s'identifioit tellement avec ses correspondants, qu'après avoir tout lu on aura la physionomie de chacun aussi clairement dessinée que la sienne propre. Au surplus, l'ordre chronologique est observé dans ses différentes correspondances, qui sont également classées entre elles selon le rang d'ancienneté.

Le premier volume contient les lettres à Mme Roxandre Stourdza, comtesse Edling; à Mme la comtesse de Nesselrode; à M. Édouard Turquéty, et à la princesse Alexis Galitzin. Dans le deuxième volume sont comprises les lettres à Mme la duchesse de La Rochefoucauld, à M. Louis Moreau, à Mme la marquise de Lilloy, à M. le vicomte Armand de Melun, à Mme la comtesse de Gontaut-Biron, à M. Yermoloff, à Mme la duchesse de Rauzan, à M. le comte d'Égrigny, au révérend père Gagarin, à Mme la comtesse de Mesnard, au prince Augustin Galitzin, à Mme Craven, à la princesse de Sayn-Wittgenstein, et à Mme la duchesse d'Hamilton.

Nous rappelons volontiers tous ces noms, qui ont chacun une remarquable mais différente signification, pour faire pressentir par la diversité des personnages, celle que le lecteur trouvera dans le fond comme dans la forme des lettres de Mme Swetchine. Pour les créations humaines, comme pour celles de Dieu, la fécondité réelle n'existe qu'à la condition de la variété.

Ce qui frappe tout de suite et émerveille continuellement dans la correspondance de Mme Swetchine, c'est la saine beauté du langage. On diroit des lettres écrites dans les plus grandes années du grand siècle; c'est là un privilége des étrangers d'un esprit supérieur, et surtout des Russes et des Polonois, qui ont choisi notre idiome pour manifester leur talent. Comme ils l'ont appris et étudié dans nos auteurs les plus consacrés, ils gardent les belles et irréprochables habitudes du grand style, sans aucun alliage des fantaisies grammaticales que notre littérature contemporaine a successivement adoptées et pour la plupart rejetées, ainsi que des modes nouvelles et bientôt vieillies. — Si dans cette façon magistrale d'écrire, la diction perd quelques friandes saveurs d'actualité, elle y gagne bien davantage en grâces durables et en solide agrément.

La solennelle péripétie de la vie de Mme Swetchine, sa conversion au catholicisme romain, date de 1815 ou 1816. Sa correspondance antérieure, bien que marquée toujours au coin de la grandeur, avoit quelque chose d'un peu flottant sous le rapport des idées et des opinions. Cette indécision relative est surtout sensible dans la première partie de ses lettres à Roxandre Stourdza, comtesse Edling, qui ouvrent le premier volume. Un je ne sais quoi romanesque, comme le nom même de Roxandre, s'est parfois glissé sous la plume sévère de Mme Swetchine, écrivant à sa plus jeune et plus ancienne amie. — Du reste, M. de Falloux a très-bien fait, suivant nous, de ne rien supprimer ou atténuer dans les pages dont nous parlons ici. Outre le respect du modèle, qui lui imposoit cette scrupuleuse exactitude, la

ressemblance de Mme Swetchine s'y enrichit de quelques
traits imprévus, et le lecteur se plaît à suivre les plus légères
ondulations d'une âme et d'un esprit de cette trempe, jusqu'au moment où ils s'apaisent dans le fleuve imperturbable
de la foi.

S'il nous falloit choisir entre les différentes séries de
lettres que renferment ces deux volumes, nous en pren-
drions trois : celles qui sont adressées à Mme la comtesse de
Nesselrode, à la princesse Alexis Galitzin, et au révérend
père Gagarin. — Il y a aussi des pages de la plus haute
portée dans la correspondance avec M. le vicomte de Melun.

Avec la comtesse de Nesselrode, fille du comte Gourief,
ministre des finances du czar, et restée dans l'Église russe,
Mme Swetchine n'est en communication que de patriotisme, de politique et de sentiments humains ; mais dans
cette sphère, encore si large et si élevée, quelle place pour
les expansions du cœur et de l'intelligence, et aussi pour ce
jugement ferme et lumineux qui étoit une des plus nobles
facultés de Mme Swetchine ! Un jour, cependant, elle eut à
épancher toute son âme religieuse dans le sein de son amie.
Elle venoit d'être avertie par la comtesse de Nesselrode que
l'empereur Nicolas étoit sur le point de lui retirer son permis
de séjour en France et de l'interner dans le fond de la
Russie ; elle répond, le 24 décembre 1833 :

« Bénissons avant tout Dieu de ce qu'il ordonne, de ce
qu'il permet. Bénissons-le surtout d'avoir assoupli notre
cœur à sa volonté. Chère amie, il n'y a dans ce monde que
deux choses qui vaillent : aimer Dieu et faire son devoir.
J'ai bien souffert dans ma vie, mais, dans ces souffrances, j'ai
appris à être heureuse d'un bonheur que ne peut m'ôter ni
l'exil ni la mort. Ah ! c'est bien vrai, celle-ci en France
m'eût paru plus facile ! Mais, pour arriver dignement à la
grande séparation, il faut qu'elle s'accomplisse en détail, et
la seule voie est celle où Dieu nous conduit. Chère amie, je
ne vois que lui dans ce monde, et pas un homme, pas plus
dans les événements qui changent la destinée des empires,

que dans ceux qui décident du sort des individus. Avec cela, toutes les pensées sont de paix, de douceur et même de prière. »

Quelle haute résignation! et ne diroit-on pas les paroles des premiers Pères de l'Église!

Cette intervention de la Providence en toutes choses étoit chez elle article de foi; elle aimoit à la rappeler sur tous les tons, car elle rioit volontiers; elle étoit trop pure pour n'être pas gaie à ses heures. Donc elle raconte dans une de ses lettres que lors de notre dernière révolution, un grave étranger ayant écrit à un François : « Le doigt de Dieu est là! » Le François avoit répondu : « Dieu.... il y a bien mis les quatre doigts et le pouce! »

Nous nous souvenons que c'est Mme la vicomtesse de Virieu qui rapporta ce mot d'un de ses oncles à Mme Swetchine. L'oncle avoit beaucoup d'esprit, comme la nièce en a toujours. C'est aussi elle, longtemps auparavant, qui avoit fait à Mme Swetchine le glorieux cadeau de M. le comte de Falloux et de M. le vicomte de Melun. — Mme de Virieu, qui a encore aujourd'hui, comme Mme la comtesse de Circourt, un des derniers *salons* qui survivent en France, pouvoit, sans se faire tort, partager avec d'autres ses plus brillants habitués de ses brillantes *matinées* (1).

Toute la correspondance avec la princesse Alexis Galitzin est d'une beauté et d'un intérêt hors ligne. La princesse étoit, depuis longtemps, convertie au catholicisme : de là une entière effusion d'âme, de cœur et d'esprit. Puis, Mme Swetchine causoit vraiment *de niveau* avec une femme qui avoit elle-même toutes les supériorités. Rien n'est plus touchant que ses anxiétés, on peut dire maternelles, au sujet du petit-fils de son amie, le prince Augustin Galitzin, qui fut d'abord si tourmenté comme catholique. Du moins,

(1) Au moment où nous mettions cet article sous presse, nous avons appris que Mme la vicomtesse de Virieu venoit de succomber, à Versailles, aux atteintes d'une maladie presque foudroyante. — C'est une perte immense pour la société françoise.

Mme Swetchine a eu le bonheur de le voir, plusieurs années, comme il l'est encore, un des hommes les plus remarqués et les plus recherchés dans le monde pour le charme de son caractère et de son esprit, autant que pour les mérites de son talent littéraire.

Il faudroit de même citer presque toutes les lettres au révérend père Gagarin, qu'elle affectionnoit et honoroit avec autant d'ardeur que de raison.

Dans une lettre à M. le vicomte de Melun, du 12 juillet 1849, Mme Swetchine s'occupe d'un discours de M. Victor Hugo, dans lequel il parloit de la misère et de la pauvreté, ces deux rigueurs si diverses et que l'on confond trop; et elle ajoute :

« La pauvreté, comme toutes les inégalités, me paroît d'institution divine; tandis que la misère est, d'une part, le produit du vice, ou bien, de l'autre, l'effet de la dureté, deux choses, par conséquent, qui sont une anomalie dans une société chrétienne, qui peuvent donc raisonnablement se combattre, avec l'espérance de les voir amendées. Lors même qu'on ne fait pas tout, on peut faire beaucoup. »

Quelle justice et quelle justesse !

Telle étoit la foi de Mme Swetchine, que rien ni personne au monde ne pouvoit la faire reculer ni dévier d'un pas, parce que sa conversion, comme nous l'avons fait observer avec détails dans notre article sur les deux premiers volumes, n'avoit pas été l'effet d'un entraînement, mais d'une conviction acquise par de longues études, et arrivée par le raisonnement à l'état de passion. D'autre part, tel étoit son suprême bon sens, que, bien qu'elle se fût donnée de cœur à l'opinion royaliste et légitimiste, elle fut toujours incapable d'une complaisance pour les fautes de ses amis, comme de la moindre iniquité à l'égard de ses adversaires.

« Je ne dirai pas, fait observer M. de Falloux, que Mme Swetchine n'appartenoit à aucun parti; je ne croirois pas que ce fût un éloge; et d'ailleurs, éloge ou blâme, elle

ne l'a point mérité.... mais ce qui lui étoit **absolument**
étranger, c'est l'esprit de parti. »

Nous avons dit autrefois :

> Que Dieu garde toujours votre âme et vos écrits
> De l'esprit de parti.... le plus sot des esprits !

Nous le redisons aujourd'hui avec une bien **autre autorité**.

Mme Swetchine avoit le sens littéraire et poétique à un
très-haut degré : les grandes qualités se suivent. Il est toutefois à regretter que les habitudes de sa vie ne lui aient, à la
fin, laissé que la possibilité de s'occuper presque **exclusivement** de la littérature mystique et ascétique, ou un peu politique. Elle en est à demander avec quelque crainte à la
princesse Alexis-Galitzin la permission de lui envoyer *Fla-
vien*, un livre aussi beau que chrétien, d'Alexandre Guiraud
(et qu'elle trouve tel), et cela, parce que cet ouvrage porte
le titre de roman. Il y a ici place pour un petit sourire : car
enfin, la littérature dite profane, en opposition avec la littérature sacrée, ne veut pas dire absolument littérature impie
ou immorale. Mais, que sait-on ? Les plus saintes vertus tiennent peut-être à certains scrupules qui semblent quelque
peu inexplicables au commun des mortels.

Un des attraits de ces deux volumes, que nous ne **devons**
pas oublier, ce sont les notes et notices dont M. le comte
de Falloux a sobrement mais très-habilement entremêlé le
texte pour en faciliter l'intelligence au lecteur, toutes les fois
qu'il est besoin. Rien de plus concis et de plus complet que
ces brèves et substantielles explications, qui courent à **travers**
les rares obscurités de la correspondance, comme des **lueurs**
salutaires dans l'ombre des crépuscules. Ce n'est pas un talent à l'usage de beaucoup d'écrivains, que l'élégance et la
lucidité dans le laconisme. M. de Falloux le possède avec
bien d'autres facultés plus éclatantes.

Ces lettres de Mme Swetchine, qui ont déjà un tel reten-
tissement que plusieurs éditions seront bien **vite épuisées,**

comme il en a été pour les deux premiers volumes, toutes nombreuses et considérables que nous les voyons, est-ce à dire qu'elles soient le dernier mot des publications qui portent ce nom révéré? A Dieu ne plaise! nous croyons savoir qu'il nous manque les correspondances avec le comte de Maistre, le P. Lacordaire, le comte de Montalembert et M. de Falloux lui-même. Certes, ce ne seront pas là les moins intéressantes. On parle encore de la plus grande partie des lettres au prince Augustin Galitzin, lesquelles seroient restées en Russie, et qu'on en feroit revenir. On ne sauroit trop se hâter. Le public désire et attend. Il faut servir le festin quand les appétits sont ouverts. '

Mme Swetchine enfin n'auroit-elle pas correspondu avec le si regrettable comte.... devenu le P. Shouvaloff, Russe comme elle, et entré dans les ordres comme le P. Gagarin? — Seroit-il possible qu'elle n'eût pas été en relation et qu'elle n'eût pas échangé de lettres avec M. le comte de Circourt, qui est connu et applaudi de toute l'Europe savante et intelligente, et qui connoît toutes choses et en parle mieux et plus éloquemment que personne?... M. le comte de Falloux, qui étoit peut-être l'ami préféré de Mme Swetchine, n'a pas plus le droit que l'envie de négliger aucun des précieux matériaux utiles au monument que ses mains pieuses lui érigent.

ÉMILE DESCHAMPS.

NOUVELLES.

La Société des bibliophiles françois vient d'admettre deux nouveaux membres, qui ont été élus à la majorité des voix dans la séance du 24 décembre : M. le comte Octave de Behague et M. le comte L. Clément de Ris, en remplacement de M. le comte H. de La Bédoyère, décédé, et de M. le comte L. de Laborde, démissionnaire.

— S. M. l'empereur de Russie a nommé par ukase impérial du 18 décembre, comme chef de la Bibliothèque impériale publique de Saint-Pétersbourg, M. le conseiller privé Delianoff, en remplacement de M. le baron Modeste de Korff, appelé à d'autres fonctions.

— La cinquième livraison ou première partie du troisième volume du *Manuel du libraire* vient de paroître. Nous reviendrons prochainement sur cette édition considérablement augmentée et améliorée de cet important répertoire, que l'on peut regarder comme le dictionnaire indispensable de tout homme de lettres, de tous les amateurs et de tous les bibliophiles.

— Sous le titre de *Bibliographie angevine*, le prince Aug. Galitzin a publié les titres des livres qu'il possède dans sa bibliothèque relatifs à l'Anjou, soit par le contenu, soit par la naissance de l'auteur, soit par le lieu où ils ont été imprimés. — C'est un exemple à suivre.

— M. Latrouette vient de mettre en vente à la librairie de Legost-Clerisse, à Caen, une nouvelle traduction des *Odes* d'Horace. Elle est imprimée avec le texte en regard et accompagnée de notes historiques et mythologiques. Il a été tiré de ce volume vingt exemplaires de choix sur papier vergé de Hollande.

— Nous avons à enregistrer la perte de plusieurs bibliophiles : de M. le comte Descantons de Montblanc, baron d'Ingelmunster, commandeur de l'ordre de Saint-Grégoire le Grand, officier de l'ordre de Léopold de Belgique ; — de M. le comte Charles de l'Escalopier, ancien conservateur honoraire de la bibliothèque de l'Arsenal, ex-membre de la Société des bibliophiles françois, etc. ; — de M. le baron de Granjean, sous-inspecteur des forêts ; — de M. le comte Le Poulletier d'Auffay, ancien page du roi Charles X.

CATALOGUE RAISONNÉ

DE

LIVRES ANCIENS, RARES, CURIEUX, QUI SE TROUVENT EN VENTE

A LA LIBRAIRIE DE J. TECHENER.

(Décembre 1861.)

234. AMADIS JAMYN. Les OEuures poetiques d'Amadis Jamyn. *Paris, de l'impr. de Robert Estienne, par Mamert Patisson*, 1575; in-4, v. f. fil. tr. dor. (*Padeloup.*). 190—»
Bel exemplaire.

235. ART POETIQUE FRANÇOIS, pour l'instruction des ieunes studieux et encor' peu auancez en la poësie françoise, avec le Quintil Horatian sur la Defense et Illustration de la langue françoise. *Lyon, Jean Temporal*, 1556; in-16, mar. r. fil. tr. dor. (*Trautz-Bauzonnet.*). . . 75—»
L'*Art poetique* est de Th. Sibilet; le *Quintil Horatian*, de Charles Fontaine. On trouve, de plus, dans ce volume, les deux traités de Dolet sur la *ponctuation et les accens de la langue françoise.* CHARMANT EXEMPLAIRE.

236. BOCCACCIO. Il Decameron di messer Giov. Boccacci. *In Amsterdamo* (*Elzevir*), 1665; in-12, mar. citr. fil. tr. dor. (*Anc. rel.*). . . . . 160—»
Haut.: 150 millim. Très-bel exemplaire de cette édition que l'on trouve rarement en reliure ancienne.

237. BOESSIÈRES. L'Arioste francoes de Iean de Boessières de Montferrand en Auuernie; auec les argumans et allegories sur châcun chant. *Lyon, de l'imprimerie de Thibaud-Ancelin*, 1580; pet. in-8, mar. rouge, fil. tr. dor. (*Trautz-Bauzonnet.*). . . . . 90—»
TRÈS-BEL EXEMPLAIRE d'un fort rare et curieux volume; le portrait de l'auteur, gravé sur bois, se trouve a la quatrième page.

238. BRÉBEUF. Entretiens solitaires, ou prières et méditations pieuses, en vers françois, par M. de Brébeuf. *Im-*

primez à Rouen et se vendent à Paris, 1660; pet. in-12, mar. rouge, tr. dor. (*Trautz-Bauzonnet.*) . .   48—»

Très joli exemplaire d'un petit livre rare dans cette condition.

239. Buchanan. Jephté, ou le Vœu , tragédie traduite du latin de G. Buchanan , Escossois, par Florent Chrestien. *Paris, Mamert-Patisson*, 1587 ; pet. in-12 , mar. bl. fil. tr. dor. (*Niedrée.*). . . . .   90—»

On trouve à la suite de cette pièce , et sous une pagination différente : *David combattant, David triomphant et David fugitif, tragédies saintes, par Loys des Masures.* — Joli recueil grand de marges et provenant de la bibliothèque de M. Ch. Giraud.

240. Julius Cæsar , ex emendatione J. Scaligeri. *Lugduni Batav., ex officina Elzeviriana*, 1635; pet. in-12, mar. v. fil. tr. dor. (*Duru.*) . . . .   100—»

Très-bel exemplaire de l'édition originale imprimée par les Elzévir. Haut. : 127 millim.

241. Ciceronis Opera, cum delectu commentariorum (studio Jos. Oliveti). *Parisiis*, 1740 ; 9 vol. gr. in-4, mar. bleu, fil. tr. dor. (*Thouvenin.*). . . . .   350—»

Si perbe exemplaire, en parfaite condition, d'une édition très-estimée. Il provient de la bibliothèque de M. de Quatremère.

242. M. T. Ciceronis Orationum vol. III. *Parisiis, apud Simonem Colinæum* , 1525-32 ; 3 vol. in-8, mar. bl. fil. tr. dor. . . . .   180—»

Bel exemplaire de Colbert, aux armes du comte d'Hoym.

243. Des Masures. Tragédies sainctes: Dauid combattant.— Dauid triomphant. —Dauid fugitif, par Loys des Masures, Tournisien. *A Geneue, de l'imprim. de Fr. Perrin*, 1566 ; in-8, mar. v. fil. tr. dor. (*Niedrée.*) . . . . .   90—»

Lettres ital. et musique notée. Exemplaire de M. Armand Bertin.

244. Ésope en belle humeur , ou dernière traduction et augmentation de ses fables en prose et en vers. *Brusselle, Fr. Foppens*, 1700 ; 2 tom. en 1 vol. pet. in-8, mar. rouge, fil. tr. dor. (*Derome.*) . . . .   90—»

Exemplaire bien conservé d'une édition ornée d'un grand nombre de très-jolies figures à mi-page, gravées à l'eau-forte par Harrewyn.

245. Frénicle. Les OEuvres de Frénicle, conseiller du roy et général en sa cour des Mounoyes. *Paris, I. de Bor-*

deaux, 1629; 1 vol. in-8, mar. vert, fil. dos orné, tr.
dor. (*Duru.*) . . . .   75—»
Très-bel exemplaire d'un livre rare.

246. OEuvres chrestiennes de Claude Hopil , Parisien.
Lyon, Thibaud Ancelin, 1604; pet. in-12 , mar. rouge,
fil. tr. dor. (*Trautz-Bauzonnet.*). . . . . . .   220—»
Charmant exemplaire d'un volume fort rare. On y trouve un portrait de l'auteur remarquablement gravé par Thomas de Leu, et qui manque le plus souvent.

247. La Fontaine. Contes et Nouvelles de M. de La Fontaine ; nouvelle édition reveuë et augmentée de plusieurs
contes du même auteur et d'une dissertation sur la Joconde. *Leyde, Jean Sambix*, 1669; in-12 , mar. bl. fil.
tr. dor. (*Niedrée.*). . . . .   65—»
Édition que l'on peut rattacher à la collection elzévirienne, bien qu'elle soit
imprimée à Bruxelles chez Foppens.

248. La Fontaine. Contes et Nouvelles en vers de M. de La
Fontaine. *A Paris, chez L. Billaine*, 1669 ; in-12 , mar.
rouge, fil. tr. dor. . . . .   120—»
Très-bel exemplaire de l'édition originale de trois contes et de la dissertation
sur la Joconde. Plusieurs vers n'ont pas été reproduits dans les éditions postérieures.

249. La Fontaine. Contes et Nouvelles en vers de M. de La
Fontaine. *Amsterdam , H. Desbordes*, 1685; 2 tom. en
1 vol. in-12, mar. r. fil. tr. dor. (*Duru.*). . . 160—»
C'est la première des trois éditions publiées sous cette date. Premières épreuves
des figures de Romain de Hooghe.

250. Le Maire. Le Traictie intitule de la Difference des
scismes et des conciles de l'Église , par Jan le Maire
de Belges : in-4 goth., mar. br. fil. à fr. tr. dor.(*Trautz-
Bauzonnet.*). . . . .   150—»
Superbe exemplaire de la première édition. — Dans le même volume : *L'Histoire moderne du prince Syach Ysmaïl. — Le Sauf-Conduit donné par le Souldan
aux François. Imp. à Lyon au moys de may l'an MDXX], par Estiene Baland.*
La première pièce, une des plus rares du second écrivain, est importante pour
l'histoire de la prééminence de l'Église gallicane.

251. Le Moyne. La Gallerie des femmes fortes, par le P. Le
Moyne. *Leyden, chez Jean Elzevier*, 1660 ; pet. in-12,
mar. vert foncé, tr. dor. (*Trautz-Bauzonnet.*)   100—»
Ce volume, a la fois l'un des ouvrages les plus intéressants et l'un des plus re-

marquablement exécutés de la collection elzévirienne, est orné d'un frontispice et de jolies figures, parmi lesquelles nous citerons celles de Jeanne d'Arc et de Marie Stuart. Charmant exemplaire. Haut.: 131 millim.

252. Les Marguerites poëtiques tirees des plus fameux poëtes françois tant anciens que modernes et reduictes en forme de lieux communs et selon l'ordre alphabetique , nouvellement recueillies et mises en lumiere par Esprit Aubert. *A Lyon, par Barthelemy Ancelin*, 1613; in-4 , mar. r. tr. dor. (*Duru.*) . . . .   240—»

Sign. † — lll. n. — 1215 p. chiffrées. — 4 ff. lim. et 14 ff. pour la table et le privilége : il est à remarquer que le cahier xxx n'est que de 4 ff. Très-bel exemplaire d'un recueil rare a trouver complet et surtout en bonne condition.

253. Martin (Bernard). Variarum Lectionum libri IV; in quibus, aliquot melioris notæ authores, tum græci tum latini, variis locis explicantur. *Parisiis, P. Chevalier,* 1605; in-8, v. f. fil. (*Armes et chiffre du prés. de Ménars.*) . . . .   24—»

Bel exemplaire, aux armes du président de Ménars, d'un bon livre, rare et non cité. — Bernard Martin, jurisconsulte et littérateur, naquit en 1574 à Dijon, où il mourut le 15 novembre 1639. C'étoit un savant helléniste et un laborieux investigateur des passages difficiles qu'on trouve dans les écrits des anciens. Ses *Variæ lectiones* sont encore aujourd'hui fort estimées, et prouvent que l'auteur étoit doué d'une grande finesse d'appréciation et d'une saine critique. L'ouvrage contient 108 chapitres, dans lesquels il explique plusieurs passages d'Aristote , de Pindare, d'Homère, de Théocrite, de Sophocle, de Cicéron, de Plaute, de Térence, etc., etc.

La dédicace adressée à Pierre et à Jean Quarré, conseillers au parlement de Bourgogne, est datée de Paris, le 13 avril 1605. Dans un *Avis au lecteur*, l'imprimeur annonce que l'auteur, occupé d'un procès important et de graves affaires, n'a pu surveiller l'impression de son livre; il prie le lecteur d'être indulgent et de corriger lui-même les fautes typographiques.

254. Merlini Cocaii (Theophili Folengo), poetæ Mantuani, opus macaronicorum , totum in pristinam formam per Magistrum Acquarium Lodolam optime redactum , et in his infra notatis titulis diuisum : Zanitonella , quæ de amore Tonelli erga Zaninam tractat. Phansatiæ macaronicon, divisum in XXV macaronicis, tractans de gestis magnanimi et prudentissimi Baldi ; Moscheæ facetus liber, tractans de cruento certamine muscarum et formicarum ; et libellus epistolarum et epigrammatum ad varias personas directarum. *Tusculani , apud Lacum Be-*

nasencem, *Alex. Paganinus*, 1521 ; in-16, mar. bleu,
fil. tr. dor. (*Padeloup.*) . . . . 120—»

Édition FORT RARE et la plus recherchée des amateurs, en ce qu'elle est la première édition complète et qu'elle est ornée de figures en bois des plus singulières.
TRÈS-JOLI EXEMPLAIRE de la bibliothèque Gaignat ; il contient les huit derniers
feuillets qu'indique M. Brunet (*Manuel*, II, 302) et qui renferment une épître à
Paganino, avec sa réponse, des errata, une table et un sonnet. — L'édition ayant
été tirée sur un papier trop petit pour la justification, il est presque impossible
d'en trouver des exemplaires où les notes marginales n'aient pas été plus ou moins
atteintes par le premier relieur. Celui-ci n'est pas entièrement exempt de cet
inévitable défaut, mais il est cependant bien conservé, et il n'y a aucune lettre
enlevée.

255. MONTFAUCON. Les Monumens de la monarchie françoise, qui comprennent l'histoire de France, avec les figures de chaque règne. *Paris*, 1729-1733 ; 5 vol. in-fol.,
fig., v. gr. fil . . . . 390—»

256. JULES OBSEQUENT. Des Prodiges ; plus trois liures de
Polydore Vergile sur la mesme matiere, traduis de latin
en françois par George de la Bouthiere, Autunois. *Lyon*,
Jan de Tournes, 1555 ; in-8 , mar. vert olive, comp. fil.
tr. dor. (*Bauzonnet.*). . . . . 90—»

On trouveroit difficilement un plus bel exemplaire d'un plus joli livre. Nombreuses figures sur bois.

257. RABELAIS. La plaisante et ioyeuse histoyre du grant
geant Gargantua. *Valence*, *Ch. La Ville*, 1547.—Second,
tiers et quart livre de Pantagruel. *Valence*, *Ch. La Ville*,
1547 ; 2 tom. en 1 vol. in-16 , fig. sur bois , réglé, mar.
bleu, fil. tr. dor. (*Trautz-Bauzonnet.*) . . . . 190—»

Très-Joli exemplaire, avec témoins, de l'édition que l'on croit être la seconde
sous cette date. Le quart livre est de 1548. Curieuses figures sur bois.

258. RABELAIS. Songes drolatiques de Pantagruel, de l'invention de Me François Rabelais, et dernier œuvre d'y-
celui, pour la récréation des bons esprits. *Paris*, 1797 ;
in-4 , pap. vélin, mar. citr. fil. tr. dor. (*Belle reliure de
Duru*) . . . . 90—»

Très-bel exemplaire de cette curieuse et célèbre série de caricatures satiriques.

259. Suetone Tranquile des Faicts et Gestes des douze
Cesars, nouuellement translate de latin en françois (par

Michel de Tours). *Paris, Galliot du Pré*, 1520; in-fol.
goth., mar. v. fil. tr. dor. (*Koehler.*). . . . . 160—»

Bel exemplaire de la bibliothèque de M. Armand Bertin, d'un volume orné de
curieuses figures sur bois; grand de marges; une réparation au dernier feuillet.

260. Titi Livii Historiarum quod extat, ex recensione J. F.
Gronovii. *Amstelod., apud Dan. Elzevirium*, 1678; in-12,
mar. rouge, fil. tr. dor. (*Bauzonnet-Trautz.*). . 100—»

Bel exemplaire (145 millim.) de l'édition originale sous cette date.

261. Les Trivmphes de France, trâslatez de latin en frãçois
par maistre Jehã d'Iury selõ le texte de Charles Curre
Mamertin. *S. l. n. d. (Paris, G. Eustace*, 1508.) — Les
Faictz et gestes de tres reuerend Pere en Dieu mõsieur le
Legat, transl. de latin en fr. par Jeh. d'Iury; pet. in-4
goth., mar. r. fil. tr. dor. (*Derome aîné*.). . . 600—»

Ce légat n'est autre que l'illustre Georges d'Amboise, archevêque de Rouen.
Les *Ballades* et l'*Epistre aux Romains* indiquées par le *Manuel* se trouvent
dans ce volume, ainsi que les pièces suivantes : *Martinus Dolet Parisiensis de
parta ab inuictissimo Gallorum rege Ludouico XII in Maximilianum ducem victoria
cum Dialogo pacis.* — Venales reperiuntur apud Joh. Gourmontium. *S. l. n. d.*
(*Parisiis, c* 1510.) — *De Fortuna Fr. marchionis Mantuæ F. Bapt. Mantuani
carmen elegantissimum. Argentorati, in Schumerianis ædibus*, 1510; et de plus :
une pièce de poésie latine relative aux guerres d'Italie.

Cette poésie de Martin Dolet est fort rare. La Croix du Maine n'en parle pas;
le P. Le Long, qui cite l'ouvrage, ne dit rien de son auteur.

---

262. Floriane, son amour, sa pénitence et sa mort, par
F. F. D. R. *Paris, Matthieu Guillemot*, 1601; p. in-12
de 83 ff. chiff. et 1 feuillet non chiff.; plus 12 ff. chiff.,
mar. bl. tr. d. (*Rel. janséniste.*). . . . . . . 38—»

Charmant exemplaire d'un roman mystique et philosophique, que nous n'avons
vu cité nulle part et dont l'auteur n'est pas connu. La dédicace, à Mme L. D. A.,
écrite en style amphigourique et remplie d'exaltation religieuse, ne nous fournit
aucune indication pour découvrir le nom de cet auteur, que nous supposons être
un moine, amoureux d'une dame qu'il deguise sous cette anagramme : Belle aym'
en Dieu l'ame. « Je crains toutefois, dit-il, que vostre sévère jugement, Ame mâle
et divine, et la chasteté qui vous est naturelle, ne la rebutte (Floriane) d'abord de
ce qu'elle porte l'amour peint sur le front (*sic*) et marque l'entrée de sa vie par
des actions infames et honteuses. Si sçavés-vous pourtant que la pudicité regarde
les choses les plus lascives d'un œil incorrompu, exempt de ces souilleures, comme
les rayons du soleil gardent leur pureté, quoyqu'ils soient dardés dans l'infestion :
que de l'amour (ainsi que disoit Dante) sourdent à gros bouillons infinies fontaines
de vertus, aussi bien que de vices qu'en Cypre on consacra un temple à Venus,

dans lequel les femmes n'entroient point, et que l'amour est une des choses indifferentes qui se rencontrent en grand nombre en cest univers : le jardin d'Attalus remply de bonnes et de mauvaises plantes : un rosier embelly d'agréables et souëf-flairantes fleurs et hérissé de poignantes espines. » L'auteur, en disant que sa Floriane est une pénitente qu'il a *vestue à la françoise et parée à nostre façon*, nous fait entendre que son livre est traduit ou imité d'une langue étrangère, sans doute de l'italien, comme on peut le croire d'après cette phrase qui termine la dédicace : « Reçois ceste Floriane, de laquelle j'ay appris la vie en Italie, d'un sainct homme, et laquelle j'ay depuis leue en trois mois dans un livre d'un religieux florentin. » Cette Floriane n'est autre qu'une sainte sous la figure d'une courtisane. Les douze derniers feuillets du volume portent pour titre : *L'âme de ce corps, ou le sens moral de ceste histoire*. Ce n'est pas une clef des noms de tous les personnages de ce roman allégorique ; c'est plutôt une espèce de petit roman cabalistique dans lequel *Doris* représente l'âme, *Amphyse* le corps, et *Aristes* le monde : Aristes et Amphyse sont deux rivaux qui se disputent *Doris*. Il y a, en outre, un géant, *Briaria*, qui est l'emblème des délices de la chair, et un autre géant, nommé *Animal*, qui constitue le monde élémentaire.... Nous avouons que ces énigmes sont trop ardues pour notre intelligence, et nous laissons aux adeptes, s'il en est encore, le soin de les interpreter. Il nous suffit de constater que « les cabalistes appellent saint Michel *prince des faces*, c'est-à-dire celuy qui a charge d'introduire les âmes en la présence de Dieu. » La bibliographie a cela de bon, qu'elle nous apprend toujours quelque chose, en nous faisant feuilleter les livres les plus ridicules et les plus saugrenus. Celui-ci du moins est aussi rare que singulier. Nous l'avions pris pour un roman, et il revendique peut-être sa véritable place parmi les hagiographes.

P. L.

263. Le Chemin de long estude de dame Christine de Pise, où est descrit le debat esmeu au parlement de la Raison, pour l'élection du Prince digne de gouuerner le monde. Traduit de langue romanne en prose françoyse, par Jan Chaperon, dit Lassé de Repos. *Paris, Estienne Groulleau*, 1549, in-16, sign. Aij-Siii, v. m. . . . . 45—»

Petit livre fort rare, que La Monnoye n'avoit jamais rencontré, puisqu'il reproche mal à propos à La Croix du Maine d'avoir dit *Christine de Pise* pour *Christine de Pisan*, voyez la note critique ajoutée à l'article de Jean Chaperon dans la *Bibliothèque françoise*. La Croix du Maine s'est trompé en disant que le *Chemin de long estude* étoit traduit de l'italien ; mais il a été induit en erreur par la fausse indication que lui donnoit le traducteur, en prétendant avoir translaté *de langue romane en prose françoise* le poème de dame Catherine de Pisan, que toutes les éditions de ses œuvres imprimées appeloient Christine de Pise. Le *Chemin de long estude*, composé en rhythme et dédié à Charles VI, n'a jamais vu le jour que dans la traduction libre et abrégée de Jean Chaperon, qui avoit trouvé dans la bibliothèque du roi à Fontainebleau le manuscrit de l'ouvrage original. Jean Chaperon, auquel on doit quelques poésies françoises, entre autres le *Dieu gard Marot*, publié en 1537 à l'occasion de la grande querelle de Clément Marot et de François Sagon, a fait précéder le *Chemin de long estude* d'une épître à damoiselle Nicole Bataille, épître ou nous rencontrons quelques vers qui nous apprendront quel étoit ce *Lassé de repos*, que son sobriquet et sa devise *Tout par Soulas* nous représentent comme un ami de la joie et de la guerre :

> Je n'ay ose minuter sur pulpitre,
>
> Pour vous transmettre, en nul temps, quelque epistre,

Par qui puissiez cognoistre, aussi entendre
Par quel moyen je me voulois defendre
Des faux rapports jà longtemps inserez
A tres-grand tort, contre moy proferez :
Mais j'ay cogneu, prudente damoyselle,
Que vous n'auiez contre moy hayne telle
Qu'on me disoit, et mesme qu'à ma mere
Jusque à la mort auez esté prospere,
A d'autre aussi, à qui n'estiez tenue :
Là vostre amour est tousiours preuenue.
Considerant doncques tous ces points là,
J'ay delaissé Caribdis et Silla
Et leurs dangers, et n'ay craint de tumber
Souz leur pouuoir, me voulant succumber.
Or estant hors de leurs puissantz efortz
Qui maintefois ont mis bas les plus fortz,
J'ay mon apuy à Dieu seul voulu mettre....

Ce passage nous paroît signifier que Jean Chaperon avoit une assez méchante renommée de par le monde; qu'il se piquoit de valoir mieux que sa réputation; qu'il s'étoit fatigué de courir les mers, et qu'après avoir échappé à bien des périls, il avoit mis un terme à ses aventures pour se jeter dans la dévotion et probablement dans le parti de la réforme. D'après ces indications, notre poëte, *Lassé de repos*, ne seroit autre que l'audacieux aventurier Jean Chaperon, seigneur de Couhé-de Vache en Aunis, *très-hardi chevalier*, dont Jean d'Auton nous a raconté longuement les hauts faits de piraterie sous le règne de Louis XII. Voyez les chap. XLIV, XLV et XLVI de la sixième partie des *Chroniques* de Jean d'Auton, t. IV de l'édition que nous avons publiée en 1835. Ce diable d'homme, qui avoit pris des lettres de marque du duc de Gueldres pour devenir écumeur de mer avec son ami Antoine d'Auton, encourut la disgrace du roi à cause de ses hauts faits, fut arrêté à Aix, « où demeura, par l'espace de trois semaines, bien à détroit et fort douteux de son affaire; mais tant advint que, au pourchas d'aucuns ses amis, qui tant adoucirent le chartrier, qu'il lui fit ouverture : dont s'en alla de nuit, et se remit en son navire, tirant en mer, tant comme il put, sans oser plus prendre terre de longtemps, et jusque le roi, par aucuns de ses amis, fut quelque peu adouci. » Jean Chaperon, à l'époque où il fit imprimer le *Chemin de long estude*, devoit avoir soixante-cinq ans; l'âge l'avoit rendu sage sans le rendre poëte.   P. L.

264. RELATION D'UN VOYAGE FAIT EN FLANDRES, Brabant, Hainaut, Artois, Cambresis, etc., en l'an 1661, où il est traité de la religion, de la justice, de la police, des Universitez de Louvain et de Douay, des fortifications plus remarquables, des divertissemens publics et de ce qu'on y voit de plus considerable, par Michel de Saint-Martin, escuyer, prestre, sieur de La Mare du Desert, docteur en théologie en l'Université de Rome, etc. *Caen, Marin Yvon*, 1667; p. in-12 de 17 feuill. prélim., 471 pages et 15 ff. non chiff., vél. . . . . 34——»

Très-bel exemplaire d'un livre fort rare, qui a été omis dans la *Bibliothèque*

historique de la France, et que notre illustre bibliographe, M. J Ch Brunet, n'a
eu garde d'oublier dans son *Manuel du libraire*, car tous les livres et tous les
opuscules de l'abbé de Saint-Martin méritent d'être recherchés en raison de leur
rareté et de leur bizarrerie. Tout le monde sait que ce burlesque personnage, qui
ne manquoit pourtant pas d'une certaine finesse, mais que sa vanité exorbitante
rendoit aveugle et stupide, fut victime des plus ébouriffantes mystifications, de la
part de ses concitoyens. Le P. Ch. Gabriel Porée, de l'Oratoire, a raconté la plus
étrange dans la *Mandarinade, ou histoire comique du mandarinat de l'abbe de Saint-
Martin* (la Haye, Paupie, 1738, 2 vol. in-12). Le bon abbé de Saint-Martin, qu'on
appeloit l'abbé *Malôtru*, avoit la rage d'écrire et de se donner pour auteur, mais
la plupart des ouvrages n'ont servi qu'à défrayer la compagnie dans les réunions où il ne paroissoit pas, car il vivoit retiré dans sa maison, la tête couverte
de sept calottes et le corps surchargé de plusieurs houppelandes fourrées, pour
éviter les vents coulis qu'il regardoit comme les causes de toutes les maladies. Il
étoit sans doute plus légèrement vêtu et moins préoccupé des courants d'air, lorsqu'il voyageoit en Flandre et qu'il visitoit consciencieusement tout ce qui lui sembloit curieux à voir dans les villes où il s'arrêtoit. Ainsi, en passant par Arras, il
s'en va examiner lui-même le saint cierge qu'on allume pendant le canon de la
messe les quatre premiers jours de l'octave du Saint-Sacrement, et qui pèse encore autant après avoir été allumé : « En quoy il ressemble en quelque sorte aux
étoiles du firmament, qui éclairent sans recevoir aucune diminution de leur
substance. » A Namur, il s'informe « du sujet qui a pu obliger les habitants à
combattre une fois l'an avec des échasses, » et il est fort surpris de n'avoir rien
découvert à l'egard de cette coutume; à Bruxelles, il s'intéresse fort aux courses
de traîneaux; dans toutes les villes où il rencontre une horloge à carillon, « la
musique, à laquelle je me suis appliqué durant longues années, dit-il, m'a fait
connoître que cette mélodie est très-agréable. » Mais, ce qui l'enchante par-dessus
tout, c'est l'institution des corps de pompiers ou *maîtres de feu* dans plusieurs
cités flamandes, car, dit-il sentencieusement, « comme il n'y a rien de si utile aux
hommes que le feu, de mesme il n'y a rien dont ils ne reçoivent tant de dommage. »
Ce petit livre est plein de naïvetés de même force. Le fantasque auteur l'a dédié à
Eleonor de Sousvé, abbesse de Saint-Amand de Rouen, qu'il fait descendre de Vi-
pius Severinus, et dont il se plaît à exalter les vertus chrétiennes. Dans l'avertissement, il préconise l'utilité des voyages et il se félicite d'avoir vu du pays pour
son instruction, en avouant néanmoins « qu'il se trouve des hommes très-prudens
et très-accomplis qui n'ont pas voyagé. » On conçoit qu'un pareil livre ait été
publié avec approbation des docteurs en théologie, lesquels déclarent n'y avoir
« rien trouvé contre la foy ny les bonnes mœurs, mais, au contraire, des choses
rares touchant la religion et la politique, et qui méritent d'être connues. » P. L.

265. La Néotomachie poétique du Blanc. Poëmes. *Paris,
François Julliot*, 1610 ; in-4, de 3 ff. non chiff., y compris le titre, et de 109 p. — La Néotémachie poétique du
Blanc. Odes, *ibid., id.*, 1610 ; in-4 de 3 ff. non chiff., y
compris le titre et faux titre, et de 168 p., v. m. (*Bonne
reliure ancienne.*) . . . . 45—»

Viollet Le Duc, dans sa *Bibliothèque poétique*, n'a parlé que de la seconde partie
de ce recueil, car il ne possédoit pas la première ; nous sommes surpris qu'il n'ait
pas apprécié le poète à sa juste valeur, quoiqu'il lui reconnoisse un certain talent
dans la satire. L'abbé Goujet, qui consacre un article aux deux parties du recueil
de Jean Le Blanc, dans le t. IV de la *Bibliothèque françoise*, s'abstient de porter

un jugement sur les pièces de vers qu'il cite, et il se contente d'y chercher quelques détails biographiques relatifs à l'auteur. Nous avons remarqué, dans le catalogue des ouvrages placé à la fin des notices de l'abbé Goujet, une fausse indication bibliographique qu'il importe de rectifier. Il n'existe pas, comme le dit ce catalogue, trois parties distinctes des poésies de Jean Le Blanc, réimprimées en 1610, mais seulement deux, que le bibliographe a décrites sous ces trois titres différents : la *Venitemichie poetique, odes* ; les *Rapsodies lyriques*, et la *Neoptonichie poetique, poemes*. Le faux titre du volume d'*Odes* les appelle *Rapsodies lyriques* : de là l'erreur. Une erreur du même genre auroit pu se glisser dans la description du premier recueil de Jean Le Blanc, si l'on avoit indiqué comme un volume à part les *Odes pindariques*, parce que cette désignation se trouve à la fin, au verso de la page 109, ce qui prouve que ce premier recueil n'est autre que la première édition des *Odes pindariques* de Jean Le Blanc (Paris, sans nom de libraire, 1604, in-4) avec un nouveau titre. La quatrième édition du *Manuel du libraire* ne fait aucune mention de ces poésies rares et intéressantes, mais le savant M. Brunet leur a donné place dans sa cinquième édition, où pas un des poëtes du seizième siècle ne sera oublié, puisque le caprice des amateurs s'attache à ce genre de livres, qui ont du moins le mérite d'être peu communs. Nous répéterons que le recueil de Jean Le Blanc offre un autre mérite, c'est-à-dire une versification excellente, digne de notre Régnier, dans ses satires et souvent dans ses poëmes. Quant aux odes, elles ne valent pas mieux que celles des lyriques de l'école de Ronsard.   P. L.

266. LE TIMANDRE DE MARCASSIS, dédié à Monsieur frère du Roy. *Paris, Toussaint du Bray*, s. d. (1628); in-8 de 776 p., non compris 5 feuillets prélimin. et le frontispice gravé par Crispin de Passe; mar. bl. fil. tr. dor. (*Armes de la comtesse de Verrue.*) . . . .   40—»

La comtesse de Verrue avoit bien de la bonté de réunir scrupuleusement tous les romans d'aventures du dix-septième siècle, mais elle a fait, de la plupart, des exemplaires si joliment reliés, qu'on se trouve entraîné à faire entrer dans la meilleure bibliothèque du monde ces insupportables romans, quitte à ne les ouvrir jamais et à ne les admirer que sur leur rayon. Et pourtant de pareils livres se lisoient à la cour de France, où l'on se vantoit de savoir apprécier tous les raffinements du bel esprit ! C'est qu'on cherchoit d'ordinaire dans cette fade littérature à la mode des allusions plus ou moins transparentes et ingénieuses, concernant les personnes de la société aristocratique, pour l'usage de laquelle ces romans étoient faits avec la plus ennuyeuse prolixité. Ainsi, dans la nouveauté, on a pu trouver un certain intérêt à parcourir le *Timandre*, « où sous des noms empruntez sont comprises plusieurs histoires de nostre temps. » Il seroit bien impossible aujourd'hui de forger une clef pour les noms qui figurent dans ce long et fastidieux ouvrage, imité à la fois des romans grecs et des romans de chevalerie : le druide Theodame, la princesse des îles Baléares, Amenobée, Alcmedon, Iphigénie, Gelaste, Calidon, etc., se rapportoient peut-être à des individualités contemporaines de l'auteur, mais ce ne sont pour nous que des ombres incolores, nées d'une imagination pauvre et grossière. « Ne croyez pas que tout y soit véritable, dit Pierre de Marcassus en parlant de son ouvrage, ny que tout y soit feint, et vous croirez ce que vous devez. » L'épigraphe qu'il avoit mise en tête du livre : *Obscuris vera evolvens*, devoit aussi piquer la curiosité des lecteurs et surtout des lectrices de romans. Le *Timandre* fut dédié à Monsieur, frère du roi, dans le moment même où ce prince s'apprêtoit à lever l'étendard de la révolte contre Louis XIII : « L'ordre des aventures de Timandre, lui dit le romancier gascon, m'a conduit aux gene-

reux mespris que l'on vous a veu faire des grands perils aux premiers coups d'essay de vostre valeur, et il a fallu que je touchasse quelque chose de l'effroy que
vostre seule presence a donné à des courages desesperez, dont l'insolence n'a sceu
encore estre humiliée par la puissance formidable qui accompagne les Roys....
Attendant que le Ciel vous ait ouvert le chemin par lequel vous devez traisner des
Roys captifs et vostre char de triomphe fouler des sceptres et des couronnes, et
que vous puissiez vous estudier vous-mesme, ne desdaignez point, Grand Prince,
de jetter les yeux sur des exploits qui, quelque fameux qu'ils soient, ne sont toutesfois que le presage des vostres.... » Il résulteroit de cette dédicace que le héros
du roman représenteroit allégoriquement Gaston d'Orléans. On comprend qu'une
semblable dédicace ait été supprimée dans la plupart des exemplaires, surtout à la
suite de la rébellion qu'elle sembloit avoir encouragée ou prédite. Pierre de Marcassus fut plus tard historiographe du roi, en dépit de sa dédicace au duc d'Orléans.

P. L.

PUBLICATIONS NOUVELLES.

267. Φιλοσοφούμενα.... *Philosophumena*, sive hæresium omnium confutatio, opus Origeni adscriptum e parisino
productum recensuit, latine vertit, notis variorum suis-
que intruxit, prolegomenis et indicibus auxit Patricius
Cruice.... *Parisiis, excusum in typographeo imperiali,
de auctoritate Imperatoris.* 1860; in-8 de XL-548 pages.

Publiées pour la première fois à Oxford, en 1851, par M. E. Miller, d'après le
manuscrit unique que M. Minoïdes Mynas avoit découvert en Grèce, rééditées à
Gottingue, en 1859, par M. Dunker, les *Philosophumena* ont, depuis quelques années, occupé à un très-haut degré l'attention publique, et suscité de vives controverses en Angleterre, en Allemagne et en France. L'émotion des savants étoit
justifiée par l'importance des questions de religion, de philosophie et d'histoire
que soulevoit l'apparition de ce livre anonyme, attribué par quelques écrivains à
Origène, par d'autres à saint Hippolyte, évêque d'Ostie, ou à un prêtre romain
nommé Caïus. Tandis que les protestants croyoient découvrir dans cet ouvrage
une confirmation de leurs idées sur les premiers siècles de la papauté, les écrivains catholiques s'attachèrent à combattre cette interprétation erronée et appuyè-
rent leur critique sur un examen approfondi des documents historiques que faisoient connoître les *Philosophumena*. C'est à M. l'abbé Cruice, directeur de l'école
normale ecclésiastique des Carmes, et aujourd'hui évêque de Montpellier, que revient l'honneur d'avoir eclairci les points les plus obscurs de cette discussion dans
ses *Études sur de nouveaux documents historiques empruntés à l'ouvrage recemment
découvert des* Philosophumena (1853), ou dans son *Histoire de l'Église de Rome
sous les pontificats de saint Victor, saint Zephyrin et saint Calliste* (1856). Dans
le nouveau travail que nous annonçons, le savant prélat se montre aussi habile
philologue que profond théologien. Il nous donne une édition nouvelle, qu'on
peut considerer comme définitive, du texte grec des *Philosophumena*, revu avec le
plus grand soin sur le manuscrit, collationné sur les éditions précédentes et accompagné de nombreuses notes indiquant toutes les variantes. Mais M. Cruice ne
s'est pas borné à rétablir ce texte avec une correction que ses devanciers n'avoient

pas atteinte; il y a joint une traduction latine très-fidèle et des prolégomènes écrits dans le latin le plus pur et résumant les conclusions auxquelles doit s'arrêter l'érudition catholique en ce qui concerne l'authenticité des *Philosophumena*, et leur valeur soit historique soit doctrinale. Suivant le docte éditeur, ce livre n'a pu être écrit ni par Origène, ni par saint Hippolyte. L'auteur, quel qu'il soit, bien que prétendant réfuter toutes les hérésies, est lui-même un hérétique et un ennemi de l'Église romaine, qu'il attaque avec violence dans la personne du pape saint Calliste. Nous n'avons pu qu'indiquer très-sommairement ici le caractère général de cette introduction, modèle de méthode et de critique, et l'une des parties les plus importantes d'une publication qui fait honneur à l'érudition françoise. Ajoutons que l'exécution matérielle de ce beau volume est tout à fait digne des presses si justement renommées de l'imprimerie impériale.　　　J. DE G.

268. LA FAUSSE NOBLESSE EN FRANCE, par P. Biston, avocat, *Paris, Aubry*, 1861; in-18 de 84 pages.

Voilà un titre qui éveillera la curiosité maligne de plus d'un lecteur; que de volumes on pourroit faire en traitant un tel sujet avec tous les développements qu'il comporte! Hâtons-nous de dire que M. Biston n'y a point songé. Il se renferme prudemment dans les généralités et se garde bien de citer les noms propres. Sa brochure d'ailleurs n'a pour objet qu'un petit nombre de questions spéciales, relatives à la constitution de l'ancienne noblesse et à la loi du 28 mai 1858. L'auteur s'attache à démontrer que sous l'ancienne monarchie il n'y avoit pas de noblesse *sans titre*, et qu'aujourd'hui on attribue à tort une distinction honorifique à des noms de terre et à des particules portés par des personnes non nobles. Il est d'avis que pour réprimer sérieusement les fraudes nobiliaires et l'abandon du vrai nom de famille, il faudroit rétablir dans nos lois la disposition qui punissoit l'usurpation des titres de noblesse, condamner toute altération de nom, donner en termes exprès l'action directe et d'office au ministère public en matière de rectification, et par suite le droit d'appel des décisions rendues sur la demande des parties intéressées. On voit que ce nouvel opuscule de l'auteur des *Lettres sur la noblesse maternelle en Champagne* a une portée sérieuse. Nous en recommandons la lecture à toutes les personnes qu'intéresse notre législation nobiliaire.

　　　J. DE G.